上海文化发展基金会青年编剧扶持项目

# 青年编剧作品选
# 2013 年度

（上）

上海文化发展基金会　编

中国出版集团
東方出版中心

图书在版编目（CIP）数据

青年编剧作品选. 2013年度：上下 / 上海文化发展基金会编. —上海：东方出版中心, 2019.12
ISBN 978-7-5473-1579-8

Ⅰ. ①青… Ⅱ. ①上… Ⅲ. ①剧本－作品综合集－中国－当代 Ⅳ. ①I230

中国版本图书馆CIP数据核字（2019）第274127号

上海文化发展基金会青年编剧扶持项目

青年编剧作品选（2013年度）

编　　者　上海文化发展基金会
责任编辑　张　晶　范文渊
封面设计　王震珅

出版发行　东方出版中心
地　　址　上海市仙霞路345号
邮政编码　200336
电　　话　021- 62417400
印 刷 者　昆山市亭林印刷有限责任公司

开　　本　710mm × 1000mm　1/16
印　　张　64
字　　数　679千字
版　　次　2019年12月第1版
印　　次　2019年12月第1次印刷
定　　价　90.00元

# 目　录

# 序

上海文化发展基金会会长　周慕尧

剧本是一剧之本，人才是事业之本。一段时期以来，编剧人才的短缺制约了戏剧和影视创作的繁荣和发展。针对这一现状，上海文化发展基金会在上海市委宣传部支持下，自 2013 年起推出了“青年编剧扶持项目”，实施了一套比较完整的扶持机制：对入选剧本实施资助，为青年编剧下生活、收集创作素材提供帮助；为入选项目的编剧配备“一对一”导师，指导剧本修改；剧本完成后由剧本朗读会展示推介；对青年编剧的剧本实施演出和拍摄的院团和制作机构给予配套资助，促成作品“落地”。

六年来，先后有 172 位青年编剧的 174 个剧本项目获得资助，其中获得演出和拍摄的配套扶持资助，实现上演或上映的舞台剧和影视剧达到 22 部，有的项目还在国内和国际上得奖。2018 年，市委宣传部进一步加大扶持力度，将青年电影编剧项目纳入“促进上海电影发展专项资金”资助项目，资金蓄水池更大，受惠面也更广。

青年编剧项目硕果累累。现在呈现给读者的就是按年分集出版的获得资助的剧本。在刊发剧本的同时，又收录了指导老师对作品的评语。在此，我们谨向对青年编剧项目给予支持、做出奉献的专家和导师们致以由衷的谢意！

党的十八大以来，以习近平总书记为核心的党中央，对文化建设和文艺人才的培养予以了前所未有的重视。习近平总书记指出："繁荣文艺创作、推动文艺创新，必须有大批德艺双馨的文艺名家，要把文艺队伍建设摆在更加突出的重要位置，努力造就一批有影响的文艺领军人物，建设一支宏大的人才队伍。"要建设一支宏大的文艺人才队伍，离不开对青年编剧的培养和扶持，离不开青年编剧的茁壮成长。希望我们的青年编剧，一定要遵照习近平总书记的指示，坚持以人民为中心的创作导向，坚持弘扬社会主义核心价值观，坚持扎根新时代的生活沃土，努力加强思想积累、生活积累，不断提高学养、涵养和艺术修养。要甘于寂寞，力戒"浮躁"之风，以"十年磨一剑"、"甘坐冷板凳"的精神潜心创作，积极争上艺术"高原"，努力攀登艺术"高峰"，为繁荣发展新时代社会主义文艺作出年轻一代的贡献。

2019 年 6 月

【舞台类剧本】

“生命三部曲”之舞篇

——唯有舞蹈，才能释放女人体内自我破坏的冲动性力量！

话　剧

# 尘　光

朝　熹

## 朝 熹

女,70后,社会接触面广,人生起落性大,带一种独特的生命感怀投身戏剧影视,以一种人性的光辉来关照艺术。曾参加上海戏剧学院“高级编导进修班”以提升创作技能。

## 场　景

本剧时空跨度比较大，意境相对空远，所以舞台上不用实景布置，只用极简手段蕴涵更多的想象。

背景道具中有两块很大的长方形镜子，可根据具体场景灵活运用。

## 人　物：

成　霏——舞蹈家。为躲避“中年离散”，选择了简简单单的感情，却始终难逃命运的窠臼。历经事业的曲折和情感的波澜，但最终超然。出场时27岁。

季遂起——成霏的丈夫，从舞者跻身商界。后离异。27岁。

戴　欣——成霏闺蜜，舞团B角。嫁给所谓的“真命天子”，曾在成霏的婚姻中引起误会。25岁。

黎　总——房地产公司老总，一个阅历丰富、具有无上人格魅力的男人。49岁。

葛裕廷——基金公司首席经理人，深受西方文化影响的单身贵族。43岁。

成父成母

舞蹈团团长

若干伴舞

若干酒客、茶客

若干员工

## 第一场

[观众进场的时候，舞台是敞开着的。台上空无一物。

[缥缈幽冥的音乐响起，三束微弱的光，一为红，一为绿，一为蓝，在黑暗中交叉闪烁，忽明忽暗。一个身着灰色长裙的女子在光的包围撕扯下跳着舞，举手投足之间都流露出怀疑、惊恐和惶惑。那三束光中各有一个若隐若现着看不清颜面的男人的身形，他们和那个女人皆表现出若即若离的状态。

[三个男人都消失不见了，女人四处寻找……音乐走调，逐渐变至不堪入耳的杂音，而且越来越响。女人抱头伏地喘息。三束光从不同的角度同时劈在她的身上。

[灯光渐渐熄灭。

[灯光再亮起时，舞台右前方显现两面成 90 度角的落地大镜子，镜前是练功的把杆。因为镜子折射的关系，舞台上看上去有很多影像——

**戴　欣**　（蹲在伏地的女人身旁，轻轻地摇她）哎，你怎么了？没事吧？

**成　霏**　（抬起上身，我们看到她穿的是紫红色的练功服）没事！只是最近总做那个梦。（搀住戴欣的手）扶我起来。

［戴欣忙搀起成霏，往把杆走去。

戴　欣　（边走边说）梦见帅哥了？不对，看你那样，不是什么好梦。

成　霏　好着呢，全是帅哥。看得我眼晕……

戴　欣　真的吗？分我一个呗？

成　霏　（扶住把杆，随意做基本姿势，惊魂未定）去，这也能分？我已经够乱的了……前几天还去了一趟庙里。

戴　欣　（也开始做准备活动）怎么不叫上我？哦，我有约会。……神仙怎么说？

成　霏　（瞪了她一眼）你最好还是不要求神拜佛，免得神仙爷爷们嫌你烦。

戴　欣　不是啊，我很恭敬的。我一向都很听他们话的……（抿嘴笑）他们喜欢我，呵呵……

成　霏　你觉得……他们说的话，真的可信吗？

戴　欣　信！我相信！上个月我在网上抽了一支签。

成　霏　网上，抽签？

戴　欣　是啊，神仙们在天上，在哪儿抽都一样，只要心诚！

成　霏　呵呵，那支签怎么说？

戴　欣　嗯……不告诉你，秘密！不过还真是很准呢，上周末去见的那个人……

成　霏　哦，原来扔下我一个人去相亲了。

戴　欣　我可不敢带上你。你条件比我好……人要是看上你，我不是白折腾了？

成　霏　（笑）你的就是你的，不是你的，被人拐跑了也不能怪别人！怎么样，看上没？

戴　欣　签里说，最近遇到的那个人就是我的真命天子！

成　霏　那好啊，小妮子总算有归宿了。

戴　欣　（心里美滋滋地）你呢，也要抓紧哪！我们可都是吃青春饭的，趁着年还轻，貌还美，赶紧找个好的把自己嫁出去！

成　霏　（似乎自言自语地）嫁出去又怎么样呢？

戴　欣　女人不都要走这一步吗？嫁人，生孩子，然后看着每个人慢慢变老……

成　霏　怎么直接就变老了？还早着呢，老之前还要做很多事。

戴　欣　可是我只能看到那一天……哎，不说了不说了，再说直接死了得了！……哎，对了，你去庙里有什么收获呀？老和尚有没有说你可以钓个金龟婿，一辈子不用愁？

成　霏　（练功，低头不语）

戴　欣　不好啊？是不是那个梦……我一直还嫉妒你呢！家里条件又这么好，你干吗要出来跳舞啊？我是没办法，没别的出路……所以我要早点为自己找条出路。

成　霏　我还是……不相信。

戴　欣　啥呀？是不是说准了你那个梦？

成　霏　（摇头）不！不是解梦。……梦倒是后来做的。

戴　欣　啊？快说呀，到底在庙里听到什么了让你这么心神不定？

成　霏　说我后运好，可是中年……

戴　欣　怎么样？

成　霏　离散！

戴　欣　啊——不会的不会的，那一定是不准的。（偷看她）是他对不起你？（见成霏摇头，欷歔）不会是你……帅哥太多？（成霏还是摇头）那总有谁对不起谁吧？（成霏一直摇头，欲哭）好了好了，你别想太多了。你看你鼻梁这么挺——书上说的，书上说鼻梁挺的女人会有好依靠，好归宿！

**成　霏**　（深呼吸后恢复平静）哎，什么都还没开始呢。连个伴都没有，现在连舞伴都没了还想那么多，（自我嘲笑）呵呵……不管信不信吧，明天总会成为昨天。其实我觉得自己对爱情的想象很简单，找一个相爱的人，简简单单地过日子而已。我也不要家里给我安排的那些什么高干子弟，富家子弟。那些人，你不知道他们在想什么，他们对女人，对爱情，可能也不是那么在意。我只要找个有感觉的人，就这么简单！

**戴　欣**　我觉得你……不会那么简单。

**成　霏**　为什么？

**戴　欣**　直觉！

**成　霏**　直觉？怎么说？

**戴　欣**　你看你家里那一摊子事……

**成　霏**　我就是不想，所以才选择跳舞。我觉得舞蹈里有我的生命，我喜欢把自己融化在里面……（出神）

**戴　欣**　你这是逃避！

**成　霏**　（被戴欣的话带回到现实中）女孩子，有时候可以逃避一下，选择做自己喜欢的事。

**戴　欣**　我怕你最终还是逃不开啊！

**成　霏**　什么？哦……除非我认定了这个人，否则我就一个人，一直跳……不也挺好的吗？

**戴　欣**　是啊，所以千万别多想，喜欢跳舞就跳吧，喜欢谁就和谁好。你那个舞伴和团里闹了情绪，竟然还跟团里开条件。他还以为自己是什么人物？

**成　霏**　随便他！反正没有他，我还是跳我的。我都已经编好一支独舞了。

**戴　欣**　哈，效率这么高？好啊，看看！

［成霏离开把杆，去开音乐——《诙谐曲》。

**成　霏**　还只是一个简单的构思，反映一个女人的蜕变历程。

**戴　欣**　《蚕蜕》！

**成　霏**　什么？（随着音乐开始起舞……）

**戴　欣**　我说的是这支舞蹈的名字。

**成　霏**　哦，这个还没想好。你刚才说什么？《蚕蜕》？有点那个意思吧，不过有点俗了。

**戴　欣**　去！我们都是俗人，就你不食人间烟火。

**成　霏**　不是，我只是觉得……（甩甩头）反正整体意象是从懵懂到成熟，从混沌——你听这一段旋律，就是一种初元的状态……慢慢慢慢地，经历了各种奋争、困惑……从索取到放弃，从坚强到无奈，从怀疑到坚定，最后回归到——寂静！音乐的最后一段是一个重复！

**戴　欣**　不是重复，不是寂静！

［成霏惊讶地看她，没有停止舞蹈。

**戴　欣**　让我再想想……（看着成霏起舞）你的内心并没有表面看上去的那么安分！

**成　霏**　（继续跳着）怎么了？

**戴　欣**　你听听你自己的构思，对一个女人的想象……（用纠结的舞蹈动作来表示）是，其实我觉得现代社会中，女人比男人要复杂得多，立体得多。（模仿成霏的动作）哎，你听说过吗？说我们女人比男人进化得要高级！……当然，我就比较简单，我了解我自己。可我觉得，你不是！

**成　霏**　为什么？

**戴　欣**　你这支舞蹈就是最好的证明！（停止模仿）不过……

**成　霏**　不过什么？

**戴　欣**　我觉得你现在，可能还不能完全地把它演绎好，特别是后半段。

**成　霏**　那只是肢体和情绪的表演，就像演员那样……他们也不一定都经历过那些体验，只是技巧上的表演！

**戴　欣**　编排呢？演员只是把别人已经编好的故事演出来而已，那个编导才是灵魂。（音乐已回到A段）你看，你现在跳的，其实已经在简单地重复了……可是从你刚才的描述看，后面应该是升华的。对，升华！最后看似重复的旋律应该蕴含另一种境界的东西……我也说不清，但一定不是简单的重复。

**成　霏**　（停下来）后面……确实还没编好。那个名字，我也想起得更空灵一些。

**戴　欣**　我就说你是“缥缈峰”来的吧，呵呵！但至少前半段，（狠狠地）你应该把女人体内那种自我破坏的冲动性力量淋漓尽致地表现出来。

**成　霏**　（惊）自我破坏？

**戴　欣**　是啊，你不觉得我们女人身上具有一种天生的反抗吗？

**成　霏**　那叫反抗吗？不过是很自然的反应。对环境，对人，对事……

**戴　欣**　你那叫条件反射！（见成霏抬头欲打她，俏皮地躲闪）我觉得“科学”地说，那种不自觉的抗拒是女性荷尔蒙决定的，首先是生理上的，其次是心理上的，最后才是社会性的。在什么状况下做什么样的反应，这里面还有性格的问题、涵养的问题。

**成　霏**　哟，你什么时候成人类学家了？还一二三四五，说得头头是道的。

戴　欣　没办法呀，我没有什么大志向，平时只能琢磨点小聪明了。……真的真的，我真的觉得女人有一种与生俱来的天分！（用手指着脑子比划）当然，有的人强烈，而有的人平淡，那要看她的遭遇。不同的遭遇会激发不同的潜能！

成　霏　行了，你就别再得瑟了。就算你发现的是真理吧！

戴　欣　什么叫就算啊？本来就是啊！怎么，不信？就拿你举例，你不服从家里那么好的安排，非要去寻找自己所谓的幸福，那就是一种自我破坏！

成　霏　我不喜欢他们安排的那种生活……我只是想按照自己的意愿……

戴　欣　在我看来，你已经在破坏了。

成　霏　好吧，如果这就算是破坏，那我乐于接受。

戴　欣　这才是个开始！在你变老之前，还有很多事要发生呢！（遇到成霏嗔怪的眼神）唉……你自己刚才说的。你会是个有故事的女人，我的直觉！

成　霏　行了，像个老巫婆！哎，今天练什么？就我们俩？

戴　欣　不是。你那个搭档已经被……（用手在脖子上做了个“咔嚓”的姿势）团里给我们新安排了一个人。

成　霏　我们？共用一个人？

戴　欣　……是！临时借过来的！你知道团里其他人……（用力甩头）反正他们不可能和你搭档。我是B角，你的候补。怕……怕你和新来的那个人不合拍。

成　霏　（瞥了戴欣一眼）那你直接和他排好了。（收拾东西，要走的样子）

戴　欣　哎，你别走啊。你还是A角！你知道我从来不跟你抢的，这是团里的安排。说是好不容易请来一个救场的，又怕你……你知道你这个人，有时候也挺清高的。我是百搭呀，所以让我做替补，以防万一！……唉唉，你别生气啊。我不排行了吧……但是我得在这儿……只做场外指导，场外指导！

**成　霏**　我不是气你！

**戴　欣**　那你跟团里生气也没用啊。而且，其实换个人也好。说不准新来的人更合你意呢！

**成　霏**　什么合不合意的，就是个搭档！怎么跳都是跳！（扔下东西）

**戴　欣**　这就对了嘛。（自语，着急地往门口张望）怎么还不来啊，我都已经完成任务，做完你的思想工作了。

**成　霏**　什么？

**戴　欣**　呵呵，没什么。他只是……他很欣赏你，很尊重你的！

**成　霏**　是吗？

**戴　欣**　（用力地点头）

**成　霏**　（终于定下心，转身去开音乐——《这么远那么近》，起舞）

［季遂起悄悄地站到了门里，对着戴欣做了一个“嘘”的动作……适时地加入到成霏的舞蹈中。成霏吓了一跳，但没有停止跳舞，目不转睛地盯着这个陌生的男人……他那深邃的眼神正对着自己微笑。

［双人舞中……

**成　霏**　你叫什么？

**季遂起**　有点绕口，回头再告诉你。

**成　霏**　那你姓什么？我总得称呼你。

**季遂起**　季，季节的季！

**成　霏**　你应该比我大吧？

**季遂起** 比你大……三个月。

**成 霏** 你知道我的生日?(转头瞪了一眼一旁的戴欣,戴欣忙摆手,示意不是自己干的)

**季遂起** 呵呵,我在接近一个人之前,一般都要先打探一下。哦,是打听、了解。我总得知道,和自己说话的,到底是个什么样的人吧?

**成 霏** 你很有心计。

**季遂起** 我觉得这很正常,知己知彼嘛!

**成 霏** 你还知道我什么?

**季遂起** (神秘地)不告诉你!

**成 霏** 这样很不公平!

**季遂起** 因为你比较瞩目嘛……本来天生就不公平!

**成 霏** 你很会说话!

**季遂起** 和你这样的女人在一起,这是必须的。

**成 霏** 呵呵!我这样的女人?什么样?

**季遂起** 漂亮、有修养、有灵性,还有一个好家世。

**成 霏** 哈,你适合去做间谍。为什么来跳舞?

**季遂起** 因为你跳舞!

**成 霏** (突然停下舞步)我不喜欢你这样!(走向音响,关掉音乐,闷头喝水)

[戴欣着急地向男子挤眼睛,男子愣了片刻,走向成霏。

**季遂起** (伸出手做握手状)遂,遂心……就是讨你好未遂的遂!起,肃然起敬的起!

**成 霏** (没有伸手,抱在胸前笑)

**季遂起** 我就说我的名字绕口嘛,不过这样介绍,方便你记忆!

**戴 欣** 你以后就叫他"计算机",这样更好记!

**成 霏** (噗嗤笑出声来,抬眼看他)

**季遂起** 随便你怎么叫，只要你高兴！（伸出的手还在空中，都有点发酸。他笑着收回手，放松了一下肌肉，重又伸了出来……这回是邀请跳舞的手势）世界上最远的距离，不是生与死的距离，而是我站在你面前，你却不知道……

**成　霏** （打断季遂起）最远的距离，是纵然轨迹交汇，却在转瞬间无处寻觅！

**季遂起** 不是转瞬间无处寻觅，而是尚未相遇，便注定无法……不对不对，（成霏笑）距离是人为的，是可以改变的。（把发酸的胳膊缩回来，甩了甩，再次坚定地伸出来）

［成霏不好意思地伸出手，轻轻地搭在他的手指上……季遂起向戴欣使了个兴奋的眼色，戴欣忙不迭去放音乐。音乐续起——

［季遂起和成霏翩翩起舞中……

**季遂起** （几乎是贴着成霏）你看我们现在的距离？

**成　霏** （拉近）那么近，（又逗乐般地松开）这么远？（开心地笑）哈哈……

［暗场。

## 第二场

［一个月后，演区后台。

［团长张罗着大家各自做好准备，在不同的房间穿梭。

［成霏和戴欣在一个房间里化妆、换衣服……季遂起在另一房间做着上场前的准备工作，他溜出门，刚好撞上

来检查的团长。

**团　长**　快开演了，干吗去？

**季遂起**　（故作紧张）上厕所……上……

**团　长**　去吧去吧，他妈上一辈子场都还紧张。快点！（嘟囔着，下）刚来就不老实……

［季遂起从侧幕跑下，一会儿重又四处张望地上来。手背在身后，走向成、戴房门。

［戴欣一边说着“吵死了”一边起身紧了紧门。不一会儿传来敲门声。

**戴　欣**　（正准备换衣服）谁啊，男士免进！

［门还是打开了……季遂起探了个脑袋进来。戴欣“啊”地一声，躲到帘子后面。

**戴　欣**　都说了男士止步！

［季遂起见戴欣已经藏好了，也就大方地走了进来。手还是背在身后。

**成　霏**　（坐在化妆镜前，转过身来看着他）你干吗？

**季遂起**　（伸出背后的手，手上握着一支勿忘我）外面花篮上折的，借花献佛！

［成霏没有伸手去接，转回身去对着镜子。季遂起优雅地上前，把那朵花从后面插到了成霏的发髻上。成霏看着镜子中的两人。

**季遂起**　（对着镜子中的成霏）勿忘我……

**成　霏**　会吗？

**季遂起**　怕……这个颜色特配你……你真的很美！

**戴　欣**　（在帘子后面）你们别酸了，别忘了这里还有第三个人。

**成　霏**　（对着镜子，轻轻地推了一下身边的季遂起）回去吧，好好准备。

**季遂起** （对镜子里的她）都已经准备好了……早就准备好了。（大声地，对戴欣）看不见你，就当你不存在了！

**戴　欣** （大声地）我就知道你眼里没别人！

**成　霏** 你们俩干吗，对山歌呢？

**戴　欣** 谁跟他对！拜托你赶紧跟他说话，别再理我！当我不存在！

［季遂起和成霏在镜子里相视一笑。季遂起伸手把头上的那朵花再正了正，两手慢慢地下移，扶在成霏的肩膀上。成霏一时僵在那儿，直愣愣地看着镜子。镜子中的男人低下头，在她的脸颊上轻轻地亲了一口，紧紧地贴住她的脸。成霏闭紧了双眼，深深地呼吸着……季遂起的手从两肩往前颈移动（并没有下移），把成霏紧紧地搂在怀中。

**戴　欣** （边拉帘子边说）你们俩，干……（看到了眼前的一幕，赶紧躲闪）吗呢？我什么都没看见，我本来就不存在！

［成霏赶紧离开季遂起的怀抱，季遂起直起身来，对着镜子呵呵地笑。

**成　霏** 回去吧。（娇羞地推了季遂起一下）

［季遂起顺势接过她的手，在手背上深深地吻住了。成霏伸出另一只手，勾住他的脖子。季遂起迅速地吻住了成霏的双唇。成霏一开始还有挣扎，渐渐放弃了反抗，陶醉在亲吻中……

［敲门声——没有人应门，门已被直接推开了。成霏父成霏母相互搀扶着走了进来。

**季遂起** （大步地走到两老面前，深深地鞠了个躬）伯父您好！（转身对成母）伯母您好！

**成　父** （仔细地打量着面前的小伙子）你是……

**季遂起** 我是成霏的新舞伴，我叫季遂起。季节的季，遂愿的遂，后起之秀的起！

［帘子后面传来噗嗤一声笑，戴欣从后面转了出来。

**成　母** 你怎么藏在后面？

**戴　欣** 这空间里，只能是两个人！我是个多余的人！

**成　霏** 去！别乱说话！

**戴　欣** 我说错了吗？

［成父成母看了看女儿，又看了看站在她身边的小伙子。

**成　霏** 他帮我拿些东西过来……戴欣刚才在换衣服。

**季遂起** 您女儿喜欢那个花，我帮她摘了一些送过来。喏，她头上的，好看吗？

**成　母** （慈爱地看着女儿）出落得越发标致了！

**成　父** 可也不能太清高、太挑剔了，给你介绍了这么多……

**成　霏** 爸，现在能不能不说这个？

**成　父** 黄局长的儿子晚上要来看演出的……结束后，他还要请你吃饭。

**成　霏** 我已经约了人！（偷偷地顶了一下季遂起的腿）

**季遂起** 是啊是啊，今天首演，结束后还有活动。然后……我们自己一帮人……

**戴　欣** 我们说好的！

**成　父** （重重地叹了口气）哎，每次都这样！你什么时候能听我安排一次？

**成　霏** 不巧嘛！我没有不听话呀！

**成　母** 好了，（拉了一下成父）走吧，别影响他们准备。（瞥了季遂起一眼）她有自己的安排，让她自己掂量吧。鞋子合不合脚只有她自己知道！

［成父成母转身出门，季遂起一个箭步上前帮两老开了门，毕恭毕敬地送两位老人到门外。

**成　母**　（对着季遂起，轻声地）你认识她多久了？

**季遂起**　很久了，我是你女儿的fans！

**成　母**　什么？

**季遂起**　就是追随者、崇拜者！

**成　父**　以前怎么没听她提起过？

**季遂起**　以前我们不在一个团里，我是临时调过来的。

**成　父**　临时？

**季遂起**　不不，这次是临时顶替他原来的搭档。等演出完了，我会申请正式调过来。

**成　母**　她认识你多久了？

**季遂起**　一……一个月！

**成　母**　哦！（盯着季遂起的眼睛）你喜欢她？

**季遂起**　她讨人喜欢！

**成　母**　那她喜欢你吗？

**季遂起**　开始……慢慢变得喜欢！（成父在旁黑着脸）

**成　母**　（眯着眼睛笑）我看你也挺讨人喜欢的。

**季遂起**　所以她喜欢我。

**成　母**　哈哈！她可从来没有喜欢过谁。

**季遂起**　怎么会？

**成　母**　她遇上的，都是些讨人厌的家伙！（瞪了成父一眼，成父干脆走开了）

**季遂起**　伯父！（跟上两步）可能，我在您的眼里只是一个跳舞的，可我对您女儿是真心的。为了她，我什么都可以做；我可以改变自己！

**成　父**　改变？怎么变？

**季遂起** 我知道您希望女儿幸福，我会尽我所能给她幸福的。

**成　父** 就靠跳舞？

**季遂起** 不是，我其实计算机也学得不错的。我之前在团里不是很忙，还拿了一个计算机的文凭。还和朋友一起做过一些……小生意。

**成　父** 哦，是吗？（口气缓和多了，但仍不失严厉）那我问你，如果真为了她好，你……愿意放弃跳舞吗？

**季遂起** （几乎没有犹豫地）我已经做好这个准备了！

**成　父** 呵呵，小伙子，真会说话。也有上进心，不错！

**季遂起** 那您就是同意我和她交往了？（成父不置可否）

**成　母** 让你伯父点头可是件不容易的事，不过，他确实给你这个机会了。

**季遂起** （向着两位老人狂鞠躬）谢谢你们，谢谢你们！我太激动了，我进去告诉她！不，现在还不能说。等到演出结束后，我再给她个惊喜！（成父点头又摇头，成母给了季遂起一个鼓励的眼神，两老转身离开）……慢走！我一定会好好表现的。

［季遂起做了一个深深的深呼吸，顺手在幕旁的花篮里折下一朵玫瑰，回到化妆间里。

**戴　欣** 干吗去了，这半天？搞定岳父岳母大人了？

**成　霏** 去！没个正经！

**戴　欣** 不是，我很认真的。我还想当你的伴娘呢！如果被我抢了先，你就要做我的伴娘了。

**成　霏** 那到时候一起结不就行了……哎呀！（羞红了脸）

**季遂起** （在一旁笑，没有出声）

**戴　欣** （对季）你还愣着干吗？人都答应你了！

**季遂起** 是吗？人只说结，又没有说跟谁……（故意抬头看天）

我到时候哭还来不及呢！

**成　霏**　怎么会让你哭……

**戴　欣**　你看，人舍不得你哭。你会是笑得最欢的那个人！

**季遂起**　（对着成霏）她说的是真的吗？

**成　霏**　（不好意思地躲闪着季遂起炽热的目光）我们……会很快乐！

**季遂起**　（像变戏法似的从背后拿出那支玫瑰，含情脉脉地看着成霏，并没有说什么）

**成　霏**　（接过玫瑰，深情地闻了一下）这是我第一次知道玫瑰的香味……

［暗场。

## 第三场

［半年后，家。

［茶几上，一杯散逸着清香的热茶。沙发上，成霏依偎在季遂起的怀里。

**成　霏**　你真的不跳了吗？

**季遂起**　我想……我想你应该明白……

**成　霏**　那我怎么办？

**季遂起**　（惊讶）你会过得更好呀！（遇见成霏疑惑的眼神）哦，你说跳舞啊？你还跳你的呀。

**成　霏**　（似乎有些自言自语）我还能跳吗？

**季遂起**　当然！你只要做你喜欢的！别的事，都有我呢！

**成　霏**　你真的决定了？

**季遂起** 嗯,我答应过爸爸……如果你不强烈反对的话,我下星期就去他公司上班了。我会努力的!

**成　霏** 我以为,我可以完全把自己沉浸在舞蹈中……有了你,我以为自己可以做到。

**季遂起** 如果光是跳舞,我给不了你好的生活!我又不能像金星老师那样,成为一个舞蹈的精灵!我只是个……(拿起一旁的茶杯,抿了一口)

**成　霏** 我觉得和你一起跳才有感觉!就像这杯中的水和茶叶!没有你,我就是一杯白开水。

**季遂起** (举起茶杯,看着在水中翻转的茶叶)呵呵,你这个比喻倒是挺有意思。喝着有茶叶的水,我也才更神清气爽!(把杯子递到成霏的嘴边)要不要来一口?

**成　霏** (只闻了一下,有些凄怨地推开了)

**季遂起** 我们以后,还可以在家里跳。

**成　霏** 那不一样!我不能想象……我已经不可能再和别人一起合作了。

**季遂起** 那就跳独舞!

**成　霏** 我会孤独!

**季遂起** 你不会!我会一直在你身边。

**成　霏** 我相信你不会离开我。可是我真的害怕……(抱紧季遂起)

**季遂起** 怕什么呢?我会努力让你过上富足安定的生活。

**成　霏** 也许有一天,我也不会再跳……

**季遂起** 你不用这样。舞蹈是你的灵魂,你不跳了……对啊,如果不想跳了,就回家来,我养你!

**成　霏** (恍惚地摇摇头)那不是我想要的!

**季遂起** 那随你干什么,只要你高兴!

**成　霏**　哎……（冷笑一声）哼，没想到还是掉进了这样的生活。

**季遂起**　那不一样！这是我给你的。（把杯子放回茶几）

**成　霏**　又有什么区别？

**季遂起**　（有点生气地）你怎么能这么说？你现在已经嫁给我了！

**成　霏**　我不是怨你！我知道你们男人活得比较现实。

**季遂起**　这不就结了？只要你知道我爱你，就够了！

［成霏瞪着大眼睛屏息看他。

**季遂起**　怎么，我说错了吗？

**成　霏**　（瞪着他，渐渐地把那口气松掉）抱抱我！今晚……你抱着我，跳最后一支舞吧！

［季遂起在成霏的额头上深深地亲了一口，把她紧紧地抱在怀里……他把她整个儿人抱着站起来，走到音响旁。《那么近这么远》起……摇摆中——

**成　霏**　（喃喃地）世界上最远的距离，不是树与树的距离，而是同根生长的树枝，却无法在风中相依……

**季遂起**　不！我们之间早就没有了距离！

**成　霏**　（抬眼看他）好吧，让我们记住这永恒的夜晚……

**季遂起**　以后还会有的。

**成　霏**　瞬间才是永恒！

**季遂起**　我们不要再念诗了！那首诗现在不适合我们。

**成　霏**　我倒是觉得……呵呵，不管怎样，我们都在一起！（抱紧季遂起）

**季遂起**　我永远也不会走远！

**成　霏**　也许我不该做梦……

**季遂起**　女人，没关系！

**成　霏**　好想永远都年轻下去……

**季遂起** 谁都逃不掉要进入中年……老年……

［倏地抬起头，仿佛从梦中惊醒！停下舞步——

**季遂起** 你怎么了？

**成　霏** 没事……没事！（晃晃悠悠地走回沙发，捧起茶几上的茶杯捂在手里，并不喝）

**季遂起** （跟着走回来，单腿跪在成霏面前）宝贝，别多想了。我不知道你究竟在想什么，可我能确定我会一直爱你。我有今天……不不，这是我们的命中注定。在我们还不认识的很久很久以前，我们就准备好认识了。

**成　霏** （噗嗤一声笑了出来）

**季遂起** 你笑起来真好看！（欲吻成霏的唇，被成霏举起的茶杯挡在了中间，四目相对）你可以继续做你的梦……躺在我的怀里！

**成　霏** 这样怎么躺？

**季遂起** 呵呵！（卸下成手中的茶杯，看到杯子上留下一个红红的唇印。唱）人说你有三颗心，不要爱我爱得不一定……

**成　霏** 瞎唱什么？我可没有……

**季遂起** （继续唱）镜中有我的泪滴，你今天还说对我真心！

**成　霏** 我不会变心的。除非你……

**季遂起** 我敢吗？而且，这世界上有比你更美的女人吗？

**成　霏** 这要问问魔镜！

**季遂起** 魔镜？（扭头四下找）这边！（拉着成霏大步走向穿衣镜）喏，你看！（把成霏推向镜子）魔镜魔镜告诉我，我的女人是不是世界上最美的？

**成　霏** （傻傻地看着镜中一前一后两个人，摇头）太直接了！

**季遂起** 什么？

**成　霏**　那不是真实的你我。

**季遂起**　（把杯子举到成霏的眼前）难道这样看才真实吗？

**成　霏**　这才是真实的世界！

**季遂起**　你要长成那样……

**成　霏**　（转过身来对着季遂起）怎么样？我要是丑八怪，你是不是根本就不理我？

**季遂起**　我怎么是为了你的色？

**成　霏**　那就是为了财！

**季遂起**　你看你，两层玻璃一挡，怎么看什么都变形了？我心地坦荡，和你在一起，就是一个字！

**成　霏**　我们已经结婚了。

**季遂起**　（有点懵）啥……啥意思？

**成　霏**　婚姻是那什么的坟墓！

**季遂起**　不不不，我们之间不会！（成霏走回沙发坐下，季遂起跟过去）其实我想说的不是那个字……

**成　霏**　没想到变得这么快！

**季遂起**　你误会了。我最近听到一句话，差不多是这么个意思："佛从来不说爱，只说缘！"

［成霏瞪大眼睛看着他，然后点点头。

**季遂起**　（吐了口气，终于把杯子放回茶几）呵呵，你老公我有境界吧？

**成　霏**　道听途说！境界还得慢慢修炼。

**季遂起**　炼着呢，跟你一起炼！

**成　霏**　进了公司，你自己多长点心眼。我们原来的圈子太单纯，外面……没有那么简单。

**季遂起**　（抱成霏入怀）这个世界没你想的那么复杂。

**成　霏**　（深深地叹了口气）见机行事吧！

**季遂起** 嗯！不管世界看上去如何扭曲，反正我们都是好人，上天自会保佑我们的！

[暗场。

## 第四场

[三个月后，成父办公室。

[成父躺在靠椅上，正在吸氧。季遂起坐在一旁。

**季遂起** 爸爸，我觉得开展电商业务现在已经是大势所趋，几乎所有的企业，我指的是卖产品的企业，零售、批发……当然现在有很多中间商、半成品也已经在网上拓展业务。哪怕是大型的机械厂商，都可以在线做宣传，也可以接订单。

**成　父** （闭着眼睛）我知道，你们年轻人有自己的想法……可是现在要开展这些新的业务，我有些……力不从心呐！我现在这样稳稳当当的，也没有什么问题。

**季遂起** 可是一年以后，三年以后呢？人家做，我们不做，过些时间就看出来了。我觉得，还是应该早做准备！

**成　父** （睁开眼睛看季遂起）呵呵，这倒一直是你的态度！我还是挺欣赏你的。我答应你，会启动这方面的业务。不过你要先给我点时间……你有什么想法，可以随时和我沟通。

**季遂起** 谢谢爸爸！毕竟原来这一摊子您把持得很稳当，我也实在是帮不上太多。这三个月来基本上把业务也都了解得差不多了，所以……

**成　父**　行了，我知道了。这不是着急的问题。董事会也要开会研究。

**季遂起**　（急）可他们……

**成　父**　（又闭眼）我会支持你的！

［成霏悄无声息地推门进来，见爸爸的样子正欲上前，季遂起摆摆手，示意她不要惊动成父。成霏静静地坐到一旁。

**季遂起**　（收回注意力，犹豫着要不要再开口）爸爸，您还有时间吗？

**成　父**　嗯……（似乎有点不耐烦，抬手看时间）哦，霏儿你来了，过来帮我把这个关掉。

［成霏起身关掉开关，收起管子，坐回刚才的位置。

**成　父**　（重又闭上眼睛）我再躺一两分钟，中午约了李总吃饭。

**季遂起**　（看了一眼成霏）就像她们舞蹈团，现在的演出信息也都是在网上公布，然后可以接受网络订票。电子票、上门送票都是可以的。有很多行业是靠第三方来运营……当然，我们以后要做的是自己的产品，开发自己的网络销售渠道。只要信息一上网，全世界的人都可以找到我们的产品。不过前提是，我们的宣传准备工作要充分。有很多技术工具可以用起来……

**成　父**　你别跟我说技术活，我要听的不是这个。

**季遂起**　我知道。我的意思是，技术上有很多现成的东西可以利用。不像你们以前，白手起家，什么都没有，所有资源都要靠自己一点一点去打拼和积累。现在，我们的条件要好得多。

**成　父**　嗯，这个我同意。现在的社会环境确实比以前进步了不只是一点点啊！

**季遂起** 更大的好处是，没有应收账款。全都是现款现货，至多加一个第三方担保，就像信用证。验完货对方确认没有问题了，第三方马上放款。

**成　父** 哦！我原来还担心结算上会有问题。

**季遂起** 金融方面的技术支持早就已经实现了，否则网上业务是开展不起来的。

**成　父** （睁开眼）这么说，条件都已经很成熟了？

**季遂起** 再不做，就晚了……

**成　父** 好像前两年也只是听人说说，没想到发展得这么快！

**季遂起** 有投资商还专门盯着网络业务投呢。听说都有把这块业务剥离出来单独做上市的。

**成　父** （惊讶）那你说我们……

**季遂起** 可以想得远一点，但还是要踏踏实实先做起来。

**成　父** 好好！（坐起）我时间也差不多了，我会好好考虑这件事的。（起身收拾）你们小两口也找个地方去好好吃顿饭。

［两个年轻人站起。成父经过女儿身旁时带着异样的眼神拍了拍她的肩，出了门。

**季遂起** （走到成霏身旁）去吃饭吗？

**成　霏** （有气无力地，重又坐下）不想吃。

**季遂起** （蹲下来）怎么了？不舒服？（伸手去摸她的脸）

**成　霏** （推开他的手）你都不问问我怎么会这个时间来这里。

**季遂起** 你会跟我说的。

**成　霏** （哀怨地瞥了他一眼）

**季遂起** 你不想说也没有关系！随你自己的情绪。

**成　霏** 我的情绪？我现在哪有什么情绪……每天都一样——在天上飘着……

**季遂起** 这样不也挺好的吗？你不就喜欢做梦吗？

**成　霏** 我？做梦？不管做不做梦，你都离我有这么远！

**季遂起** 怎么会？我不一直在你身边吗？

**成　霏** 你说的话，我都听不懂！

**季遂起** 哦，你说刚才啊？那是生意上的事，你不懂也没有关系。

**成　霏** 你不该是那样的……

**季遂起** 我更有前途，更有出息了，你不喜欢吗？

**成　霏** 我认识的你不是这样的！我脑子里……一直是那个你！最近我跳舞的时候，也总是想着那个时候的你。所以我……

**季遂起** 怎么，跟新的搭档还没有适应？

**成　霏** 我适应不了，也不想适应。

**季遂起** 那怎么行？如果最近没有演出任务，就先跟团里请个假，歇几天再说。

**成　霏** 不是请假……是辞职！

**季遂起** 啊！不用这样吧。你不跳舞，能干什么呀？

**成　霏** 我也不知道。可是我真的跳不下去了……（流泪）

**季遂起** （擦拭她的眼泪）你别这样……你知道我平时忙，有时候确实也顾不上你。我想你还有舞蹈，你喜欢舞蹈……

**成　霏** 你离开舞台后，我浑身上下的细胞也关闭了！我觉得自己现在就像一个设定好程序的机器人，举手投足都没有任何感觉。

**季遂起** 那我请假陪你几天？可是爸爸那边……你刚才也听到了，他支持我的想法，我要马上做一些新的计划交给他。不能再耽误了！

**成　霏**　你不觉得自己表现得太“积极”了吗？

**季遂起**　呵，做事积极点不好吗？而且爸爸身体不太好，我也想早点多帮他分担一些。

**成　霏**　你要学会察言观色！

**季遂起**　爸爸说他挺欣赏我的……

**成　霏**　一叶障目。

**季遂起**　你又想多了。

**成　霏**　我了解爸爸，他从来都是第三只眼睛看人。

**季遂起**　遗传！

**成　霏**　什么？我在说你。我告诉过你要在公司多长个心眼。还有钟叔蒙叔那些人，要得到他们的认可可不是那么简单的。你别看他们表面上……

**季遂起**　（打断成）我是凭本事干活。……我对你是真心的，对爸爸也是忠诚的。别人怎么看，我管不了。（遇成霏嗔怪的眼神）好了，行了，我知道了。我知道不管我怎么做，都会有人说闲话的，但我问心无愧！

**成　霏**　瞧你，还生气了？你能为自己新的目标而奋斗，我也替你高兴。

**季遂起**　那就好，那你自己也好好调整心态。实在不行……如果实在不想跳……

**成　霏**　怎么？

**季遂起**　那就跟团里商量，办个停薪留职。你可以换个心境，换种活法。

**成　霏**　可以吗？

**季遂起**　当然！不过一定要团里找到合适的人接你的位置。你知道，他们是不会轻易放过你的。呵呵！

**成　霏**　不！不是还有戴欣吗？她完全可以顶替我。她也熬了这么多年了，该有个出头之日。

**季遂起** 看来她还要谢谢你的成全。

**成　霏** 这不是走到这一步了嘛！

**季遂起** 不过，一旦迈出这一步，以后要想回头可就难了。你自己要考虑清楚！

**成　霏** 嗯，我会想清楚的。这要走，也不是一天两天的事，还有很长的时间过渡呢！

**季遂起** 要不要晚上约上戴欣一起吃个饭？好久都没有见到她了。

**成　霏** 怎么？想她了？

**季遂起** 不是！这不是刚刚提起她了嘛。一起坐坐不打紧，而且你也可以高兴高兴。

**成　霏** 行啊，那我约她了？她最近好像心情也不太好，好像那个真命天子出了什么状况，我自己这样，也没顾上问。

［暗场。

## 第五场

［光影妖冶的酒吧。零星的酒客，有个女人看上去似乎有些恍惚，一男子开始时在另一端独自饮酒，后拿着酒杯走到她身边坐下。

［季遂起、成霏、戴欣三个人坐在吧台前的高脚凳上。

**戴　欣** 亏你们还能想到我这个衰人……

**季遂起** 哟哟，这就没良心了吧，我们什么时候忘了你了？

**成　霏** （同时，笑）我们什么时候把你给忘了？

**戴　欣**　（对天，又转头对着他们俩）你们俩，现在亲亲密密恩恩爱爱，当然就不把我这个外人放在眼里了。

**季遂起**　你怎么是外人呢？你也是内人，啊！

**戴　欣**　去！我是谁的内人也不会是你的！要不然，（瞄着蒙胧的醉眼对着成霏）我没活路！

**成　霏**　你是我的内人，好了吧？

**戴　欣**　（对着成霏）没想到你这么大方……

**成　霏**　你是我的，就不是他的了。这还听不懂？

**戴　欣**　（抬头一口喝下酒杯里的酒）我谁的都不是……（哭）为什么想找一个一心一意对我的人就这么难呢？

**成　霏**　怎么了？他对你不好啊？他不是你的……

**戴　欣**　我就是因为认定了他……不管怎样，我都不会放弃他的。（趴在吧台上哭起来）

**成　霏**　人无完人。如果他能给你想要的生活，那就睁只眼闭只眼了。

**戴　欣**　你看你多好，什么都好，还有他那么专情地爱你……老天为什么那么不公平？！

**季遂起**　你这话说的，老天听到就不高兴了。

**戴　欣**　（泪眼婆娑）难道不是吗？

**季遂起**　其实每个人……内心的痛苦都是一样的！（马上意识到不该说这句话，不再出声）

**成　霏**　（转头看了季遂起一眼，一阵悲哀涌上心头）

**戴　欣**　你们俩，这是身在福中不知福！

**成　霏**　哪有什么福！（起身）不好意思，我去趟洗手间！

［成霏离开，戴欣和季遂起面面相觑。

**戴　欣**　她啥情况？你把她怎么了？

**季遂起**　我能把她怎么了？我对她……说不出有半点不好！

**戴　欣**　那她……

**季遂起**　她今天中午跟我说……她……哎……还是让她自己跟你说吧！

**戴　欣**　什么情况啊？放着神仙的日子不过，她想干吗？

**季遂起**　唉……她爱干啥就干啥吧。只要她心里高兴！

**戴　欣**　我还以为，只有我一个人不痛快！没想到……那你呢？你舍弃了我们都无法舍弃的东西，但也得到了自己想要的。你高兴吗？

**季遂起**　（喝了口酒，摇摇头，侧脸看着戴欣）

**戴　欣**　怎么？……说说看。（季遂起还是盯着戴欣不动也不说话）你想急死我啊？

**季遂起**　就像你说的，我能有什么不高兴？我挺好的！

**戴　欣**　去！你就装吧。……我知道了。喝酒！（和季遂起干杯状）

**季遂起**　你知道了？

**戴　欣**　她说我是老巫婆。我的直觉平时睡着，可是一点就醒！呵呵！

［旁边酒座上的男女起身，颤颤巍巍地相互搂着向外走。

**季遂起**　那你这老巫婆说说，她最近怎么了？（目光随着擦身而过的那对男女移动，对戴欣）哎，先测测你这老巫婆准不准？

**戴　欣**　什么？

**季遂起**　（朝刚出门的男女努了一下嘴）

**戴　欣**　管好你自己吧。你刚才说成霏怎么了？

**季遂起**　是我问你她怎么了？

**戴　欣**　哦，我……她有点飘忽，不知道自己身在哪儿。有时候叫她都没反应，像在梦里……

**季遂起** 你这么一说，我倒也觉得……有时候晚上抱着她的时候……哎，怎么和你说这个。

**戴　欣** 说嘛说嘛，都是成年人了，有什么不好意思的？

**季遂起** （转头不再看戴欣）她就是那么静静地让我抱着，什么都不做。她在我的怀里，却好像飞到天边去了……你知道我们以前……她是真的爱我，我也爱她！炽热的那种！

**戴　欣** 遇见你，她以为自己逃开了某种宿命！

**季遂起** 宿命？

**戴　欣** （躲闪着）哎，不说了不说了。那玩意儿，信不信都一样！

**季遂起** 可以当它不存在吗？

**戴　欣** 干吗？你也信？

**季遂起** （笑）不是……既然信不信都一样，那就不用多想了。一切顺其自然！

**戴　欣** 那是！本来就是！你不顺着走，逆着走不是更别扭、更难受？

**季遂起** 是啊……来，为了顺其自然！干杯！

［两人仰头饮下。成霏重新入座。

**成　霏** 说什么呢？没背后说我坏话吧？

**戴　欣** 瞧你这没心没肺的，我们俩还能背着你说什么坏话？你有什么坏话可让我们说吗？

**季遂起** 坏话我们是不敢说的……

**成　霏** 坏事就做得？

**戴　欣** 你瞧你！越说越不靠谱！我看你，现在越来越神经兮兮了！

**成　霏**　我知道！

**戴　欣**　你还知道？

**成　霏**　我当然知道……所以，我打算，给自己放个大假！

**戴　欣**　你怎么可能离得开？团里没你不行的！

**成　霏**　离开了谁，地球都照样转，更何况只是一个舞蹈团，而且团里不是还有你吗？

**戴　欣**　我怎么行？我哪儿撑得住？

**成　霏**　你和新来的那个搭档更合得来……其实你跟谁都合得来。可是我不行……技能上你也是没问题的，只是没有这个信心罢了。我觉得你一定行的！

**戴　欣**　不不，我觉得现在这样挺好。否则，压力太大了，我受不起！

**成　霏**　刚刚你们不是还在说顺其自然吗？我走了以后，你接也得接，不接也得接。这就是自然！（用力拍了一下戴欣的肩）勇敢面对吧，过了那道心坎就好了。

**季遂起**　你已经决定了？

**成　霏**　是！我想，还是离开舞蹈……先离开一段时间看看，也许会轻松些！

**季遂起**　那也好！换种心境，换种活法。要不，我们要个孩子？

**成　霏**　（不好意思地扫了一眼戴欣，又瞪眼看季遂起）

**季遂起**　其实，如果生孩子，你就可以冠冕堂皇地向团里请假，至少半年。你就可以自然地换个活法了。

**成　霏**　生了孩子，我还上得了舞台吗？还是……再说吧。

**季遂起**　还可以当老师，当编导，反正随便你吧，我也只能给你这些建议。你自己决定！

**成　霏**　哦，戴欣。都忘了你的事了。怎么样，心情好点没？我离开团后，见你的机会也少了……如果还能接受他，就再往前走走吧。毕竟找到一个合意的人,真的不容易。

**戴　欣**　我知道……我会想清楚,他是否给了我想要的。如果光凭感觉,也许以后会后悔……

**成　霏**　呵呵!我知道你的脑子会盘算得很。自己好好掂量吧!

**戴　欣**　行了,放心吧。我想清楚后会告诉你结果……我知道要想再找他那样的人,对我来说很难!我想,我不会轻易放弃的!

**成　霏**　其实你心里已经有答案了。

**季遂起**　什么时候结婚一定早点通知我们……

**戴　欣**　说这个还早,又不是不见了。以后,常来这儿聚聚。我也只有你们两个朋友……

［暗场。

## 第六场

［幽静的酒店咖吧。几个闲散的客人。

［两个男人,一个将近五十岁,一个四十岁左右。聊完,两人握手告别。四十岁男人刚欲转身退下,和急匆匆进来的成霏差点撞个满怀。成霏向他点头致歉,下意识地整理了一下头发和衣衫。她张望了一阵,朝座位上的五十岁男子走去。

［四十岁男子从背后多看了两眼成霏婀娜的倩影,微笑离开。

**成　霏**　是黎总吧?

老男人　（欠了欠身，和蔼地）成小姐，请坐！

成　霏　（入座，看四周的环境）不好意思，打不到车……黎总，我是来面试的。这里……

黎　总　哦，不要紧，我刚和客户谈完事情，所以就约了你到这里。没别的意思，不要多想！喝点什么？（举手叫 waiter）

［waiter 上。

成　霏　您喝的是……柠檬红茶，（对 waiter）一样，谢谢！（waiter 下）不是！我只是觉得……我是来找工作的，这样很没有工作的气氛。

黎　总　成小姐为什么要找工作？

成　霏　（愣住了）

黎　总　我看了你的资料，所以觉得约你来这里也没有什么不妥——就当朋友聊聊天。

成　霏　我看到你们公司在招总裁秘书……我只是来试试。

黎　总　你没有这方面的经验。

成　霏　没吃过猪肉，难道没见过猪跑？

黎　总　呵呵，成小姐的意思是……哦，也对，成家大小姐，应该见过世面。

成　霏　（惊讶地）我资料里并没写家里的情况啊。

黎　总　（神秘地）不写难道就不会被人知道了吗？你知道我以前干什么的？

成　霏　什么？

黎　总　间谍！

成　霏　啊！黎总不会开玩笑吧？

黎　总　你觉得我像是在开玩笑吗？

成　霏　呵，看着您倒是有几分军人的模样！

**黎　总**　（拿起身边的一张报纸递给成霏）你看看，刚刊登的！

**成　霏**　（拿起报纸，念）从军人、文人到商人！（抬头）您还做过文人？

**黎　总**　也不算什么文人，这只是媒体为了做这篇报道加给我的头衔而已。我只是早年翻译过一些小说。

**成　霏**　翻译？英语？法语？西班牙语？

**黎　总**　（笑）你觉得我身上有那么浪漫吗？

**成　霏**　（不好意思地）我只是瞎猜。（waiter 上、下）谢谢！那么您是……

**黎　总**　日语！

**成　霏**　哦！

**黎　总**　其实在军人和文人之间，我还有一个身份……（看着成霏崇拜的眼神）官员！复员后回到地方，从市长秘书干起，然后被列为重点培养对象，公派去了日本学习。

**成　霏**　哦……听说就算在外面待上几年，语言关也是很难过的。您居然还能做翻译？

**黎　总**　我在部队的时候，被送去外国语学院进修过。否则，怎么做得了间谍？

**成　霏**　哦，原来有基础！

**黎　总**　你知道吗？我们那个年代……呵呵，你知道那个年代和现在完全不同。根本没有自由选择的权利，全都是服从组织安排。公布专业名单的时候，当你刚才所说的那些英语啊、法语啊全部公布完毕后还没有我，我就知道完了！

**成　霏**　什么叫完了？还有很多别的语言啊，俄语啊、德语啊、阿尔及利亚语啊……

**黎　总**　那我就得去非洲了！

**成　霏**　呵呵！去非洲掘金不也很好吗？比去小日本洗盘子强！……哦，然后您就被强制安排去学日语了？……我觉得您的身上，很有一股日本人那种严谨的气息。

**黎　总**　这倒是对的。我一开始还特别不情愿，觉得老天不公平，把我分去那样一个中国的敌对国，一个被中国人仇恨的民族……不过后来，慢慢地，我反而觉得，自己适合那个国家，甚至，好像是老天为自己量身定做的一般。

**成　霏**　哦，是吗？您从那个文化里得到了很多？

**黎　总**　日本企业的管理精髓……还有，我在那里结识的一些人，包括后来我翻译了几本他的书。《失乐园》，听说过吗？

**成　霏**　啊！那本书是您翻译的？

**黎　总**　不，我说的是渡边淳一先生。他授权给我，翻译了一些别的他的著作。

**成　霏**　哦！他的小说，似乎都围绕着一个主题。

**黎　总**　（躬身往前，略带暧昧地）那你怎么看……“婚外恋”这个社会现象？

**成　霏**　（低头捧着茶杯）我……没仔细想过。就像这柠檬茶……

**黎　总**　怎么？

**成　霏**　（抬眼）茶和水是融到一块的，但柠檬——是个“异物”。

**黎　总**　（往椅背靠）哈哈……有点意思。

**成　霏**　但有没有这片柠檬，味道会完全不同。（突然）不不，我没别的意思，请您不要多想。我只是……

**黎　总**　只是当个话题随便聊聊，中国和日本在性文化方面……（见成霏尴尬）哦，还是不说这个了。

**成　霏**　大部分都像《失乐园》的结局，还没那么美。

**黎　总**　美？你不觉得那是悲剧吗？

**成　霏**　悲剧才美啊。

**黎　总**　可发生在生活中你就不会那么想了。你会追求另一种可以获得的美。

**成　霏**　那也只是一种愿望而已！

**黎　总**　也是动力！就像他的书里，坚持到最后也有好结局的。

**成　霏**　这倒是！其实现在在中国，从婚姻中逃脱，重新找到幸福的人也不少。

**黎　总**　那你呢？你觉得自己幸福吗？

**成　霏**　（讪讪地）反正跟自己想象的不同……我们是不是该换个话题？说点工作上，经历上的事，从年龄上说，您是我的长辈！

**黎　总**　（笑）和你说说话挺舒服的，我也不知道为什么……我其实平时在人前都很严肃。

**成　霏**　做男人的悲哀！

**黎　总**　呵呵，总是把自己裹得很紧，有点……道貌岸然。

**成　霏**　（偷笑）其实你们的内心，也是很脆弱的。有时候甚至比女人还脆弱！

**黎　总**　那也说不上。对我来说，只是……伪装得比较严实而已。

**成　霏**　刚才就想说您挺坦诚的。

**黎　总**　在你面前，我好像没有那道伪装……也真是很奇怪。

**成　霏**　您私底下……哭过吗？

**黎　总**　你能想象，我两眼望着天花板，眼泪就那么从眼角直刷刷地流下来……

**成　霏**　啊，为什么？什么时候的事？

**黎　总**　在狱中！

**成　霏**　什么？

**黎　总**　呵呵，民营企业家的原罪！不过还好，我当过间谍，所以也懂得反间谍！

**成　霏**　你逃脱了，是吗？

**黎　总**　否则我现在就不会坐在这里，不会有这家企业，也不会有现在的项目，也不会招人。

**成　霏**　也就遇不到我！（自觉失言，不好意思地低头）

**黎　总**　呵呵，是！人生有太多的机缘巧合。一个“如果”成立，就会把一切都改变。

**成　霏**　那您的意思是，人生的偶然性会改变一个人的命运？

**黎　总**　不，我都快五十的人了，我知道天命！每个人的人生都有其不可扭转的必然性！

**成　霏**　这么说，每个偶然也都是必然会发生的？就像我现在偶然坐在您的面前，却可以改变我的命运一样？一切都会指向那个必然的宿命？

**黎　总**　我不是宿命论者，但人不能简单否认那些超出自己理解范围的东西！你看我的那些经历……如果没有那么多的如果，我就不是现在的自己。可我觉得，我就应该是现在这样的。每一个偶然都成就了你眼前的这个我。不管当时痛苦也好，欣慰也罢，运势就把一个人带到今天。

**成　霏**　您有强求过什么吗？

**黎　总**　不算强求，只是努力去争取！争取不到，就是命中没有。（直勾勾地盯着成霏）只能放手！

**成　霏**　（低头喏喏）您说得倒挺轻巧的，谁能说放就放。

**黎　总**　我基本上可以……

**成　霏**　呵呵,什么叫基本上？放就放,不放就不放。这是两个绝对!

**黎　总**　世界绝对不是绝对！……如果有绝对,你会选择哪个？

**成　霏**　不知道……没有发生过,光讲道理,我当然知道应该放下。可我也知道肯定做不到。

**黎　总**　或许我们男人,在这方面要好得多。

**成　霏**　所以你们男人绝情!

**黎　总**　也不能这么说,只是比较理智而已。我们有现实的压力和目标,不会沉浸在明知不可能中太久。

**成　霏**　您是个会拐弯的人!

**黎　总**　不拐弯,难道明知是死路还要走下去啊？

**成　霏**　有些人就会这样……或许他们没有别的选择。而您不是！您有足够的选择!

**黎　总**　其实在某一个节点,并没有那么多的可能性。很多时候,走哪条路都是被逼出来的。没有你说的那么灵活和潇洒。

**成　霏**　嗯,所以我才来另找工作……

**黎　总**　如果你不方便解释,我也不会多问。你觉得自己能胜任这个位子吗？我在工作中,对人的要求可是很高的,不像现在这样好说话。呵呵!

**成　霏**　我爸书架上那些书,我也看过一些。而且,很多东西是靠天赋的。只要身体里有这个细胞,给一个合适的环境它就能生长。

**黎　总**　这倒是！我身体里的那些细胞,也都是这么一步步被激活起来的。呵呵……这个位置的工作繁琐,压力也不小,主要是我对人的要求会比较高。你好好考虑一下。如果你最终还是愿意来的话,我可以给你三个月的试用期。行与不行，到时候我们都会有个定论。

**成　霏**　太谢谢您了，黎总！我想我不用考虑了。什么时候开始上班？

**黎　总**　下周吧。下周一你直接去公司人事部办理入职……哦，你的关系暂时不用调过来，还是按照你之前的打算。等到试用期满，你再做最后的决定不迟！

［灯光灭。

## 第七场

［两个月后。酒吧。

［成霏和戴欣坐在吧台前的高脚凳上，还有几个酒客散坐在周边。其中有一个孤独的男人独自买醉。

**成　霏**　我开始有点怀疑……

**戴　欣**　什么？你可别受了间谍的感染到处疑神疑鬼。我可没什么好让你怀疑的。

**成　霏**　不是！我不是怀疑你，而是怀疑我自己！

**戴　欣**　（吁了一口气）哦，我还以为……怀疑自己？你自己做了什么难道不知道吗？

**成　霏**　就是因为我没做什么，或者是我过去做过的。

**戴　欣**　那有什么好怀疑的！是就是，不是就不是，没有发生的，就更不是！

**成　霏**　我就是怀疑过去做过的，和那些还没有做过的！

**戴　欣**　我看你啊，神经真的有那么一点点问题。你把什么事，都想得太复杂了。哎，发生什么事了？不会是那老头……

成　霏　什么老头，人家可比三十多岁的年轻人还精神能干。你知道吗，他这么大年纪了，居然还在职读博！平时工作压力那么大，周末居然还去上课！

戴　欣　哈，想把自己修炼成圣人！

成　霏　他还真是个圣人……

戴　欣　你危险了！

成　霏　什么？

戴　欣　看你那崇拜的眼神……你被迷惑了！

成　霏　不是！他真的完美得让人挑不出毛病！除了工作时过于严厉之外！但那不算是毛病。

戴　欣　他对你呢？

成　霏　什么？（恍然，羞红了脸）

戴　欣　他对你，有没有那个意思？……一点点？

成　霏　他有好几次出差，都让我同去……可是我都没答应。

戴　欣　我就知道，他答应你进他的公司，本来就没安什么好心。

成　霏　也不能这么说。我很感激他给我这个学习的机会，如果在我爸那儿，我是学不到什么东西的。

戴　欣　反正你们俩……还是得注意。你现在是有夫之妇！如果换做我，或许也就求包养了。你怎么说也犯不着那样做。还是老老实实的，啊？

成　霏　我又没说要怎么样，只是欣赏他嘛。他也不会强求，一开始他就是这么说的。

戴　欣　一开始？看来他早就盯上你了。他还说什么了？

成　霏　我想那可能是一种暗示，不过……或许……那也是他身上固有的本领和本色。

戴　欣　什么？

成　霏　他翻译过很多关于婚外情的小说。

戴　欣　啊！那他可真是一个危险分子。他骨子里一定有那个基因，只要有合适的机会，他就会……（用手做嬲嬲的放电状）而且听你说起来，他的确是个很有诱惑力的男人！有这个资本玩！如果被我遇到，说不准我还会主动地投怀送抱！

成　霏　（狠狠地瞪了她一眼）你不是有真命天子吗？

戴　欣　真命天子又如何？他又不可能满足你所有的需求。就算他给了我形式，那就等于我必须得放弃其他一些东西——甚至是很重要的东西。

成　霏　那倒是！没有一个男人可以完全满足一个女人，反过来也是一样的。

戴　欣　所以啊，婚外恋泛滥！如果真的让我遇到一个让我心动的，说不准……哎，我这个人，有时候也没有那么强的原则。我自己知道！有时候明明知道这是错的，可如果当时给了你那样一个情境，你可能就会身不由己地陷进去……

成　霏　所以我避免出现那样的情境！

戴　欣　能避就避啰！避不掉……或者……甚至……你还会渴望那样的事情发生呢！

成　霏　那绝对不会！我和季遂起，虽然过了那个热恋期，可总算家庭还是和睦平稳的。

戴　欣　他那是装出来的！（意识到自己说错了话）不是……我的意思是，他是很努力地营造了这样一种生活氛围。

成　霏　其实我知道……

戴　欣　啊，你知道？

**成　霏**　他的心很累！我每天透过他殷勤的笑容，其实更多看到的是他的悲哀！他越来越不快乐……

**戴　欣**　我也不知道该怎么说。他其实得到了自己想要的，可是他又失去了一些本真的东西！

**成　霏**　没法说他的选择是对是错……我也是！你觉得我的选择可以有个对错的评价吗？

**戴　欣**　你没有错……可也不见得对！或许还有别的选择。

**成　霏**　那你觉得我还有什么别的选择？

**戴　欣**　我不知道。也许你应该继续跳舞，也许你应该在家生孩子，也许你应该进你爸爸的公司……可是……反正我的确有些看不懂。如果是我，我会做其中一样选择，而不会像你这样，走得那么远……

**成　霏**　我只是……不想沉浸在自己不喜欢的感觉里。你可以说这是逃避！

**戴　欣**　这就是逃避！你在破坏！

**成　霏**　（瞪大眼睛看着戴欣……缓过一口气）我不能面对那样的他！

**戴　欣**　谁啊？季遂起？……你疯了？他对你那么好，而且在你爸爸的眼里，也终于找到了一个合意的可以接班的好女婿。

**成　霏**　那和我的心境无关！当然，我知道……所以我不会破坏！

**戴　欣**　你可真是……我都不知道该说什么才好！

**成　霏**　我觉得之前编的那段舞……就算是开始时的懵懂期，其实也不是那么单纯的。就像你开始说的，其实那里面，有一股力量，一股看不见的蠢蠢欲动的……

**戴　欣**　破坏性力量！自我破坏！

成　霏　我没有破坏！我害怕破坏！

戴　欣　只要那股力量没有消失……它就是在酝酿！早晚有一天，就像火山爆发那样！

成　霏　够了！我会找个缺口把它释放掉的！

戴　欣　其实喷发出来也没什么不好的，至少说明你还是活的！是个有血有肉有力量的人！

成　霏　我看你有时候也像个圣人！

戴　欣　我哪是什么圣人，最多就是个老巫婆！呵呵！

成　霏　那么请老巫婆再给我算一卦。接下去我该怎么办呢？

戴　欣　什么？工作还是家庭？我告诉你，你少动歪脑筋！

成　霏　我哪有什么歪脑筋？我这是紧着砍掉那些枝枝杈杈呢，我是想向你请教，接下去该怎么个修剪法？

戴　欣　我的直觉告诉我……我的直觉一向很准的哦！你如果不想迈出那一步，就离开这家公司。否则，早晚的事！（耸耸肩）如果他真的像你说的那么好的话。而且我的直觉告诉我，他喜欢你，而且，你对他……好感不否认吧？

成　霏　他真的让我怀疑自己当初的选择！

戴　欣　你后悔嫁给……他了？

成　霏　不是针对他，而是……你记得吗，当初我爸爸给我介绍的那些富家子弟、高干子弟，或许那里面也有好的，不全是纨绔派！

戴　欣　他让你受什么刺激了？

成　霏　他也是……但他没有靠家里，而是一点一点自己打拼出来的。正是这一点让我更加敬佩！如果当初就碰到像他这样的人，我或许……

戴　欣　你可别！季遂起可是你千挑万选出来的。当初你是什么人都不要，直到遇到他。你必须得相信你们之间有这个缘分。

**成　霏**　我认！所以我不会对不起他。如果失去我，他将一无所有！我不会害他！

**戴　欣**　想清楚了就行！所以接下去该怎么走，其实你自己心里明白！

**成　霏**　我说了我不会破坏！

**戴　欣**　但愿吧！不过也别太委屈了自己，女人……有时候还得跟着感觉走。顺其自然吧！

**成　霏**　谁知道什么是顺，什么又是逆呢？谁知道对的那个结果是什么？如果不知道这个前提，就不知道哪个方向才是对的。

**戴　欣**　话可不能这么说。就说你现在，已经结婚了，对的做法就是老老实实地相夫教子。

**成　霏**　可如果……我是说如果，如果命中注定你有另外一段感情，你应该抱着现在的婚姻死守到底吗？

**戴　欣**　你怎么会有这样的想法？很危险哦！既然没有人知道将来会发生什么，那就把现在该做的做好。在现在的前提下，不要去做什么出格的事。我想这是没错的！

**成　霏**　可是如果一切都只在框架内进行，怎么会有变化的可能呢？

**戴　欣**　那你的意思是，红杏出墙才能被人看到，对吧？

**成　霏**　我是说，从道理上讲是这样的。如果真有什么实质性的变化发生，那也不会是一天两天的突变。

**戴　欣**　你已经在给自己找理由了。

**成　霏**　不是！我只是在做理论上的推断。世间万物的道理是相通的，不管是物理世界还是人文世界。

**戴　欣**　哟哟哟，被圣人熏染了几天果然不一样了嘛。我看你，还是离他远一点。

**成　霏**　我在他身上，真的学到了很多。他让我看到了一个不一样的世界……

**戴　欣**　瞧你说的，这不是寒碜我？难道你爸没让你开眼啊？

**成　霏**　我爸是个老顽固，跟不上时代。可他不一样！虽然他们的年纪差不多……

**戴　欣**　有这点正好，可以提醒你不能过了这个界！你最多也就是精神上崇拜崇拜他，真要是那什么了……可能人走近了，看清了，就会不一样了。到时候你也许会发现，他其实并没有你想象的那么好。

**成　霏**　也许吧。所以我会保持这个距离！

**戴　欣**　按照你以往的逻辑，你会选择离开！

**成　霏**　是吗？

**戴　欣**　不是吗？当你一旦害怕一种感觉，你就会选择逃避！远远地躲开！

**成　霏**　可能……我还没有去想事态发展的后果。眼前这样的工作关系，还是让我挺享受的。

**戴　欣**　唉……那就你自己跟着感觉走吧。现在感觉还不到那个点儿上，所以你就割舍不下。（低头去掏手机）

**成　霏**　没有理由啊！

**戴　欣**　试用期满的时候再说吧。到时候总会有个抉择！而且对你来说，这个抉择并不仅仅是一份工作……（打开短信）哎，我说你们俩，怎么会分着约我？不能一起啊，这多占用本小姐宝贵的时间。

**成　霏**　他也约你？……分开来，方便说话。（眼光里突然闪现出一道异样的光芒）

**戴　欣**　有没有搞错？你们俩之间，没事吧？

**成　霏**　不都跟你说了嘛！还是……那我先走了。不想被他碰到，以为我又向你哭诉了。

**戴　欣**　那也还早，再陪我坐会儿。扔下我一个人？

**成　霏**　还是算了，心乱了。还是下次再聊吧。我先走了。

［成霏背起包往外走。戴欣一个人留在吧台前喝酒……不一会儿那个满身酒气的男客趔趔趄趄地靠近戴欣。

**酒　徒**　（满嘴酒气）小姐，一个人喝闷酒？陪哥喝一个？

［戴欣厌恶地躲开他。

**酒　徒**　干吗呀，来这儿还装什么纯情？（一把抓住戴欣的手）

**戴　欣**　（使劲地挣扎）你干吗？这儿是酒吧，又不是夜店。你放开我！

［成霏重又现身，躲在一旁，着急，但并没有上前。

**酒　徒**　只是让你陪哥喝一个嘛，又没让你干嘛！在这儿还能干吗？（复杂的苦笑）哈哈……

**戴　欣**　下流！放开我！

［季遂起进来，见状，一时手足无措。他操起身旁桌子上的酒瓶，不敢砸。放下。抢过女酒客手里的一个包，冲了上去。

**酒　徒**　我还就不放了。（还往怀里揽）我倒要看看，女人在酒吧是不是那么好勾搭？啊……（猛地捂住头，转头看）妈的！哪个王八蛋敢打我？

［戴欣也吓了一跳，还没来得及看仔细，就被季遂起拉着往后门跑。

［包男主上去捡起地上的包，女主几乎要哭出来，拉住男友却又把他推上前。

**包男主** （对着酒徒）这是我刚送给女朋友的生日礼物，CHANEL 的新款！你……你要赔！

**酒　徒** 要我赔？可是谁又来赔我的？我老婆都被人从酒吧拐带走了，谁来赔？（大哭）

［几个人面面相觑，隐。

［季遂起和戴欣跑出门后，看到后面没人追，停了下来。成霏远远地跟在后面。

**戴　欣** （捂着肚子）别跑了，没追出来。还好你来了！

**季遂起** 我可没想英雄救美！可谁让我撞上了呢！没办法，只能当回英雄了。

**戴　欣** （脸上痛苦的表情）呵呵，说你胖还真就喘了？

**季遂起** 你看我喘得……（故意呼呼地对着她喘气）

**戴　欣** （轻捶了他一拳）哎哟！（收回手捂着肚子）行了吧，你！谁还不知道你的体力！

**季遂起** 这倒是！我们也是亲密接触过呢！……你没事吧？

**戴　欣** 没事，缓一缓就好。……谁跟你亲密接触了？要被人听见，还以为我们俩干啥了呢！

**季遂起** 呵，干不干啥又有什么不一样？

**戴　欣** （惊叫）当然……（按着肚子，泄气）又能怎么样？

**季遂起** 唉……

**戴　欣** （重重地呼了口气）你怎么了？谁给你气受了？成霏？

**季遂起** 她爸！

**戴　欣** 老丈人不一直对你很满意吗？你也做得……实在是没话说。他挑你什么理了？（想直起身，可还是不行）扶我去那边坐一下，肚子疼……

**季遂起** （赶紧扶起戴欣，往一旁的堆放物走去。找了个结实一点的箱子，扶戴欣坐下）就是因为我做得好，我才冤呀。

他可能觉得我要夺权！

**戴　欣**　啊！不会吧！这公司不早晚都是你的呀！你着什么急啊？

**季遂起**　我哪儿着急了？我只是想早点启动新业务，是为了公司的新发展考虑啊！

**戴　欣**　你身边一定有一帮兄弟，是不是？

**季遂起**　那是啊，要做事，总归要有自己人的。

**戴　欣**　这不就结了？老头子一定觉得你在培养势力，好早日轰他下台。

**季遂起**　有没有搞错？我就是有这心也没这胆呀！

**戴　欣**　还是不经意流露狼子野心了吧？

**季遂起**　这……我就是有十张嘴也说不清了。我哪能动这样的心思？我能有今天……你知道我怎么敢冒一点点风险去破坏已经得到的那些战果。

**戴　欣**　那你去跟老头子说去，看他信不信？

**季遂起**　你让我怎么说呀，我越解释，就越是此地无银三百两！……我百口莫辩！

**戴　欣**　那你来找我……我也帮不上什么忙啊！

**季遂起**　我想让你……帮我在成霏面前表个态！

**戴　欣**　你自己不能和她说？

**季遂起**　我们聊过……再直接的话在她面前也不好启齿！你说她会向着哪头？而且她本来就不太赞成我进公司，也不太关心我在公司的情况……

**戴　欣**　那你说我说不都一样？

**季遂起**　怎么能一样？……你也不用太刻意，只要让她知道我的处境就好。

**戴　欣**　你这是给我出难题！你让我怎么跟她说？说你老公现

在很为难，让你爸开开恩。还是说你老公很可怜，你应该多关心关心他的心理健康？……你怎么变得这么窝囊？离开她你不能活啊？

**季遂起** 离开她？

**戴　欣** 不是不是！我不是这个意思！我是说，你应该为自己活得扬眉吐气！

**季遂起** 那你教教我应该怎么做？

**戴　欣** ……我这老巫婆也没辙！谁让你处在这个位置上。这可是你自己千方百计争取来的。你还记得第一次求我，让我帮你接近她的样子吗？

**季遂起** 我是真的喜欢她，爱她。那时候绝不是为了她的什么家产！我就是跳舞也能养活她。

**戴　欣** 她宁愿你跳舞！

**季遂起** （愣了一下）可这是要得到她的代价！

**戴　欣** 你现在得到了！可是你真的得到了吗？（季遂起低头不语）你真可怜！我现在只有两个字送给你——同情！

**季遂起** 我真的没想到会变成这样……

**戴　欣** 不过她说过，她不会离开你！

**季遂起** （抬头疑惑地看着戴欣）真的吗？

**戴　欣** 你看我像骗你的样子吗？她刚才还说，你们的家庭是和睦平稳的！

**季遂起** 刚才？

**戴　欣** （闪烁其词）是啊，刚才我们就在一起！

**季遂起** 她说什么了？

**戴　欣** 你知道我们女人，很多时候都是瞎聊。并没有什么！

**季遂起** 如果没什么事,她不会约你到这儿来瞎聊。是不是她工作上的事?她从来不跟我说。

**戴　欣** 就是问我,三个月试用期到了,该怎么选择的问题。问了我一些团里的情况。

**季遂起** 就这个?

**戴　欣** 还能有什么?

**季遂起** 她那么漂亮的一个女人在外面帮人做秘书,就没碰到什么事?

**戴　欣** 你多虑了。你老婆什么人,你还不知道?

**季遂起** 我还真不知道她是什么人!这半年来,我都不知道她在想什么,在做什么。

**戴　欣** 这是你的不对!她是你老婆,你怎么能不关心?

**季遂起** 她让我关心吗?渐渐地变得像个冰雕一样!把灵魂都冰冻了起来。

**戴　欣** 啊?不会吧。她对我们还是……那你也该融化她,感化她呀。

**季遂起** 我只能静静地欣赏……

**戴　欣** 所有的问题,你自己解决吧。我帮不了你!(起身想走)哎哟,还是不行!

**季遂起** (扶住她)怎么了?……脸色的确不好,要么找个地方好好休息一下?(抬头看了看附近的环境)找个地方……这是哪家的后门?(扶着戴欣进了眼前的一道门)

[成霏从一个角落现了身。她抬头念着"青青爱情酒店",突然发出一阵狂笑……

[暗场。

## 第八场

［黎总公司。

［成霏一个人坐在自己的位子上，黑暗中像一具雕塑——

［黎总办公室的门打开了，里面走出来一个四十岁左右的男人——葛裕廷——在酒吧和黎总谈事的那个。成霏没想到这么晚了里面还有人，有些惊慌失措。

**成　霏**　不好意思，（慌乱地去擦脸上的泪痕）我不知道，你们……（往里张望）黎总也在？

**葛裕廷**　成小姐还记得我吗？

**成　霏**　（不好意思正面看他，抬眼躲闪着）好……好像在哪儿见过。

**葛裕廷**　呵呵，你一定想不起来了……那天擦肩而过，我可是一直记得成小姐的和风柳叶呢！

**成　霏**　什么时候？

**葛裕廷**　酒店咖吧……那天要是不和黎总多聊几句，也就不会有那一面之缘了。

**成　霏**　哦！（基本上镇定了下来）这两个月，没在公司见过你嘛。黎总的日程表上也没有……

**葛裕廷**　上次我们聊的方案，黎总一直在考虑之中。而且，我也一直出差在外。刚回来直接就约了黎总今晚见面！——不好意思，跳过了你的权限。

**成　霏**　不是，我不是这个意思。

**葛裕廷**　没想到这一回来，你就又出现在我面前了。呵呵！

**成　霏**　呵呵，(尴尬地笑)这么巧啊？

**葛裕廷**　巧吗？我倒觉得这是机缘，而不仅仅是巧合。

**成　霏**　(抬眼看他)这有什么不同吗？

**葛裕廷**　巧合会让人惊讶，不可信，也仅此一次。可如果是机缘，就显得很自然，而且……

**成　霏**　什么？

**葛裕廷**　让人还有后续的猜想！一旦和“缘”这个字发生关系，就会有故事发生……

**成　霏**　(不好意思地低下头)

**葛裕廷**　怎么，不信啊？我刚才就和黎总达成了协议。以后，我们就是合作伙伴了。你我……少不了见面的。呵呵……

**成　霏**　(正襟危坐)哦！你是做什么的？地产商？建筑商？还是出版商？

**葛裕廷**　你能不能不像审犯人似的……

**成　霏**　(马上调整了一下姿态和表情)不是！我只是关心黎总又有了什么新动向，我也好早做准备。

**葛裕廷**　那你看我像做什么的？

**成　霏**　(仔细打量了他一下)不像地产商那么张狂，也不像建筑商那么粗俗，出版商嘛……好像又缺了那么一点点文弱。(摇摇头)看不出来！律师？(摇头)也不像！黎总做事一向谨慎，不会有法律方面的问题。你自己坦白交代吧！

**葛裕廷**　我说你就是在审犯人嘛！

**成　霏**　唉……(叹口气)你就别为难我了，我脑子本来就转不过来了。

**葛裕廷** 你刚才……哭了?

**成　霏** 没有!(下意识地去擦泪痕)只是有些困了,打了个哈欠而已。

**葛裕廷** 那你一个人坐在黑乎乎的地方……等我是吧?

**成　霏** (急)我怎么知道你……(指了指里面)我都不认识你!

**葛裕廷** 所以你才等着我的出现啊!

**成　霏** (重重地叹了口气)拜托你,不要再开玩笑了。我没心情陪你玩!

**葛裕廷** 你没心情我才跟你开开玩笑嘛。开心点,没有什么大不了的事。……不过女孩子家,哭一哭也好,眼泪流干也就过去了。……要不要我送你回家?

**成　霏** 不用不用,我一会儿自己回去。我有车!

**葛裕廷** 哦!那我先走了。明天见!

**成　霏** 明天?

**葛裕廷** 是啊,明天过来正式签合同。

**成　霏** 哦……

**葛裕廷** 怎么?你是想见到我,还是不愿再见到我?

**成　霏** 你这人……我想的是合同文本还没准备呢。看来今晚我得加班了。

**葛裕廷** 呵呵,这个合同恐怕不是你能做出来的。……我那儿有格式版本,明早我发过来,你打印出来给黎总就行了。

**成　霏** 哦,这样最好。……哦,我的邮箱。(欠身去拿桌子上的名片,递给他)

**葛裕廷** 呵呵!(掏出自己身上的名片夹,递给她)那我先走了。你也早点回去休息,明天还有一天的活!(往外走)

**成　霏** 哦!明天见!(没有抬头送他,只念着名片上的字样)

葛——裕——廷，昱华基金首席经理人！（抬头望着他离去的背影……）

［灯亮——

［黎总出现在办公室门口。

**成　霏**　（赶紧站起来）黎总……

**黎　总**　见过葛总了？

**成　霏**　嗯！

**黎　总**　我们就要和他开展新的合作，开辟一个全新的领域。（略带易让人产生误会的醉意）但是，你要先给我一个答复……

**成　霏**　（心慌地）什么？

**黎　总**　（看着她娇柔的样子，欲笑又止）现在，你的试用期结束只能提前到明天。

**成　霏**　啊？为什么？不是还有一个月吗？是我做得不好吗？

**黎　总**　去留的决定权在你自己！因为从明天开始，公司就要进入新的轨道，我希望你要么一跟到底，要么……

**成　霏**　（心里一块石头落了地）哦，我明白了。

**黎　总**　你现在心里有答案吗？

**成　霏**　我……不是明天才到期吗？我能不能再考虑一个晚上？

**黎　总**　当然没问题，明天的签约现场还得靠你。之后人事部会有一个长远的安排。

**成　霏**　嗯，我明天下班前给您答复。……不不，我想我已经有答案了。

**黎　总**　去，还是留？

**成　霏**　我跟着你们……下个月我会去团里办正式离职。

**黎　总**　好啊，欢迎你的正式加入。我觉得有你在身边工作，心里挺舒服的，很开心。

**成　霏**　哦，我只怕自己哪里没做好，所以处处都很小心。

**黎　总**　态度是最重要的，能力也是可以培养的。更何况，你哪样都不缺。

**成　霏**　是吗？您这么说，我很开心。

**黎　总**　既然你决定做下去，那我把这个新项目给你大概介绍一下。哦，要不要进来喝一杯？稳定一下情绪？也庆祝我们的正式合作？不会占用你太多时间。

**成　霏**　我……刚喝过了。您说吧。

［黎总还是转身向内室走去。成霏赶紧从包里掏出化妆盒，补了一下妆。黎总一手拎着酒瓶，一手拿着两个高脚杯走出来。

**黎　总**　好久没喝酒了，刚才和葛总喝了一杯……不过瘾。（把酒杯递给成霏）再陪我喝一杯？嗯？（微醉中带着一份日本式的强硬）

**成　霏**　（接过酒杯，黎总倒酒）够了，黎总。

**黎　总**　（给自己倒上，和成霏轻轻碰了一下杯，抿了一口）这个葛总，你别看他比我小得多，可手里掌控着几十亿美金……

**成　霏**　啊！（呛了一下）

**黎　总**　你别吃惊，他们这个行业就是这样的。动不动就是几亿、几十亿的投资，钱对他们来说只是数字游戏。他们的目标是增值，怎么把钱用起来！这完全要靠基金经理的魄力和眼光。

**成　霏**　真看不出来他是那么厉害的人……

**黎　总**　他也是靠自己早年搏出来的。在美国待了几年，被一些金融大鳄赏识，就给了他一些额度，派他回中国做一些投资项目。

**成　霏**　哦，原来那些钱不全是他自己的。（抿酒，思量）

**黎　总**　钱有时候不是归属的问题，而是被谁用，怎么用，是使用的问题。一个人要那么多钱干什么？会用钱才是一种能力，一种魅力！

**成　霏**　这倒是！他的确是个有魅力的人！

**黎　总**　怎么？被他吸引了？如果你是单身，我就把你介绍给他。

**成　霏**　（吓了一大跳）啊？！

**黎　总**　他可是个单身贵族呢！据说当年在美国时和国内的太太分的手，后来一直就没再找。

**成　霏**　眼光太高了吧。

**黎　总**　也不是！我觉得这段时间接触下来，他这个人还是挺随和，挺低调的。当然有时候也会流露一些美式幽默，就像刚才他逗你那样！

**成　霏**　（涨红了脸）您刚才都听到了？（低头看着杯中酒）

**黎　总**　所以我说介绍你们认识嘛，他好像对你……（低下头去找她的正脸）否则他说走就走，最多跟你打个招呼而已。

**成　霏**　黎总您别说笑了，您知道我是个结了婚的女人。

**黎　总**　结了婚代表什么？

**成　霏**　（倏地抬头）啊？您这是什么意思？

**黎　总**　结了婚也可以重新做选择嘛。我当然没有劝你离婚的意思，只是想说，这个世界上并没有什么绝对的事。不是拿个框子把自己框起来，就能杜绝意外的发生。

**成　霏**　道理是这样的，但事实上，人重新选择的时候会面临太多的困惑。您知道处于现状中的痛苦，可怎么知道想

方设法要跳入的就不是另一个火坑？站在外面看的时候都是很美的。（举起酒杯，放到灯光底下照）

**黎　总**　呵呵，你倒是想得挺明白。那你自己，现在处于哪个阶段？

**成　霏**　黎总，不早了，咱们还是不聊私事吧。（把酒杯放在桌子上，坐回自己的位置，装作收拾桌面上的东西）您给我介绍介绍你们的新项目，我也好有个心理准备。

**黎　总**　是扯得有点远了，毕竟现在不是上班时间，我是作为一个朋友、一个长辈在关心你。

**成　霏**　谢谢您……我自己的事，会自己处理好的。……您和他谈的是哪方面的投资？地产，还是出版？

**黎　总**　（拿起酒瓶示意成霏是否再来，被成霏挡住了，便给自己加了满满一杯）这两块对我来说都已经做不大了，他们也不感兴趣。真正稳健的基金从来不投地产，出版的利润也不高，是个长线的文化产业，也不适合基金的介入。

**成　霏**　那……您还有什么新的方向？

**黎　总**　这几次我不叫你一起出差吗？你总是推托。（双眼迷蒙地看着成霏）

**成　霏**　（赶紧低头）我只是觉得，您离开了，我得留在这儿。怕万一有什么事，可以第一时间处理，也可以第一时间向您汇报。

**黎　总**　（笑）呵呵……你啊，你还当我是三四十岁的小伙子啊？

**成　霏**　（继续躲闪着他的目光）我觉得您跟他，没有年龄上的区别，能力上也不相上下！

**黎　总**　哈哈哈！你可真是讨人喜欢。谢谢你能留下来。

**成　霏**　我还是很喜欢和你们一起做事的，这也是为了我自己能够活得更开心。

**黎　总**　你能这么说，我很高兴。哦，又扯远了。呵呵，这好像不是我一贯的风格嘛。（仰头喝尽杯中酒）这真是一个迷幻的夜晚，你不觉得，所有人都……（琢磨着用什么词合适，直到说出口时也不太确定地）不太正常吗？

**成　霏**　呵呵，是！今晚……所有的事，所有的人，都被灌醉了。（出神……）

**黎　总**　你没事吧？

**成　霏**　（回过神来）没事。呵呵……说说项目吧，明早上班我好早做准备。

［暗场。

## 第九场

［一个月后。成霏娘家。卧房。桌子上一杯冒着热气的绿茶。

［成霏坐在床上，季遂起正在地上打地铺——

**成　霏**　不好意思，我不想爸妈知道我们……难得回来一趟，只能委屈你一下。

**季遂起**　没事！我明白！（停下动作）可我的确还有不明白的地方……你怎么有一天，突然连碰都不让我碰了？以前就算你对我冷淡，可还是愿意被我静静地抱在怀里……就像以前一起跳舞那样。

**成　霏**　（怒目瞪着他）你问我？

**季遂起**　当然问你了，我怎么都想不明白我们怎么会变成现在这样。

**成　霏**　我都不好意思说。

**季遂起**　你知道如果你有什么问题，我都是可以理解，都会原谅的！

**成　霏**　你原谅我？真是笑话！

**季遂起**　那你的意思，是我的问题？

**成　霏**　你自己心里清楚，别在那儿揣着明白装糊涂。装也就装了，居然还好意思问我！

**季遂起**　（愤怒地站起来）你什么意思？我怎么了我？

**成　霏**　我不跟你提，不跟你闹，那是不想大家难堪。如果让爸爸知道我们这样，对你没好处！

**季遂起**　那你的意思是你一直在保护我喽？

**成　霏**　（用眼神反问季遂起）我觉得你也不容易，我不想因为感情上的事影响了你的前途。

**季遂起**　哈，看来还真要谢谢你的“忍气吞声”了？你知道我和你在一起，最在乎的是什么？

**成　霏**　（无声地哭泣）

**季遂起**　我宁愿放弃那些浮华的东西，只要和你在一起！我们是真心相爱的……（哭）为什么会变成这样？你告诉我为什么会变成现在这样？（拿起桌子上的热茶，闷头喝）

［静场。

**成　霏**　（突然哭出声来）你离我越来越远了……你都已经不是我的了……

**季遂起**　你什么意思？

**成　霏**　（哽咽着）是我把你推出去的，已经太晚了。

**季遂起**　不晚！我们不是还在一起吗？我们还是夫妻呀！（把

茶杯凑到成霏嘴边）

**成　霏**　（厌恶地推开茶杯，走到一旁，）夫妻？呵呵！是，黎总说得是对的，婚姻这个框框，防不住任何的意外。

**季遂起**　听戴欣说，你很迷他，是吗？（大口喝茶）

**成　霏**　（愤怒地）别跟我提戴欣！

**季遂起**　你……她不是你最好的朋友吗？

**成　霏**　最好的朋友？最亲密的爱人，哈哈哈……

**季遂起**　你是不是想多了？你不会是以为我和她……

**成　霏**　我不想提那天的事！

**季遂起**　那天？哪天？

**成　霏**　（吼叫）我说了不想提！

**季遂起**　你一定是误会了。

**成　霏**　我自己看见的还能有什么误会？

**季遂起**　你看见什么了？我和她从来都没发生过什么。你是不是看错了？

**成　霏**　但愿我是看错了……（大声地哭）

**季遂起**　你，你别激动！我们好好说。我们……

［敲门声——

［季遂起匆忙地把茶杯放回桌子上，又手忙脚乱地把铺盖卷起来，迅速塞到床底下。

［开门。成父成母入。

**成　母**　你们小夫妻，有什么话好好说。大半夜的……

**成　父**　（看着季遂起，威严地）你说！

**季遂起**　您让我说什么？我们只是有点小别扭！打扰你们休息了，不好意思！

**成　霏**　是啊，爸爸。没什么，只是些小误会。

**成　父**　我怎么刚才听得刚好相反呢？你们那么大声……

**季遂起** 是误会！我正要解释给她听呢！

**成 父** 好啊，那我也听听。看看你们之间，是不是真的有什么误会？我可以做个和事老。

**季遂起** 我……这是感情上的事，说不清楚。我去加水。（拿起桌子上半空的茶杯想往外走）

**成 父** 那你本来打算怎么跟你老婆解释？

**季遂起** （站住）我其实真没什么要解释的。

**成 霏** 做了亏心事，说不清了，是吧？（突然意识到自己在父母面前失言了，赶紧打住）

**成 母** 小季，我们一家人可都是看好你的。你可别做什么对不起成霏的事！

**季遂起** 妈！我真的没有。请您相信我，我就是有那个心也没那个胆呀！不不，连那个心眼都没有。我是真心对成霏的！

**成 父** 你是不是对我有什么意见，把气出在我女儿身上啊？

**季遂起** 爸！我哪儿有？我怎么敢？我每天都是那么循规蹈矩地按照您的吩咐做事，也是相敬如宾地对待成霏……

**成 父** 循规蹈矩？相敬如宾？

**季遂起** 难道不是吗？我在尽力做到最好啊！

**成 父** 你是做得太好了！

**季遂起** 爸爸，我只是希望帮您把公司越做越好。

**成 父** 你们年轻人，考虑事情太不周全，太不成熟。你以为了解个皮毛就能把事情做好？那都是要做大投入的项目，不系统规划，不把预算做好，不把风险控制住，怎么能仓促启动？行了，在家里不跟你说这些，明天进公司再说吧。

**季遂起** 我现在公司里，每天都无所事事。我……

**成　父**　我不能为了你的有所事事就头脑发热！

**季遂起**　那我从明天开始——请假！

［成母在一旁使劲拉着季遂起，又一边拉着成父。成霏也有些着急了……

**成　父**　好！你打算请多久？多久都没问题！你把我女儿伺候好就行了。

**成　霏**　爸爸……

**季遂起**　（把手里的茶杯狠狠地摔在地上，水和茶叶洒了一地）你们一家人把我当成什么了？我低声下气鞠躬尽瘁地为了公司，为了这个家，可我得到了什么？（往外走）

**成　霏**　（一把拉住他）你别走，你去哪儿？

［季遂起盯着成霏的双眼，慢慢地把她的手松开，转身继续往外走。

**成　霏**　不……

［哐的一声，门在成霏面前重重地关上了！

［成霏怔在原地……她不知道要不要追出去。追他回来，又有什么意义。

［成父晕厥，身边的人乱作一团……

［暗场。

## 第十场

［几天后。舞团办公室。

［成霏敲门而入——

**团　长**　（站起身来，热情地）成霏啊，休息得怎么样了？我可是一直盼星星盼月亮等着你回来呢！下个月团里又新安排了一次巡演，你可是顶梁柱啊！

**成　霏**　（把手里的信封放到桌子上）团长，我……

**团　长**　（看都不看信封一眼）这次巡演很重要的，上面有很多领导看着呢！还有你的那些粉丝，知道我们要搞演出，都已经把我们的网站给挤爆了。说一定要看你自己跳……我知道，我知道，我还是会安排B角替你几场，不会让你太辛苦，可是有些重要的场次一定要你亲自登场的。

**成　霏**　我对舞台……都已经没感觉了。

**团　长**　你怎么能那么说？你从小到大，在台上都不下二十年了，怎么会离开三个月就说这种话？适应适应，恢复几天就好了。啊？

**成　霏**　不是……不是这个问题。

**团　长**　那就没问题了？明天就恢复排练？（去拿桌子上的电话）我叫小萍和小何过来说明一下情况。

**成　霏**　谁？

**团　长**　你以前的伴舞啊？忘了？暂时也只能先让他们俩顶着。

**成　霏**　戴……戴欣呢？

**团　长**　你不知道？戴欣辞职了呀！

**成　霏**　啊！什么时候的事？

**团　长**　就前几天。我本来是不同意的，可是她说，你一定会回来。说团里缺了她不要紧，反正有你在。

**成　霏**　那究竟是什么理由啊？

**团　长**　她……唉……她怀孕了，奉子成婚去了！我不能再留她！

成　霏　(一阵晕眩,扶住桌角,许久……)那您能答应我一个条件吗?

团　长　什么,你说!别说是一个条件,就是十个二十个,我也答应!

成　霏　我只跳独舞!

团　长　(愣了一下)这个没问题,没问题。只要是你跳,怎么跳都行!可是时间紧迫,编排上,还有排练……

成　霏　这个您不用担心,我自己心里有数。

团　长　好,好,这就好,这就好!你可真是救了我的场啊!

成　霏　其他事,等巡演完了再说吧。

团　长　好,好,再说,再说!

成　霏　(收回桌子上的那封信)那我先走了……我去练功房。

团　长　辛苦你了,有什么要求随时来找我!

[成霏失魂落魄地往外走……

[暗转。

[灯光再亮起时,成霏开始表演那支新编排的独舞。

[舞台特殊提示:这个版本的舞蹈大致上反映了成霏前一段的心路历程,举手投足间带着明显的挣扎、疑惑、纠结、无奈、伤悲、愤怒……

[表演中陆续亮起如初始梦境中的三束红、蓝、绿光,但此处比较强烈清晰。红光中悬浮着玫瑰,蓝光中漂浮着书本,而绿光中则飘散着美元符号$。成霏在三束光的交叉辉映下表现各种神态。这段情境的第一层理解是表面的物象,第二层是与三个男人之间的纠葛,再上一层则可理解为为尘世所困扰。舞蹈和光影的整体感觉要能体现出抽象的意境。

[舞蹈只演绎到中段,成霏伏地喘息时暗场。

## 第十一场

[两个月后。咖啡厅。

[成霏和季遂起相对而坐,无语。然后成霏从包里拿出一份文件放到季遂起的面前。季遂起不敢正眼去看。

**成　霏**　对不起!我考虑了很久……我觉得我们都应该解脱。(季遂起想说什么,被阻止了)你听我说——谁都不想这样的,可已经走到这一步了。我曾经……不信这个命,我一直以为,我们是真心相爱,你是我这辈子认定的伴侣……

**季遂起**　说实话,我真的后悔……(哽咽)后悔放弃了跳舞。我知道从那个时候开始,你已经不属于我了。

**成　霏**　可我知道你是为了我好,为了我们的家好。所以我不怪你,怪命!

**季遂起**　我还没有做好准备……

**成　霏**　(想哭……低头从包里掏出一张支票放到他的面前)这是你应得的股份!

**季遂起**　(抬头看她,怨怒地)什么意思?你把我当成什么了?

**成　霏**　你冷静点听我说。本来,爸爸想启动你说的那个新项目后就把相关的股份给到你的,是你太着急了……我知道你想做事。现在这样,我已经和爸爸商量过了,把我名下的一部分股份折现,算是……对你新项目的支持!他说可能是你们做事的风格不同,但相信你是个有想法有干劲的人,所以也支持你按照自己的风格去做事！（把支票往前推）请收下！

**季遂起** （看着桌子上的文件和支票，不动）

**成　霏** 为自己的前途好好打算……

**季遂起** （热泪盈眶）那你的前途呢？

**成　霏** 我……我也不知道。（叹息）巡演结束了，我想，还是彻底离开舞台吧。这次就当是告别演出了，挺好！我不再有遗憾！

**季遂起** （突然）我们一起回团里跳舞好不好？

**成　霏** （终于哭了出来，抬着泪眼望着他）……你觉得还回得去吗？

**季遂起** 可以啊，我们完全可以像以前那样，快快乐乐，简简单单……和戴欣一起……

**成　霏** 呵呵，没想到你还这么惦着她。

**季遂起** 好朋友嘛……

**成　霏** 好朋友？

**季遂起** 是啊……不过后来从医院出来，我也没再联系她。顾不上她。她还好吗？

**成　霏** 你说呢？

**季遂起** 怎么了？她……不好啊？流产了？

**成　霏** 原来你知道她怀孕了！

**季遂起** 知道啊，那天去医院查出来的，我送她去的。

**成　霏** （不屑地）你可真是——恬不知耻，还这么一副大义凛然的样子！

**季遂起** 不是，你怎么说得……那天在酒吧，有个人喝醉了骚扰她，我还英雄救美来着——不敢拿酒瓶子砸，怕出事，呵呵……我拉着她没跑几步，她就说自己肚子疼。扶她进了最近的旅馆，本来打算先休息一下的，可房间还没开好，她在大堂里就不行了，我就直接送她去了医院。结果查出来她……她……

**成　霏**　（怔在那儿）

**季遂起**　你怎么了？

**成　霏**　（又哭又笑地）果然是命……哈哈……呜呜……

**季遂起**　你没事吧？啊？

**成　霏**　（停止哭泣，深深地吸了一口气，坚决地）签吧！

**季遂起**　你还是要我签？

**成　霏**　回不去了，还是往前看！就算是命吧！很久以前……我一直……（狠狠地擦去眼泪）唉，算了，不说了。你是个好人，是我对不起你！

**季遂起**　不是，也不能这么说。可能是有段时间，我们想的不一样。我忽略了你的感受……

**成　霏**　都过去了……你好好重新开始吧。（把支票再往前推了一下）收下吧！

**季遂起**　（盯着支票）好，就当我先借你的。等我赚了钱，一定还你！

**成　霏**　呵呵，不用。

**季遂起**　那……如果我赚了钱，给你开个舞蹈学校怎么样？

**成　霏**　（惊讶地看着他）

**季遂起**　真的，我说到做到，如果我有这个能力的话。我知道你还是离不开舞蹈！

**成　霏**　（眼泪哗哗地流淌下来）

**季遂起**　你有情我不能无义不是？我要是能做出一番事业，就回来娶你，好吗？

**成　霏**　（用手捂住脸大声地哭泣）

**季遂起**　你别这样，这么多人看着呢！……我先离开一段时间也好，去闯属于自己的天地。爸爸那儿……确实也展不开手脚。我相信自己一定行的！我一定回来娶你，给你开舞蹈学校。

**成　霏**　（点点头，又摇摇头）先别说这些了，好好干起来再说吧。

**季遂起**　我会尽最大努力的！等着我！……哪怕有人追你，（特严肃地）我和他公平竞争！

**成　霏**　（破涕为笑）好啊，那三年过后，你再来找我。我一定会重新考虑。

**季遂起**　嗯！那就这么说定了。（拿起协议书和笔，咬了咬牙，飞快地签下了名字。停顿）现在，我们是最好的朋友了。怎么样，接下去有什么打算？

**成　霏**　（摇头）不知道……

**季遂起**　还是回爸爸……哦，不，应该是伯父，有没有考虑过回公司帮忙？现在我也离开了，你可以安心地帮他做点事。

**成　霏**　这和你在不在无关。是我自己觉得……可能是我自己能力不够吧，也插不上手。躲在他的羽翼下，我成长不起来的。如果以后真的考虑接班，我还是应该多在外面接触接触，学习学习……

**季遂起**　也是。现在跟着他，确实不太舒服。你别介意，事实就是这样。

**成　霏**　我知道，不怪你。爸爸他虽然不排斥新事物，但要接受起来，还是需要一个过程。你知道他们那个年代白手起家的人，都是吃了多少苦遭了多少罪熬过来的，做事难免谨慎。而且现在的信息时代瞬息万变，要他们同步跟上来确实有些难为他们了。

**季遂起** 看来你还是很关心公司的嘛……

**成　霏** 那当然，毕竟家里就我一个。我知道早晚……只是要看时机看以怎样的方式。如果不实质性地介入，那也需要一个稳妥的办法来延续爸爸的心血。

**季遂起** 慢慢摸索吧，谁都看不清前路。

**成　霏** 可能是我们还太年轻了……

**季遂起** 年轻是资本，但也是缺陷。只要敢闯，一定会有自己的路！

**成　霏** 我还是很欣赏你这点的。

**季遂起** 所以我还是有机会的，对吧？

**成　霏** 什么？哦……呵呵……时间会改变一切！到时候，所有人所有事，都会是另外一副模样……

**季遂起** 嗯，都会越来越好！

［暗场。

## 第十二场

［一个星期后。昱华基金公司。

［幕外，敲门声——

**成　霏** （幕外音）请问，葛总在吗？

**前　台** 您有预约吗？

**成　霏** 有，他知道我来。我姓成！

**前　台** 哦，那您稍等！（接通内线）Martin，有位成小姐找您……好的。（挂下电话）往里走，到底，右边门。

**成　霏** 好的，谢谢！

［成霏上场，往里走，经过办公区时看到好几个外国女人，不禁皱了皱眉。走到指定门口，抬手敲门，里面传来："请进"，然后推开门走了进去。

［葛裕廷从老板桌后面迅速站起来，张开双臂迎接成霏。

**成　霏**　（躲开他的拥抱，只轻轻地点了下头）葛总您好！

**葛裕廷**　你看你，还是那么矜持！你要学会我美国式的热情！至少得适应，对吧？

**成　霏**　（有点尴尬地站着）

**葛裕廷**　哦，请坐！（引她到一旁的沙发入座，自己并没坐下，转身去台边接通内线）Kandy，two coffee！（转头对成霏）Coffee，ok？

**成　霏**　（顺从地点点头）

［葛裕廷走回来坐到沙发上，双臂张开靠在沙发背上，微笑地看着成霏。

**成　霏**　葛总……

**葛裕廷**　以后你就叫我裕廷，或者 Martin。她们都叫我英文名！

**成　霏**　我……不太习惯。

**葛裕廷**　呵呵，慢慢会习惯的。我们这里的工作氛围就是这样开放轻松的，这就对你有好处！

**成　霏**　（还是不好意思地）以前跟您，都是在黎总那边见的面，您知道他接受的是东方文化。您这里太西式了……我，一时半会儿地还真是适应不了。

**葛裕廷**　呵呵……我很西化吗？

**成　霏**　您在美国多久？

**葛裕廷**　（算着）15 年前去的，三年前回来。现在是两边飞！有时候也会出差去别的国家。

**成 霏** 哦，怪不得！

**葛裕廷** 什么？

**成 霏** 长着一张中国人的脸，可又不是中国人的范儿。

**葛裕廷** 范儿？哈哈！

**成 霏** 我们跳舞的……艺术圈的说这个人有型有感觉，就叫做“范儿”。呵呵……（微笑）

**葛裕廷** 嗯，我觉得你就很有那个范儿！

**成 霏** （低沉下来）可是……不想再提过去那些事了。我想重新开始！

**葛裕廷** 好啊，人就是不能沉溺在过去的阴影中出不来。想不开的人就是 self-abuse！

**成 霏** 什么？

**葛裕廷** 呵呵！就是“自虐”！

**成 霏** 哦……我不会。所以我选择重新开始。

［敲门声，一个金发碧眼的女孩子端着一个装着两杯咖啡的托盘笑盈盈地走了进来。把咖啡杯分别放在成霏和葛裕廷面前。站住——

**Kandy** （对着葛）Martin，anything else?

**Martin** Mu，nothing……O，Kandy，the document for the H. B. Investment is ready?

**Kandy** Almost，but still some mirror flaws. I'll finish it tomorrow.

**Martin** Thank you!

**Kandy** I see. I will do my best! Anything else?

**Martin** No，the first such! I have the guest now!

［Kandy 欠身退下。

葛裕廷　（转过头对着成霏，看着她的窘相，呵呵地笑）

成　霏　（尴尬地）我……

葛裕廷　没关系，这里工作也并不全用英文。我需要一中一西两个助理，一个对内一个对外！

成　霏　可是，那我平时怎么跟她们沟通？万一有什么紧急的事……我没办法……

葛裕廷　学点简单的口语就行了，不难的。而且她们会说简单的中文，平时交流不会有问题。

成　霏　我本来以为……

葛裕廷　呵呵，这里和黎总那边确实不一样！但是黎总极力推荐你过来，以前我们也配合过，都觉得没有问题啊？

成　霏　环境不一样嘛……

葛裕廷　慢慢适应吧，不要有心理障碍。

成　霏　您越说，我越有障碍。

葛裕廷　呵呵！那你觉得，和我之间有什么障碍吗？

成　霏　没……应该没有！

葛裕廷　那不就行了？先留下来适应适应再说，好吗？

成　霏　（勉强地点点头）

葛裕廷　（站起来，潇洒地）我就说我们的相遇不是巧合，而是机缘！

成　霏　我也没想到，七转八转地竟然到您这儿来了。

葛裕廷　晚上一起吃个饭，庆祝我们这对有缘人开始一段新的情缘之旅。

成　霏　（抬头看他高兴的样子，点点头）

葛裕廷　想吃什么？（又走向电话，成霏回了句“随便”。接通）Kandy，Summer Restaurant. Yeah，tonight！Thank you！（回头看成霏，成霏不好意思地低头笑）

［暗场。

## 第十三场

［两个月后。酒店房间。

［成霏从床上醒来。摸了摸身边，没有人。她边叫着Martin边穿上睡衣起身，里里外外地找，可是没有人回应。她拿起手机拨号，电话里传来："您拨打的号码已关机，请稍后再拨。"她坐回床沿，发愣……

［突然手机响，吓了她一跳。拿起，接通——

**成　霏**　妈，我挺好，别担心，他那些洋玩意儿，我也玩不来。就站边上看……看着挺好玩，刺激！我也担心呢，但他说没事。……嗯，后天就回了。这两天就在室内游游泳、打打网球什么的。……是啊，平时应酬多，酒也不少喝，身体……呵呵，我昨晚还说他肚子太大了，再不动就可以替我生孩子了。……不是不是，我们只是开玩笑。我又不大，早着呢。……行了，这种事还是顺其自然吧。……我知道，我跟他挺好的呀。……我自己心里有数。哦，爸爸身体怎么样，还总是吸氧吗？……别让他太累着，有些工作，该放权还要放！……他？不不，他对这种实业不会感兴趣。恐怕……先不说这个，从长计议吧。没别的事，我先挂了。……嗯，Bye!

［挂断电话，她又开始发愣。重新拨打号码，电话里仍然传来："您拨打的电话已关机，请稍后再拨。"她在努力回忆……

**成　霏**　（目光转向一个角落，突然）行李！（她迅速站起身冲向衣帽间。打开柜门时，里面噼里啪啦地掉出来一堆品牌礼盒及拎袋。她烦躁地往里塞，嘴里嘟囔着："我要的不是这些，我缺的怎么会是这些？"可越急越是无法把它们归位，怨怒地干脆让它们散落一地）到底怎么回事？究竟发生什么事了？（抬眼看到穿衣镜中的自己，对着镜中的那个她，失魂落魄地）昨晚……你到底做错什么了？还是说错什么了？……他滑翔的时候，你当观众来着；他说想抱着你一起飞，可是你说不敢……你的脚从来都没有离开过地面。……（不经意间手舞足蹈起来）哦，最多只是单脚。（突然停下来，整个身体僵硬地抱着床柱子，渐渐地又松弛下来）就算我的手脚都不动了，舞不跳了，可是我的心……不，我的心确实也僵掉了。甚至连个说话的人都没有，以前还有戴欣。哦……（拿起手机拨号，电话里传来："您拨打的电话已停机。"）她到底怎么回事？那个孩子……（用力甩头）呵呵，我不该怀疑他们的。如果没有那个误会，说不准我都有个孩子了。反正我也不跳了，也不怕坏了身材。……可是他好像不喜欢孩子，还是……他是真的想和我在一起吗？（摇头）唉……不过是看上去很美！（苦笑）呵呵……以前季遂起对我那么好……可我们都变了，变得连自己都不认识自己了。（复看着镜子中的自己，似乎被镜子中的那个影像摄住了魂魄）镜子里怎么只有一个人？季……（拿起电话，犹豫，又放下）算了。

［她回到床上，蜷缩成一团。双眼紧紧地盯着电话。好一会儿，她伸出手指，试着又拨了一个号码。通了。

**成　霏**　（颤抖的声音）喂……是我。您今晚有空吗？……哦，那就明天下午吧。我不上去了，还是一楼咖啡厅吧。……嗯，回见。

［暗场。

## 第十四场

［酒店咖吧，成霏和黎总第一次见面的地方。老位置。

**成　霏**　（轻轻地搅动着红茶，看着水中的柠檬上下沉浮）还是觉得和您在一起舒服……

**黎　总**　他怎么了？不好吗？

**成　霏**　假洋鬼子……呵呵，都三个月了还没适应。（摇头，自嘲地）估计是适应不了了！就像他喜欢咖啡我永远只喝茶……

**黎　总**　隔阂这么严重？你们……没在一起吗？（成霏低头）现在你不用担心了呀，你们都是单身，有充分的自由！

**成　霏**　不是自由的问题！

**黎　总**　哦，是因为工作的关系吗？到一定时候可以辞掉不做，安心回家养孩子。

**成　霏**　其实，我已经有一段时间没有工作了。

**黎　总**　为什么？

**成　霏**　工作和感情搅在一起……两个感觉都不对，所以这几个星期我休假，想看看自己到底能否适应您说的那种生活。

**黎　总**　怎么样？

成　霏　呵呵，反正和想象的不一样。什么都不一样！

黎　总　如果有了孩子，你心里会踏实一点。

成　霏　孩子？您别跟我提这个了……我觉得，或许正是这个问题……其实也不一定是这个问题。哎呀，我也说不清。反正，昨天我就是开了个玩笑，说他的肚子大得都可以替我生孩子了。然后他就……消失了。怎么也打不通他电话。

黎　总　啊！有这种事？问过公司里的人吗？或许是临时有事？

成　霏　（摇头，咬着嘴唇）或许……（抬头同时用眼睛问他）您知道他之前有过孩子吗？

黎　总　我也不清楚啊，工作伙伴，也从来不打听这些私事。听你这么说，好像是有点微妙。他平时对你怎么样？

成　霏　挺好的呀！给我买很多很贵的东西，挺开心的。

黎　总　（复杂的疑问）开……心？

成　霏　只是当时。更多时候，是空虚和无聊。我虽然没什么成就，但也从没停下来过。

黎　总　再适应一段时间看看。哦，对了，他有没有对你说过什么实质性的话？

成　霏　实质性？你的意思是谈婚论嫁？（摇头）平时他很忙，就是这次出去一起旅游才发现……他的那些（用手比划开赛车、攀岩，样子显得非常滑稽）我都没办法介入！

黎　总　呵呵……美国文化熏出来的是不一样哦！没关系，你们年轻人，有适应能力。只要有感情，其他的生活琐事都会磨平的。

成　霏　我总是觉得……不能完全靠近他，他是另一个世界的人！

黎　总　缘分这种东西，确实也很难说。能不能最终走到一起，是注定的!

**成　霏**　(自语)只怕是……(笑)没想到黎总您也相信这些。

**黎　总**　分分合合,看得太多了……人和人之间的那种磁场——真的很神奇!

**成　霏**　(不好意思地笑)可能是我太敏感了。但有时候确实觉得没有出路却硬扛着,心累!

**黎　总**　不要让自己僵在那儿,要像水那样流动起来就好了。(闭上眼睛)想象一下自己就那么静静地漂浮在水面上……(睁开眼看到成霏尚有疑惑的眼神)呵呵,敏感就会变成享受——享受别人体会不到的意境。这个世界,真正奇妙的是那些看不见摸不着的东西。正是那些隐蔽的规则主导着这个世界上看得见的万事万物。

**成　霏**　(听得有点呆傻,回过神来)黎总您真是修到一定境界了。没想到您干劲这么足的人,居然内心是这么的……我都说不好了,不知道怎么说。

**黎　总**　淡泊,宁静……

**成　霏**　差不多是这个意思吧。我真是越来越佩服您了。怪不得您能把生意越做越大!

**黎　总**　我跟你说了,我看到了那些所谓的游戏规则了。

**成　霏**　您刚才不是说看不到吗?

**黎　总**　我说的是用心眼看!

**成　霏**　哦……有点玄。我得好好向您学习!

**黎　总**　不是向我学!是向生活本身学!从看得见的东西身上悟到那些看不见的,从用肉眼看,到用心眼去看!要学会去捕捉那些玄而又玄的信息……

**成　霏**　我……呵呵,慢慢领悟吧。

**黎　总**　嗯，我也是这么走过来的。如果我也像绝大多数的人那样，只是机械、盲目地忙碌，那现在除了没有饿死，一定发现自己什么都没得到，甚至失去得更多。

**成　霏**　所以那么多人都抱怨生活……

**黎　总**　那是他们没把人生想明白。当然，这也是有阶段的。我一开始出来工作，就是复员那会儿，也是很迷茫的。只是每一天都用力做事，用心思考，一点点想明白自己到底想要什么，能做什么，然后机会出现的时候都没有错过。不过有时候做一个决定确实是挺难的，你不知道将要面对的是什么，但清清楚楚地知道自己将要放弃什么。

**成　霏**　您当时也有这样的困惑？

**黎　总**　可不吗？我那时候在等着省里的调令，然后被一个朋友一"怂恿"，就下了海。

**成　霏**　啊，您也会头脑发热啊！我还以为您一直很理智的呢。

**黎　总**　我当时是慎重考虑过呀，你别看我今天挺自得的，当时也害怕过。铁饭碗一旦丢弃，就再也捡不起来了。不像你们年轻人，换公司跟换衣服似的。

**成　霏**　（不好意思地）总是有原因的嘛。

**黎　总**　那你当初为什么选择？凡事贵在坚持！你知道吗，我刚下海时只拿两千块钱的工资，在最底层，受了多少苦遭了多少罪，你们谁都想不到。后来一路干到总经理，又出来自己做，却被人……我跟你提过的，都被人抓过小辫子，受过牢狱之苦，我还不是都凭着自己的智慧和毅力挺过来了？

**成　霏**　你是挺不容易，挺传奇的。

**黎　总**　关键是在那些事中你学会了什么！

**成　霏**　您是问我吗？

**黎　总**　算是吧。你这几年也挺波折的，不过要相信一切都会过去的。只要你向着积极的方向去寻找，总能找到！

**成　霏**　我现在都不知道自己想要什么……

**黎　总**　呵呵……那就先把这个问题想明白。也不着急，慢慢来，生活本身会给你答案的。

**成　霏**　真的吗？

**黎　总**　只要你用心去感悟所有发生在自己身上的事，看懂规律，包括看懂自己，然后你就不会再犹豫！

**成　霏**　说起来总是很简单，可我连是否跳舞，究竟要在哪个圈子继续下去都决定不了。

**黎　总**　现实给你的提示呢？

**成　霏**　什么提示？

**黎　总**　你觉得自己的命运会被带向何处？女人的直觉有时候会更准！

**成　霏**　好像每条路都走不通……

**黎　总**　一定会有活路！或者已经有新的机会产生而你还没有意识到，或者觉得和自己无关。

**成　霏**　我觉得自己现在流不动……

**黎　总**　把心静下来，只要坚持信念，就一定会找到……这样吧，你下个星期有没有空？

**成　霏**　我不知道他会不会回来……

**黎　总**　是他决定你吗？（成霏噎住了）先放一放，我带你去个地方。

**成　霏**　啊？方便吗？

**黎　总**　心中无杂念，自然天地宽。

**成　霏**　去哪儿啊？

**黎　总**　我要去青岛签一个基金的战略合同，结束后去崂山。

**成　霏**　崂山？

**黎　总**　嗯，算是还愿吧。做完这件事，我就把国内这些具体事务都放下了……

**成　霏**　啊，您要出国？

**黎　总**　（摇头）不是身在哪里的问题，这里面的原因……

**成　霏**　那……

**黎　总**　不要再多问了。你先做好自己这个年纪要做的事。

**成　霏**　那我如果想您了……

**黎　总**　可以给我发邮件。哦，对了，那个基金设置里有一块关于文化的，当然包括你擅长的舞蹈。如果将来有一天……

**成　霏**　黎总，您先别说这个。我先让眼前这潭死水微澜起来，再慢慢流动……

**黎　总**　记住，女人似水，并不限于柔情。

**成　霏**　男人如果都像你，世界都不一样了。

［暗转。

［道家仙乐缥缥缈缈地传来……令人神清气爽！

［成霏讪讪地跟在黎总后面，迈进三清殿——

**黎　总**　你自己转转。到了这里，就是各人有各人的天地！我去后堂……就此别过吧。

**成　霏**　（惊讶地）怎么？您……

［黎总阻止了成霏的激动。成霏含泪点头，目送黎总消失在卷帘之后。成霏双手慢慢地合十，在天尊前面的蒲团上坐下来，渐渐地进入一种虚无之境……

［音乐渐强——

［特殊舞台提示：此段舞蹈是成霏静坐时脑海中的幻

象(成霏仍在一旁打坐),反映了她当时情绪、境界的变化。

[开场的梦境再次浮现:三束红、绿、蓝光,三个男人。这回能够清晰地看出三个男人就是剧中出现的三个男主人公。他们和梦中的舞者忽远忽近,最终都消失不见。

[光束和舞者一起狂乱地寻找!

[音乐停顿!灯光静止!人物造型僵硬!一切都仿佛窒息了!

[静场。

[泉水叮咚的声音从无到有,越来越响。舞者随着空灵的音符重新翩然起舞……

[该段可设计为水袖表演,暗含"上善若水"之意。

[红、蓝、绿三束光最终合为一道白光。表演者在那道白光中慢慢地上升,上升……

[刹那一片刺眼的白光闪过,让观众不由自主地闭眼。再睁眼时,舞台上空无一物——可用白色纱幕迅速落下。

## 第十五场

[白色纱幕上打着"三年后"。

[幕起。成总办公室。

[成霏坐在老板桌的电脑前打字。键盘敲击声及幕外音(如整部剧结合多媒体影像,则以下幕外音文字可直

接显示在背幕上)——

**成　霏**　(幕外音)黎总您好！一个人的时候总还是想起您;想您是没有方向的,可又觉得您无处不在。您曾经让我做好这个年纪该做的,但在命运的引领下,我似乎……变得有些苍老。您一定会笑话我,可勤奋和孤独真的会让人进入另外一个时空……

［桌子上电话响……成霏按下免提,电话里传来——

**电话音**　成总,您要的关于文化基金的相关资料,我大致上整理了一下。要不要现在给您拿进来?

**成　霏**　你等会儿顺便带进来就行,我在写邮件。

**电话音**　哦。不过这里有位季先生,说是您的老朋友……

**成　霏**　Ji 先生? 哪个 ji?

**电话音**　季节的季!

**成　霏**　……(怔住了)

**电话音**　喂,成总,喂,您在听吗?

**成　霏**　(缓过神来)哦,他现在就在门口? ……让他进来吧。哦,顺便泡杯绿茶进来,他喜欢……你先让他进来吧。

**电话音**　好的!(挂断)

［成霏心慌意乱地继续打字——

**成　霏**　(幕外音)我一直在等待……可变化是个顽皮的小孩,它有时拖沓得令人绝望,有时却又喜欢不请自来。

［成霏点击鼠标,犹豫着……最终还是把邮件发了出去。赶紧整了整衣衫,象征性地归拢了一下桌面,手足无措地站着,紧紧地盯着那道门!

［敲门声……

［静场。

［门打开了——

**季遂起**　（优雅地迈步进来）好久不见……

**成　霏**　好久不见……你还好吗？看上去还不错！坐吧！（引季遂起到沙发入座）

**季遂起**　（一边看房间的摆设，一边往沙发走）是你的风格，和以前你爸在时就是不一样！他们二老身体还好吗？（坐定）

**成　霏**　（也坐下）还好吧，只是爸爸体力有些不支，所以等我读完 MBA，他就退居二线了。

**季遂起**　没想到你会有今天。不是，我的意思是……好的那方面。

**成　霏**　（笑）我自己也没想到。我当时真的没有别的选择，不知道该走哪条路。不是，是根本没有任何老路可走，所以只能硬着头皮开辟一条新路了。

**季遂起**　杀出一条血路！

**成　霏**　你别笑话我了！我又不是男人，冲锋陷阵的。

**季遂起**　我看你现在，差不多！

**成　霏**　不！我对管理企业有自己的感悟，和你们男人的不同！

**季遂起**　哦？洗耳恭听。

**成　霏**　呵呵，不和你说这些……你怎么样，这几年，做得还顺利？

**季遂起**　马马虎虎吧，凡事都没有自己想象当中的那么顺。不过，也总算都熬过来了。现在基础打得还不错。

**成　霏**　哦，那就好。

［敲门声……助理送进来一杯冒着热气的茶，另外还有一摞资料，放在两人面前的茶几上。

**季遂起**　（对着助理）谢谢！

**成　霏**　（对助理）你先出去吧，这儿暂时没别的事。

［助理点头退出去。

**季遂起** （拿起茶杯，闻了闻飘逸的清香）还记得我喝这个呢？

**成　霏** 怎么可能会忘……

**季遂起** 呵呵，是，怎么可能忘记！（喝茶）茶和水……

**成　霏** 怎么想起今天来看我？……差不多快三年了吧？

**季遂起** 是该来看你了，这是我和你的约定。

**成　霏** 约定？（似乎有所觉醒，但嘴上还是明知故问）呵呵，我们约定过什么？

**季遂起** 我说过……公平竞争！你现在……

**成　霏** （摇摇头）

**季遂起** 哦……我就怕你熬不住。家里也不催你？

**成　霏** 我是那样人吗？而且这种事，本就是随缘。和谁好了，又和谁散了，都是一种气场，一种感觉……（抬头对季遂起笑）我心宽！

**季遂起** 听说你后来和一个什么……（刚好低头看到桌子上的资料）基金，对，什么基金公司的老板好过，现在呢？

**成　霏** 只能算老总，不是老板。不过他们老外都叫 boss！呵呵……

**季遂起** 你别跟我绕了，我是问你——

**成　霏** 都说了他是老外嘛，外得很。距离从来都是这么远……（有些恍惚）

**季遂起** 从来没有那么近？！

**成　霏** （被季遂起的话语一下子拉回近前）

**季遂起** 不，你们应该是“那么远”！

**成　霏** 呵呵，是啊，朋友之间，只能是那么远了。（季遂起大喜，正想说什么）所有人！

**季遂起** （一下子被打击下去，颤颤地）包括我？

**成　霏**　我现在和所有人的距离都是一样的，不是吗？这样不好吗？

**季遂起**　可是……可是世界上最远的距离，不是我站在你面前，（不顾成霏“不要再说”的阻拦继续往下说）你不知道我爱你，而是爱到痴迷，却不能说我爱你。

**成　霏**　现在说这个合适吗？还是那么急！

**季遂起**　就这一句！说完心里才舒坦。

**成　霏**　跟着感觉走吧，也跟着缘分走。不要强求，好吗？

**季遂起**　不强求，不强求……我以后再也不说爱，只说缘！

**成　霏**　（怔了一会儿才缓过来）你怎么样，还没说你的情况呢！

**季遂起**　我公司做得还行吧，几十号人，做产品的线上运营。接了几个大品牌，以他们的品牌知名度为依托，销售还不是太累。

**成　霏**　那就好。哦……你来得真是时候。我最近新增加了儿童系列产品，正琢磨着怎么开辟线上业务呢！以前的业务有点散，只是随便做些网上推广，并没有正式运营。

**季遂起**　（兴奋地）好啊，来得早不如来得巧！这事包在我身上！我包你三个月之内货物发遍神州大地。不，国外也有，不过这个产品不用走出国门吧？

**成　霏**　暂时没有这样的考虑。不过在线做，就是挡也挡不住，就是个物流问题，小 case！

**季遂起**　还是和你们成氏企业有缘，转来转去，没想到又回来了。

**成　霏**　是啊，风水轮流转！你不知道运势究竟是怎么转变的。有时候觉得堵住了，怎么走都不通，可有时候鬼使神差地就又豁然开朗了。

**季遂起** 此一时彼一时嘛！条件不具备的时候你怎么努力都白搭，甚至还……付出巨大的代价！可条件一旦成熟，你想不成功都不行！

**成　霏** 呵呵，我们都长大了。

**季遂起** 从生活中学会的！

**成　霏** 是啊，生活……

**季遂起** 唉……（感叹中，寻找话题，又看到桌子上的资料，拿起来翻看）你在研究基金？

**成　霏** 算不上研究，只是了解一些情况。以前在基金公司待过一段时间，知道些皮毛而已。

**季遂起** （翻看中）中国文化产业投资基金……文艺创作资助项目……你看这些干吗？

**成　霏** 只是了解了解……

**季遂起** 应该是有目的的吧？

**成　霏** 现在只能先做了解，还没有这个实力。以后或许会往这个方向努力一下。

**季遂起** 做什么？

**成　霏** 文化是个太大的产业概念，不是我们这些有小理想的人玩得起的。我只是想在这个圈子里做一些力所能及的事。

**季遂起** 呵呵，当初还说要帮你搞个舞蹈学校呢……（摇摇头）还是有些遥远……

**成　霏** 这个目标，实在是……而且我们现在，都已经离开专业好多年了，只能有心而无力了。不过可以尝试着换种方式来介入。

**季遂起** 换种方式？就是你现在准备的基金？

**成　霏** 或许以这种形式运作，会更加适合现在和将来的我们。

**季遂起** 我们？

**成 霏** 对啊，等到条件成熟，我们可以一起搞一个基金，叫做“文艺基金”，不不，太大了，“艺术基金”……（还是摇头）

**季遂起** 听上去有点怪！……李连杰有个“壹基金”，我们可以来个——“艺基金”！哈哈！

**成 霏** （同时）“艺基金”！哈哈……

**季遂起** 我们又想一块儿去了。

**成 霏** （意识到他的言下之意，尽管他自己都没有明显地意识到这个双关含义）嗯！朝那个方向努力吧。……你有戴欣的消息吗？

**季遂起** 怎么提起她？

**成 霏** 好朋友啊！

**季遂起** 呵呵……是！她离开团后，我们没再联系过。她那会儿忙着结婚生子，哪顾得上我们？

**成 霏** 不是，我倒是觉得挺奇怪的。她为什么也销声匿迹了？

**季遂起** 好像……

**成 霏** 什么？你知道什么情况？

**季遂起** 好像他那个老公，对她不是那么……专一！

**成 霏** 啊？

**季遂起** 她那天在医院里知道自己怀孕了，还抱着我大哭了一场。弄得我手足无措，问她怎么了，她也不说话，就是哭！你想啊，如果她是幸福的，知道自己怀孕，应该高兴都来不及，对吧？

**成 霏** 也是……怪不得连结婚都没有叫我们。可既然这样，干吗还要嫁？

**季遂起** 你难道不了解她吗？她又不像你，有那么多的选择！

当初是谁劝她睁只眼闭只眼来着？

**成　霏**　我怎么知道是这种原则性问题？早知道这样，真应该拉着她！

**季遂起**　那是她自己的选择！

**成　霏**　那她现在呢？哦，你也不知道。估计……

**季遂起**　好不了！不过真想找她也不难。

**成　霏**　那……唉……再说吧。现在也不合适，不成熟！

**季遂起**　什么不成熟？

**成　霏**　如果搞那个什么“艺基金”，怎么能少得了她呢？

**季遂起**　对啊！拉着她一起。她不像我们都有自己的一摊事，倒是个很好的办具体事的人。

**成　霏**　Perfect！我现在特别激动，特别想把这事赶紧做成！

**季遂起**　不是着急的事！水到渠成！

**成　霏**　呵呵，终于学会慢节奏了？

**季遂起**　不是慢，是见风使舵、见机行事。呵呵……

**成　霏**　学聪明了嘛。

**季遂起**　那当然，再不聪明就是笨了！你老公我……不是，是我当时年轻气盛，不懂得刹车，不懂得拐弯……

**成　霏**　哎，不说这些了。弄得跟七老八十了一样。路还长着呢……

**季遂起**　不说了不说了。晚上一起吃个饭？

**成　霏**　吃饭就算了吧，改天一起去……那家酒吧，叫上戴欣。

**季遂起**　好啊，那我们分头行动，等待胜利会师！

［成霏会心地笑。

［暗场。

## 第十六场

［若干时间后，演区后台化妆间。

［成霏和戴欣进行着开幕前的准备工作，看上去和若干年前的景象一模一样。

**戴　欣**　真没想到，就跟做梦似的！

**成　霏**　是啊，我们又回来了。重新回到了这里。这镜子还是以前的镜子，这桌子也还是原来的桌子……

**戴　欣**　可是我们变了……（握住成霏的手）谢谢你！

**成　霏**　说什么客气话，太见外了！我很高兴，我们能走回到一起，重新合作！

**戴　欣**　是啊，重新合作，重新生活！

**成　霏**　怎么？你打算……

**戴　欣**　不，我是说我有了自己的事业，可以不用整天困在家里那个压抑的气氛里。可以出来做点自己喜欢的事，真好！

**成　霏**　你还是眷恋那个家？

**戴　欣**　习惯了！想开了也没什么。他其实对我们母子俩也还算不错，我觉得没有必要……

**成　霏**　只要自己能面对，自己安心就好。

**戴　欣**　你呢？

**成　霏**　我？我就这样啰，看开了，想淡了，随缘了……

**戴　欣**　我看季遂起他挺好的，这么多年了对你还是那么专情，就没考虑过再给他一次机会？

**成　霏**　我觉得和谁都保持一定的距离挺好的！你别忘了我是结过婚的人，也算知道围墙内的滋味——那也并非就是我想要的！

**戴　欣**　你可别无所谓，都这个年纪了……难道等以后老了找个小白脸小弟弟啊？

**成　霏**　去！没个正经！和那样的人能过到一块儿去吗？年轻就意味着不懂事，我可不想自找麻烦。现在这样不是挺好？清静！

**戴　欣**　我看你啊，都要成仙了。以后干脆就叫你神仙姐姐！

**成　霏**　（噗嗤一声笑）神仙也没什么好啊，无欲无求，无生无死，多没劲！

**戴　欣**　啊哟，让你做神仙你都不做，难道还是做人好啊？做人好麻烦的！

**成　霏**　做明白了就是一种享受……

**戴　欣**　嗯，你是做明白了。

**成　霏**　总也有不明白的时候，总是有新的困惑。为人之道就是这样啰，一步步慢慢走吧。

［外面的声音越来越嘈杂……敲门声。

**季遂起**　（探个头进来）男士可以进吗？

**成　霏**　（笑）进来吧。

**戴　欣**　（同时）进来吧。

［季遂起迈着大步走了进来。手背在后面，似乎藏了什么。

**戴　欣**　要不要我回避一下？（赶紧起来往帘子后面躲）

**成　霏**　（笑戴欣，也不理她，转过头对着季遂起）又藏什么了？

**季遂起**　（从背后拿出一支百合）你说以前要是直接送百合给你，我们会不会……

［成霏没有伸手去接，还是转回身去对着镜子。季遂起

愣了一下，走上前，将百合花从后面插到了成霏的发髻上。

**季遂起** 这个颜色……特配你。（在镜子里看着她）你真的很美！

**戴 欣** （在帘子后面）这话听得怎么这么耳熟呢？

**季遂起** 去去！你已经不存在了！

**成 霏** （扶了扶花，莞尔一笑）很美很纯洁！

**季遂起** 你是说花还是说人？

**成 霏** 我是说我们的关系！

**季遂起** 哦，也是！天下大势，分久必合，合久必分……

**成 霏** 真能扯！不过道理还是一样的。

**季遂起** 我们分得够久了不？

**成 霏** （一愣）不是已经合了吗？

**季遂起** 这……当然也算。

**成 霏** 不同形式而已嘛，最主要是我们的心又回到了一起。

**季遂起** （扶住成霏的肩膀，叹了口气）只要心在一起……哦，外面一帮记者，闹哄哄的，被我先打发走了。记者招待会马上开始了，你们准备好了吗？

**戴 欣** （从帘子后面跳出来）好了！

**成 霏** 嗯，时间差不多了，我们走吧。（起身向外走）

**戴 欣** （一边走一边拍着胸口）好紧张哦……

**成 霏** 发言的又不是你，你紧张什么？

**戴 欣** 兴奋嘛！

**成 霏** 一切都才刚刚开始……

［三人从侧幕下。

（全剧终）

# 导师评语

## 曹路生

剧本《尘光》是作者计划创作的《生命三部曲》中的首部《舞篇》，也是作者的舞台剧处女作。从未写过话剧剧本的作者一出手便不凡，独特的视角、鲜明的人物性格及特殊的人物关系、诗意的情感表达，以及较为成熟的文字能力，自然、可信、细腻地表现了日常生活中现代人的情感困境的悲剧性，即理想与现实之间难于弥合的距离所造成的遗憾，以及过于理想化而忽略了实在的真情所带来的悔恨。作者通过女主人公成霏的三段情感经历来传递这一主题：舞团首席女舞者成霏终于等来了理想的婚姻，与新来的男首席、英俊潇洒的季遂起喜结良缘，可是企业家的成父不喜欢女婿跳舞，于是婚后季遂起从舞团辞职进了成父的企业。然而他的努力和企图心反而使成父产生了疑虑，夫妻俩也由此产生隔阂。男首席辞职，成霏也不得不暂时离团，她在面试秘书职位时遇到公司总裁黎总，两人相谈甚欢，成霏对事业成功、人品成熟的黎总佩服得五体投地，闺蜜戴欣点穿她抛去年龄差异或许黎总才是她心中的理想人物。同时，成霏怀疑丈夫与闺蜜有染，当她亲眼看见他俩进入一家情人旅馆时决定与丈夫分手。成霏与黎总欲近又走不近的距离，黎总又不想成霏离开公司，于是把生意合伙人、留美海归、风投基金经理葛裕廷介绍给了成霏。在签离婚文件时，成霏知道了真相，原来是怀孕的戴欣受到醉鬼骚扰肚痛不已，季遂起送她到附近旅馆休息。但事情已经不能挽回，成霏把一张支票递给季遂起，告诉他是他应得的股份，而且出去创业也需要资金，季遂起感动得热泪盈眶，说算是借的，事业成功了一定还，并约定，如果三年后成霏还是一个人，那他再回来娶她，成霏含泪答应了。离婚后成霏与葛裕廷的交往很不顺利，葛在美国养成的性格和生活习惯与成霏常常产生摩擦，虽然葛送很多贵重礼物给成，但成并没感到暖意，相反更加空虚。“你的肚子可以生小孩了！”跟葛开玩笑的一句话竟使葛不辞而别。成霏无法忍受，无人可谈，不得已找到黎总，黎总正好要到青岛出差，于是他带着成霏去了崂山道院，老子的“上善若水，利万物而不争”的启示使成霏无处放置的心灵慢慢沉静下来。作者还是心软的，最后给了成霏一个美好的结局：三年后，事业有成的季遂起来找成霏，两人决定成立“艺基金”来支持他们深爱的艺术事业，也预示他们俩重归于好。

相信本剧中的许多场面都源于作者自己的情感经历，而且作者写过小说，对于文字的把握，文字的表达可以说得心应手，因此对于舞台剧来说，虽然剧中场面不够集中，场与场之间的衔接仍有调整余地，但作者对场面的构成、戏剧性的营造还是把观众带进了剧中，而忽略了其中的瑕疵，比如关于成与季分手的主要原因是成误会季与戴欣有染，发现他俩私会情人旅馆，但在成与季为此事冲突时（成主要是这个原因，季是觉得成霏全家都不信任他，只是把他当作成的侍者而已），作者延宕了情节，故意让成霏只是心里气不说出来，成不说当然季也不会解释，作者把真相的说出放在了离婚已经万事俱备，只欠季在离婚文件上签字时，季也不是为自己辩护，而是成询问戴欣情况时不经意地说出，这就更增添了成对季的歉意，但成又不愿低头把误解公之于众，于是只能将离婚进行下去。而此时季表示对成的爱不会变，离了婚还是最好的朋友，三年后，如果成还是单身，他愿意再回来娶她。这字字句句像一根根针一样插在成霏心上，季越真挚，针就扎得越深，也令观众们欷歔不已。

本剧的独特之处还在于它的舞蹈场面。作者在推出本剧剧名《尘光》的同时加上了本剧的副标题——《生命三部曲》之舞篇，并题记：唯有舞蹈，才能释放女人体内自我破坏的冲动性力量！作者在戏开演之前就开宗明义地告诉观众，在本剧中，舞蹈是本剧的特有场面，并且还是揭示主题的关键性场面。作者确实是这么做的。请看，本剧一开幕便是一场舞蹈，预示观众本剧所特有的舞台呈现样式。

[缥缈幽冥的音乐响起，三束微弱的光，一为红，一为绿，一为蓝，在黑暗中交叉闪烁，忽明忽暗。一个身着灰色长裙的女子在光的包围撕扯下跳着舞，举手投足之间都流露出怀疑、惊恐和惶惑。那三束光中各有一个若隐若现着看不清颜面的男人的身形，他们和那个女人皆表现出若即若离的状态。

[三个男人都消失不见了，女人四处寻找……音乐走调，逐渐变至不堪入耳的杂音，而且越来越响。女人抱头伏地喘息。三束光从不同的角度同时劈在她的身上。

在本剧的中段，当成霏为几段情感所困惑时，舞蹈成了女主人公心灵困境的最佳的呈现形式。

[灯光再亮起时，成霏开始表演那支新编排的独舞。

[舞台特殊提示：这个版本的舞蹈大致上反映了成霏前一段的心路历程，举手投足间带着明显的挣扎、疑惑、纠结、无奈、伤悲、愤怒……

[表演中陆续亮起如初始梦境中的三束红、蓝、绿光，但此处比较强烈清晰。红光中悬浮着玫瑰，蓝光中漂浮着书本，而绿光中则飘散着美元符号＄。成在三束光

的交叉辉映下表现各种神态。这段情境的第一层理解是表面的物象，第二层是与三个男人之间的纠葛，再上一层则可理解为为尘世所困扰。舞蹈和光影的整体感觉要能体现出抽象的意境。

[舞蹈只演绎到中段，成霏伏地喘息。

[暗场。

最后在高潮，三段情都没有结果，成霏感到从未有过的孤独、走投无路、精神快要崩溃时，黎总带她来到了崂山道院，成霏在道观里打坐，舞蹈诠释了她心灵的灵化过程。

[音乐渐强——

[特殊舞台提示：此段舞蹈是成霏静坐时脑海中的幻象（成霏仍在一旁打坐），反映了她当时情绪、境界的变化。

[开场的梦境再次浮现：三束红、绿、蓝光，三个男人。这回能够清晰地看出三个男人就是剧中出现的三个男主人公。他们和梦中的舞者忽远忽近，最终都消失不见。

[光束和舞者一起狂乱地寻找！

[音乐停顿！灯光静止！人物造型僵硬！一切都仿佛窒息了！

[静场。

[泉水叮咚的声音从无到有，越来越响。舞者随着空灵的音符重新翩然起舞……

[该段可设计为水袖表演，暗含“上善若水”之意。

[红蓝绿三束光最终合为一道白光。表演者在那道白光中慢慢地上升，上升……

[刹那一片刺眼的白光闪过，让观众不由自主地闭眼。

再睁眼时，舞台上空无一物——可用白色纱幕迅速落下。

这三段舞蹈其实是一个整体，是作者表现现代人情感困境的三段式、三部曲，即：迷茫的叩问、困惑的寻觅、理想的解答。最后的解答是作者的一种期望、一种愿景、一种梦想，至于这种解答是人生启迪还是精神麻醉，是令人深思还是自欺欺人，想必每个观众都有自己的答案，这也是本剧的价值之所在。

在已经看到结局的本剧也处于一种困境：就此止步，放进抽屉，甚为可惜；继续坚持，修改排练，则成功在望。此时此刻，基金会的助推力是关键！

话　剧

# 天堂 KTV

高文婷

## 高文婷

毕业于上海戏剧学院戏剧影视文学系2002级本科，在上海市金山区文化馆工作。作品有：舞台剧《青鸟坠落前的九十三分钟》、《谎言游戏》、《森林奇遇记》；长篇小说《散落在上戏的爱情》；电影《上门女婿》等。

**主要人物:**

**张　　帆**——31 岁,电梯修理工。

**王 梦 露**——30 岁,唱片公司签约歌手。

**萧　　飞**——27 岁,孙小美的男朋友,富二代。

**孙 小 美**——25 岁,萧飞的女朋友,单亲家庭出身,非常要强。

**钱 仁 培**——35 岁,保险经纪人,为工作而忽视家庭。

**天天弟弟**——100 000 岁,天堂领路人。

**其他人物:**

客户甲,客户乙,同事一,同事二,同事三,同事李等。

**时　　间:** 当代

**地　　点:** 天堂 KTV,去天堂的路上

## 第一幕　遇　见

人物：王梦露、萧飞、孙小美、张帆、钱仁培等

时间：某日

地点：天堂 KTV

［幕起时左侧灯光亮，钱仁培和客户们在台左侧的包房里。

**客户甲**　(摇骰子)3 个 2

**客户乙**　4 个 5

**客户甲**　5 个 6

**钱仁培**　(手搭在客户甲肩上)7 个 8

**客户乙**　哪来的 7 个 8！别乱喊。

**钱仁培**　哦……喝多了，喝多了。那……开！开！开！

［客户乙开骰子，客户甲输了，一阵扫兴。

**客户甲**　哎呀，都是你乱喊，害我输了。(欲拿酒杯)

**钱仁培**　(阻止甲)不，不，我来喝，我替你喝！(喝酒)

**客户乙**　小钱，那我要是输了，谁替我喝。

**钱仁培**　我喝，我喝，(指着客户甲)你输你赢都我喝。(又指着客户乙)你赢你输也都我喝。大家开心就好！开心就好！

**众客户**　哈哈哈哈！

**客户甲** 小钱，英文名叫什么！

**钱仁培** 小 money！

**客户甲、乙** 哦，哈哈哈哈！

**客户乙** 好好好，今天要是让老子高兴了，老子给你大 money。

**客户甲** 对对对，哈哈哈……

**钱仁培** （赔笑脸）是，是。

［钱仁培和客户们喝酒、玩骰子、唱 K，非常 high。

［张帆从台右侧上，穿着工作服，带着头盔，拿着对讲机。

**张　帆** （对着对讲机）呼叫总机，呼叫总机。

**张　帆** （对着对讲机）电梯好像停在七八楼中间了，目前正在查找问题原因。

（拿出小手电查找电梯故障）

［对讲机里有些动静。

**张　帆** （边检查电梯，边对对讲机）报告，已经查出故障原因，我现在就下去拿工具。（在地上放了一块"故障修理中"的黄牌子，从台左侧下）

［王梦露从台左侧上，与张帆擦身而过。

**张　帆** 你好。

**王梦露** 啊，这么巧。你……（打量了张帆全身）在这修电梯？

**张　帆** 听说你出唱片了，恭喜你。

**王梦露** 谢谢。

**张　帆** 你……过得好吗？我觉得你好像瘦了。

**王梦露** 我挺好的。说起来，我应该谢谢你。如果不是你当初——

**张　帆**　（尴尬地打断）哦，我要下去拿工具。我先走了。

**王梦露**　（故意地）也对，这里记者比较多，看到我们就不好了。怎么说，我也是个名人，（冲向张帆）不是吗？（说完往台右侧走）

［张帆看着王梦露背影，沉默离去。

［王梦露停下，回头看着张帆离去的身影，轻轻叹了口气，继续往台右侧走。

［右侧灯亮，王梦露的同事们在等王梦露这个主角登场。

**同事一**　今天是替王梦露过生日，大家都到齐了，她怎么还没来。

**同事二**　（不屑地）没办法，人家是腕儿嘛。

**同事三**　（玩弄着自己的指甲）她还真以为自己是腕儿，老是跟公司对着干，搞什么特立独行，又不红。（靠近同事二）NONO姐，我看好你哦！

**同事一**　（奉承地）是呀，是呀，你一定会比她红。

［王梦露听到有人在说她，便停住了脚步。

**同事二**　（刚一阵得意，立刻又恢复平静）别这么说，被人家听到可不好。再怎么说人家也是……老前辈。（偷笑）

**同事三**　怕什么，她又不在这儿。

**同事二**　（打算去插蜡烛）对了，她几岁了？

**同事一**　（故作神秘地）好像是这个（伸出三根手指）

**同事二**　（瞪大眼睛）30啦?!

**同事一**　嘘！小声点。

**同事二**　（放低声音）都30了，估计她也红不久了吧。

**同事三**　（也放低声音）我看也是。

［王梦露咳嗽两下。

**同事三人** （像装了弹簧似的从椅子上起来，迎了上去）露露姐。

**同事一** 露露姐，听说你过生日，小伙伴们都惊呆了。

**同事二** 是啊，是啊，露露姐，我们替你买了红酒和蛋糕。

**同事三** 对啊，露露姐，你看你看，这些主意都是我想出来的，就是为了给你个惊喜。今天啊，我们一定要痛痛快快地K个通宵，毕竟女人一生能有多少个30！（突然意识到自己说错话了，尴尬地）

**同事二** 我们还是快进去吧。（拉着王梦露进右侧的包房里）

［同事二为王梦露送上蛋糕。

［王梦露看了眼蛋糕，皱着眉头。

**王梦露** 我不是跟你们说了吗，我只过25岁生日。

**同事二** 不好意思，露露姐，是我们搞错了。（对同事三）快去换。

［众人手忙脚乱地换上了25岁的蜡烛。

［王梦露闭眼许愿，然后大家举杯干杯，短暂的温馨让王梦露暂时忘了之前的郁闷。

**王梦露** 今天我生日，我心情好，什么也别说了，总之今天尽情地唱，尽情地跳，尽情地喝，谁要是扫兴的话，就是不给我面子。

［众人一阵尴尬，立刻赔笑脸。

**同事二** 露露姐，我们来吹蛋糕吧。

**同事二** 是啊是啊，我们来切蜡烛吧。

**同事三** 那我们一起吃生日歌。

［生日歌起，众人唱歌庆祝，歌曲结束，王梦露吹灭

蜡烛，定格。

［台中后侧灯亮，孙小美在包房里等待着男友萧飞。

**萧　飞**　（边打电话边上）我到 KTV 了，有什么话明天再说，我挂了，就这样。

（挂掉电话，进包房，与孙小美对视了片刻）我有话要对你说。

**孙小美**　（几乎同时）我有话要对你说。

**萧　飞**　（少顷）那好，你先说吧。

**孙小美**　我们分手吧。

［萧飞沉默。

［音乐响起。台左侧包房灯亮。

**客户甲**　我点的歌来了。（拿麦）

**客户乙**　我也会唱。（拿起另一个麦）

［台右侧包房灯亮。

**同事一**　这歌好听，我来唱，我来唱。（拿起麦）

**同事二**　我也要唱。（拿起另一个麦）

**同事三**　一起唱，一起唱。（抢麦）

［两边分男女声对唱《后来》：

（唱）　后来我总算学会了如何去爱
可惜你早已远去消失在人海
后来终于在眼泪中明白
有些人一旦错过就不再
……

［萧飞和孙小美在歌声中发生争吵，没有声音，只有形体，两边两个 K 房的人越唱越 high，中间 K 房的两人也越吵越激烈，吵架的形体配合着《后

来》的歌声，直到歌曲结束，两人也慢慢停止了争吵。

**萧　飞**　你真的决定了吗？

**孙小美**　是的，我决定了。

**萧　飞**　那好吧，如果你决定了，我尊重你的决定。

**孙小美**　对了，你刚才想跟我说什么？

**萧　飞**　没什么，说什么都不重要了。反正你已经决定分手了。

［警报铃声突然响起来，同事三慌乱地跑出去，边跑边叫；同事一和同事二碰掉了地上那个"故障修理中"的牌子；

［客户甲和客户乙互相搀扶着，跌跌撞撞地也跑了出来，客户甲按了电梯，没等电梯来，便和乙跌跌撞撞从楼梯走了。

［萧飞一把拉住孙小美跑出包房，两人进了刚好停下的电梯；

［钱仁培从厕所出来看到外面一片慌乱，自己的客户早已跑得不见人影，于是也准备离开，便进了电梯；

［王梦露喝了点酒，靠在K房沙发上；

［张帆放下手中的工作，在忙着疏散人流，经过台右侧包房，看到王梦露还在包房里，便把王梦露拉了出来。

**王梦露**　（半梦半醒间）怎么是你。

**张　帆**　跟我走，警铃响了。

**王梦露**　（甩开张帆的手）不要你管。（径自往电梯走）

**张　帆**　等一下！

［电梯门本来正要关上，里面的人听到了张帆的叫声，便把门打开了。王梦露正要进电梯。

**张　帆**　（拉住王梦露）等一下！

**王梦露**　放开我。

**萧　飞**　你们到底要不要上来？！

**王梦露**　上啊。

**萧　飞**　等等！

［钱仁培见状便把两人一起拉进了电梯，萧飞赶紧关门，于是电梯便开始下降。

**张　帆**　你干吗拉我们进来？

**萧　飞**　要不是他把你们拉进来，你们能逃离火灾吗？

**钱仁培**　就是啊，你们应该谢谢我才对。

**张　帆**　这电梯坏了！

**萧　飞**　你说什么？！

**张　帆**　这电梯坏了，在修理中！

**钱仁培**　你为什么不早说！

**张　帆**　你们没给我机会说！

**孙小美**　那现在怎么办？

［众人沉默。这时，电梯重重地往下一沉，卡在了两层楼的中间，停住了。

［电梯中的五个人都惊慌失措，《忐忑》音乐起，众人在音乐中表现出极度恐慌和不知所措的神情，有人试图撬开电梯门，有人在拼命求救，但最终都失败了。随着《忐忑》音乐到高潮，歌声变成了尖叫，接着是一声重物坠地的巨响声，然后台上一片漆黑，一片寂静……灯暗。

# 第二幕　天　堂

人物：天天弟弟、王梦露、萧飞、孙小美、张帆、钱仁培

时间：接前幕

地点：天堂中转站

[幕起时，舞者在音乐中舞蹈，场景就像电视娱乐节目一样，萧飞、孙小美、张帆、钱人培等都是舞者。

[画外音：Ladies and 乡亲们，让我们掌声有请玉树临风、风流倜傥、人见人爱、花见花开、车见爆胎、佛见发呆的宇宙超级霹雳无敌天天弟弟闪亮登场！

[天天弟弟上，摆 POSE，台上一阵欢呼。

**天天弟弟**　（向观众挥手）同志们好！

**观众**　（举起自己的手）首长好！

**天天弟弟**　同志们辛苦了。

**萧飞等众人**　首长更辛苦。

**天天弟弟**　同志们晒黑了。

**萧飞等众人**　首长更黑！

**钱仁培**　（突然从氛围中跳出来）卡！卡！卡！我们这是在哪里？

**王梦露**　为什么我们会在这里？

**天天弟弟**　欢迎来到天堂——

**张　帆**　天——堂？

**孙小美**　我记得我们之前在电梯里，然后——难道——

**萧　飞**　我们都已经——

**钱仁培**　死——了！（紧张气氛音乐）

**天天弟弟**　我还没说完，这里是天堂中转站。

**钱仁培**　哈哈哈！耍我的吧！

**王梦露**　这不会是真人秀节目吧，太过分了，我王梦露怎么说也是个名人，怎么能随随便便上电视节目。你们导演是谁，我要告他！

**天天弟弟**　呸！什么名人，在我这，王梦露最多也就是一人名，还很土。等你们喝了孟婆汤，这一切都将成为浮云。

**萧　飞**　（自语地）天堂里有孟婆汤？

**张　帆**　那你是谁？

**天天弟弟**　我？啊哈哈哈哈哈……（雷声大作）

**天天弟弟**　（骑着滑板车）我就是这里的主人——天天弟弟！

**孙小美**　（和萧飞对视了一眼）天天弟弟？

**王梦露**　哼，明明是个女的！

**钱仁培**　（比划了下曲线）也不像女的。

**天天弟弟**　那是因为我有一颗少年的心却有一张少女的脸。

**张　帆**　那就是——人妖？！

**萧　飞**　不对，不对，是春哥？！

**天天弟弟**　不要侮辱人妖！

［天天弟弟瞪了萧飞一眼，从胸口掏出手枪对着张帆的方向，只听到一声枪响，张帆痛苦地叫了一声。所有人惊惶。

**天天弟弟**　（吹了吹枪口）我是神，不是妖。

**萧　飞**　兄弟，你没事吧？

**张　帆**　（摸了摸自己的肚子）我没事，还很舒服。

**天天弟弟**　嘘！让子弹再飞一会儿。

［只听到嗖嗖嗖的声音，所有人跟着子弹的走向转动着头。突然萧飞跌倒，不再动弹。

**孙小美**　（赶紧过去看萧飞）萧飞，萧飞，你怎么了。你不能死啊。呜呜呜……

**天天弟弟**　（不屑地）放心，他没事。

**萧　飞**　（立马从地上跳了起来）你不早说。

［电话响，相当"刮三"的电话铃声。

［大家都在掏自己的手机，发现都不是自己的。

［天天弟弟不紧不慢地从大褂里掏出一个超大电话听筒接电话，上面写着 iphone20。

**天天弟弟**　喂——啊？嗯！啊？嗯！啊——嗯！是！是！遵命！

［大家都看得一愣一愣的。

**天天弟弟**　（放下电话，神神叨叨地）不好！情况有变！天堂现在位置紧张，一张绿卡被炒到……（掰手指，最后还是算不清楚，就作罢）总之，就是一卡难求。

**张　帆**　天堂还有绿卡？

**天天弟弟**　废话！要不然人死后都去天堂了。

**钱仁培**　也就是说我们不管是活着还是死了都在为绿卡而奋斗？！

**张　帆**　悲催啊！

**钱仁培**　这太荒唐了，你以为我会相信吗？我才没空陪你们玩呢，我还要陪客户呢。我先走了。（从台左侧下）

**天天弟弟** （耸了耸肩）好吧，你们还有谁要走的，请便。

［剩下四人相互对视了一下。

**王梦露** 你们的真人秀节目很棒，很新颖，不过我很忙，我每天的档期都是排满的。我想我还是先走吧。（从台右侧下）

**天天兄弟** 你们呢？

［剩下三人不置可否。

**萧　飞** 我们真的可以走吗？

**天天弟弟** （做一个“请”的姿势）愚蠢的人类总是不愿相信天命，最终带来的只是自己的毁灭！（紧张音乐起）

**钱仁培** （从台右侧上）该死的，我怎么又走回来了。

**天天弟弟** （冷笑）人生就是一个圆，无论你走得多远，也终究会回到起点。（看着钱仁培）你已经走不出自己的圈了！

［众人看到钱仁培又回来了都显出了恐慌的神情。

**孙小美** 貌似……好像我们回不去了。

**萧　飞** 不是貌似、好像，是一定、确定以及肯定。

**张　帆** 邪门，真邪门！你让我们来这里到底是要做什么？

**天天弟弟** 判定你们的去向。

**萧　飞** 判定？黑桃 2 到黑桃 10？

**孙小美** 都什么时候了，你还有空三国杀！

［王梦露从台左侧上，众人看到王梦露回来了并不觉得惊讶，只是王梦露自己很沮丧，她走到天天弟弟面前。

**王梦露** （冲着天天弟弟）好吧，我彻底认输了，告诉我，怎么才能回去，我要回去！

**张　帆** （把王梦露拉开）你别这样！

**王梦露** （有点崩溃地）我能怎样！我已经死了！今天是我的生日，我却死了。真是三十年河东，三十年河西，三十年前我生了，三十年后我竟然死了！可我还不想死！我还没红够！我还没结婚！我还有很多很多的——

**张　帆** （一把将王梦露搂入怀中）一切都会好的，会好的。我们会有办法的，相信我。

**孙小美** 我们到底会去哪里？

**天天弟弟** 这要看你们自己了。

**钱仁培** 说吧，要我们怎么做？

**天天弟弟** 我会根据你们活着的生命质量来判断你们死后该去哪里。所以你们必须接受一系列的测试。

**众　人** 测试？

**天天弟弟** 包括身体测试、情感测试、智商测试、道德测试、责任测试。总之，全方位、多角度的测试来评估你们。（摆 POSE）亲，今天你测了没有！好吧，首先进行身体测试。

［音乐起，众人来了一段小小的走秀。然后摆定POSE。

**天天弟弟** 谁先来？

［所有人后退一步。钱仁培没来得及反应，就剩他一个人站在前面了。

［天天弟弟拿着一个超大放大镜在钱仁培身上从头照到脚。

**天天弟弟** 长期抽烟，长期喝酒，心、肝、脾、肺、肾都有损伤。好吧，60 分。

**钱仁培** 为什么我只有 60 分？

**孙小美**　你这样天天陪客户，身体能好吗？

**钱仁培**　你以为我愿意吗？我不陪客户，谁给我工资，我挣点钱容易吗我！

［张帆走上前，天天弟弟拿着超大放大镜在张帆身上从头照到脚。

**天天弟弟**　嗯，身体不错！看样子每天都有锻炼。90 分。

**张　帆**　（摆两个健美的 POSE）那是当然！我在工作中练就了一副好身体。

**王梦露**　不就是修电梯嘛！

［孙小美将萧飞推上前，天天弟弟拿着超大放大镜在萧飞身上从头照到脚。

**天天弟弟**　啊哟，不错，"高富帅"嘛！不过典型的"富二代"综合征，懦弱、依赖、不懂反抗。

**孙小美**　等一下，这好像是性格问题，不是身体问题吧。

**天天弟弟**　性格决定命运，也决定身体。好吧，75 分。

［萧飞又将小美推上来，天天弟弟拿着超大放大镜在孙小美身上从头照到脚。

**天天弟弟**　嘿嘿……

**孙小美**　笑什么，我可不是"屌丝女"。

**天天弟弟**　我知道。嗯，不错，个性独立，性格坚强，就是有时太死撑，可以适当地表现下自己的脆弱嘛。

**萧　飞**　说得太对了！

**孙小美**　等一下，这还是性格问题，你就不能说点身体上的吗？

**天天弟弟**　身体上基本没什么毛病，就是罩杯太小！85 分。

［王梦露高傲地走上前，天天弟弟拿着超大放大镜在王梦露身上从头照到脚。

**天天弟弟** 哇，女明星。长期有明星光环笼罩，喝酒、开派对，日夜颠倒，生活没规律，65 分。

**张　帆** （对王梦露）当歌手很辛苦，要多注意身体。

**王梦露** 你管得着吗？

**孙小美** （对张帆）看不出来，你还是她的粉丝啊。

**王梦露** 看不出来，你这么八卦。

**孙小美** 不说就不说，当明星脾气这么大，活该只有 65 分。

**王梦露** 你……

**天天弟弟** 好吧，身体测试的结果我已记录在案，现在对你们进行头脑测试。

**张　帆** 头脑风暴？

**天天弟弟** 是脑筋急转弯。好吧！抢答现在开始。

［音乐起，众人摩拳擦掌，做好抢答姿势。

**天天弟弟** 请问为什么关羽比张飞死得早？

**王梦露** 我知道，红颜薄命。

**天天弟弟** 回答正确。下一题：请问中国最土的品牌是什么？

**张　帆** 我知道——

**孙小美** 鸿星尔克！

**天天弟弟** 为什么？

**萧　飞** 因为土逼 NO1（TO BE NO1）。

**天天弟弟** Bingo！正确！

**钱仁培** 这都是些什么题目啊。

**孙小美** 这叫冷笑话，欧爸，你落伍了，斯密达。

**天天弟弟** 下一题：有一只牛逼鸟和一只傻逼鸟，傻逼鸟只要打一枪，牛逼鸟需要打两枪，这时来了一个猎人，二话不说，抄起抢，砰砰两枪，我靠，两只鸟全死了，请问这是为什么？

**孙小美** 因为他用的是散弹枪。

**天天弟弟** 你打魂斗罗啊，错！

**张　帆** 我知道。因为“砰”一枪，猎人把傻逼鸟打死了，牛逼鸟见了，立马吓傻逼了！

**天天弟弟** 回答正确。掌声鼓励！

［众人鼓掌。

**天天弟弟** 下一题：什么老鼠两只脚走路？

**萧　飞** 米老鼠（跟众人击掌，漏了钱仁培）

**天天弟弟** 正确。最后一题：什么鸭子两只脚走路？

**钱仁培** 这个我知道！唐老鸭！（跟众人击掌）

**天天弟弟** 错！所有鸭子都两只脚走路。

［众人大笑。

**钱仁培** 等一下！不公平！身体测试、头脑测试都不是我擅长的。

**天天弟弟** 那你擅长什么？

**钱仁培** 陪客户吃饭、陪客户喝酒、陪客户唱 K。

**王梦露** 三陪啊。

**天天弟弟** 这些在这里都没用。好吧，接下来才是真正的考验。不过需要一样道具。

**张　帆** 什么道具？

**天天弟弟** 最近我对中国传统艺术颇有研究，尤其是中国戏法，接下来就让我为大家小露一手，把这样道具变出来。

［《步步高》音乐起，天天弟弟“刮三”地表演魔术，最后从身后面拿出一个红色的话筒。

**萧　飞** 这就是你说的道具？

**天天弟弟**　这不是一只普通的话筒，这是一只红色的话筒。

**王梦露**　废话。大家都看到了。

**天天弟弟**　这是一只被施了魔法的红色话筒。

**孙小美**　魔法？

**天天弟弟**　拿起这只话筒，就能留住你们这辈子最后的记忆。

**张　帆**　这辈子……

**王梦露**　最后的记忆……（若有所思）

**萧　飞**　可是这跟测试有什么关系？

**天天弟弟**　人生苦短，好好回忆吧，这关系到你们最终上天堂、回人间，还是下地狱。啊哈哈哈哈……

［闪电加紧张音乐，灯暗。

## 第三幕　回　忆

人物：王梦露、萧飞、孙小美、张帆、钱仁培

时间：接前幕

地点：天堂中转站

［台前侧一束光，竖立着一只红色话筒，萧飞来到红色话筒前。

**萧　飞**　我讨厌他们这么称呼我，富二代，我讨厌这个词！记忆像海水一样涌向我，不要挣扎，只要缓慢地沉溺，沉溺……比泪水还咸的海水渐渐撑开了我的身体，我厌倦了那些惊天动地的往事，它们渐渐地从我的生活中剥离出来，摔得粉碎，恍惚地，闪烁着消失了。14 岁的时候我想要令人骄傲的荣誉，16 岁的时候我又想要把

吉他，17 岁的时候我梦到了一场生离死别的爱情，18 岁的时候，我什么都不想要了，只想要一点点的——信任——没有，都没有。父亲的巴掌烙在我脸上，只是这么一瞬间，几乎不到一整秒，我的自尊焚烧光了，灰烬落在眼里，然后一颗一颗地砸在地上。萧飞……萧飞……每一天只需要安安稳稳地走在路上，去哪里？去那些遥不可及的地方。直到我认识了孙小美——

［孙小美和萧飞像往常一样约会。

**萧　飞**　孙小美同学，由于你的优异表现，我决定带你去见领导。

**孙小美**　是大领导还是大大领导？

**萧　飞**　当然是最高领导，咱俩的事成不成，关键就看我爸了。

**孙小美**　（撒娇地）如果领导不同意怎么办？

**萧　飞**　（开玩笑地）那我们就私奔。

**孙小美**　那还是私奔吧。

**萧　飞**　（牵起孙小美的手）好，现在就奔一个！

［两人幸福地从台右侧奔下。

［一会儿，孙小美气冲冲地从台右侧上。

**萧　飞**　（追出来抓住小美的手）有话不能好好说吗？

**孙小美**　你看他们像是要好好说的样子吗？年龄、家庭、住址、工作……查户口吗？

**萧　飞**　他们只是随便问问。

**孙小美**　你没看到他们看我的眼神吗？我知道，他们就是觉得我配不上你。

**萧　飞**　你想多了。

**孙小美**　算了，我们分手吧。

**萧　飞**　你看你，又来了。

**孙小美**　我是认真的。

**萧　飞**　我也是认真的。(抓着小美的双手,嘴里哼着歌曲)

[孙小美忍不住笑了出来,萧飞见她不再生气,便停止了歌唱。

**萧　飞**　别生气,我还是很在乎你的(上前拥抱她)。

**孙小美**　讨厌!下不为例。

[灯暗。

[一束光,孙小美站在红色话筒前。

**孙小美**　就这样,我们总是吵吵闹闹,但很快又会和好。虽然他很迁就我,可我知道,在我心里始终有道过不去的坎儿。(叹了口气)我出生在单亲家庭。小时候我很自卑,没有小朋友愿意跟我玩,渐渐地变得越来越孤独,老师总是打电话向我母亲告状,说我不合群,可是每次当我问妈妈老师有没有说我不好时,她总是笑着对我说:"老师说你很好!"我知道妈妈只是不想伤害我,所以才这么说。因为她的鼓励,我开始学会慢慢地相信自己。

[灯暗。

[灯亮,萧飞从台右侧跑上来。

**萧　飞**　小美,告诉你一个好消息。

**孙小美**　什么好消息?

**萧　飞**　你猜!

**孙小美**　(撒娇地)说嘛……

**萧　飞**　我爸爸给你找了份工作。

**孙小美**　我不是有工作吗?

**萧　飞**　在超市里试吃口香糖也算工作?

**孙小美**　那是销售的一部分。只要我肯做,总有一天会升上去的。

**萧　飞**　那要升到什么时候，我爸这有现成的工作，事业单位，铁饭碗！

**孙小美**　你爸，你爸，是不是没你爸你就活不了了？

**萧　飞**　你怎么这么说话，我爸是为了我们好。再说了，我也想让他们早点接受我们俩啊。

**孙小美**　这么说，他们还没接受我是吗？

**萧　飞**　这个……

**孙小美**　我明白了，我们分手吧。

**萧　飞**　这已经是你这星期第四次跟我提分手了，你能不能换点新花样！

**孙小美**　不管你愿不愿意面对，我们之间是存在问题的，你是富二代，而我是单亲家庭，我们之间永远有道跨越不了的鸿沟。

**萧　飞**　（走到红色话筒前，一束光给他）每次我们都会因为这个话题不欢而散，我不明白小美为什么这么介意我的父亲，她总是希望我能在她和父亲之间做出一个明确的选择，可她明明知道我无法选择，我并不是懦弱，只是我已经习惯了在父亲的权威下生活，我不知道怎么反抗，或许我需要小美更多的支持，可她却总是不理解我。唉……

**张　帆**　你难道从来没有想过违背父亲吗？

**萧　飞**　想过，小时候我养了一只流浪猫，父亲不喜欢它，我便把它偷偷送到了同学家，我每天放学都会去看它，我以为这样可以神不知鬼不觉。可是，有一天，我来到同学家，他告诉我猫不见了。

**钱仁培**　它去哪了？

**萧　飞**　我找了好久，都没找到它，我很伤心。很久以后，我才知道，是父亲给了他们一笔钱，让他们把猫处理掉了。

**王梦露**　这太可怕了。

**萧　飞**　我的父亲就是这样，永远用投资回报率来计算他的一切，也包括我，他做的决定，没有人可以改变。

**孙小美**　所以你永远都不反抗！

**萧　飞**　不，我反抗了，就一次！在我来天堂 KTV 之前，我和父亲大吵了一架，我也不知道自己哪来的勇气，可我就是吵了。我告诉他，(对观众)孙小美是我喜欢的女孩，我是绝对不会放弃她的。如果您还是不能接受她，那么，对不起，爸爸，您就当没生过我吧。说完，我就跑了出来，我的手心全是汗，我感到全身的血液都在沸腾。我不敢想象父亲的表情，我只想赶快见到小美。可是，当我来到 KTV 的包房，她却告诉我——

**孙小美**　我们分手吧，这是最后一次，我再也不想过这样的生活。

**萧　飞**　(对观众)我沉默了许久，我沸腾的血液瞬间凉到了冰点，最后，我慢慢地对她说，好吧，既然你已经决定了，我尊重你的决定。(低头沉默)

[灯暗。

[灯亮，萧飞回到沙发上，大家都围坐在台中央。

**萧　飞**　这就是我们的故事。

**王梦露**　(对孙小美)你为什么要跟她分手？

**孙小美**　我不知道，也许是因为害怕。

**王梦露**　害怕什么？

[孙小美慢慢来到红色话筒前，若有所思地。

灯暗，一束光给孙小美。

**孙小美** 我记得小时候，我交过一个笔友，虽然我没见过他，但我还是为自己有了人生第一个朋友而高兴，妈妈知道了也很高兴，她鼓励我给对方回信。就这样我和那个从未谋面的朋友保持着书信的联系，一直到我考上大学。那一年，发生了很多事，我最爱的母亲去世了，从那以后我再也没收到过任何的信。渐渐地，我开始明白，我想我已经猜到写信的人是谁了，因为我在每一个字里行间都读到了母亲对我深深的爱。我的妈妈，就是用这样的方式教会了我坚强、从容、勇敢、自信地面对人生。

［灯暗。

［孙小美回到沙发上。

**张　帆** （对孙小美）其实，你很自卑。

**孙小美** 也许吧，妈妈走后，我以为我学会了坚强。

**王梦露** 坚强有时是种伪装，只是让自己看起来不那么害怕。

**钱仁培** 害怕？（冷笑道）不知道为什么，我现在突然不怕了。

**张　帆** 你就没有什么放不下的吗？

**钱仁培** （慢慢走向红色话筒）我？（若有所思地）好像有，我的儿子，他叫小新，不知道他现在过得怎么样。

［灯暗。

［台左侧灯亮，钱仁培和往常一样陪客户。

**客户甲** 来，小钱，我们喝。

**钱仁培** 陈总，我干完，您随意。

［钱仁培将酒一饮而尽，手机响，他把手机拿出来看了下，丢在一边。

**客户乙** 小钱不错，来，把酒满上，陪我们再喝一杯。

**钱仁培** 好，好。（倒酒。手机又响。不耐烦拿起手机）失陪一下，接个电话。（走到一边，接起电话）什么事？我正忙着呢。

［画外音：我和儿子现在在机场。他想见你。

**钱仁培**　我现在走不开。

［画外音：你永远都是这样，客户、客户，只有客户。我们这次去广州，不会再回来了。要不要见他，你自己决定。

［钱仁培放下电话，犹豫了下，便冲了出去。

［左侧灯暗，右侧灯亮。

［钱仁培垂头丧气地走上场。

**同事李**　竟然把客户丢下，一走了之。还好我下手快。（挥了挥手里的合同）这个月又多了一份业绩。

［同事们纷纷称赞。

［钱仁培走过去，抓住同事李的衣领。

**钱仁培**　你抢了我的客户。

**同事李**　冷静，冷静，这里是公司。

**钱仁培**　（放开手）你知不知道，半个月来，这是我唯一谈成的客户。

**同事李**　So？你以为是在拍电影吗？海誓山盟？

［钱仁培的手慢慢攥起拳头。

**同事李**　（指着钱仁培脑门）所以说像你这种人根本就不该留在这里。这种高智商的工作不适合你。

［钱仁培的拳头瞬间挥向了同事李。一时间同事们都围了过来，将钱仁培拉开。灯暗。

［台前侧一束光，钱仁培站在红色话筒前。

**钱仁培**　就这样，我和我老婆离婚了，儿子跟她去了广州生活。我知道，我不是一个好父亲。从小到大，我没有给他买过一件礼物，没有陪他过过一次生日，我答应要带他去欢乐谷，可我也没有做到。我只知道如果今天客户不高兴了，明天我的饭碗就可能没了。饭碗没了，我拿什么养家糊口！呵呵，我都忘了，我也年轻过，我也有过梦想。(低头抽泣)我现在真想，真想带他去游乐场，带他去坐过山车，然后告诉他，这是男子汉飞翔的感觉！我真想他。可是，太晚了，我再也没有这个机会。(猛地抬头)后来，我来到了天堂 KTV，就在那里，一切都改变了！

[灯暗。

[灯亮，钱仁培回到了天堂 KTV 的包房。

**客户甲**　(摇骰子)3 个 2

**客户乙**　4 个 5

**客户甲**　5 个 6

**客户乙**　小钱，帮我喊一个！咦？小钱人呢？

**客户甲**　上厕所去了！

**客户乙**　真是懒人屎尿多，回头让他老板炒了他！

**客户甲**　别管他了，咱们继续玩！3 个 5！

[钱仁培从厕所出来，醉醺醺的有点东倒西歪，电话响了。

**钱仁培**　喂——

[画外音：爸爸，我想你。

**钱仁培**　(瞬间清醒)小新？小新乖！爸爸也想你。你要听妈妈的话。

[画外音：爸爸，你会来找我吗？我想跟你在一起。

**钱仁培**　(哽咽了)会的，等爸爸赚了好多好多的钱，就来接小新。

[画外音：嗯，爸爸，你要说话算话。我会等你，一直一直等你。

[挂掉电话，钱仁培深深叹了一口气，坐在台口，点了一支烟。电话又响了。

**钱仁培** （不耐烦地）喂，他妈的又是谁啊！（瞬间低声下气）哦，老总啊，我，我在陪客户呢。有，我有好好招待他们。客户是上帝，我明白的。什么？要裁员？我不卖力就裁我？不是，凭什么呀，全公司最卖力的就是我了，什么，我名字不好？我名字哪不好了，钱仁培，多响亮啊。倒过来？赔人钱？唉，不是，老板，名字不好，我可以改，钱多多怎么样，喂——挂了？（挂电话）妈的！老子不闹当老子好欺负，裁员裁员，敢裁老子。（欲掐烟头，突然想到什么）好，不给老子活路，那就都别活了。你不是最在乎客户吗，老子今天就要吓吓他。我烧不死他，我吓死他！（拿出打火机点了火对着火警警报器，不一会儿火警警报器便发出了强烈的响声）

[萧飞拉着孙小美从包房出来，跑进了刚好停在这层的电梯中。

[钱仁培正得意，突然看到 KTV 里的人骚动起来，随着警报的持续，不明情况的人们开始慌乱，开始逃散，钱仁培意识到自己玩笑开大了，便打算不声不响地离去，于是也进了电梯。

[张帆在忙着疏散人流，经过王梦露房间，看到王梦露还在包房里，便把王梦露拉了出来。两人在阴差阳错中也进了电梯。就这样，五个人在电梯中相遇了……灯暗。

[灯亮，大家又坐回到了台中央。

**钱仁培** 然后我们就来到了这里，就是这样。

**王梦露** 原来是你，都是你害我们变成现在这样！

**钱仁培** 我对不起大家。

**王梦露** 你把命还给我。（欲过去抓钱仁培）

［萧飞、孙小美和张帆把两人拉开。

**萧　飞** 事情已经发生了，现在说什么都没有用了。

**张　帆** （拉住抓狂的王梦露）你冷静点。

**王梦露** （一把推开张帆）冷静？这里最没有资格让我冷静的人就是你。（懊恼地）我为什么要再遇到你，遇到你就不会有好事。五年前是这样，五年后又是这样。

**孙小美** 你们是不是有什么话要说？

**张　帆** 没有。

**王梦露** （对张帆）你难道不该说些什么吗？

**萧　飞** 你们本来就认识？

**王梦露** （冷笑）我们不仅认识，我们还在一起过。

［众人惊讶。

［张帆沉默。

**王梦露** 好吧，既然大家都想知道，那我就来说说我的故事吧。

［王梦露来到红色话筒前，一束光给她。

**王梦露** 有些东西，记得就永远都记得，比如说一张 CD 封套，我在一本杂志上见到它第一面时，我就知道我会永远记得，画面上一个刚出生的裸露的婴孩在一片汪洋之中，海水清澈湛蓝，四周没有一株水草，看不见水有多深，也不知道何处是岸，在他的眼前什么也没有，只有一张美元……专辑的名字叫做 Something In The Way——一些事情无法改变，就好像我遇见张帆。

［灯暗。

［灯亮，张帆和王梦露坐在台口，张帆弹着吉他，王梦露唱着歌。

［王梦露画外音：身边的路人经过我们，有的驻足观看，也有人丢给我们一些硬币。我们愉快地歌唱着，从夏天到秋天，从秋天到冬天。渐渐地，路上的行人已不再注意我们。

［渐渐地，只剩下张帆一个人还在弹着吉他，声音回旋在舞台上，显得有些孤独。

［王梦露来到红色话筒前。

**王梦露**　我记得那年冬天，下了很大的雪，我们在天桥下唱歌，手指冻得冰凉，唱着唱着，我哭了，那是我第一次想要放弃，为什么梦想离我们这么遥远。后来，他也哭了。冬日的街头，我们就像是两个被上帝遗忘的孩子，再也找不到心爱的玩具。没有人会明白，那时的我们多么渴望一个机会，哪怕只是一个小小的机会。

**孙小美**　后来呢？

**王梦露**　后来，奇迹真的发生了……

［灯亮，王梦露拿着一封信激动地跑向张帆。

**王梦露**　张帆，张帆，我们成功了！你看，是唱片公司寄来的。

**张　帆**　（打开信看了起来）他们让你去面试！太好了，太好了。（放下信与王梦露拥抱在一起）

**王梦露**　可是，他们只让我去面试。你怎么办？

**张　帆**　没关系，只要你能成功。（从背后抱着王梦露）你忘了吗，我说过，你就是我的梦想。

**王梦露**　嗯。你放心，等我签了约，我会说服他们签你的。我们可是一个组合，我们是中国的“枪炮与玫瑰”，Guns And Rose。

**张　帆**　（用手做枪指向远方）Guns And Rose 要向梦想出发了！

**王梦露**　YES！

［张帆背着王梦露欢快地在台上奔跑。灯暗。

［一束光，王梦露来到红色话筒前。

**王梦露**　是谁说过人生最重要的不是机遇，而是选择。我在年轻气盛的 25 岁选择了梦想，选择了捷径，欲望几乎让我忘乎所以。

**萧　飞**　所以你放弃了他？

**王梦露**　所有人都以为我放弃了他，可我没有！我一直都记得我们的约定。只要一有机会，我就会向公司推荐他。可是他却对我越来越冷漠，终于有一天，埋藏在我们心底的战争彻底爆发了。

［张帆面无表情地走在前面，王梦露跟在后面。

**王梦露**　你别这样。

**张　帆**　那你要我怎么样，你要我大方地祝贺你吗？祝贺你王梦露被唱片公司老板看上了？

**王梦露**　我们没什么！

**张　帆**　是，没什么，那以后呢？

**王梦露**　我……

［张帆冷笑。

**王梦露**　你不相信我！

**张　帆**　（双手搭在王梦露肩上）现在，我相不相信你已经不重要了，重要的是，我已经不爱你了，你明白吗？

**王梦露**　你骗人！

**张　帆**　我们散伙吧。

**王梦露**　你骗人！你骗人！你这个混蛋！（捶打张帆）

**张　帆**　（一把将王梦露推倒在地）至少我不会为了梦想不择手段。

**王梦露**　（倒在地上，抹着眼泪）你说我不择手段？好，从今天起，你走你的阳关道，我过我的独木桥。我们玩完了！（爬起来哭着奔下）

［张帆将吉他一点点砸碎，最后蹲在地上埋头痛哭。灯暗。

［灯亮，大家又坐回台中央。

**王梦露**　后来，我如愿以偿地出了唱片，成了歌手。可我的发展并不如意，因为我坚持自己的创作，使公司赔了钱，而我跟老板也并没有在一起。总之，我的生活一团糟。我没想过会再遇见他，直到我来到这该死的 KTV，被你们拉进这该死的电梯。

**孙小美**　你还爱他吗？

**王梦露**　不。

**萧　飞**　可你明明很在意。

**王梦露**　不，我不在意。

**钱仁培**　那你为什么回忆他？

**王梦露**　（有点激动）我说了，我不在意！（沉默片刻）好吧，我承认，我在意，我只是想知道，他为什么要放弃？当我为自己的坚持而自豪时，他却放弃了，为什么？

**钱仁培**　如果他没有放弃，你就一定能坚持下去吗？也许你们的距离会越来越远，他会慢慢成为你的累赘，你还能那么坚持吗？

［王梦露沉默了。

**钱仁培**　你只是不愿意成为那个先放弃的人而已。

**王梦露**　（自言自语地）所以他始终还是不相信我。

［钱仁培一个人傻笑起来。

**王梦露** 你笑什么？

**钱仁培** 我发现，我们看别人的问题都比自己的清楚。

［众人看了看彼此，都笑了起来。

**钱仁培** 张帆，现在轮到你说了。张帆？

**孙小美** 他好像不见了。

**萧　飞** 他去哪了？

**孙小美** 不知道。刚才还在的。

**萧　飞** 他是不是找到出口了？

**钱仁培** 去看看。

**萧　飞** 张帆……

**孙小美** 张帆……

**钱仁培** 张帆……

［众人寻找着张帆，从台四处下。

［灯暗。

## 第四幕　拯　救

人物：王梦露、萧飞、孙小美、张帆、钱仁培

时间：接前幕

地点：电梯里

［幕起时众人又都回到了电梯中。

**张　帆** 都醒醒，都醒醒。我听到外面有动静，有人来救我们了。（把他们一个个都推醒）

**钱仁培** 我这是在哪里？天堂？地狱？

**张　帆**　电梯。

**萧　飞**　我们还没死吗？

**孙小美**　我以为我们都死了呢。

**张　帆**　你们都睡着了，我们被困在这里很久了。

**王梦露**　我刚才做了个梦，梦见我们都去天堂了，我们还……（看着张帆）

**孙小美**　我也梦到了。

**张　帆**　出去以后你们有的是时间做梦，现在先想想怎么离开这里吧。如果你们不想死的话。

**王梦露**　其实，死也没什么可怕，反正活着也没意义。

**张　帆**　别说傻话了，你的事业、你的梦想呢？

**王梦露**　呵呵，都是空的。其实我什么都没有。

**孙小美**　你不是签约歌手吗，你不是发唱片了吗？

**王梦露**　我已经 30 岁了，比我小很多的黄毛丫头们都已经出道红得发紫了。而我，只是需要一个可以证明自己的机会。没有，根本就没有，所有人都等着看我的笑话。包括你们。

**张　帆**　这就是你当初不顾一切要追求的理想吗？

［王梦露一怔。

**张　帆**　如果你不曾后悔当初的决定，就应该精彩地活着，用你的成功来证明自己的选择没有错。

［王梦露沉默。

**孙小美**　说得对，现在不是叹息消极的时候，我们应该振作起来，想办法离开这里。

**萧　飞**　对。（对张帆）我来帮你。

**张　帆**　（向外喊）有人吗……外面有人吗？

**萧　飞**　我们被困在电梯里了。

**钱仁培** 你们别白费力气了，不会有人来救我们的。唉，我落得今天这个地步都是我自找的。

［电梯工甲和电梯工乙从台左侧上。

**电梯工甲** 电梯里好像有人。

**电梯工乙** （对电梯里喊）里面有人吗？

**张　帆** 有人，我们被困在里面了。

**电梯工甲** 好像是小张的声音。

**电梯工乙** 小张，里面有多少人。你带工具了吗？

**张　帆** 连我一共5个人，我有钳子和扳手。

**电梯工甲** 那好，现在我们想办法打开一条生命通道，你们从里面爬出来。

**张　帆** 好。（对萧飞）你撑我一把，我爬上去打开上面的顶。

**萧　飞** 好。但我怕我一个人撑不住。

**钱仁培** 还有我，我也帮忙撑。

**张　帆** 好。一起。

［在张帆、萧飞和钱仁培的一起努力下，终于打开了电梯顶，顿时一道光照进来有了重见天日的感觉。

**电梯工甲** 你们从里面爬出来，我们在外面接应。

**张　帆** （对外面的人）我刚爬上去看到有个螺丝好像松了。

**电梯工乙** 那你们赶紧爬出来吧，怕晚了电梯会掉下去。

**张　帆** 好。（对电梯里的人）现在我们爬出去，外面会有人接应的。抓紧时间，女士优先。

**萧　飞** 小美，你先出去。

**孙小美** 那你呢？

**萧　飞** 我等你们先出去。

**孙小美** 不，我不走，我要跟你一起。

**张　帆** 别浪费时间了，（对王梦露）那你先走吧。

王梦露　我……(对钱仁培)还是你先走吧。

钱仁培　这……

王梦露　别忘了,你答应过你儿子什么。

孙小美　为了他,你一定要活着出去。

萧　飞　虽然我跟我父亲的关系没有办法改变了,但我相信,你一定会是个好父亲。

张　帆　别磨蹭了,来,我拉你。

钱仁培　(环顾了每一个人)谢谢你们!

[钱仁培在萧飞和张帆的帮助下爬出去了。

电梯工甲　我抓住他的手了,他得救了!

电梯工乙　下一个,赶紧。

萧　飞　小美,走吧,在外面等我。

孙小美　不,我不走。

萧　飞　听我说,我们不能都死在这里。

孙小美　不,我要跟你一起走。

萧　飞　(一把将孙小美推出去)你走,我不要你了!

孙小美　你骗我,你不会不要我的,你骗我!(泣不成声)

[画面定格,一束光给萧飞。

萧　飞　小美,你说得对,以前我总是靠我的父亲,从来没有自己努力做过一件事情。我想告诉你,我希望可以像你的母亲那样保护你,让你不再受任何伤害。如果我今天没能出去,你别难过,找一个更值得你爱的人。

[一束光给孙小美。

孙小美　(抹着眼泪)萧飞,虽然我总是跟你提分手,但其实我只是想你多哄哄我,他们说得对,我一点也不坚强,我很自卑,在我的内心一直渴望一个温暖的港湾,今天我终于明白，那个港湾就是你。所以，不管你能不能活着出来，我都会一直一直等着你。

[灯亮。

**电梯工乙** 她得救了，下一个。

**张　帆** (对王梦露)你去吧。

**王梦露** 不，还是让萧飞先走吧。

**萧　飞** 不行，女士优先。

**王梦露** 我有话要跟他说，这是我和他之间的事。你先出去吧。别忘了你的女朋友在外面等你呢。

**萧　飞** 那好吧，(拍了拍张帆的肩膀)我们在上面等你们。

[张帆点了点头。

[就这样萧飞跌跌撞撞地爬了上去。

**电梯工甲** 他得救了。小张，还剩几个人？

**张　帆** 就剩我和王梦露。(对王梦露)你快走吧。

**王梦露** 我有话要说。

[这时电梯开始摇晃了。

**电梯工乙** 不好，电梯开始摇晃了。

**张　帆** 什么情况？

**电梯工甲** 恐怕是那颗松掉的螺丝撑不了多久了，电梯随时可能会掉下去。你们赶快爬出来。

**张　帆** 有什么话出去再说。

**王梦露** 你当初放弃，是不是因为对我没信心？

**张　帆** 这个已经不重要了。

**王梦露** 不，对我来说很重要，请你回答我。

**张　帆** (打断她)没时间了，你一定要好好活着。(见王梦露不肯走)我答应你，出去后把答案告诉你。

[张帆把王梦露推上了电梯顶。

**电梯工乙**　王梦露，把手给我。

**王梦露**　等一下，（对张帆）我们都走了，你一个人怎么爬上来？

**张　帆**　我会想办法的。你先走！

**王梦露**　（突然意识到）你骗人！你根本没打算走！我不能留你一个人，把手给我，我拉你上来。

**电梯工甲**　电梯快不行了，你们还在磨蹭什么！

**张　帆**　你快走。

**王梦露**　把手给我。

**张　帆**　快走！

**王梦露**　把手给我！

**张　帆**　别管我了！

**王梦露**　不行，你难道还不明白吗？五年前你说放弃的时候，我没有阻止，这五年来我从来没有快乐过，为什么你不相信我，为什么你要放弃！既然老天安排我们相遇，这是天意，我求求你，把手给我，我们一起出去！求你了！（泣不成声）

［张帆被王梦露的话震住了，黑暗中，他把手缓缓地伸向了王梦露。

**张　帆**　（将一张卡片塞到王梦露手里）在我心里，从来没有放弃你。拿着，快走。

**王梦露**　这是什么。

**张　帆**　今天是你的生日吧。

**王梦露**　原来你还记得。

**张　帆**　我怕过了今天，就再也没有机会了。

**王梦露**　你别再说了！

［这时电梯几乎已经快不能承受。

**电梯工乙**　不好，电梯往下掉了。

［张帆用尽最后的力气把王梦露推了出去。

［电梯缓缓下坠，张帆没有挣扎。

**电梯工甲**　小张——

**电梯工乙**　张帆——

**钱仁培**　小张——

**萧　飞**　张帆——

**孙小美**　张帆——

**王梦露**　不要啊——

［只听见一声巨响，然后是一片漆黑，一片寂静。灯暗。

## 第五幕　告　别

人物：王梦露、萧飞、孙小美、钱仁培、张帆、天天弟弟等

时间：一年后的某天

地点：天堂 KTV

［幕起时他们又回到了天堂 KTV。

［左侧包房灯亮，钱仁培和几个朋友正喝着酒。

**客户甲**　3 个 2

**客户乙**　4 个 5

**客户甲**　5 个 6

钱仁培手搭在客户甲肩上：7 个 8

**客户乙**　钱总就是钱总，喊起数来，都这么有魄力。

**钱仁培** 哦,喝多了,糊涂了。大家开心就好。

**客户甲** 钱总说得对。(给钱仁培倒酒),我们敬钱总一杯。

**钱仁培** 不能再喝了,喝完这一杯,我要回去了,我答应了给我儿子讲故事。

[甲乙两对视了一下,笑了起来。

**客户乙** 钱总不仅生意做得好,还是不折不扣的好爸爸呢。

**钱仁培** 如果一年前我没有来到这里,我的人生也不会发生改变。总之,人生苦短,珍惜拥有。

**客户甲** 说得太好了,就冲钱总这句话,我们干!

**客户乙** 干!

**钱仁培** 好,干!

[三人碰杯,大笑。灯暗。

[中间包房灯亮,萧飞一个人坐在沙发上。

[孙小美急匆匆上。

**孙小美** 对不起,亲爱的,我迟到了。

**萧　飞** 没关系,我也刚到。

**孙小美** 你怎么不点歌呀?

**萧　飞** (抓住小美的手)小美,今天是距离我们上次来这里唱 K 一周年纪念,我决定在今天这个特殊的日子做一件很重要的事。

**孙小美** 什么事?

**萧　飞** 你先把眼睛闭上。

[萧飞从沙发后拿出一束花和一枚戒指,单膝跪地。

[孙小美睁开眼睛,看到眼前的情景,简直不敢相信。

**萧　飞** 一年前我们在这里分手,我以为我会永远失去你了。我很感谢那件事情,它让我们都成长了。它也让我明白了真正的幸福不是我爱你,而是在一起。也许我永远代替不了你的母亲，我也永远战胜不了我的父亲。可是，我向你保证，我永远永远都不会放弃你！所以，请你嫁给我吧！

**孙小美** （泪流满面）嗯！

［萧飞为孙小美戴上戒指，两人深情拥抱。灯暗。

［右侧包房灯亮，朋友们正在为王梦露庆祝31岁生日。

**同事一** 恭喜露露姐唱片大卖！露露姐生日快乐！

**王梦露** （拥抱同事一）谢谢！

**同事二** 祝露露姐永远年轻，永远美丽！

**王梦露** （与同事二亲吻脸颊）谢谢！

**同事三** 露露姐，你坚持做自己的原创音乐，终于换来了成功，你的勇气我们真的很佩服。过去有什么对不住的地方，你可千万别往心里去。

**王梦露** 大家都是同事，不用这么见外！

**同事二** （把蛋糕捧到王梦露面前）露露姐你快许个愿吧。

［王梦露看到蛋糕上插着25岁的蜡烛，又皱起眉头。

**同事二** 露露姐怎么了？

**王梦露** （把手一摊）拿出来吧。

**同事三** 什么？

**王梦露** 你们知道的，我不想再自欺欺人了。

［同事们把31岁的蜡烛拿了出来，插在蛋糕上，王梦露心满意足地闭上双眼许愿，然后和同事一起把蜡烛吹灭。

**同事一** 露露姐，你刚才许了什么愿？

**王梦露** 31岁，真的有很多愿望可以许。不过，我不告诉你们，这是秘密。

**同事二** 这么神秘！

**同事三** 来吧，我们快切蛋糕吧。

**同事一** 那我去点歌，我们 high 起来！

［王梦露与同事们一起唱着歌，欢声笑语。灯暗。

［台前侧两束光，天天弟弟和张帆分别站在两束光中。

**天天弟弟** 值得吗？牺牲自己换取他们回到人间。

**张　帆** 值得。他们都已经找回了自己丢失的幸福。

**天天弟弟** 那你呢？你的幸福找到了吗？

**张　帆** 我？（若有所思地）

**天天弟弟** 好吧，跟我去天堂吧。

**张　帆** 现在吗？

**天天弟弟** 是的。

**张　帆** 等一下，我可以留最后一点回忆吗？为我自己。

［天天弟弟看着他。

**天天弟弟** 别太久，天堂不等人。（慢慢离去）

［张帆来到红色话筒前。一束光给他。

**张　帆** 该从哪里开始呢？我记得那天晚上，就和今天一样，月亮很亮，没有一丝风，我坐在唱片公司楼下等她。我看到她和公司老板在一起，他们讨论音乐，讨论唱片，讨论所有能讨论的事。而我，只是坐在花坛边，看着天一点一点变亮。黎明的时候，她走出公司，看到了我，那一刻我什么都没说，只是默默地离开了。

**王梦露** 我和他并没有什么！

**张　帆** 我知道！

**王梦露** 可你不相信我！

**张　帆** （对观众）有一天，她唱片公司的老板来找我，他说，王梦露不是我一个人的，她属于每一个人，她是大家的王梦露，舞台才是她真正的归宿，她应该飞得更高。

[王梦露从台另一侧上，一束光给她。

**王梦露** 今天，在这个 KTV，我过完了自己 31 岁的生日，31 岁对一个女人来说，也许是人生的另一个开始，我依然单身，依然唱歌，依然为梦想奋斗着，只是我学会了不再急功近利，只是简单快乐地歌唱。

**张　帆** 后来，我在电视上看到她，她唱着我们曾经一起创作的歌曲，舞台上的她是那么光彩夺目。那一刻，我明白，没有我，她才能无所顾忌地展翅高飞。也正是在那一刻，我决定，我要成就她！

**王梦露** 对于很多人来说，张帆这个名字很快便会被遗忘，但是对我来说，他可能永远都存在着。我曾经以为自己的选择没有错，我曾经责怪他放弃了我们的承诺。可是后来，我发现我错了，对于一个女人来说，最大的悲哀莫过于在你最美丽的时候，最爱的人却不在身边，就算赢得了一切又怎么样，我始终是寂寞的一个人。

[灯微亮，王梦露拿出那张卡片，慢慢打开。

**张　帆** 生日快乐！不管你做了什么样的选择，我都会永远相信你！因为——我爱你！

[王梦露忍了很久的眼泪终于在那一刻决堤。

[张帆走过去，从后面轻轻抱住了王梦露，那一刻，他们幻化成了永恒。灯暗。

[灯亮时，只剩下张帆一个人，张帆慢慢褪去外套，换上了一件璀璨鲜艳的红色西装，站在红色话筒前。

**张　帆**　我曾经无数次地做梦，梦中的场景就和今天一样，我站在一个很大很大的舞台上，四面都是观众，他们挥舞着荧光棒，静静地听着我歌唱，他们会因为我快乐而快乐，因为我悲伤而悲伤。仿佛那一刻，我已不再是我，而是那一颗最闪耀的明星。

［影像上出现张国荣演唱会上凄美绝伦的身影，那一刻张帆仿佛化身成为“哥哥”。

［张帆拿起红色话筒，《至少还有你》音乐起——

（唱）　如果 全世界我也可以放弃，
至少还有你 值得我去珍惜，
而你在这里 就是生命的奇迹；
也许 全世界我也可以忘记，
只是不愿意 失去你的消息，
你掌心的痣 我总记得在哪里，
在哪里……

［随着音乐声，张帆整理衣着，悄然跟着天天弟弟走了。灯暗。

**（全剧终）**

## 导师评语

丁罗男

《天堂KTV》的剧名具有双重的含义：一是现实的故事发生在一家名为“天堂KTV”的娱乐歌城里；二是剧中五个不同年龄、身份的人物因火警闯入一座发生故障的电梯，共同体验了一段“天堂之路”的旅程。剧中第二、第三幕的“天堂中转站”，无疑是本剧构思中的一大亮点，作者以丰富的艺术想象力和舞台表现力，将现实生活中的一场意外事故，引向了超现实的梦幻之境。“中转站”成了连接虚与实、悲与喜、言表与内心的巧妙“戏扣”，五个有着不同的生活状态和情感经历的人，面对生死攸关的“测试”，一个个袒露心声，展现出各自人性中最真实的一面。本剧在创作中还糅合了许多时尚元素：流行歌曲、电视真人秀节目、舞蹈造型等等，对话也不乏当下网络语言中幽默夸张的成分，这就使整个作品充满了青春活泼的格调和浓郁的生活气息，从一个侧面生动地勾勒出当代社会的众生相。

剧本原稿在总体构思和视听元素的运用上特色鲜明，但在人物塑造上还略显粗糙，主题思想的深度也因此受到影响。经过作者两次认真修改，作品在这方面有了显著的提升。尤其对主要人物张帆、王梦露的爱情关系进行了调整梳理，在第三、第五幕中补充了许多人物情感的细节描写，使得全剧不仅好看、好玩，更带有一定的人生感悟与人性启示的哲理内涵。

九场次荒诞喜剧

# 幸运日

夏天珩

## 夏天珩

上海戏剧学院戏剧文学系本科毕业，现戏剧导演专业硕士在读。上海滑稽剧团编剧，职业喜剧创作者。原创剧目二十余部在全国范围内上演超数百场，代表作有：话剧《大人物》、《拾叁》、《春色撩人》、《千万要HOLD住》；滑稽戏《搭界勿搭界》；相声剧《暴走三国》；小品《家访》（上海市小节目评选优秀节目奖）等。

**人　物：**

尹　飞——男，36 岁，过气演员。

何　丽——女，29 岁，经纪人助理。

小　东——男，25 岁，尹飞的司机。

老　朱——男，36 岁，尹飞的同学。

玛　丽——女，36 岁，酒吧经理。

其他角色若干

## 序 幕

[幕启。

[眼花缭乱的灯光，嘈杂的音乐。

[这里是一个酒吧，人们在疯狂地歌舞。有人在喝酒，有人在摇骰子，有人在扭动着自己的身躯，服务员来来回回潇洒地向客人们提供各种各样的服务。此处可排一段形体舞蹈用以表现全剧一开场的热闹气氛。

[舞台中间坐着一个人。

[渐渐地，一束定点光打在这个人身上，周围的灯光开始变暗但依旧在闪烁变换。定点光让观众把注意力集中到这个人身上。他在喝闷酒。

[音乐渐收，背景转为心跳的声音，他抬起头开始流泪，周围的人们依旧在保持疯狂的场面，只是在舞台上他们并不发出声音。

[丝毫没有人注意到他。他仿佛越来越伤心，背景心跳的声音越来越大，他开始干吼，像是在向这个世界发出自己无声的呐喊。

[他站起身想接触周边的人，想向大家诉说自己的遭遇，可是没人理他。

[他转身背向观众一步一步向舞台深处走去，那里是一

扇窗户，他回头再看了一眼这个无奈的世界，眼里含着泪，纵身一跃，从窗口跳下了楼。

［定点光消失，心跳的声音消失，灯光回到一开场时的亮度，周围的人群又开始出声了。

**人　群**　（大声地笑着）你们刚才看见有什么东西过去了吗？

**人　群**　（大声地笑着）不知道！有东西飞下去了！

**人　群**　（大声地笑着）窗玻璃上破了个大洞！真是太刺激了！

**人　群**　（大声地笑着）哈哈哈哈！

**人　群**　（大声地笑着）哈哈哈哈！我觉得是不是有个傻瓜跳楼了?!

**人　群**　哈哈哈哈！

［忽然大家停止了笑声，静场，大家好像意识到真的有人跳下去了。

**人　群**　（一个接一个地不由自主地快速发出惊叹）有人跳楼了。有人跳楼了！有人跳楼了?!有人跳楼了！有人跳楼了！有人跳楼了！

［大家开始围在窗户破洞的地方，试图朝楼下看。

**人　群**　好像真的有人跳下去了……

**人　群**　这里是九十九层……

**人　群**　你们说……他还有生还的……可能性吗？

**服务员**　（漫不经心地从人群身边走过，他边走边在擦一个杯子）根据以往的经验，如果会游泳的话他死不了，底楼是个游泳池。

**人　群**　噢……（大家松了口气）

**服务员**　哦，对不起，我想起来了，今天外面很冷，（面向观众）游泳池——结冰了！

［收光。

[转场。

## 第一场

[起光。

[起音乐。

[尹飞在舞台中间，身旁其他演员扮演各种角色配合剧情。

**尹　飞**　我叫尹飞，今年 36 岁。我演过很多角色，曾经是一个一线演员。

[其他演员把舞台分成五个演区，尹飞在五个演区中来回穿梭，此段表演节奏很快。

**导　演**　尹老师，我认为这场戏，您应该站在一个超现实主义的角度，通过后现代方式的视角，用巴洛克式的表演风格把这种人性的张力给充分地表现出来。

**尹　飞**　对不起导演，我觉得你，应该说人话。

**制　片**　尹老师，今天晚上有一个高端企业家酒会，您是不是有时间？

**尹　飞**　对不起制片，我是艺术工作者，请不要在我面前谈商业。

**编　剧**　尹老师，昨天您那个角色虽然已经死了，不过考虑到您是主演，所以我还是巧妙地用编剧技巧让您又活了过来。死而复生，太适合您这种英雄形象了。

**尹　飞**　对不起编剧，你敢不敢再胡编乱造一点儿？我希望你尊重一下现实逻辑，死而复生合理吗？

影　迷　尹老师！您是尹老师！我最崇拜你了！给我签个名好不好，跟我合个影好不好，亲我一口好不好，要不咱俩潜规则一个？

尹　飞　额，这，这，对不起这位朋友，你认错人了。

剧　务　尹老师！盒饭里给您多打了三块大排，下午您一定要加油啊，您饿坏了我们负不起这个责任啊。

尹　飞　对不起剧务，你给我多打菜人家怎么办，这样影响有多坏你懂吗？制片，这个剧务以后不要干了。

［尹飞回到台中央。

尹　飞　好像没有一个人和我有共同语言，（气愤、无奈）我把该得罪的都得罪了，于是，我变成了一个二线演员。

［再来一遍。

导　演　尹飞，给你的角色是男二号。

尹　飞　凭什么，不是主角不演。

制　片　尹飞，下午的记者会去一下。

尹　飞　凭什么，三百人以下我不去。

编　剧　尹飞，我给你写的这个角色是个哑巴。

尹　飞　凭什么，没词儿的演不了。

影　迷　尹飞！很久没在银幕上看见你了诶，签个名好吗？

尹　飞　凭什么，你找主角去签名吧。

剧　务　尹飞，这盒饭只有一块大排了，蔬菜啥的都被他们拿走了，你将就着吧。

尹　飞　凭什么，少一个菜也是少，凭什么他们有我没有，看我好欺负是不是，我他妈还不吃了！

［尹飞回到台中央。

尹　飞　后来，我把不该得罪的也都得罪了，于是，我变成了一个三线演员。

［再来一遍。

导　演　那谁，来我们这个《赤壁之战》剧组试一下角色。

尹　飞　有多少角色给我试？

导　演　八十万曹兵，随便挑，你看中哪个都行，就用你了。

制　片　那谁，有一个大活，要珍惜机会啊，下午你有事儿吗？

尹　飞　我下午没事儿，怎么了？

制　片　借给咱拍摄地的那个李村长他爹死了，今天出殡，让你去唱个歌。

编　剧　那谁，今天第十一集，我把你那个角色写死了，你明天不用来了。

尹　飞　一百集的电视剧第十一集我就死了？

编　剧　哦，对，我忘了，昨天导演说这个角色在第一集上来就死比较能给观众带来震撼，那就得第一集死，没事儿，我让导演把你多拍的那十集戏删了。

影　迷　哎，你长得很像尹飞嘛，我可崇拜他啦。

尹　飞　我就是尹飞。

影　迷　拉倒吧，说你像你还真当自己就是啊，给个杆儿就往上爬，就你这样还敢冒充尹飞，别侮辱我心中的偶像，咳……呸！

尹　飞　今天吃白饭？！

剧　务　哦，你饭里那块大排我喂给大黄了。

尹　飞　大黄是谁？

剧　务　……狗。

尹　飞　你宁愿喂狗也不给我吃！

剧　务　废话，大黄重要还是你重要啊。饿坏了大黄你负责啊。

［尹飞回到舞台中央。

尹　飞　我一直不知道究竟是为了什么，我从来没像其他演员一样在钱上面斤斤计较，可到头来还是变成了这样。我不知道这是为什么。

[切光。

[定点光，何丽。

**何　丽**　我叫何丽，我是个很优秀的人。

[起光，何丽上学的时候。

[何丽和同桌坐在课桌前，老师在讲课。

**老　师**　那么，这个问题，选什么呢？马小呆同学，你来回答一下。

**马小呆**　老师，选C。

**老　师**　马小呆同学，一共只有两个选项。

**何　丽**　（举手站起来）老师，我知道，选A。（坐下）

**老　师**　答对了，下一题选……

**何　丽**　（举手站起来）老师，我知道，选B。（坐下）

**老　师**　额，答对了……下……

**马小呆**　（怯生生地举手）老师……我知道……

**何　丽**　（一把把马小呆的手摁了下去，马上站起来）老师，选C。（坐下）

**老　师**　（有些不悦）呃，圆周率……

**何　丽**　老师，（迫不及待地站起来背诵）3.1415926535 8979323846 2643383279 5028841971 6939937510 5820974944 5923078164 0628620899……

**老　师**　（忍无可忍，觉得智商受到了侮辱）够了，马小呆同学，我们两个一起到隔壁去上课，这个班被何丽一个人承包了……

**何　丽**　老师，我这么优秀，你为什么不要我？

[何丽考试的时候。

［老师监考，马小呆和何丽一起考试。

**老　师**　今天是期末考试，我希望大家能发挥好水平，尤其是这篇作文，大家要好好审题。

［老师话音未落，何丽开始飞快地写。

**马小呆**　（抓耳挠腮地不会）老师……这个字我看不清楚……

［老师刚要给马小呆解释。

**何　丽**　（举起手，大声喊）报告老师，作文纸不够了！

**老　师**　你写得挺快嘛，给你。

**马小呆**　老师……这个文体不限是什么写作要求？

［老师刚要给马小呆解释。

**何　丽**　（举起手，大声喊）报告老师，作文纸不够了！

**老　师**　（一愣）你写得真多啊，给你。

**马小呆**　老师……这个 500 字要是写不满怎么办？

［老师刚要给马小呆解释。

**何　丽**　（举起手，大声喊）报告老师，作文纸不够了！

**老　师**　何丽同学，老师的作文纸也不够了。

［切光。

**何　丽**　我就是不明白，认真也有错吗？

［何丽相亲的时候。

［老师变成媒人，马小呆变成何丽的对象。

**媒　人**　今天呢是你们第一次见面，看不看得上对方呢，不着急，咱们就是初步接触一下嘛。这样好了，你们如果实在觉得有些不好意思呢，咱们就把自己的择偶标准写在纸上，然后双方一交换不就行了嘛。

［媒人话音未落，何丽开始飞快地写。

**男　人**　（有些不好意思）呃……这个，其实我也没什么太高的要求……

**媒　人**　哎呀，每个人择偶的标准都不一样，多少总是有的嘛……

**何　丽**　（举起手，大声喊）对不起，纸不够了！

**媒　人**　（有点尴尬）你写得……也太快了吧，给你。

**男　人**　她怎么有……这么多要求……

**媒　人**　哎呀，女人嘛，总是想给自己找到一个称心如意……

**何　丽**　（举起手，大声喊）对不起，纸不够了！

**媒　人**　（脸色很难看）差不多行了啊，再给你一张。

**男　人**　……我想要不然就算了……吧，我有点怕……

**媒　人**　嗨，你别放在心上……

**何　丽**　（举起手，大声喊）对不起，纸不够了！

**媒　人**　何丽！你一辈子也嫁不出去！

［切光。

**何　丽**　我还是不明白，认真也有错吗？

［何丽工作的时候。

［媒人变成老板，男人变成单位同事。

**老　板**　各位员工，今天呢，是年度测评的日子，我在这里呢，希望大家把工作这么长时间以来，对我这个领导的意见看法，写在这张纸上，大家放心，都是匿名的，所以尽管畅所欲言，有什么说什么。

［老板话音未落，何丽开始飞快地写。

**同　事**　老板，我觉得没什么好写的嘛，领导有方，管理有度……

**老　板**　哎呀，虽然是事实，也不用这么说嘛，还是要提意见，提意见为主……

**何　丽**　（举起手，大声喊）老板，纸不够了！

**老　板**　……何丽，我……看好你，给你。

同　事　老板，我觉得这么写行不行，老板平时太不注意身体了，要改进。

老　板　哎呀，真是宝贵的意见啊。

何　丽　（举起手，大声喊）老板，纸不够了！

老　板　（青筋凸起）何丽，你不当文秘有点可惜啊，给你。

同　事　老板，我觉得吧，还有一条，老板的伙食待遇还有待提高。

老　板　（笑得合不拢嘴了）明年我会考虑给你提一个主管的。

何　丽　（举起手，大声喊）老板，纸不够了！

老　板　何丽，给你的这几张纸换个抬头吧。

何　丽　什么？

老　板　辞职报告书！

［切光。

［一束定点光。

何　丽　我就是不明白，认真也有错吗？

［又一束定点光。

尹　飞　他们对我不公平！

［两人分别交叉独白。

何　丽　小时候被老师放弃，长大了被对象放弃，工作了被老板放弃。

尹　飞　导演和我合不来，编剧跟我对着干，连打盒饭的都要跟我抬杠。

何　丽　我真的这么难以和人相处吗？

尹　飞　时间会证明我是对的，让他们见鬼去吧。

何　丽　好在有一个好心的经纪人愿意让我做他的助手，他说他需要一个像我这么认真的人。

尹　飞　好在有一个朋友自始至终都跟在我身边不离不弃，给我介绍各种机会，他相信我总有一天会再次成功的。

［两人同时说。

**尹、何** 他是我的救星，他有一个英文名字，叫哈利路亚。

［背景音乐《哈利路亚》。

［两人的后方，舞台的正中央，一束追光，经纪人老哈像神一样冉冉升起，光芒万丈。

**尹、何** 可是昨天，他却病倒了！

［老哈忽然倒下，一副垂死状，背景音乐变得无比凄凉。

［起光。

［两人来到老哈的病床前。

［电视剧中常见的重要人物临死时的桥段做法。

**老 哈** （垂死挣扎，有气无力地艰难说话，说一句喘一下）你们来啦……我来介绍一下……这位是我长期以来的合作伙伴尹飞，特别好……尹飞，这位是我新招来的助理，何丽，也特别好。（拉住两人的手）我这突然一病……不知道还有没有再站起来的一天，不知道明年，还看不看得到院子里那株迎春花开呀……

**尹 飞** 老哈，你别瞎说，你一定会好的，没什么大不了的。

**何 丽** 哈哥，您现在需要好好休息，叫我们来有什么事情？

**老 哈** 你们一定要帮我个忙，尹飞，你没忘了去八里庄吧。

**尹 飞** 当然没忘，每年的12月31号，总是要到那里去跨年演出的嘛。

**老 哈** 明天就是30号了，我今年是去不了了，只能让何丽陪你去了，我就是想介绍你们认识认识，你们一定要好好配合呀。尹飞，我知道你不爱去，可八里庄是我的家乡，什么都没有，一年到头就盼着这一场演出啊，你一定要帮帮我，帮帮那些受苦受难的乡亲啊。答应我，答应我……

尹　飞　放心老哈，你的事儿就是我的事儿，我一定去。

老　哈　何丽是个好女孩，你们要好好相处。

何　丽　放心吧老板，我一定会好好完成任务的。

老　哈　人之将死……其言也善……有你们这样的朋友，我可以安心地去了……

[倒下昏死。

两　人　老哈，你怎么了，你醒醒，你不能死啊！

[呼天抢地，拼命摇晃老哈。

[护士进了病房。

护　士　你们是亲属？（两人点头）病人检查结果出来了。

两　人　（关切地）什么病，什么病！？

护　士　哦，没什么，他痔疮犯了，躺两天就好了。

[收光。

[转场。

## 第二场

[定点光。

[三人在开车的路上，小东是司机，尹飞和何丽坐在后排。

小　东　导航坏了，前面不知道怎么走啊。

何　丽　没事，你往前开，前面路口左拐，然后上桥，下来之后再右拐，有个转盘，到了转盘那儿我再告诉你怎么走。

小　东　明白了。

**尹　飞**　你去过？

**何　丽**　没有，刚才导航还没坏的时候，我把地图背下来了。

**小　东**　姐姐，你真是人才。

**尹　飞**　到不到得了还不一定呢。

**何　丽**　（突然被刺激到）你这人怎么这么说话。

**尹　飞**　我怎么了？

**何　丽**　请你不要用这种怀疑的语气和我说话好吗？没有人可以对我的智力打问号。（越说越来劲）我小学中学大学没有一门课不是满分，所有的东西只要是我想背的还没有背不下来的，我能背下整部红楼梦，我能背下现代汉语词典，我能背下圆周率小数点后一万位数字！

**尹　飞**　……神经病。

**何　丽**　你不信是不是！3.141 592 653 5……

**尹　飞**　我不过就是随口说了一句，你哪来的这么多话？

**何　丽**　我陈述陈述客观事实罢了。

**尹　飞**　脑子有病。

**何　丽**　你才脑子有病呢！我就没见过你这么说话不客气的人！

**尹　飞**　我就这样！有能耐你下车啊。

**小　东**　别吵别吵，哥，你这说话的毛病也该改改了。

**尹　飞**　（强压住火）小东你开快点，赶紧办完事儿赶紧走。

**小　东**　嗯……转盘，真的有转盘！

**何　丽**　（得意地看着尹飞）我说的没错吧。

**尹　飞**　这个转盘我知道，你们看见旁边的山没有，在这里每年都要山体滑坡一次，前面只有一条路能通八里庄。

**小　东**　接下来怎么走？

**何　丽**　左拐。

尹　飞　右拐。

何　丽　导航上说的左拐。

尹　飞　我每年都去那个镇子。

何　丽　我看了版本，导航是去年刚更新的。

尹　飞　村里为了避开山体滑坡，天天修路，永远没停过，去年是往左拐，今年肯定就是往右拐，每年不一样的。

何　丽　你要相信科技。

尹　飞　你要相信经验。

何　丽　左拐。

尹　飞　右拐。

小　东　算了，我还是相信直觉。点兵点将……

尹　飞　你看，还是右拐吧。

小　东　哎！有块路牌，前方八里庄！

尹　飞　我没说错吧，每年都来这个鬼地方，我比谁都清楚这儿。

何　丽　（之前的事有些受挫，冷冷地说）嫌鬼地方你别来啊。

尹　飞　大小姐，不高兴啦？你当我愿意来啊，要不是看在老哈的面子上，谁来这种鸡不生蛋鸟不拉屎的地方。

何　丽　据来之前的数据显示，八里庄镇有四千户人家，人口超过一万五千人，人丁兴旺，好像和你说的情形不太一样吧。

尹　飞　你知道什么呀，一个镇子全是穷人、懒人，张嘴等房檐上的雨水解渴，冬天往衣服里塞报纸取暖，用睡觉来抵抗饥饿，靠墙根晒晒太阳就觉得自己吃饱了。

何　丽　理论上来讲，人也是可以进行光合作用的。

尹　飞　你胡说，什么样的人能进行光合作用？

何　丽　你这样的人啊。

**尹　飞**　你说我是植物人?!

**何　丽**　智商没想象的那么低嘛。

**尹　飞**　算我倒霉,摊上这么个事儿,老哈早不痔疮晚不痔疮,偏偏这种时候犯痔疮,让我跟你这种人来这个鬼地方。(冲小东大吼)开快点儿!

**小　东**　哦。

［三个演员用表演显示出车在提速。

**尹　飞**　我告诉你,你还别不信我,到时候有你好受的。

**何　丽**　我不在乎。

**尹　飞**　开快点!

**小　东**　哦。

［车速再快。

**尹　飞**　镇上没有一条完整的路,一到地儿就准备好坐驴车吧。村民们会用油乎乎沾着鼻涕的手在你身上蹭来蹭去蹭来蹭去,我看你怎么办!

**何　丽**　我不在乎。

**尹　飞**　(被何丽冷淡的态度激怒)开快点!

**小　东**　哦。

［车速再快。

**尹　飞**　村里面只有一间小破旅馆,到时候你就得在这儿住下,连二楼都没有,厨房有蟑螂,厕所没马桶,床单上还有精液!

**何　丽**　我不在乎。

**尹　飞**　开快点儿!

**小　东**　三百码啦,不能再快啦!

［车越来越快,演员表演出风驰电掣的感觉,何丽自顾自端坐,仿佛什么事情也没有。

**尹　飞**　你快停下来，不行啦！

**小　东**　刹车坏啦！停不下来！

**尹　飞**　那怎么办？怎么办？

**何　丽**　（冷冷地）智商低的生物在危急关头更显示出他的渺小。

**尹　飞**　别说废话！快想办法。

**何　丽**　你这个人，智商是硬伤。（极其镇定地打开车窗对窗外不紧不慢地喊）——救命啊……来人呐……

**小　东**　要撞啦！

［“咚”！

［起光。

［一个大气垫，上书“八里庄欢迎您！”一群西装笔挺的村民用气垫挡住汽车，迅速从车里拖出三人放到担架上，紧接着铺出一块红地毯，医疗组用各种先进设备对三人进行检查。

**医疗组**　血压，正常；心跳，正常；呼吸，正常；肾上腺素，正常；毛细血管扩张度，正常！一切正常。

［村民把三人从担架上抬下来，扶到红毯上，乐队开始奏乐。

**村民们**　（迅速拍手齐喊）欢迎欢迎，热烈欢迎！八里庄万岁万岁万万岁，耶！

［所有人摆一个造型，定格。

**镇　长**　三分十八秒，比上一次快了三秒，我们又破纪录啦！

［村民们相互拥抱，欢呼雀跃。

**何　丽**　这就是你说的穷地方？

**尹　飞**　我觉得，可能你说得对，我们应该朝左拐。

**镇　长**　请不要见怪，近一年来，我们这里每天都会来很多客人，因为道路问题经常出车祸，你们这种情况我们已经习惯了。

**尹　飞**　这儿不是从来没有什么人来的吗？

**镇　长**　兄弟啊，今非昔比啦，俺们有钱啦！

［一段歌舞，展现村民们一夜暴富穿金戴银比富的姿态。

［歌舞毕，其他人下场，镇长把尹飞三人送到了酒店门口。

**镇　长**　到了，我就不上去了，今天晚上你们就在这里下榻，招待不周，招待不周啊。

**尹　飞**　（抬着头看高耸入云的酒店）镇长，咱们这里原来不是酒店吧？

**镇　长**　这里是你往年住的那个小旅馆改的！为了保持原汁原味，这个酒店的房顶还用了原来小旅馆的那个茅草房顶，只不过现在加盖了100层楼，你在底楼是看不见房顶的啦。有钱嘛！

**尹　飞**　那谢谢啦。

**镇　长**　你们住100楼，楼下99层是个酒吧，你们可以好好在那里玩玩。明天下午演出就看你的咯，大明星！（镇长下）

［切光。

［两人调度来到酒店房间门口。

**尹　飞**　太恶心了，真是太恶心了，我简直一刻也待不下去了。

**何　丽**　人家穷的时候你嫌人家恶心，人家现在有钱了你还嫌人家恶心，真不懂你怎么想的。

**尹　飞**　我就是随便抱怨两句，你至于吗？我说你是不是非要跟我过不去啊。

**何　丽**　那不敢，来的时候答应老哈了，要和你好好相处。

**尹　飞**　你就是这么好好相处的？

**何　丽**　你怎么总有那么多的抱怨？

**尹　飞**　你怎么总能把我的话顶回去？

**何　丽**　我聪明啊。我早说了，你这个人，智商是硬伤。

**尹　飞**　我最看不惯你们这种自以为是的人了。

**何　丽**　自以为是的是你，成天这个看不惯那个看不惯，我可是什么都不在乎。

**尹　飞**　好，你不在乎是吧，有本事从现在开始别和我说一句话！

［何丽看也没看尹飞，直接重重地甩上门就进了房间。

［尹飞第一次感到那么挫败。

**尹　飞**　为什么我说什么都能被她反驳……我堂堂一个男人，被一个女人噎得说不出话来，天理何在啊。气死我了，气死我了，我发誓，演出一结束，我就叫老哈把你开掉，我这辈子和你不会有任何来往！你一辈子找不到工作，一辈子嫁不出去！

［何丽又开了门。

**尹　飞**　（瞬间转变态度）你还是忍不住理我了是不是？

**何　丽**　换个房间。

**尹　飞**　你要是早这种态度多好，咱们也不至于老是吵架是不是，不就是换个房间嘛。

［尹飞觉得事态缓和，笑着掏出房卡和何丽交换，何丽拿到房卡，依旧表情冷漠地甩门进了房间。

**尹　飞**　所以说，女人到底是女人……

［尹飞得意地走进房间又愤怒地出来。

**尹　飞**　何丽你这个混蛋！你为什么不说床上有只死老鼠！

[收光。

[转场。

## 第三场

[舞台上投影一个大大的时钟，在形式上区分一天的几个时段。

[8：00。

[起光。

[尹飞倒在床上呼呼大睡。

[急促的敲门声。

**尹　飞**　谁啊？

**门　外**　你下半辈子的希望！

**尹　飞**　对不起，不要服务！哦，对不起，尤其是不要同性服务！

**门　外**　现在是早上，不是服务时间！

**尹　飞**　你到底是干吗的？

**门　外**　小学一年级的时候你因为好奇偷吃过一块橡皮。

**尹　飞**　你怎么知道？

**门　外**　小学二年级的时候你因为好奇偷吃过一张考卷。

**尹　飞**　你，你你你到底是谁！

**门　外**　三年级因为好奇你偷吃了一条红领巾，四年级因为好奇偷喝了一管儿钢笔水，五年级偷吃了一支铅笔。

**尹　飞**　……

**门　外**　哦，对了，这次是因为饿。

[尹飞笑着起身准备开门。

门　外　六年级的时候你还吃过一个卷笔刀，你说五年级吃的那支铅笔应该削一削了。

尹　飞　（打开门，老朱站在门外）老同学！

老　朱　还想让我再说下去吗？

尹　飞　我这点事儿你还是记得那么清楚，小学六年的同桌，老朱！

老　朱　哈哈哈，老同学，别来无恙！

尹　飞　别来无恙，坐，坐。

［两人坐下。

尹　飞　我说老朱，你怎么来了？

老　朱　我正好出差到这儿，早上无意间在酒店登记名单上看见你的名字，就过来敲门了，你说怎么那么巧呢？

尹　飞　缘分，都是缘分啊。

老　朱　对对对，缘分，缘分，我跟你真是很久没见了啊，（抓住尹飞的手，一把鼻涕一把泪）你说我们每次同学聚会，你都忙，都不来，大家都想你想的啊，都不行了。

尹　飞　是吗，咱们班班长还好吗？

老　朱　（强忍住泪水）别提了，去年，心脏病，走了。

尹　飞　你说什么？班长他？！

老　朱　节哀，节哀，我就知道告诉你你肯定得是这个反应，俗话说月有阴晴圆缺，人有旦夕祸福呐。

尹　飞　班长对我们多好，可惜了。你说他以前和咱班班花小红，他俩多好啊。

老　朱　（哭了）小红，我们班最漂亮的小红啊，没了。

尹　飞　怎么了？

老　朱　开车碰上黄灯，被后面的车追尾撞进沟里去了，年初刚走。

**尹　飞**　(有些动容)怎么会这样。

**老　朱**　别难过,俗话说月有阴晴圆缺,人有旦夕祸福呐。

**尹　飞**　好好好,不提了,马老师呢？退休了吧。

**老　朱**　哪个马老师？

**尹　飞**　教马克思那个。

**老　朱**　哦,他呀,见马克思去了。

**尹　飞**　什么！怎么都没人告诉我呢。

**老　朱**　这不是怕影响你嘛,你说你大小也是个明星,哪能被这种事影响呢。

**尹　飞**　唉……

**老　朱**　没事儿啊,都过去了,俗话说月有阴晴圆缺,人有旦夕祸福呐,咱们最重要的是珍惜眼前人。你说是不是？

**尹　飞**　对对对,咱俩在这儿相遇,真是不易啊。

**老　朱**　可不是嘛,你想,咱们年纪一年比一年大,将来的事儿谁也说不准,说不定哪天……(哽咽了)

**尹　飞**　别别别,老朱,别乱说话,咱们还年轻,没到那个岁数！

**老　朱**　(激动地推开尹飞站起来)谁知道啊！谁知道啊！生命这种事情谁知道啊！你要跟老天斗,你斗一个试试？阎王叫你三更死,决不留你到天明你知道吗！你说咱俩,小学六年同桌,要不是今天有缘分在这儿见面,你怎么知道这辈子还有没有机会见面了呢?!

**尹　飞**　老朱,不至于……

**老　朱**　不！我们这些活着的人,唯一能做的事情就是珍惜眼前的生活,珍惜眼前的人,对于那些故去的对我们来说至关重要的亲人,我们只能寄予缅怀！人的一辈子,无论出身怎样,无论如何生活,到最后还不就是一块碑吗,这个人对社会贡献有多大,他的碑就有多大,你说像你这么大的明星要是真哪天不在了，这碑还不大了去了？

**尹　飞**　不能够，不能够……

**老　朱**　怎么不能够！都行！现在大碑便宜，买一块大碑等于买六块小碑，你想想，这是何等的尊荣，这是何等的气魄。坐北朝南，三面环水，交通便利，绝对的风水宝地啊。（灵魂附体般地诗朗诵）啊！当你忘掉这个世界，这个世界却无法忘记你！你的一生就永远不会终止！或许生命的结束，是一个新的开始！在那三千墓碑后，值得纪念的一生让多少人缅怀！啊！劳累了一辈子！终于可以休息了！你的人生是多么的精彩！

**尹　飞**　我怎么觉得……

**老　朱**　（语速很快）你担心价钱是不是，没问题，别人办不了我还办不了吗？大家都是同学，我好意思原价收你钱吗？绝对内部价，八折优惠，八折优惠，咱班那些同学：班长，小红，马老师，这都是我给办的，你现在买墓地我还送你个葬礼，多划算……

**尹　飞**　（忽然明白过来了）哥，我好像还没死呢。

**老　朱**　死了不就来不及了嘛！买坟要趁早，你买一块吧，俗话说月有阴晴圆缺，人有旦夕祸福，你知道哪天……

**尹　飞**　那什么，我还有事情，咱们今天就到这儿吧。

**老　朱**　哎，你买一块吧，买一块吧，买一块没坏处！

**尹　飞**　（边说边把老朱推到门外）你去找隔壁房间那个女的，她快死了，你问问她要不要。

**老　朱**　好好好，明天我还会来找你的。

［老朱敲何丽的门。

**何　丽**　谁啊？

老　朱　你下半辈子的希望！

［切光。

［时钟投影，10：00。

［99层，尹飞在吃早饭，玛丽过来搭讪。

玛　丽　昨晚上没睡好？

尹　飞　玛丽是你呀，早上被吵醒了。

玛　丽　谁啊？

尹　飞　一个卖坟的。

玛　丽　谁死了？

尹　飞　和我一起来的那个女人。

［何丽从身边走过，一句话没说，玛丽视线盯着何丽吓坏了。

玛　丽　我刚才是不是看见什么不干净的东西了？

尹　飞　没死，我随口一说。

玛　丽　吓死我了，吓死我了。

尹　飞　我说你可以啊，原来的小破旅馆不开了，跑到这大酒店来了。

玛　丽　这100层楼都是我们家开的。

尹　飞　我说你们镇到底怎么了？怎么一夜之间这么有钱了？

玛　丽　原来的镇长进去了，在里面死活不肯交代他贪的那点钱藏哪儿了，我们老百姓知道啊，就藏在他家的地板底下，好家伙一千个平方的房子，底下全是钱啊，这么厚，大伙儿把钱分了，全镇四千户人家提前六十年完成集体奔小康的基本目标。我跟你说，镇长真是大好人啊，临了还不忘造福我们这一方百姓。

尹　飞　（冷冷地）有钱了没文化，还不是和过去一样。

玛　丽　没文化？我们不是一直在追求文化吗？你看我们每年

年底都把你请来给唱歌。

尹　飞　唱个歌就有文化了？

玛　丽　这不好说，反正，我做梦都想当演员，当像你这样的名演员。

尹　飞　你觉得当演员很好？

玛　丽　那当然，多风光啊，那么多人看着你，还有人管你要签名，钱也不少挣吧。

尹　飞　反正没你们这里挣钱快。

玛　丽　那你为啥当演员？

尹　飞　艺术。

玛　丽　艺术是啥？

尹　飞　艺术就是……算了说了你也不知道。

玛　丽　看这样子我是当不了演员了，不过我想让我儿子当，你看，让我儿子跟着你怎么样？

尹　飞　你儿子，行啊，再过十几年吧，等他长大了。

玛　丽　你胡说什么，我儿子今年都考大学啦。

尹　飞　（有点惊讶）玛丽我记得你和我一样大是不是？

玛　丽　对啊，三十六岁。

尹　飞　你说你儿子考大学了？

玛　丽　嗯，是，我生孩子生得晚，隔壁老刘家那个大嫂，也36，儿子大学都快毕业啦。你儿子多大了？

尹　飞　我还没结婚呢。

玛　丽　三十六了还没结婚，你这一辈子不是白瞎了吗？人一共才活几年啊。

［尹飞沉默了，他忽然意识到，自己这么多年似乎真的活得很不明不白。

［光渐收，变成一束定点，打在尹飞身上。

［时钟投影，14：00。

尹　飞　是啊，三十六了，我这前半辈子都在过些什么日子。

［起光。

［此时已变成了演出后台，大家都在忙忙碌碌，何丽很轻松地和后台工作人员打成了一片，有说有笑，和与尹飞在一起时判若两人，尹飞仍旧保持刚才的坐姿，还在刚才的自言自语里。尹飞坐的酒吧的椅子此时已成为了后台休息室的椅子。

尹　飞　三十六了，我这前半辈子都在过些什么日子。

小　东　哥，你一个人嘀咕什么呢？

尹　飞　过来，坐。

［小东坐下。

尹　飞　小东啊，你今年多大了？

小　东　我？二十五。

尹　飞　你打算什么时候结婚？

小　东　明年啊。

尹　飞　那么早，怎么不再晚点。

小　东　再晚几岁？到三十以后还不结婚不是白瞎了吗？爹妈年纪那么大了，你还不想让他们见见孙子啥样，你这是大不孝啊。哎，飞哥，你问我这个干啥。

尹　飞　哦，没事儿，我不是看见何丽嘛，你说她多大了？

小　东　肯定超过三十了。

尹　飞　你说她这个样子能嫁出去吗？

小　东　能。

尹　飞　嗯？你脑子被门挤啦。

小　东　我觉得何丽姐挺好。

尹　飞　我觉得够戗，成天对我板着个脸，对别人笑脸相迎，好像我欠她一样。你说我没招她没惹她，我不就是爱发发牢骚嘛，怎么了？哎，你怎么到现在没谈个女朋友？

**小　东**　我受过伤，我的初恋女友为了假装自己是处女，算好了日子在来大姨妈那天跟我上床……那床单被整得……哎呀，你是没看见哪！（说着说着哭了起来）

**尹　飞**　对不起，对不起，戳到你痛处了。

**何　丽**　尹飞，该你上场唱歌了！

**尹　飞**　行了，知道了，我希望这是咱俩之间的最后一次谈话。你会对你从昨天开始的对我爱搭不理付出代价的，演完之后我就让老哈把你解雇，咱们走着瞧。

［尹飞潇洒地离去，上台前唱歌。

**小　东**　何丽姐，你俩吵架了？

**何　丽**　没有，我就是看不惯他那副自以为是的态度，见谁冲谁发牢骚，不爱搭理他。他这个人，智商是硬伤。

**小　东**　别这样，一块儿出来办事儿，还是要有最起码的交流嘛。

**何　丽**　你的意思是说，我应该告诉他他裤子拉链没拉？

［切光。

**尹　飞**　何丽！你为什么不告诉我我裤子拉链没拉！

［定点光。

［和之前一样，车里，演出结束，小东开车，何丽和尹飞坐后排。

［时钟投影，20：00。

**何　丽**　我为什么要说。

**尹　飞**　（气急败坏）你看见了你不说！

**何　丽**　（慢条斯理）你不是本事大吗？你不是大明星吗？

**尹　飞**　你知不知道在台上唱歌的时候拉链没拉有多丢人！

**何　丽**　谁叫你是男人呢，你要是女人估计没这方面烦恼。

**小　东**　好了，你俩别吵了，这不是从镇上出来了嘛……

**尹　飞**　你就是存心的，我告诉你，何丽，我他妈跟你没完！

**小　东**　哎呀，飞哥，转盘咋不见了？

**尹　飞**　完了完了完了，山体滑坡，一定是山体滑坡了，就是这座山，每年都山体滑坡。

**小　东**　那怎么办，只有这一条路能出去。

**何　丽**　看来，只能回去再住一晚，等天亮再想办法了。

**尹　飞**　……行行行行，就这么地。

［切光。

［时钟投影，21：00。

［尹飞和何丽往酒店房间门口走。

**何　丽**　咱俩能不能谈谈。

**尹　飞**　（有点得意）怎么了，意识到对我爱搭不理是不对的了？你说吧。

**何　丽**　我想说……

**尹　飞**　你怎么支支吾吾的，没关系，要是道歉的话呢就算了，我还是比较宽宏大量的。

**何　丽**　今天……

**尹　飞**　好好好，只要你认识到自己的错误就足够了，我不会让老哈开除你的。

**何　丽**　我这么跟你说吧，因为拉链的事情影响了演出，这次的演出费没了。

**尹　飞**　（态度瞬间转变）凭什么！我付出劳动了！

**何　丽**　没办法，他们就是这么决定的，又不是我说的。

**尹　飞**　你不会去争辩啊！

何　丽　我又不在乎。

尹　飞　你你你，你真是要气死我啊！

何　丽　你冲他们发牢骚去啊，反正你不是最擅长这个吗？

尹　飞　你欺人太甚！

何　丽　我没欺负你啊，我只是给你陈述了一个客观事实罢了。

尹　飞　我一定要让老哈把你开除！

何　丽　没关系，我反正也不是被一家公司开除过了。

尹　飞　我告诉你，你这种人，一辈子也嫁不出去！

何　丽　先想想你自己吧，你都三十六了。

尹　飞　我愿意！我乐意追求单身！

何　丽　你下午没拉拉链。

尹　飞　我……我……我热衷艺术追求！

何　丽　你下午没拉拉链。

尹　飞　我……我……我比你成功！

何　丽　你下午没拉拉链。

尹　飞　（恼羞成怒）有本事你也永远别忘拉拉链！

何　丽　对不起，我穿的是运动裤，没有拉链。

尹　飞　何丽！我要是再跟你说一句话，我就不是人！

何　丽　怎么样，承认自己智商是硬伤了吧？

尹　飞　哼！

［尹飞"砰"地一声甩上门进屋。

何　丽　（淡淡地）随便，你是不是人和我有什么关系，反正，我又不在乎。

［收光。

［转场。

## 第四场

［舞台上投影一个大大的时钟：8：00。

［起光。

［尹飞倒在床上呼呼大睡。

［急促的敲门声。

**尹　飞**　谁啊？

**门　外**　你下半辈子的希望！

**尹　飞**　你怎么又来了?!

**门　外**　为什么要说又，你知道我是谁吗？

**尹　飞**　你谁啊？

**门　外**　小学一年级的时候你因为好奇偷吃过一块橡皮……

**尹　飞**　好了好了，我昨天不是让你去找隔壁那个女的了吗？

［开门，门外站的是老朱。

**门　外**　昨天怎么了？

**尹　飞**　进来进来进来。

**老　朱**　知道我是谁吗？

**尹　飞**　老朱，你咋了，老年痴呆了？

**老　朱**　哎呀，真不愧是老同学啊！

**尹　飞**　老朱你少来这套，还有啥事儿就直说。

**老　朱**　还、还？

［两人坐下。

**尹　飞**　快点儿，又怎么了，我着急走。

**老　朱**　你别啊，每次同学聚会，你都忙，都不来，大家都想你想得啊，都不行了。好容易见一次面，你这么着急走干吗？

**尹　飞**　昨儿不是见过了吗？

**老　朱**　不可能，我昨天人还在国外呢。

**尹　飞**　你就一天时间就往返国内外了？

**老　朱**　你说啥呢，今天凌晨刚到。

**尹　飞**　哦，那挺快啊。

**老　朱**　可不是吗？又快，又安全，我告诉你，很多人都怕坐飞机，生怕掉下来，其实这飞机的安全系数比什么都高，一般情况下掉不下来。你知道最危险的是什么吗？

**尹　飞**　什么？

**老　朱**　汽车啊！每天这路上多少车祸！我们班小红你记得不，班花，年初车祸，走了。

**尹　飞**　知道，怕闯黄灯结果追尾嘛，掉沟里了。

**老　朱**　你怎么知道呢？

**尹　飞**　不是你告诉我的吗？！

**老　朱**　我啥时候告诉你了？难不成托梦啊。

**尹　飞**　还有班长。

**老　朱**　对了，班长（强忍住泪水）别提了，去年，心脏病，走了。

**尹　飞**　对啊。

**老　朱**　你怎么一点儿也不悲伤，你也太狠心了！

**尹　飞**　俗话说月有阴晴圆缺，人有旦夕祸福呐。

**老　朱**　这话怎么这么耳熟呢？

**尹　飞**　别了，老朱，都是老同学，你这样可没意思啊，同样的招儿对我使第二遍。

**老　朱**　什么意思？

**尹　飞**　还有教马克思的马老师见马克思去了对不对？

**老 朱** 不可能啊，谁告诉你的？

**尹 飞** 我还有事儿，先走了。

**老 朱** 别啊，你让我把话说完！俗话说月有阴晴圆缺，人有旦夕祸福呐，咱们最重要的是珍惜眼前人你说是不是？

［尹飞想说话，被老朱堵回去。

**老 朱** 咱们年纪一年比一年大，将来的事儿谁也说不准，说不定哪天……（哽咽了）

**尹 飞** 得了，别说了。

**老 朱** （激动地推开尹飞站起来）谁知道啊！谁知道啊！生命这种事情谁知道啊！你要跟老天斗，你斗一个试试？阎王叫你三更死，决不留你到天明你知道吗！你说咱俩，小学六年同桌，要不是今天有缘分在这儿见面，你怎么知道这辈子还有没有机会见面了呢?！我们这些活着的人，唯一能做的事情就是珍惜眼前的生活，珍惜眼前的人，对于那些故去的对我们来说至关重要的亲人，我们只能寄予缅怀！人的一辈子，无论出身怎样，无论如何生活，到最后还不就是一块碑吗，这个人对社会贡献有多大，他的碑就有多大，你说像你这么大的明星要是哪天真不在了，这碑还不大了去了？

**尹 飞** 老朱你干什么？

**老 朱** 我在帮你啊！现在大碑便宜，买一块大碑等于买六块小碑，你想想，这是何等的尊荣，这是何等的气魄。坐北朝南，三面环水，交通便利，绝对的风水宝地啊。（灵魂附体般地诗朗诵）啊！当你忘掉这个世界，这个世界却无法忘记你！你的一生就永远不会终止！或许生命的结束，是一场新的开始！在那三千墓碑后，值得纪念的一生让多数人缅怀！啊！劳累了一辈子！终于可以休息了！你的人生是多么的精彩！

**尹　飞**　（受不了老朱再来一遍）够了！

**老　朱**　（语速很快）你担心价钱是不是，没问题，别人办不了我还办不了吗？大家都是同学，我好意思原价收你钱吗？绝对内部价，八折优惠，八折优惠，咱班那些同学：班长，小红，马老师，这都是我给办的，你现在买墓地我还送你个葬礼，多划算……

**尹　飞**　老朱，够了，昨天你找我一遍就算了，今天元旦，哪有新年第一天上门推销坟地的！

**老　朱**　别闹了，我特意看了日历才出来的，今天明明是 12 月 31 号，明天才元旦呢，新年第一天上门推销坟地，我也太不是东西了。

**尹　飞**　你倒是挺有原则啊。

**老　朱**　盗亦有道嘛。

**尹　飞**　你少花言巧语，今天明明是（拿出手机）……12 月 31 号！？不可能啊。（匆匆下场）隔壁屋那个女的快死了，你找她去，我走了。（一把把老朱推到隔壁）

［老朱敲何丽的门。

**何　丽**　谁啊？

**老　朱**　你下半辈子的希望！

［切光。

［时钟投影，10：00。

［99 层，尹飞在吃早饭，一直在纳闷到底是怎么了，他看了看日历，更加确定今天是 31 号。

**玛　丽**　昨晚上没睡好？

**尹　飞**　早上被吵醒了。

**玛　丽**　谁啊？

尹　飞　一个卖坟的。

玛　丽　谁死了?

尹　飞　和我一起来的那个女人。

[何丽从身边走过,一句话没说,玛丽视线盯着何丽吓坏了。

玛　丽　我刚才是不是看见什么不干净的东西了?

尹　飞　(发现了事情好像和昨天发生过的一模一样)我觉得该说这话的人是我……今天几号?

玛　丽　31号啊。

尹　飞　你再想想?

玛　丽　还是31号啊,下午你不是还要演出吗?

尹　飞　原来的镇长进去了,在里面死活不肯交代他贪的那点钱藏哪儿了,你们这些老百姓知道,就藏在他家的地板底下,一千个平方的房子,底下全是钱啊,这么厚,大伙儿把钱分了,全镇四千户人家提前六十年完成集体奔小康的基本目标。是不是有这么回事?

玛　丽　你怎么知道?

尹　飞　我懂了,你不用管,(冷冷地)有钱了没文化,还不是和过去一样。

玛　丽　没文化我们不是一直在追求文化吗?你看我们每年年底都把你请来给唱歌。

尹　飞　唱个歌就有文化了?

玛　丽　这不好说,反正,我做梦都想当演员,当像你这样的名演员。

尹　飞　你觉得当演员很好?

玛　丽　那当然,多风光啊,那么多人看着你,还有人管你要签名。钱也不少挣吧。

尹　飞　反正没你们这里挣钱快。

玛　丽　那你为啥当演员？

尹　飞　艺术。

玛　丽　艺术是啥？

尹　飞　艺术就是……算了说了你也不知道。

玛　丽　看这样子我是当不了演员了，不过我想让我儿子当。你看，让我儿子跟着你怎么样？

尹　飞　先让他好好考大学。

玛　丽　我儿子考大学的事儿你怎么知道的？

尹　飞　（确定了问题的严重性）我还知道，三十六了还没结婚，一辈子不是白瞎了吗？人一共才活几年啊……

［光渐收，变成一束定点，打在尹飞身上。

［时钟投影，14：00。

尹　飞　12 月 31 号，那么说我昨天是在做梦？我预感到了今天会发生什么事情？

［起光。

［此时已变成了演出后台，大家都在忙忙碌碌，何丽很轻松地和后台工作人员打成了一片，有说有笑，和与尹飞在一起时判若两人，尹飞仍旧保持刚才的坐姿，还在刚才的自言自语里。尹飞坐的酒吧的椅子此时已成为了后台休息室的椅子。

小　东　哥，你一个人嘀咕什么呢。

尹　飞　过来，坐。

［小东坐下。

尹　飞　小东啊，怎么今天又演一遍？昨天不是演过了吗？

小　东　没有啊，昨天我们刚到这儿啊。

尹　飞　哦……

**小　东**　哥你咋了？

**尹　飞**　没什么，有点儿累。

**小　东**　哥，你可得注意身体啊，身体垮了以后生孩子都难，你说爹妈年纪那么大了，你还不想让他们见见孙子啥样，你这是大不孝啊。哎，飞哥，我说这干啥？

**尹　飞**　我也想知道啊。哎，你说一个人会过两天一模一样的日子吗？

**小　东**　飞哥你吃错药啦。

**尹　飞**　你才吃错药了呢！

**小　东**　对不起，我一提这个和结婚有关的事儿就想起了我的过去，所以就不注意言辞了，我的初恋女友为了假装自己是处女，算好了日子在来大姨妈那天跟我上床……那床单被整得……你是没看见哪……（说着说着哭了起来）

**何　丽**　尹飞，该你上场唱歌了！

**尹　飞**　行了，知道了。（刚想上台，忽然想起了什么）不对，我拉链没拉！（拉拉链）我的天，拉链坏了！

**何　丽**　哎呀来不及了！

［一把把尹飞推出去了。

［切光。

**尹　飞**　何丽！你为什么推我，你知不知道我拉链没拉！

［定点光。

［和之前一样，车里，演出结束，小东开车，何丽和尹飞坐后排。

［时钟投影，20：00

**何　丽**　演出要准时开始！

**尹　飞**　（气急败坏）准时开始也得拉拉链啊！

何　丽　(慢条斯理)你不是本事大吗？你不是大明星吗？

尹　飞　你知不知道在台上唱歌的时候拉链没拉有多丢人！

何　丽　谁叫你是男人呢，你要是女人估计没这方面烦恼。

小　东　好了，你俩别吵了，这不是从镇上出来了吗？……

尹　飞　你就是存心的，我告诉你，何丽，我他妈跟你没完！

小　东　哎呀，飞哥，转盘咋不见了？

尹　飞　山体滑坡了！

何　丽　你怎么知道！

尹　飞　昨天滑过了！

小　东　那怎么办，只有这一条路能出去。

何　丽　看来，只能回去再住一晚，等天亮再想办法了。

尹　飞　……行行行行，就这么地。

[切光。

[时钟投影，21：00。

[尹飞和何丽往酒店房间门口走。

何　丽　咱俩能不能谈谈。

尹　飞　(有点得意)怎么了，意识到对我爱搭不理是不对的了？你说吧。

何　丽　我想说……

尹　飞　哦，对了，你想说因为拉链的事情影响了演出，这次的演出费没了是不是？

何　丽　你怎么知道？

尹　飞　你不会去争辩啊！对，我知道，你又不在乎。让我冲他们发牢骚去啊，反正我不是最擅长这个吗？你没想欺负我，你只是给我陈述了一个客观事实罢了。

何　丽　你在说什么……

尹　飞　得了吧，我还知道，你不在乎被老哈开除，反正你也不是被一家公司开除过了。你在想，我今年三十六了，我怎么不先管管好我自己的事情。我告诉你，我乐意！我乐意追求单身！我热衷艺术追求！我比你成功！对了，我下午没拉拉链，这不是我忘了，是你不给我时间拉！

**何　丽**　尹飞，你怎么了？

**尹　飞**　不要打断我！你穿的是运动裤，没有拉链！哈哈哈哈！我赢了！你这个人，智商是硬伤！哈哈哈哈！

［尹飞“砰”地一声甩上门进屋。

**何　丽**　（目瞪口呆，不知道发生了什么事）神经病。

［切光。

［起音乐，尹飞起床打开门。

**老　朱**　月有阴晴圆缺，人有旦夕祸福。

**尹　飞**　啊！

［尹飞赶紧回头钻回被窝，再起来向台另一边。

**何　丽**　你下午没拉拉链。

**尹　飞**　啊！

［再回被窝。

**老　朱**　月有阴晴圆缺。

**何　丽**　你下午没拉拉链。

**老　朱**　人有旦夕祸福。

**何　丽**　你下午没拉拉链。

［尹飞不断地把自己蒙进被子里，结果两人的形象一直挥之不去。

**尹　飞**　（咆哮）为什么我总是停留在 12 月 31 日！

［尹飞一个人坐在床边自言自语，他已经崩溃了。

**尹　飞**　又是 12 月 31 号，已经一个礼拜了，我受够了，难道我是活在自己的幻想中？（打电话给小东）喂，小东，我有三个问题请教你一下，今天是12月31号吗？……下午要不要演出？……何丽死没死？……你才有病呢！（挂上电话）有病……有病！也许我是得病了，对，去看看医生。

［有人敲门。

［尹飞穿好衣服出去开门。

**老　朱**　我是你下半辈子的希望！

［尹飞一句话没说，抽了老朱两个耳光径直出了门。

**老　朱**　我、我、我！月有阴晴圆缺，人有旦夕祸福！

［收光。

［转场。

## 第五场

［起光。

［医院。

**医　生**　基本情况我已经了解了。没什么大问题。

**尹　飞**　那是什么病呢？

**医　生**　简单地说呢，就是中枢神经病变，导致产生幻觉。

**尹　飞**　有道理啊，怎么治呢？

**医　生**　多喝点开水就好了。

**尹　飞**　大夫，你坑爹呐……

**医　生**　下一个！

**尹　飞**　哎，大夫大夫！（自言自语）不行，我明天还得来。

[切光。

医　生　基本情况我已经了解了。没什么大问题。

尹　飞　简单地说呢，就是中枢神经病变，导致产生幻觉。

医　生　谁告诉你的？

尹　飞　昨天你这样讲的。

医　生　胡说，昨天我根本没上班！你这个人，听你的还是听我的，谁是医生。

尹　飞　好好好，您说。

医　生　哎，我判断，你这是心脏血管收缩引起的短期记忆重复。

尹　飞　怎么和之前说的不一样？怎么治啊？

医　生　多喝点开水就好了。

尹　飞　你又坑爹呐。

医　生　下一个！

尹　飞　我倒要看看你明天说啥。

[切光。

医　生　基本情况我已经了解了。没什么大问题。

尹　飞　说吧，是中枢神经病变，导致产生幻觉还是心脏血管收缩引起的短期记忆重复？

医　生　你胡说八道什么！你不懂不要乱讲好不好！我告诉你，你这是典型的缺钙！

尹　飞　那怎么治呢？

医　生　多喝点开水就好了！

[尹飞暴打医生。

医　生　别别别，我认识一个物理学教授，你问问他！

[切光。

[教授对尹飞讲课。

**教　授**　（极度深沉的学者气质）有个很著名的实验。（当场给尹飞做实验）先往瓶子里装满小石块，到再也装不下时，其实还能再装更小的石块，装满后还能再装细沙。到最后看似满了，其实还能倒进去不少水。

**尹　飞**　这真是太神奇了，您快给我解释一下！

**教　授**　这个具有指导意义的实验告诉我们，只要注意先后的顺序，自助餐还是可以吃回成本的，哪怕菜实在吃不下了，其实还可以再喝两杯饮料！

［尹飞愣了一下，暴打物理学教授。

**教　授**　别别别，我认识一个大师父，他能帮你！

［切光。

**尹　飞**　大师。

**大师父**　嘘，别说话，我都看得见。

［大师父装神弄鬼，对着尹飞身边什么都没有的地方说话。

**大师父**　呔！孽畜，没见老夫在此吗！

**尹　飞**　大师！

**大师父**　嘘——你不用说，我什么都知道。啊！！！！！！！走你！（运气）好了，你说吧，怎么回事儿？

**尹　飞**　刚才那是……

**大师父**　哦，没事，一点小插曲，别在意。

**尹　飞**　那我的问题怎么办？

**大师父**　你这个问题呢，好处理，所谓阴阳五行，幻化无穷，太极生两仪，两仪生四象，四象生八卦，金克木，木克水，水克火。看见这炷香没有，等这炷香烧完以后，我的塔罗牌就会告诉你该怎么做了。

**尹　飞**　大师你到底是信啥的？

**大师父** 所谓宁可信其有,不可信其无,上帝说,我们都是有罪的,阿弥陀佛。你知道释迦牟尼和耶稣有什么共同点吗?

**尹　飞** 他们都是神?

**大师父** 错,他们都是自然卷。

[尹飞暴打大师父。

[切光。

[定点光。

**尹　飞** 我就不信,发生在我身上的这一切就没有一个合理的解释!

[起光。

[医生、教授、大师父被并排绑在椅子上并被贴上了嘴。

**尹　飞** 你们告诉我,这到底是怎么回事!

[三人挣扎,尹飞把他们嘴上的胶带撕掉。

**医　生** 我真的什么也不知道,不知道啊!

**教　授** 在正常逻辑的维度下是不可能发生这样的事情的!

**大师父** 真主保佑!

**尹　飞** 快说!

**三　人** 你也许是在做梦!

**尹　飞** 每一件事情都那么真真切切地发生,怎么可能是梦!

**医　生** 你怎么确定真的是每天都在重复一样的事情,而不是大家一起商量好了骗你!

**尹　飞** 不可能,凭什么?

**教　授** 你有没有试过在一个地方做个记号第二天看还有没有?

**尹　飞** 你意思是说也许我还是正常的,只是其他人都变得不正常了。

**大师父** 无论如何，如果你发现记号还在，就说明只是人没变，时间还在流逝，如果记号不在了，不是更好吗?！你想，你无论第一天做了什么事情，第二天都会重新再来，其他人都会把你这一天做的事情忘得一干二净，这多好！

**尹　飞** 无论做什么事情?

**大师父** 对，偷钱，泡妞，杀人放火，总之你想做什么都行啊！

**尹　飞** 做记号，好。

［尹飞在墙上画了一个大大的叉。

**大师父** 玉皇大帝保佑！

［收光。

［转场。

## 第六场

［起光。

［天亮了。

**尹　飞** (紧闭双眼)记号，记号，阿弥陀佛，真主保佑，玉皇大帝显灵，阿门。

［墙上什么也没有。

**尹　飞** 墙上没有记号，也就是说，我做什么事情都不要紧。

［有人敲门。

**门　外** 我是你下半辈子的希望！

［尹飞高兴地从床上跳起来，打开门，一把把老朱推到外面。

**尹　飞** (厉声)说，银行卡密码是多少? 不说就把你从楼上扔下去！

[切光，起欢快的音乐。

[音乐声中无台词展现一连串动作。表现尹飞便开始找各种机会把别人的钱拿进自己的口袋，比如今天看见一个人丢了一张银行卡，便把银行卡还给失主并趁失主取钱时偷偷记下密码，第二天重新捡到这张卡时不再还给失主，自己把所有的钱都提走。

[此处导演可酌情再发挥。

**尹　飞**　有了钱，就该花。

[切光。

[99 层的酒吧，穿梭着各色人群，尹飞决定在这里泡妞。

**尹　飞**　（在一个女孩面前坐下）你好，来一杯？

**女孩 1**　色狼。（起身离开了）

**尹　飞**　嗯？（打了个响指）再来。

[切光，一天过去了。

**尹　飞**　你好，我是社会科学院的调查员，方便的话回答我几个问题好吗？

**女孩 1**　很乐意。

**尹　飞**　你叫什么名字？

**女孩 1**　我叫乐乐。

**尹　飞**　哦，乐乐，你在哪个小学念的书？

**女孩 1**　我在小白兔小学上的学。

**尹　飞**　你小学时候最难忘的一件事情是什么？

**女孩 1**　把粉笔灰拍在老师的茶杯里！

**尹　飞**　哦，你当时喜欢班上的谁吗？

**女孩 1**　我喜欢一个叫壮壮的男孩，他三年级的时候转学走了，唉，要是这辈子能再见他一面就好了。

**尹　飞**　没问题，你会实现愿望的。（打了个响指）再来。

［切光，一天过去了。

**尹　飞**　你好，我可以坐一会儿吗？

**女孩1**　没问题。

**尹　飞**　让我猜猜是谁？

**女孩1**　招儿太老啦，不好使了。

**尹　飞**　好使不好使试过才知道不是吗，乐乐？

**女孩1**　你怎么知道我的名字，我没见过你啊！

**尹　飞**　（潇洒地喝口酒）小白兔小学毕业，最喜欢干的事情是把粉笔灰拍在老师的茶杯里。

**女孩1**　你怎么知道？！

**尹　飞**　我叫壮壮！

**女孩1**　你是壮壮，你就是我朝思暮想的壮壮！我终于等到这一天了！

［女孩1强吻尹飞。

［切光，一天过去了。

［起欢快的音乐。

**尹　飞**　你平时都喜欢什么运动？

**女孩2**　我喜欢游泳，因为游泳能让身材更好。我也喜欢爱游泳的男人，我见了这样的人会不能自拔的。

**尹　飞**　谢谢。（打响指）

［切光，一天过去了。

**尹　飞**　我可以坐下吗？

**女孩2**　随便。你怎么满头大汗？

**尹　飞**　我刚刚游完泳回来。

**女孩2**　游泳？！（眼睛顿放绿光）来，去我的房间好好游个泳。

［切光，一天过去了。

**尹　飞**　怎么一个人在这里喝闷酒？

**女孩3**　我总是躲在梦与季节的深处，听花与黑夜唱尽梦魇，唱尽繁华，唱断所有记忆的来路。你不曾给我一次回眸，我却始终在给你一个微笑。

**尹　飞**　懂了。（打响指）

［切光，一天过去了。

**尹　飞**　（用手轻掩女孩3的嘴）嘘，不用说，我都知道。我总是躲在梦与季节的深处，听花与黑夜唱尽梦魇，唱尽繁华，唱断所有记忆的来路。你不曾给我一次回眸，我却始终在给你一个微笑。

**女孩3**　你是？

**尹　飞**　我是天使。

［女孩3拉起尹飞的手。

［起高潮的音乐，女孩1和女孩2都出来，酒吧里纸醉金迷疯狂地歌舞，尹飞边跳边撒钱。

［歌舞中表现尹飞成功地泡到酒吧里所有的女孩，并且每天都在进行着醉生梦死的生活。

［音乐渐停。

［收光。

［转场。

## 第七场

［定点光。

[尹飞醉得不行。

尹　飞　呃……我不行了……

[有几个女孩进入光圈要和尹飞再跳舞，被尹飞推开。

尹　飞　你们都给我走！怎么每天都是你们！整整三个月，这他妈也太无聊了！

[起光。

[尹飞已是坐在后台准备下午的演出了，依旧如前场的人来人往忙碌，何丽与其他人有说有笑。

尹　飞　太无聊了。

小　东　哥，你一个人嘀咕什么呢？

尹　飞　过来，坐，很久不见，对不起哦，前几天光顾着玩儿了，没来演出。

[小东坐下。

小　东　哥你说啥呢，昨天不刚见面吗？前几天玩儿啥了？

尹　飞　泡姑娘呗。

小　东　飞哥还是你行，昨儿晚上刚到你就不消停。

尹　飞　你说你怎么也不好这口呢？

小　东　我是正经人家孩子，从小爹妈就教育，不能在外面乱来。还是要正儿八经找个人结婚。

尹　飞　你得了吧，我还不知道你，你是受过伤的，你的初恋女友为了假装自己是处女，算好了日子在来大姨妈那天跟你上床，把床单搞得一塌糊涂，是不是？

小　东　哥你看见啦？

尹　飞　结婚你也得有人才行啊，你别到时候也是三十好几了光棍一条，你看她，何丽，你说她多大了？

小　东　肯定超过三十了。

尹　飞　你说她这个样子能嫁出去吗？

**小　东**　能。

**尹　飞**　嗯？你脑子被门挤啦。

**小　东**　我觉得何丽姐挺好。

**尹　飞**　我觉得够戗，成天对我板着个脸，对别人笑脸相迎，好像我欠她一样，你说我没招她没惹她，我不就是爱发发牢骚嘛，怎么了！（恍然大悟）哎，你觉得何丽挺好，你小子是不是喜欢她啊？

**小　东**　也还好吧，还是先从朋友处起。

**尹　飞**　我操你真有这个意思！你小子看不出来啊，哈哈哈！

**何　丽**　尹飞，该你上场唱歌了！

**尹　飞**　行了，知道了。（凑到小东身边）想追她？哥明天教你两招好不好？

**小　东**　（一个劲地点头）嗯！

**尹　飞**　（得意地走向台前）终于找着事儿干了。

**小　东**　（叫住尹飞）飞哥，跟你说个事儿，其实一上车我就发现你的拉链是坏的，没好意思提……

**尹　飞**　（想了想）无所谓！（走向前台）

［切光。

［又回到刚才，尹飞和小东在后台说话。

**尹　飞**　这么说你真喜欢她？

**小　东**　（一个劲地点头）嗯！

**尹　飞**　待会儿她肯定来催我上场，你就趁这个机会对她表达你的爱意。只有这个机会，就趁这个时候知道吗？

**小　东**　我不会。

**尹　飞**　说“我爱你”还不会啊！

**小　东**　我说不出口。

**何　丽**　尹飞，该你上场唱歌了！

尹　飞　说说说呀！你倒是快说呀！没时间啦！

小　东　我说不出来！

尹　飞　笨死你算了！（打响指）

［切光。

尹　飞　记住没有？

小　东　记住了。

何　丽　尹飞，该你上场唱歌了！

尹　飞　说呀！

小　东　我爱爱爱爱……

何　丽　搞什么名堂，快上场啊！

尹　飞　烂泥扶不上墙！（打响指）

［切光。

尹　飞　我再给你最后一次机会！

小　东　凭啥是最后一次啊。

何　丽　尹飞……

尹　飞　说“我爱你”！

小　东　（咬紧牙关闭上眼）我我我（抬头看尹飞）爱你！

［尹飞气急败坏，暴打小东。

［切光。

尹　飞　（完全崩溃了）我告诉你啊，别多想，你俩没戏你知道吗？

小　东　不试试怎么知道？

尹　飞　不可能，我帮你试了那么多天都不管用，你就是一懦夫。

小　东　哥你说这话我就不爱听了，什么叫懦夫啊？有什么啊，正常男女之间互相爱慕，勇敢地表达出来不就行了吗？

何　丽　尹飞，该你上场唱歌了！

**小　东**　何丽姐姐，我爱你！

［尹飞做梦也没有想到，这句话居然能够这么顺溜地从小东嘴里出来。

**何　丽**　小东，你说什么？

**小　东**　我爱你！

**何　丽**　这是第一次有人向我告白！（害羞）你让我好好考虑考虑！（一反常态，羞答答地跑了下场）

**小　东**　你等等我！（追下场）

**尹　飞**　（气不打一处来）嘿！你小子，我辛辛苦苦这么多天，你倒是得来全不费功夫啊。我……我……我绝不能便宜了你小子！

［切光。

［尹飞打小东。

**尹　飞**　我叫你追何丽！我叫你追何丽！我叫你追何丽！

**小　东**　哥，别打了，我冤枉啊，我没追何丽姐啊！

**尹　飞**　你再狡辩！你说"我爱你"说得多顺呐！我辛辛苦苦这么多天，你小子尽捡现成的！说"我爱你"啊！说"我爱你"啊！说"我爱你"啊！

**小　东**　哥你是不是喜欢何丽姐姐啊？

**尹　飞**　我怎么可能喜欢，她那种人一辈子也嫁不出去！

**小　东**　你怎么知道，你又没追过她。

**尹　飞**　追？对啊，追何丽，多有意思的事情，我怎么没想到呢。（打响指）

［切光。

［起音乐。

**尹　飞**　我爱你。

**何　丽**　（一个耳光）你吃错药了吧。

［切光。

**尹　飞**　其实，我跟你一样，也是小河马小学的。

**何　丽**　（一个耳光）我讨厌那个学校所有的人。

［切光。

**尹　飞**　我刚刚游完泳回来。

**何　丽**　（一个耳光）我有一个特别讨厌的同桌是游泳时淹死的，你让我想到了他。

［切光。

［音乐停。

**尹　飞**　（捂着脸）别打脸。

**何　丽**　我为什么要打你脸？我虽然很讨厌你但是我没必要打你啊。

**尹　飞**　为什么小东那么容易就把你追到了，我却怎么也追不到你？

**何　丽**　你在说什么？我一句也听不懂，看来你的智商还是不可避免地成了你的硬伤。

**尹　飞**　你觉得我怎样？

**何　丽**　你想听实话吗？

**尹　飞**　你说吧。

**何　丽**　你这个人，太自命不凡，觉得看谁都不顺眼，不把任何人放在眼里，见谁跟谁发牢骚，口口声声为了艺术，其实根本不知道艺术是什么东西。我告诉你，你这种人，在你心里，只有对你有利的话对你来说才是艺术，对不对？听不得意见，容不得分歧，总是活在自己的世界里，结果三十多奔四十的人了，事业事业没有，家庭家庭没有，朋友朋友也没有，你这个人自己觉得自己很成功，实际上你就是个彻头彻尾的失败者！

**尹　飞**　……（若有所思）我是个彻头彻尾的……失败者？

**何　丽**　对了，还有一点，你的智商就是你的硬伤！你没希望了！

［收光。

［转场。

［起忧伤的音乐。

## 第八场

［起光。

［尹飞一个人独自坐在酒店的房间里。

**尹　飞**　对，我就是个……彻头彻尾的失败者，我连这种女人都追不到手，我没希望了……

［有人敲门。

**尹　飞**　（根本没反应过来是老朱，下意识地回答）谁啊？

**老　朱**　你下半辈子的希望！

**尹　飞**　（开门，根本没看人）你又来啦，老朱，随便坐。

**老　朱**　你还记得我啊，老同学！咱们真是有缘啊！

**尹　飞**　（有气无力地）你那个坟地帮我挑一块好地方。

**老　朱**　你怎么知道我是卖坟的？

**尹　飞**　价格呢，随便你定，反正哥们儿不缺钱。

**老　朱**　不是，你怎么了。

**尹　飞**　（郑重其事地握住老朱的肩）我准备自杀！怎么样才能保证死得最彻底？绝对活不过来那种？

**老　朱**　跳楼吧，从这么高的楼上跳下去，我想，不太会活下来的。你知道，“吧唧”就摔烂了，必死无疑。

**尹　飞**　谢谢。

**老　朱**　你问我这个干什么？

[切光。

[和序幕一样。

[眼花缭乱的灯光，嘈杂的音乐。

[99 层酒吧，人们在疯狂地歌舞。有人在喝酒，有人在摇骰子，有人在扭动着自己的身躯，服务员来来回回潇洒地向客人们提供各种各样的服务。形体舞蹈用以表现热闹气氛。

[尹飞坐在舞台中间。

[渐渐地，一束定点光打在尹飞身上，周围的灯光开始变暗但依旧在闪烁变换。定点光让观众把注意力集中到尹飞身上。他在喝闷酒。

[音乐渐收，背景转为心跳的声音，尹飞抬起头开始流泪，周围的人们依旧在保持疯狂的场面，只是在舞台上他们并不发出声音。

[丝毫没有人注意到尹飞。他仿佛越来越伤心，背景心跳的声音越来越大，他开始干吼，像是在向这个世界发出自己无声的呐喊。

[尹飞站起身想接触周边的人，想向大家诉说自己的遭遇，可是没人理他。

[尹飞转身背向观众一步一步向舞台深处走去，那里是一扇窗户，他回头再看了一眼这个无奈的世界，眼里含着泪，纵身一跃，从窗口跳下了楼。

[定点光消失，心跳的声音消失，灯光回到一开场时的

亮度，周围的人群又开始出声了。

**人　群**　（大声地笑着）你们刚才看见有什么东西过去了吗？

**人　群**　（大声地笑着）不知道！有东西飞下去了！

**人　群**　（大声地笑着）窗玻璃上破了个大洞！真是太刺激了！

**人　群**　（大声地笑着）哈哈哈哈！

**人　群**　（大声地笑着）哈哈哈哈！我觉得是不是有个傻瓜跳楼了?!

**人　群**　哈哈哈哈！

［忽然大家停止了笑声，静场，大家好像意识到真的有人跳下去了。

**人　群**　（一个接一个地不由自主地快速发出惊叹）有人跳楼了。有人跳楼了！有人跳楼了！有人跳楼了！有人跳楼了！有人跳楼了！

［大家开始围在窗户破洞的地方，试图朝楼下看。

**人　群**　好像真的有人跳下去了……

**人　群**　这里是99层……

**人　群**　你们说……他还有生还的……可能性吗？

**服务员**　（漫不经心地从人群身边走过，他边走边在擦一个杯子）根据以往的经验，如果会游泳的话他死不了，底楼是个游泳池。

**人　群**　噢……（大家松了口气）

**服务员**　哦，对不起，我想起来了，今天外面很冷，（面向观众）游泳池——结冰了！

［收光。

［转场。

## 第九场

［起光。

［酒店大楼下，尹飞已经摔得人事不省，正好此时何丽经过，上前一把就把尹飞搂在怀里。

［煽情的音乐。

**何　丽**　尹飞你怎么了？尹飞你醒醒啊！

**尹　飞**　（弥留）你怎么……在这儿……

**何　丽**　你别说这么多了，你是不是从楼上掉下来了?!

**尹　飞**　（吃力地）是跳下来的。九十……九层，自杀。

**何　丽**　你要干什么！

**尹　飞**　我就是个彻头彻尾的失败者，我没希望了。

**何　丽**　（忍不住哭了起来）谁说的！

［尹飞用一个手指吃力地指了指何丽。

**何　丽**　（没明白什么意思）尹飞，你怎么那么傻呢！你到底有什么想不开的！你虽然现在事业处在低谷，可是慢慢来一切都会好起来的啊！（大哭）

**尹　飞**　你居然……为了我哭了？你不是最讨厌我了吗?

**何　丽**　你胡说，咱俩刚刚认识两天，我讨厌你干吗?!

**尹　飞**　我的智商，有硬伤……

［尹飞死了，何丽抱着尹飞痛哭。

［切光。

［……又一天开始了，尹飞醒来，发现自己什么事情都没有。

**尹　飞**　我居然又没死……她昨天为我哭了……

［尹飞若有所思。

［有人敲门。

**门　外**　我是你下半辈子的希望！

［尹飞一句话不说，脸上漾着一丝笑意开了门。

**老　朱**　你怎么不说话，尹飞，你还认识我吗？

［尹飞还是不说话，还在品味，两人坐下。

**老　朱**　尹飞，你没事儿吧，你别吓我啊。

**尹　飞**　（完全没在意老朱）你说，有个女的为你哭了，你该怎么办？

**老　朱**　娶了呗！

**尹　飞**　可是她总是爱搭不理的。

**老　朱**　追啊！

**尹　飞**　可是要是她还是不喜欢你怎么办？

**老　朱**　为了她而改变，努力变成她喜欢的人的样子！

**尹　飞**　有道理，（忽然精神振奋，一把握住老朱的双手）老朱，你真是我下半辈子的希望！

［切光。

［起音乐。

［part 1。

［此处表现尹飞利用时间差了解何丽的兴趣爱好，并一步一步接近何丽，何丽对尹飞的好感每天都在增加一点。

［part 2。

［之后表现两人已经能够很好地沟通了，两人在后台一起工作忙碌，和之前几场尹飞对工作人员没好脸的戏份形成鲜明对比。

[part 3。

[基于前几场戏的内容稍作改动，尹飞在何丽面前秀特技，每次总能准确地预测出即将发生的事情，以及每个人即将说的话。

[此段落时长控制在八分钟以内，尹飞从此时开始一改之前爱发牢骚的性格，变得谦虚有礼。

[终于有一天……

**何　丽**　尹飞，你……喜欢我吗？

[音乐停。

**尹　飞**　那当然——我的智商有硬伤。

**何　丽**　（笑了）那只是我的一句口头禅。

**尹　飞**　你的每一句话我都记得。

**何　丽**　我……我也很喜欢你。

**尹　飞**　让你笑一个真是太难了。

**何　丽**　你也许会觉得我很针对你，为什么我对别人都有说有笑，对你却一直冷冰冰的，我之前觉得……

**尹　飞**　你是不是觉得我这个人，太自命不凡，觉得看谁都不顺眼，不把任何人放在眼里，见谁跟谁发牢骚，口口声声为了艺术，其实根本不知道艺术是什么东西。我这种人，在我的心里，只有对我有利的话对我来说才是艺术。听不得意见，容不得分歧，总是活在自己的世界里，结果三十多奔四十的人了，事业事业没有，家庭家庭没有，朋友朋友也没有，自己觉得自己很成功，实际上就是个彻头彻尾的失败者对不对？

**何　丽**　（不好意思地笑了）现在我发现你其实不是这样的。

**尹　飞**　我要感谢那天晚上你为我哭了。

何　丽　哪天？

尹　飞　嘘，你会知道的。（握住何丽的手想亲何丽）

［镇长闯入，打破了这个画面。

镇　长　哎呀，正好你们都在，我通知你们一声啊，这个演出改到明天了，从本来的年末文艺演出改成元旦文艺演出了，明天下午两点钟准时开场。对不起，你们继续。（下场）

尹　飞　明天下午？

何　丽　那今天走不了了？

尹　飞　山体滑坡，本来也走不了。

何　丽　你说什么？

尹　飞　我是说，有你在身边，在这里留几天都行。

何　丽　尹飞……

尹　飞　只可惜，今天这一天是那么短暂，明天天一亮，我又要重新追你。

何　丽　为什么？

尹　飞　晚上待在我身边好吗？我想告诉你一个秘密，也许你不会相信的。

［切光。

［夜，尹飞的房间。

何　丽　啊？这么说你已经连续过了一百多个12月31日了？你经历了那么多事情？

尹　飞　嗯。

何　丽　这不符合常理啊！你找个大师看看吧。

尹　飞　找了，能找的都找了，没用，你知道释迦牟尼和耶稣有什么共同点吗？

何　丽　都是神？

尹　飞　错，都是自然卷。

何　丽　讨厌，那你的意思是说天一亮，一切会重新开始，咱俩也会分开？

尹　飞　我没骗你，不然我也无法准确地预知这么多事情。

何　丽　那这到底是怎么重复的呢？

尹　飞　我不知道，每天这个时候我都在睡觉。

何　丽　那今晚咱俩一起来见证一下这个过程好吗？

尹　飞　还是别了吧，我怕那一刻会很痛苦。

何　丽　你答应我两个条件好吗，如果明天又重新来一遍的话，你再追我一次好吗？

［尹飞点点头。

何　丽　如果明天什么都没发生，咱俩还在一起的话，我们就永远不分开了好吗？

尹　飞　好，我答应你，亲爱的。

何　丽　你爱我吗？

尹　飞　我爱你。如果明天继续，我会爱你一生一世。

［尹飞说完之后看了看怀里的何丽，已经开始呼呼大睡，他笑了，自己也慢慢闭上了眼。

［光渐收。

## 尾　声

［起光。

［两人姿势很难看地睡了一夜。

［何丽醒了。

何　丽　尹飞，尹飞，你快醒醒！

尹　飞　何丽，太好了，你还在我床上！

何　丽　讨厌，你损不损，我就知道一切都是你编出来的，根本没有那么回事，什么重新开始 12 月 31 日。

尹　飞　不可能啊！我确认一下。

［尹飞跑到门口，开门找老朱。

尹　飞　下半辈子的希望？下半辈子的希望？你在哪儿啊？

何　丽　下半辈子的希望？你是说昨天早上来我房间的那个老朱？

尹　飞　对啊。

何　丽　这是个怪人啊，他怎么会来我房间推销墓地！

尹　飞　哦，不奇怪，那是我小学同学，我让他去你房间的。

何　丽　尹飞你太过分了，你知道他纠缠了我多久吗！（抬手要打）

尹　飞　别别，别打脸。现在不是一切都风平浪尽了吗？我想，他永远也不会再来找我们的麻烦了。你快看看手机，现在是几号？

何　丽　1 月 1 日，元旦！

尹　飞　你再说一遍？

何　丽　1 月 1 日，元旦！

尹　飞　这么说，新的一天开始啦！

何　丽　坏了，咱们一觉睡到了下午一点钟，演出还有一个小时就要开始了！

尹　飞　那还不快起床！你这个人就是智商有硬伤。

［切光。

大喇叭　新春到啊幸福来，八里庄人民乐开怀！下面我们有请著名演员尹飞为我们八里庄镇唱一曲新春的赞歌！大家掌声有请！

[尹飞开唱。

[其他演员在尹飞的歌声中登台谢幕。

[幕落。

（本剧导师评语参见第 278 页）

六场次大型喜剧

# 触底反弹

夏天珩

**人　物：**

**刘小东**——男，刚被单位开除的普通上班族。
**张大兴**——男，刘小东从小到大的好朋友。
**陈主任**——男，黄风村副村长。
**陈　欣**——陈主任女儿。
**妈　妈**——刘小东的妈妈。
**蒋乐乐**——女，刘小东未婚妻。
**强　子**——男，村民，暗恋陈欣。
**梁　涛**——男，刘小东的同学。
**鲁　野**——男，刘小东的同学。
**小　彪**——男，刘小东的同学。

其他角色若干

## 序　幕

[幕启。

[起光。

[音乐，热情的歌舞，展现刘小东和蒋乐乐的爱情无比甜蜜。

[音乐声中，两人欢声笑语。

**蒋乐乐**　你爱我吗？

**刘小东**　我爱你！你也爱我吗？

**蒋乐乐**　我也爱你！

**刘小东**　让我们永远在一起。

**蒋乐乐**　一辈子不分开。

**刘小东**　我们结婚吧！

**蒋乐乐**　好啊，房子买在哪？

[刘小东震惊，呆住不动，电闪雷鸣。

[切光。

[区域光。刘小东跪在张大兴身边痛哭流涕。

**张大兴**　所以你就亲口答应她了？

**刘小东**　没有。

**张大兴**　那还好。

**刘小东**　我点了点头。

**张大兴**　你怎么可以点头呢！你知道结婚意味着什么吗？

**刘小东**　当然知道，两个人在一起，无聊地过了一辈子，一事无成，最后全死了。

**张大兴**　知道你会答应她！你知道美满的婚姻是建立在各种基础上的吗？你要拥有敏锐的洞察力，顽强的生命力，永不吃醋的包容力，你什么都没有结的哪门子婚？

**刘小东**　我……我有房子……

**张大兴**　你？房子？刘小东你疯了吗！

**刘小东**　我是说我看中了一套房子，首付五十万。

**张大兴**　你哪来的钱？

［刘小东接电话。

**妈　妈**　（声音之大已经突破了听筒极限）刘小东我告诉你，为了帮你借这五十万，你妈我脸都丢尽了！这个儿媳妇儿你要是娶不回来，从今往后你就没我这个妈！

［挂电话。

**刘小东**　知道钱的来路了？

**张大兴**　你居然让你妈为了你去借钱！首付五十万，贷款要多少钱？

**刘小东**　一百万……

**张大兴**　（自顾自算了起来）一百万，你每月工资是一万，拿五千还贷款，一年还六万，压力还不是很大，一共要还上十六年，幸好你这个工作还不错……

**刘小东**　我被单位辞退了！

**张大兴**　对，某些企业由于运营结构的调整，需要在适当的时候辞退一些没有用的员工来调整开支，这种辞退……你说什么?！你被单位辞退了?！

**刘小东**　我刚告诉领导我要结婚就被辞退了。后来同事告诉我领导暗恋了我很久,他实在受不了这么大的打击。

**张大兴** 哎,可惜了,现在这个世界上如此为爱痴狂的女人已经不多了。

**刘小东** 我们领导是个男的。

**张大兴** 好吧,那你准备怎么还贷款?

**刘小东** (站起身来,握住张大兴的手)……大兴,你看,咱俩从小到大一直都是同班同学,我这辈子就你这么一个好朋友……

**张大兴** (甩开刘小东)你来我这儿兜了这么半天圈子就是为了让我借钱!

**刘小东** 不是借钱……

**张大兴** 那还差不多。

**刘小东** 是绑票。

**张大兴** 啊?

**刘小东** (抄起电话,改变嗓音)喂,你是张大兴的爸爸吧,你儿子在我手里,识相的话……

**电　话** 哈哈哈哈哈!还想骗我?张大兴我告诉你,你想什么招都没用,你爸我不是傻子,你休想从我这儿再要到一分钱!

**刘小东** 我们是真的!你要是不给钱,我们就撕票!

**电　话** 撕完就扔了吧,切碎一点儿,谢谢你好心人,为社会安定又做出了一份贡献。(挂电话)

**刘小东** 喂喂喂!(无奈放下电话)你是你爹亲生的吗?

**张大兴** 他说我是充话费送的……

**刘小东** 你不是富二代吗?

[张大兴什么也没说,当着刘小东的面掏出了所有的衣兜,全是空的。

**刘小东**　你一分钱也没有？

**张大兴**　（跪下痛哭流涕，而刘小东站着，和开场时候正好反过来）大哥，我要是有钱早就拿出来了。

**刘小东**　（气急败坏）你说怎么办！

**张大兴**　要不然这婚就别结了吧。

**刘小东**　我已经跟蒋乐乐的父母都说过了！

**张大兴**　要不然这样吧，我有一条快速致富的道路，（身边拿出一张广告）你看，新一代投资项目，无论多少钱，转到这个账上，三天后翻十倍。如有疑问，请拨这个电话……

**刘小东**　（看着账号输入）好了，我转了。

**张大兴**　你开什么玩笑！我就是随便一说！

**刘小东**　你是我最好的朋友，我当然相信你了！

**张大兴**　你傻呀你？万一不行怎么办？

**刘小东**　嗨，你当我真傻啊，我就输入了五百，你看。

**张大兴**　哎呀，你别转！（要抢手机）

**刘小东**　五百怕啥，万一成呢！（抢回）

**张大兴**　别转！谨慎一点儿！

**刘小东**　没事！

［起音乐，两人抢，混乱。

**刘小东**　你多摁这么多零干什么！

**张大兴**　我不小心的！删除不就行了！（摁键）

［音乐停。

**刘小东**　二逼，你摁的是确定……

**张大兴**　金额是五十万……

**刘小东**　我妈给我借的首付……

**张大兴**　别急，如有疑问，请拨这个电话。（拨广告上的电话）

［画外音，对不起，您拨打的用户已关机……

[两人面面相觑。

**刘小东** （跪下）妈妈！

[收光。

[起音乐，转场。

## 第一场

[起光前，刘小东和张大兴两人争吵。

**张大兴** 你停下！别开了！

**刘小东** 都开到这儿了你让我停！

**张大兴** 前面没路啦！

**刘小东** 鬼才相信你说的话，之前你就说没路了，结果不是开得好好的？

**张大兴** 别开啦，真的没路啦！

**刘小东** 你放，啊啊啊啊啊啊啊——

[砰！

[起光。

**刘小东** ——屁。

[茫茫戈壁，车已栽进沙漠，彻底报废。

**刘小东** 我告诉你张大兴，走到今天这一步你完全脱不了干系！

[一回头，看见张大兴的裤子和鞋露在外面，上半身被车牢牢地压在了沙里。

**刘小东** 啊？（一点点走近）大兴，大兴，你说话啊大兴，你别吓我……

[上前确认了一下，误以为张大兴被压死了，吓得倒退

几步瘫坐在地上。

**刘小东** 啊！（眼泪夺眶而出，开始抽泣）张大兴，我最好的朋友啊，你怎么就这么走了啊！（开始失控，像叫魂一样鬼哭狼嚎）大兴啊，都是我不好啊，前面真的没有路，我应该听你的话啊……说好的一起去把五十万找回来，你怎么忍心扔下我一个说走就走了啊，张大兴啊！！！

［从怀里掏出一张照片恭恭敬敬地放在车前，哭着用手抚摸着照片。

［此时张大兴从刘小东背后上场，没穿裤子和鞋，他犹豫地看着刘小东手里的照片。刘小东哭得更厉害了。

**刘小东** 你死了谁帮我把钱找回来啊！

［张大兴递给刘小东一张纸巾。刘小东接过擦眼泪。

**刘小东** 谢谢，你看你虽然死了，还知道回来安慰我，帮我擦眼泪，你看你这个音容笑貌，和照片上一点也没有区别……（反应过来，开始尖叫）啊！！

［张大兴一步步逼近刘小东，刘小东一步步后退。

**刘小东** 你别过来啊，你要干什么？

**张大兴** （去车底下抽出裤子，穿上裤子和鞋）神经病。

**刘小东** 哦，你还活着啊。真是太好了。（一把抱住张大兴）

**张大兴** （一股暖流涌上心头）哈哈哈，这我可受不了。咱们之间的友谊还是经得起考验的。俗话说患难见真情……

**刘小东** （一把推开张大兴）赔车！

**张大兴** 我说你这个人讲不讲道理，明明是你把车开下山的！

**刘小东** 少推卸责任，还不是你让我走这条路的！

**张大兴** 还不是你说要到戈壁滩来的！

**刘小东** 还不是你让我查那个骗子的手机归属地的？

**张大兴** 谁让你给那边账号打钱的！（两人越说越激动）

**刘小东** 谁让你给我看那个广告的！（伸手要掐死张大兴）

**张大兴** 别动！

**刘小东** 凭什么，我就动！

**张大兴** 别动！

**刘小东** 我偏动！我偏动！

**张大兴** 有蝎子！

**刘小东** 对，蝎子！他老婆是蛇精！要吃葫芦娃！他们有个宝贝叫如意……我好像踩到什么东西了。（不敢往下看）好像有两个钳子，壳儿挺硬，好像是个龙虾！

**张大兴** 亲爱的，沙漠里没有龙虾……

**刘小东** （低头）真的有蝎子啊！！！

**张大兴** 别急！别轻举妄动，大部分蝎子都有剧毒，冷静下来想想办法！

**刘小东** 装死！（装死）

**张大兴** 没用的，装死是对付狗熊的。

**刘小东** （再起来）你也想想办法啊，它就要爬到我腿上了。

**张大兴** 我来！（一脚踢飞蝎子）

**刘小东** 哎哟，吓死我了，吓死我了，踢哪儿去了？

**张大兴** 不知道。

**刘小东** （转圈寻找）哎？

**张大兴** 啊！！！在你背上。

**刘小东** 快帮我拿走！

**张大兴** 我不能用手碰，会中毒的！

**刘小东** 那怎么办！

**张大兴** 别怕，老办法，再来！

［开始狂踹刘小东，蝎子还是纹丝不动，刘小东快被踹断气了，倒地不起。

**刘小东** 停！……还有没有别的办法……

**张大兴** 等等，我看下野外求生指南。(看手机)蝎子是一种好奇心很强的动物，喜欢爬到一切动的东西上去，如果在野外遇到，只需要保持不动，过一会儿它自己就会走的，但这一过程中，切忌突然做出任何动作激怒蝎子，否则后果不堪设想。

**刘小东** 啥意思？

**张大兴** 就是说你再动下就死定了。

**刘小东** 那你意思是我暂时只能保持不动了？

**张大兴** 没办法，等等看吧。

**刘小东** 我真是被你害惨了！

**张大兴** 嘘！

**刘小东** 嘘什么嘘，我又没动！

**张大兴** 好好好，消消气消消气，都怨我行了吧。

**刘小东** 号码归属地在戈壁滩，摆明了是个骗子好嘛！你还口口声声有一个好项目，不管投多少钱，三天翻十倍……

**张大兴** 我不也是替你着急吗？！

**刘小东** 本来还好，虽说骗走了五十万，但好歹骗子的号码归属地查到了，可是现在车报废了，我唯一的财产也这么没了！

**张大兴** 嗨，没事儿，你这种车能顺着导航开到戈壁滩来已经不错了。

**刘小东** 都怨你！现在骗子没找着，我还随时有生命危险。亏你口口声声说我是你最好的朋友。

**张大兴** 好好好，我一定想办法帮你把所有的损失都追回来好吗？哎，广告上说三天之后会翻十倍，今天已经是第三天了，你说有没有这种可能，真的翻了十倍我们不知道。我再打个电话试试。

［画外音：对不起，您拨打的电话已关机……

**刘小东** 我觉得说你幼稚都侮辱了幼稚这个词儿。

［电话响。

**刘小东** 电话，电话！

**张大兴** 你别动，一动就死了！我来！（不让刘小东碰手机）你妈！

**刘小东** 不能让她知道五十万没了，这是她辛辛苦苦挣……借来的！要是知道钱没了，她会自杀的！

**张大兴** 那怎么办？接还是不接？

**刘小东** 接，要是超过十声响不接，她也会自杀的！

**张大兴** （接电话）喂，阿姨您好，我是张大兴，哦，我们在一块儿呢，对，我们去外地了，在戈壁滩……（说漏嘴）

**刘小东** ！！！！！别说啦！免提！免提！

**张大兴** 哦，阿姨您等一下，我让小东接电话。

**刘小东** ……妈！

**妈　妈** 小东，妈妈总是不放心，你去银行查了没有，五十万到账了吗？

**刘小东** 到……到账了妈妈。

**妈　妈** 那我就放心了。我特别担心银行把咱们的钱吃了，要是这钱没了，我也不活了。

**刘小东** （痛苦不堪）妈，没事儿的。

**妈　妈** 小东，你这辈子也没有见过这么多钱吧？

**刘小东** 啊？

**妈　妈** 妈妈也是，要不是为了儿子买房子结婚，我也一辈子没见过这么多钱，当时我就想啊，要是这些钱没了，我也就不活了。

**刘小东**　（再次被刺痛）不会的，妈，你别多想……

**妈　妈**　那我就放心了，对了，妈妈在电视里看到，最近有很多房产中介都是骗子，他们专门骗人家的首付啊，你一定要小心啊，千万别被骗了，要是你这个五十万花了出去，最后他们的联系电话老是关机，那我也就不活了。

**刘小东**　（痛苦万分）妈妈妈妈妈妈妈，没事的，你不要瞎想，没这回事，我们没有被骗，我们根本就没把钱转过去，他们的电话也没有关机……

**妈　妈**　那我就放心了，对了，大兴说你们在戈壁滩干什么呢？

**刘小东**　我们在……这里……戈壁滩……一望无际……绿洲……盖一个山水度假村！

**妈　妈**　山水度假村！？

**刘小东**　哦，妈妈，这是大兴的项目，我和他一起。

**妈　妈**　嗯，太好了，跟着他好好干一定有出息的，这下妈什么也不担心了，我挂了啊，你们当心身体！儿子，记住，有大兴这样的朋友是你上辈子修来的福气！

［挂电话。张大兴无颜以对……

**刘小东**　听听，我妈说得多好。（咬着牙）有你这样的朋友是我上辈子修来的福气。

**张大兴**　对不起……

**刘小东**　对不起对不起，我不要听你解释，我原以为你是富二代，借我一百万就行了，现在呢，首付被人骗走了，车被你搞坏了，我妈什么都不知道被蒙在鼓里，我他妈背上还停了个蝎子！

**张大兴**　我真没钱！

**刘小东**　你不肯借就不肯借，跟我装什么穷啊，你手上那表，你脖子里那链子，你那根皮带……

**张大兴**　都是假的！

**刘小东**　假的？谁信呐。

**张大兴**　不信你看，这个，这个，还有这个！

［给刘小东看，全是假的。

**刘小东**　你戴这么多假的干什么？

**张大兴**　工作需要！

［切光。

［起音乐。

［边说边演。

**张大兴**　大学毕业以后，我一直没有找到一份正经事业，我爸发了一个我这辈子听过的最毒的誓，要是他再给我一分钱，就让他吃方便面的时候永远没有调料包。于是身无分文的我开始自力更生。

［张大兴和客户谈判，过程中不断刻意展示自己身上的这些名牌。

**张大兴**　这个项目上，我只要您先拿出五千万垫资，我的钱马上就会跟进。

**客　户**　张先生，我看还是算了吧。

**张大兴**　你信不过我？我戴这么粗的项链你居然不信我！

［客户从脖子里拿出了一根碗口粗的项链。

**张大兴**　（拍桌子）你带根假链子了不起啊！不就是五千万嘛！出不起别出啊！穷逼！

［客户脱下上衣，满身的文身。

**张大兴**　大哥……我是说……

［被客户的小弟痛打。

［切光。

**张大兴**　后来，我决定足不出户发家致富，不和任何人接触或许会安全一点。

［拿起电话。

**张大兴**　喂，您好，您有一张尾号为2256的工行信用卡透支……

［嘟嘟嘟……

**张大兴**　（再来）喂，您好，最高人民法院……

［嘟嘟嘟……

**张大兴**　（再来）你儿子在我手上！

［嘟嘟嘟……

**张大兴**　（最后一次）喂，你是张大兴的爸爸吗？你儿子在我手里，识相的话……

**电话音**　哈哈哈哈哈！还想骗我？张大兴我告诉你，你想什么招都没用，你爸我不是傻子，你休想从我这儿再要到一分钱！

**张大兴**　你要是不给钱，我们就撕票！

**电话音**　撕完就扔了吧，切碎一点儿，谢谢你好心人，为社会安定又做出了一份贡献。

**张大兴**　他是你亲儿子吗？

**电话音**　充话费送的。（挂电话）

**张大兴**　喂喂喂！

［切光。

**张大兴**　后来我遇到一个高人。

**蜘蛛侠**　少年，看你骨骼惊奇，将来必定成就一番大业，咱们有缘相遇，说吧，你想让我教你什么？

**张大兴**　我想快速致富！

**蜘蛛侠**　我明白了，少年，你需要的是这样一份光荣而伟大的职业，像我一样在城市中飞速穿梭，而后把自己的生活牢牢地掌握在自己手中！

**张大兴** 我要怎么做？

**蜘蛛侠** 一共有三个要领，第一点，要善于在车来车往中岿然不动。

**张大兴** 这我能做到，那第二点呢？

**蜘蛛侠** 要不怕死！

**张大兴** 这也没问题，我豁出去了，最后一点！

**蜘蛛侠** 无论你被困难撞倒多少次，你只要站起来就是成功！

**张大兴** 您是让我像您一样成为蜘蛛侠？

**蜘蛛侠** 不！我在教你碰瓷儿的诀窍。记住，所谓碰瓷儿，就是一个字——啊！

［一辆车开过，蜘蛛侠蹿到车前大叫一声“啊”！司机赶紧下来掏出了很多钱，蜘蛛侠与司机握手一起欢快地下场。

**张大兴** 这么容易！我也来。（有车开过）啊！

［张大兴吃力地从地上站起来，刚准备讹人，车上下来三个人。

**张大兴** 你，是你撞的我……

［车上的人从领子里掏出一根碗口粗的项链。

**张大兴** 你妹啊，戴根假链子就可以出来横冲直撞啊！你要是撞死了我……

［此人又把外衣脱了，露出满身的文身，还是之前谈判时的那个人。

**张大兴** 大哥，原来是你，误会啊误会，真是人生何处不相逢……

［再次被两个小弟痛打。

［切光。音乐停，回到现实时空。

**张大兴** 你现在知道我的艰辛了吧。

**刘小东** 你就一次也没成功过?

**张大兴** 当然没有,从小到大你和我一起长大,我做哪件事情成功了? 命运之神从来不会眷顾我,要不然我也不会到现在这个年纪了还一事无成。有的时候我真想问老天爷一句,(抬起头)你给我一点照顾会死啊!

[天上掉下一个箱子。两人惊呆了。

**刘小东** 什么东西?

**张大兴** (打开箱子)是矿泉水!(跪地磕头)老天爷,对不起,感谢您的大恩大德!

**刘小东** 沙漠里天降矿泉水,真是命不该绝啊!

[张大兴喝起水来,并喂刘小东喝水。

**张大兴** 等等,(看手机)往蝎子身上浇水,可令蝎子自动离开……

[张大兴开始给刘小东背上浇水。蝎子死活不走。

**刘小东** 哥,我总算是明白了后背发凉是什么感觉了……

**张大兴** 我就不信我浇不死你,我浇不死你,我浇不死你……

[张大兴浇水的时候,一群手里拿着家伙的村民渐渐围了上来。张大兴由于太专心而没发觉。

**刘小东** 大兴,大兴!

**张大兴** 别动,待会儿蝎子蜇死你。

**刘小东** 别闹了,快回头。

**张大兴** 差一点了,你捣什么乱。

**刘小东** 别浇啦,我们被包围啦!

**张大兴** (一怒之下站起来)我看谁敢包围……(看见了虎视眈眈的村民)我们……都是一家人……相亲相爱的一家人……

**村民甲** 打！

**张大兴** 别别别……有话好说，有话好说！

**村民乙** 你们是过路的？

**张大兴** 对。

**村民乙** 车子坏了？

**张大兴** 对。

**村民乙** 刚把水浇完？

**张大兴** 对对对，我们正在一筹莫展之际，天上掉下来一箱水，你说我们运气好不好，不偏不倚正砸在这跟前，如果你们想要这天降圣水呢，也不难，花一点小钱……

**村民甲** 打！

**张大兴** 别别别！说清楚再打！

**村民甲** 你看看这儿写了什么！

［翻了张大兴身旁一块路牌，上写：领水处。

**张大兴** 哦……

**村民乙** 这是县里面每周定期定点空投给我们村的水资源！我们全村人要靠这一箱水活三天！现在被你们都倒了！

**刘小东** 张大兴我说你怎么今天运气这么好正好有一箱水砸在你面前！

**张大兴** ……大哥，误会，误会啊！

**村民甲** （对刘小东）你别以为你趴在地上就没事了，用我们喝的水洗澡过瘾吗？

**刘小东** 大哥，真的是误会啊……

**村民甲** 误会个屁！跟我们走！起来！

［村民们一下围了上来。

**刘小东** 不是，大哥，不能起来啊……

**村民乙** 你到底起不起来！

**刘小东** 不是,真的没法起来啊。

**村民甲** 你们浪费了我们的饮用水,还这么不配合我们,我看你们今天是存心找死!我数到三,你要是再不起来,我们今天就在这儿打死你们!

**刘小东** 大哥!

**村民甲** 一!

**刘小东** 大哥!

**村民甲** 二!

**张大兴** (跪下)大哥!我上有八十岁老母啊。

**村民甲** 滚!我管你老母不老母呢!……我数到几了?

**村民乙** 二!

**村民甲** 你才二呢!

**村民乙** 你自己说的二!

**村民甲** 谁他妈二!

**村民乙** 你说的……

[两人争执。

**村民甲** 三!

[电话铃声响。是刘小东的妈妈。

**张大兴** (打开免提)喂!

**妈　妈** 你们这个山水度假村投资的项目是不是已经开工了?

[村民们一听都不动了。

**刘小东** ……啊,对……妈……

**妈　妈** 哎呦那太好了,我要跟大兴说。

**张大兴** 阿姨您说……

**妈　妈** 大兴啊,谢谢你什么好事都想着我们家小东,以后这种事情别瞒着我们做家长的。

**张大兴** 嗯,项目太大,还没来得及跟家里好好沟通……

**妈　妈**　我要跟小东说。

**刘小东**　妈……您还有啥指示？

**妈　妈**　你们出门在外啊，一定要小心，要是碰上了坏人，你们就明说自己是投资山水度假村的。他们一定不敢把你们怎么样的，千万别藏着掖着。

**刘小东**　哎。

［村民们惊呆了。

**妈　妈**　我要跟大兴说。

**张大兴**　阿阿阿姨……

**妈　妈**　这个项目要投资多少钱啊？

**张大兴**　几个……亿吧……

**妈　妈**　这么大规模！现在干得怎么样啦？

**张大兴**　差不多，开发了一点了……

**妈　妈**　是吗！太好了，我要和小东……

**刘小东**　（急了）妈！我们开着免提呢！您有什么话就直说好不好！

**妈　妈**　好吧，妈妈决定了，下个礼拜天就到你们这里来看一看！

**刘小东**　妈，你认识地儿吗？

**妈　妈**　你忘了你女朋友蒋乐乐告诉过我，她在你手机上装了个定位跟踪系统，我会找到你的！

**刘小东**　那妈……

**妈　妈**　好了，不说了，菜要炒煳了，就这么说定了，下周见！（挂电话）

**刘小东**　喂喂喂，妈，妈！

**村民甲**　（态度骤变）嘿嘿嘿嘿嘿，你们说山水度假村？

**张大兴**　你都听见了？

**村民乙** 我们村就缺投资呢……

**村民甲** 胡闹！嘿嘿嘿嘿嘿……别听他瞎说。我们刚才都是误会，都是误会。

**张大兴** （感觉到了局势的变化）误会？刚才不还说要打死我们吗？

**村民甲** 开玩笑，开玩笑。

**村民乙** 啊？大哥，原来你刚才是开玩笑的啊，你真幽默。

**村民甲** 滚！嘿嘿嘿嘿嘿……我是说，咱们一起去村里聊聊？

**张大兴** 你们退后二十米！我要和我的老板商量一下。

**村民甲** 好好好，退后，退后。

**刘小东** 咋办？

**张大兴** 能咋办！将计就计呗，你没看见这帮村民一听说我们是投资度假村的眼神都变了！

**刘小东** 我是说我妈咋办！

**张大兴** 先糊弄过这些村民再说吧，要是这关都过不了，你还能活着见你妈吗！

**刘小东** 你意思是说……

**张大兴** 车也坏了，这帮孙子包围了我们，我们也肯定走不了，不如将计就计，跟他们去村子，先骗顿吃的再想办法开溜，最后跟你妈说我们的项目黄了不就行了嘛！

**刘小东** 那我听你的。

**张大兴** 不过有一点你一定要记住，咱俩就是两个来投资办山水度假村的有钱人，你一定不能被他们弄清楚咱们的真实身份！要不咱们就彻底走不了了！

**刘小东** 可是我从没有这么骗过人。

**张大兴** 你还想不想追回你的五十万了？

**刘小东** 想。

**张大兴** 你还想不想买房子和蒋乐乐结婚了？

**刘小东** 想。

**张大兴** 那么你记住，从现在开始，你就不是倒霉的刘小东了，你是有钱人，刘……比尔！

**刘小东** 比尔？

**张大兴** 你们过来吧，我们老板已经正式同意和你们进村了。

［村民们再次围拢过来。

**村民甲** 太好了太好了，你好你好你好。（把刘小东从地上拉起来）

**张大兴** 向各位隆重介绍一下，这位就是我们刘氏投资集团的老板比尔先生。

［村民们争相跟刘小东握手。

**刘小东** 乡亲们，经过反复考虑与商量，我们两人最终决定，跟大家……（所有人期盼）进村参观！（村民们欢呼）那么，我们走！

**村民甲** 哎呀，老板，你背后有只蝎子！

［蝎子重重地蜇了刘小东一口。

**刘小东** 啊！！！！！！！！！！（晕厥过去）

**张大兴** 小东！小东！（现场一片混乱）

［收光。

［转场。

## 第二场

［起光。

［幽暗的小房间。刘小东躺在房间正中间的一张床上。

［刘小东突然从床上坐了起来，惊恐地向四周张望，明显地感觉到自己来到了一个陌生的地方。

［他从床上起来，发现自己什么都没穿，于是勉强找了个枕头挡了一下，房间里空无一人。

［由于什么都没穿，刘小东不敢出门。

**刘小东** 有没有人啊？大兴，你在哪儿？有人吗？

［无人应答，刘小东开始害怕，为了给自己壮胆，他唱起了歌。

［主题曲。

［此时此刻，突然有一个女人在窗口听得入神，而后慢慢爬上了窗户，双腿朝屋内坐在了窗沿上，她手上拿了一瓶水，浑身上下都充满了乡土气息。刘小东唱到兴起，陶醉地往后退两步退到了窗边往后一靠，随手接过了女人手里的水打开喝了一口又放回了女人手里。唱到兴起处，又喝口水，如此几番，女人愕然。

**刘小东** （水喝没了，看了看空瓶）嗯？（回头看见了窗台上的女人）

**女　人** （还沉浸在刚才的美妙之中）你好。

**刘小东** （又看了看自己用来挡身体的枕头）啊!!!!!!!! 你……我……这不……啊!!!!!!

**女　人** （有点害羞）刘……比尔？

**刘小东** 嗯……啊……你你你你要干什么？（一边躲藏一边遮掩）

**女　人** 我叫陈欣！（跳下了窗台）

**刘小东** 你别过来！你干什么?！有话好好说！

**陈　欣** 你唱得真好听。

**刘小东** 谢谢。（还在躲藏）

**陈　欣**　哎呀，你别躲了！

**刘小东**　不不不，不管怎么说，我活这么大至今为止还守身如玉……

**陈　欣**　（温柔地）没关系，我不介意。

**刘小东**　我……我……我介意，我是一个生长在保守家庭的人，我一定要在新婚之夜才能把我的身体献给另一个女孩。

**陈　欣**　真的？

**刘小东**　真的，我曾经发过毒誓，要是在这之前被人看见了的话，我就……

**陈　欣**　你就怎样？

**刘小东**　我就只能大义灭亲，亲手杀了我的小弟弟！呜呜……（腾出一只手来捂住脸）

**陈　欣**　（害羞地转过头去）你说什么呢……

**刘小东**　对不起，吓到你了。

**陈　欣**　没关系，只要你心里能有我，怎样都行。

**刘小东**　我心里有你……等等，你说什么？

**陈　欣**　（上前一把抓住刘小东）你刚才的歌声打动了我，这么多年来，在一个封闭的小村子里，从来也不会有这么动听的歌声。

**刘小东**　撒手！别闹。

**陈　欣**　我是认真的！

**刘小东**　（仔细看看陈欣脏不拉几的样子）对不起我还是接受不了！

**陈　欣**　你是嫌我……

**刘小东**　对！有些话说出来就伤感情了……

**陈　欣**　这么说你不喜欢我……

**刘小东** 大姐，我求你了，你图我啥啊？你也看见了，我身上什么也没有啊。

**陈　欣** （再也无法装温柔了）老娘就是看上你了，你想怎么地吧！

**刘小东** 不是，姐姐，你看你又（上下比划了一下）……对吧，又抽烟，明明有门你还非要走窗户，你让我怎么接受你……

**陈　欣** （大吼）我习惯从窗户进来不可以啊？！

**刘小东** 那咱也不能这么玩儿啊，你好歹敲个玻璃啥的，你说你悄无声息地蹿到我身后多吓人啊。

**陈　欣** （大吼）就这么地怎么了？！你就说吧，答应还是不答应？

**刘小东** 不答应。

**陈　欣** （大吼）为什么？

**刘小东** （跟着大吼）我不喜欢泼妇！（两人对峙五秒，刘小东突然跪下）姐姐我求求你了，咱们往日无冤近日无仇，你就发发慈悲，放贫僧西去吧……

**陈　欣** 叫我泼妇，你这个忘恩负义的家伙，亏我还拼死拼活把你救了回来，你知道你中了多严重的毒吗？！

**刘小东** ……是你救的我？

**陈　欣** 当然了！要不是我及时把你衣服都脱了，让你血液循环顺畅，你早就毒发身亡了！

**刘小东** 这么说我的……外衣是你亲手脱的？

**陈　欣** 对啊。

**刘小东** ……还有内衣也是亲手……？

**陈　欣** 没错。

**刘小东** 还有裤子……？

**陈　欣**　裤子不是亲手脱的。

**刘小东**　（长吁一口气）还好还好。

**陈　欣**　你裤带打了个死结，我用剪刀剪开了。

**刘小东**　（崩溃）啊！！！！！ 这么说你都看见了？

**陈　欣**　对啊。

［刘小东羞愧难当，四处找地方要躲，他看见了刚刚睡过的那张床。

［没想到陈欣故意跳上床，让刘小东无处可躲。

**刘小东**　你干什么？

**陈　欣**　（得意洋洋地躺在床上压着被子）你不是嫌我吗？好，我看你躲哪儿去。

**刘小东**　你你你，你也太狠毒了。

**陈　欣**　刚才好像有人说发过毒誓，结婚以前被人看到，就要……

**刘小东**　你！

**陈　欣**　说话要算数哦。

**刘小东**　（尴尬至极，咬着牙）不要逼我……

**陈　欣**　你手边就是剪刀。

**刘小东**　你这个泼妇……

**陈　欣**　切了吧，一会儿我帮你止血。

**刘小东**　你！

**陈　欣**　有本事切啊，有本事切啊。

**刘小东**　你当我不敢啊！（抄起剪刀）

**陈　欣**　来啊来啊来啊。

**刘小东**　（一咬牙一闭眼举起剪刀）妈妈，儿不孝啊！

［就在这时，强子一推门进了房间，嘴里咬着一束花，闭着双眼，用胳膊倚在门框上。陈欣和刘小东两人定格

看着强子。

**强　子**　欣欣，今天的天气格外的好，我有预感今天一定能见到你，果然，刚才我从远处看见你进了这间房间，我便加快脚步追了上来，我看到房子外面的每一朵鲜花都因为你而更有色彩，于是我决定采一束来表达我对你满满的爱。今天，我要给你一个惊喜！

［强子猛一抬头，看见了陈欣躺在床上身子妖娆地压着被子，刘小东光着身子一手拿了一个枕头，一手举着一把剪刀。强子嘴里的花落地。

［场面更为尴尬。

**陈　欣**　强子，你……

**强　子**　欣欣，什么都不用说了，真是一个天大的惊喜啊。

**陈　欣**　我……刚才……他……然后……脱光……后来……床上……结果……你……

**强　子**　不用说了，我都明白了，这把剪刀，就是准备杀我灭口的。

**刘小东**　不是，你在说什么？

**强　子**　（猛地上前把脖子凑到剪刀处）你来啊，你来啊，有本事就扎！杀了我吧，反正陈欣不喜欢我的话，我活着也没什么意思！来啊，来啊！

［场面危险无比。

**刘小东**　你胡闹什么，谁要杀你了！

**强　子**　（哭了）你连死都不让我死啊，你这分明是在羞辱我嘛，我的命怎么这么苦啊！（跪下）

**刘小东**　（赶紧要搀强子）大哥你误会了。大哥，你这是干啥，你别跪下啊。

［强子突然抢过剪刀对着自己的腹部。

**陈　欣**　强子！

**强　子**　你们都别过来啊，别过来。往前走一步我就自杀！

**陈　欣**　强子，你干什么！我们什么也没干！

**强　子**　（大哭）谁信呐……你说你俩啥也没干，他怎么浑身上下就一个枕头啊？你别说你们在玩儿疯狂原始人的游戏啊……

**陈　欣**　（一看说不通就生气了）哼，你爱信不信。

**刘小东**　这位大哥，有话好好说。

**强　子**　（退到了门背后关上门）你别过来！我手里这把剪刀可不长眼睛啊。你要是敢乱来，我今天就跟你同归于尽！

［突然有人开门。一群村民进了房间。

**强　子**　（惨叫一声）啊！

**村民甲**　什么动静？

**村民乙**　不知道……

**村民甲**　（看见刘小东）哟，你醒啦。

**陈　欣**　（冷冷地）早醒了。

**村民甲**　快快快。（示意）

［村民乙给刘小东穿了身衣服。

**刘小东**　谢谢，这是哪儿？

**村民甲**　黄风村。

**刘小东**　我想起来了，我们浪费了你们的水……

**村民乙**　对。

**刘小东**　然后我就中毒了……

**村民乙**　对。

**刘小东**　（忽然反应过来）那你们要干什么？

**村民甲**　嗯，嗯。（示意村民乙出门）

［村民乙和其他几个村民去门外把张大兴架了进来。

**刘小东**　（看见了不省人事的张大兴）大兴！大兴！你怎么了大兴！

［村民乙放手，张大兴瘫倒在地。

**刘小东**　你们，各位大哥，你们把他怎么了?!

**村民甲**　山水度假村。

**刘小东**　这……

**村民甲**　好几个亿。

**刘小东**　这个……

**村民甲**　好大一个项目。

**刘小东**　（跪下）大哥我们也不是存心骗你们的，我们也是没办法，您听我解释……其实我们不是开发项目的，我们也没有钱……如果哪里得罪了你们请你们高抬贵手放过我兄弟……（一直低着头）

［村民们哄堂大笑。

［强子从门背后刚要出来，村民甲笑着用手摁住了门，剪刀又重新插了进去，村民们没发现，还乐得一直在捶门。

［强子倒地，没人在意他。

**村民乙**　哈哈哈，演得真像！

**村民丙**　有钱人就爱装穷！

**陈　欣**　他才没那么好心呢。你们少做梦了。（从床上起来）

**村民甲**　欣欣，你说什么?

**陈　欣**　这就是个忘恩负义的家伙，不识好人心，根本不会报答咱们的救命之恩的。你们想让他帮你们发家致富，想得美！我劝你们趁早死了这条心吧！

［一扭头下场。

**陈　欣**　我告诉你刘比尔，你赶紧给我滚，少让我在村里看见

你！（下）

**村民甲** 刘总，我们真的很想让您帮帮我们……

**刘小东** 你们弄错啦，真的不是这么回事儿！

**村民甲** 刘总，我知道我们这个地方穷，你肯定是考察过了觉得没有开发潜力，可是您这个度假山村开在哪不是开啊，这个戈壁滩上我们村儿是条件最好的啦！

**刘小东** 关键是我们现在身上还有事儿！

**村民乙** 可是刚才张总都答应过我们了啊。

**刘小东** 张总？

［张大兴突然从地上惊醒，迷迷糊糊地，其实他是喝醉了。

**张大兴** 谁叫我？接着喝，我没醉。

**刘小东** 张大兴，是我！

**张大兴** 小东……不，比尔啊。

**刘小东** 你答应他们什么了？

**张大兴** 度假山村啊。

**刘小东** 你疯啦！

**村民甲** 张总，真的没问题吗？

**张大兴** 没问题没问题，比尔先生慷慨大方，你们完全不用担心，都回去歇着吧！

**村民甲** 好好好，谢谢张总，谢谢比尔先生。

［强子从血泊中站起来，刚要说话。

**村民甲** （转过身掩面痛哭）我们村儿就要发达了，真是苍天有眼呐。（边哭边砸门，强子再次被剪刀戳中）

**村民乙** 好了好了，大哥既然比尔先生都答应我们了，我们就先走吧，别打扰人家休息。

**村民甲** 那好，比尔先生，我们先走了，这里就是您和张总暂时住的地方，有事您随时吩咐。

［村民们下。

**刘小东** （弄清醒张大兴）你怎么回事儿！咱们不能在这儿耽误事儿啊！

**张大兴** 你妈不是要来吗……

**刘小东** 咱们可以找个理由阻止她啊！

**张大兴** 你不早说，我现在都答应乡亲们了，刚才歃血为盟的酒都喝了……

**刘小东** 你怎么不和我商量一下呢？

**张大兴** 你不是昏过去了吗？

**刘小东** ……我说你到底要害我害到什么程度！

**张大兴** （煞有介事）放心，兄弟，咱俩是一辈子的好朋友，我既然已经做了对不起你的事儿，就一定会想法补救，为啥我这一路抛家舍业地跟你来到这里，还不是为了帮你把失去的东西夺回来吗？！

**刘小东** （有点听懵了）你有把握？

**张大兴** 差不多吧，骗人你还不会。

**刘小东** 那你说度假山村怎么弄？

**张大兴** （说大话）放心吧，我全会，你别忘了，我是富二代，什么没见过。我告诉你啊，咱们先要有几个大投资商，这可不是你借几万十几万的事儿啦，咱们一开口就要让他们砸下几个亿。

**刘小东** （想了一下）你记不记得咱们中学的时候有几个同学现在混得不错？

**张大兴** 找他们……

**刘小东** 就这么定了。赶快联系他们。

**张大兴** 哎，别，我就是随口一说，你还真打算开始干。

**刘小东** 对啊，你说现在跟村民们说咱俩是骗子，加上之前浪费他们水源的事儿，他们能饶了我们？事到如今不这么干还能怎么办？

**张大兴** 要不然咱俩偷偷溜走？

**刘小东** 我妈不用对付了？

**张大兴** 先跑了再说嘛……

**刘小东** 车坏了，拿什么跑！

**张大兴** 好好好，我去给你联系人，这总行了吧。

**刘小东** 哎，咱们整个表面就行了，主要为了做做样子，把村民们稳住，然后把我妈糊弄走，其他的不许乱来，我们还得去追那五十万呢！

**张大兴** 放心吧，我心里有谱。

［两人刚准备出门。

［强子从门背后倒下，腹部插着剪刀。

**张大兴** 咦？这谁啊。

**强　子** （痛苦地挣扎）你们……

**张大兴** 这手里握的什么东西……（把剪刀拔了出来）

**强　子** 啊！！！

**张大兴** 剪刀？

**强　子** 你！

**张大兴** 哦，对不起，对不起！（把剪刀重新刺进了强子的腹部）

**强　子** 啊！！！我要把……把……

**张大兴** 拔出来？（再拔剪刀）

**强　子** 啊！！！不是！

**张大兴** 哦。（又插回去）

**强　子** 呃……

**刘小东** 说什么呢？

**张大兴**　不知道，管他呢，话都说不利索，切。

［两人下场。

**强　子**　我要把……把……把真相……告诉大家……你们……是骗子……（倒在血泊中）

［切光，定点。

**刘小东**　这里是什么地方？

**张大兴**　黄风村。

［起光。

［音乐，歌舞，这里是黄风村。在歌舞之中，整个村子在台上冉冉升起。

［歌舞毕，音乐停，收光。

## 第三场

［嘈杂难听的唱歌声。口水歌四向夹杂，地狱一般的鬼哭狼嚎。

［起光。

［这里是村口一个临时搭起来的简易窝棚。一排衣着光鲜的人坐在草垛子上，手里拿着话筒在声嘶力竭地唱歌，话筒连接着一个带天线的小电视，图像滚着雪花……

［台口是一张签到桌，后面有半块篱笆把签到区域与唱歌的人隔开。张大兴在打电话。

［屋里的人要酒，要吃的，刘小东里里外外一趟又一趟地跑。

**刘小东** （经过签到台的时候训斥张大兴）你又给谁打电话呢？

**张大兴** 你说给谁！还不是想再试试那个骗子的电话能不能打通！

**画外音** 对不起，您拨打的电话已关机……

**刘小东** 打通没？

**张大兴** 他妈的，骗人的人通通不得好死！

**刘小东** 同学都能搞定？

**张大兴** 嗨，不就是骗人嘛。

**刘小东** ……

**张大兴** 这回够意思吗？

**刘小东** 够意思个屁，我让你找个好点的地方招待人家，你给整这么个破地方！

**张大兴** 村里人能帮你搭出这么个乡村卡拉 OK 不错啦，你还要怎样？再说了，他们现在不是玩得挺开心嘛。

**刘小东** 我让你找两个有钱的同学来装装样子，你把这么多人都找来算怎么回事？

**张大兴** 你懂什么！你把他们叫来，直接跟人说你要投资，谁给你啊！还不得靠同学会这么个名头来吸引大家，你在会上跟人联络联络感情不就什么都有了吗？

**刘小东** 我跟这几个有什么好联络感情的？你看看唱歌这几个人，一个从中学毕业到现在都没有找到工作还不如我，一个是色盲在交警大队指挥交通，还有一个是卖假拖鞋的，每天都自己拿圆珠笔在拖鞋上扎眼儿！

**张大兴** 你别急啊，不是还有人没来嘛！这些人只是陪衬，上档次的还在后面呢！

［张大兴说完前面这番话后，来的人一个比一个差。

［第一个来的是个屠夫，拎着一把砍刀。

[第二个来的是个重型犯人，手还拷着，脚上拴个大铁球，越狱来参加同学会的。

[第三个来的是个和尚，念完一段经就推荐一剂少林秘方。

[……

[诸如此类，全是老同学。

[人越来越多，越来越多。

**刘小东** 全是男的，连个女的也没有！

[刚说完，班主任来了，一个老太太，高度近视，走路不会拐弯，总是把刘小东和张大兴搞混。

[好不容易两人把这些牛鬼蛇神都凑到了卡拉OK旁。

**刘小东** 张大兴！你到底叫了多少人？

**张大兴** 差不多都叫了啊……

**刘小东** 我反复跟你说我们是为了糊弄我妈，为了糊弄村民，你把阵仗搞这么大不是找死吗?!

**张大兴** 我不是想做事情做彻底一点嘛。

**刘小东** (快被气吐血了)对了，胖胖怎么没来？

**张大兴** 别提了，听说是去年在一个超市里买东西被人宰了。

**刘小东** 超市里也能宰人，他付了多少钱？

**张大兴** 他没付钱……

**刘小东** (沉默)大兴，你说咱俩从小到大怎么就没有一个像样的同学呢？

**张大兴** 过去班上我们班最有钱的应该就是我们家，可现在我爸不是不认我了嘛！

**刘小东** 不，你忘了几个人。他们和你不一样，他们生活得无比低调，有的有不同寻常的家庭背景，有的有异于常人的特殊才华，他们在我们身边潜伏。

**张大兴**　（恍然大悟）深藏功与名……

**刘小东**　时隔这么多年，他们一定都飞黄腾达、出人头地了。

**张大兴**　关于他们的传说只在作文课上有所透露。

**刘小东**　你还记得有一次我们班写了一篇作文，题目叫《我的爷爷》。

**张大兴**　当然记得。

**刘小东**　有一个同学写道，我很崇拜我的爷爷，他曾经是一名军人，在战场上奋勇杀敌，毫不手软。

**张大兴**　后来老师批了零分。

**刘小东**　他爷爷是国民党……

**张大兴**　还有一篇作文题目叫做《新中国人民的幸福时刻》。

**刘小东**　有一个同学得了零分。

**张大兴**　他写的是大跃进、人民公社化运动、文化大革命……

**刘小东**　还有他……

**张大兴**　我知道你想说的是谁，我们班最穷的同学。

**刘小东**　有一篇作文的题目叫《我的家庭》。

［切光。

［一个人念作文，一个人根据作文内容演出来。

［作文内容。

我出生在一个非常贫苦的家庭，记得小时候，爸爸的生活很无聊，整天只能数钱。妈妈也是整天都在烧钱。因为家里是在深山，每次到了冬天都非常冷，家里没有暖炉……没有棉被……爸爸说，出去买东西很麻烦所以我每天只能陪着爸妈烧钱取暖……

［切光。

**刘小东**　你叫他们了吗？

**张大兴**　我叫了，梁涛、鲁野，还有小彪。

[起音乐。

[三人从后面升起，分成三个点各自讲着专业术语。梁涛说的是金融，鲁野说的是国际形势，小彪说的生命哲学。三个人每人手里拎着一个厚厚的公文包，一派成功人士的风采。

[三人边说边向人群走来。

**刘小东** 大兴，我们有救了，你去招呼大家，联络感情，过一会儿让他们仨出来，我们直奔主题。

**张大兴** 好，看我的。等等，（拿出协议）你记住，只要他们一上钩，你就让他们在这个协议上签字，大家谁也不能反悔！

[张大兴走进人群。

**张大兴** （拿起话筒）同学们，时光荏苒，岁月如梭，不知不觉，我们已经分开了十一、二、三？十五个年头了！今天……

[切光。

[音乐停。

[定点光，刘小东跪在三位同学面前。

**刘小东** 总而言之，就是盖个度假村。

**梁　涛** 兄弟，你等会儿，我有点儿晕。

**鲁　野** 让我们帮忙是不是？

**刘小东** 是是是。

**小　彪** 那……那……那你早说啊。

**梁　涛** 兄弟们，小东的忙咱们能不帮吗？

**鲁野、小彪** 不能。

**梁　涛** 这么多年的同学咱们是不是应该尽点力呢！

**鲁野、小彪** 赴汤蹈火，在所不辞！

**梁　涛** 来，让我们击掌为誓，帮小东盖起黄风村山水度假村！

［梁涛、鲁野、小彪三人击掌。

**梁　涛**　小东，你还有什么要说的吗？

**刘小东**　（痛哭流涕）谢谢大家，麻烦在这个协议上签个字。咱们今后生死与共，至死不悔。

**三　人**　好！

［梁涛、鲁野、小彪三人签字。

**刘小东**　那么前期三位打算投多少钱呢？

**小　彪**　什……什……么钱……

**刘小东**　就是投资的钱啊。

**鲁　野**　投资还要……钱？

**刘小东**　你们别开玩笑。

**梁　涛**　小东，我们是认真的，我们没钱。

**刘小东**　那你们的意思是。

**小　彪**　一……砖一瓦……帮……帮你盖房子。

**梁　涛**　不是有钱出钱，有力出力吗？我们三个有的是力气。

**刘小东**　你们……没钱？！

**梁　涛**　我和鲁野公司破产了，小彪的财产因为离婚刚被卷走，被他老婆。

**小　彪**　……老婆。

**刘小东**　那你们这三个鼓鼓的公文包里装的都是什么！（打开鲁野的）江苏省人民法院、最高人民法院、最高人民检察院……宗人府？

**鲁　野**　他们非说我泄露国家机密，把我财产都冻结了。

**刘小东**　你泄露什么了？

**鲁　野**　我就是说了一句双江那儿子长得像他老婆的前夫……

**刘小东**　这你也知道。

**鲁　野**　网上都有……

**刘小东** 你呢?(打开梁涛的包)小飞欠一万三千块……老秦欠两万七千块……东子欠一块五,这谁啊这么不要脸,一块五还要借。

**梁　涛** 这张欠条是十五年前你写的……

**刘小东** 那人家欠你这么多钱,你要回来啊!

**梁　涛** 我也想啊,本来小飞说,只要老秦还了我就还,我就去找老秦,结果他说小飞也没还凭什么先让我还,后来他俩都说刘小东不还我也不还。

**刘小东** 那怎么办?

**梁　涛** 后来,我想了个办法让他们同时还我钱!我租了艘游艇,把他们都叫到船上,到了海上我逼他们一块儿还钱。

**刘小东** 后来还了?

**梁　涛** (哭了)后来船沉了……

**刘小东** 小彪,我知道你不会让我失望的对不对。

**小　彪** (忍痛自己把包打开给小东看)对不起我让你失望了。

**刘小东** 手纸,你放那么多手纸在包里干什么?

**小　彪** 去年我得了反射弧功能性障碍症,大小便失禁了,医生让我随身带好手纸……

**刘小东** 那你们身上还有多少钱?

[三人数钱。

**梁　涛** 一共还有两三万块钱吧。

**鲁　野** 这些钱够你干吗的?

**张大兴** (从人群中爬了过来,喝得不行了)小东,救命。

**刘小东** 这些钱用来把他们送走!

[飞机的音效。

[切光。

**梁　涛**　小东，你为什么要盖度假村？

**张大兴**　他是为了他……

**刘小东**　（一把拦住张大兴）为了梦想。

**鲁　野**　太感人了，我们一定支持你！

**小　彪**　放……放心吧，我们一定不……不会走的，协议上都写清楚了，无论哪方让对方走人，都要赔对方三百万。

［三人轮番和刘小东握手。随后下场。

**刘小东**　你到底怎么写的合同？

**张大兴**　我不是以防万一嘛，要是他们中途走了，还能赔我们点钱，里外不是都赚了吗？

**刘小东**　现在倒好！又拖进来三个人，还不能跟他们说实话。

**张大兴**　谁知道这三个是累赘啊！早知要出力还不如让那个戴手铐的留下来呢！

**刘小东**　你说现在怎么办吧。离我妈到这里还有六天，你说怎么办？

**张大兴**　既然没有钱，那只有先让负责人把地批下来了。然后趁热打铁马上开工。

**刘小东**　设计怎么办？

**张大兴**　我有一个大学同学叫董明明。他是设计院的，我从他那儿要一张图纸来就行了。

**刘小东**　设计图都是机密，人家怎么会给你？

**张大兴**　放心吧，不就是骗人嘛。我马上去给他打电话让他过来。

**刘小东**　正好副村长从外地回来了，我可以去找他把地批下来。

**张大兴**　那事不宜迟，咱们马上分头开始干，再让梁涛他们在一天之内找个施工队来这里。

**刘小东**　事到如今也只能这么办了，咱们敲锣打鼓先干起来再说，能蒙到哪天就算哪天吧。至少先把我妈这关过掉。

[切光。

[起音乐。

[舞台分为两个演区交替或同时演，左边是刘小东和陈主任在谈，右边是张大兴和董明明在谈。

[左边。

**陈主任** 这个问题呢我们需要研究研究。

**刘小东** 主任，山水度假村对于黄风村绝对是件大好事啊。

**陈主任** 这个问题呢有一点点复杂。

**刘小东** 陈主任您说您的顾虑。

**陈主任** 咱们从马克思主义世界观的角度说呢，要辩证地看待问题。

**刘小东** 陈主任我不明白您的意思。

**陈主任** 我的意思是说，要深入群众，要以群众为根基。

[陈主任反复扯皮，就是不说正题。

**刘小东** 陈主任您就说有什么条件吧。

**陈主任** 除非你答应，娶我女儿。

**刘小东** 啊？

**陈主任** 我女儿怎么说也是在大城市念过大学见过世面的，怎么你不同意？

**刘小东** 不是，只是……（咕咻）蒋乐乐，不是我要对不起你，就是撒个谎而已。只要答应下来，咱俩的明天就有希望了。

**陈主任** 我就是想让女儿嫁给一个像你这样的有钱人，怎么样？

**刘小东** 我答应你，陈主任，我一定和您的女儿结婚！

[右边。

**张大兴** 你记得我曾经在你最困难的时候给你寄了一万块

钱吗？

**董明明** 我记得，这份大恩大德我永世不忘。

**张大兴** 那个时候你说你虽然还不起钱，但是将来我无论遇到什么难处，都可以找你帮忙。

**董明明** 对，我当时是说过这样的话。

**张大兴** 你当时要钱干吗？

**董明明** 女朋友问我要分手费。

**张大兴** 后来呢？

**董明明** 后来我就看清了这个世界，我看清了一点，女人没有一个好东西！

**张大兴** 呃……

**董明明** 但是在那个时候，哥，你让我看见了人性最闪光的地方，在女人伤害我的时候恰恰是你这个男人帮了我！为此我感激涕零，永远记在心里。

**张大兴** 给我一张度假村设计图好吗？

**董明明** 让我说句话好吗？

**张大兴** 你说。

**董明明** 哥，我喜欢你！

**张大兴** （吓出一身冷汗）你，想多了吧……

**董明明** 哥，我是认真的，我想和你在一起！

**张大兴** 别闹，哥求你把设计图给我。

**董明明** 只要你答应和我试一次，我就把设计图给你！

［切光，定点。

［张大兴坐在地上痛哭。

［后场起光。一张巨大的设计图挂在台上。村委会办公室。

**刘小东** 好了！别哭了！你就换来这么张图？

**张大兴** （唱）多么痛的领悟……

**梁　涛** 这是张明孝陵的图纸啊。

**鲁　野** 这让施工单位怎么施工啊？

**小　彪** 倒……倒是不难，比例缩小一点儿就就行了。

**刘小东** 那总不能把度假村建成坟场吧！

**梁　涛** 咱们改改，改改。

［陈主任进门。

**陈主任** 各位，你们好，你们好。这么巧，我刚刚在门外碰到了施工单位的总负责人，咱们一块儿欢迎！

［大家一起鼓掌。

［负责人进屋，还是第一场里张大兴碰瓷儿遇上的老大。

**张大兴** 是你？

**负责人** 是你？（脱下衣服，露出满身的文身）

**张大兴** 大哥，别，有话好好说。

［和之前一样，张大兴被两个小弟痛打。

**刘小东** 够了！都有完没完！今天是来谈项目的，你们搞什么？（把自己真的搞得和大老板一样，气势一瞬间震住全场）我早就说过，这个度假村的项目，是一个大项目，你们愿意谈就谈，不愿意谈就不谈，这么大块肥肉有的是人想争，实话告诉你吧，这几位都是其他施工单位的代表。

［梁涛等三人赶紧扮演施工单位代表，用各种无耻的手段竞标。

**刘小东** 我就对他们说，你们归你们来，但项目是人家先要的，人家要是不愿意做这个项目再交给你们做。

**负责人** 对不起，比尔先生。对不起。

**张大兴** （完全没料到，肃然起敬）小东……

**刘小东** 怎么样？今天陈主任也在这儿，做还是不做？

**负责人** 做！

**刘小东** 那咱们就一言为定，和之前电话里说的一样，什么时候井里打出水，什么时候付工程款。

**负责人** 一言为定。

［张大兴给两人握手的姿势拍了一张合照。

**陈　欣** （一推门进来了）爹，你在这儿啊。

**刘小东** 爹？陈主任，这就是你女儿？

**陈主任** 怎么了，女婿？

［刘小东看看陈欣，再看看大家，心里翻江倒海，一下晕倒。

［收光。

［转场。

## 幕　间

［起光。

［起音乐。

［歌舞场面表现工程队开始施工，大家都在帮忙，忙得热火朝天，妙趣横生。原材料替代，尺寸改小，有人工伤……

［而刘小东正在苦苦追求陈欣让她答应自己好让用地的合法批文批下来。两人在歌舞中来回穿梭，陈欣因为对上一场时刘小东的表现仍然耿耿于怀，所以一直

与小东水火不容。

[工程地基的雏形正一点一点地浮现出来。

[音乐停。

[收光。

## 第四场

**强　子**　我不是人！我不是人！

[起光。

[挖好的地基内。

[强子腹部缠满了绷带，边说边抽自己。陈欣在一旁很不耐烦。

**陈　欣**　你有事儿说事儿，把我叫到这种地方干吗？

**强　子**　我不是人啊！我没能保护好生我养我的村子，也没能保护好我最心爱的你啊。

**陈　欣**　少胡说八道，你到底想说什么？

**强　子**　再给我一次机会好吗？欣欣，咱俩从小青梅竹马，郎有情来女有意。你怎么忍心一而再再而三地拒绝我呢？你到底不喜欢我什么，我改。

**陈　欣**　我求你了，你到底喜欢我什么，我改。

**强　子**　欣欣，难道你真要和那个什么刘比尔在一起吗？

**陈　欣**　我和你说了多少次了，我和那个刘比尔一点关系也没有！那天你看见的是我刚帮他解完毒！我讨厌这个人！

**强　子**　欣欣，你别装了，他都跟你爹提亲了！

**陈　欣**　提亲?!

**强　子**　你爹没跟你说?

**陈　欣**　没……有……(陷入了沉思)

**强　子**　你还说你不喜欢他!你的表情都出卖你了!

**陈　欣**　(回过神来)你胡说!我就是觉得不可思议!

**强　子**　这么说你不喜欢他?

**陈　欣**　那当然!……他真的去提亲了?

**强　子**　(刚稍微好些又被击溃)欣欣,你确定你是真的不喜欢他吗?

**陈　欣**　当然了,你还要我重复多少遍,我一辈子也不会和他在一起的。

**强　子**　那就好。

**陈　欣**　我爹他同意了?

**强　子**　(彻底崩溃)欣欣,你能不能不要总是这样一遍又一遍地折磨我幼小的心灵……

**陈　欣**　你怎么知道的?

**强　子**　全世界都知道了!要不你以为他天天缠着你干吗?

**陈　欣**　(咕哝)这几天他总是在跟我求饶,原来是让我给他台阶下。他还是喜欢我的。

**强　子**　(把走神的陈欣拉回来)嘿,嘿嘿!欣欣,你听我说,他根本不是什么有钱人!

**陈　欣**　我不信,他要是你说的那样,这地基是怎么打出来的!

**强　子**　他是个骗子!

[此时正好刘小东上场。

**刘小东**　你说谁是骗子?

**陈　欣**　(瞬间切换柔情状态)比尔。

**强　子**　你这个大骗子!我一定会让你好看!欣欣,我会让你相信的！

［一转身扭头就走，撞墙。下场。

**刘小东**　陈欣……你在这个地基里干什么？

**陈　欣**　（愈发柔情）等你。

**刘小东**　你快走吧，女孩子不要老待在这种地方。

**陈　欣**　没关系，比尔……对不起，怪我一直很粗心，没有意识到其实你一直很喜欢我是吗？（上前握住刘小东双手）

**刘小东**　（凝视一秒，撒开手）对不起，我还是不大习惯。

**陈　欣**　讨厌。你要是喜欢我就承认嘛。

**刘小东**　对不起，无论我怎么劝自己，还是没办法喜欢你。

**陈　欣**　太好了，我就知道你喜欢我，咱们两个人能在这里相聚便是一种缘分……

**刘小东**　哎哎哎，我说的是不喜欢……

**陈　欣**　正所谓郎有情女有意……你说什么？你不喜欢我！？那你跟我爹提亲！

**刘小东**　其实……我肯定不会跟你结婚的。

**陈　欣**　闭嘴！我明白了，你是谎称要跟我结婚来骗我爹把地批给你是不是？

**刘小东**　胡说！谁告诉你是我提出结婚骗你爹批地的？

**陈　欣**　那是什么？

**刘小东**　是你爹先提出来的！

**陈　欣**　好，刘小东，不管是什么情况，我现在就去和我爹说，让他不要给你盖章，这样你现在就算是非法开工，你什么也别想建！（怒气冲冲下场）

**刘小东**　陈欣！（刚要追）

**张大兴**　（与其他三个同学冲上）小东！小东，不好了，刚才有一个缠着绷带的人把工程队解散了！

**刘小东** 啊??!

**梁　涛** 你是不是跟工程队说什么时候井里打出水,什么时候结钱?

**刘小东** 山水度假村没水怎么行?

**鲁　野** 井里打出水了以后怎么办?

**刘小东** 打出了水就说明地下有暗河,就可以开沟引流啊!

**小　彪** 大……大……大哥……这里是戈……戈……戈……壁滩。

**刘小东** 他们意识到了?

**张大兴** 你当人家傻啊！他一说工程队就反应过来了!

**刘小东** 那现在怎么办？我妈明天就来了。

**所有人** 问你啊!

**刘小东** 还有一天,还有一天……

［电话铃响。

**刘小东** 喂,妈。

**妈　妈** 小东,妈妈迫不及待要来看我最优秀的儿子了,我一天也等不下去了,所以我就提前动了身,现在已经在往你那儿去的车上了。待会儿见!

［晴天霹雳。

**张大兴** (把刘小东拉到一边)你妈要是看见没有任何人在开工,不就穿帮了吗!

**刘小东** 这样吧,你不是已经和村民打成一片了嘛,跟他们说,让他们负责工程的后半段建设,然后我们按整个工程给他们结钱。

**张大兴** 这合适吗?……

**梁　涛** 对了小东,你总是很紧张你妈干什么?

**刘小东** 我……

**张大兴** 他妈要来……

**刘小东** 带我走。

**鲁　野** 带你走？

**刘小东** （开始忽悠）事实上我妈很反对我的事业，她是个控制欲很强的人，她希望我能老老实实找份工作踏踏实实过完后半辈子。

**小　彪** ……真可怜，以前我妈也是这样的。

**鲁　野** 后来呢？

**小　彪** （大哭）后来她死了……

**梁　涛** 节哀，节哀。

**刘小东** 好了，兄弟们，现在能帮我的只有你们了，只有让我妈看到我们的成功，她才可以安心离开，我就不会被带走了！

**梁　涛** 你说吧，只要能帮到你，我们豁出去了。

**刘小东** 太好了，谢谢大家，反正我妈也已经记不起来咱们几个是同学了。这样，梁涛，你去把这个地方布置一下，好歹让我妈能看出这里是度假村，待会儿我就在这里见她。小彪，我亲自跟我妈说成功我妈不会信的，待会儿你就冒充资深顾问，使劲儿在我妈面前夸这个项目，一定要让我妈觉得我已经完全可以独当一面了。鲁野，你在外面偷听，一旦听见我开始咳嗽你就冲进来说工地上有事儿把我拽走。而我，现在就去接我妈，拜托了！

**三　人** 明白了，放心吧！（下场）

**张大兴** 你是不是到现在都没告诉他们三个咱们这个项目是骗人的？

**刘小东** （义正辞严地）对。

**张大兴** 为什么？

**刘小东** ……我不敢说。咱俩捅这么大娄子，肯定会下地狱的。

**张大兴** 那你让我干什么？

**刘小东** 联络村民赶紧开工啊！对了，顺便找一些村民来冒充服务员，装得像一点，快！

［切光。

［以下为场面大致脉络，排练时需根据节奏调整再发挥。

［刘小东把妈妈迎接到这个仅有的地基里。梁涛在这里放置了一些简陋的桌椅，并在地基的土墙上贴上了三个歪歪扭扭的大字，度假村。有几个村民假扮的服务员在偷懒，场面极其敷衍了事。

**妈　妈** （边说边兴高采烈地进来）蒋乐乐给安装的这个定位系统真好用，我一下子就找到这里来了。哈哈哈哈……我儿子真是越来越有出息了，居然能盖度假村，我真是做梦也想不到我儿子会瞒着我干这么伟大的事情。（猛一回头看见了眼前如此破败不堪的场景傻眼了）就这?！这什么玩意儿？

**刘小东** （咕哝，咬着牙）梁涛，我扒了你的皮……

**妈　妈** 这桌子，这椅子，还有这度假村三个字？这都是什么跟什么呀？

**刘小东** （很紧张）妈您听我解释。其实不是这样的……

**妈　妈** 我不听！（发火）我就知道你小子肯定没在干什么正经事儿，所以我不放心一定要过来看看，果然如此！

**刘小东** 妈，您别生气。

**妈　妈** 你身上一点也没有继承我和你爸的优良血统！成天就跟着这个张大兴搞这些不着四六的东西！

**刘小东** 妈，您消消气，消消气……

**妈 妈** 你怎么这么不让我省心呢，从小到大……

**刘小东** （狂咳嗽）咳咳咳……

**鲁 野** （冲了进来）刘总，工地上着火了您快去看下。

**刘小东** 哦，好的。

**妈 妈** 好了，随你便吧，我不管你了，爱怎么地怎么地，这个鬼地方我一分钟也待不下去了！

［妈妈的举动太出人意料，让刘小东一时喜出望外。

**刘小东** 妈？您要走？！

**妈 妈** 当然，我一看见你这个不争气的东西我就气不打一处来！

**刘小东** （对鲁野）让火先烧一会儿，我等下再来。（赶紧去搀扶妈妈）妈妈妈妈妈妈妈妈，既然您要走呢，做儿子的也没办法强留您对不对，俗话说天要下雨娘要嫁人谁也拦不住谁，对不对？

**妈 妈** 我这就走！

［刚到门口，小彪化完妆进来了。

**小 彪** 这……这……这位女士……看您如此气气气度不凡想必是我们刘总的母亲吧。

**妈 妈** 你谁啊？

**刘小东** （赶紧拦住）妈您说话客气点！这是项目总顾问彪哥，儿子全指着他呢！千万不能得罪啊！

**妈 妈** 哦，对不起，彪……彪哥。

**小 彪** 没事儿。

**妈 妈** （完全不理小彪，接着对刘小东）那五十万呢？

**刘小东** 五十……咳咳咳咳！

**鲁 野** （又冲进来）刘总……

**刘小东** 工地上的火越烧越大了是不是？走，快带我去看看。

［两人下场。临走时小东示意小彪好好对付妈妈，小彪心领神会。

**妈　妈** 这……

**小　彪** 刘妈妈您好，我想您一定觉得自己的儿子很不……不……不成功吧。

**妈　妈** 你也这么觉得？

**小　彪** 请问您为什么总对他放……放……放心不下呢？

**妈　妈** 你是不知道……你叫什么来着？

**小　彪** 彪……彪……哥。

**妈　妈** 彪彪哥，你看看这个地方，不是我说你们，这么土不拉几的地方你们也好意思叫山水度假村？

**小　彪** 刘妈妈，这个您就不……不……不明白了，这是根据这里的地……地……地形、地貌设计的。

**妈　妈** 这也叫设计？连个房子也没有，全是坑，我来之前刘小东跟我说已经盖得差不多了，现在呢？就这么些破玩意儿？

**小　彪** 哦……我们这是……兵马俑主题度假村，来，我带您看下一号坑洞……

［小彪领小东妈妈参观一下四周，参观完毕。妈妈对这个地方的感觉发生了天翻地覆的变化。

**小　彪** 所以说……我们这个地方充满了原始与野性的美。

**妈　妈** 你这么说我还真觉得挺有道理的。

**小　彪** 您不要觉得刘总这个人一无是处，其实他只是低调而已，他不太善于表达感情罢了，他只是想用更大的成功换来您对他的肯定。

**妈　妈** 原来他一直这么在意我对他的看法！谢谢你彪哥。

**小　彪**　不不不客气。

［正好刘小东回来。

**刘小东**　妈你怎么哭了……（一把揪住小彪）你把我妈怎么了?!我让你嗯嗯嗯嗯嗯，你倒好在这里嗯嗯嗯嗯嗯……（回过身）妈你别担心，不是这样的……

**妈　妈**　儿子，你什么也别说了，妈都知道了事情的真相了……

**刘小东**　啊?!!!! 妈……你知道事情的……真相了?（以为穿帮了，跪下）妈，儿子对不起你啊……

**妈　妈**　不不不，儿子，你怎么了。妈不生气了。

**刘小东**　嗯?

**妈　妈**　（把刘小东扶起来）彪哥都跟妈说了，妈知道了儿子是如此成功，妈为儿子感到骄傲。

**刘小东**　啊，对对，成功，成功，嘿嘿嘿……

**妈　妈**　我也知道了你一直都是爱妈妈的。

**刘小东**　妈妈我爱你。

**妈　妈**　所以……

**刘小东**　（刚要扶妈妈离开）所以……

**妈　妈**　妈妈决定留在这里不走了!

**刘小东**　（震惊）啊?!!! 这……我……我……我……

**小　彪**　不许学我说……说话。

**刘小东**　（把小彪拉到一边）你怎么回事儿!

**小　彪**　不是你说的使劲儿夸你你妈一放心就走了吗?

**妈　妈**　对了，儿子，你的婚事怎么样了?

**刘小东**　我……这个……婚事……啊?

**妈　妈**　你和蒋乐乐!

**刘小东**　哦，蒋乐乐，我和乐乐挺好的啊，我们彼此恩爱，如胶似漆，相敬如宾……

**妈　妈**　那就好，只要你们两个安安稳稳的我就放心了，妈这五十万也没有白借……

**小　彪**　五十万？什么五十万……

**刘小东**　哦……妈，咱们还是聊点别的吧，您打算在这儿待几天呢？

**妈　妈**　什么待几天，我不走啦。

**刘小东**　不是，妈，您别不走啊。

**妈　妈**　你有什么事情瞒着我？

**刘小东**　没有没有没有！

**小　彪**　（赶紧打圆场）阿姨您再仔细看看，我们刘总是多么的成功啊！

**刘小东**　（小声）别说啦，你看不出来你越说我成功我妈越不走吗！

**小　彪**　哦哦哦，阿姨，其实我们这里是个地基……

**刘小东**　（赶紧拦住小彪）你胡说八道什么！

**妈　妈**　小东，你从小就不会骗妈，跟妈说实话，你到底有什么事情瞒着我？

**刘小东**　没有。

**小　彪**　阿姨，刘总的意思是您到底是想让他成功还是不想让他成功……

**刘小东**　妈，我绝不会骗你的，您知道的，我从小到大从来不会说假话，我发誓我一个人也没有骗过，如果我骗你，我如果骗任何一个人我就不得好死！

［门外陈欣拉着陈主任冲了进来。

**陈　欣**　刘比尔！你这个大骗子！

**刘小东**　陈欣……

**陈　欣**　怎么样？我让你再欺骗我爹！

**刘小东**　陈主任……

**妈　妈**　这是……

**刘小东** 妈我给您介绍一下，这是陈主任，这是他女儿陈欣，这是我妈妈。

**小　彪** 这是要相……相……相亲呐……

**陈主任** 比尔同志，十一届三中全会以后，我党反复强调，要实事求是，实事求是，你为什么不跟我说实话？

**妈　妈** 等等，这位主任，我儿子从来不会骗人的，这里面是不是有什么误会啊？我发誓，他一个人也没有骗过，如果他骗你，他骗过任何一个人，我就……

**刘小东** （赶紧拦住）妈！……祸从口出。

**陈主任** 刘比尔同志，我今天就问你一句话，你一方面跟我说会和陈欣结婚，一方面又和陈欣说肯定不会结婚，你到底是什么意思？

**刘小东** 我……我……我……

**小　彪** 不……不……不许学……学我说话。

**陈　欣** 他就是不想和我结婚！

**刘小东** 我就是想和你结婚！

**陈　欣** 爸，你听到了吧，他就是想……和我结……婚。

**妈　妈** 这……这……这是怎么回事。

**小　彪** 你们为什么都要学……学我说话。

**陈主任** 我就说嘛，我的女婿，绝对不会做出这种两面三刀的事情来，所以说，实践是检验真理的唯一标准。要不是我今天过来亲自询问一下，我就差点被女儿你骗了。

**陈　欣** 他明明说的是……

**陈主任** 女婿啊。

**刘小东** 还是叫比尔同志吧。

**陈主任** 好的，女婿啊，来来来，爹错怪你了，爹知道你整体上还是好的，过两天，爹给你那个批地的文件上敲个章，你

的所有手续就算是齐全了，来，抽根烟，爹给你赔个不是。（递烟）

**妈　妈**　你说，你让他管你叫爹？

**陈主任**　我们农村都管老丈人叫爹，不过你们怎么叫呢，亲家母？

**妈　妈**　亲家母？小东……

**刘小东**　不是，妈，你听我解释。

**妈　妈**　蒋乐乐……陈欣……（一下昏倒）

**刘小东**　妈！妈！（一着急被烟呛了一口）咳咳咳！

**鲁　野**　刘总，工地上又着火啦！

**刘小东**　（咬着牙）你怎么进来了！

**鲁　野**　（小声）不是你说的一咳嗽就进来吗？……

**刘小东**　我是……咳咳咳！

**陈主任**　怎么会着火呢?!

**鲁　野**　刘总您快跟我去看看吧。

**刘小东**　（不肯走）没事儿的。

**陈主任**　女婿，你这话就不对了，都是国家财产，你怎么可以如此轻描淡写呢？

**刘小东**　可是……我妈她……

**小　彪**　阿姨我……我……我们来照顾。

**陈主任**　快去吧！

**刘小东**　（不情不愿地被拖走）鲁野，你这个挨千刀的……（下场）

**陈主任**　我强调过多少次，安全生产，责任重大，要高高兴兴上班，平平安安回家。

**陈　欣**　爹，我不想嫁给他。

**陈主任**　胡闹，爹想把你嫁个有钱人是有道理的，你嫁给他，他才好安安心心支持我们村的经济建设啊。过去我们村没出路，就是因为没有钱，你看看，这个比尔同志才来了几天，就搞得这么有声有色，没有他，哪里来的这么漂亮的度假村？（指指周边）没有他，哪里来的这么多的投资商？（指指小彪）没有他，哪里来的这么漂亮的美女？（指指身边的女人）

［在陈主任说话间隙，蒋乐乐来了！

**陈主任** 呀！（吃了一惊）你是谁！你怎么一声不响就出现在我背后，要吓死人的你知道吗？真是明枪易躲暗箭难防。

**蒋乐乐** 这里是黄风村？

**陈主任** 你说对了，这里就是黄风村，这里就是四个现代化齐头并进的黄风村，这里就是经济发展水平稳步上升的黄风村，这里就是……

**蒋乐乐** 刘小东，你给我滚出来！

**小　彪** 找刘……刘……刘总的。

**陈主任** 欢迎光临风景秀丽的黄风山水度假村。

**蒋乐乐** （突然看见卧倒的刘小东妈妈）阿姨！（反复摇仍然没醒）你们这里是什么地方？

**小　彪** 黄风山水度假村。

**蒋乐乐** （被吓了一跳）黑……黑……黑店呐？

**小　彪** 我郑重其事地声明，请不……不……不要学我讲话。

**陈主任** 这位姑娘，你是不是认识比尔先生的妈妈啊？

**蒋乐乐** 比尔是谁？

**陈主任** 哎，就是刘总啊。

**蒋乐乐** 刘总？

**小　彪** 刘……小东。

**蒋乐乐** 我就是来找刘小东的，这个家伙话也没撂下一句就跑了，幸亏我在他手机上装了定位系统。

**陈主任** 如果你认识这位女士的话就太好了，麻烦帮忙照顾一下，我要去看看工地上着火面积达到多少了。俗话说，星星之火，可以燎原。你在这里等一下，我去帮你把刘总叫回来啊。

**陈　欣** 等等，爹，我跟你一起去。

**小　彪** （赶紧要拦住陈主任）工地没火！

**陈主任** 你说什么？

**小　彪** 哦，我说工地火肯定已经被扑灭了，你们就别……别……别去了。

**陈主任** 那怎么行？安全生产重于泰山，重大事故哪怕解决了不是还有受灾群众吗？我们一定要让他们安安稳稳地渡过困难！一看你们这些群众就没有机关单位工作经验。欣欣，走！

［父女两人下场。

**蒋乐乐** 阿姨这是怎么了？

**小　彪** 喜……喜出望外。

［蒋乐乐背对着门，坐下继续试图唤醒刘妈妈。

［刘小东冲回来。

**刘小东** 爹，火灭了。嗯？我老丈人呢？

**小　彪** 救火去啦。

**刘小东** 根本没着火，这他要是一去不就穿帮了吗?!

**小　彪** 你就说扑灭不就完了嘛。

**刘小东** 哪儿那么快！

**小　彪** 你就说下雨了嘛。

**刘小东** 对了，妈，妈，你没事儿吧。（凑到刘妈妈身边）妈——

［蒋乐乐突然回过头。

**刘小东**　……妈呀！蒋乐乐！

**蒋乐乐**　刘小东！

**小　彪**　蒋乐乐，好熟的名字。

**蒋乐乐**　你连未婚妻都不认了是不是！

**小　彪**　未婚妻，那陈欣？

**刘小东**　闭嘴！

**蒋乐乐**　啊？

**刘小东**　不不不，乐乐你别误会，别误会。

**蒋乐乐**　要不是我在你手机上装了定位，你早就离我而去了是不是！

**刘小东**　不是，乐乐，我爱你，我真的爱你，对不起，我……我……我……

**小　彪**　（实在忍无可忍）磕巴也是人！

**蒋乐乐**　你到底在干什么！

**刘小东**　你听我解释……

**蒋乐乐**　我不听，我就问你你到底瞒了我什么！

［刘小东实在不知该如何是好，示意小彪打圆场。

**小　彪**　梦……梦想。

**刘小东**　啊对，你看到了吧，这里是黄风山水度假村，这是我毕生的梦想，就要实现了，这里将有山，有水，有一片只属于咱们两个人的小田园，这里的鸟儿静静地在天上飞过，这里的云彩轻轻地在上空停留……

**陈主任**　（突然进来）这里的人们朝着中国特色社会主义的大道迈步前进！

**刘小东**　陈……陈……陈主任！

**小　彪**　刘……刘……刘小东！

**陈主任**　说得太好了！这个火好像烧得不是很大嘛。

**刘小东** 啊对，马克思保佑我们。

**陈主任** 哦，这位是？

**刘小东** 介绍一下，这位是国外归来的女投资商蒋乐乐女士，我们在探讨项目的相关事宜。

**蒋乐乐** （小声）什么？

**刘小东** （小声）配合老公，这是生意！

**蒋乐乐** 您好，我是蒋乐乐。

**陈主任** 幸会幸会，正所谓海内存知己，天涯若比邻。

**陈　欣** 蒋乐乐，刚才你妈妈是不是提到过这个名字。

**刘小东** 不是，陈欣，你听错了。

**小　彪** 不可能，我都听见了。不信你问阿姨，阿姨！

［刘妈妈被小彪一下推醒。

**妈　妈** 啊？（没看见蒋乐乐，立刻冲到刘小东面前双手握住小东）小东，你跟妈妈说实话，你是不是跟蒋乐乐分手了？

**刘小东** 妈！

**妈　妈** 你要娶这个陈欣你怎么事先没跟妈打任何招呼呢？

**刘小东** 妈！

**妈　妈** （哭了）你真是草率啊！说分手就分手啊，早知这样妈还给你借这么多钱干吗呢！蒋乐乐要是知道了，做鬼也不会放过你啊！

［全场沉默。

**妈　妈** （意识到后面有人，一回头）蒋……乐乐……（停顿）真是祸从口出啊！

**刘小东** 乐乐……

**蒋乐乐** 够了！刘小东！

**刘小东** （着急得不行了）乐乐乐乐，你听我说……我这也是……

**蒋乐乐** 你少在这惺惺作态，就算你知道了我和你在一起的真正原因是为了接近张大兴，你也不用这样报复我吧！

[刘小东瞬间表情僵硬，全场震惊！

**刘小东** 乐乐你再说一遍？

**蒋乐乐** 我承认，我因为喜欢张大兴而和你在一起是我的不对，但你为什么不好好跟我说，你居然要和这么难看的农村女人结婚！我还比不过一个村姑？你这么做让我有多难堪你知道吗？

**刘小东** 那我拼死拼活攒首付凑贷款买房子，全是没用的？

**蒋乐乐** 我又没有让你买！我又没打算真的和你结婚！

**刘小东** 结婚是你亲口提出来的！

**蒋乐乐** 我是女人嘛，我……我……我，我随口一说不行啊！

[小彪走到蒋乐乐面前，狠狠地给了蒋乐乐一个巴掌。

[蒋乐乐气得一句话都说不出来瞪着小彪。两人对视。

**小　彪** （字正腔圆地）不，许，学，我。

**蒋乐乐** 哼！（扭头就下场）

[刘小东跪下痛哭，抽泣并伴随着咳嗽。

**鲁　野** （照常冲进来）刘总——工地又着火啦！

[收光。

[转场。

## 幕　间

[起光，起音乐，强子在劝说村民们不要相信刘小东，可村民们谁都不信强子。

[收光。

## 第五场

［起光。

［景同第二场，张大兴一个人在屋里仍然执着地打着骗子的电话。

**画外音** 对不起，您拨打的电话已关机……

［刘小东怒气冲冲地上场。

**张大兴** 哟，小东，回来啦。

**刘小东** （冷冷地）干吗呢？

**张大兴** 我再试试，看能不能打通那个骗子的电话。

**刘小东** 滚！

**张大兴** 小东，你怎么了？小东，穿帮了？不可能啊，我都跟村民说好了，打出水来就结钱，村民都答应了，他们……

**刘小东** 我让你滚！

**张大兴** 小东，你怎么了？

**刘小东** 我不干了！（坐下）

**张大兴** 你为什么不干？咱们今天都走到这一步了你为什么不干？你别不说话啊你！小东，小东！

**刘小东** 车坏了，被蝎子蜇，困在这么个村子，都是你害的！

**张大兴** 对对对都是我不好，小东，你看，咱们这个度假村不是装得有鼻子有眼的吗？

**刘小东** 我每天说瞎话，处处撒谎，你知道我过得有多累吗！你是职业碰瓷儿的，我不是！

**张大兴** 你话不能这样说，盖度假村还不是为了糊弄你妈吗？

**刘小东** 对，我从小到大都没有骗过我妈，所以我妈才什么事情都相信我，可是现在，我对我妈说出来的每一句话都是假的！

**张大兴** 还不是为了不让她知道五十万被骗走了！

**刘小东** 还不是因为你给的那个手机号！

**张大兴** 还不是为了帮你挣钱买房子娶蒋乐乐！

**刘小东** 蒋乐乐想嫁的人是你！

**张大兴** 还不是……你说什么？我？

**刘小东** 你少装蒜！我不相信你，所有骗人的主意都是你出的，你现在还想骗我！

**张大兴** 没这回事，天地良心，这怎么可能，你怎么知道的？

**刘小东** 蒋乐乐来了！她亲口跟我说的！

**张大兴** 怎么回事？

**刘小东** （试图解释，但实在是太乱了）情况太复杂我不想再回味一遍！总之她跟我在一起的真正目的是为了接近你！

**张大兴** 我对天发誓我真的不知道。

**刘小东** 我不管！你现在立马从我眼前消失，我这辈子再也不想看见你这个人！

**张大兴** 刘——比——尔！我承认我是一直不务正业，我爸爸也因此不认我了，我是电话骗过钱，我是街上碰过瓷儿，可是我哪次成功过了？！每次一到关键时候我的道德观念就会占据顶峰！你是我从小到大唯一的朋友，我帮你找财路，跟你来戈壁滩，为了拿张设计图我还献出了我的第一次！我还不是为了你，我还不是为了我最好的兄弟！我所做的一切换来了什么？你这辈子都不想看见我！好，我走！

[张大兴怒火中烧，无处发泄，转身下场。

[台上剩刘小东一个人孤零零地在哭泣。他悲伤地唱起了歌。

[就在小东唱歌的时候，陈欣又一次地出现在了窗口，手里还是拿了一瓶水，她一句话也没说，静静地看着刘小东，眼里充满了同情。

[第二场出现的那一幕又重演了，只是这次的氛围有些忧伤。

[小东唱到伤心处，就随手拿起陈欣手中的水，直到喝完。

**陈　欣**　你唱得真好听。

**刘小东**　（看了看手里喝空的水瓶）你怎么来了？

**陈　欣**　我想过来安慰你两句。

**刘小东**　（哭不动了）谢谢。

**陈　欣**　你很爱她？

**刘小东**　不然你以为我为什么总是不肯答应跟你结婚。

**陈　欣**　你觉得我这种农村姑娘配不上你。

**刘小东**　没这个意思。

**陈　欣**　我爹觉得我能嫁个有钱人，可是这是不可能的，像你这样的有钱人看不上我也是可以理解的。

**刘小东**　其实……我不是一个有钱人……

**陈　欣**　什么意思？

**刘小东**　我想跟你说实话，因为我心里再也装不下这么多东西了，但是我说的事情，你可能会承受不住。

**陈　欣**　你说吧。

**刘小东**　对不起，我骗了所有的人，我本来要买房子和蒋乐乐结婚，结果我妈辛苦借来的五十万首付让我不小心被人骗走了,然后我就根据号码查到了这里。为了糊弄我妈,我撒了谎,我说是在这里建一个度假村,我妈就信了。

**陈　欣**　你妈不但信了还来了?

**刘小东**　就是这么回事,为了让施工单位相信这个项目,我就必须要拿到你爹的批文,也必须答应你爹和你结婚。

**陈　欣**　这么说你根本一分钱也没有咯?

**刘小东**　不。

**陈　欣**　啊?

**刘小东**　准确地说是我、张大兴、梁涛、鲁野、小彪,我们五个人加起来一分钱也没有……

**陈　欣**　真可怜,费了那么大的劲,可蒋乐乐真正爱的人不是你。

**刘小东**　好吧,现在知道我其实没钱的事实,你也不喜欢我了吧。

**陈　欣**　不,你误解我了,我喜欢的是你身上那种气质,那种和这里的人们不一样的气质。我大学也是在大城市念的,我熟悉你身上的这种气质。

**刘小东**　那你为什么不留在城里,而一定要回到这个穷乡僻壤来呢?

**陈　欣**　因为我爹,他想让我回家,想让我有朝一日嫁个有钱人。

**刘小东**　这不是害了你吗?

**陈　欣**　不,不是这样的,我们这个黄风村,在古代是丝绸之路上的一个重镇,这里曾经是一片绿洲,可是随着自然环境的改变,这里变得连年干旱,所有的水源都要靠县里面空投过来,我们的老村长为了改变这里的环境终于劳累过度去世了，由于一直没有合适人选，这么多年来我们这里一直是由我爹这个副村长治理的，我大学学的是水利专业，他一定要让我回家乡贡献一份力量，只要能找到水源，我就能让这里的河道重新有水，只可惜……

**刘小东** 工程队打了这么多天也打不出水来。

**陈 欣** 可是村民们愿意，我看到这么多村民都在帮你打井挖地基，你对他们说了什么？

**刘小东** 我说，工程队已经把前期的工作做了，你们只要做完后期这点事，我就可以按整个工程款给你们结钱。

**陈 欣** 是啊，村民们不光需要水，他们更需要钱，没有水，他们就将无法生存下去，而没有钱，他们会永远这样穷下去。我们谁都不想这样，所以他们一定会这么做的。

**刘小东** 那你爹为什么要让你嫁给我呢？

**陈 欣** 因为他以为只要咱们两个结婚，你就可以永远留在这里，给这片土地投入源源不断的资金，这里的乡亲们就能过上幸福的生活。你知道这里的人们有多需要钱吗？!

**刘小东** 可我是个骗子。

**陈 欣** 好在你跟我坦白了。

**刘小东** 明天我还会跟全村人坦白，人一旦撒了一个谎就要用一百个谎去圆它，这样的日子实在是太累了。

**陈 欣** 我会劝他们不要为难你的。

**刘小东** 谢谢。

**陈 欣** 不客气。

**刘小东** 我事情穿帮了，你应该高兴才对吧。

**陈 欣** 哪有，我很同情你的遭遇，谁让我喜欢过你呢？

**刘小东** 哈哈……

**陈　欣** 哈哈哈哈……

［两人释怀地笑了。

**梁　涛** （闯入）小东！外面来了一个旅游团，本来是直接路过的，可他们突然发现我们这里有个度假村，就停车过来看看。

**刘小东** 车上都是什么人？

**梁　涛** 全是有钱人！你是不知道他们有多有钱，快去看看吧！我先走了。（下场）

**陈　欣** 怎么，你不去？

**刘小东** 已经跟我没关系了。

**陈　欣** 为什么？

**刘小东** 我不想再骗人了。

**陈　欣** （沉默）那么帮我一次好吗？

**刘小东** 我能帮你什么？

**陈　欣** 继续骗下去，让富商相信这里的度假村是真的，让他们投钱。

**刘小东** 让他们投钱？

**陈　欣** 不光是帮我，也是帮我们村子。这是这个村子唯一的希望。

**刘小东** ……好吧。

**陈　欣** 谢谢你。

**刘小东** 可是，我要怎么让他们相信呢？这些富商不好对付啊。张大兴又走了，我一个人恐怕不行。

**陈　欣** 只要让县里领导来就可以了，富商们一见县里领导，就会相信这件事情百分百是真的。

**刘小东** 可是怎么请县里领导呢？

**陈　欣**　别忘了，我爹是副村长。好好陪富商喝酒，咱们明天下午见！

［收光。

［转场。

## 幕　间

［起光。

［蒋乐乐回到了城里，满怀爱意地给张大兴家里打电话。

**蒋乐乐**　喂，你好，请问这里是张大兴家吗？

**电　话**　你是绑匪吧，我是张大兴的爸爸，我说你们这些绑匪怎么这么不讲职业道德，我都这么多天了没交赎金你们怎么还不撕票？

**蒋乐乐**　啊？我不是绑匪。

**电　话**　我能听出来，你是女绑匪。你好，麻烦帮我剁碎一点儿，省得孩子他妈看见了觉得不解恨。

［挂电话，蒋乐乐崩溃。

［收光。

## 第六场

［起光。

[奏乐。

[舞台中央高挂着一条横幅,热烈欢迎各级政府莅临指导,热烈欢迎富商考察团参观慰问。

[陈主任兴高采烈地作报告。

**陈主任** 改革春风吹满地,中国人民要争气。在这个春风得意、鸟语花香的日子里,我们齐聚在这里,共同沐浴着社会主义新风。黄风村山水度假村奠基仪式,现在开始!

[走几个仪式的流程。

**陈主任** 下面,有请度假村总负责人,刘比尔先生讲话。

**刘小东** 各位领导,各位来宾,今天是一个大喜的日子,在这里,我要向亲临本次仪式的嘉宾和广大村民朋友们,表示衷心的感谢!

[全场热烈鼓掌。

[忽然,村民甲冲进人群。

**村民甲** 刘总,刘总!太好啦,井里打出水来啦!

[全场一片骚动。

**陈主任** (抢过话筒)各位领导,这么多年来,黄风村期盼多年的理想终于实现啦!(带领大家欢呼)

[大家都很高兴之时,谁也没想到打井的村民们一起喊着要结钱的口号上来了。

**村民们** 结钱!结钱!结钱!

**领　导** 刘总,给乡亲们结钱吧!

**村民乙** 刘总答应我们的!付五十万工程款,当场就结!

**刘小东** 我……

**大　家** 结钱,结钱,结钱!

[一番混乱。

**刘小东** (实在招架不住了)对不起大家,我没有钱。

［全场震惊！

**刘小东** 对不起，乡亲们，我真的拿不出那么多钱……

［骚动，气氛立刻发生了转变。

**陈主任** 女婿，别闹。

**刘小东** 对不起，陈主任。

**强　子** 骗子！他是个骗子！抓住他！（冲上演讲台）乡亲们，我说了多少次，这个家伙是个骗子，是个骗子，可你们就是不信我，事实怎样？你们挖出了水，他不给你们结钱吧！我告诉你们，之前的工程队之所以不干了就是因为发现了他是个骗子，他动工的那片地根本连批文都没有！

**大　家** 抓住他！

**陈　欣** （也冲上演讲台）不！小东不是骗子！他有批文！

［陈欣换了一身衣服，与之前的村姑形象截然不同，有一种丑小鸭变天鹅的感觉，一下子惊艳全场。

**刘小东** 陈欣。

**强　子** 欣欣，怎么样，我说得没错吧，这就是个骗子，根本就没钱！

**富　商** 我们要看批文！

**陈　欣** 爹！给小东盖章！求你了！

［陈主任犹豫了，陈欣强摁住陈主任的手盖了个章。

**陈　欣** 批文！

**强　子** 别闹了欣欣，你知道你自己在干什么吗？

**陈　欣** 我知道，我们村里好不容易有一个像样的度假村就要建起来，这是我们所有人的明天，我不想看着它白白被毁掉！

**刘小东** 对不起，大家，事到如今我不得不承认，我真的是个骗子。

**陈　欣**　小东!

**刘小东**　对不起。我欺骗了你们所有的人,陈欣,我无能为力了。

**强　子**　欣欣,你看见了吧,他根本没有钱,你不能嫁给他,你应该嫁给我,我有钱,我从小就喜欢你,无时无刻不在关心你!今天当着这么多乡亲的面,我要正式向你求婚!欣欣,我爱你!

**陈　欣**　你!

**强　子**　欣欣,这个手机是我给你的定情信物,这个号我已经为你买了很长时间了,一直没有打开过,今天,我要把这个手机打开,用它来拍下我们两个人在一起的第一张照片,让在场的每一位见证我们的爱情!

**陈　欣**　强子,你别闹了好不好!

［刘妈妈也冲上来。

**妈　妈**　儿子!

**刘小东**　妈!

**妈　妈**　儿子,都是妈不好,妈太想让你成功了,终于把你逼得走上了这么一条路啊。

**刘小东**　妈妈,对不起,今天我可以和您说实话了,其实一切都是因为您给我的那五十万首付,我和大兴两个人想拿那笔钱换来更多的钱,结果被一个手机号骗走了!我们两个一路追到了这里,但是昨天在得知蒋乐乐根本不爱我以后,我还把我最好的朋友张大兴赶走了!

［张大兴躲在角落里,不知该如何是好。

**妈　妈**　儿子,你是因为这个才骗我说你们在盖度假村的?

**刘小东**　对,就是这个电话,我们把钱打过去以后,这个电话就关机了，从此以后再也没有开过，（拿出电话拨）×××××××××××。

［全场沉默。

［突然，强子手里的那只手机响了。

［所有人把目光转向强子。

［强子忽然反应过来事情不对，马上逃跑。

**陈主任** 快追啊！

［下去几个村民追强子。

**刘小东** 五十万，乡亲们，你们的钱可以结啦！妈妈，既然蒋乐乐已经和我分手了，我可以把这些钱结给乡亲们吗？

**妈　妈** （含泪点了点头）嗯。

**刘小东** 乡亲们，我是个言而有信的人，既然答应了你们，就一定不会食言的！

**陈主任** 大伙上强子家找钱去啊！

［去了几个村民找钱。

［领导示意把刘小东带走。来了几个人要拖走刘小东。

**领　导** 对不起了刘先生，我们实在是很难搞清楚这整个一件事情，不过请你跟我们走一趟吧，我们会让相关部门来处理此事的。

［众人要带走刘小东。

**梁　涛** （小声对张大兴）怎么办啊？

**张大兴** 事到如今只有一个办法了。

**梁　涛** 啊？

**张大兴** （给爸爸打了个电话）喂，爸爸，再见了，我永远爱你。（挂电话要慷慨就义，对梁涛）碰瓷儿！

［张大兴冲到领导面前。

**张大兴** （突然摔倒）哎呀！

**领　导**　你怎么了！

**张大兴**　（跪地求饶）求领导别带走我们的大恩人呐，我是这里普普通通的一个老百姓啊，我们都不希望我们的大恩人刘比尔先生被带走啊。（死缠烂打缠着领导）

**刘小东**　大兴！

**领　导**　可是他是个骗子啊！

**张大兴**　尊敬的领导，各位来宾，请问什么叫骗？村里的乡亲们是被骗走了钱，还是被骗走了感情？

［大家都不说话。

**张大兴**　（声泪俱下地演讲）原来我们村没有水，所有的水源都要靠县里面资助，原来我们村没有钱，我们村的货币流通单位是贝壳……可是，自从刘比尔先生来了，我们这里度假村……的地基也盖起来了，井里还打出了水，乡亲们还拿到了五十万的工程款，乡亲们呐，咱们谁见过这么多钱啊！

**刘小东**　好兄弟！

**张大兴**　咱们摸摸自己的良心，刘先生到底是骗了我们还是帮了我们，没有刘先生，旅游团怎么会在这里停下；没有刘先生，各级领导怎么会来这里考察；没有刘先生，我们村的明天在哪儿！（举起拳头高呼）让刘比尔先生当村长！

［无人响应。

［全场沉默。

**陈　欣**　（也举起了拳头）让刘比尔先生当村长！

［紧接着，梁涛、鲁野、小彪、陈主任也先后举起了手。

［全场沸腾了，村民们一同请愿，共同呼喊。

**大　家**　让刘比尔先生当村长！让刘比尔先生当村长！

[领导们犹豫了，他们开始商量对策。

[之前去强子家的村民回来了。

**村民甲** 乡亲们，五十万拿到啦！

[全场沸腾！

**大　家** 谢谢刘村长！

[之前去抓强子的村民也回来了。

**村民乙** 乡亲们，诈骗犯强子掉进蝎子洞里啦！

[村民们拉着强子，强子全是绷带，身上还挂着几只蝎子。

**富商们** （走上台前拿起话筒）各位，经再三考虑，我们决定拿出一部分钱，支持黄风村山水度假村项目的二期工程！

**刘小东** 谢谢大家！

[全场沸腾！

**领　导** 各位，经再三考虑，黄风村已经多年没有村长，我们决定进行公开投票，让你们确定是否由刘比尔先生担任黄风村的村长。如果投票通过，那么刘比尔先生将成为黄风村第一名大学生村官！

**大　家** 我们同意！我们支持刘村长！

**刘小东** 谢谢大家，谢谢大家！

[刘小东和陈欣高兴地拥抱在一起，两人开心地笑了。

**陈主任** （感动得痛哭流涕）……毛主席万岁！

[起音乐。

[收光。

[幕落。

## 导师评语

赵耀民

近日有机会读到夏天珩的两个喜剧剧本:《幸运日》和《触底反弹》,虽说都还不是作者最后的定稿,但已足够让我醒脑提神,为之喝彩。喜剧作品贵在可见作者的喜剧天性肆无忌惮不受阻碍地自然流露,并在幻想世界里把批判的欢乐游戏进行到底,也就是所谓喜剧的自由精神和狂欢精神。在夏天珩的这两个剧本中,读者可以充分感受到他无拘无束、活泼自由的喜剧天性、机智和才华。

喜剧也许是最贴近日常生活的艺术,同时又是最需要营造幻想世界的艺术。两个剧本均取材于当下现实生活中小人物面临的问题和焦虑:过气演员对生活的厌倦和自暴自弃(《幸运日》);城市青年遭遇日趋严峻的物质、精神压力(《触底反弹》),以及不乏玩笑地、暴富后的乡镇精神的依然贫瘠(《幸运日》)和依然贫困的西部农村脱贫致富的努力(《触底反弹》)。作者从当下社会的现实问题出发,但聪明地,或者说依据他的天性和能力,没有按照正剧思维去给出一个徒劳无解的答案,而是运用喜剧思维从现实的严峻和艰难中逃逸到一个自得其乐的幻想世界里,从现实层面超脱到精神层面,从而给人心以艺术和娱乐的慰藉。这也正是艺术和娱乐的社会功能之一。喜剧是弱者对付坚硬、强大现实的武器,通过笑,从困境中出逃;依据欢乐原则,把黑暗蒸馏为光明。

《幸运日》的主人公是个走下坡路的演员,长期身处演艺圈或曰名利场中的他,渐渐丧失了对生活的热情和爱,只是习惯性地度过日复一日年复一年的职业生涯。然而突然某一天，日子真的停滞了，白天黑夜，周而复始，他完全过着同样的日子，似乎再也走不出这一天了。这个事实吓着了他，惊醒了他，反倒激起他对行尸走肉般日子的抗争，在这过程中，他内心深处爱的欲望重新被唤醒，同时也终于进入了新的一天。这个带点哲理意味的故事似乎是想说：如果我们的一生注定是平淡无奇和平庸的，那么，只有靠我们对这生活的热爱，才能救赎我们自己。作者在《幸运日》中营造幻想世界的手法，类似于卡夫卡的《变形记》，是通过变形和怪诞。值得一提的是，剧中设计的墓地推销员一角，既有写实的趣味，又有象征的寓意，是全剧从现实世界向幻想世界转换中最自然的一笔。

诚然，作为未定稿，《幸运日》的瑕疵也是明显的。除了细节上过多的随意性和编剧技巧的某些硬伤外，我以为重要的有两处：一是主人公尹飞的思想脉络和行为依据尚未完全理清楚，当他发现身陷每天都是同一个日子的怪圈后，他的意志究竟是什么？如果他是麻木的和安于现状的(他早就过着“每天都是一样的生活”)。那么，他为何如此气急败坏地求神拜佛，想方设法地挣扎，甚至不惜以自杀求解脱？如果他确实是心有不甘，要奋起反抗命运，那么，他又为何如此沾沾自喜地利用日子不变的“漏洞”，劫财骗色，洋洋自得？或许，他有个从不甘到安于，再到厌倦绝望的心理发展过程，要梳理清楚，这样，现有的人物动作和场面才能站住脚。二是女主人公何丽最后那一吻，那个救了尹飞一命，同时也打破日子循环怪圈的“魔法之吻”固然精彩，但由于之前男女主人公的行动线基本是平行不交叉，且从开场到此时为止各自也没有发展和变化，其力量就显得很不足，应该以至少一场扎实的男女主人公的对手戏来加以弥补。

相比较而言，《幸运日》在内涵方面比《触底反弹》要丰富和深刻一些，但从艺术形式的完整性和喜剧力量的充沛方面，《触底反弹》更胜一筹。这是一个把天方夜谭式的传奇故事和现实生活的矛盾用喜剧的逻辑结合在一起的作品。没有人会相信故事是真的，但没有人不希望故事能成真，这就是艺术的幻想世界能给人带来的愉悦。与《幸运日》的怪诞不同，《触底反弹》更接近浪漫和传奇喜剧的风格。从这个剧本中，我看到作者在总体喜剧情境的设置，喜剧结构和节奏的把握，喜剧性格的刻画等方面，比写作《幸运日》时来得更为熟练。从人物塑造的角度而言，我尤为欣赏作者所写的陈欣这一人物。这一人物从出场时的丑，到最后的美，写出了对比和层次，摆脱了喜剧人物通常的扁平化和漫画化倾向。这一人物既有性格的多侧面，又始终在喜剧的逻辑里，作者写得很自然，这是非常难得的。如果说《触底反弹》的优点与《幸运日》是不同的，那么，它们的缺点倒是相似的，那就是作者不加控制的随意性，过度切割的场面和对笑料、段子的诱惑缺乏自制力，这也许是作者的喜剧神经和细胞太过发达。剧本的结构本来可算严谨，但由于具体场面中过多的即兴段落和对"切光"的滥用，形成一个又一个"结节"，使得场面体量臃肿、琐碎，破坏了结构的匀称和节奏的美。此外，在文学剧本中采用"幕表戏"的写法也是让人难以赞许的。这些，都期待作者在修改时能引起注意。

统观两个剧本，可见作者已初步形成其喜剧基调，即不以讽刺的辛辣或幽默的辛酸见长，而以机智、浪漫和幻想的温情主义取胜，具体的喜剧手法则是Farce（笑剧、闹剧、趣剧、滑稽戏），也可见他的舞台样式观念，可说是既古老又现代：古老似即兴喜剧，现代如"后现代剧场"。这也许是正在努力使自己成为编导全才的作者所追求的喜剧世界吧，祝他成功！

儿童剧

# 超市总动员

马心羽

## 马心羽

女，1984年出生。上海戏剧学院戏剧影视文学系本科毕业，在法国ESEC电影高等研究学院学习了电影导演后，回国继续从事影视剧和舞台剧的创作，现在深圳广播电影电视集团旗下的公共频道《彩虹心愿》栏目组担任总编导，同时兼任上海电影艺术学院编导系讲师。主要创作的作品有电影《爱在心角落》，话剧《维罗妮卡的房间》、《画皮》、《雪地杀机》、《圣诞夜惊魂》、《记忆底牌》，儿童剧《小鱼姐姐讲故事》、《灰姑娘》等。

**主要人物：**

**豆　豆**　一个可怜的小女孩儿。父亲是超市承包商，每天忙于工作。母亲早逝，所以由姥姥照顾，可是，不久以后，她的姥姥也去世了。于是，豆豆变得越来越挑食，最后发展成厌食。本故事"似乎"发生在豆豆的梦中，因为她变得和那些烦人的食物们一个尺寸，而且有越变越小的趋势。

**大蒜头**　一个热爱自嘲，浑身散发着臭气却充满英雄主义情结的家伙。他机智幽默，随机应变，而且具有一定"杀伤力"。

**棒棒糖**　一个正义感强烈的小妹，虽然被用糖纸打扮得很俏皮可爱，但包裹不住她一颗自由散漫、无拘无束的心。

**酸　奶**　一个东北大妞，朴实一根筋。

**巧克力**　是一个看似有点儿娘娘腔，尖酸刻薄惹人讨厌，最后关头却很能担当的"纯爷们儿"。

**黑　毛**　大黑鼠，尺寸是普通老鼠的一点五倍，智商也约等于两倍（不过自以为聪明绝顶，神机妙算），他的理想是搞一次大破坏，在犯罪界一举成名，同时可以吃它个天翻地覆。

**大灰、小白**　黑毛的跟班。

**粽　子**　很酷的食物保镖。体型巨大，像相扑运动员。

**阿　鲁**　豆豆家的猫，像一阵风一样飞过，令老鼠们闻风丧胆，但很少有人见过他的真面目。

其他人物：

核桃酥、老干妈、菠菜、麦乳精、豆腐乳、冰红茶、冰绿茶、话梅、山楂等。

## 第一幕　缩小的豆豆

[幕帘落。

[音乐起，画外音：

一个老大妈的声音：豆豆，豆豆——你为什么不吃饭？

**豆　豆**　我要等我爸爸回来！如果我爸爸不回来，我就永远永远不吃饭，不喝水，只吃巧克力和棒棒糖！

**老大妈**　你这样老是不吃饭，会长不大的。

**豆　豆**　那我就永远长不大好了！

**老大妈**　难道你想做一个小不点儿吗？

**豆　豆**　我就想做小不点儿，我要越变越小，让你们再也找不到我！！！

[幕帘拉开。

[舞台上是一个普通的餐厅连接着开放式厨房，看不见的后台仿佛是它的延伸——客厅。餐厅里竖立着餐桌、椅子，餐桌上摆放着蜡烛、托盘、花，看上去很有品位。开放式厨房里有冰箱、柜子、厨房台、灶台、微波炉等等。唯一的不同点在于，所有的这些我们看到的家具都比正常的尺寸大了三倍，也就是说，从我们的视野看上去，我们仿佛置身于一个巨人的餐厅里，抑或，我们自己来自小人国。

［时间是某日，深夜，大约两点钟左右。

［餐厅的窗外有一只巨型的猫的身影，一晃而过。

［我们听到了一声：喵——的很诡异的声音，又或许它并不诡异，只是心理作用。

［冰箱的门突然打开了，从冰箱里透出一丝光亮，地板上倒映出一个冰箱的世界：三层冷藏架子上摆放着大大小小、各式各样的食品，有一小片蛋糕，一些水果。而盒装牛奶、一些酒瓶、饮料瓶在另一边的冰箱门插架上，他们伸了一个懒腰，扭动了一下腰肢，互相碰了碰紧靠在一起的身体。

［一个胖乎乎、圆滚滚的东西突然从第三层架子上滚了下来，扑通一声跳到了地上。

［他在地上滚了一圈，若无其事地爬了起来。从他层层叠叠的“防护服”里伸出一对细细的手脚。哦天！他是一个大蒜头！

［冰箱里的酸奶和蛋糕醒来了，发出了嘀嘀咕咕的声音。

**酸　奶**　（东北口音）大蒜头，你干哈呢？快回来！危险！

［大蒜头朝她们做了一个“嘘——”的手势，连滚带爬地来到了餐桌下面。

［熟睡的牛奶发出了很响的一声打饱嗝的声音，酒瓶们纷纷醒来，吓了一跳，一个接一个地努力跳着，想把冰箱门关上。

［此时，餐桌边缘的被吃了一半的巧克力饼也醒了，他往餐桌下扫了一眼，推醒了身边的棒棒糖。

［两人一起默默看着大蒜头摸爬滚打，像一个笨拙的新战士一样穿过咯吱作响的木地板，绕过垃圾桶，往客厅

方向跑去。

[就在他快要成功的时候，突然，客厅——也就是后台的灯亮了。

[忙忙碌碌、蠢蠢欲动、窃窃私语着的食物们都秒躺下来装无辜。

[大蒜头也不例外。

[一个女孩子，梳着小辫子，穿着粉红色睡衣，踏着一双巨大的糖果色棉拖鞋从客厅里走了出来，她看到了厨房里的一丝光亮。

豆　豆　爸爸？

[女孩来到餐厅，左顾右盼，最后失望地叹了口气，把冰箱门关了起来。

[突然，她意识到有点不对劲。

豆　豆　奇怪，桌子怎么变得这么高了？

[女孩爬上椅子。

豆　豆　椅子也变得这么大?!

[女孩爬上椅子。发现巧克力和她差不多大。

豆　豆　哇塞！巧克力变得这么大！

[女孩坐到餐桌旁，拿起巧克力，咬了一口。

豆　豆　（拍手）真过瘾！这下我真的变成一个小不点儿了！

[大蒜头继续往前滚滚爬爬，女孩儿好像发现了什么动静，往地上瞧去，大蒜头赶紧躲进阴影处。

[女孩把巧克力包好放到一边，往客厅里走。

[大蒜头跟在她后面。

[突然女孩像是想起什么，她又转身回餐厅，结果一脚踩在大蒜头身上，被绊倒在地。

豆　豆　啊哟！

**大蒜头** 啊哟我的妈呀！

**豆　豆** （倒吸一口气）？！

［大蒜头赶紧捂住嘴，不过为时已晚。女孩惊恐地看着他，他也看着女孩。

［女孩往后挪了挪，顺手拿起一把支在墙边的扫帚，戳大蒜头。

［大蒜头被拨来拨去，感到奇痒无比，最后终于忍不住笑出声来。

［女孩尖叫一声，丢下扫帚逃走了。

［遥远处传来重重关门声。

［餐桌上的食品们都炸开了锅。

**苹　果** （充满褶皱，不再新鲜，声音也像老人）完了完了，这家伙把我们都害死了！

**苹　果** （一副高高在上的傲气口吻）这新人怎么这么不懂规矩，食品安全法则第一条：不能在人类面前说话，你没学过吗？

**大蒜头** 对，对不起……

**巧克力** （娘娘腔又臭屁的声调）这家伙是哪个超市过来的？这么土，身上还有股怪味——给我查查她的包装袋！

［冰箱里的酸奶说话了。

**酸　奶** （东北妞的味儿）俺们都是开心超市来的！咋的啦？想挑事儿啊？

**巧克力** 开心超市？不就是那家快要倒闭的……

［他们的激烈话语在“砰——”的开门声和一阵急促脚步声中戛然而止，只见女孩儿全副武装，浑身上下包裹在一个巨型口罩里，坐着溜冰鞋，手里捧着一大桶蚊不叮。

**豆　豆**　啊啊啊啊啊！

［大蒜头吓得瘫软在地上。

［女孩儿往他身上狂喷蚊不叮。

［大蒜头拼命忍了半天，终于剧烈咳嗽起来，发出一股大蒜味。

**豆　豆**　哦！

**大蒜头**　不好意思，我还要……

［大蒜头放了一个巨响无比的屁，又打了一个嗝。

**大蒜头**　麻烦你把口罩借我用一下。

［大蒜头跌跌撞撞往女孩口罩蹭去，用女孩的口罩擦了擦眼睛，总算舒服了一点。

［女孩彻底惊呆了。她直直地倒在地上昏了过去。

**大蒜头**　喂！你怎么了？醒醒啊！

**巧克力**　需不需要打110？

**苹　果**　我们死定了！我们会被分尸喂狗！或者——拿去实验室解剖！

**酸　奶**　（从冰箱里传来）谁会急救？人工呼吸？

**大蒜头**　我来！

［大蒜头冲到女孩面前，朝她的嘴呼了口气。

**豆　豆**　哇！

［女孩跳起来。

**豆　豆**　臭死啦！！！

［大蒜头被踢倒在地，泪眼汪汪地看着女孩。

**豆　豆**　天哪！你是什么呀……你怎么，这么臭啊?！

**大蒜头**　我……我是大蒜头。

**豆　豆**　生的吗？

［大蒜头摇摇头。

**豆　豆**　熟的？

［大蒜头点点头。

**大蒜头**　我……我又好吃又有营养。不信你可以尝尝。

**豆　豆**　我才不要！恶心死了！你离我远点儿！

［大蒜头赶紧滚到一边。

**豆　豆**　你怎么会……你怎么会说话？你是活的？

**大蒜头**　我应该是死的吗？

**豆　豆**　废话，你又不是人类。

**大蒜头**　只有人类可以说话吗？

**豆　豆**　当然！

**大蒜头**　这是你们的偏见。你看，我就没有偏见——你明明是人类，却长得这么小这么矮，我也没有歧视你，对不？

**豆　豆**　你，你说得也有点道理——对了，除了你还有谁会说话？

**大蒜头**　哦……

［大蒜头环顾四周，巧克力等赶紧别过脸去，装不认识他。

**豆　豆**　巧克力能说话吗？

**大蒜头**　……能。

［巧克力紧张地抖了一下，棒棒糖发出了轻微的绝望叹息声"唉……"

［女孩来到餐桌边，抓起巧克力，翻来覆去地看着。

**豆　豆**　巧克力，我没把你咬疼吧？

**大蒜头**　完全没有。他又不是人类。

**豆　豆**　如果我知道你们都是活的，我是不会舍得吃你们的。

**苹　果**　（犹豫再三，终于忍不住说话）没事的，你尽管吃了我们吧。事实上，你早就应该把我吃了，你瞧我都快腐烂了。

**豆　豆**　可是，我不喜欢吃苹果，你太酸了——对不起。

**大蒜头**　苹果里有很多营养，比巧克力、棒棒糖之类的好很多。

**棒棒糖**　我也有营养！我是苹果口味的棒棒糖。

**豆　豆**　棒棒糖，原来你是女生！

**棒棒糖**　……（大惊失色，急忙捂上嘴）

**豆　豆**　这个梦太神奇了！还有谁是活着的？

**大蒜头**　……我，我有一些朋友被关在冰箱里……

**豆　豆**　是谁?!

［豆豆跳起来，赶紧跑过去打开冰箱。

［她把酸奶、蛋糕、牛奶、酒瓶等等都从冰箱里搬了出来，放在地上。

**酸　奶**　（有礼貌且腼腆地）你好。

**牛　奶**　嗨，别捏我。

**蛋　糕**　（假装打呼）

［酒瓶躺着装死。

［豆豆又把冰柜打开，拿出了冰淇淋和肉。

**冰淇淋**　哇！好热啊！你们家的冷冻柜是不是坏啦，我都快融化啦！

**肉**　发生了什么事？是谁把我煮了吗？

［豆豆把他们来来回回看了又看。

**豆　豆**　太不可思议了！你们都会说话，还会动！你们都是一起的吗？

**棒棒糖**　我才不认识他俩。

**巧克力**　（深吸一口气，终于决定介绍一下自己）Bonsoir，小主人。请允许我自我介绍一下，我是巧克力，来自法国中部小城普罗旺斯，在 1994 年的国际巧克力大奖赛中，我和我的设计师欧莱姆克鲁鲁先生荣获了一等奖……

**棒棒糖** 我们都是业内翘楚，食品界的宠儿。和他们两个完全不在一个档次上！

**巧克力** （指着酸奶和大蒜头）听说他俩是从那个恶贯满盈的开心食品超市来的！

［酒瓶突然醒了，听到开心超市后，倒吸一口冷气。

**冰淇淋** 开心超市?!

**苹　果** 开心超市?!

**牛　奶** （打了个饱嗝）开心超市?!

［HIP POP 音乐节奏起，棒棒糖、巧克力等开始说唱。

巧克力：要说那个超市，那真是历史悠长。据说 1947 年它就隆重开张。

棒棒糖：严寒酷暑，夏短秋长，在食品的世界里是俺们梦想的殿堂。

巧克力：神奇豆腐乳，小白兔奶糖，当年她每个品牌那都是响——当——当！

棒棒糖：可惜时光变，可叹岁月迁，如今的开心那是一年不如一年……

巧克力：奶油是过期的！

棒棒糖：果酱是发霉的！

巧克力：听说酸奶包装盒还是打——开——的！（酸奶无地自容地裹好衣服）

冰淇淋：OH GOD!

棒棒糖：有时候称太轻。

巧克力：有时候称太重。

大　家：总而言之开心那是不守信用的！

**大蒜头**　好了，别说了！

［大蒜头郁闷地走到一边。大家住口。

［酸奶开始嚎啕大哭，蛋糕走过去安慰她。

**酸　奶**　我不活了！！！

**豆　豆**　没关系，来，你让我喝一口。来呀！

**巧克力**　主人！千万别！

**豆　豆**　没事，你来啊！

［酸奶害羞地挪过来。

［豆豆查看了她的包装袋。

**豆　豆**　你的封口很好啊，并不是每一个都有问题的……你就很完美。现在我可以打开你吗？

［酸奶羞涩地点点头。

［女孩把酸奶包装袋打开，喝了酸奶一口。

**豆　豆**　……

**棒棒糖**　怎……怎么样？

**巧克力**　要不要叫救护车？

**苹　果**　这儿有黄连素！

**豆　豆**　（咽了一口唾沫）我觉得——这是我喝过的最好喝的酸奶。

**巧克力**　（不敢相信地）真的？

**棒棒糖**　（略带吃醋地撅起嘴）不可能！

**豆　豆**　是真的！

［女孩点头，冰淇淋拉着酸奶跳起来。

**冰淇淋**　太好啦！

**酸　奶**　小心——小心别把我洒了。

**豆　豆**　酸奶，你知道吗？我以前可不喜欢喝酸奶了，我觉得它们又浓又酸还腻腻的。可是你不一样，你有种特别清新的感觉，请问你是怎么做的？

**酸　奶**　我……我只是加了一点绿茶和芦荟。

**牛　奶**　哇！绿茶芦荟酸奶——小姐！（顿时两眼放光，似乎爱上了酸奶小姐，凑得离她更近了些。）

**巧克力**　（松了口气）难怪你是绿的。

**苹　果**　我差点吓死，还以为你也发霉了呢。

［众人笑。

**苹　果**　酸奶，你知道吗，你真了不起。我家小主人——豆豆，她患有严重的厌食症，越是有营养的东西她越是碰都不碰。

［豆豆撅起嘴。

**酸　奶**　真的吗？

**苹　果**　就譬如我，她从来不吃，我都快被放烂了。

**巧克力**　我——她就很喜欢。

**冰淇淋**　我也是，不过她吃了我以后老是拉肚子。（有点哽咽）我觉得好愧疚啊！

**酸　奶**　我想到一个办法可以帮助你——

**大　家**　什么？

**酸　奶**　大蒜头！

**豆　豆**　那个……臭家伙？

**酸　奶**　你别看他臭，他可神奇了！它以前曾经是我们超市的金字招牌——明星……产品！

［酸奶边说边左顾右盼，却发现大蒜头早就不见了。

［女孩和众食品也爬起来东找西找。

棒棒糖：咦？他去哪儿了呢？

［落幕。

## 第二幕　遇到大恶魔

[幕帘拉开一角，看上去是一条阴暗的小巷。

[幕后传来女孩豆豆和众食品的呼喊：大蒜头！大蒜头！

[大蒜头悄悄从幕边小门滚了出来，头上顶着一份比他身体大一倍的图纸。

[他边拖边拉，竭尽全力地搬动图纸。

[他摸爬滚打，连连摔跤，做出各种滑稽的动作，嘴里咿咿呀呀地发出咬牙切齿的声音。

[他好不容易把图纸搬到舞台上，把图纸摊开，继续研究琢磨着什么。

[此时，阴影的路灯下突然出现一个巨大的黑影，有长长的鼻子，尖锐的牙齿。

[大蒜头似乎感觉到了什么，他急忙转头，黑影消失了。

[大蒜头小心翼翼地走到另一边，不小心碰到了垃圾桶，只见被吓了一跳的棒棒糖躲在角落里。

**棒棒糖**　啊！

**大蒜头**　怎么是你?!

**棒棒糖**　你想干什么？别乱来啊！

**大蒜头**　我干吗要乱来啊？你脑袋那么大，身体那么瘦，还是个飞机场，我对你一点儿兴趣都没有。

**棒棒糖**　我……我去你的！你个臭蒜头！你偷我主人的东西干吗？

**大蒜头** 这不是你主人的东西。

**棒棒糖** （对着图纸念）开心超市改建图。你当我白痴啊！我在这家很久了，我主人是一个开发商，一天到晚不在家，小主人患有厌食症，除了零食巧克力她啥也不爱吃。所以主人想把开心超市改建成游戏厅，让小主人开心开心。我说得对吗？

**大蒜头** 我们超市才不会变成游戏厅呢！

**棒棒糖** 你别担心，就算成了游戏厅，超市里棉花糖、棒棒糖、爆米花之类的东西也还是可以作为礼品畅销的。

**大蒜头** 我们超市里没有那些东西。

**棒棒糖** 那你们超市里都有什么？

**大蒜头** 有臭豆腐、黄泥螺，还有四川泡菜。

**棒棒糖** 唉……难怪会倒闭。把图纸还给我！

**大蒜头** 不给！

**棒棒糖** 还给我！

**大蒜头** 就是不给！

［棒棒糖和大蒜头争抢中，突然一个巨大的黑影在角落里的阴影里说。

**大　灰** 给我吧！

［棒棒糖扭头一看，大叫一声，往另一边跑去。

［棒棒糖跑到另一边，又有一个巨大的黑影挡住去路。

**小　白** 往哪儿跑！

**棒棒糖** 啊！！！！

［两个黑影像两个妖怪巨兽一样把他们困在当中。

［棒棒糖被吓得晕了过去。

［大蒜头见此状，也赶紧倒地装死。

［黑影从幕布里走出来，尺寸瞬间缩小一半，原来是一

白一灰两只老鼠。

［两只老鼠你看看我，我看看你，再看看大蒜头，似乎没见过这家伙。

［两只老鼠看到棒棒糖，凑到她身边去闻了闻。

**小　白**　糖，我爱吃！

**棒棒糖**　啊！！！！

［棒棒糖跳起来，躲到大蒜头身后。

**棒棒糖**　别过来！别过来！

**小　白**　小妞，怕什么？让大爷我磨磨牙齿。

**棒棒糖**　救命啊！

［小白冲上去拉棒棒糖，大蒜头以迅雷不及掩耳之势喷了一口汁到小白眼睛里。

**小　白**　啊！我的眼睛！我的眼睛瞎了！

［小白摇摇晃晃到大灰身后。

**大　灰**　你……你是个什么东西？

**大蒜头**　新型老鼠药！

**大　灰**　什么？

**大蒜头**　专治你们这群坏蛋！

**大　灰**　不可能！老鼠药没长这么丑的！

**小　白**　咬他，大灰，咬他！

［大灰凑上前。

**大　灰**　哎！这家伙比咱俩还要臭！

**小　白**　咬他！

［大灰扑上前，咬了大蒜头一口。

**大蒜头**　啊！

**大　灰**　哇！好辣啊！我的牙齿碰到了他的一点儿皮，接着整排牙都倒啦！

**大　灰**　你这个白痴，都怪你平时不爱刷牙！……啊呀，我视力模糊了，感觉头好晕啊！

［小白乱摸乱撞，接近大蒜头，大蒜头跳起来，摆出打太极拳的架势。

［棒棒糖趁机挥起图纸，把小白打倒在地。

**大蒜头**　告诉你们了，我不是好惹的！我保证你在三秒内会晕倒，五秒内会疼得哭爹叫娘，十秒内见你祖宗米老鼠去！

**大　灰**　有那么恐怖？

**小　白**　完了，我感觉我快不行了……

**大　灰**　妈呀！真是老鼠药！快跑！

［大灰捂着倒掉的牙齿，赶紧丢下小白逃走了。

［大蒜头惊恐不已，一屁股坐在地上。

**棒棒糖**　你没事吧？

［大蒜头擦了把汗。

**棒棒糖**　你受伤了……

**大蒜头**　没事，擦破点皮。

**棒棒糖**　我有办法。

［棒棒糖撕下了她的一小块糖纸，给大蒜头包扎伤口。

**大蒜头**　笨蛋，你这样就坏啦。

**棒棒糖**　别担心这个！

［大蒜头感激地放松下来。

**棒棒糖**　还疼吗？

**大蒜头**　不疼了。

**棒棒糖**　刚……刚才谢谢你救了我。

**大蒜头**　不客气。你知道吗？你闻起来好香。

**棒棒糖**　（害羞）讨厌！我……我是苹果口味的棒棒糖。

**大蒜头**　你真好。又漂亮又香喷喷的。不像我，又丑又臭。

**棒棒糖**　不不，酸奶说你是最厉害的。

**大蒜头**　她这么说？

**棒棒糖**　是真的。她说你以前是超市的明星商品。

**大蒜头**　……那是以前，现在，我们都是滞销商品，都被你们这些新来的取代啰。

**棒棒糖**　可是，我家保姆不还是把你买了送到我家了吗？

**大蒜头**　那是我偷偷跳进你家保姆的购物袋里溜进来的。

**棒棒糖**　偷偷？为什么？

**大蒜头**　因为我要偷到图纸，我要拯救超市。因为我知道，除了开心超市，再也不会有别的地方可以让我去了。以前大家都喜欢我，可是现在……不过，就算没有顾客，我和伙伴们还是常常自娱自乐，日子过得很不错。

［大蒜头陷入了他的回忆中。

［幕布拉开一角，只见是一个巨型的柜台，上面写着“开心超市促销柜台”。

［臭豆腐和大蒜头拿着说相声道具扇子和戒尺，高矮胖瘦就同郭德纲和于谦一模一样，走到台上。

**大蒜头**　我——郭氏大蒜头。

**臭豆腐**　于氏臭豆腐。

**二　人**　我们是臭臭二人组——给大家三鞠躬。

［台下一片叫好声：“噫……”

**大蒜头**　最近咱们超市闹猪流感。

**臭豆腐**　禽流感吧？

**大蒜头**　猪流感！因为咱的冷冻冰箱坏了，那温度是一降十万八千度，猪都冻感冒了。于是猪肉那不能当鲜肉卖啦。

**臭豆腐**　那当什么呀？

**大蒜头**　猪肉大板砖儿，猪丸子实心球，猪腰子手榴弹，猪尾巴削铅笔刀。

［观众：噫……

**大蒜头**　我昨晚做了个梦……梦见我结婚了。

**臭豆腐**　真的吗?！新郎是谁?

**大蒜头**　什么新郎是谁?！新娘！新娘是我隔壁货柜上的咸鸭蛋。

**臭豆腐**　你为什么看上她啊?

**大蒜头**　第一是因为她体形丰满，前凸后翘。

**臭豆腐**　她前凸后翘吗?我怎么没看出来?

**大蒜头**　她现在那是还没发育完整，完整了以后就跟她妈应该差不多。

**臭豆腐**　她妈长啥样子?

**大蒜头**　就她包装袋上的样子——标准母鸭（做出前凸后翘的姿态）。

**臭豆腐**　哦!!!

**大蒜头**　那还有最关键的一点……让我不得不喜欢她。

**臭豆腐**　为什么?

**大蒜头**　因为你是男的。

**臭豆腐**　啥意思?!

**大蒜头**　因为你、我、咸鸭蛋是咱店里臭味三宝。如果我不娶她，你就会娶她，我不能让你捷足先登。

**臭豆腐**　我干吗要娶她呀?

**大蒜头**　因为物以类聚，臭味相投。有了她这个参照物，我们自我感觉也能好很多。

［观众哈哈大笑。

**臭鸭蛋**　我呸！大蒜头，让你调侃老娘！

[一个臭鸭蛋从台上丢下来，砸中大蒜头的脸。

**大蒜头** 不好，我未来老婆发飙了，快撤！

[二人连蹦带跳跳下促销台。

[促销台灯光灭，大蒜头失落地走回到棒棒糖身边。

[棒棒糖为他擦去脸上的咸鸭蛋黄。

**大蒜头** 尽管我们的生活依旧美好，可是超市的营业额却持续走低，终于到了倒闭的边缘。

[幕帘又拉开更多，只见台上中央竖立着一块大牌子：开心大卖会。

[舞台背景就像《非诚勿扰》的现场，最大的区别在于，台上一排女嘉宾变成了一排顾客，他们衣着不同，有的穿成老大妈的样子，有的穿成少妇的样子，有的抱着小孩，有的牵着狗，还有一对情侣……他们面前的小台子变成了购物篮，他们推着购物篮，像是在采购商品。他们的脚下有一条步行带，他们都在不紧不慢地走着。

[舞台正中的灯光亮，一罐肉松局促不安地站在那里。

**肉　松** 你们好，我的名字是肉松，肉松的肉，肉松的松。我……我温柔有趣不塞牙缝，是每日早餐的必备，如果你喝白粥，请一定要配上我……

[顾客瞬间灭了一半灯。

**顾客一** 不，我不喝白粥。

**肉　松** 我还可以配包子。

**顾客二** 请问男嘉宾，您是台湾人吗？

**肉　松** 不，我是本地人。

**顾客二** 对不起，我只喜欢台式肉松。

**肉　松** 可是我……

[灯瞬间全灭。

［背景音乐想起了悲惨的“可惜不是你，陪我到尽头”。

**肉　松**　可是，台式肉松就是用的我的配方……

［肉松默默走下台。

［灯又亮。

［只见一包榨菜在整理他的衣角。

**榨　菜**　这话不需要我说了吧？我是斜坡榨菜，榨菜中的战斗机。以前我可有名了，到处都是我的山寨品，什么上坡榨菜，下坡榨菜，斜眼榨菜，斜脖子榨菜，那都是为了沾点我斜坡榨菜的名气。

［顿时，一排灯灭掉三分之二。

**榨　菜**　不是吧？这位女嘉宾，我看你刚才选了泡菜，你怎么没看上我啊？

**顾客三**　我……我喜欢他的韩国口音，我觉得他比你洋气……

**榨　菜**　偶的神！

［灯全灭，榨菜昏倒，粽子和番茄兄弟上台把他从台上拖了下去。

［背景音乐放起了“可惜不是你……”

［大蒜头深吸一口气，走上了舞台。

**大蒜头**　我……我想说的是……

**顾客四**　天哪！这什么味儿！

**顾客五**　下午我还要见客户呢，怎么去除我嘴里的味儿啊？你们店有卖绿箭吗？

［顿时，灯全灭。

**大蒜头**　谢谢，谢谢——不用音乐了。

［背景音乐放起了悲壮的“噔噔，噔噔……”

**大蒜头**　别放那该死的音乐！

［大蒜头抱着头蹲下。

［棒棒糖来到她身边，蹲下身子，安慰他。

**大蒜头** （沮丧地）就这样，一些新的食品渐渐地移民去了别的超市，而我们这些老家伙，不入流的，就只能日复一日地等在这里，等待那个永远不会来的顾客。

**棒棒糖** 别这样，将来一定会有人再次喜欢上你的。

**大蒜头** 就算会有，也等不到那一天了。

**棒棒糖** 大蒜头……我，我来帮助你吧！我们一起把图纸偷走，让开发商和主人没有办法改建超市！这样你们就都能留下来了！

**大蒜头** 你？

**棒棒糖** 对啊。不过这样一来，我的主人会不会不要我啦？反正我的包装纸都坏啦，到时候我无家可归了，你们超市可要记得收留我哦！

**大蒜头** 棒棒糖……你是我见到过的最讲义气的棒棒糖！

**棒棒糖** 是吗？

**大蒜头** 也是最美的！

**棒棒糖** 真的？和咸鸭蛋比起来呢？

**大蒜头** 那家伙和煮鸡蛋有一腿，我早就不要她了。

**棒棒糖** （忍不住笑起来）大蒜头，你真有趣。

**大蒜头** 大家都这么说。

**棒棒糖** 事不宜迟，我们赶紧走吧，等那家伙醒来就不好办了。

［大蒜头发现小白压在图纸上，便试图把小白挪开。

**小　白** 不，不要！别杀我……妈妈……

［小白抱住棒棒糖的脚，棒棒糖尖叫，使劲踢他。

［大灰又再次出现在幕一边。

**大　灰** 就是他！撂倒了我的兄弟！

［大蒜头急忙奋力掰开小白抱住的棒棒糖的腿，棒棒糖

抱住图纸就往另一侧跑去。

**大蒜头** 别拿了！快跑！

［棒棒糖瞧了大蒜头一眼，依依不舍。

**大蒜头** 快跑，我搞定这家伙就来。

［棒棒糖点点头，跑下台，不多久，她又颤颤巍巍后退着上台。

［只见她面前站着一只巨大的独眼黑毛鼠，体型硕大，龇牙咧嘴，很是恐怖。

**黑　毛** 嘿嘿嘿！你好啊，美女！

［黑毛鼠用尖尖的利爪抵住她的下巴。

**大蒜头** 别碰她！

**棒棒糖** 大蒜头，快带图纸离开这里！

**大蒜头** 不行！

**黑　毛** 你们哪儿也别想去。

**大蒜头** 我警告你啊，我这人别的没有，就是很臭，很辣，而且很致命……

**黑　毛** 我知道，你不就是个大蒜头吗？

**大　灰** 大蒜头？大蒜头是什么？

**黑　毛** （敲小白头）大蒜头就是一种东西，据说可以用来熏熏苍蝇蚊子臭虫，可是你（指大灰），还有那家伙（指着小白）身为堂堂四害中的翘楚——哺乳类啮齿科动物居然还会怕它?！你们两个大笨蛋脑子是怎么长的?！

**大蒜头** （自言自语）流氓不可怕，就怕流氓有文化，这下惨了。

**大　灰** 大哥，我错了……

**黑　毛** 你！（把利爪在棒棒糖脖子上比划了一下，随后指着大蒜头）你过来！

［大蒜头无奈地走过去，大灰踢了大蒜头一脚，大蒜头

扑倒在小白身边。

**棒棒糖** （瑟瑟发抖）你……你们想干吗？以命抵命吗？

**黑　毛** 说什么呢！给我弄醒他！

［大蒜头无奈地向小白呼了口气。

［小白没反应。

**大　灰** 老大，他好像晕得更彻底啦。

**黑　毛** 少废话！来点剧烈的！

［大蒜头放了一个很响很臭的屁。黑毛和大灰都差点晕过去。

**大蒜头** 快走！

［大蒜头拉起棒棒糖逃走了。

［黑毛和大灰迷迷糊糊摇摇摆摆。

［小白被熏醒了。

**小　白** （迷迷糊糊地大叫）哇！我做了一个梦——梦见被关进了毒气实验室里，全是戴着白手套的化学家！

**大　灰** 醒一醒！小白！

**小　白** 他们把我吊起来，往我屁股上打针……

**黑　毛** 你他妈的给我清醒一点！

**小　白** 啊？老大？你怎么来了？

**黑　毛** （冷笑）哼哼哼。如果我不来，你们两个笨蛋还能活命吗？

**大　灰** 老大英明！老大神武！老大，我们现在是不是应该立刻追上去，然后（指着大蒜头逃走的方向，学着周立波口吻）"乃伊做特"了？

**黑　毛** 不急。

［大灰和小白面面相觑。

**黑　毛** 瞧瞧这是什么？

［大灰转到大蒜头身边，闻闻大蒜头，又发现了地上的图纸。

**大　灰**　（读图纸上的字）开心什么改什么图。

**黑　毛**　是开心超市改建图吗？

［棒棒糖和大蒜头都大吃一惊。

**大　灰**　你怎么知道？

**黑　毛**　哈哈！哈哈哈哈哈！真是踏破铁鞋无觅处，得来全不费功夫！

**小　白**　老大，这什么意思？

**黑　毛**　大灰，小白，你们想听听我的计划吗？

**大　灰**　当然！老大英明！老大神武！

**黑　毛**　闭嘴！这两天我思来想去，像我这种高智商、高情商的极品恶棍，已经不适合游走在地沟油、趴后巷里的垃圾山度日了，这太没有腔调了。

**小　白**　对对，而且后巷里的野猫也越来越多。上次我去干活差点让他们给逮着……（颤抖了一下）想想都后怕。

**大　灰**　特别是那只叫阿鲁的花猫，那可真的不是一般的凶残！

**黑　毛**　于是我想，我是不是应该开辟出一块新的、美丽的、干净的、取之不尽用之不竭的聚餐天堂来实现我的终极人生理想呢？

**大　灰**　答案当然是 YES。老大英明！老大神武！

**小　白**　老大……您说的聚餐天堂就是指……开心超市？

**黑　毛**　嗯哼。

**小　白**　据说那儿的食品都过期了，质量不过关啊。

**大　灰**　（不满）你身为老鼠，怎么对食品质量能挑三拣四呢？

**黑　毛**　嘘，我很喜欢那家超市的氛围。知道为什么吗？别的超市现在治安环境太好了，什么二十四小时便利店，什么红外线报警装置，什么人体热能感应器！简直是绝了我们的生路啊！我黑毛观察来观察去，方圆二十里内如今只有那家开心超市——简直是三不管地带，又老又破，连个监控摄像头都没有！简直是天堂里的GAMEBOY5，澡堂里的天上人间！

**大　灰**　老大英明！老大神武！

**黑　毛**　不过，那家超市有个很致命的地方。

**大　灰**　什么？

**黑　毛**　有一只名叫阿鲁的灰猫，是超市承包商的女儿豆豆家养的，一天到晚没事就在那一带溜达。

**大　灰**　阿鲁！

**小　白**　我的梦魇！

**黑　毛**　不过，我还是有办法进去的。只要有它……哼哼哼哼。

**小　白**　开心超市改建图？

［落幕。

## 第三幕　超市达人秀

［幕帘没有拉开，舞台上漆黑一片。

［舞台上方挂着三个很醒目的霓虹灯做的×××，就像中国达人秀里的一模一样。

［第一个×下面写着：老大妈，第二个×下面写着：美少妇，第三个×下面写着：怪蜀黍。

［一盒装冰红茶和一盒装冰绿茶从观众席入口走入，发出呼哧呼哧的声音，步履蹒跚，旁若无人地坐在第

一排座位上。(可能需要观众让座,把气氛搞得活跃一点,如果有孩子的话,把孩子抱在脚上都可以)。

**冰红茶** 嗨,MAN,今天观众不少啊。你们都是从哪儿来的?哪家超市?莲花?家乐福?宜家?!

**冰绿茶** 不是我眼花了吧——怎么你们看上去都像是人类啊?

**冰红茶** 去去,一定是你眼神不好!人类怎么会到我们这儿来。你看这个大叔,(指着一个观众,假装聆听)一看就是个速冻鸡翅膀……是吧,上校?

**冰绿茶** 山德士上校?

**冰红茶** 还有这位小姐……如此有品位的褶裥裙,一定是榴莲酥,泰国榴莲酥……没错吧?

**冰绿茶** 萨瓦迪卡!(泰语:你好)

**冰红茶** 还有这位小朋友,长得是眉清目秀,不过你的发型有点露馅儿了,让我猜一下,BINBON!爆米花!我猜得准吗?

**冰绿茶** 爆米花……我们忘记买爆米花了!看表演怎么能没爆米花呢?

**冰红茶** (急忙捂住小朋友耳朵)吃什么爆米花?没看到人家小朋友坐在这里吗?注意分寸好不好!

**冰绿茶** 对不起,对不起!我是绝不会吃你还有你爸爸妈妈的。我……我喝饮料!(情急之下赶紧去吸了一口冰红茶)

**冰红茶** 嗨!你吸什么呢!

**冰绿茶** 吸你啊。

**冰红茶** 吸我?!你有钱吸我吗?我卖三块六毛一盒,你才两块九毛一盒,你给我喝矿泉水去!

**冰绿茶**　矿泉水那都是土豪啊！——伊云要十二块一小瓶，富士山泉水要十五块一瓶，咱们喝不起的。

**冰红茶**　喝不起就喝点农夫山泉。

**冰绿茶**　那也要三块，比我都贵，而且人家是“有点田”的阶级，不像我们，虽然是城市户口，可夏天要租冰柜，上交冷气费，冬天要租暖箱，上交热气费……不像那些个常温的，譬如，椰子汁……

［幕布突然拉开一角，核桃酥朝他们怒吼。

**核桃酥**　哥俩好！轮到你们上台了！

**冰红茶**　上台？上什么台？

**冰绿茶**　说好了今天我们只是观众。

**核桃酥**　话虽如此，可是大蒜头到现在为止都不见人影，臭豆腐说他被买走了，只剩下他一个臭臭困难户，所以心情沮丧不肯表演，你们就火速救个场吧……事不宜迟，快来！

**冰红茶**　好吧，好吧！

［两人爬上舞台。

**冰红茶**　不过我有条件。

**核桃酥**　什么？

**冰红茶**　等今晚过后，让那个什么暖姜茶，什么柚子茶“喝啥哟～”都离我远一点，老子要独自享受暖箱的第一排空间。

**冰绿茶**　你又看新来的不顺眼了？

**冰红茶**　废话！凭什么卖得比老子好？想当年老子称霸上海滩的时候他们还没被发明出来呢！

**冰绿茶**　长江后浪推前浪啊，前浪死在沙滩上，你就认清形势吧。

**冰红茶** 我不!!!

[两人推推搡搡地走进后台。

[幕布拉开,只见一排排高高的货柜。

[这显然是一家超市。不过按照第一幕的尺寸被放大了很多很多倍。货柜又高又大,冰柜在吱吱冒着白光。

[超市虽然破旧,但是食物们都很热闹。

[他们正在模仿人类开着《超市达人秀》。

[舞台一侧坐着三个用纸牌糊着的"梦想观察员"。

[梦想观察员的纸牌后面,可以看到三个原型,"老大妈"的原型老干妈,"美少妇"的原型水果布丁,"怪蜀黍"的原型麦乳精。

[音乐响起,是"喜洋洋与灰太狼"的音乐,一群彩虹糖们正在跳群舞。

[酸奶、巧克力和女孩豆豆悄悄绕到舞台右侧。

**豆　豆** 哇!这些唱歌跳舞的都是超市里的食品?

**酸　奶** 是啊。

**巧克力** 他们每天都那么闹腾吗?难怪这家超市的食品老出质量问题……难道他们不知道睡觉对食物的保鲜是非常重要的吗?

**酸　奶** 巧克力你真烦人。这场秀只在一年一度的开心超市促销大卖会前演出,因为我们会通过演出来自行评选出最出彩的商品进行包装炒作。说起来,当年这点子还是大蒜头想出来的呢。

**豆　豆** 我不明白,你们这么努力,为什么还面临倒闭呢?

**酸　奶** 可能是超市经营不善吧。毕竟我们只是商品,真正的主权还在人类的手上。

**豆　豆**　那……这三个评委是人类吗？

**酸　奶**　不，他们也只是模仿人类的超市食品。

［彩虹糖表演结束后，酸梅汤走到台上。

**酸梅汤**　三位梦想观察员，你们好，我是酸梅汤。今天我要表演的是：哭。

［酸梅汤开始各种大哭小哭。

**巧克力**　哇！这节目也太烂了！

［酸梅汤表演完毕，满含热泪地看着评委。

**老干妈**　我只想说一句话——我被你感动了！

**巧克力**　啊？

**水果布丁**　不知道为什么，我的眼中充满了泪水。

**巧克力**　（讥讽地）她是被她隔壁的老干妈给呛到了吧。

**水果布丁**　你就是我梦想中的超市达人！

**麦乳精**　调一调，调一调。

［酸梅汤小姐心满意足地下场，冰红茶冰绿茶兄弟上台。

［观众的掌声此起彼伏，粉丝们在狂叫：红茶，绿茶！红茶，绿茶！

**豆　豆**　看样子，这一对像是招牌组合啊。

**冰红茶**　你们好，干妈好，干爹好，干妹妹好。

**冰绿茶**　今天我们兄弟俩给你们带来的节目是：隔空吸人。

［两人开始用吸管来憋气。

［两人开始膨胀。

［观众尖叫起来。

**巧克力**　（不屑地）这也叫节目？

**豆　豆**　好恐怖……

**酸　奶**　咦……

**冰绿茶**　啊呀！我屁股怎么湿湿的？

**水果布丁**　天哪！我……我要晕倒了！

**冰红茶**　你是不是有点漏水了？透明胶卷呢？透明胶卷在不在？

［一张邦迪站起来说。

**邦　迪**　他今天去看他爷爷了，我可以帮忙。

**冰红茶**　好好，快给他黏上！

**豆　豆**　这也可以?!

**巧克力**　难怪这家店的商品是出了名的乱七八糟。

［酸奶捂上脸，做郁闷状。

**老干妈**　哥俩好，虽然你们的节目有点儿过于单调，不过鉴于你俩的精神可嘉，我决定还是要给你们一个 YES!

**水果布丁**　我能不能呼吸一点新鲜空气？

**麦乳精**　调一调，调一调！

**巧克力**　唉……他们的品位可真是太一般了。倒闭那可不就是早晚的事吗？

［冰红茶和核桃酥搀扶着受伤漏水的冰绿茶一瘸一拐走下台。

［巧克力默默拍了拍冰绿茶的肩膀，以示鼓励。

［核桃酥看到了酸奶。

**核桃酥**　酸奶？你怎么还在这儿？你下午不是被买走了吗？

**酸　奶**　是啊，不过，我又回来看看。

**核桃酥**　对了，正想问你，看见大蒜头那家伙了吗？下午开始就不见人影，可是我找遍了收银台上的商品购物单也没他名字啊。

**酸　奶**　我不知道，他会不会……让人偷走了？

**核桃酥**　偷他?!用来干吗？驱蚊吗？

豆　豆　大蒜头应该是个挺不错的食物吧。

核桃酥　是啊是啊，曾经我们都是食物——对了，你是谁？

豆　豆　我？

核桃酥　你看上去比我还像人类！你……你是？

［豆豆和酸奶、巧克力顿时很紧张。

巧克力　她是人形棉花糖！

核桃酥　人形棉花糖？是新品种？！

酸　奶　对啊！下午刚到的！你没听说吗？

核桃酥　没有……不过我有预感：你将来有可能会大卖。

豆　豆　……谢谢。

核桃酥　年轻真好。

［舞台上，水果布丁突然倒在了地上。

［粽子医生赶紧前来查看。

老干妈　她怎么了？过期了吗？

粽　子　没事，她只是惊吓过度，吓晕过去了。

［粽子把水果布丁拖下场。

老干妈　现在怎么办？只剩下我一个评委了。

［大家看着麦乳精。

麦乳精　调一调，调一调。

［核桃酥耸了耸肩。

巧克力　不好意思，我能不能打个岔？我建议你们再选一个更有人类眼光的家伙来做评委。

老干妈　可是整个超市只有我和水果布丁，还有这家伙的包装袋上画着人类的图案，其他食品袋上只有鸡或者鸭，还有花花草草。

核桃酥　说到人类……今天我们来了新成员！

［核桃酥把豆豆拉到舞台中间，大家都倒吸一口气。

**核桃酥**　人形……什么来着？

**豆　豆**　棉花糖……

**核桃酥**　人形棉花糖！很神奇吧！

［台下纷纷传来。

观众：哇塞，太神奇了！简直是不可思议！祝你将来大卖！

**邦　迪**　可是她看上去就像一个小孩，她当梦想观察员合适吗？

［观众：（七嘴八舌）是啊，没错。

**酸　奶**　为什么不呢？我们超市的对面不刚开了一家幼儿园吗？幼儿园里的孩子都爱来我们超市玩。我觉得……现在让豆豆……不，棉花糖小姐来当梦想观察员那是最合适不过了。

［观众：说的没错！快请吧！

**豆　豆**　我……

**核桃酥**　好的！就这么决定吧！

［核桃酥把豆豆拉到椅子上。

［榴莲酥把梦想观察员"美少妇"的名字改成了"美少女"，豆豆又擦掉改成了"小朋友"。

**核桃酥**　欢迎大家回到一年一度的开心超市达人秀现场，谁将成为本年度最大卖的金牌促销产品呢？让我们拭目以待！！！现在我们有请下一位选手：美丽且青春永驻的话梅、橄榄、陈皮、山楂姐妹团组合！

［话梅小姐和橄榄先生走出，开始唱歌，歌曲曲调《歌声与微笑》。

话梅：（唱）请把我的核，带回你的家。请把你的钞票留下。

橄　榄：(唱)请把我的核，带回你的家，请把你的钞票留下。

[陈皮、山楂互相拉着手也走出舞台。

陈皮：(唱)明天明天坐飞机，带到海角天涯，带到海角天涯～

山楂：(唱)明天明天坐火车，再也不会晕车啦，再也不会晕车啦！

[在歌声中，三只老鼠来到了超市门口。

**大　灰**　老大，不好了。

**黑　毛**　怎么了？

**大　灰**　那张图纸，让小白给啃坏了！

[大灰把残破的图纸递给黑毛鼠看。

[小白满嘴纸末，黑毛鼠大发雷霆。

**黑　毛**　你这个白痴！一天到晚见到东西就要啃！我总有一天拿你当玉米啃了！

**小　白**　对不起……老大……(吞咽)

**大　灰**　这下完了，我们又进不去了。

**黑　毛**　别担心。那家伙的气味这么重！我们跟着他走，准没错！

**大　灰**　老大英明！老大神武！

[大灰和小白哈哈大笑起来。

[三只老鼠下场。

[大蒜头和棒棒糖来到超市门口。

**大蒜头**　不好，我感觉我们被跟踪了。

**棒棒糖**　被谁？

**大蒜头**　还会有谁？(模仿老鼠的动作)

**棒棒糖**　难道他们跟着我们到超市来了？啊呀！我想起来

了，以前我所在的佳佳超市发生过食品被啃咬事件，好像就是这帮家伙们干的！我们超市在老鼠门事件后顿时营业额大减，很多食品因此被撤柜了！

**大蒜头** 不行，我们的超市已经摇摇欲坠，再发生老鼠门事件的话就无可挽救了。

**棒棒糖** （倒吸一口气）那现在怎么办？

**大蒜头** 让我想想。既然他们是追着我的气味来的。我不如将计就计来一个迷宫绕。来，你跟着我。

**棒棒糖** 好。

［大蒜头带着棒棒糖开始满舞台绕圈子。

［老鼠也跟着他们绕圈子。

［舞台上。

［豆豆和老干妈高兴地开始打拍子，观众欢呼。

**核桃酥** 哦哦……，我简直要被话梅、山楂姐妹们的风采迷倒了。三位评委，你们的感觉如何？

**麦乳精** 调一调，调一调。

**老干妈** 我觉得……这歌会成为我们未来的超市神曲！

［大家再次欢呼。

**核桃酥** 你觉得呢？小朋友？

**豆　豆** 我……我觉得你们唱得很棒！

［观众再次欢呼。

**豆　豆** 只是……

［大家顿时安静下来。

**话　梅** 怎么了？你对我们的表演有什么不满吗？

**豆　豆** 不，我只是想问一下，请问你们现在用什么包装？

**话　梅** 袋装。

**山楂片** 我是散装，请问你有什么意见吗？

**豆　豆**　不，只是……我有时候会去春游。现在我们小朋友们都喜欢带盒装的话梅，因为这样拆开来吃后，还能封存起来，不容易腐坏，如果是袋装，一旦撕开包装袋不就很容易坏吗？

**话　梅**　你说的……有点道理。

［观众纷纷说：对啊，我们怎么没想到呢？听说现在是挺流行盒装话梅，还有盒装陈皮。

**山　楂**　那……请问你觉得我应该怎么改良我的包装呢？

**豆　豆**　这个嘛……

［豆豆还是思索，背景音乐开始放《吉祥三宝》。

豆豆：山楂，（山楂：哦？）你的袋子需不需要更厚？（山楂：这个……）你的个头需不需要更大？（山楂：好像……）你的味道需不需要更甜——

山楂：是吗？这样我就会受顾客欢迎？（豆豆：嗯）这样我就不会继续降价？（豆豆：是的！）

豆豆：而且你还可以更加发——达——

［巧克力和酸奶前来帮山楂和话梅改变造型。

［豆豆换成理发师的装束，又拿梳子又拿吹风机，改完造型后，两人面目全非，光彩照人——瞬间荣登促销榜第一名。

［瞬间，许多水果都围上来要求豆豆改包装。

豆豆：干妈，（老干妈：哎！）你的口味真是一级棒哒！（老干妈：是吗——）可你该把自己擦擦亮啦！（老干妈：噢哟！）精神抖擞才能打败别——家——！

［豆豆看着麦乳精，麦乳精赶紧阻止她。

麦乳精：等下！（豆豆：嗯？）我知道你打算要说点啥！（豆豆：啥？）我的确是有点小过时啦，（豆豆：

这个……）可是我还是要坚持我的腔——调——

豆豆：别怕！我只想要帮你变变头发，你的特色还是会保留哒。因为你是那么有腔——调——啊！

（大家都笑：哈哈！）

［大家都举手：我也要变！我也要变！

**豆　豆**　花仙子——阿不力卡里卡塞，超级变变变！

［众人欢呼：哦！耶！

**巧克力**　我家小主人真是天才！

**核桃酥**　小主人？

［巧克力急忙捂住嘴。

**核桃酥**　什么意思？难道——你是人类？

**豆　豆**　不……不是。

**酸　奶**　你们瞎说什么呢！

［观众：人类?！她是人类?！可她为什么这么小？她长得好小啊。

**老干妈**　孩子，你真的是人类吗？

［豆豆诚实地点点头。

**观　众**　天哪！人类！赶紧装死！

［顿时，大家都躺下来装死。

**豆　豆**　嗨！你们！

［豆豆、酸奶和巧克力面面相觑。

［冰绿茶打了一个响嗝，但他也躺下装死。

**豆　豆**　你们不用躺着，我知道你们是活着的。嗨！你们！

［大蒜头和棒棒糖跌跌撞撞地跑过来。

**大蒜头**　你们！别装死了！老鼠来了！

［食物们纷纷抬起他们的头。

**食物们**　什么？老鼠？哪里来的老鼠？

**大蒜头**　三只大老鼠！

**食物们**　啊？这下怎么办？

**大蒜头**　哦，怎么办？我们好不容易才摆脱掉他们，他们现在正从排风管道里爬进来呢！

**酸　奶**　排风管道的出口不就在这儿吗？

**巧克力**　完了，我一定会被……被咬死的！

**豆　豆**　怎么才能阻止他们呢？

**大蒜头**　大家，快把冰柜里的冰块搬过来。

［食物们赶紧把冰块一个个搬了过来。

**大蒜头**　我数一二三，大家一起砸。一，二，三——砸！

［食物们纷纷把冰块往排风口砸去。

［只听噼里啪啦的声音，接着，传来大灰"啊"的惨叫声。

**大蒜头**　太好了！继续砸！

［大家继续砸。

**粽　子**　报告！冰块……木有了！

**大蒜头**　这下怎么办？

**冰绿茶**　我有办法！

［冰绿茶把身上的邦迪一撕，水喷了出来。

**冰绿茶**　水淹老鼠军！

**冰红茶**　我也来！

**酸　奶**　我也来！

［饮料们纷纷把水灌进通风口里。

**老　鼠**　啊哟！啊哟！黏死啦！

［老鼠被滑倒的声音。

［食物们哈哈大笑，拍手叫好。

**大蒜头**　现在，大家一起把通风口堵死吧。

［食物们一起把货物架往通风口推。

**食物们**　一二一，一二一……

**棒棒糖**　小主人，你的脸色怎么不好了？

**豆　豆**　我……我头有点儿晕。

**棒棒糖**　你是不是没吃东西啊？

**巧克力**　吃我吧。

**酸　奶**　不好，我觉得……我的头也有点晕……

［酸奶倒地，巧克力摆了一个华美的造型，也倒在地上。

［其他食物也倒在地上。

**豆　豆**　酸奶，巧克力……你们这是怎么了?!

［豆豆也迷迷糊糊起来，不一会儿她也倒在了地上。

［黑毛、大灰和小白戴着防毒面具跳了出来。

**黑　毛**　哈哈哈！我这个HP2.5毒气烟雾器真是太厉害了！大蒜头，多亏了你的指引，你真是帮了我不少的忙！哇哈哈哈哈！这么多的食品……一年都吃不完啊！巧克力，核桃酥……那都是我的最爱……

**小　白**　老大，我们是不是可以打包了？

**黑　毛**　统统带走！

**大　灰**　老大英明！老大神武！

［小白和大灰拿起一个巨大的垃圾袋，把食物们纷纷往垃圾袋里装。

［他们看到豆豆，觉得很奇怪。

**大　灰**　这是什么食物？看上去怎么长得像个人类？

**小　白**　笨蛋——你见过那么小的人类吗？那是人形棉花糖！

**大　灰**　哦！原来是这样——等会儿我要先吃她。

**小　白**　不行，她是我的！

**大　灰**　我的！

**黑　毛**　别吵了！

［二人闭嘴。

**黑　毛**　（看了看豆豆，闻了闻）这东西一点儿肉都没有，吃了也塞牙缝里。丢这儿吧。

**大灰、小白**　老大！

**黑　毛**　嗯？

**大　灰**　老大英明！老大神武！

**黑　毛**　……带走带走！

**小　白**　谢谢老大！

［二人把豆豆搬到垃圾袋里。

［三只老鼠拖着垃圾袋，浩浩荡荡地离开了。

## 第四幕　大战贼窝

［幕帘拉开，只见一个巨型耗子窝，其中有很多管道，看上去像宫崎骏动画片里那种复杂交错的感觉。

［舞台右方是一个不规整但还勉强看出点儿弧形的老鼠洞口。

［洞里乱七八糟，但还歪歪扭扭挂着几幅老鼠们的全家福、黑毛的自拍照，可见这家伙自恋到了什么程度。

［垃圾袋里鼓鼓囊囊，听到食物们咿咿呀呀的哼哼声。

［冰红茶用管子戳破了一个洞，食物们纷纷从洞里爬了出来。

［巧克力拉着豆豆缓缓爬出垃圾袋。

**豆　豆**　这是哪儿呀？

**棒棒糖**　小主人，这地方看上去像是老鼠们的家。你看，还有全家福呢！

**豆　豆**　都怪我平时不吃饭，所以才变得这么小，现在惨了，要成为老鼠的盘中餐了！唉……

**核桃酥**　谁告诉你不吃饭就会变得这么小的？

**豆　豆**　我姥姥说的。

**核桃酥**　老人的话都不能相信。想当年，我儿子核桃仁不听我话，非要往自己身上涂芝麻油，我就骗他说，你要是再这样保准下架，再也不会有人买你！

**豆　豆**　结果呢？

**核桃酥**　结果他卖得特别好，现在已经出口到美国去了。

**冰绿茶**　长江后浪推前浪，前浪死在沙滩上。

**大蒜头**　（吸了一下鼻涕）

**棒棒糖**　大蒜头，你怎么哭了？

**大蒜头**　没什么。我只是觉得，都怪我不好。如果不是我把超市的图纸偷出来，那三只老鼠就不会知道排风口在哪里，也就不会连累大家了。

**老干妈**　这不是你的错，孩子。他们迟早会找到排风口的。

**食物们**　是啊，迟早会找到的。

**大蒜头**　我只是没有想到，我和豆腐乳就此永别了，我们还没有表演我们的压轴二人秀呢。

［垃圾袋里的臭豆腐动了一动。

**豆腐乳**　死蒜头，你总算想到我了。

**大蒜头**　豆腐乳！你也被他们带来啦？看来这帮老鼠真的是什么也不挑啊！

**豆腐乳** 你去死吧！

[大蒜头把豆腐乳拉出垃圾袋。

**老干妈** 大蒜头、豆腐乳，你们臭臭二人组也算是开心超市的招牌组合，现在趁着我们都还健在，赶紧表演一个什么节目，让我们乐一乐。

**豆腐乳** 那……我们再讲一段相声吧。

**棒棒糖** 我笑不出来。

**大蒜头** 不如，我们给大家唱首歌吧。歌名就叫“老牌子”。

[背景音乐响起，是筷子兄弟的《老男孩》：

那是我日夜思念梦中故乡的味儿啊
无法用言语来表达
还应该坚持吗？
或许以后货架上永远再见不到它
注定我要慢慢长大
不再会有牵挂
童年总是遥不可及
那时东西很便宜
花开花落又是一季
人民币你去了哪里？
物价如同奔流的江河
一路上涨来不及看齐
只剩下麻木舌头没有当年的热血
看那漫天飘零的新货
标着不可思议的价格
有谁记得妈妈的便当盒……

[顿时，大家哭声一片。

**豆　豆** 对不起，我听说，你们的超市之所以要关闭全是因为我……

[所有人都看着豆豆。

**豆　豆**　因为我有厌食症，我爸爸为了想让我开心，决定把超市改成游戏乐园。可是，我真的一点儿都不开心，是真的。

**老干妈**　没事的，孩子，这不怪你。是我们这些老东西都老了，惨遭历史淘汰。

**豆　豆**　不，不会的！我喜欢你们。我喜欢你们的味道。

**豆腐乳**　真的吗？你喜欢我的味道？

**豆　豆**　嗯……是的。

**豆腐乳**　那你愿意尝尝我吗？

**豆　豆**　啊？

**豆腐乳**　尝尝我吧……求你了！

**豆　豆**　……好。

**食物们**　尝一尝！尝一尝！

[豆豆很不情愿地尝了一口豆腐乳。

**豆　豆**　哇！味道……好神奇啊。

**豆腐乳**　怎么样？你会……你会喜欢我吗？

**豆　豆**　我感觉……其实真的很好吃！

**食物们**　欧耶！我说的吧，其实闻起来臭，吃起来香！

**豆　豆**　让我再尝一尝！

**榨　菜**　也尝一尝我吧！我曾是明星产品呢！

**豆　豆**　哇！好咸啊！

**豆　奶**　喝我吧！

[大灰和小白突然走出来。

**大　灰**　吵死了！谁在这儿吵吵！

[食物们纷纷不作声。

**大　灰**　你……(指着豆豆)是你吗?棉花糖小姐?

**小　白**　大灰,她看上去真的很美味。我真想一口吃了她。

**大　灰**　可是现在老大没回来,我们两个私自开小灶,是不是有点太那个了?

**小　白**　怕什么,是老大自己说她又瘦又小,不够塞牙缝的。

**大　灰**　(犹豫了一下)好吧,那就……

[两只老鼠龇牙咧嘴向豆豆走去。

**豆　豆**　救命啊!

**酸　奶**　求求你们,别吃她,要吃就吃我吧!

**棒棒糖**　吃我吧!

[食物们纷纷上前。

**食物们**　吃我吧!

**老鼠们**　你们都滚开!滚远点儿!

**巧克力**　都别吵了!我才是老鼠的最爱!来,吃了老子吧!

**棒棒糖**　巧克力!

**小　白**　哼,你这家伙倒是挺识相,好吧,就先吃你吧。

[小白向巧克力招招手,巧克力咽了口唾沫,向老鼠们走去。

**豆　豆**　巧克力,别过去!

**巧克力**　(对豆豆深情地说)主人,谢谢你一直这么偏爱我。请你以后不要再偏食,多吃些有营养的东西,好吗?

**豆　豆**　好的……

**巧克力**　坏蛋们,我来了!

[巧克力迎上去,从他后面突然蹦出个大蒜头,朝着老鼠们喷出汁来。

**小　白**　啊!我的眼睛!我的眼睛又看不见了!

**大　灰**　该死的大蒜头!

［大灰追上来，被棒棒糖绊倒在地。

［粽子冲上来，解开粽子绳，把老鼠们捆绑在一起。

**粽　子**　对不起女士们，请允许我宽衣解带一下！

［女生食品们纷纷害羞地别过脸去。

**老鼠们**　放开我，放开我！等老大回来了再收拾你们！

**棒棒糖**　对了，那只黑毛鼠最坏，而且诡计多端。

**食物们**　我们先把老鼠洞给封住吧。

［大家齐心协力把各种东西堆在老鼠洞门口。

**豆　豆**　为什么我的力气会这么小呢？

**老干妈**　因为你不爱吃饭。

**豆　豆**　……

［众人气喘吁吁在休息时候，突然听到身后一声狡诈的笑。

［只见黑毛从另一条管子中爬了进来。

**黑　毛**　你们以为把老鼠洞封住我就进不来了吗？

［众人回头，只见黑毛抓住了棒棒糖，棒棒糖尖叫。

**黑　毛**　现在就让你们尝尝死亡的滋味！

［众食物大叫。

［突然，麦乳精掀起盖子，把整瓶粉洒在他脸上。

**黑　毛**　啊！

［粽子抱起麦乳精向黑毛砸去，被他巧妙躲开。

［关键一刻，一只咸鸭蛋不偏不倚砸在他脑门上，把他砸晕。

［只听老鼠洞口传来“喵……”的一声。

**豆　豆**　阿鲁！那是我的猫咪阿鲁！

**食物们**　猫咪！猫咪来救我们了！

［豆豆来到老鼠洞口。

**豆　豆**　阿鲁！阿鲁！

［只见猫咪的大眼睛探了进来。

**猫　咪**　喵呜！

**豆　豆**　阿鲁，快进来救我！

**核桃酥**　不行，那个洞口太小了，阿鲁进不来。

**豆　豆**　你们呢？

**大蒜头**　唯一的办法就是赶紧把老鼠洞打穿，这样阿鲁就能救我们了。

**棒棒糖**　那我们就一起把它打穿吧！

**大蒜头**　不行，我们的力气不足以打穿老鼠洞，一定要大力水手的力气才可以！

［众食物都看着豆豆。

**豆　豆**　我？大力水手？开玩笑吧！

**菠　菜**　你为什么不试试看？吃我呢？

**豆　豆**　你是谁？

**菠　菜**　我就是那神奇的菠菜罐头！

**豆　豆**　我……我最讨厌吃菠菜……

**棒棒糖**　豆豆，现在不是你犹豫的时候！

**豆　豆**　可是我会吐的！

**大蒜头**　豆豆，你试试看尝尝我，我是开胃小能手！

**豆　豆**　可是……

**大蒜头**　真的，你试试看啊！

**豆　豆**　好，好吧好吧！

［豆豆咬了一口大蒜头。

**豆　豆**　哇，你的味道好甜，甜甜酸酸的。

**大蒜头**　怎么样？想不想吃菠菜？

**豆　豆**　嗯！

［豆豆把菠菜罐头吞下肚子。

**酸　奶**　再喝点儿我。

**棒棒糖**　可以了吗？

**豆　豆**　好像……不行……

［此时，黑毛一把把压在他身上的杂物踢开。

**黑　毛**　你们这些臭食物！我要把你们全吃光！

［黑毛抓起了巧克力就要咬下去。

**大蒜头**　豆豆，加油啊！

**菠　菜**　再吃口我！

**豆　豆**　大力女水手就是我！！！

［豆豆一拳把老鼠洞砸开。

**阿　鲁**　喵！！！

［电光火石间，所有老鼠发出了“啊！救命啊！”的惨叫。

［灯暗。

## 第五幕　回到现实

［灯亮，幕帘打开一半。

［只见是豆豆的卧室，豆豆恢复了正常尺寸，躺在床上。她的父亲陪在她身边。

**豆　豆**　菠菜！我要吃菠菜！

**爸　爸**　豆豆！豆豆！

［豆豆瞬间从床上坐起来！

**豆　豆**　爸爸！我要吃菠菜！

**爸　爸**　豆豆？你怎么了？做噩梦了吧？瞧你，满头都是汗！

**豆　豆**　爸爸！你回来了？

**爸　爸**　好几天没回来，这次赶紧来看看你。怎么样？最近胃口好些了吗？

**豆　豆**　爸爸！

［豆豆扑到爸爸的怀中。

**豆　豆**　爸爸，你都在忙些什么呀。

**爸　爸**　还不就是超市改建的事情嘛。

**豆　豆**　爸爸！你千万不要把开心超市关闭啊！那里的食品都是我的好朋友。

**爸　爸**　食品？是你的朋友？

**豆　豆**　爸爸，我答应你，我以后会好好吃饭，你千万不要把他们赶走，我会吃很多很多的菠菜，还有大蒜头和豆腐乳！

**爸　爸**　（笑）你怎么突然爱吃这些了？

［豆豆若有所思。

**豆　豆**　……其实，我很早以前就爱吃这些。

**爸　爸**　哦？

**豆　豆**　我小时候，姥姥总是剥大蒜头给我吃。……对了，就是在那家超市——姥姥常常带我去的！

［豆豆清唱《老牌子》：

那是我日夜思念深深爱着的味道，
无法用言语来表达，
是多么熟悉啊。
或许以后货架上永远再见不到他，
注定我要慢慢长大，
姥姥的超市啊。

**豆　豆**　爸爸……

爸　爸　对啊，就是那家超市，我小时候也常常去，可怀念了。

豆　豆　爸爸，你真的要改建那家超市吗？

爸　爸　是的。

豆　豆　会建成游戏乐园？

爸　爸　不会啊，我会建一家“新开心超市”。

豆　豆　“新开心超市”？和原来一样的吗？

爸　爸　不一样，会比原来的更好。那家超市之所以面临倒闭，是因为经营不善，不整洁，货物存放过期等等，和超市本身的品种是无关的。事实上，超市里的食品都很有特色，而且价格公道。我决定保留那家超市的特色，把它改建成更健康更有特色的本土食品超市。我相信，未来的前景还是很好的。

豆　豆　这么说，大蒜头、臭豆腐、核桃酥他们都不用搬家了？

爸　爸　不，他们都不走，留在我的超市里，我还要用他们做镇店之宝呢！

豆　豆　太好了！爸爸！我真爱你！

［窗外传来一声猫叫声。

爸　爸　嗨，那只野猫又来吵我们睡觉了。

［父亲拿起一块石头。豆豆赶忙阻止。

豆　豆　爸爸，千万别去伤害他，是他救了我！

［豆豆走到窗边，对猫挥手：阿鲁，谢谢你！

猫　咪　喵——（离开）

［幕帘拉上，另一半幕帘打开，是老鼠洞一角，三只老鼠十二分狼狈，伤筋动骨，满身石膏地躺在洞里。

黑　毛　我黑毛英雄一世，没想到栽在一群食物手里！不行！此仇不报枉为鼠！我一定要重返开心超市，然后把它们的食品全部啃坏，让他们死无葬身之地！

**大　灰**　老大英明！老大神武！

**黑　毛**　大灰，小白！我们今晚就出发！走！

［黑毛整装待发，拖着大灰和小白浩浩荡荡往开心超市进军。

［三人来到“新开心超市”门口，只见里面漆黑一片。

**黑　毛**　哼哼哼哼……食物们都睡着了，今夜真是犯罪的好日子——小的们，给我上！

［三人刚踏进超市，就被红外线一阵扫射。

［二十四小时监控录像顿时启动。

［巨大的捕鼠器掉下来，掉在他们头上。

［食物们纷纷从货架上跳下来，哈哈大笑。

**黑　毛**　哇靠！这还是开心超市吗?!

**食物们**　不，我们是“新开心超市”！！！

［闭幕音乐：《爱》

把你的心，我的心，串一串，
串一根热香肠，串一只鸡翅膀，
之所以等待肚子的召唤，
在胃里做个伴！
对顾客大声地呼唤：说声，我爱你！
对那长长购物单：说声，我恨你！
为了身体更健康，
我们必须更安全，
为人类做出我们的奉献！

**（剧　终）**

## 导师评语

毛时安

2013年,上海文化发展基金会启动了一个令人瞩目的大手笔项目——青年编剧的创作资助。一时间筑巢引凤,引来了许多名不见经传的体制外青年创作才俊。几十个项目竞争得非常激烈,在最后通过的项目中有一个叫马心羽的女孩,不但投来了好几个剧本,而且门类繁多,既有电影也有舞台剧。最后居然过五关斩六将,一个人拿下了两个项目。我参加的是舞台剧的评审,她拿出的是一个叫做《超市总动员》的提纲。没想到,这个提纲居然一下子通过了评委们挑剔的眼光,洋溢着一片烂漫天真的童趣。后来基金会召集年轻编剧座谈,马心羽小小的个子,脸上挂着涉世未深还没有完全退去孩子般的笑靥。有时候眯着眼睛的表情,就像还生活在遥远的小孩子做梦的年代。她写童话,气质上信得过。

《超市总动员》原来是写一个经营不善的超市要改建为游乐场,超市主人的女儿和超市里一群为了生存的食物联手偷图纸,阻止超市倒闭。完成的剧本在保持原有框架的同时,悄悄增添了一个新的理念。超市改建的动因,从经营不善变成超市主人为了让厌食症的女儿豆豆开心,决定将超市改建为乐园。确实,从前的孩子是想吃没得吃,在物质贫乏的年代里,父母既没钱为孩子买零食,也没有丰裕的食物可以购买。而今天的孩子是有的吃而不想吃。许多孩子都是养尊处优,什么也不稀罕,什么也不想吃。不仅主食不想吃,最后连对零食也没有了胃口和新鲜感。给孩子喂饭，对许多年轻家长是严峻的考验。但愿孩子们在观看《超市总动员》时，在他们和豆豆一起经历了各种惊险、曲折，最终会和豆豆一样，克服一些娇气，爱上有异味的大蒜头和多种多样有营养的食品。

童年是一个急剧生长变化的生命成长阶段，儿童对文化接受也同样如此，层次感极为丰富。从低幼儿童剧来看，浅显的，不动声色的人格教育和人文灌输，仍然是儿童艺术的重要价值取向。因为家里又有了第三代，我接触了大量低幼的儿童文学。这个社会，即使进入21世纪，进入信息社会，仍然侧重于教育，侧重于对孩子爱心、精神、人格等多范围的培养和开掘。马心羽的笔下比较突出的是加入了生态环境的内容。《超市总动员》里有善良的弱者的群体，有它们在与坏老鼠抗争时的相互团结、关爱乃至害怕恐惧，有它们为了避免超市倒闭的努力自救……

但孩子的思维更多是直觉的、感性的，甚至是超自然的拟人化的。《超市总动员》在曲折惊险的食物们为拯救自我的过程中，被马心羽赋予了童趣盎然的人格化的特点。形象有点难看的大蒜头的古道热肠，关键时刻出手击败坏老鼠的智慧和手段，酸奶的黏糊，棒棒糖的胆小娇贵……在剧中这些食物形象十分生动，其他食物选秀时争着彼此表现戏谑的场面，都是会让孩子很放松而开怀的。

总体看来，这是一个品相不错的儿童剧，是一个经过导演处理会有较强戏剧效果的儿童剧作品。

但不足之处也比较明显。儿童剧必须摈弃那些廉价的当代感。廉价的当代感的所谓“喜剧效果”，是当下戏剧创作的一大通病。其目的是博得现场观众浅层的傻傻一笑，但在实际上却大大降低了戏剧原有的艺术品位。《超市总动员》也未能免俗。

比如剧中对郭德纲、于谦的模仿，对于《非诚勿扰》和“乃伊做特”的现代借用，包括出现“澡堂里的天上人间”，这些词句的出现有着明显时效性其实未必是喜剧的东西，在我看来会大大影响这部作品长期演出的稳定性。建议马心羽在此基础上，再能精心对该剧打磨一次。

儿童剧

# 水果家族

汪　菲

## 汪　菲

女，1993年生。小学起就一直担任新加坡电视台华语少儿频道的节目主持，主持的节目全部由本人自编自导自演，曾在新加坡《大拇指报》多次刊登创作作品及文章。中学时随家人回国，经常在上海的《童心童言》、《中学生报》，以及《长沙日报》等发表文学作品。

## 第一幕

[寒假还没到呢，胖苹果和他姐姐瘦苹果就开始了新的策划活动。

[他们在策划什么呢？

**胖苹果** 姐姐，我们放寒假的时候是不是就要过年啦？

**瘦苹果** 是啊，放寒假时就快过年啦！怎么你又想过年啦？

**胖苹果** 嗯，我们班橘子小川说今年过年他外婆带他回老家呢！

**瘦苹果** 他们老家在哪呀？

**胖苹果** 四川。

**瘦苹果** 四川很远吧？

**胖苹果** 我怎么知道呀？可是，我好喜欢他外婆，上次小川外婆还给我吃橘子呢！有一天我衣服上的扣子丢了，香蕉爱爱的外婆也亲手帮我钉了一回。可是……姐姐，我们的外婆在哪儿呀？我怎么从来都没有见过呀？

**瘦苹果** 对欸！我们为什么没有外婆呢？

**胖苹果** 等爸爸妈妈回来，我们一定要好好问问他们！

[这天傍晚，爸爸和妈妈一起回来了。

**胖苹果** 老爸、老爸，我们的外婆呢？

**爸　爸** 你说什么呀？没头没脑的。

**妈　妈** 宝贝儿，坐下来，慢慢说，什么我们的外婆呢？

**瘦苹果** 噢,胖苹果是说为什么我们从来都没有见过自己的外婆,我们有外婆吗?

**爸　爸** 噢……是这事儿,你们的外婆早就去世了,那时胖苹果刚生下来。

**胖苹果** 老爸,外婆见过我吗?

**爸　爸** 见过,见过。

**胖苹果** 那我不管,我也要外婆带我去四川玩。

**妈　妈** 说什么呢?外婆已经去世了。

**胖苹果** 去世也不行,去世也要带我去四川玩。

**瘦苹果** 去世就是死了。

**胖苹果** 啊……(随后大哭,嘴里还唠叨)怎么就死了呢?我还没有去过四川呢!要不妈妈你再给我找个外婆吧!

**妈　妈** 傻孩子,这怎么可以呢?

**胖苹果** 那外婆现在的家在哪儿啊?

**妈　妈** 外婆现在哪有家啊?她睡在坟墓里。

**胖苹果** 那不行,我得到坟墓里去找她去!

**瘦苹果** 啊!你说胡话了吧?

**胖苹果** 你才说胡话呢!

**妈　妈** 好了好了,别吵了,是到了应该告诉你们的时候了。你们等着,我去拿一样东西给你们看。(稍过一会儿就听妈妈叫道)来来来。两个小家伙,你们过来看看这是谁?(说完妈妈就拿出来一张发黄的照片)

**胖苹果** 哎,这些人都是谁呀?

**妈　妈** 是我们家人啊!这是你外公,外婆,这是我,这是小姨。

**胖苹果** 妈妈,这不是你,这是瘦苹果。

**妈　妈** 傻小子,这是妈妈小时候。

**胖苹果** 唉……怎么跟姐姐长得一模一样!

**爸　爸**　唉……怎么说话呢？应该是姐姐长得像妈妈。

**胖苹果**　不是一样吗？

**爸　爸**　那能一样吗？

**胖苹果**　妈妈再让我看看。呀！这就是我们的外婆啊！嗯！我好喜欢她噢。她还戴了一顶小帽子。妈妈，外婆是不是跟我一样高？

**妈　妈**　不高，跟我差不多。

**胖苹果**　妈妈，外婆说的是什么话？

**瘦苹果**　人话，哈哈哈哈哈……

**胖苹果**　别闹了，我问妈妈呢！

**妈　妈**　外婆啊是上海本地人，说的是老上海话。

**胖苹果**　妈妈，外婆家住在什么地方？

**妈　妈**　住在马桥镇。

**胖苹果**　马桥镇在哪里啊？那我们现在能去看看吗？

**爸　爸**　噢！想知道马桥镇啊？过几天老爸带你们去马桥看看！

## 第二幕

［这天夜里，四处静悄悄的，只听见有人在叫：胖苹果、胖苹果。胖苹果使劲地睁开眼睛。

**胖苹果**　咦？你不是外婆吗？

**外　婆**　是呀。

**胖苹果**　那您怎么不戴帽子了？

**外　婆**　傻孩子，晚上睡觉戴什么帽子呀？

**胖苹果** 外婆，那您手上拿的是什么呀？

**外　婆** 是绒线，我想给你和瘦苹果织点什么。

**胖苹果** 我想您给我织顶帽子。因为我们班上爱爱的小红帽是她外婆亲手织的。

**外　婆** 噢，那容易，织好了小红帽，外婆再给你们一人做一双狮子头布鞋。

**胖苹果** 啊……真的吗？

**外　婆** 是真的，当然是真的，外婆怎么会骗你呢。

**胖苹果** 太好了，太好了！我也要有外婆亲手织的小红帽啦，哈哈哈哈……真开心！（忽然想起什么，立刻跳下床，拉着外婆的手）外婆，您坐，我给您看一样东西。

**外　婆** （笑眯眯坐下）这孩子，神神秘秘的，要给外婆看什么呀？

［胖苹果翻了一会儿抽屉，拿出一个小盒子。

**胖苹果** 外婆您看！

**外　婆** 哟，很漂亮的盒子，里面藏着什么呢？

**胖苹果** （得意洋洋）：外婆，这里面可是我的宝贝哦！

**外　婆** 胖苹果的宝贝？那外婆一定要看看喽。

**胖苹果** 外婆，去年香蕉爱爱从国外旅游回来，带了一包很好吃很好吃的水果软糖，可是她都不给我们吃。她说，这包糖是要送给外婆的，因为她最喜欢外婆了！（停顿一下，看着外婆）外婆，虽然我从来没见过您，但是……我真的很喜欢您，我也想送给您最好吃最好吃的糖，所以我就替爱爱当了两个礼拜的值日生，换了一颗糖。这颗糖我一直都藏着，是我最宝贝最宝贝的东西，谁都不能碰，连爸爸妈妈和姐姐都不行！我想……总有一天，我要把它送给您！

**外　婆**　胖苹果真乖，真是外婆的好外孙，外婆也最喜欢胖苹果了。

［胖苹果打开盒盖，取出一颗包装精美的糖果。

**胖苹果**　外婆您快尝尝，是草莓味的哦！

**外　婆**　好，好，外婆马上就尝……

**胖苹果**　咦，不对呀，糖怎么那么硬？（使劲摸摸糖）我记得以前是软软的。

**外　婆**　软糖放久了，自然就会变硬。

**胖苹果**　啊？（一下子变得很沮丧）那不就是……糖坏掉了吗？

**外　婆**　不会，不会，外婆吃给你看。

**胖苹果**　……外婆，还是不要了，糖都坏了，不好吃了，再说，万一您吃坏身体怎么办？（声音越说越小）

**外　婆**　没事，这是胖苹果对外婆的一番心意啊。

**胖苹果**　哎呀，还是算了！我……（抬起头，表情十分认真）外婆，我向您保证，等我以后长大了，一定要买天底下最好吃最好吃糖给您，（加重语气）一定是最好吃的那种！

**外　婆**　好，好！外婆先谢谢胖苹果！胖苹果这么懂事，外婆决定呀，除了织一顶小红帽，还要再给胖苹果做一双狮子头布鞋。

**胖苹果**　狮子头……布鞋？

**外　婆**　对！胖苹果啊，你知道吗？我们年轻的时候每年过年都要穿狮子头布鞋的。哎，我和你外公还会舞狮子、跳狮子舞呢！你会吗？

**胖苹果**　我不会。

**外　婆**　那你看过吗？

**胖苹果** 没有，外婆，那您现在还会跳吗？

**外　婆** 会，会，我会。（说着，外婆就跳起了狮子舞。）

**胖苹果** 真好看，真好看！我也要跳，我也要跳。（胖苹果一个跃身扑向了外婆）

［这时天已大亮，胖苹果穿着睡衣趴在地上，他睁开眼睛一看，什么都没有。在地上停了一会儿，胖苹果很失望地爬回了床上。这一天，他像失了魂的孩子一样。晚饭时，他呆在那儿。

**妈　妈** （用手摸了摸胖苹果的额头）呀，发烧啦！

［妈妈赶忙倒了一杯水给胖苹果。

**妈　妈** 宝贝儿，快先喝口水。妈妈一会儿去给你买药去。

**胖苹果** 妈妈，我不想喝水。

**妈　妈** 那我先去买药。

**胖苹果** 妈妈，我也不想吃药。

**妈　妈** 那就先吃饭，吃饱了肚子就能战胜高烧。

**胖苹果** 我也不想吃饭。

**老　妈** 那你想干吗？

**胖苹果** 我想……我想去找外婆。

**妈　妈** 啊！孩子，你烧糊涂了吧？

**胖苹果** 没有，外婆给我织的小红帽还没给我呢！还有狮子头布鞋！

**妈　妈** 哎哟，这是烧得说胡话了吧？

**胖苹果** 没有，真的没有，你看 1、2、3、4、5（胖苹果伸出自己的右手数着）。

**妈　妈** 那外婆早就去世了，你上哪儿去找啊？

**胖苹果** 我要去她那个坟墓，和外婆住在一起。

**妈　妈** 啊……（只见老妈声声泪下）好孩子啊，你可别瞎说，这是中了什么邪啦?

[这时,老爸和瘦苹果走了进来,瘦苹果抱住弟弟胖苹果。

**瘦苹果** 胖苹果,不吃饭就吃点苹果吧。我们苹果家族的成员个个脸上红扑扑的,可健康了,你怎么……苹果含有大量的维生素,是抗病毒的。来,姐姐帮你把苹果皮削了,你先吃一口。

**妈　妈** 唷,我都忘了,家里还有梨呢!梨祛火、润肺、止咳,对了,最新说法,还排毒呢!

[说着,妈妈就给胖苹果削了一个梨子,这时爸爸开始发话了。

**爸　爸** 你看你这孩子,睡觉还抱着照片,哪有像你这样的,忽然间怎么会这么想外婆呢?

**胖苹果** 人家都有外婆。我是我们班学习最好的,他们谁也比不上我,可就都比我多一个外婆。我好想好想和他们一样。可是,今天早上外婆怎么就走了呢?爸爸我好想外婆!外婆不回来我就什么也不吃!

**妈　妈** 什么外婆就走了呢?孩子,你到底在说啥?

[爸爸妈妈都低着头,过了一会儿,爸爸把妈妈拉了出去,瘦苹果姐姐在喂弟弟吃苹果。吃着吃着只听瘦苹果说:

**瘦苹果** 哎,爸妈,你们来看看呀,胖苹果好像退烧了。(瘦苹果拿着一个温度计)

**妈　妈** 来,让我看看。咦,真的,我们孩子退烧了。

**爸　爸** 退烧就好,退烧就好。看来,这水果还真是抗病毒管用啊,怎么在你这儿比药还灵呢!

## 第三幕

[从这以后，家里一切恢复了正常。可是，再也没有看到胖苹果笑过。无奈之下，一天，老爸老妈只好开着车把瘦苹果和胖苹果带到了马桥镇外婆的老家……

外婆家住在马桥镇的郭家村。走进了古镇胖苹果就瞪大了眼睛。他看到的什么都是新鲜的。一打开外婆家老宅门，胖苹果大叫一声：

**胖苹果** 外婆——（这时只见外婆笑眯眯地迎了出来，一手拿着一顶小红帽，一手拿着一双狮子头布鞋。胖苹果一把抱住了外婆的腰，放声大哭起来。）外婆，我好想您啊！您怎么一声也不说就走了呢？您知道吗？我想您想得都生病了。

**外　婆** 唉……都是外婆不好，看看，咱们的胖苹果都瘦了一大圈！胖苹果，是不是有什么心事呀？

**胖苹果** （点点头）嗯，外婆，我爸爸妈妈说您已经不在了，您怎么又活过来了呢？

**外　婆** 这个啊……因为你们想我，所以我就回来了呀。

**胖苹果** 真的？那……外婆，既然您都已经回来了，可不可以再也不要离开胖苹果了，您搬来跟我们一起住，好不好？

**外　婆** 外婆在马桥住惯了，以后胖苹果想外婆的时候，就让爸爸再带你过来……

**胖苹果** 不要不要，我就要外婆跟我们一起住！外婆，你答应我嘛！

**外　婆**　（犹豫一阵）：哎，那这样吧，外婆答应胖苹果，只要胖苹果好好念书，考上优秀的初中，外婆呢，就搬过去跟你们一起住。

**胖苹果**　可是……我考初中，还要好几年呢！

**外　婆**　哦，外婆明白了，一定是胖苹果怕自己做不到。

**胖苹果**　不是不是，我做得到，做得到！外婆，那我们可说定了，您不许反悔！

**外　婆**　哈哈哈哈……好，外婆决不反悔！

**胖苹果**　（憧憬）：太棒了！等到那时候，我就已经是个大孩子了！外婆，我一定会好好孝顺您的，您累了，我就给您捏肩膀，天冷了，我就给您焐被子，打热腾腾的洗脚水。我们老师教过的，古时候有个叫黄香的小孩，他就会给他的爸爸妈妈焐被子，我呀，（拍拍胸脯）肯定做得比他更好！

**外　婆**　外婆明白，胖苹果最乖最孝顺了！来，胖苹果你看，这帽子好看吗？和爱爱外婆织的小红帽一样吗？

**胖苹果**　一样一样。就是这样的，谢谢外婆！

**外　婆**　胖苹果喜欢就好。

**胖苹果**　外婆，我告诉您一件小秘密，你不要跟我爸爸妈妈说哦！其实……我本来打算离家出走，去坟墓里找您的。

**外　婆**　你还想离家出走？孩子啊，这是为什么呀？

**胖苹果**　因为我很喜欢您，很想您呀！我也要和同学一样有一个外婆。

**外　婆**　唉……千万不可做傻事。你一离家出走父母多着急啊？找不到你他们会急疯了的。你要听外婆的话，永远不要干傻事，好吗？

**胖苹果**　好！可是外婆，您不知道在家里爸妈天天逼着我吃水果，可烦人了！

**外　婆**　水果怎么能不吃呢？人长期不吃水果蔬菜会生病的。

**胖苹果**　外婆，如果我每天坚持吃一个水果，那过年能不能到您家来过呀？

**外　婆**　好呀，好呀，就来外婆家，就来外婆家。每年到了春节过年的时候啊，外婆家这里特别热闹。为了增添节日的气氛还有舞狮呢！你知道舞狮子象征着什么吗？

**胖苹果**　不知道。

**外　婆**　象征着吉祥。

**胖苹果**　噢，舞狮子象征着吉祥啊！

## 第四幕

［寒假的第一天，胖苹果到园子里去摘了一大筐新鲜的苹果。第二天一早，他背着一小筐苹果就开始出发。临行前他在家里留了张字条就独自一人去了外婆的家。他是多么的想念外婆，每天把狮子头布鞋穿在脚上。要不是怕同学笑话他，连上学他也想穿着。今天一早，他把刷得干干净净的狮子头布鞋穿在脚上，出发前感觉心情无比的舒畅。他刚一推开家门准备上路，哇！满地的白雪，厚厚的铺在地面。胖苹果兴奋地在地上打了个滚，没想到苹果撒了一地。他哪顾得上苹果呀，拼命地搓雪球。对了，回家去拿把铲子。他把家里的炒菜铲子拿了出来，铲呀，铲呀。大概十分钟的工夫，一个大大的雪人堆了起来。

**胖苹果** 快来人呀，快来看呀，雪人金刚站起来了，大家快来看呀！

［话音刚落，一溜烟似的跑来了四五个小男孩，他们有榴莲家族的，有芒果家族的，还有小橘子家族的。

**胖苹果** 看看，怎么样？我能干吧？

**小榴莲** 这有什么，我还会做白雪冻苹果呢！要不要我做一个给你吃？

**胖苹果** 要要要！（小芒果和小橘子也吵着说要）

**小榴莲** 好！大家都闭上眼睛。（小榴莲一小会儿就变出了四个冻苹果。胖苹果和小朋友们高兴极了，大口大口地吃起来）

**小橘子** 耶！苹果冰棍！

**胖苹果** 真好吃！

**小橘子** 怎么这么甜呀？比我家橘子甜多了。

**胖苹果** 我家的苹果也这么甜……咦？刚才在这儿的一筐苹果呢？（胖苹果四处看了一下）

**小橘子** 咦？刚才我没看到呀！

**小芒果** 有，我看到了，手太冷了我就没拣！

［胖苹果好像忽然反应过来什么似的，气冲冲地叫着。

**胖苹果** 臭榴莲，这是我的苹果。

**小榴莲** （边跑边说）谁说的，谁说的。（一会儿就不见人影了）

［胖苹果可伤心了，这是带给外婆吃的苹果呀，怎么办呢？哎，有了，做个小雪人送给外婆。

**小橘子** 不行不行，雪人拿到家里会化的。

**小芒果** 你外婆家在哪呀？

**胖苹果** 马桥，在马桥。

**小芒果** 那肯定不行。马桥很远的。

**胖苹果**　我试试，你们让我试试嘛。

［就这样，胖苹果又开始抱着一个小雪人上路了。他边走边唱。可是在路过一条小河时，他有点迷路了，于是，拿出了地图。

**胖苹果**　马桥在黄浦江上游北岸，什么叫北岸？闵行西南，我这儿是不是闵行的西南呢？与松江毗邻，什么叫毗邻？咦？上次爸爸就是往这里开的呀？我还特地记路来着。

［他坐在路边上托着腮帮子开始想了起来，一会儿，对面来了一个穿苹果衣服的小哥哥。他问了小哥哥路怎么走。原来还有很远很远的路。胖苹果暗自下了决心，再远也不要紧，找外婆，送个雪人给外婆。胖苹果一边走着，一边唱着，开心极了。忽然，听见有人叫胖苹果……胖苹果……他回头一看，哎呀，姐姐怎么来了？

**瘦苹果**　胖苹果，你也太不拿我当姐姐了吧？为什么不叫我就走呀？你看我挎着一篮子苹果跑这么远都快累死了。

**胖苹果**　谁让你跑来的？我还不想叫你来呢！

**瘦苹果**　我为什么不能来呀？

**胖苹果**　因为我有很多很多的事情要悄悄地告诉外婆，你看我把成绩单都带来了，三门100分！外婆肯定会开心的。你来干什么呀？

**瘦苹果**　胖苹果你真牛，我今年光知道学跳舞了，一点儿也没抓紧学习，你可千万别把我的成绩告诉外婆。

**胖苹果**　可是，你是舞蹈冠军啊！

**瘦苹果**　这……这有什么用！

**胖苹果**　有用！哎，姐姐我来帮你跟外婆说，可是，我有一个要求。

**瘦苹果** 什么要求？

**胖苹果** 你再跳一次给我看看。

[这时，只见瘦苹果放下手中的提篮，翩翩起舞。她的舞蹈幻化出最纯粹的迷人气息，一会像在空中飞扬，一会儿又有着犹抱琵琶半遮面的吸引力，轻柔和缓。在这和风煦日下……哇塞，还有少女的羞涩，把胖苹果看得目瞪口呆……

**胖苹果** 姐姐，你好美哦，你像白雪公主一样漂亮。

**瘦苹果** 嗯……不对，我是美羊羊。咦……胖苹果，你身上怎么都湿了？还冒着热气，怎么啦？

**胖苹果** 啊？是雪人化了。咦，那么大的雪人怎么变小了？（胖苹果撅着嘴）姐姐，我本来想送一个雪人给外婆的，可是，这……这怎么办呢？好冷啊……好冷啊……（胖苹果亲眼看见自己的小雪人又化在了雪白的地上）

**瘦苹果** 那我们快走吧。咦……哪来的声音？是儿歌。

**小朋友** 笃笃笃，买糖粥，三斤核桃四斤肉，吃你的肉还你的壳。

[瘦苹果挽着胖苹果一步一步顺着歌声轻轻地来到了小河旁。

**瘦苹果** 小朋友，刚才的儿歌是你念的吗？一口标准的上海本地话！

**小朋友** 是啊！好听吗？（一位穿着橘子衣服的十二岁左右的小男孩回答道）

**胖苹果** 就是好听我们才来的呀！

**小朋友** 你们也会念儿歌吗？

**胖苹果** 不，我会唱歌，我姐姐会跳舞。哦……我姐姐还拿到过冠军呢！

**小朋友** 你俩真厉害！（小朋友跷起大拇指）

**瘦苹果** 今天刚放假，你不在家里玩，跑出来叫什么叫？

**小朋友** 这是我们乡下的童谣，每个人都会说的，很好玩儿。

**胖苹果** 那你叫什么名字啊？

**小朋友** 我的名字叫李奋斗，你叫什么名字啊？

**胖苹果** 我叫胖苹果。

**李奋斗** 那你姐姐叫什么名字啊？

**胖苹果** 我姐姐的名字叫瘦苹果，她是苹果果园的队长，我的妈妈是芒果果园的队长。老妈悠哉、悠哉，天天说芒果是个好东西，生津止渴还消暑，多吃芒果有益于视力，好像别人不知道一样。

**李奋斗** 我最爱吃芒果了。那你爸爸呢？

**胖苹果** 我家芒果老爸憨态可掬，是个出了名的大好人。

**李奋斗** 原来你们也是水果家族啊！我家也是水果家族，我是小橘子，含维生素C最多的水果，橘子里还有柠檬酸，你们有吗？

**胖苹果** 没有。

**李奋斗** 告诉你漂亮姐姐，我们橘子还有美容功效呢！

**瘦苹果** 那以后我天天吃橘子！

**胖苹果** 我们水果家族，一家共有四口人，可是，今天就要增加一个外婆了。

**李奋斗** 你外婆在哪儿呀？

**瘦苹果** 在郭家村。

**李奋斗** 噢，这条河向北就是郭家村，这条河就是俞塘河。

**胖苹果** 呀！这么快就到了。

**李奋斗** 你外婆叫什么名字啊？

**胖苹果** 叫张阿毛。

**李奋斗** 张阿毛，没听说过。这样吧！我来问问我外婆。我外

婆叫郭阿毛。外婆——外婆——(李奋斗叫个不停)

[不一会儿,就有一位穿着榴莲衣服的外婆走出来。

**李奋斗** 外婆,他们要找郭家村的张阿毛。

**郭婆婆** 找张阿毛啊?你们是她什么人呀?

**胖苹果** 我们……我们……噢……她是我们外婆!

**郭婆婆** 啊?你外婆去世你们都不知道呀?

**胖苹果** 你瞎说,我们上个星期还来看过外婆,她很好!

**郭婆婆** 这不可能呀!你外婆去世都快9年了。

**胖苹果** 没有没有,我外婆又从坟墓里搬回来住了。

**郭婆婆** 孩子,你胡说什么呀?(李奋斗也在一旁哈哈大笑)

**胖苹果** 是真的!

**郭婆婆** 好好好!我带你们去外婆家看看!

## 第五幕

[郭婆婆带着胖苹果和瘦苹果走到了外婆家门前,郭婆婆叫着

**郭婆婆** 二姑娘、二姑娘在家吗?

**小　姨** 嗳!在家呢!(小姨赶紧跑了出来)

**郭婆婆** 你看看这两个孩子是不是找你们家的?

**胖苹果** (一眼认出了小姨)小姨,外婆呢?

[只见小姨满脸尴尬。噢,外婆出去了,一会就回来。说着就侧过身来向这个郭阿婆眨了眨眼睛。可是,这个表情让胖苹果看到了,胖苹果怎么也想不通,就悄悄地告诉了姐姐。

**小　姨**　胖苹果、瘦苹果，你们先坐一会儿，我去叫外婆。你们先吃点花生、瓜子，歇一会好吗？

**胖苹果**　好！

［只见小姨关上门走出去了，胖苹果和瘦苹果伸头向院子里望去。可是，没有看见小姨出门。于是，他俩悄悄地推开门，到院子里侦查了一番，忽然听到隔壁房间有动静。他俩蹑手蹑脚地走了过去，扒着窗户一看，小姨正坐在梳妆台前化妆。好一会儿，小姨起身了，胖苹果和瘦苹果赶紧撤回了原处，可是奇怪的一幕发生了。只见外婆推开了房门，面带微笑，轻轻地搂住两个孩子。胖苹果扑在外婆怀里。瘦苹果一个劲儿地叫："小姨……小姨，别找了，外婆回来了。"但也没看见小姨回来。胖苹果赶紧拿出成绩单给外婆看。

**胖苹果**　外婆，你上次说小孩子不能睡懒觉之后，我再也没有睡过懒觉，每天早上六点起床。你叫我每天晨读，我就每天早上读书半小时，我都做到了，不信，你问姐姐。

**外　婆**　好好好！外婆来亲宝宝一下。（这时，外婆发现瘦苹果不见了）瘦苹果呢？（不一会，瘦苹果走了过来，好像很神秘的样子）

**瘦苹果**　外婆，你真的是外婆吗？

**外　婆**　你说呢？那我是谁呀？

**瘦苹果**　我说你不是，可我不知道你是谁！

**胖苹果**　不许胡说外婆！不许胡说外婆！要是外婆再没有了，我就跟你拼了！再也不要你这个姐姐了！

**瘦苹果**　（围着外婆绕了一圈忽然说）外婆，那你把假发拿下来给我们看看吧？说完，瘦苹果就拿下了外婆的假发。

**胖苹果**　啊！是小姨？（胖苹果愣了半天才回过神来，呜呜呜大

哭起来）

**小　姨**　好孩子别哭，这是一场游戏，小姨跟你们开玩笑的。来，小姨把原因告诉你们。上次你想外婆想得都生病了。我和你爸妈没想到亲情有如此大的力量。所以，就想出了这招既能让你恢复好心情又能改掉坏毛病促使你上进的办法。你看，这样效果不是很好吗！提高了学习成绩，而且改掉了睡懒觉的坏习惯，多好的事儿啊！所以啊，这个游戏值得。

**胖苹果**　啊！是做游戏啊！

**小　姨**　好玩吗？

**胖苹果**　不好玩，一点儿也不好玩。

**小　姨**　不哭了……不哭了，来，小姨给你们讲一个外婆的故事，你们不是想外婆吗？（只见胖苹果一个劲地点头）

**小　姨**　从前啊有一群青年男女，他们漂洋过海下南洋。忽然，在海上遇到了风浪。那群人都被海浪无情地吞噬了。只有一对男女青年漂泊了好几天，终于漂到了一个美丽的小岛上，幸存下来。岛上的居民采来一种果子给他们吃。结果，两人很快就恢复了体力。出于对岛民的感激，这对男女决定留下来，和岛民一起劳作，种植水果，并且他们还结为夫妻，又生了两个女儿。后来人们给这个水果起名叫“榴莲”。意思是让人“流连忘返”。你们可知道，这对青年男女就是你们的外公外婆呀！

**胖苹果**　啊！（瞪大了眼睛）

**瘦苹果**　啊……怎么像电视剧里一样。

**小　姨**　他们生下的一双女儿就是我和你妈妈。榴莲老爸、老妈生下了我们这对芒果姐妹，同样也是热带水果。为了让我们水果家族走向中性而不仅仅是热带水果之血脉，我们芒果姐妹再次漂洋过海来到了中国，就住在马桥镇，你妈妈还嫁给了你们的芒果老爸，生下了一对苹果儿女，那就是你们俩呀！

**胖苹果** 啊！原来我们是这么来的呀！

**小　姨** 是呀！那这个好玩吗？

**胖苹果** 好玩！好玩！这个最好玩！

**瘦苹果** 那小姨，我妈妈是怎么嫁给我爸的呢？

**小　姨** 哦……有一天，正值华人新年的时候，我和你们的妈妈正准备离开马桥回南洋。在除夕的那天早上，听见门外有很热闹的声音，我打开门一看。哇噻，一大群人在舞狮耍龙。有一位很帅气的芒果家族的小伙子说：马桥镇民每到节日都会舞狮子，因为这象征着吉祥，还有辟邪健体的传说。大家都很热情地劝我们芒果姐妹留下来，和广大农民们一起嫁接水果。面对大家的盛情，又加上眼前这位小伙子的求婚，所以，我们芒果姐妹就决定留在上海了。不久，一片片葡萄园、苹果园、香蕉园都纷纷结出了丰硕的果实。所以呀，今年过年胖苹果和瘦苹果一定要来小姨这儿过年，小姨带你们去看舞狮耍龙好吗？

**胖苹果** （拍手叫好）好！好！好！可是我还是想外婆怎么办呢？（胖苹果若有所思地走开了）

## 第六幕

［这年过年，胖苹果带了一大叠信件来到了外婆的

家，轻轻地放到了外婆的遗像下。

**胖苹果**　（高兴地对外婆说）外婆，我读给您听……

亲爱的外婆：

今天，语文课上老师开始教我们写信了，我第一封信就是写给您老人家的。我好想您，外婆，小红帽我戴上了，很暖和。

胖苹果

2010.1.08

亲爱的外婆：

今天我开始掉第四颗牙了，我收好放在枕头底下了，您什么时候再来，我就给您看。

胖苹果

2010.1.10

亲爱的外婆：

学校开展“谁的本领大”活动，猜谜语时，我猜对了三题，得了学校第一名。可是，有一条是小明悄悄告诉我的，我骗了老师。如果我老实说出来，就不是第一名了，怎么办呢？

胖苹果

2010.1.12

［这时，胖苹果眼前又出现了外婆的身影。

**外　婆**　孩子啊！第几名不重要，关键是诚实。你如实说出来，老师会给你的人品打第一名，不是很好吗？知错就改才对呀！

**胖苹果**　噢！外婆说得对，知错就改。开学我就去告诉老师，我要人品第一名。谢谢外婆！

［这时只听见远处有噼噼啪啪的鞭炮声，胖苹果刚

一起身，小姨和瘦苹果进来大声叫着

**小姨、瘦苹果** 快快快，街上有舞狮的，快去看呀！

［胖苹果拔腿就跑，边跑边叫

**胖苹果** 过年喽！过年喽！

［胖苹果和瘦苹果在小姨家过得可开心了。当爸爸妈妈来接苹果姐弟俩回家上学的时候，大老远就听到了他们小时候的上海童谣：

摇啊摇，摇到外婆桥，
外婆叫我好宝宝。
糖一包，果一包，外婆买条鱼来烧。
头勿熟，尾巴焦，盛在碗里吱吱叫，
吃勒肚里豁虎跳。
跳啊跳，一跳跳到卖鱼桥，
宝宝乐得哈哈笑。

**爸　爸** （跷着大拇指对着妈妈说）这马桥话真地道！

（剧　终）

## 导师评语

蔡金萍

儿童剧《水果家族》是青年编剧汪菲根据自己的亲身经历和童年回忆而独立创作完成的舞台剧剧本。我院创作制作部也非常关注这一作品,主创团队进行多次会议讨论和解读之后产生以下几点看法。

作为一名这么年轻的编剧,却具有如此不拘泥于常规的创作想法,是非常难能可贵的。她把一个几乎可能发生在我们身边的温情故事,设置在一个虚拟的水果家族,让各种水果的可爱与生动,教会孩子们做人的道理,这是一个非常好的想法。她的作品有一定想象力,也有年轻人的朝气。

“孝心”虽然是中国历史悠久的美德,可是在当今社会往往会被忽略。在《水果家族》这个剧本中,“孝心”这个内容是贯穿始终的,这出自一位如此年轻的编剧的笔下也很难得。

而作品中所表述的“传承孝心”的内容更是来自编剧童年的亲身经历。汪菲的外婆就是马桥镇人,所以她有浓浓的马桥情结。于是在剧本中,加入了当地民俗色彩的儿歌、手舞狮、虎头布鞋等元素,让剧本富有马桥当地民俗气息,也增添许多人文色彩。

编剧汪菲本人也非常好学,虽然是第一次加入专业的创作团队,但也很快融入集体。在老师的指点和帮助下,在我院计划的时间节点之内完成了两稿修改稿,基本达到我们提出的修改要求,可以说她还是非常有灵气的。

当然,作为一个要呈现在舞台上的剧本,《水果家族》还是有一些需要解决的问题的。从创作剧本的角度来看,故事缺乏合理性和在舞台上呈现的可行性，特别是在虚和实转换的问题上比较混乱，所以容易形成风格不统一。

从剧本中可以看出编剧是缺乏生活阅历和创作经验的，她不是特别了解儿童观众的心理，往往低估了孩子们的理解能力，所以会产生很多不必要的顾虑。她可能更多的是站在自己的角度上进行创作的，所以也建议她能走进孩子，去多了解一下他们的情况。希望多思考个人经验如何与故事情节有效地结合，而不能一味地堆积。

作为要在舞台上呈现的作品，剧本容量是不足的。所以我们建议增加具有戏剧性和矛盾冲突的内容。比如：在开头加一个序，写一个热闹的学生场面，孩子们兴致勃勃地炫耀家中的老人们教自己当地的民俗传统，可是小主人公却一个人在角落一言不发，形成一个对比。

同时，希望在这个剧中把民俗和上海童谣作为一个特色，所以希望多添加一些关于老上海的民俗内容和儿歌童谣，希望童谣成为一个贯穿全剧的线索和最终外婆留给我们的纪念。

关于死亡的概念在儿童心理上的正确引导，这非常重要。又要把外婆去世的事讲清楚，又不能让儿童产生太多的恐惧，在分寸上要把握好。我们可以把重点放在：虽然外婆年纪大了去世了，这是一个自然的规律，但是外婆留给我们的训导和童谣依旧陪伴着我们成长。

在“小姨扮外婆”的这段戏中，没有做任何的铺垫，会导致儿童观众的不理解。苹果吃苹果的问题上，我们认为给孩子们的概念不可以混淆。

所以，就以上问题剧院导演帮助编剧又做了一些修改，共同完成了第三稿。现在舞美各部门已经进入设计阶段，导演和演员也开始排练。本剧已于今年 5 月 24 日在马兰花剧场首演。

童话京剧

# 美女与野兽

王晓鑫

## 王晓鑫

上海戏剧学院教师、国际木联专业教学委员会委员、国际儿童戏剧联合会会员，原北京大学戏剧研究所联合创办者，曾在国家京剧院、美国耶鲁定目剧团、北京人艺青年戏剧基金会等艺术机构工作，担任编导的作品20余部，曾多次荣获国内外奖项。自2002年起，师从戏剧导演林兆华，毕业于北京大学艺术学院戏剧学专业（硕士 M. A.），2006年留学美国耶鲁大学戏剧学院（导演艺术特别研究员 S. R. F），受教于耶鲁大学导演系主任 Liz Diamond，曾与众多世界知名艺术家密切合作。

**人　物：**

**野兽(王子)**　生(京昆两下锅)，野兽为真人扮演，王子是与人体大小近似的日本文乐式木偶，演员既能表演戏曲"野兽"，也能操纵木偶"王子"。

**美　　妞**　旦(昆曲)，身材高挑，美丽活泼，端庄大方，面对父亲时，似春香(贴旦)，面对爱情时，似杜丽娘(闺门旦)。

**说书人甲**　老丑，兼演伺候在野兽身边的仆人丙，被女巫变成钟表(会操纵桌台式木偶)，串演美妞的爸爸。

**说书人乙**　小小花脸，兼演伺候在野兽身边的仆人乙，被女巫变成茶壶(会操纵桌台式木偶)，串演二妞。

**说书人丙**　彩旦，兼演伺候在野兽身边的仆人甲，被女巫变成烛台(会操纵桌台式木偶)，串演大妞。

**说书人丁**　会矮子功的武丑，兼演女巫，还要会操纵木偶信鸽。

一堂龙套没有角色意义的四个符号，不同场次会变为红白蓝等不同颜色，可作布景，如城堡、风雪……可帮腔伴唱(曲牌)、群众场面。

## 序

［观众席里，四个说书人，你一言我一语，表演夸张，噼里啪啦表演着群口快板。

（念） 甲乙丙丁在一块，

奇闻怪事说开来。

虽说是如今流行高富帅，

也有那美女偏把野兽爱。

话说是，

有位王子性情怪，

锦衣玉食不自在。

［说书人丙水袖一摆，瞬间变为王子的仆人，恭迎王子出场（木偶）。

为了自己能开怀，

常把仆人来虐待，

抓起头往墙上拽，

窗前来个老乞丐。

［说书人丁摘下朝天阙，当众变为矮小的女巫（矮子功），手拿一支玫瑰花，沿路乞讨。

**女 巫** 行行好吧，这朵花送给你。

（唱） 手拿玫瑰花的老乞丐，

却是森林的女巫变化来。

**说书人甲乙丙** 诸位观众可别走开，

一出大戏热热闹闹就演起来，演起来——

［话毕，说书人甲乙也当众变为王子的仆人，伺候在王子身边。

## 第一场　女巫惩罚

［以黄龙套的场面排布手持华丽的帷幄，辉煌耀眼，表现恢弘的城堡内景（借焦菊隐《蔡文姬》的龙套用法）。

**女　巫**　行行好吧，给我一条取暖的毯子吧。

**王　子**　滚开，你这张丑陋的老脸让我恶心。

**女　巫**　行行好吧，这朵玫瑰花保佑你幸福快乐。

**王　子**　谁要你的礼物，快滚。

**女　巫**　（唱）　以貌取人多冷傲，

有眼不识我的法力高。

［女巫施咒，王子抵抗，打不过女巫，王子被变成一只浑身长毛、面孔丑陋的野兽（从表演木偶到真人表演），仆人甲乙丙被变成了钟表、茶壶和烛台（从真人表演到表演小型木偶），城堡内骤然萧瑟的场景以龙套服饰和队形的变化来表现。

**女　巫**　（唱）　罚你变成野兽容貌——

这城堡从此变监牢！

**野　兽**　（唱）　陡然间厄运到——

**女　巫**（唱）　祈祷这朵玫瑰不会凋

**野　兽**（唱）　一朵玫瑰有何重要？

**女　巫**（唱）　明年今朝见分晓。

**钟表、茶壶**（白）　这是为哪条？

**女　巫**（唱）　一年间，咒语若不消，王子永远做野兽，除非……

**烛台、钟表**（白）　除非……

**女　巫**（唱）　有个花样的美女爱野兽，
野兽心中生出爱的根苗。
世间最美是爱，
两颗心永不分开。
爱情的雨露把花儿浇，
滋生爱的绿洲共谱爱的歌谣。
才能够云开雾散雪融冰消。

**龙　套**（伴唱）　光阴容易老，
姑娘你快来到。
这容貌，令人憎，惹人嘲，谁肯分担这煎熬？

**野　兽**（唱）　这容貌，令人憎，惹人嘲，谁肯分担这煎熬？

## 第二场　父亲外出

［矮小的女巫当众变为说书人丁。

**说书人丁**（念）　哪有这样的美女，
咒语恐怕今生不能消。

转眼间数月过，

这美人还是没着落。

远远看——

［父亲（说书人甲串演）、大妞（说书人丙串演）、二妞（说书人乙串演）、美妞出场，三人为外出经商的父亲送行。

**说书人丁** （接念） 来了姐妹共三个，

这一个……

嫌贫爱富长得丑，

那一个……

那一个以貌取人只爱帅哥。

［大妞、二妞走在前面，人们发出厌恶的嘘声，向她们抛干草块儿。

**说书人丁** （接念） 这两位，老鼠过街遭人唾，

有谁来爱上野兽把咒语破，咒语破。

［人群向美妞抛鲜花，说书人甲、说书人乙和说书人丙和她热情打招呼。

**说书人丁** （接念） 正说话，

走来位姑娘似花朵，

婷婷袅袅容貌好，

善良淳朴真不错，

就是她，不错！

**大　妞** （做作） 爹爹，我们舍不得你。

**二　妞** （虚伪） 你别离开我们，我们好害怕。

**父　亲** 女儿们，这次外出经商能赚一大笔钱。说说你们想要的东西，我会尽量满足的。

**大　妞** 我想要镶着宝石和珍珠的晚礼服，穿上它去参加

贵族舞会！

二　妞　给我带回来一个有钱有势的老公吧，他会成为我的长期饭票！

［父亲听后直摇头，转身问小女儿。

父　亲　美妞，你不想要求我给你买点什么吗？

美　妞　我……我想要玫瑰，一朵就好，我要把她种在庭院里。

父　亲　你可以要更好的东西呀！

［美妞把父亲的围巾系紧。

美　妞　（唱）　一路上多珍重保重身体，

要什么金银缀华服钗裙。

有一朵玫瑰花心愿足矣，

但愿您早日归胜过千金。

［父亲点头，抚摸美妞的头。

大　妞　（接唱，厌恶）　说什么玫瑰花胜过金玉，

二　妞　（接唱）　分明是卖乖巧讨好父亲！

美　妞　（接唱）　为什么姐姐们不相信我？

父女情爱花意更与谁说……

［父亲挥动鞭子，信鸽（说书人丁操纵木偶）跟随父亲飞走。

父　亲　女儿们，我必须出发了，等待信鸽送来好消息吧，我会带给你们满车的礼物。

［父亲赶着马车送货离去。

大妞二妞　（假哭）再见爹爹，我爱你！

［未等父亲走远，大妞和二妞已经往家返回，只剩下美妞目送父亲背影远去。

## 第三场　奇遇/父爱

[城堡外。

[冬天，白雪皑皑（可以用白龙套的队形变化来表现大雪纷飞，可借鉴《华容道》）。

[筋疲力尽的父亲，踉踉跄跄走入森林，黑暗让他迷失方向，不知不觉来到森林深处的城堡。

**龙　套**　（伴唱）　风雪漫天遮归路，

货物失散无觅处。

**父　亲**　（唱）　今夜何处把身宿，

哪家灯火照迷途。

[城堡宫殿里的光亮映入眼帘。

**父　亲**　光！光！（飞奔）有救了，我有救了。

[一群狼狗（龙套换人偶服装而变成）出现，挡住了父亲的路，扑上来撕咬父亲的衣服，惊恐，逃。枝头的雪落下，压住了父亲，父亲晕过去，狼狗团团转，却无从下手，野兽出现，一声怒吼吓得狼狗不敢近前，烛台、茶壶、钟表打得狼狗晕头转向（滑稽开打段落），狼狗逃跑。

[烛台、茶壶、钟表一起动手想把父亲接进城堡，野兽不愿意陌生人留下，但无奈烛台、茶壶、钟表的请求，勉强答应。

[宫殿内，生起了暖烘烘的炉火，把父亲放在床上，钟表、茶壶、烛台在床前端上美食。

野　兽　（唱）　风雪中我救他脱离险境，（欲上前又止）
只是这狰狞貌怎样示人。（野兽、钟表、茶壶、烛台下）

［时间不知道过了多久，饥寒交迫的父亲终于醒过来，躲藏在怀中的信鸽也苏醒过来。

［父亲拿起餐具，吞下眼前的美食，喝干美酒，又倒睡在床头，信鸽还在细嚼慢咽。

［时间又过了许久，窗外的雪都停了。

父　亲　（唱）　风停雪静魂方定，
欲谢大恩不见人。

［父亲往城堡外走，经过书房。

（接唱）　家人犹在悬望中，
择日再来——

父　亲　咦，怎么房间里会有一个这么美丽的花坛？

［父亲惊喜地发现一朵红玫瑰。

父　亲　玫瑰！

［仿佛看见女儿美妞立于娇艳的花瓣之中。

父　亲　哎，其他女儿的心愿无法实现了，但唯独玫瑰还是办得到的！

［父亲想伸手摘下玫瑰，愤怒的咆哮传来，吓得父亲差点晕过去，信鸽从父亲的肩膀摔在地上。

野　兽　（愤怒）你这个没良心的贼。

父　亲　不！

野　兽　我救了你的命，让你在我的宫殿里享受，你竟敢偷我的玫瑰！你犯下的错误只能以死抵偿！

［父亲跪下，发抖。

父　亲　（唱）　并非有意来冒犯，

事出有因待言明。
家女临行有嘱咐，
带朵玫瑰转回程。
还望大王莫怪罪，
今生今世感你的恩。

**野　兽**　你有女儿？

［听到敏感字眼，钟表、茶壶、烛台目不转睛地盯着父亲。

**父　亲**　家中有女共三个。

**野　兽**　她们美吗？

**父　亲**　美！美！

［钟表、茶壶、烛台激动地蹦蹦跳跳。

**父　亲**　尤其是我的小女儿，美如天仙貌倾城。

**野　兽**　那好，如果三天之内，有一个女儿愿意替你去死，我就放过你。不然就吃掉你。

［野兽一挥手，把信鸽扔出城堡。

［信鸽（说书人丁操纵木偶）虽不放心父亲的安危，也只好口衔野兽的信，拍动翅膀回家去了。

## 第四场　替父赴死

［家中。

［三个女儿都在午睡。

［美妞做梦，她太爱玫瑰花了，梦里是一个花的世界，白色的玫瑰花铺天盖地，爹爹从花丛中走回

来，美妞在父亲身边蹲下，把一块温暖的毛毯盖在父亲身上，一个洁白的梦，一个爱意浓浓的梦……（此处可以设计一段类似《游园惊梦》的浪漫的歌舞段落）。

［恰此时，信鸽飞进屋里，三个女儿被惊醒。

**大 妞** 信鸽！

**二 妞** 爹爹要回家了！（欣喜地拆下信鸽口衔的书信）

**大 妞** （唱） 盼爹爹带回来首饰金银，

**二 妞** （唱） 带回个美男子相依相亲。

**大 妞** 你恶俗！

**二 妞** 你拜金！

［读信完毕。

**大妞/二妞** 啊?！ 三日内，我们当中的一人要替爹爹去城堡送死。

［大妞二妞嚎啕大哭，美妞没有落泪。

**大 妞** （唱） 都是你要玫瑰害了老爹的命，

**二 妞** （唱） 不见你哭一声你是铁石的心！

**美 妞** （唱） 倘若是一命可以换一命，
又何须在此泪淋淋。
谁料想玫瑰的代价是生命，
我情愿去喂野兽换回父亲。

**二 妞** 她是我们的亲妹妹啊。

**大 妞** 别傻了，是她自愿去的。

**二 妞** 愿上帝保佑她！

**大 妞** 她肯定会被野兽啃得骨头都不剩。（二人下）

**美 妞** （唱，走圆场） 孤身我把森林进，
可怜爹爹陷囹圄。

跋山涉水穿石径，
荆棘划破绣花裙。
眼望城堡渐渐近——

## 第五场　暴君示爱

［城堡外。

**美　妞**　来此已是城堡。

（对空中喊）放了我的爹爹，我愿意替他接受惩罚。

**父　亲**　美妞！你为什么来这里？

［野兽出现。

**野　兽**　你就是他的小女儿？

**美　妞**　（点点头）是的。

**野　兽**　（捧着美妞的脸）你真美！

（接唱）　好似那花仙子从天降临。

（冷酷）你愿意替爹爹被关在这座城堡里吗？一辈子？

**美　妞**　（镇定，闭眼）任凭处置！

**父　亲**　不，美妞，不要替我去死。

［野兽把父亲扔出城堡。

**龙　套**　（伴唱）　铁门隔断，铁门隔断，望不见，哭声渐远，渐行渐远。

**野　兽**　（挥挥手）快走，带你去房间睡觉。

**美　妞**　房间？你不是要吃掉我吗？

［野兽沉默，继续走在前面，带领美妞走过一条长

长的楼廊。

**美　妞**　（唱）　穿回廊，心惶惶。

**野　兽**　（唱）　穿回廊，心茫茫。

**美　妞**　（唱）　他会吃我吗？

**野　兽**　（唱）　她会爱我吗？

**美　妞**　（唱）　他会杀我吗？

**野　兽**　（唱）　她会救我吗？

**美　妞**　（唱）　我想问，

**野　兽**　（唱）　我想问，

**美　妞**　（唱）　我想问，

**野　兽**　（唱）　我想问……

**美妞/野兽**　（合）　怎么开口，对他（她）讲……

［两人又走了一段路。

**美　妞**　好大的城堡。

**野　兽**　这是你的卧室，马上去睡觉，明天早上陪我吃早餐。（下）

［钟表、茶壶、烛台贴着门偷听美妞动静。

钟表、茶壶、烛台砰一声，关了门，美妞这才哭出声。

**钟表、茶壶、烛台**　（唱）　也不知这野兽心里是怎么想，

也不知道这未来是凶还是吉祥。

哭着哭着她睡着了，

转眼又是大天光，大天光。

［夜止昼明。

［公鸡刚一叫，迫不及待的钟表、茶壶、烛台就开始敲门吵闹，美妞被吵醒，伸懒腰，揉眼睛。

**钟表、茶壶、烛台**　快起床！吃早餐，赴约会。

**美　妞**　早餐！（厌恶）我不去！（饥肠辘辘，揉着肚子）

**钟表、茶壶、烛台**　你应该去，你是个勇敢的好姑娘。

［美妞陷入犹豫。

［在另外一个平行的空间内，野兽不安地来回踱步。

**野　兽**　（唱，烦躁）　不见她来赴约心烦难忍，

（忽然驻足）　都是我脾气坏怎怪别人。

（敏感地）　我与她美与丑太不相称，

（叹气）　要怎样才能够打动佳人。

［野兽来到美妞的卧室门前，敲门。

**野　兽**　（吼叫）　你为什么不来和我一起吃早饭？

**美　妞**　我宁可一辈子被关在屋里，也不想和一头野兽共进早餐。

**野　兽**　（黯然）她只会永远把我视为一头野兽，这一点无法改变。

［钟表、茶壶、烛台拿野兽的坏脾气毫无办法，一个个垂头丧气。

## 第六场　救　美

［为了再次撮合美妞和野兽，钟表、茶壶、烛台正在积极准备大餐，边干边唱。

**钟表、茶壶、烛台**　（唱）　书中的时间过得快，

今天我亲自来做菜。

摆好了锅勺和碗筷，

嘶——（做伸手取菜被烫状）

（接唱） 蒸羊羔趁热就端上来。

**茶　壶** 这可是大菜！

**烛　台** 后边儿还有哪。

**钟表、茶壶** 啊？

**烛　台** 后边儿还有蒸熊掌。

**钟表、茶壶** 噢？

**烛　台** 蒸鹿尾儿、烧花鸭、烧雏鸡、烧子鹅、卤猪、卤鸭、酱鸡、腊肉、松花、小肚儿、晾肉、香肠儿、什锦苏盘儿、熏鸡白肚儿、清蒸八宝猪。

**钟表、茶壶** 还真不少。

**烛　台** 江米酿鸭子。

**钟表、茶壶** 啊。

**烛　台** 罐儿野鸡、罐儿鹌鹑、卤什件儿、卤子鹅、山鸡、兔脯、菜蟒、银鱼、清蒸蛤士蟆、烩鸭丝、烩鸭腰、烩鸭条、清拌鸭丝儿、黄心管儿。

**钟表、茶壶** 啊。

**烛　台** 焖白鳝、焖黄鳝、豆豉鲇鱼、锅烧鲤鱼、锅烧鲶鱼、清蒸甲鱼、抓炒鲤鱼、抓炒对虾、软炸里脊、软炸鸡、什锦套肠儿、麻酥油卷儿、卤煮寒鸦儿。

**钟表、茶壶** 嗬！

**烛　台** 溜鲜蘑。

**钟表、茶壶** 啊。

**烛　台** 熘鱼脯、熘鱼肚、熘鱼骨、熘鱼片儿、醋熘肉片儿、烩三鲜儿、烩白蘑、烩鸽子蛋、炒银丝、烩鳗鱼、炒白虾、炝青蛤、炒面鱼、炒竹笋、芙蓉燕菜、炒虾仁儿、烩虾仁儿、烩腰花儿、烩海参。

钟表、茶壶　啊。

烛　台　锅烧海参、锅烧白菜。

钟表、茶壶　啊。

烛　台　炸开耳、炒田鸡。

钟表、茶壶　嗬！

烛　台　还有桂花翅子。

钟表、茶壶　啊。

烛　台　清蒸翅子、炒飞禽、炸什件儿、炒排骨、清蒸江瑶柱、糖熘芡仁米、拌鸡丝、拌肚丝、什锦豆腐、什锦丁儿！

钟表、茶壶　够啦！

烛　台　糟鸭、糟蟹。

钟表、茶壶　嗯。

烛　台　糟鱼、糟熘鱼片、熘蟹肉、炒蟹肉、清拌蟹肉、蒸南瓜、酿倭瓜、炒丝瓜、酿冬瓜、焖鸡掌儿、焖鸭掌儿、焖笋、炝茭白、茄干晒驴肉、鸭羹、蟹肉羹、大碗儿多撒胡椒面热腾乎啦的三鲜木樨汤！

钟表、茶壶　吃不了啦！

烛　台　后面儿还有呢！

钟表、茶壶　啊。

烛　台　后面儿还有红丸子、白丸子、熘丸子、炸丸子、南煎丸子、四喜丸子、鲜虾丸子、鱼脯丸子、饹炸丸子、豆腐丸子、氽丸子、一品肉、樱桃肉、马牙肉、红焖肉、黄焖肉、坛子肉、烀肉、扣肉、松肉、罐儿肉、烧肉、烤肉！

钟表、茶壶　啊！

烛　台　大肉、白肉！酱豆腐肉、红肘子、白肘子、水晶肘子、蜜腊肘子、酱豆腐肘子、扒肘子、煨羊肉、酱羊肉、烧羊肉、烤羊肉、五香羊肉、爆羊肉、氽三样儿、爆三样儿、烩银丝儿、烩散丹、熘白杂碎、三鲜鱼翅、栗子鸡！这些菜你爱吃不爱吃？

**钟表、茶壶** 爱吃！

**烛　台** 爱吃也吃不了！

**钟表、茶壶** 怎么？

**烛　台** 这是给美妞吃的。

**钟表、茶壶** 馋我呀！

［美妞怯生生地推开门。

**美　妞** 你们好，我想吃饭了。

［无人应答，美妞轻手轻脚往前走。

**烛台、钟表、茶壶** 请坐，我们的贵宾。

［引领美妞入座。

**美　妞** 哇！这么多好吃的。

［烛台、钟表、茶壶伺候着美妞享受完早餐。

**烛台、钟表、茶壶** 您还满意吗？

**美　妞** 非常美味，谢谢你们。

**烛台、钟表、茶壶** 女主人！

**美　妞** （这个称呼让她厌恶，起身好奇地张望）不用你们陪我，我想在城堡里转转。

［烛台、钟表、茶壶遵命，美妞四处溜达，不知不觉走进野兽的书房，花坛中一朵红玫瑰绽放，美妞忍不住探头去闻花香。

**野　兽** 你为什么到这儿来，出去。

［愤怒让野兽原本丑陋的面孔更加狰狞，美妞被吓得夺路而逃，跑出了城堡。

[大雪纷飞的森林里，一群狼狗（龙套）围住美妞，伺机要袭击她，野兽出现，解救了美妞，自己却被狼狗撕咬得鲜血直流，晕倒在雪地里（武戏开打段落）。

[烛台、钟表、茶壶、美妞搀扶着野兽，拖着他沉重的身体，回到城堡。

[病榻前，美妞细心照料野兽，野兽一天天康复。

## 第七场　爱　意

**野　兽**（唱）　多劳你病榻前悉心照料，
你人似玉，心更好，
无微不至受辛劳，
陪伴我暮暮又朝朝。
城中有的是珍和宝，
一件一件都任你挑。
有金珠和珍宝，光华灿烂，
红珊瑚，碧翡翠，样样俱全。
还有这夜明珠粒粒成串，
还有那赤金链、紫瑛簪、白玉环、双凤錾，
八宝钗钏一个个宝蕴光含。
都任你选来任你挑，任你挑。

**美　女**（唱）　金银珠宝我不要，
日日想把玫瑰花朵瞧，
修理枝叶把水露灌浇，

最爱只有这一条。(边唱边低头闻花香)

**野　兽**　(唱)　人娇花艳惹疼爱,
愿为她培种下花海一片。

[为满足美妞,野兽每日亲手种植一朵玫瑰。

**烛台、钟表、茶壶**　(帮腔)　常说真情见患难,
他和她如形随影片刻不离,
那一个,一日一花,勤耕栽,
这一个,滋润草木,浇花田,
笑得憨,笑得甜,
两颗心种下了爱的牵绊。

[借用川剧里将男女相爱的眼中红线抽出来,由钟表把他们两个眼睛里的红线系在一起的表演,比喻两情相悦。

[野兽亲吻美女的手。

**野　兽**　(白)　美女,你愿意嫁给我吗?

**美　女**　(唱)　蓦然间诉说起爱恋话,
又是喜来又是怕。
他的心不像他的爪牙,
心田种着一朵含苞未放的玫瑰花。
凝望这张脸——(依然还是害怕了)

**美　女**　(白)我想我还是难以爱上他。

**烛台、钟表、茶壶**　野兽很失望,但这次按捺住了自己的坏脾气。

**野　兽**　(温柔地唱)　也知道你心中害怕,
可我该如何来表达。
我只得每晚都重复,
重复诉说这句话,
玫瑰在心中发了芽,

请你请你嫁给我吧!

美　妞　(唱)　我也该对他温柔些呀,

但是我但是我怎么能爱上野兽?

(掩面,痛苦)　不!

(唱)　求你别再提这句话,

别说我是你的玫瑰花,

今生今世我甘愿,

做你的仆人来报答。

[野兽亲吻美女的手。

野　兽　我知道自己的丑陋,晚安,明天早餐见。

[野兽离开,美妞很自责。

美　女　(唱)　他离去的表情多么压抑,

可是我,莫非我,就是我,伤了他的心!

(自责,低语)　他们都走了……

## 第八场　我想回家

[野兽正在房间内,习武练剑,忽然红玫瑰开得更加红艳。

野　兽　这玫瑰怎么忽然变得火红?

钟　表　(念)　这就是爱情呀,这就是爱情呀,

不信去看看这朵玫瑰花,

不信去问问你的玫瑰花。

[野兽以为这是爱情降临的预示,心情雀跃,奔到美妞的房间,却看见美妞在床上哭泣,花容失色。

**野　兽**　这几天过得还好吗？

**美　妞**　我要回家。昨晚我梦见爹爹他病倒了，请允许我回家探望他！

［野兽很不情愿。

**美　妞**　只要让他知道我在这里过得很好，让他放心。一个星期的时间就够了！求求你了！

［野兽黯然，手中的玫瑰花失色，转身不敢直视美妞的眼神。

**野　兽**　你爱我吗？

**美　妞**　什么？

**野　兽**　你爱我吗？

**美　妞**　我爹爹都快死了，不要问我这个，我要回家！

［野兽心疼美妞，唤仆人上，钟表不情愿地指挥着四个红龙套端着礼物出来。

**野　兽**　（拿起一副手套）戴上这手套，（手套闪着神奇的光芒）你能够瞬间移动到任何地方，想去哪就去哪。还有这些补品和珠宝，当作你送给亲人的礼物。

**钟　表**　一年光阴就在眼前——

**野　兽**　（打断）我意已决。

［野兽帮美妞戴上手套。

**美　妞**　谢谢，我会在一个星期内回来陪你！

**野　兽**　一个星期，千万如期回来啊，不然我将死去。

［心急如焚的美妞来不及听清野兽的话，就乘车辇（龙套）消失在野兽面前。

## 第九场　违　期

［美妞家。

［父亲、大妞、二妞在场，龙套隆重出场，美妞衣锦还乡。

美　妞　爹爹，我回来了！

［美妞的脸淹没在各种琳琅满目的礼物之中。大妞、二妞迎上，礼物撒得满地。

父　亲　美妞！

［大妞二妞只顾着捡满地的珠宝首饰，高兴得合不拢嘴。

父　亲　（哭）我的乖女儿！爹爹对不起你啊！

美　妞　爹爹，你看，我不是好好地站在这儿吗？

我的生活很幸福，野兽对我很好。

他给我一个星期回来看你，还备好了丹参鹿茸让您补身子。

［美妞举起补品，父亲似信非信。

我呀只要如期回去就行了。

父　亲　太不可思议了！

［父女二人相亲相爱。

二　妞　她居然还活着！看她身上的礼服，好体面！

大　妞　野兽竟有这许多财宝！早知这么好，当初我就去了。

［美妞扶父亲下。

龙　套　（帮腔）妹妹幸福，姐姐嫉妒恨，心生诡计，害她误归期，不守承诺，惹怒野兽，一口吃了她，咱俩轮流，待在城堡，享福气。

［同时，两姐姐以哑剧表演心中诡计，窃喜。

龙　套　（帮腔）转眼就是，一个星期，两个姐姐，来找美妞，百般磨叽。一个装哭，一个流涕，哭哭啼啼，倒真会演戏。

二　妞　我最最亲爱的妹妹你怎么舍得离去！

大　妞　最少也得再住一个星期。

［作难舍难别状。

美　妞　姐姐如此深情厚谊，我只好暂缓归意。（两姐姐满意，下场）

［夜深人静，美妞入睡，梦中呼唤野兽的名字。

［梦境：美妞离去后，野兽独守一园渐渐成长的玫瑰，盼望美妞归来。

［一个女巫来到花坛，要摧毁满园玫瑰，更要夺走那朵野兽视作生命的红玫瑰，野兽与女巫交手（武戏开打）。

［野兽奋力抵抗，虽然守住了玫瑰，但身受重伤，躺在草地上奄奄一息，玫瑰花不再娇艳，正一分一秒地垂败下去。

野　兽　美妞，你为什么还不回来?!

［美妞惊醒，眼泪夺眶而出。

美　妞　我真没良心。

野兽对我那么好，我却让他一个人在空旷的城堡里孤独痛苦。

美　妞　（唱）　空荡中好想看见他威武的身影，

寂静中好想听听他低沉的声音。
是什么悄悄地进入我的心？
难道说……我真的，对他动了情？
不行，我要马上回去！

## 第十场　还　形

［美妞一回到城堡就迫不及待要见到野兽。

**美　妞**　野兽！我回来了。（没有回应）野兽！

［她开始担心。

**美　妞**　野兽！野兽！（跑遍整个宫殿）你在哪里？我回来了。

［她完全绝望了。

**钟表、茶壶、烛台**　花园！草地！

［美妞疯狂地跑向花园，发现了可怜的野兽，他伸展着四肢，僵直地躺在草地上。

**美　妞**　（战栗）不！不要死。

［美妞扑向野兽的身体，抚摸他丑陋的面孔，唤醒野兽。

**美　妞**　你的心脏还在跳动。

［急忙从水渠里打了一点水，泼在野兽头上。

**野　兽**　（苏醒）美妞，你……你回来了。

**美　妞**　我违背了自己的诺言，原谅我。

**野　兽**　我好幸福，死前又能见到你。

**美　妞**　不，野兽活下来，成为我的丈夫，亲爱的野兽，我爱你！

［忽然四周如火焰般光亮，整个宫殿通明，巨大的身体疼痛使野兽抱着头呻吟，他英俊的容貌正在恢复，钟表、茶壶、烛台的魔法也解除了，恢复了仆人模样，四个黄龙套手持华丽的帷幕再次出场，金碧辉煌的城堡内景……一切恢复了原貌。

［欢乐的音乐响起，美妞被这样的景象震惊。

**王　子**　我也爱你！

［美妞回过头来，吃惊。

**美　妞**　你是谁？虽然你长相英俊，但我爱的是野兽，不是你！

**王　子**　（唱）　你熟悉的模样已成过往，

野兽我本是这城堡的君王。

你的爱破除了咒语的捆绑，

使我的生命又充满阳光。

有句话我还要再一次对你言讲，

亲爱的美妞，你是否愿意做我的新娘？

**美　女**　（抱住王子）我愿意！不论你美或丑，都是我最想要的幸福！

［王子把王后桂冠献给了美妞，大家欢乐起舞，城堡呈现出一派节日的景象。

**众**　（唱）　看王冠为爱情光芒绽放，

［王子为美妞戴上后冠。

看玫瑰为他们轻舞飞扬。

［玫瑰花瓣飞舞，浪漫弥漫。

**众**　（接唱十三嗨）

跳起舞（咦哪咦哪嚯嗨）唱起歌（咦哪咦哪

嚯嗨)

祝他们(咦哪咦哪嚯嗨)永相爱(咦哪咦哪

嚯嗨)

地久天长(咦哪咦哪嚯嗨)!

[谢幕。

## 导师评语

郭　宇

### 一、专家评语

剧本《美女与野兽》在下述方面的努力值得肯定：

(1) 剧本定位明确，题材所蕴含的真善美主题具有朴素的教育意义，适合向少年儿童推广中国传统戏曲艺术的这一旨归，有助于在当代青少年观众人群中推动戏曲艺术的传播。

(2) 用京剧表现西方故事，这一中西融合的实验性题材，利于国际交流，所选取的世界经典故事家喻户晓，为剧目未来在国内国外两个市场的推广奠定了良好基础。

(3) 作为青年编剧的新作，展现了一定的写作能力：情节在外国名著的基础上，加以凝练简化，婉转曲折，基本做到了引人入胜，适于发挥古典表演艺术的优长，主要角色野兽、美女、女巫等刻画得个性鲜明，展现了善与恶、美与丑的较量，读起来既通俗易懂，又有情有理，生动有趣。

### 二、导师修改意见

针对剧本所存在的问题，并结合未来的舞台构想和现实的排演条件，对《美女与野兽》提出下述几个方面的修改意见：

(1) 考虑到青少年的兴趣喜好，要吸引他们的眼球，就得另辟蹊径，适当丰富一些新颖的表演元素，建议增加木偶皮影作为表演形式的独特亮点，人与偶同台演出，好玩好看，同时有利于发挥上海戏剧学院、戏曲学院的跨专业优势。

(2) 如何更大程度利用中国民间艺术形式呢？是否在吸纳

木偶戏曲元素的同时，可以将曲艺说书的艺术形式与剧中说书人的叙述功能相融合？让目前的说书人以丑角应工，希望让丑角细分的不同门类（文丑、武丑、彩旦、老丑等）来分别扮演四个不同的说书人，又兼演剧中人物，使其叙述作用得以与仆人相融合，夹叙夹议。戏里戏外，再吸收一些昆曲曲牌的伴唱功能。

(3) 木偶可否不仅作为一种表演元素，而且形成与京昆戏曲表演水乳交融的表达？戏曲艺术是以演员为中心的艺术，让扮演野兽的演员不仅能文武昆乱兼演，还能操纵木偶，而且让扮演野兽仆人的四个演员，在受到魔法诅咒后变成城堡的陈设物品，以木偶来表现，既能演戏曲又能演木偶，简单、多变、有趣、特技，从总体表演风格上，不仅有人偶同体、人偶同台，而且能让演员在木偶操纵师、剧种角色、叙述功能的说书人等不同身份中自由进出，例如老乞丐就当场变，而且应该不仅是传统的四大木偶品种，可以增加一两种大小更适于镜框式舞台观看的巨型偶和人体偶，以人和偶的互动交流表演，开拓整台表演的假定性空间，增加了观赏层次。

(4) 目前的情节安排有悬念、有戏剧性，场序安排比较合理，但在故事细节和人物内心刻画方面仍存欠妥之处。美女逐渐爱上野兽的过程是人物关系的重要转折点，应该把美女爱上野兽的心理变化过程描写得更细腻一些，甚至可以大胆想象，让野兽高傲性格的前后变化有一个与美女爱情的互动渐变过程，可以通过设计某个戏剧事件，让故事细节更具有可看性。

(5) 对贯穿性道具玫瑰花的使用不够充分。这是一个重要道具，希望再围绕这个道具进行一些更深的挖掘。既然埋好了伏笔，做好了铺垫，就应该发挥它的线索作用，贯穿整个故事，但现在很可惜在之后的几幕中完全没有再看到玫瑰花的作用。

(6) 开场的一段说唱就在跑圆场过程中完成，一段念白短平快，因为戏曲里面的说书人念白不宜太长。

(7) 野兽搭救美女的段落，建议强化武戏的艺术特点，尤其是以人偶形式表演的狼狗动物与戏曲演员扮演的野兽打斗表演，有助于发挥戏曲武戏的优势。

(8) 对情感的描写要能打动人心，最后在舞台上表现美女与野兽的相爱部分要丰满、感人，建议增加轻盈浪漫的抒情元素，让美女的旦角演员有发挥歌舞技艺的唱段。

(9) 在将西方经典故事中国化的同时，应发挥中国传统戏曲舞台空灵自由、场面大气的优势。建议增加四个没有角色符合身份的龙套，龙套有利于空灵舞台的自由切换。

(10) 最后，在总体结构上要注意，一个戏是要好玩？还是要感人？还是要抒情？还是要玩偶人同台与交错？这些东西一定要有个主次之分。

沪　剧

# 浦东人家

龚孝雄

**龚孝雄**

国家一级编剧，艺术硕士，上海沪剧院副院长。主要作品有戏曲《小吏之死》、《英雄结》、《鸳鸯剑》、《我只在乎你》，话剧《梅兰芳》，舞剧《红山女神》，音乐剧场《白娘子·爱情四季》等。作品曾获得文化部创新奖、中国戏剧奖、中国戏剧文学奖、田汉戏剧奖·剧本奖、全国戏剧文化奖·剧本奖、上海文艺创作“优品剧目”、上海市小剧目评比演出优秀剧目奖等。

时间：1982—1991、2010

地点：上海

**人　物：**

**阿　珍**　柳玉珍，出场时27岁。返城知青。嫁到浦东的浦西人。

**阿　德**　郭文德，出场时25岁。阿珍的丈夫。钢铁厂工人，后病退。

**郭茂堂**　出场时82岁。阿德的父亲，人称“豆腐大王”。

**万福林**　出场时30岁。阿珍插队时的同事，返城知青。

**柳凤喜**　出场时51岁。阿珍的姑妈。

**斌　斌**　阿珍的儿子。出场时28岁。

其他人物：

治安联防队员、副市长、医生、医院院长、护士、秘书，恋爱青年、邻居、顾客、商贩等。

# 序

[2010 年，浦东塘桥。

[暗场中，隐约传来电视新闻播报的声音："新华社上海消息：今天上午，浦东开发开放二十周年成果展在上海展览馆开幕。二十年前的今天，作为一项国家战略，浦东开发拉开了大幕。从阡陌交通到通衢大道，从破旧棚户到摩天高楼，从芜杂荒地到美丽园林，从寂寞桑田到繁华都市……一个外向型、多功能、现代化的新浦东展示在世人面前。浦东开发二十年，再造了一个大上海。"

[灯启。初夏、傍晚，太阳将落，金色的阳光洒落于林立的高楼。

[斌斌搀扶郭茂堂上。

**斌　斌**　爷爷，老房子早就没了，你还能找得着家吗？

**郭茂堂**　闭上眼，家就在心里。

**斌　斌**　哈哈，爷爷心里面的家，我可看不见。

**郭茂堂**　你也是在这儿出生的，喝了几年洋墨水，心里头就没这个家了？

**斌　斌**　有。爷爷，我心里有这个家。

**郭茂堂**　（沉默）过了前面这条马路，应该就是咱们家了。在这

里，爷爷住了大半辈子。（急行几步）

**斌　斌**　爷爷，你慢着点。（紧跟上）

**郭茂堂**　大孙子，来，你扶着我。

［郭茂堂闭上眼睛，用脚步丈量着回家的路程。

**郭茂堂**　三十年前，这里应该是一条小河，河上有块石板，过了石板一转弯，就到了咱们家门口。斌斌，你还记得吗，家门口有棵柳树，你小时候经常爬到树上往河里跳。

**斌　斌**　我记得，爷爷。

**郭茂堂**　河对面有一片菜地，也是我们家的。小菜自己种，吃都吃不完。你是不知道，那时候我们家地里种出来的小青菜，不放油都可以吃一大碗，（闭上眼回忆）一口咬下去，真香啊。那才是小青菜的味道。

**斌　斌**　爷爷，你又乱说，小青菜怎么会是香的呢。我小时候可是吃过的。

**郭茂堂**　（认真地）香，现在想想都香。

**斌　斌**　好吧，香，香。

**郭茂堂**　从这里进门，是我们家的堂屋。那年你妈吵着要开个体豆腐店，我不同意，我们俩就是在这间屋里大吵了一架。

**斌　斌**　我怎么不知道。

**郭茂堂**　那年，还没你呢。

**斌　斌**　哦，我今年二十八岁。那得是二十八年前的事了。

**郭茂堂**　（感慨）也就二十多年，这个住了大半辈子的浦东，我都不认识了。

**斌　斌**　爷爷，这说明浦东的发展日新月异啊。

**郭茂堂**　何止是日新月异，简直是天翻地覆。（自言自语）这才是“敢教日月换新天”啊。（突然想起来）你爸妈呢？

**斌　斌**　（朝幕内张望）刚才还在后面跟着呢，可能在世纪公园晒太阳吧。

**郭茂堂**　为了撑起咱们这个家，你妈可不容易。当年她嫁到浦东来，那也是情非得已啊。

**斌　斌**　是妈妈不爱爸爸吗？

**郭茂堂**　这事儿，说起来话就长了。那应该是三十年前的事儿了，当时对面的外滩，还有防汛墙。青年人都喜欢去那里谈恋爱，大家都习惯把它叫做情人墙。

**斌　斌**　情人墙？

**郭茂堂**　对，情人墙。

［切光。暗转。

## 第一场

［1982年，春夏之交。上海外滩。

［灯启。外滩情人墙。月色溶溶，街灯初放。评弹、越剧和京戏的声音同时并存，中间还夹杂着从远处弄堂里飘来的《新闻联播》的片头音乐和断断续续的新闻播报："建设社会主义，首先要使生产力发展。只有这样，才能表明社会主义的优越性。今天，国务院批转国家物价局关于放开小商品价格的报告，小商品集贸市场应运而生……"

［舞台后区，一把把撑开的尼龙碎花伞面，如七彩云朵。伞下，躲着热恋中的年轻人。其中，有一把黑色面的布伞，柳凤喜就躲在这把伞后面。

［音效中，治安联防队员上。他手持加长型号的电筒，胳膊上戴一个印有“联防”字样的红袖章。

**治安员** 改革开放，经济至上，社会风气不能忘；文明恋爱，不要流氓，打造平安情人墙。

［那些伞慢慢动了起来，谈恋爱的青年们随着音乐舞蹈。

［恋人们歌舞合唱：

黄浦江，情人墙；
华灯初上恋爱忙。
人成对，影成双，

**柳凤喜** （接唱）考察女婿巧躲藏。

**治安员** 外滩是我们上海人的脸面，构建安全文明的恋爱环境，要靠大家一起努力。不许搂搂抱抱，不许争抢地盘。

［恋爱的青年们又藏到了伞的背后，留柳凤喜四处张望。

**柳凤喜** （接唱） 左等右等空盼望，
生生急坏丈母娘。
莫不是阿珍早就进了场，
装疯卖傻，我只得惊扰这对对幸福的小鸳鸯。

［柳凤喜用伞东撞西挑，忙着偷看伞后的青年，引起治安员的注意。

**治安员** （将手电筒定点照着柳凤喜。此时，柳凤喜背对观众）这位女同志，你一个人挤在里头想干什么？（柳凤喜转过身来，略显狼狈）阿姨啊，这是青年人谈恋爱的地方，你来凑什么热闹起什么哄。

**柳凤喜** 我……（收伞，用手挡住手电光）你把电筒关了，晃得我睁不开眼。

**治安员** 我们这里不对外参观，少来搞破坏。

**柳凤喜** 同志，毛主席说，有调查才有发言权。你说我瞎起哄、搞破坏，你调查过吗？

**治安员** 毛主席还说，不冤枉一个好人，也绝不放过一个坏人。谁知道你是什么人，万一要是个坏人呢。

**柳凤喜** 你才是坏人。

**治安员** （指着手上的红袖套）我怎么可能是坏人。治安联防，懂什么叫治安联防吗？

**柳凤喜** 你别拿这个红箍箍来吓唬我。十年前，我还是工人纠察队的呢。

**治安员** 哦，那咱们是革命同志。

**柳凤喜** 谁跟你同志。（伞一撑，吓着了治安员）躲开。

**治安员** 什么态度嘛，阿乡。

**柳凤喜** 说谁呢，我看你才是乡下人。

**治安员** 我可是正宗的上海浦西人。

**柳凤喜** 就你？还不如阿乡呢。（用伞顶）走走走，别在这里妨碍我办正事。

［阿珍和阿德同时从左右两边上。阿珍穿碎花连衣裙，阿德穿钢厂工作服，翻出白色衬衣领。

**阿珍、阿德** （同唱） 月挂江心花影动，
情人私语爱意浓。

［柳凤喜赶紧用伞面把自己藏起来，并朝着阿珍、阿德的方位缓缓挪动。治安联防队员暗下。

**阿　珍** （唱） 女儿心谁人能懂，

**阿　德** （唱） 盼的是姻缘早成功。

**阿　珍** （唱） 心有鸿鹄志，
命里无始终。

阿　德　（唱）　爱她花容貌，

敬她志不穷。

阿　珍　（唱）　怎经得命运来捉弄，

怎经得青春消残花不再红。

阿　德　（唱）　但愿今日成夙愿，

彩凤飞舞落河东。

［二人相见，柳凤喜以伞相遮，躲在一旁偷听。

阿　珍　（较含蓄）怎么又穿着工作服就出来了。

阿　德　（憨笑）那……那我脱了。（脱了外面的工作服，露出里面的白色假领子，甚为窘迫）

阿　珍　（更不悦，小声地）你还是穿上吧。

［阿德快速穿上外衣。

柳凤喜　（偷偷打量）卖相不错，干干净净，人也实在。

阿　珍　你写给我的信，我收到了。你真想好了？

阿　德　想好了。（从口袋里掏出一叠纸）给你。这些都是我的获奖证书，两次先进工作者，一次新长征突击手，一次青年标兵。

柳凤喜　（暗喜）又红又专，青年骨干，不错。

阿　珍　（接过）给我这些做什么。

阿　德　做个证明。证明我是个先进青年，值得你信任。

阿　珍　不用证明，我早就看出来了。

柳凤喜　你情我愿，水到渠成了。

阿　德　你同意了？

阿　珍　你呢？

阿　德　第一次见你，我就相中了。

柳凤喜　我也相中了。这回，阿珍怕是真的要嫁了。

阿　珍　你相中我什么了？

**阿　德**　你人好，说话有文化。

**阿　珍**　文化有什么用，我爸爸就是因为有文化被打成了反革命。

**柳凤喜**　这死丫头，她还什么都敢说呀。

**阿　德**　改革开放了，现在不讲成分。你人长得长，卖相好，又是上海人。我就怕攀你不上。

**阿　珍**　我下过乡，插过队，当过十年农民。

**阿　德**　这个我不在意，浦东也是乡下啊。

**阿　珍**　可是我在意。（若有所思）你都比我小两岁。

**阿　德**　在我们车间，我都已经带徒弟了。

**阿　珍**　（自言自语）我是很想嫁人，也应该嫁了。可是我还没想好，是不是要嫁给你。

**阿　德**　没想好？（甚为局促）没关系的，你再好好想想。（欲离去）

**柳凤喜**　（已经顾不得了，跳出来拉住阿德）孩子，你先别走。

**阿　德**　（惊）你是谁呀？

**柳凤喜**　我是你丈母娘。

［阿德望向阿珍，寻找答案。

**阿　珍**　（冷冷地）她是我姑妈。

**柳凤喜**　和亲妈一样。

**阿　珍**　我亲妈已经死了。

**柳凤喜**　我可把你当亲女儿待。阿珍，我看这小伙子挺好，你就别挑来选去了。

**阿　珍**　你要是喜欢，你嫁好了。

**柳凤喜**　这孩子，又说疯话。你都 27 岁了，该嫁人了。你妈要是还在……

**阿　珍**　我妈要是还在，我也不用寄人篱下。你别绕了，不就是想让我早点搬走吗。好，明天我就搬走。

**柳凤喜** 阿珍，姑妈不是这个意思。男大当婚，女大当嫁，你都二十七了。

**阿　珍** 二十七怎么了？要不是住在你家，你会这么关心？以前也没见你关心啊。

**柳凤喜** 以前不够关心你，是姑妈不好，所以现在要加倍关心。

**阿　珍** 关心到跟踪我谈恋爱。姑妈，你是不是天天盼我嫁人？好啊，我明天就嫁，嫁到浦东去！

**柳凤喜** 谁让你嫁到浦东去了？我怎么舍得把你嫁到浦东去？

**阿　德** （被两个女人吵得摸不着头脑）阿姨，我是浦东的。

**柳凤喜** 你……刚才怎么没说？你是住在浦东，还是在浦东上班？

**阿　德** 我是本地人，住在浦东，上班也在浦东。

**柳凤喜** 好不容易回了城，不能让我的阿珍再嫁到乡下去。不嫁，不能嫁。

**阿　珍** 你说嫁就嫁，不嫁就不嫁？我告诉你，本来我还没想明白到底要不要嫁。可是现在，我嫁定了。（拉起阿德的手）阿德，我们走。

**柳凤喜** （拦住）阿珍，你要去哪。

**阿　珍** 我要嫁人，嫁到浦东去。免得连累了你们。

**柳凤喜** 阿珍，阿珍呐。

（唱）　旧账不能翻，
血脉总相连。
你受的苦与难，
我件件记心间。
当年姑妈辜负了你，
如今视作亲生我双倍还。

只要能让你过得好，

我肩膀无力，背脊也要来承担。

阿珍呐，终身大事需谨慎，

浦东浦西不一般。

一条大江隔两岸，

这边灯影稠，那边星光寒。

你愿意站在对岸看繁花？

脚底下才是闻名中外的上海滩。

**阿　珍**（唱）浦东没有浦西好，

总强过插队务农度日难。

总强过寄人篱下遭白眼，

能有个爱我的男人在身边。

姑妈，我已经孤零零飘了十年，该有个家了。阿德是个好人，值得托付终身。

**柳凤喜**　好是好，可他在浦东啊。浦东是什么地方？下只角，阿乡。听姑妈一句劝，要嫁也不能嫁到浦东去，免得到时候后悔。

**阿　珍**　这是我自己选的，我不后悔。

**阿　德**　浦东是没有上海好，但我会对阿珍好的。

**柳凤喜**　小伙子，别怪我看不起浦东。宁要浦西一张床，不要浦东一间房。我们阿珍，那可是花园洋房里长大的孩子，再怎么样，也不至于嫁到浦东吧。

**阿　珍**　花园洋房？姑妈，你不提我真忘了。我只晓得，我现在寄人篱下。没有爹娘没有家，没有靠山没人疼。我是一个二十七岁了还没嫁出去的回城知青。（对阿德）阿德，刚才这些话，你都听见了，你还愿意娶我吗？

**阿　德**　愿意。

**阿　珍**　姑妈，祝福我吧，我终于有家了。

［切光。暗场中传来婚庆的音乐。

## 第二场

［一个月后，浦东。比起外滩的繁华，这里显得破败。低矮的房子，狭窄的弄堂，泥巴的路面。远处，可见钢厂的高炉和烟囱。

［邻居们上。男女老少，满脸喜悦。他们载歌载舞，以盈满亲情的眼神，迎接着新人们的到来。

**邻居们**　（歌舞合唱）

张灯结彩，
等待新人的到来。
迎亲的歌谣响彻天外，
载歌载舞，我们一字排开。

［阿德推一辆全新的自行车上。车把上扎着大红花，车座上垫着红绸布。阿珍就坐在自行车的后座上，由阿德推着，在邻居们的簇拥和祝福下愉快地穿行。

**阿　珍**　（唱）　一张张笑脸写满温情，
一声声祝福意切情真。
这才是回家的礼，
这才是回家的情。

**阿　德**　（唱）　这里就是你的家，
他们都是你的亲人。

**邻居们**　（唱）　祝福你们白头偕老，

祝福你们相爱一生。

**阿　德**　(喜悦与憨厚并存)谢谢,谢谢。

**阿　珍**　(唱)　多谢了,谢过了皇天后土,

谢过了四方乡邻。

**邻居甲**　阿德,新娘子好漂亮。

**邻居乙**　娶个上海娘子,阿德,你花头浓。

**邻居丙**　新娘子,祝你早生贵子。

**邻居们**　对,早生贵子。

**阿　珍**　(接唱)　谢过了,谢过了亲朋好友,

暗告慰,暗告慰天堂双亲。

女儿今天出了嫁,

从此不会再飘零。

**阿　德**　(车已经到了自家门口)阿珍,咱们到家了。

**邻居们**　郭师傅,新娘子到了。

**郭茂堂**　(高兴走上)这么快就到了,来得早,好。(穿一件干部装,手上捏着一个红包)阿珍,爸爸欢迎你。

**阿　德**　(小声地)叫爸爸。

**邻居们**　叫爸爸。

**阿　珍**　(接唱)　阿德一语暗提醒,

话未出唇泪湿襟。

十年孤独十年等,

十年不曾叫父亲。

(深情地)爸……

**郭茂堂**　(高兴地)呃!(将红包塞给阿珍,邻居们兴奋地鼓掌欢庆)爸爸祝你们新婚快乐!

**阿　珍**　(接唱)　一声爸爸叫出口,

千愁万绪涌上心。

又酸楚，又高兴，

无家的孩子进家门。

**邻居丁** 阿德，你这自行车是新买的吧，气派。

**郭茂堂** 这是阿珍的嫁妆，“三转一响”，全齐了。（寻找）送亲的还没到？

**阿　珍** 爸爸。他们在后面，马上就到。

［万福林内白：开起来，把录音机开起来。

［那个年代流行的日本歌，声音自远而近地传来。

［阿珍、阿德暗下。邻居们把注意力转移到了送亲的队伍。郭茂堂忙着招呼亲朋邻居。

［万福林引送亲的队伍上。说是队伍，其实也就三五个人，他们抬着缝纫机，捧着电风扇。其中万福林最打眼，他穿着长风衣，戴着太阳镜，手上拎着三洋牌录音机。

**万福林** （唱）　阿珍请我来扎台型，

摆出腔调忙送亲。

脸上戴的是太阳镜，

衬衣口袋放着美金。

收录机，提在手，

外国歌曲就是好听。

（得意地）这外国歌好听吧。

**邻居乙** 这里头唱的是美国话吧。

**邻居丁** 我听着像日本话。《地道战》里的日本人唱歌，就是这个调调。

**万福林** 反正是外国话，今年最流行的带子。

**邻居甲** 这电风扇也是外国的？

**邻居丙** 我看这上面印的是中国字嘛。

**万福林** 反正，都是最流行的。

（唱） 自行车，电风扇，

“三转一响”俏商品。

**邻居甲** “三转一响”全齐了。郭师傅，这个婚事办得气派。

**郭茂堂** 气派，气派。

**邻居丙** 豆腐大王，你真有福气。你亲家公是个大官吧。

**郭茂堂** 高攀，高攀。（给万福林敬烟）辛苦了，来来来，抽支烟。

**万福林** （掏烟）亲家公，来，抽我的，箭牌，外国进口的。（给邻居发烟，大家一拥而上）大家别急，别急，我这里有的是。（抖开风衣，里面竟然挂满了各式各样的太阳镜、手表）

（接唱） 箭牌香烟太阳镜，

电子手表样式新。

这些全是进口货，

今天我，为人民服务送上门。

要买的同志请抓紧，

大好的机会不等人。

这些东西上商店买，那都得凭票证。我这里敞开卖。

[大家一时没反应过来，有点发懵。

**郭茂堂** （打圆场）你这些东西，都挺贵的吧。

**万福林** 太阳眼镜二十二，电子手表一十八……

**邻居甲** 搞了半天，原来你是来卖东西的。

**万福林** 为人民服务啊。

**邻居丁** （起哄）打桩模子啊。

**万福林** （急了）朋友，说什么呢。谁是打桩模子？你好好说话啊。

**郭茂堂** 不说了，不说了，一会儿再买。大家先进屋喝茶，进屋喝茶。

［邻居们一哄而散。

［切光。众人暗下。

［暗场，郭茂堂内白：大家吃了饭再走吧，有空来家里玩啊。

［灯启，新房内，晚上，墙上贴着大红喜字。偶尔传来几声青蛙的叫声。

［阿珍、阿德背靠背坐着，刚刚闹了点小意见。

**阿　德**　（觉得沉默不合适，想主动和解）刚才是我不好，你别生气了。但是那个万福林，实在是有点不搭调。

**阿　珍**　不搭调怎么了，有腔调就行。

**阿　德**　有腔调？可是送亲是娘家人的事，你怎么请这么个人来？

**阿　珍**　我没娘家人。你要是嫌弃我，早说。

**阿　德**　姑妈不是娘家人吗？今天，你就不应该拒绝她来参加我们的婚礼。

**阿　珍**　她？还不如一个外人。

**阿　德**　阿珍，我们现在是夫妻了。有些事情，以前不好过问，现在你总该告诉我了吧。

**阿　珍**　（静默）你想知道什么？

**阿　德**　很多事情我都想知道。想知道你的父母是怎么死的？想知道你和姑妈之间为什么闹成这样？想知道为什么你要请万福林来送亲？

**阿　珍**　今天是新婚之夜，原本不该说。既然你问，我都告诉你。（从口袋里掏出一张借条，交给阿德）

**阿　德**　（看，大声地）你欠了万福林一千一百块钱？（突觉不妥，小声地）这，这是怎么回事？

**阿　珍**　为了结婚。

**阿　德**　结婚?

**阿　珍**　如果爸妈活着,一定会把我的婚礼办得风风光光,热热闹闹。我今天出嫁,他们一定在天上看着我。这钱,是为了买嫁妆找万福林借的。

**阿　德**　买嫁妆?为了买嫁妆你借这么多钱?你知道,我并不在乎你的嫁妆。

**阿　珍**　我在乎,我死去的爹妈在乎。(掏出一张旧照片)小时候,我们一家三口住在鲁班路。爸爸是船厂的高工,妈妈是中学校长。1966年,爸爸被打成反动学术权威,还说他是反革命,被关进了监狱。后来,妈妈也打倒了,被派去扫厕所。(抽泣)

**阿　德**　(抚慰妻子)阿珍,不说了,我也不想知道了。

**阿　珍**　不,我要说,这些话已经憋在心里十几年了。

(唱)　撕开了伤口慢慢舔,
伤心往事怎堪言。
父亲他不堪折磨寻短见,
风雨夜撇下妻女受熬煎。
孤儿寡母遭磨难,
姑妈她装聋作哑怕牵连。
三年后母亲一病辞人世,
丢下我叫天不应,叫地不灵,
无家可归,有亲难认,
孤苦伶仃实堪怜。
求生存我远走他乡藏思念,
舍故土插队江西整十年。
这十年我犹如风筝断了线,

回了城姑妈才把这线儿牵。

**阿　德**　（将妻搂在怀里）阿珍，对不起。我不知道你受了这么大的苦。我发誓，从今往后，再也不会让你受苦了。

**阿　珍**　来，阿德，我们跪下。（两人同跪）爸爸，妈妈，你们的女儿今天结婚了，嫁到了浦东。他叫阿德，我的丈夫，你们的女婿。如果你们泉下有知，一定要保佑我们平平安安，幸福美满。（叩头）

**阿　德**　明天我去求爸爸，让他的工资也还账。

**阿　珍**　这些事情，我不想让爸爸知道。债是我欠的，该我们还。

**阿　德**　我一个月工资连奖金才四十六块，不吃不喝也得攒两年。

**阿　珍**　要不然，我跟着万福林去做生意吧。听他说，到南方批货来上海卖，一只电子表就能赚八块钱。

**阿　德**　那是走私，犯法的。再说，咱们也没本钱呀。

［又断断续续地传来青蛙的叫声。

**阿　珍**　你听听，咱们家附近好像有青蛙在叫？

**阿　德**　这个季节，附近的菜地、河浜，青蛙多得很。

**阿　珍**　青蛙能卖钱，卖了钱不就可以还账了？

**阿　德**　青蛙是益虫。再说，青蛙能卖几个钱。

**阿　珍**　这是无本生意。积少成多，用之不尽。

**阿　德**　（想）这倒是个主意。

**阿　珍**　说干就干，咱们明天就行动。

［阿珍依偎在丈夫肩头。场光渐暗，追光照着墙上的大红喜字，缓灭。

［青蛙的叫声越来越响，一直延续。

## 第三场

［两个月后，浦东。夜，月儿如钩，星光点点。居民区附近的菜地和更远处的农田。

［青蛙的叫声更响、更稠，此起彼伏。

［阿珍内唱：乘月色寻蛙声夫随妇唱，

［阿珍一手提竹笼，一手持电筒；阿德扛一竿一米稍长的网兜(像那种捕蜻蜓的网子，一根长棍，一头安着半圆的网)，两人舞蹈上。

**阿　珍**　(唱)　走田埂，过河浜，穿菜地，绕池塘，
细脚轻声朝前趟，
哪顾得水湿裤管，泥染鞋帮。

［细长的田埂，阿珍一脚踩空，差点侧翻在菜地里。阿德急忙扶住。

**阿　德**　(唱)　只为了捕青蛙卖钱还账，
夫妻俩夜夜结伴勤奔忙。(青蛙叫声更响)

**阿　珍**　(唱)　这边厢蛙声响亮，

**阿　德**　(唱)　急忙忙摆开战场，我伸网兜你亮灯光。

［阿德摆好架势，只等阿珍用手电筒的亮光照住青蛙的眼睛，便要一网打尽。手电筒亮了，阿德没有动手。

**阿　德**　这个太小了，捉了可惜，也不好卖。

**阿　珍**　这两个月捉下来，附近也就剩下小个的了。要不，今天走远点。

**阿　德**　太远了不安全。算了吧，两个月卖下来，咱们都赚了好

几百了。

**阿　珍**　这就知足了,离还清欠账还早着呢。走,上那边农田去,咱们小心一点就是了。

**阿　德**　前面的路不大好走,你把手电筒打开。

**阿　珍**　走吧,我知道了。

［阿德在前面走,阿珍跟在后面,用手电筒的光照亮前面的路。

**阿　德**　(唱)　光影摇晃蛙声长,
　　离家越远心越慌。

**阿　珍**　(唱)　蛙声一片真嘹亮,
　　声声悦耳音悠扬。

［突然传来一阵怪异的声响,阿德忙站住,回望着阿珍。

**阿　德**　(唱)　可听见?窸窸窣窣的怪声响,

**阿　珍**　(唱)　莫害怕,男人的胆量赛红装。

**阿　德**　(唱)　壮壮胆,朝前闯,
　　走过了独木桥,

［阿德和阿珍手牵着手,过独木桥。

**阿　德**　(接唱)　胜利在前方。

［蛙声又起,此起彼伏。

**阿　珍**　阿德,快,这里有个头大的。
　　(唱)　轻压脚步张开网,
　　眼明手快,一只一只捡进竹筐。

［闻着蛙声,阿珍用电筒的光照住青蛙的双眼,阿德用网兜先盖住,然后一只一只往竹笼里捡。偶尔也有从手上逃走的,阿珍忙追过去摁住。正捉得兴起,突然阿珍一声尖叫。

**阿　德**　怎么了?怎么了?

**阿　珍**　蛇，蛇。（阿德一把拽住阿珍就跑，竹笼和长竿子的网兜也弃之不要了）阿德，我被蛇咬了。

**阿　德**　啊！咬哪儿了？是什么蛇？

**阿　珍**　没看清楚，咬在手背上。

**阿　德**　快，赶紧上医院。（拉起阿珍就跑）晚了就没命了。

**阿　珍**　（边跑边说）你先别急。（停步）把你的衣服撕一条下来，绑在我的胳膊上，越紧越好，这样可以延缓血液流动。（阿德照做）找块尖石头，把刚才被蛇咬过的手背划一道口子，让血流出来，找个河浜冲洗伤口。

**阿　德**　（找块石头，下河浜）你咬牙坚持一下。（在阿珍的手背划出口子，浸入水中，然后用衣服包扎伤口。阿珍疼得晕了过去）阿珍，阿珍。（背起阿珍）你一定要坚持，我们上医院。

［阿德背着阿珍，借着月光，一路飞奔。

［伴唱起：

走田埂，过河浜，穿菜地，绕池塘，

怎顾得水湿裤管，泥染鞋帮。

**阿　珍**　阿德，我好不容易有了个家，舍不得死。

**阿　德**　（似要哭出声来）阿珍，你要坚持，一定要坚持。

**阿　珍**　我们到哪儿了。

**阿　德**　快了，马上就快到医院了。

**阿　珍**　要是我死了，你要把我和我爸爸妈妈埋在一起。

**阿　德**　不许死，我不同意你死。

［阿德背着阿珍急下。

［暗转。第二天，阿德家门口。

［万福林上。

**万福林**　（唱）　大清早，传噩耗。

阿珍被蛇咬，
生死都难料。
欠账还没还，
人死就得打水漂。
急急忙忙把账讨，
能捞多少是多少。

阿德，阿德，阿珍怎么样了。（进屋，下）

［柳凤喜上。

**柳凤喜** （唱） 听说阿珍被蛇咬，
心急如焚魂魄消。
匆匆忙忙来问候，

有人吗？家里有人吗？

［万福林上。

**万福林** 家里没人，你找谁啊？

**柳凤喜** 我找阿珍，我是她的姑妈。

**万福林** 是阿珍姑妈呀，我是阿珍的朋友。

**柳凤喜** 你赶紧告诉我，阿珍她，她……

（接唱） 她，她，她——
她是否平安？是否把命逃？

**万福林** 我也刚到，没搞清楚。

**柳凤喜** 我急死了，怕她住医院钱不够，来送点钱。

**万福林** 送钱来了？正好，给我吧。

**柳凤喜** 你去医院？

**万福林** 去什么医院，我是来要账的。阿珍办嫁妆，借了我一千一。你是她姑妈，替侄女还嫁妆钱，应该。

**柳凤喜** 你？这个时候了还想着钱，你缺德不缺德。

**万福林** 缺德？借钱不还才缺德呢。

**柳凤喜** 我不和你说，我去医院。（欲下）

［郭茂堂上。

**万福林** 亲家公。（迎上前去）亲家公，还认识我吗？

**郭茂堂** 你是……

**万福林** 结婚那天……（掏出太阳眼镜戴上）

**郭茂堂** （突然认出）哦，打桩模子。

**柳凤喜** （上前）你是阿德的父亲？

**万福林** 亲家公，这位是阿珍的姑妈。

**郭茂堂** 是她姑妈啊，你们都知道了？

**柳凤喜** 听说阿珍被蛇咬了，我都快急死了。

**郭茂堂** 她姑妈，万幸啊，咬她的那条蛇不是毒蛇。

**柳凤喜** 那，那阿珍没事啦？

**万福林** 阿珍没死啊？

**郭茂堂** 你怎么说话呢。

**万福林** 不是，我高兴，高兴啊。（掏出一张“大团结”）亲家公，我来得匆忙，没买什么营养品，这是十块钱，请您老人家帮我跑一趟食品商店。

**郭茂堂** 这，这怎么好意思。

**万福林** 我是阿珍的好朋友，应该，应该的。我还有生意，先走了。改天再来看望阿珍。（下）

**柳凤喜** （目送万福林下，自言自语地）真是个怪人。

**郭茂堂** 她姑妈，你家里坐，阿珍和阿德正在办出院手续，马上就回来了。

**柳凤喜** 马上就回来？

**郭茂堂** 一会儿就该到家了。

**柳凤喜** 亲家公，阿珍回来要休息，我就不坐了。（递信封）这是我给阿珍的，就算给他们结婚的礼。（转身急下）

**郭茂堂**　她姑妈,你怎么就走啊?(阿德扶阿珍从另一侧上)你慢走啊。

**阿　德**　爸,谁来了?

**郭茂堂**　阿珍她姑妈。(将信封和十块钱交给阿德)信封是姑妈给的,说是给你们结婚的礼。另外十块钱是打桩模子给的,他也刚走。

**阿　德**　爸,人家有名字的。以后不要叫人家打桩模子,不礼貌。

**阿　珍**　爸,我姑妈说什么了?

**郭茂堂**　她听说你被蛇咬,都快急死了。

**阿　珍**　假慈悲。阿德,这钱回头你还给她。

**阿　德**　哦。

**阿　珍**　爸,我想和您商量个事。

**郭茂堂**　啥事?

**阿　珍**　(真诚地)您把豆腐手艺传给我吧。

**郭茂堂**　(没想到)你要进豆腐商店!你不是嫌工资低,一直不愿意去吗?

**阿　德**　阿珍想自己开一间豆腐店。

**郭茂堂**　(更没想到)自己开店?

**阿　珍**　爸,您也知道,我们结婚欠了一些账。捉青蛙就是为了还账。可昨天被蛇这么一咬,我们也不敢再去捉青蛙了。但账还得还呀。所以,我和阿德商量,咱们家自己开一间豆腐店。您是豆腐大王,有招牌,有技术,咱们这店要是开起来,生意准红火。

**郭茂堂**　自己开店不行。这是损公谋私,投机倒把。我一个老党员,不能做这种事。

**阿　德**　爸,现在都什么年代了,你还说这个。

**郭茂堂**　什么年代也不能忘了毛主席的教诲。你爸在旧社会是个孤儿，是党的培养，才让我有了一技之长，有了工作，有了荣誉。我的技术是国家的，不是我们自己家的。

**阿　珍**　你是劳模，你可以崇高。我什么都不是。明天，明天我就去服装市场摆地摊，我不求人。

［切光。

［幕间曲：

不求人，摆个地摊讨营生，
五年整，还清债务一身轻。
现如今，租间门面做生意，
盼的是，穷人翻身做富人。

## 第四场

［1988 年初冬。浦西，服装市场。

［一条本不宽敞的街道，路两旁是一间挨着一间的服装小店。阿珍的门面很小，店内挂着各式各样的牛仔装，墙上还贴着一张那个时期最流行的台湾歌手齐秦的大幅长发牛仔装宣传画。店内一角，摆放着当年结婚时的嫁妆——那台三洋牌收录机。此时，收录机里正播着流行歌曲。

［启光。阿珍在店铺前挂上一块事先写好的广告牌。上写“清仓处理跳楼价，全部五折不批发”。

**阿　珍**　牛仔裤，台湾版最新款的牛仔裤。清仓处理，全部五折。店铺转让，最后一天。

［顾客和商贩们齐上。商贩与顾客混聚，卖东西的、买东西的，热闹得很——他们都是舞蹈者与合唱者。

［歌舞合唱：

卖服装，买服装，
买得欢喜卖得忙。
砍价格，挑花样，
热热闹闹的新市场。

**阿　珍**　（唱）　瞧一瞧，看一看，
价格实惠又美观。
都是最新的流行款，
包你称心又喜欢。

清仓处理，全部五折。店铺转让，最后一天。

**顾客甲**　老板娘，你给我挑一件。

**阿　珍**　（唱）　小伙子，你身子长，
就选这立领的牛仔装。
穿上它，精神饱满更时尚，
走到哪里都风光。

**顾客甲**　行，这件我要了。

**顾客乙**　大姐，你也替我挑一件。

**阿　珍**　（唱）　小姑娘，你真漂亮，
身材苗条高鼻梁。
穿上踏脚裤，
双腿更修长。
要衬托出你这千娇百媚的俊模样，
还得是，这束了腰身的短上装。

**顾客乙**　大姐，你真会说话。好，这两件我都要了。

**顾客丙**　老板娘，我要退货。

**阿　珍**　没问题,包退包换。您哪儿不满意?

**顾客丙**　这条牛仔裤是我昨天在你这儿买的,你说简直就是为我度身定做。我回去一穿,发现裤腿上有一个洞。

**阿　珍**　不可能吧。

**顾客丙**　我都带来了,你自己看。

**阿　珍**　还真是一个洞。

［大家起哄,要求退货。阿珍镇定地操起剪刀又剪出一个洞来。

**顾客丙**　你什么意思啊,这裤子我退定了。

［万福林暗上,欲帮忙解围。阿珍示意不用帮忙。

**阿　珍**　小伙子,你先听我说。

（唱）　残缺美,国外最流行,
最配你阳光帅气又青春。
你穿上这有洞的牛仔裤,
活脱脱好莱坞的大明星。
这些洞刻意为你来设计,
独此一份,充满个性,我还不用你发奖金。

小伙子,还退吗?

**顾客丙**　原来是这么个理。大姐,我不退了。(高兴离去)

**万福林**　老板,我买十件。

**阿　珍**　你少来捣蛋。

**万福林**　(摘下硬纸牌)“店铺转让,最后一天”。阿珍,你也学会骗人了。

**阿　珍**　(笑,把牌子藏起来)这年头做生意,老实没人信,假话有人听。身不由己,逼良为娼,算是跟你学的吧。

**万福林**　什么叫跟我学的。

**阿　珍**　好,是我自学的,行了吧。

**万福林**　关门，关门，我有大生意。

**阿　珍**　我就是个做小生意的，做不了大生意。

**万福林**　我准备开一家公司，倒钢材、倒车皮。你想不想入股？

**阿　珍**　现在的人怎么了，动不动就倒车皮，倒钢材。你哪里的门路？

**万福林**　我有个好朋友，他姐夫是市里的一个处长，能搞到指标。

**阿　珍**　这年头，还是当官好。批张条子比我做两年生意赚得还多。

**万福林**　有钱大家赚，我上路吧。怎么样，一起做。

**阿　珍**　行了吧，你做做黄牛还行，开公司，老底都得赔光。我没钱入股，劝你也别做。

**万福林**　我那个朋友已经赚大钱了。

**阿　珍**　人各有命，富贵在天。我呀，就是做小买卖的命。

**万福林**　真不做？

**阿　珍**　不做！

**万福林**　到时候我发了，可别怪我没挑你。

**阿　珍**　不怪，不怪。真要想帮我，你替我做件事。

**万福林**　什么事？说。

**阿　珍**　你路子粗，给我们家小孩在浦西找个小学。

**万福林**　你要让斌斌来浦西上学？

**阿　珍**　这事儿还没和阿德和他爷爷商量，不过也是早晚的事情。

**万福林**　没问题，这事儿我包了。

**阿　珍**　还有，你不是经常泡歌舞厅吗？

**万福林**　这种事不好乱说的，我可是正派人。

**阿　珍**　没说你不正派，我只是想让你替我找几个模特。

**万福林**　模特？你要干嘛？

**阿　珍**　这条街上，五六十家服装店，生意难做啊。总不能天天清仓处理，跳楼血拼吧。我准备代理台湾的一个牛仔服品牌，搞批发，请模特来做一次新服装展示。

**万福林**　没问题，不就是找几个小姑娘吗，我全包了。

**阿　珍**　（笑）你还挺能包的。（打开放在角落里的收录机）你可不许敷衍我。

［灯光渐暗，传来中央人民广播电台的新闻播报：听众朋友，晚上好。今天是 12 月 9 日星期五，农历十一月初一。欢迎收听晚间新闻……为贯彻党的十三届三中全会精神，中共中央、国务院做出《关于清理整顿公司的决定》。《决定》指出：这次清理整顿的重点是 1986 年以来成立的公司，通过清理整顿，主要解决政企不分、官商不分、转手倒卖、牟取暴利等问题……（声音渐弱）。

［万福林、阿珍暗下。

［暗转，当天晚上。服装市场，已关了店门，静悄悄的。

［阿德上。

**阿　德**　（唱）　朔风凛凛寒夜降，
长街清冷灯影长。
同城夫妻隔江望，
我想妻来儿想娘。
为兴家业她把家庭放，
我怜她劳累怨她忙。
今夜过江把妻看望，
一碗馄饨表衷肠。

阿珍，阿珍。

**阿　珍**　（上）你怎么来了，今天不用上夜校了？技术员上岗证考出来了？

**阿　德**　还没考呢，今天老师请假，我们也就放了。（从衣服里掏出小碗）给你包了碗小馄饨。路上远，怕凉了，藏在衣服里头。

**阿　珍**　好不容易休一天，你也不陪陪孩子。（揭开盒子）真还热着呢，你没烫着吧。（掀开阿德的衣服看）都烫红了，疼吗？（阿德憨笑）下回别犯傻了，凉了就凉着吃嘛。

**阿　德**　店里忙，你一个礼拜才回家吃顿饭。我既然来了，还不兴让你吃一口家里的热饭？趁热，赶紧吃。

**阿　珍**　我吃，就吃。

（唱）　眼望着碗中的小馄饨，
　　我心里打翻了五味瓶。
　　大老远就为送一碗小馄饨，
　　我丈夫不愧是浦东的乡下人。
　　他那烫红的胸口又让我心酸楚，
　　这馄饨透着贫贱夫妻情爱深。
　　虽然是操劳忙碌日子苦，
　　虽苦犹甜，爱我的男人没变心。
　　这馄饨吃得我心情复杂泪难忍，
　　这馄饨吃得我既高兴来又伤心。

**阿　德**　是不是我做得太咸了，你不爱吃？

**阿　珍**　爱吃，我爱吃。（转过身去吃馄饨）

**阿　德**　（唱）　她转过身去吃馄饨，
　　泪眼蒙眬我看得真。
　　起早贪黑忙生意，
　　吃苦受累她都是为了家庭。

阿珍哪，我不想让你受这个苦，
我不忍儿子梦里唤娘亲。
过日子钱多钱少不要紧，
最要紧一家团圆享天伦。
我劝你把店开回浦东去，
为儿子为自己也为家人。

**阿　珍**　在浦东开店？那种乡下地方，开了也没人买。儿子的事，我已经想好了，让他来浦西上小学，跟着我。

**阿　德**　跟着你，那我爸怎么办？斌斌和他爷爷最亲，根本就离不开。

**阿　珍**　他不是马上就退休了吗？正好，我没时间接送，他可以来帮忙。

**阿　德**　你让一个老人每天坐轮渡来上海接送孙子？亏你想得出来。

**阿　珍**　那你说怎么办？

**阿　德**　我刚才已经说了，你回浦东开店。

**阿　珍**　回浦东，回浦东，你就知道回浦东。你我都很清楚，浦东根本就没有好学校，也没有像样的商业区。我要是在浦东开店，根本就赚不到钱；儿子在浦东上学，也不是长久之计，你难道还想让咱们儿子在那个破地方待一辈子不成？

**阿　德**　破地方怎么了？当初你嫁到浦东，也不是我逼着你嫁的。嫌浦东破，你当初别嫁啊。

**阿　珍**　好啊，郭文德，你长出息了，有能耐了，竟然学会骂老婆了。好，好，我不和你吵，是我眼瞎了，当初看错了人。（说着说着竟哭起来）

**阿　德**　（妻子一哭，心突然便软了）别哭了，都是我不好，我不该和你吵。可是你也得为我和儿子想想呀，一个星期，就见你一面，家不像家的。

**阿　珍**　你还委屈了？我起早贪黑，辛辛苦苦，一个星期见儿子一面，还不是为了多赚点钱，为了这个家。要是你赚得动，我也不用天天守在店铺里了。你以为我不想儿子啊，他是我身上掉下来的肉。

**阿　德**　钱少有钱少的活法。一家人过日子，开心就好。有钱也买不来开心啊。

**阿　珍**　那是你的活法。我不一样，我一定要活出个样子来。我要活给他们看看，我阿珍不求人，不靠父母，同样可以活得扬眉吐气。

**阿　德**　老婆啊，活着，不是给人家看的。

**阿　珍**　我活着就是给人家看的。活给我天上的父母看，活给我势利眼的姑妈看，活给你那位崇高的父亲看，活给我的命看。我告诉你，浦东和浦西是不一样的。我一定要回浦西，而且要在浦西活得有滋有味儿。

**阿　德**　我听说，浦东马上就要开发了。这一开发，浦东就会慢慢好起来。

**阿　珍**　开发什么呀，连座过江的桥都没有。就一路公交，每次坐车，挤得跟油饼一样。

**阿　德**　不是还有轮渡吗，轮渡蛮方便的呀。（突然想起来）哎呀，现在几点了？没轮渡了吧？

**阿　珍**　（故意嘲他）怎么会呢，轮渡蛮方便的呀。

**阿　德**　算了，今天就不回浦东了，留下来陪你睡门板，当是给你赔理。

**阿　珍**　你明天不上班啦，要扣工资的。

**阿　德**　赶第一班轮渡，来得及。

［灯渐暗。汽笛长鸣，之后传来救护车刺耳的警笛声。

［暗场中，传来广播里早新闻的声音——本台最新消息：今天凌晨，黄浦江上大雾，轮渡停航。9时许，轮渡开航。聚集在渡口的3万多候渡群众争相前拥，前面的人和自行车被挤倒在地，引发严重的踩踏事件，死伤87人。其中当场踩死11人，抢救无效死亡5人，重伤6人，轻伤65人。市领导已前往医院看望受伤市民。

［内白，是阿珍撕心裂肺的呼喊：阿德。

［舞台灯亮。次日上午，医院门口。

［舞台上挂着一个巨大的红十字。阿德躺在病床上。

［医生、护士们急急过场。

［阿珍焦急上，直扑病床。

**阿　珍**　阿德，都怪我，昨天晚上如果不和你吵架，你就不会留下来，不留下来，你就不会出事。（跪趴在病床前）我好害怕，怕你死了，我却活着。

［医生领郭茂堂上。

**郭茂堂**　医生，我儿子的情况怎么样？

**医　生**　双腿多处骨折，腿部神经受到损坏。已经做了手术，麻醉药效过了就会醒过来。

**阿　珍**　严重吗？

**医　生**　骨折的伤三五个月就能好，但腿部神经恢复，需要长时间的康复理疗。

**阿　珍**　长时间是多长？

**医　生**　这得看理疗效果。可能一年，可能两年，也可能五年、十年。病人是否配合治疗非常重要。

［阿珍一听，差点晕倒。

**郭茂堂**　医生，最坏是个什么结果。

**医　生**　最坏的结果，是双腿失去知觉造成下身瘫痪。当然，这只是理论上的结果，概率很小。

**阿　珍**　（意外，喃喃自语）瘫痪，瘫痪！

**郭茂堂**　阿珍，你都听见了，阿德现在成了这个样子，这个家比任何时候更需要你。但是，你嫁到我们家来，本来就委屈你了。你现在要离开，要回浦西，我们也不会怪你的。

**阿　珍**　（欲哭无泪）爸，现在给阿德治病最要紧，不是说这种话的时候。你先回去吧，斌斌在家里不能没人照顾。

［副市长、医院院长、护士、秘书等人上。

**院　长**　副市长来看望你们了。

**副市长**　（握住阿珍的手）让你们受苦了。我代表市政府，向你和你的丈夫表示深切慰问。同时，也要谢谢你爱人！

**阿　珍**　谢谢我爱人？

**秘　书**　你爱人是为了救一个小孩才受的伤，要不是他舍命相救，那个小孩子可能就被踩死了。

**副市长**　市民受苦，我们很难过。

**阿　珍**　要是有座桥，要是多几路过江的公共汽车，这么多人就用不着全来挤轮渡了。上海这么大，难道就造不起一座桥吗？

**副市长**　今天的事故，给我们敲响了警钟。你批评得对，政府再难，也要想方设法改善过江的交通。

**院　长**　受伤人员的医疗费用，全部由市政府承担。

**副市长**　我们对不起市民啊，医院一定要全力以赴救治受伤民众，全力以赴。（握住阿珍的手）有什么困难，可以给街道反映，也可以直接来市政府找我。

**阿　珍**　没有困难，人活着比什么都好。

[众人下。

**阿　珍**　（终于忍不住大哭出声来）阿德，我怎么办，我可怎么办啊。

[切光。

## 第五场

[半年后。盛夏。上海外滩。傍晚。

[光启。有三三两两的游客。一群高中生模样的男孩，头上系着彩色飘带，在街边跳着霹雳舞，旁边摆着录音机，从里面飘出迪斯科的旋律。

[柳凤喜上。

**柳凤喜**　（唱）　叹人生太无常风雨难料，
好端端遭横祸陡起波涛。
阿德他受了伤也不见好，
半年来可苦了我的侄女儿。
我不能看着她执迷不悟，
需劝她早脱苦海，莫再受煎熬。

[万福林、治安联防队员先后从不同位置上场。万福林戴着一副大墨镜，治安联防队员仍在胳膊上戴着"联防"的袖标。

[万福林像是认出了柳凤喜，又拿不准，便盯着看。

**治安员**　大家注意安全，小心扒手偷盗。

[台上所有的人都看着万福林。万福林正想上前找柳凤喜攀谈，柳凤喜吓得忙离去。

**万福林**　（知道柳凤喜把自己当成坏人了，无奈笑笑）高价回收外汇券、美金、港币。价格从优。（游客们暗下）

**治安员**　（趁人不注意把红袖标取下来藏在裤袋里，靠拢万福林）粮票收不收？

**万福林**　粮票？你上菜市场换鸡蛋去。（治安员掏出红袖标往胳膊上戴）你别戴，戴了我也不收。

**治安员**　这是工作需要，你管呐。（欲离开）

**万福林**　（追上去）外币，外币有吗？

**治安员**　有国库券，收吗？

**万福林**　有多少？（治安员打出八的手势）八千？

**治安员**　五百。

**万福林**　才五百？

**治安员**　五百怎么了，不是钞票？你不换我找别人。（欲离开）

［高中生们暗下。

**万福林**　回来。换给你，哪一年的？

**治安员**　这个月的。

**万福林**　这个月的就换，家里揭不开锅了吧。一百换八十，五八得四，四百块。成交。

**治安员**　八十？你当我冲头啊。

**万福林**　就这个价，不换算了。（故作离开状）

**治安员**　算就算，这个价哪里都好换，不用找你这个打桩模子。

**万福林**　朋友，你怎么说话呢。讨打啊。

**治安员**　我……我又不是说你。（溜下）

**万福林**　（四处看时空无一人）这年头，人都成精了，生意越来越难做啊。（下）

［阿珍上。半年的时间，已憔悴了许多。

**阿　珍**　（唱）　又来到美丽的外滩，

却没有往日的心欢。
分明是盛夏酷暑，
我心中却满是冬寒。
又来到美丽的外滩，
这一次我形影孤单。
南京路灯红酒绿，
照不亮对岸的幽暗。
屋漏偏逢连天雨，
这一回我怎么办？

［阿珍无助地坐在江边的椅子上，望着江水出神。

［伴唱：

怎么办？怎么办？
江水无声静流淌，
千帆失语叹悲欢。

**阿　珍**　（唱）　叹悲欢，霓虹竟灿烂，
怎顾得月畔星光寒。
不信命，不服软，
偏偏命里多艰难。
盼的是苦尽甘来福相伴，
为什么祸不单行总相缠。
强撑硬努心憔悴，
这千斤的重担我如何担。

**万福林**　（上）高价回收外汇券、美金、港币，价格从优。（走到阿珍背后）外币有啊，外币。（阿珍转过身）阿珍？你？怎么会是你。

**阿　珍**　我姑妈约了我来这里碰面，我等她呢。

**万福林**　哦，想起来了，刚才，就刚才，有个老太太看着面熟，好

像是你姑妈。

**阿　珍**　她人呢？

**万福林**　被我吓跑了，她把我当成小偷了。（笑，发现阿珍板着脸）阿德那脚还不见好？

**阿　珍**　我不知道，他的脚还能不能好。

**万福林**　这么说，真有可能瘫了？

**阿　珍**　我不知道。

**万福林**　要我说，你也不用这么伤心。事情既然摊上了，就是命。你为了给他筹钱治病，把店铺盘出去了，那可是你五年的心血和致富的希望啊。你现在做全职护工，天天伺候他，对得起天地良心了。

**阿　珍**　（突然哭出声来）我快要扛不下去了。

**万福林**　早知如此，何必当初。要知道是现在这个样子，当初还不如嫁给我呢。

**阿　珍**　这都是命啊。我以为只要努力了，就一定可以改变命运。现在看起来，和自己的命斗，太难了。

**万福林**　接下来，你打算怎么办？

**阿　珍**　浦东是我自愿嫁的，阿德也是我自己挑的。既然都赶上了，我只能硬扛下去。阿德他爸已经答应把豆腐手艺传给我，我准备在浦东开间豆腐作坊养家糊口，继续给阿德治病。

［柳凤喜急上。

**柳凤喜**　阿珍，阿珍啦，我苦命的孩子。

**万福林**　姑妈，你刚才没认出我啊。我是万福林啊，阿珍的好朋友。

**柳凤喜**　原来是你啊。小万啊，你和阿珍是朋友，你帮我劝劝她。人不能太死心眼了，尤其是女人。

**万福林** 姑妈，这我可没法劝。你们家阿珍啊，还就是个死心眼的人。（掏出一些钱）阿珍，你既然已经决定了怎么做，那就努力去做吧。这点钱，给你救急，什么时候有了什么时候还，不收利息。（下）

**柳凤喜** 阿珍，你怎么这么傻，还在借钱给他治病？这钱以后是要你还的。他要是瘫痪了，你得替他还一辈子账。

**阿　珍** （冷冷地）姑妈，你今天非要叫我出来，就是要告诉我，不要给阿德治病吗。

**柳凤喜** 我也没那么坏，只是心疼你。阿珍啊，当初你嫁到浦东，我原本就不同意。现在阿德成了这个样子，你下半辈子靠谁啊？嫁汉嫁汉，穿衣吃饭，我不能看着你执迷不悟。听我一句话，和他离婚吧，回浦西来，带上斌斌，搬回来住。你姑父单位最近增配了一间房给我们，就在静安寺旁边，虽然不大，但也够你们母子安身的。

**阿　珍** 这回，你可真舍得啊。

**柳凤喜** 为了你的幸福，姑妈什么都舍得。过去那些事情，姑妈也是身不由己。那种年月，社会乱得要死，你爸是反革命，那我就是反革命的妹妹，那是要坐牢的。谁也不愿意去坐牢啊，所以我才和你爸爸划清界线。

**阿　珍** 我没有你这么势利，也做不出为了自己而抛下亲人不管的事情来。姑妈啊——

（唱）　常言人无百日好，
难免倒霉触暗礁。
只要还有心气在，
风雨过后花更娇。

你不用劝我，我不会离婚的。只要一家人生活在一起，就没有躲不过去的风雨。我相信，有了家人的爱，阿德一定可以站起来。

[切光。

[幕间曲：

站起来，站起来，<br>冬去春来百花开。<br>一声春雷震天响，<br>河东从此燕飞来。

## 第六场

[1991年夏天。早上。可以看见远处将要建成的南浦大桥。

[暗场中，传来广播早新闻的声音：经过两年半的努力奋战，今天，南浦大桥胜利合龙，全桥贯通，将浦江两岸连成一体。南浦大桥是我国第一、世界第三的双塔、双索合梁斜拉桥。工程总投资8.2亿元，大桥全长8 346米，桥头两座主塔各高达154米，主桥长864米，由1 500吨的斜拉钢索和6 300吨的钢梁、3 200块混凝土桥面板拼装而成。主桥离水面净高46米，桥下可通行5.5万吨巨轮。桥上每天最多通车容量为5万辆，设计和施工技术均进入世界领先地位。

[灯启。浦东，阿珍豆腐作坊——其实就是在自己家旁边搭的一个简易房，门口，摆着一张旧桌子和两把方凳，桌上有茶壶。门侧挂着“豆腐大王”的木板招牌。做好的豆腐，大部分送到菜市场批发给小贩，小部分用

小板车推着在附近的居民区卖，偶尔也会有邻居自己上门，端着盘子来豆腐作坊购买。

［阿德上，右手拄拐杖，左手拎一筐黄豆。通过三年多时间的理疗，他的脚伤已经恢复得差不多了，右脚稍有些瘸，走远路或拎个稍重的东西，仍要借用拐杖。

**阿　德**（唱）浦东开发燕飞来，
春意浓浓暖心怀。
有了阿珍的满腔爱，
我总算抛开轮椅站起来。
寒冬已去不复在，
春日和风逐阴霾。
怕什么身残拄着拐，
河东从此生双翅，我们要苦尽甘来。

（把黄豆放在房前的桌上）阿珍，阿珍，黄豆我买来了。

［郭茂堂自作坊内走出。他完全一副退休前的工作服打扮，手上戴着蓝色袖套，身上穿着白色长褂，脖子上吊根绳子，在胸前挂一副老花眼镜。

**郭茂堂** 天还没亮，阿珍就推着车去送豆腐了，还没回来呢。

**阿　德** 这么晚了还没回来，估计又跑去看南浦大桥了。报纸上说了，南浦大桥半年以后就能通车。

**郭茂堂** 听说延安路隧道北线工程也要动工了。

**阿　德** 现在好了，浦东开发，又造大桥又修隧道。以后我们去浦西，可就方便多了。

**郭茂堂** 还是开发好。从宣布开发浦东到现在，一年多时间，大桥马上要造好了，隧道也修了一条更宽的。这两年里做的，是以前二十年也做不了的事。

**阿　德** 要致富，先修路。爸，照这样下去，咱们浦东很快就能富起来。

**郭茂堂** 劳动致富，光荣。（欲进房，转身）刚才拆迁办送来一个通知，说我们这一片要造五星级大酒店，咱们得动迁，让选择补贴办法。

**阿　德** 通知在哪？

**郭茂堂** 在屋里。（下）

**阿　德** 我看看。（弃拐，跟进屋，下）

［阿珍推送货的小板车上，板车上已经没货了。

**阿　珍** （唱） 盼来了春暖花开风光好，
小板车吱吱嘎嘎，也唱起了快乐歌谣。
车啊车，四年的日子不算少，
常相伴，你我已是旧知交。
平日里，有苦只能向你诉，
我今日，也把高兴的事儿细絮叨。
每天江边走一走，
看一看新修的马路和大桥。
身边天天有变化，
浦东每天在长高。
总算是熬过了艰难苦岁月，
苦尽甘来，浦东有了新盼头。

［阿德自内房走出。

**阿　德** （瘸着右脚，热情地迎上去）回来了。（欲接过小板车）

**阿　珍** 我来吧，你歇着。

**阿　德** （坐）这么晚才回来，又去看大桥了吧。

**阿　珍** 看了，今天大桥合龙，锣鼓喧天的，人可多了。

**阿　德** 听广播里说，半年以后就能通车。

**阿　珍** 说是元旦以前。

**阿　德**　上面来通知了，我们这一片年后可能会动迁。

**阿　珍**　（高兴）真的？可算盼来动迁了。

**郭茂堂**　（端着一盘黄豆，自内屋上）你就这么讨厌这个家？大桥通了，浦东会好起来的。

**阿　珍**　爸，你说啥呀。

**阿　德**　是啊，阿珍要是讨厌这个家，也不会守到今天。

**郭茂堂**　守到今天，也是她自己选的，我可没逼她。

**阿　珍**　爸，一大清早的，你怎么这么大的火气。谁又惹你不高兴了？

**郭茂堂**　我哪里敢有火气。嫁到浦东十年，你嫌弃了十年，我们哄了你十年。

**阿　德**　爸，你少说两句。

**阿　珍**　哄我？没事，说吧，都说出来。

**郭茂堂**　可不是这样吗，一听说要动迁，看你高兴的。这个家我们住了三代人，是祖屋。哪有你这样盼动迁的。

**阿　珍**　现在都什么时代了？改革开放，万象更新。像我们这样的普通人家，想要改变，也只能靠动迁的机会。浦东开发，百年良机。这个机会我们再跟不上趟，也只好继续穷苦。

**郭茂堂**　你还是嫌我们老郭家穷嘛。

**阿　德**　行了，行了，你们两个都少说两句。通知都下来了，动迁是肯定要动的，想留也留不下。咱们商量一下，选择哪样的补偿办法。

**郭茂堂**　我要地！能种粮食的地！政策改来改去，我算是看明白了，只有土地靠得住。有块地，再坏我也饿不死。

**阿　德**　要地，那得搬到川沙和南汇，离上海更远了。

**郭茂堂**　我们现在也是住在乡下嘛。都是浦东阿乡，哪里不一样。

**阿　珍**　阿德，上面发下来的通知是怎么讲的？

**阿　德**　三种选择。一、给新公房，还住在附近；二、给钱，一次性贴补；三、给房给地，把土地和房子置换到远郊，房子还是新盖的。

**阿　珍**　（不假思索）咱们都不要。

**阿　德**　都不要？

**郭茂堂**　你疯掉了。

**阿　珍**　这三种办法都不要，咱们去争取第四种。

**阿　德**　第四种？

**阿　珍**　对，第四种。我们要地，但不是远郊种粮食的地，是能盖厂房的地。趁这次动迁的机会，咱们把家里种菜的自留地面积换成豆腐作坊的面积，我要把豆腐作坊做成正规的豆制品加工厂。

**郭茂堂**　哪来的钱？又做白日梦。

**阿　德**　对啊，咱们没钱啊。

**阿　珍**　去要动迁补贴啊。咱们将来住的房子少要一点面积，把多出来的面积换成现钱。

**阿　德**　行吗？这可是政府动迁，又不是私人造房子。

**阿　珍**　你不去争取，怎么知道不行？我要去拆迁办试试。

**郭茂堂**　你去试试？行了，别去给我们老郭家丢人了。你拿祖上传下来的房子换钱，地也不要了，还去造什么厂房。你，你这是要败家啊。（把黄豆带碗扔在地上，甩手而去）

**阿　珍**　我，我败家？

（唱）　这句话骂得我心儿痛碎，

谁明白我心里，千般苦楚万种悲。

［蹲在地上，一颗一颗捡黄豆。接唱

这黄豆一粒粒挂着眼泪，
它为我哭为我叹为我心灰。

**阿　德**　（帮着一起捡黄豆）老人家只是一时的气话，你别放在心上。

**阿　珍**　（接唱）　结婚十年从未向你吐苦水，
我今天要向你敞一敞心扉。
想当初嫁给你家人反对，
到今日我还是有家难回。
为生计，我下海经商起早又贪黑，
顾不得早出晚归孤影相随。
你受伤，我不嫌来也不怨，
静静承受，燕子衔泥心不灰。
十年坚持总算治好了你的腿，
拼来个夫唱妇随同进退。
我不怕苦，也不怕累，
只怕这和睦的家庭起惊雷。
既然是你们都反对，
这动迁的事儿我闭嘴，
免得落一个败家的名声我来背。
阿德啊，当初的心儿今何在，
从今后，心意冷梦儿难追。

**阿　德**　（唱）　一番话说得我好伤心，
作为丈夫，我愧对妻子，愧对家庭。
原谅我十年来少帮衬，
原谅他言词过激的老父亲。
阿珍啊——

心若在，梦就在，
放飞一个梦想，
留下一份豪情。
我支持你的创业梦，
患难夫妻挚爱深。

阿珍，我和你一起去拆迁办。既然想到了，我们就要努力去争取。浦东开发蓝图已经给我们绘制了一个美好的希望，我相信，浦东的明天会更好！我们这些浦东人的明天，也会越来越好。

[切光，场景暗转。

## 尾　声

[ 2010 年，浦东塘桥。初夏，晚上。万家灯火。

[光启。郭茂堂和斌斌背对着观众，慢慢转身。

**斌　斌**　爷爷，这些事情，你以前怎么没和我说起。

**郭茂堂**　以前你小嘛。

**斌　斌**　我早就长大了。

**郭茂堂**　爷爷眼里，你永远是个孩子。

**斌　斌**　如果当年动迁，按爷爷的想法，坚持要地，那我们家今天可能是什么样子？地产商？

**郭茂堂**　别的不好说，豆制品公司一定不会搞成现在这么大的规模。

**斌　斌**　（夸张地）爷爷，当时如果要地，我们家就发财了。现在房子多贵啊。

郭茂堂　爷爷当年要地，是为了有地种，有粮食吃，可不是为了造房子。

斌　斌　爷爷你还是没有长远眼光。

郭茂堂　那个时候，谁也猜不到浦东会变成现在的样子。

斌　斌　看起来，还是我妈的眼光比较靠谱。

郭茂堂　（突然想起来）你爸妈他们怎么还没过来？

斌　斌　（朝幕内张望）来了，来了。

［阿珍、阿德上。阿德的脚伤早就痊愈了。

斌　斌　爸爸、妈妈，爷爷说，这里就是我们以前的家。

阿　德　（仔细看看）好像是。

阿　珍　大概是吧。没什么参照物，不大好找了。

郭茂堂　南浦大桥。你们看，还能看见。斌斌，以前你爸经常坐在我们家的豆腐作坊门口看大桥。

阿　德　爸，你老人家想到过，咱们家能过上今天这样的好日子吗？

郭茂堂　没有，做梦都不敢想。

阿　珍　这三十年，变化太大了。当初我嫁到这里的时候，这周围还都是农田。

阿　德　那时候，乡下嘛。

斌　斌　就是，抓青蛙。（全家人相视大笑起来）

阿　珍　往事历历在目。阿德，我们能有今天，全托浦东开发开放的福。

阿　德　改革开放政策好。

斌　斌　爷爷，你是老党员，怎么没说党的政策好！

郭茂堂　说了一辈子了，没有党的培养，哪里有我这幸福的这辈子。

斌　斌　这才是老革命说的话嘛。

**郭茂堂** 可能是人老了，我最近越来越念想几十年前的旧事。（喃喃自语）浦东在眼里，家在心里。（从口袋里取出老屋的门号牌）这块门牌号，是当年老屋拆迁的时候我偷偷留下来的，今天就送给你们。

［从天幕处吊下来一块硕大的门号牌。

**斌　斌** 爷爷，我给你们拍张照片吧。

［郭茂堂、阿珍、阿德立在硕大的门号牌前，斌斌为其拍照。

［舞台光渐收，斌斌先隐去。最后以光块的效果，将三个人和门号牌框成一张静态的图片。

［幕尾曲：

看似一幅画，
想是一个家。
巨笔写神话，
人心绘彩霞。

［在音乐中，大幕缓缓闭上。

［剧终。

# 导师评语

李建平

龚孝雄的《浦东人家》是一部反映20世纪80年代到90年代浦东普通百姓人家生活变迁的戏剧作品，对于上海来说，这是一部很有价值的戏剧作品，同时也是用一种“过去进行时”方式展开的戏剧冲突。剧本以一家人家的生活变迁和人物命运，反映了浦东开发给人们带来的生活、工作、人物命运的改变，折射出中国在这些年里发生的巨大变化，使观众可以深切感受到时代进步的步伐，充满了时代的烙印。剧本的情节结构紧凑，人物行动积极，性格色彩鲜明，许多细节具有时代特征，人物语言具有20世纪八九十年代特殊的语境，对观众具有吸引力。

20世纪80年代对于上海来说是一个极其重要的历史阶段，她不仅彻底改变了几十年来形成的经济模式，更重要的是猛烈冲击了上海人几十年来形成的僵硬的经济观念、城市观念、居住观念、从业观念，上海从此不是过去的上海，而是重新成为一个最具活力的世界级城市，她又成为拖曳中国飞速前行的火车头。在这些变化里，最重要的变化还是上海人精神世界的变化，我们过去熟悉的那种囿于小市民生活的上海人，在精神层面产生了翻天覆地的变化，这些都值得呈现在舞台上留给现在的观众，是一部有可能进入“上海记忆”的剧目。

我们上海舞台过去有过《股票的缘分》、《七十二家房客》、《公用厨房》、《乌鸦与麻雀》等反映不同时代典型上海市民生活的作品。《浦东人家》这个剧本建立在浦东开发前提下，具有特殊的意义。浦东的开发使这块原先长满蔬果水稻无人问津的“下只角”，一下变成了改革开放的中心，浦东几百年甚至上千年的农耕生活一下子被强行拉进了高速运转的城市生活，甚至来不及适应，就一步跨进了亚洲的金融中心，原先田园牧歌式的生活和生产方式完全消失。这势必会产生某种人与自然的断裂、人与家庭的断裂、人与人旧有关系的断裂。不仅新旧思想在这里碰撞，而且新旧时代也在这里碰撞，过去三十年形成的固有观念和意识形态更在这里与新的观念和意识形态产生了碰撞。其实浦东开放带来的震动是全方位的，有时一套小小的房子就可以使原有的家庭关系破裂，有时浦东开发的机遇可以使人一步登天，可以使人情迷意乱，也可以使一些人退避三舍，尽力保留自己的浦东之根。这些都是非常值得写的，值得永远留在上海的城市记忆里。

上一稿剧本的写法有些拘泥于故事情节的完整和人物关系的完整，缺乏吸引现代观众的主题和内涵。同时故事情节展现得有些过多过快，因此情节下面的人物关系和人物情感表达就显得有些匆忙和粗疏，情节显得过多。而这次的修改有了很大的改观，删除了一些繁缛的人物关系和场景，情节比较集中，“过去进行时”的感觉很强，就像现代人在看《茶馆》、看《于无声处》那样，现代观众走进剧场看见一段过去他们不熟悉的生活，一段远去的生活，一段永远不会再有的生活，一段在上海历史中不可避免的市井生活。在全剧的最后，浦东的开发不仅有经济上的翻身，同时也有旧有生活方式的消失，人际关系的改变，在陆家嘴一片璀璨辉煌的灯光中，不管你是不是遗憾，原先浦东几百年的东西全部没有了，孰是孰非，很难说我们是得到了还是失去了，谁也下不了结论，也许几十年后才会有定论。

在将来的舞台呈现中，是否可以在舞台上完全复原 20 世纪

80年代的浦东，甚至可以有些自然主义的极端，细致入微地展现那里的变化，展现20世纪80年代人们的精神状态，展现原汁原味的浦东生活，就像一段历史剖面，可以追忆，可以玩味。

从剧种表现上，沪剧和淮剧都可以，但是相比之下，沪剧更具浦西市民气息，不如淮剧更具底层气质，更适合剧中人物的气质。

当然，在进入排演后，编剧还可以根据主创人员的建议对剧本进行进一步的修改，比如戏曲的味道可以更浓一些，比如可以根据戏曲的特长调整场景和人物，还可以根据剧种的特点进行修改调整，使剧种的特征最大化等等。

话　剧

# 天地玄黄马相伯

许静波

## 许静波

青岛人。复旦大学历史学博士，上海应用技术学院讲师。本硕博学习期间在青岛大学师范学院源泉剧社、苏州大学东吴剧社和复旦大学研究生剧社进行了十多年的话剧艺术实践，曾获第二届“江苏戏剧奖·校园戏剧奖”之优秀编剧奖。

**人　物：**

**马相伯**——男，65岁，神父，震旦公学校长。

**南从周**——男，62岁，神父，法国人，震旦公学教务长。

**波拿巴**——男，48岁，神父，法国人，震旦公学教师。

**曾　铸**——字少卿，男，50岁，上海总商会会长。

**曾志旻/编剧大叔**——男，25岁，震旦学生，曾铸之子/复旦大学历史学博士，《天地玄黄马相伯》编剧。

**理　子/导演美美**——女，22岁，日本人，哑女，曾志旻之妻/台湾复旦高中生，《天地玄黄马相伯》导演。

**马小才/震旦学生1**——男，23岁，马相伯远房侄子。

另有震旦学生2、3、4/复旦学生2、3、4及军警、助手等龙套若干。

## 第一场　清光绪三十年暮春，上海马相伯居所

[马相伯的居所处处透露着中西合璧的风格，在他的家里，舞台左边是中国传统式的博古架，上面摆放着各种古籍；舞台中间的中堂，则贴着一张硕大的世界地图；而舞台的右边则是一个小小的祈祷区域，这似乎说明宗教信仰是主人心中私人化、内在化的一块净土。

[身穿着中山装的四名今日复旦学子来到舞台上，有人在翻阅博古架上的书籍，有人则在擦拭神像，还有人指着地图上的某个区域，和旁边的人说着什么。

[一身长袍，挂着十字架的马相伯出现在舞台的右边，给他一个顶追，和学生的表演区域分开。

[下面马相伯诵读的声音和学生们朗诵的声音交替进行，侧幕边还有投影在展现西方侵略者进入中国的纪录片资料。

**马相伯**　先帝创业未半而中道崩殂。(复旦学子：大清国，二百年，病入膏肓不行了。)今天下三分，益州疲弊，此诚危急存亡之秋也。(复旦学子：英吉利，法兰西，鸦片枪炮都来了。)然侍卫之臣不懈于内，忠志之士

忘身于外者，（复旦学子：老百姓，苦又穷，受尽折磨悲难了。）盖追先帝之殊遇，欲报之于陛下也。（复旦学子：了了了，了了了，这样的世道怎得了？）诚宜开张圣听，以光先帝遗德，恢弘志士之气，不宜妄自菲薄，引喻失义，以塞忠谏之路也。（复旦学子：唉，这样的世道——怎得了？这样的世道——怎得了！）

［灯光暗了下来，马相伯退场。

**复旦学生** （四名复旦学生以及后面的震旦学生的朗诵内容在此，如何安排断句，及和声复调看导演安排，下赘不复）1840年4月17日，马相伯生于江苏丹徒的一个教会家庭。他的家族，已经信仰传承了天主教两百年。那个时代，战乱频繁，外辱不断，求强求富成了中国人最为迫切的梦想。福建林则徐写出了《四洲志》。湖南魏源编纂了《海国图志》。曾国藩、李鸿章领导晚清的洋务运动。康有为、梁启超想以变法维新救中国于水火。然而，甲午一战，北洋水师全军覆灭。戊戌政变，六君子血洒菜市口。庚子国变，愚昧排外难救中国。路在哪里？中国去向何方？

［舞台右边灯光亮起，马相伯再次出现。

**马相伯** 我少年时曾有志于挽救国家危难。数十年间，尝为洋务奔走欧美，为拱外鏖战朝鲜。如今历尽蹉跎，已届耳顺之龄，却一再见证悲剧不断发生，几千年的华夏古国，这点子元气，差点消耗殆尽。我慨叹清廷内外交困，一不知公法，二不习制造。想要做点事唤醒黎民百姓，可他们大多数却连文字也不识。终于明白为何当年父亲要给我取“相伯”的表字，因为他是期望我能做一个为天下相出千里马的伯乐。于是在西元一千九百零三年的时候，将家中所有产业献给法国天主教耶稣会江南司教，在上海兴建震旦公学，以冀毕尽暮年之力，教育天下学子，或可为我中华造就若干栋梁之才……

［灯光渐渐暗下来，全场唯有投影在继续播放着晚清时代震旦的照片。

**导演美美** （在黑暗中）停！

［灯光打开，穿着入时的导演美美边拖着一个大行李箱，边拉着编剧大叔走上舞台。

**导演美美** （质问）这就是你排的戏？我好不容易回台湾过一个复活节假期，你就给我把戏排成这个样子？

**编剧大叔** （略有尴尬）我觉得这不挺好吗？多有历史纵深感。

**导演美美** 历史纵深感？编剧大叔，我知道你是上海复旦大学的历史学博士，我是台湾复旦中学的一个高中生。论起学术来，您是大西瓜，我是小芝麻。可这是戏！谁让你在舞台上写论文来着？

**编剧大叔** 妹纸，这样。我觉得呢，原来本子里面过于关注一百年前复旦建校的故事，历史感和故事张力都不够。咱上海、台北两地复旦好不容易搞一台联合演出，立意一定得拔起来，所以，我就在每一场前面加了段朗诵，重点是点出相伯先生的功绩来。要不然演完了没人管饭呢。就像《关公战秦琼》唱的那样：叫你打来你就打！你要不打啊？一指那老头儿——他不管饭！（正说得热烈，忽然见导演美美站在一边，斜着眼儿看他，于是不禁喏喏）

**导演美美** 你接着说啊，怎么不说啦？

**编剧大叔** （略后退）您说，您说，您是导演，我们都听您的。

导演美美　你也知道我是导演？那好，我告诉你，我的戏剧理念是戏一定要好看！矛盾集中，冲突激烈，尽可能展现人物与命运斗争中的细节过程。

编剧大叔　那史料呢？没有史料我们怎么敢这么排呢？

导演美美　为了艺术的真实我们甚至可以改动一点儿历史的真实。

编剧大叔　那不就成韩剧了？长腿男爱上屌丝妹，外星人钟情二货四百年。

导演美美　（挑衅地）我就是爱韩剧，我就是喜欢长腿欧巴，怎么样？（挑衅地）师傅？（网络语，高富帅年过三十是大叔，屌丝年过三十是师傅）

编剧大叔　服了你了，行行行，都听你的，你打算怎么展现细节？

导演美美　加人！

编剧大叔　怎么加人？

导演美美　我问你，你原来台词里面是不是有"将家中所有产业献给法国天主教耶稣会，在上海兴建震旦公学"一句？

编剧大叔　是啊。

导演美美　那好，我再问你，马相伯这么做，他家里人造（"造"——网络语，"知道"的意思）吗？他们怎么看？

编剧大叔　据史料记载，相伯先生的夫人和儿子1894年罹难于山东，所以1903年毁家助学创建震旦的事情，他的家人似乎没法有什么意见吧？

导演美美　我是说大家族！

编剧大叔　大家族？

导演美美　对！你想想，那些钱和田地，虽然是马相伯名下的，但那也是马家一代一代人积累下来，这一下子都捐了出去，丹徒马家怎么看？大家族里面总有几个掉钱眼儿的吧，他们又怎么看？

**编剧大叔** 那史料不足啊？

**导演美美** 我说过，咱们这是戏！咱们就加一个马相伯的破落亲戚，看看他对马相伯毁家助学的看法。

**编剧大叔** 那加的这个角儿叫什么名字？谁来演啊？

**导演美美** （如同一个骄傲的女王，扫视了一下复旦学生1、2、3、4，指着1号说）你来一下。

**复旦学生1** （指着自己的鼻子，看了看周围的几人）我？

**导演美美** 就你，快过来。

［复旦学生1走了过来。

**导演美美** 你是演什么角色的？

**复旦学生1** 于右任。

**导演美美** 好的，现在开始，你不是于右任了。

**复旦学生1** 那我是谁啊？

**导演美美** 现在于右任已经离开震旦去办报纸了，叫什么民……

**编剧大叔** 民呼、民吁、民立！

**导演美美** 对，反正就是不在震旦了，你现在叫马小才，是马相伯丹徒老家的远房侄子。

**复旦学生1** （怯怯地）大姐，这样真的好吗？

**导演美美** 什么大姐，我才十七！

**复旦学生1** 导演，不好意思，我才大一，刚进校，见了谁都是学长学姐，叫习惯了，你刚才的话信息量太大，让我消化会儿。（转身欲走）

**导演美美** 等等。你开一下我箱子。拿件衣服。

**复旦学生1** 啊，什么衣服？

**导演美美** 叫你拿，你就拿！

**复旦学生1** （打开箱子，箱子盖对着观众，颤颤巍巍地问）你说的是这件……粉红的？

［导演美美突然面色一红，一把盖上行李箱，被卡住手的复旦学生1哇哇大叫，导演美美一把把他推开，红着脸从箱子里面摸出了一件长衫。

**导演美美** （甩给复旦学生1）这才是你的！（恶狠狠）再看抠了你眼！

**编剧大叔** （双手抱胸）搞完了？

**导演美美** 没有！为了塑造更加紧张激烈的矛盾冲突，我决定，再加一个日本女孩子！

**编剧大叔** 喂！你加一个马小才也就罢了，丹徒马家的人多了去了。那你这个日本女孩子又是哪里来的根据？

**导演美美** （打着响指）艺—术—需—要！

**编剧大叔** 那你看看我们这边哪里还有女孩子？你觉得谁来演合适？（正说着，看着导演美美的手指划过所有人，指到了她自己的鼻子上）你演？

**导演美美** 怎么？看不上？

**编剧大叔** 你这一口台湾腔……（学她）大姐，你好会抢戏耶，我好怕怕你把大家给带跑了调哦。

**导演美美** 行了，行了，我不说话，演一个哑女好了吧？

**编剧大叔** 哑女？没台词？

**导演美美** 废话，有台词那叫哑女？！

**编剧大叔** 谢天谢地！世界清静了！（跑下）

**导演美美** （怒视）你！（少顷，击掌高喊）好，灯光音响准备，演员各就各位！我们重新排一下第一场“马相伯家中”！

[暗场。

[灯光亮起，桌边坐着曾志旻和马小才。

**曾志旻** （给马小才添了一杯茶水）小才兄，您先喝着，看时间，相伯先生还要再睡一会儿。

**马小才** 曾兄客气了。（微欠身）曾兄照顾师长细致妥帖，让我们这些马家的后辈都有些汗颜呢。

**曾志旻** 哪里，先生年纪大了，身边又没有家人，作为他的学生自然要多用心照顾些的。

**马小才** 那是，那是。

**曾志旻** 小才兄，您说您是相伯先生的远房侄子，不知道以前和先生见过没有？

**马小才** （苦笑）曾兄说笑了。十三叔是马家的名人，几十年不是在京师、上海这种大城市，就是在日本、美国那些洋地方，哪里是我们这些乡下穷亲戚想见就见的呢？不过，（突然站起来，从怀里掏出一本用蓝布仔细包裹的书籍）这是我们马家的族谱，您可以看一下我和十三叔的关系。

**曾志旻** （慌忙站起来）小才兄言重了，我就是震旦公学的一个普通学生，哪里够资格拜读相伯先生的家谱呢。还请收好。我们接着喝茶。

**马小才** 看曾兄的气派，哪只是一个大学生？我们县的大老爷都比不上呢！

**曾志旻** （自豪地）不是我自己有多好，而是相伯先生和震旦的教育好。两年前庚子国变的时候，相伯先生因为对朝廷失望，深感只有教育才能救中国，就把名下松江、青浦两邑良田三千亩、现银四万元交给了法国天主教耶稣会，请他们帮忙筹办了震旦公学。学生里面有自云南、四川、陕西、山西不远万里来求学的，还有八个少壮的翰林，二十几个孝廉公，顶着功名来求学的。大家都怀着同样的目的，那就是救国！小才兄，你怎么这么看着我？

**马小才**　你刚才说什么？

**曾志旻**　我是说，有八个少壮的翰林，二十几个孝廉公……

**马小才**　前一句！

**曾志旻**　云南、四川、陕西、山西不远万里来求学？

**马小才**　再前一句！

**曾志旻**　把田产和现银交给耶稣会办学？

**马小才**　对，就这句，多少田产？多少现银？

**曾志旻**　松江、青浦良田三千亩、现银四万元。小才兄，怎么了？

**马小才**　（急急地计算）这些钱和地全捐了？

**曾志旻**　是啊。

**马小才**　一分没留？

**曾志旻**　留了还叫全捐？

**马小才**　（一拍大腿）糊涂啊！

**曾志旻**　小才兄你说谁糊涂？

**马小才**　我是说十三叔啊，丹徒乡下有句老话"手中有粮，心里不慌"，他把家产全捐了出去，这，这养老怎么办呢！

**曾志旻**　这个啊，你放心，耶稣会为表彰相伯先生支持教育的善行，答应负责他以后的生活起居，不用担心。

**马小才**　收人钱财的时候肯定要说点好话，多少人是一转身就翻脸无情？你能保证他们以后不变卦？

**曾志旻**　这个，现在看起来还挺好的呢，应该没问题吧？

**马小才** 你信？那以后呢？

**曾志旻** 这……哦，相伯先生来了。（急忙起身）

［马相伯从舞台右边上。

**曾志旻** 先生，小才兄午后就已经到了，怕打扰您休息，就没让我通报。刚才一直陪他喝茶等您。（见马小才发呆）小才兄！

**马小才** （回过神来）十三叔好，侄子马小才，小时候您在宗祠里面抱过我。刚才发呆是因为书上说，像您这样的人物，午睡过后，总要念什么"大梦谁先觉，平生我自知。草堂春日暮，窗外日迟迟"的诗，我在等您念诗呢。

**马相伯** （哈哈大笑）马小才，倒是个有趣的后生。你说的是小说，我也不敢高攀诸葛孔明，我呢，就是一个老教书匠。快坐！快坐！

［马小才没有接话，反而是从怀里面又掏出一条白带子扎在头上，跪在地上。

**马相伯** （吃了一惊）小才，这是怎么了？莫非家里人……

**曾志旻** 小才兄，你起来说话，莫吓着先生。

**马小才** （抹起了眼泪）侄子不孝，一直都窝在老家看守祠堂，不知道十三叔家的哥哥十年前就故去了。我这是给哥哥戴孝呢！您老孤身一人，身边没个照顾的，那些洋人怎么有自家的孩子贴心呢。我爹娘有五个男孩，三个闺女，不愁无后，我这次来，就是想过继给您当儿子。别的咱不求，就只求您老百年之后，哭丧摔盆的总要有个姓马带把儿的！

**曾志旻** 小才兄，你先起来。

**马小才** （不起）十三叔，我知道您多少年没见到我了，心里说不定还以为是哪个旮旯蹦出的野小子，这次我把祠堂里面供着的马家的家谱带来了，您看看，卷十六页十二上就是我的名字，验明正身，我就是不折不扣马家的种！

**马相伯** 小才，我在家里这一辈的确是行十三，你叫我十三叔，我还当得起。说不定小时候我真的曾抱过你。

**马小才** 是真的！

**马相伯** 好，就是真的。你刚来上海，可能很多事情还不知道，十三叔名声虽大，但是家业不剩什么了……

**马小才** 震旦不是您的家业吗？

［马相伯笑而不语。

**曾志旻** 小才兄，你先起来。（扶着疑惑的马小才起来）震旦是公学，不是私学。相伯先生是我们都尊敬的校长，可震旦却不是他的私产，这些我们过会儿慢慢说。我们先喝点茶。

**马小才** 还喝茶啊？（马小才的肚子响了起来）

**马相伯** 你没吃过午饭？

**马小才** 早上出来得早，不用说午饭，早饭就啃了一个烧饼。

**马相伯** 那，志旻，你先带小才去用点饭吧，我们过会儿再聊。

**曾志旻** 好的，先生。小才兄，我请你去吃上海有名的小笼包去！

**马小才** 真的！

**曾志旻** 那是当然。哦，对了，先生。贱内理子一直感激先生的撮合之恩，听说先生近日六十五岁寿辰，想一会儿过来给先生量身，缝制一件寿宴上的衣袍。

**马相伯** 理子的手工我见过，集中日刺绣之精华，你这么说，那我就笑纳了！

**曾志旻** 您错爱。桌上有上午我给您拿的报纸，您先看着，我们一会儿回来。

[曾志旻带马小才下。

[马相伯慢慢来到祈祷区,马小才的话似乎勾起了他的伤心事,他背对观众,静立无言。灯光追打在马相伯身上,响起海浪的画外音,还有孩子的银铃一样的笑声,而笑声逐渐被海浪声掩盖掉,似有似无。

[画外音:1893年,马妻王氏和儿子回山东探亲,因轮船失事遇难。从此,马相伯孑然一身,孤独终身。

[暗场。

[灯光亮起,马相伯戴着老花眼镜在读报纸。

[曾铸手中拿着一份报纸,急匆匆地从舞台左边上场。

**马相伯** 少卿?什么事儿这么着急?

**曾　铸** 世叔,不知道您看没看今天的《申报》。美国政府拒绝我国修订条约的申请了。

**马相伯** (惊诧)怎么会这样?不是说,这次修约之事是十拿九稳了吗?

**曾　铸** 我们太乐观了,十年前美国人刚刚和朝廷签订《限禁来美华工保护寓美华人条约》的时候,我们就不应该轻信什么十年后修订条约的鬼话,那不过是美国人的缓兵之计!到如今,十年期限一到,美国人翻脸不认人,拒绝修约。

**马相伯** 那朝廷是什么反应?

**曾　铸** 能有什么反应?还不是从道光年间就开始的老一套,忍气吞声,唾面自干罢了。

**马相伯** (叹息)这《华工禁约》表面上是保护来美华人,但实际上对华人竭尽限制压迫之能事。美国政府言而无信，朝廷大员颟顸无能，一饮一啄，皆是前定。

**曾　铸**　世叔不必如此悲观，朝廷无能，我们却不可以毫无作为。上海总商会已经联络工商业各界，并号召全上海市民，一致行动，抵制美货。您在教育界是泰山北斗，我们希望世叔能发动教育界支持我们。

**马相伯**　怎么支持？

**曾　铸**　商人罢市，工人罢工，学生罢课，全上海共同抵制美货。这一次，我们要让所有跟美国二字沾点儿边的统统滚出上海滩。

**马相伯**　所有？

**曾　铸**　所有！

**马相伯**　包括美国的大夫、教师？

**曾　铸**　他们的服务不也是美国货吗？

**马相伯**　但是他们又哪里伤害过中国人呢？

**曾　铸**　（叹息）世叔，现在是乱世！乱世要用重典，矫枉不怕过正！

**马相伯**　（半晌）少卿，我不能答应你，学生是国家的希望，我不想他们过早介入政治。

**曾　铸**　这是他们作为中国人的责任！

**马相伯**　（长叹）少卿，你还是这个样子，太偏激。当年志旻和理子……

**曾　铸**　（断然）我不想提他们！

**马相伯**　可他们是你的儿子儿媳！

**曾　铸**　儿子是我的，儿媳，我承认过吗？

**马相伯**　可理子是个好姑娘！

**曾　铸**　我知道，所以不介意她是个哑巴。

**马相伯**　可你为什么……

**曾　铸**　因为她是个日本人！甲午年，东瀛倭寇犯我旅顺，先祖在家门上手书两个大字“不降”，曾家一百四十三口同赴国难。倭寇在我旅顺屠杀奸淫四天三夜，全城两万余口仅剩三十六人。这个仇，我不敢忘！我的儿子也不该忘！中国人都不能忘！

**马相伯**　那都是过去的事儿，再说这跟理子姑娘……

**曾　铸**　过去？我敢预言，三十年内，中日必有一战！到时候被屠城的，说不定是北京！说不定是南京！

［舞台左边亮起，照出面露尴尬的曾志旻，一脸惊恐的理子，还有满不在乎的马小才。

**马小才**　（掏掏耳朵）好啦好啦。曾兄，你不是说要带我去震旦看看吗？快让嫂子给十三叔量尺寸啊。

**曾志旻**　（没有理马小才）父亲。

［理子咿呀作语，似乎在问候曾铸，而曾铸面如冰霜，没有理他们。

**曾志旻**　理子，你先去给相伯先生量身吧。

［理子乖巧地走了过去，马相伯无奈地摇了摇头，让她来量。

**曾志旻**　（走到曾铸的身前，鞠躬）父亲。

**曾　铸**　你还知道我是你父亲。

**曾志旻**　日寇的血海深仇，志旻一刻未尝忘，可理子她不是日寇啊，她是一个善良的姑娘，庚子拳乱的时候，儿子困在京城不得脱身。说是杀洋人，可那些乱民杀的最多还不是自己的国民？儿子剪了辫子，被他们当成了假洋鬼子，身上刀伤十余处，要不是理子，儿子早就倒毙街头了。后来更是和我假扮夫妻，才躲过八国联军的屠杀。逃出京城后，儿子好了，她却劳累过度，身染重病，原来银铃一样的声音哑掉了。她对儿子有恩，有情，有义，儿子不愿做个负心之人。

**曾　铸**　我早就说过，有恩报恩，有情有义也各有其他的报法，你何必把自己搭进去?

**曾志旻**　说了也许您不信，因为爱情。

**曾　铸**　爱情? 爱情是什么? 我跟你娘没这玩意不也过了几十年!

**曾志旻**　这不一样……

**曾　铸**　(一摆手，阻止了曾志旻的话)反正，我再和你说一遍，这个日本女人，进不了曾家的大门。你要不和她分开，死了以后也别想埋进曾家的祖坟!

**马相伯**　少卿，你又何必跟孩子置气呢?

**曾　铸**　世叔，这是我曾家的家事，当年您做主让他们两人成婚，已经伤了曾家和马家的情分，我希望您这次，别再插手。言尽于此，希望世叔好好考虑。下个月世叔大寿，我将捧上上海各界抵制美货的万民榜，我希望那个时候，您将会在上面写下自己的名字。告辞。

[左行下台，路过曾志旻，一顿，还是前行而去，理子慌忙地对着他的背影行礼，曾铸也没有理会。

[马相伯一声叹息。

[暗场。

## 第二场　震旦公学

[舞台一侧是震旦，马相伯的校长办公室，墙角的架

子上摆放着地球仪，还有天平、砝码、量杯等教学实验设施。

**复旦学生** 清光绪二十九年，即西元一千九百零三年。马相伯捐出了全部家产，委托法国教会帮他创建学校。这是他一生心血的所在。这是他实现教育救国梦想的又一次创举。取日出东方之意。这所学校的名字叫做“震旦”。震旦奉行三原则。崇尚科学，注重文艺，不谈教理。所有课程分文学与质学。文学中包括拉丁文、希腊文、英文、法文、伦理学、心理学、历史、舆地、社会学。质学中包括数学、物理、化学、天文、绘画歌咏，以及实弹打靶。震旦培养学生自治精神，由学生自行管理，财政公开。因为学校的教员主要由法国天主教耶稣会的神父担任。震旦的教育也就有了浓厚的法国式风格。

[暗灯。

[马小才独自在校长办公室。他对教学实验设施很感兴趣，把玩架子上的那些设备，忽然间看到架子一角放着一个铅球，想让它在架子上滚动起来玩。

**曾志旻** （上，见状忙喝住）小心，小才兄！这些都是校长刚买回来的实验器具，天平、砝码、三棱镜是做物理实验用的，量杯、试管、矿物石是供化学实验用的。这里面不少东西还是马先生请南从周神父从欧洲带过来的，都是欧美最新的产品。你可要小心，千万别碰坏了！

**马小才** （一不小心把铅球滚了下来，差点儿砸着自己的脚）这是什么东西，怎么这么沉！

**曾志旻** （走过去，把铅球放回架子的原位上）这是体育用的器具，叫做铅球，是锻炼人的力量的。

**马小才** 练力量的？我怎么觉得像是炮弹呢，我们老家团练营里面有一门前明的红衣大炮，炮弹我见过，就这个样！

**曾志旻** 你说的也没错，铅球运动本来就是由搬运炮弹发展来的。

**马小才** 又是洋人的玩意吧？这玩意儿是杀伐之器，放在学校里面，不祥！不像是刚才看的那个申请（指指办公桌上），说要给学生买蹴鞠，蹴鞠可是好东西。

**曾志旻** 那叫足球！

**马小才** 用脚踢的球嘛，不就是蹴鞠。

**曾志旻** 行，蹴鞠就蹴鞠。

**马小才** 我看申请上说震旦一百三十二个学生，要买十三个蹴鞠。心里就来气。

**曾志旻** 你来什么气啊？

**马小才** 十三叔给震旦捐了那么多钱，震旦还这么克扣学生的用度！一百多学生，十三个蹴鞠，怎么分啊！抢还是夺？那不有辱斯文吗！

**曾志旻** （笑）那你说怎么办？

**马小才** 刚才我灵机一动，在十三个蹴鞠的十三后面加了一个零。一百三十个学生，一百三十个球，大家自己玩自己的，也不用抢，多好。

**曾志旻** （急）小才兄，你改了学校的文件？

**马小才** 是啊，等我过继给十三叔，老人家百年之后，震旦还不是要传给我？添个零又怎么了？

**曾志旻** 你什么时候改的？

**马小才** 刚才啊，顺手就改了。

**曾志旻** 小才兄,你糊涂啊,学校有学校的制度,不可儿戏。

**马小才** 什么儿戏啊。震旦学费每年200银元,我十三叔一分不要。你说耶稣会那些洋人真不是东西,号称供养他的生活,就不给他学费分成。我十三叔那么大年纪了,一顿饭吃的米还盖不住一个小茶盅,供养他能花几个钱?耶稣会的账算得也太精了吧!等我过继过来,可要帮十三叔看好震旦这份家业,耶稣会那伙儿洋毛子伸手剁手,伸脚剁脚。

［马小才摩拳擦掌,颇有一种准备当天就接掌校务的样子。

**曾志旻** (略无语)小才兄,我还是带你去教室看看吧?今天是波拿巴老师的演讲课。

**马小才** 演讲?(恍然大悟)就是评书吧?!我喜欢!

［舞台另一侧灯亮。教室。几排座椅前面是一个讲台。震旦学子2(雷祝三)、3(沈若秋)、4(刘学裕)陆续上场,准备上课。

**雷祝三** 你们今天看新闻了没有?

**沈若秋** 什么新闻?

**雷祝三** 美国拒绝修订华工禁约的事儿。

**刘学裕** 对,我也看了,老美真不是个东西。

**雷祝三** 更重要的是,我们的朝廷也不是个东西,人家一巴掌上来,咱连个屁都不放。

**沈若秋** 自打彭玉麟、冯子材死了以后,朝廷里面连个敢向洋人放枪的将军都没有了,放屁有什么用啊!

**刘学裕** 真他娘的窝火!我都恨不得一把火把美国领事馆烧了!

**沈若秋** 烧了你赔得起吗?

**刘学裕** 赔什么赔，大不了赔他颗脑袋！

［曾志旻，马小才上。

**雷祝三** 志旻，你来了？（看到了马小才）这位是？

［马小才还没待曾志旻说话，抢先一步。

**马小才** （抱拳，努力做从在戏台上学来的架势）在下马小才，这位兄弟一表人才，不知高姓大名啊？

**雷祝三** （赶忙从讲台上跳了下来）敝姓雷，雷祝三，兄台可以叫我三郎。

**马小才** 三郎？这名字豪气。（拍着雷祝三）我喜欢。看三郎仪表堂堂，日后必然成名天下闻。到时候，可要多照顾照顾震旦啊。

**雷祝三** （摸不着头脑）好说好说。

**马小才** （看到了沈若秋）这位……

**沈若秋** 在下沈若秋。

**马小才** 听名字就知道沈兄是一位饱读诗书之士，我最佩服这样的人。

［马小才刚把头转向刘学裕。

**刘学裕** 在下刘学裕。

**马小才** 刘兄，刘兄，（连说了两遍，似乎找不到什么合适的词来形容，干脆就转移话题，向所有人团团一揖）诸位都是大才之人，震旦的未来落在诸君肩上，请诸君努力。

［众人不明就里，连忙还礼，齐声说道："不敢，不敢。"马小才往前坐到了第一排的座位上。

［其他几位震旦学生盯着曾志旻瞧，让他不禁有些发毛。

**雷祝三** （用胳膊肘捅了捅曾志旻，一努嘴）这是谁啊？

**曾志旻**　（苦笑）你们就当他是……是少校长吧？

［“丁丁丁”，手铃的声音响起。几个学生赶紧坐到座位上，曾志旻坐在了马小才的身边。传教士波拿巴摇着手铃进到教室，将讲义放在讲台上，先转过身，划了一个十字，默诵了几句，然后扫视了一眼学生，发现了坐在第一排的马小才。

**波拿巴**　一个人若有一百只羊，一只走迷了路，你们的意思如何？他要撇下这九十九只，往山里去找那只迷路的羊吗？若是找着了，我实在告诉你们，他对这一只羊的欢喜，比对那没有迷路的九十九只欢喜还大呢！我们每个人都是上帝面前的那只羔羊，只有倾听他的声音，才能得到拯救。我的朋友，（望着马小才）你是来聆听上帝的声音吗？

**马小才**　我是来听您课，听您的声音。敢情……您叫上帝？

**波拿巴**　我的朋友，不可以开这种玩笑。信仰是严肃的，不严肃的信仰比异端还可恶！

**马小才**　好好好，那我错了，我改我改。

**波拿巴**　那你是今年的新学生吗？学费交好了吗？

**马小才**　我不是学生。

**波拿巴**　（变色）那你干吗进这个课堂？！

**曾志旻**　波拿巴老师，小才兄不是我们震旦的学生，是相伯先生的侄子，这次来看望先生的，所以我就带他到课堂上旁听一节课。他不太懂天主教，所以刚才是无心失言，我代他向您道歉。

**波拿巴**　好吧，既然是相伯教友的亲人，来听一节课也没有什么，只是希望你能够安静倾听，不要打扰课堂秩序。

**马小才**　好的，好的，我明白。

**波拿巴** 今天，我们讲的是政论演讲。我个人以为最好的政论演讲是法国的《人权宣言》。在《马赛曲》激昂的音乐中，在攻克巴士底狱隆隆的炮火中，法国人民实现了自己的权利，定下了摩西《十诫》之后人类最重要的一份契约《人权宣言》。我们怎能忘记那些振聋发聩的语句？在权利方面，人们天生就是自由、平等的。在公共利益的基础上会产生社会的差别。所有政治联合的目的是保护人们自然和不可剥夺的权利。这些权利是自由、财产、安全和对压迫的反抗。所有主权国家的根源存在于国民。任何团体或个人都不得行使非直接来自国民授予的权力。自由由自主从事一切不损害任何人的行为所组成。因此，除了保证其他社会成员能享受同样的权利之外，每个人自然权利的行使并不应受到限制。（渐渐入情而高亢）

**马小才** （如戏园子叫好般）好！

［波拿巴吓得一哆嗦。

**曾志旻** 小才兄，在我们这里，赞扬别人的话，鼓掌就是，这是礼貌，不需要叫好的。

**马小才** （摸摸头）哦，不好意思，不好意思。（罗圈揖）我刚才听得入神，一不小心就当成戏园子了。

［众人哄笑，马小才微囧。

**曾志旻** 这说明小才兄性格纯真，有赤子之心。不过，我建议你还是要向波拿巴老师道歉，这样打断人家讲话是不好的。

**马小才** （连忙起身，走到波拿巴的身前，鞠躬）小才向先生道歉，小才错了。

**波拿巴** （似有心事，不愿多搭理马小才，甩甩袖子，让他回去）我不知道你们有没有听说美国拒绝修改排华法案的事情。《华工禁约》，那是对人权的最大伤害！可是我不明白你们为什么可以这样平静，要是在法国，早就掀起几十万人的大游行，号召推翻政府了。为什么法兰西人能够享受到充分的人权，那是靠法国大革命流血牺牲而换来的；中国人为什么没有人权，就是因为流血牺牲的只有一个谭嗣同，大众却麻木不仁。

**雷祝三** 神父，这件事儿，朝廷都没有办法，我们怎么办呢？

**波拿巴** 站起来！

［雷祝三喏喏，没敢站。

**波拿巴** 站起来！我叫你站起来！

［雷祝三呆呆站起来。

**波拿巴** 你，你，你，（指着每一个学生）都给我站起来。

［众人不明就里，都跟着站了起来，马小才也惶惶跟着起来。

**波拿巴** （忽然一教鞭抽在了雷祝三的身上）疼不疼？

**雷祝三** （轻声）不疼……

**波拿巴** （又狠狠地抽了一鞭子，加高了声音）疼不疼？

［雷祝三没有接话，只是用眼睛盯着波拿巴。

［波拿巴还要再抽，刘学裕冲过来抓住了他的手。其他人除了马小才都挡在了雷祝三的身前。

**波拿巴** 很好，我在你们的眼中看到了怒火。这说明，你们还是一个活人。（来到雷祝三的身前，给他解开衣服，看后背的伤势，柔声问）疼不疼？

**雷祝三** （含泪）疼。

**波拿巴** 这就对了。这是我一直不理解你们中国文化的地方，永远都不敢正面直接表达自己的感受，总是喜欢绕来绕去。疼就是疼，恨就是恨。敢于呐喊，那是年轻人的权利。你们的朝廷不作为，你们就跟着不作为？那只能说是震旦之耻，马相伯之耻，中国人之耻。今天退缩不前，还能指望你们日后报效国家？你们是一无所有，但是你们有双手，可以挥舞；你们有声音，可以呐喊！美国领事馆就在外滩，你们为什么不去那里去表达你们的愤怒、你们的痛苦、你们的不甘和你们的勇气？中国的男人到哪里去了!!!

**刘学裕** 对！神父说得对，我们应该让美国人听到我们的声音。

**雷祝三** 可现在还在上课……

**波拿巴** 上帝会原谅所有的羔羊，只要他们找到了正途。亲爱的同学们，难道我要让你们以为法兰西也没有一个男人吗？

**刘学裕** 对，我们现在就去。早就憋了一肚子气。找美国人算账去!

**雷祝三、沈若秋** 对，找美国人算账去。

**曾志旻** 我觉得大家还是要冷静一下。

**刘学裕** 冷静一下什么，我的心都要炸掉了。志旻，你不去，我们去。

**曾志旻** 你听我说……

**刘学裕** （摆手打断，用手点着曾志旻的胸）兄弟，别让我看不起你。

［曾志旻如遭雷击，不禁定住。

**马小才** （慌了）你们走了，震旦怎么办啊？

**沈若秋** （搂着马小才，戏谑地）少校长，我们走了又不是不回来，要不咱们一起去？

**马小才** 我不去，这么搞，抓住了是要杀头的。

**刘学裕** （恨铁不成钢）你跟马老……算了，我们走。

［三人下场。

**马小才** （冲着他们喊）你们回来啊，课只上了一半儿！（看曾志旻）曾兄。

**曾志旻** （喃喃地，呆立自语）这才是真正的政论演讲啊！

［"丁丁丁"，波拿巴又摇了一下手铃，示意下课，转身收拾教材、教具，准备离开。

**马小才** 先生，您怎么能这样？这么搞，朝廷怪罪下来，你们是洋人，当然没事儿，可震旦呢？我十三叔呢？他们怎么办？你说呀。

［波拿巴没有理他，继续收拾东西，马小才一着急，拽了一下波拿巴，结果把教材全部撒到了地上，波拿巴对马小才怒目而视，挥起教鞭，马小才慌忙躲在了曾志旻的背后。

**马小才** 曾兄，曾兄，他要打我……

**曾志旻** （这才回过神儿来）神父，请您原谅他吧。

**波拿巴** 这是他今天第三次冒犯我了。

**曾志旻** 他再搞，也不过是恶作剧，（艰难地）神父，您是在蛊惑人心。

**波拿巴** 那是你们的国家，帮助你们救国还有错吗？

**曾志旻** 救国没有错，可是蛊惑一帮学生用拳头去和军警叫板，这是在误国，耽误国家的希望。小才兄说的没错，子弹打不到您的身上。

**马小才** （从曾志旻背后探出头来）就是嘛！我们那边的人说

洋人都是洋鬼子，果不其然！（忽然一回头）哇，又来一个洋鬼子！

［南从周从舞台左上。

**曾志旻** 南从周神父。

**南从周** 今天怎么回事儿，我在楼上看到学生们没下课就跑出去了。

**曾志旻** 波拿巴神父在课上讲《人权宣言》，提起了美国拒绝修订《华工禁约》的事情，号召同学们去美国领事馆抗议。

**马小才** （告状）还抽了学生几鞭子。

**南从周** 波拿巴神父，是这样吗？

**波拿巴** 对。

**南从周** 我想听听你的解释。

［波拿巴傲然不语。

**南从周** （了然）曾，你和这位……

**曾志旻** 相伯先生的侄子，马小才。

**南从周** 你们先下去休息好吗？我想和波拿巴神父单独谈谈。

［马小才还想再说些什么，被曾志旻拉了下去。

**南从周** 好了，现在没有外人了。波拿巴神父，请你解释一下你的行为吧。

**波拿巴** 三百年前，欧罗巴文艺复兴的时候，奔波万里，来到中国传播文明的是我们耶稣会，利玛窦神父给他们带来《几何原本》，汤若望神父教授他们天文学，艾儒略神父开化这些蒙昧原始人，耶稣会在这片土地上播撒着文明的曙光。只是因为康熙朝禁教，我们不得不损失两百年的传教时间。东方这只迷途的羔羊，上帝已经丢失得太久了。到现在，我们能够正大光明地进入这片土地，还不到六十年的时间。而美国人，却在跟我们争夺信仰资源和教育资源，你看看东吴大学，看看圣约翰大学，这些在南中国声名赫赫的大学，都是美国新教的人创办的啊。而你，又犯了一个极大的错误。

**南从周** 什么错误？

**波拿巴** 我听说你同意马相伯教友在震旦引进美国课程？还要到美国领事馆去寻找美国人做老师？

**南从周** 的确是有这事儿。你也知道，我们法国人的课程以语言学为基础，整体风格更加偏向于形而上。而现在中国也需要一些实务性的人才，在这一点上，美国人的教育做得比较好一些。所以前两天相伯教友和我说，想在震旦引入美式教育，聘请美国教师，我想了想也就同意了。毕竟，学术无边界。

**波拿巴** 错！学术无边界，国家有归属。你忘了你是一个法国人。除了传播上帝的荣耀，你还要法兰西雄鸡的啼唱响彻世界。

**南从周** 波拿巴神父，我没有忘记我的祖国。

**波拿巴** 那你为什么同意在震旦引入美式教育？

**南从周** 这是一回事儿吗？

**波拿巴** 当然是一回事儿！不仅我这么认为，法国领事馆也这么认为。美国人的手在全世界伸得太长了，能在上海砍掉他探向我们的手掌，那是求之不得的事情。

**南从周** （半晌）波拿巴神父，你介入政治太热心了。

**波拿巴** 也许吧。（忽然间有些萧瑟）也许这是我们波拿巴家族的传统和宿命。

**南从周** 就是因为你们家族曾经出了一位法国皇帝拿破仑？

**波拿巴** 是欧洲皇帝！

**南从周** 好吧。（躬身行礼）那我祝愿你们波拿巴家族再出一位伟大的教皇。

［马相伯登场。

**马相伯** 南神父，你在这里啊，可让我好找。

**南从周** 相伯教友，你来了，找我有事儿吗？

**马相伯** （看到了波拿巴）波拿巴神父你也在。

**波拿巴** （还沉浸在刚才的情绪里面）哼。

**马相伯** （不以为意）正好两位都在，有件事儿要和你们商量一下。刚才我去了一趟美国驻上海领事馆，发现眼下风声非常紧张。门口聚集了一大批人，商人、工人、百姓，什么人都有，还好没有学生。进去以后，美国领事馆的文化参赞也不给面子，前几天都说好要给我们介绍老师，现在连提都不提。

**波拿巴** （插话）这说明就不该找美国人。

**马相伯** 找美国人也是南神父同意的嘛。

**南从周** 美国人既然不同意，那就算了。反正我们都会说英语，自己教给学生也就罢了。

**马相伯** 我们要教给学生的不仅仅是语言。语言只不过是一门工具。我们要学生借鉴的是美国式的思想和理念，他山之石，可以攻玉。这才是我们想要的。

**波拿巴** 那你就不怕学生们被美国人带坏？

**马相伯** 怎么带坏？何以带坏？

**波拿巴** 别告诉我，你没有看今早的报纸。

**马相伯** 你是说美国政府拒绝修约的事情啊？波拿巴神父，你要知道政府是政府，人民是人民啊，政府的罪恶不能由一个普通人来承担。

**波拿巴** 但正是由这一个个罪恶的人组成了政府，荣耀的时候，人人争先；忏悔的时候，就一个个变成时代的受害者了？

**马相伯** 好，就让我们各自存疑。南神父，有件事儿想委托你。

**南从周** 什么事儿？

**马相伯** 请你委托法国驻上海领事馆的熟人，和美国领事馆沟通一下，毕竟是文教之事，能出一把力的话还是不要拒绝。

**南从周** 这个……

**波拿巴** （打断）办不到。法国领事馆不会找那些恶心的美国人。

**马相伯** 这是您的意思吧？

**波拿巴** 这也是法国领事馆的意思。

**马相伯** 您能代表得了法国领事馆？

**波拿巴** 我刚从那里回来！

［沉默。

**马相伯** 就这些？

**波拿巴** 不仅是这些。领事馆还希望在震旦加强法语教学，减少或者最好不用英语教学。

**马相伯** （没有理他）南神父，你的意见呢？

［南从周避而不答，长叹一声，无奈遁走。

**波拿巴** 相伯教友，请你好好考虑一下，我们期待你的回答。

［沉默。

［马小才上来，看到了马相伯，偷偷过来拉了拉马相伯的衣襟。

**马相伯** 小才,有事儿?

**马小才** 十三叔,刚才就那个波拿巴上课的时候喊着让大家到美国领事馆前面去闹事。还说什么不闹就不是中国人,就是震旦之耻什么的。结果大家一股脑就过去了,我谁也拉不住。

**马相伯** 那志旻呢?

**马小才** 曾兄啊,他倒是帮我拦了几句,可是也拦不住,就自己走了。十三叔,你看这怎么办呢?要是被朝廷知道了,那不是杀头封校啊?!

**马相伯** (叹息)糊涂啊!

[雷祝三、沈若秋、刘学裕归来,很兴奋的样子,看到马相伯之后,停步行礼。

**雷祝三** 马先生,波拿巴神父。

**马相伯** 听说你们去抗议了?

**沈若秋** 对啊,我们到外滩美国领事馆去了。

**刘学裕** 那叫一个兴奋啊,人挤得满满的。

**雷祝三** 曾少卿、蔡元培、马君武、吴稚晖、冯镜如等几位先生都登台演讲,怒斥美国政府罪行,敦促他们早日修约,听得我们可解气了呢。

**沈若秋** 上海总商会在领事馆前面发起了全上海抵制美货运动,号召大家不用美货,用国货!

**刘学裕** 我们还看到有位夫人将美国产的羊绒围巾当场摘下来烧掉,说回家以后还要把其余的美国货都扔了呢!真是要谢谢波拿巴神父让我们去见识这么光荣的时刻!

**波拿巴** 倾听你们内心真正的声音,上帝会支持你们的。

**雷祝三** 而且我们也答应参加这场运动,(喊口号)不用美货……

**沈若秋、刘学裕** 从我做起！

**雷祝三** 更加重要的是，为了促使朝廷给美国政府以更大的压力，上海各界决定商人罢市、工人罢工、学生罢课！我们明天开始就去上街游行！

**马相伯** 你们这是在……（迟疑地）爱国？

**雷祝三** 是啊，当然是爱国。像于右任、邵力子那些学长已经在追求民主独立的真谛了，我们也不能落后他们太多啊。

**马相伯** 可是只有知识才能救国，这才是真正的爱国啊！

**沈若秋** 相伯先生，上海虽大，已经摆不下一张课桌了。

**波拿巴** 可你们的相伯先生却要在这张课桌上再加一个美国教师。

**刘学裕** 相伯先生，真有此事？

**马相伯** 我的确是有此打算。

**刘学裕** 先生糊涂啊！（话一出口，忽觉失言）

**雷祝三** （忙打圆场）我们快点到宿舍拿些笔墨去写横幅吧，那么多抵制美货的标语，还不够你写的。

**沈若秋** 对对，我们还有事。相伯先生，我们先走了。

［三人赶紧告辞。

**波拿巴** 相伯教友，这就是你们国家的希望！

**马相伯** 可他们也是你的学生。

**波拿巴** 正因为他们是我的学生，我才只相信他们的能量，不相信他们的理智。说起来，和那些烧洋货、拔电线杆的拳匪，他们并没有什么不同。一点小小的煽动，就可以让他们飞蛾扑火，但他们却觉得是在以身殉道，就像你们古代思想家说的那样，什么“为天地立心，为生民立命，为往圣继绝学，为万世开太平”，呵呵。

**马相伯** 我不知道，我只知道在梁任公翻译的小说《罗兰夫人传》中有这样一句话：“自由！自由！多少罪恶假汝而行！”

［南从周匆匆上。

**南从周** （挥舞着几份文件）太不像话了！太不像话了！

**马相伯** 南神父，怎么了？

**南从周** 谁知道马小才是谁？

**马小才** 马小才是我啊。

**南从周** 你是谁？

**马小才** 我是马小才啊。

**南从周** 我问你是干什么的？

**马相伯** 哦，小才是我的远房侄子。怎么了，南神父？

**南从周** 你的远房侄子？那好，你看看你侄子干的好事。（翻开一份份的文件）这是我们震旦校务管理文件，什么时候轮得到一个外人改了？十三个足球改成一百三十个，还嫌不够十三！给你的餐饮补贴，每月十块大洋，变成一百块。给我们传教士的工资好家伙，一笔给划掉了，还加了个批注：只为上帝不为财。更可气的是，他还在文件上画了一个大大的圆圈，写了一个“阅”字，签上自己的名！

**马相伯** 胡闹！

**马小才** （对南从周）说你胡闹呢！几十个人抢一个球，不嫌给震旦丢人啊。十三叔给震旦捐了那么多的钱，你们就给他这么点儿饭贴，吃口肴肉都不够。你们倒是工钱拿的高高的，凭什么呀！反正，震旦是十三叔捐的，就是马家的产业，我当然要给马家看好！

**马相伯**　我是说你胡闹!

**马小才**　(不敢相信)十三叔,你说我胡闹?

**马相伯**　小才。震旦是我捐的,但它绝不是一家一姓的产业,而是中国复兴的希望,我不会把震旦留给自家人。在震旦,我只有管理权,没有所有权。所以,你也绝不是什么少校长。这样吧,午后来家里的曾少卿是咱们家的世交,他是上海总商会的会长曾铸。我想请他帮你在上海安排一个活计,你能写会算,好歹也能自立。

**马小才**　可十三叔……

**马相伯**　我们先走吧。

［马相伯冲着南从周抱歉地拱拱手,带着马小才离开了。

**波拿巴**　(对南从周)这个马小才倒是一个功利心颇重的人,只要有利益,就可以成为朋友。

**南从周**　朋友?我跟相伯教友几十年的朋友了,你是在逼我们绝交啊!

［暗场。

## 第三场　马相伯家中

［景同第一场。

**复旦学生**　提起马相伯,世人往往只想到震旦与复旦。其实早在 1902 年,也就是震旦创建的前一年。马相伯已经创建了震旦女子文理学院。也就是现在的上海向明中学。1906年，他曾赴日考察。在日本学会的成立典礼上勉励留学生，提出了一句著名的口号：救国不忘读书，读书不忘救国。这是他后半生投身教育的真实写照。他，代理过北京大学校长。他，创建过辅仁大学，也就是今天的北京师范大学。他，资助过上海启明女校。马相伯是一个纯粹的人，对学生的爱纯粹，对震旦的爱纯粹，对教育的爱纯粹，对民族的爱纯粹！

［灯光亮起，导演美美徘徊，看着手中的剧本，有些烦恼，编剧大叔很无奈地看着她。

**导演美美** 不对啊。

**编剧大叔** 什么不对？

**导演美美** 史书上说马相伯那么热爱教育，震旦是他一生的心血。那他干吗又要离开？

**编剧大叔** （沉吟）我觉得，这里面必然有一个两难的选择。学生们和震旦形成了不可调和的矛盾，两边都是心头肉，就看你割哪一块？

**导演美美** 问题是割哪一块都疼啊。

**编剧大叔** 当然了。可学生们当时为什么会和震旦势不两立？

**导演美美** （忽然）我想到一个问题！

**编剧大叔** 什么？

**导演美美** 美国人和法国人不是一国人吧？

**编剧大叔** 废话，一个美洲，一个欧洲，鱼能游个来回，人就不要想了。

**导演美美** 可是，对于我们来说，美洲人、欧洲人都是外国人啊。如果抵制美货运动升级，成为抵制所有洋货的运动，那么法国人的利益也会蒙受重大损失，所以……

**两　人**　(对视一眼)我知道了!

［暗场。

［灯光昏暗且摇曳,底幕上不断投影出示威的人们匆忙行进、呼喊口号的影子。

［马相伯坐在椅子上,曾志旻打开窗子,看向外面。

**马相伯**　关了吧。

［曾志旻关窗进来。

**马相伯**　咸丰年间,广州人抗拒英法领事入城,两广总督叶名琛不战、不和、不守、不死、不降、不走;同治年间,天津百姓传说教堂绑架婴儿剖心挖脑炼药,于是杀死教会侨民数十人;庚子年间,义和拳见洋货就砸,哪怕那些东西是对中国好的。总以为教育可以觉醒人心,但想不到,每隔一阵子就是一场大乱。

**曾志旻**　(叹气)西方人有句话说得好:人们从历史之中得到的唯一教训就是,我们从来没有在历史中吸取任何教训。我也就是因为这个,才不愿意同学们去参加抗议。一个人,很难在那种群情激奋的情况下保持清醒,不被裹挟。

**马相伯**　是啊!用刀杀人者贼子,用大义杀人者诸侯。(叹一口气)现在外面情况怎样?

**曾志旻**　风声比较紧,但还没有到不可收拾的地步。不过,在上海的洋人人人自危。我劝过我父亲,要他注意活动的分寸,他不听,还说我保守!实际上,他这么热心抵制活动,多半也是因为可以借机推销国货,巴不得闹得大一些呢。有些激愤的同学们已经准备上街捣毁买卖洋货的商店,我忍不住出言阻止,反被他们说成卖国贼。

**马相伯**　理子这两天怎样？

**曾志旻**　（叹息）这两天没敢让她出门，理子非常害怕，因为她经历过拳乱时期的北京，那时候的人都疯了，杀洋人，杀同胞，人都变成了狼。而且她担心自己的身份被同学们知道，会对我不利。

**马相伯**　（拍拍曾志旻的肩）相信自己的同学吧，相信他们是理性的，不会盲从潮流。

**曾志旻**　但愿吧。如果教育还不能让国人清醒的话……

**马相伯**　志旻，我也活了六十多。这一个甲子的经验告诉我，谋事在人要主动，成事在天需静观。教育就是教育，它不是一粒种子，你不能指望它到了秋天就一定有收获。再说，就算是种子，也要经历风刀霜剑，大浪淘沙，说不定也偶尔有花无实。志旻，你还年轻。但越年轻，就越容易着急，给同学们一点儿时间，给教育一点时间。中国正在经历伟大的新生，阵痛不可少，这是成长所必需的。如果你一开始就人为地把所有的尝试之路给堵住了，只留下一条似乎正确的道路。那么数不尽的暗伤隐疾积累起来，到了某一天，反而给国人造成更大的灾难。

**曾志旻**　（似懂非懂）相伯先生，您是不是预见到了什么？

**马相伯**　（望着远方）也许有，也许什么都没有……

［波拿巴扶着醉醺醺的马小才回来了，马小才一路唱着京剧《挑滑车》。

**曾志旻**　马兄，马兄，（看马小才不理他）小才！

**马小才**　（忽然间醒过来一下子）啊？这哪儿啊，回来了。让我歇会儿，喝口热茶。

［波拿巴扶马小才到椅子上坐下，曾志旻倒了热茶灌

给他喝。

［南从周上。

**南从周** （见马小才的样子，问波拿巴）这……怎么回事？

**波拿巴** 哦，刚才我陪小才兄弟一起吃饭，见了几个朋友，他一高兴就喝成这样了。

**马相伯** 两位是无事不登三宝殿吧？（对着波拿巴）要不我们到那边去说？

**波拿巴** 好好好。

［三人走到舞台一侧，暗光，三人似乎谈论着什么。

［舞台另一边。

**曾志旻** 马兄，你醉了。

**马小才** 我没喝醉。就那种十八年的女儿红，我还能再喝两坛！……曾兄（抓住了曾志旻的袖子）你不知道，陪坐的还有法租界巡捕房的探长呢！看人家多和善，不像那个曾铸。哦，曾兄，我不是说你爹不好。我们上次到他家，也就是你家去了。

**曾志旻** 我早就不住家里了。

**马小才** 行啊，躲出去和嫂子开枝散叶，哈哈哈……

**曾志旻** 马兄太会开玩笑了。

**马小才** 以后叫我小才好了，我要叫你志旻，这样透着亲近。本来伯父，也就是你爹，说好给我安排一个好活计。结果我十三叔非要劝他不要让学生参加什么抵制洋货运动，结果你爹恼了，我也没戏了。我早就说了，干什么事儿都要遵循本分，农民本分是种地，学生本分是读书，没事儿你学什么革命党啊，菜市口前面那些脑袋杀得还少啊。可我说了，你们这些学生不信，他们那些神父也不信，还一个劲儿鼓着学生往前冲。

现在知道错了吧？请我吃饭喝酒，还请我管理校务，把那些出去闹事儿的学生都逮回来！他们俩都过来了。你看，这洋人不仅上杆子请小马爷喝酒，还要请老马爷出山呢！

［马小才随即躺倒在椅子上，打起了呼噜。灯暗。

［舞台另一边。灯亮。

**波拿巴** 事情就是这样，学生们到美国领事馆前面抗议抗议没什么，但是他们不能把所有的洋货都看成一家啊。法兰西隔着美国一个大西洋呢，两家罩不到一块儿去。而且停课都好几天了，也该回来上课了。

**马相伯** 我是一个教师，让孩子们回到课桌上，我义不容辞。我会让志旻一个个通知他们，找机会和他们谈谈。

**南从周** （敬佩）相伯教友高义。

**马相伯** 不过有句话我要说在前头，这次学生们回来以后，不可秋后算账。他们毕竟年轻。年轻人犯了错误，上帝也能原谅不是？

**波拿巴** 就是！就是！

［马小才猛地跳了起来，唱了一句《挑滑车》里面的京白“看前面，黑洞洞……”。

［本场一开始时候那些示威、嘈杂、混乱的影子又出现了，还有火焰的声音。

［身穿日本和服的理子奔了进来，见到了曾志旻，一阵比划。

**马相伯** 志旻，理子说什么？

**曾志旻** （嘴唇颤抖，慢慢转身）理子说……我们的家……被烧了！

［急暗场。

## 第四场　震旦公学

［景同第二场。

［四个复旦学生登场。建议下面的关于愤怒的朗诵，不要让这四个人干巴巴地朗诵，甚至可以事先录好音，而让他们表演光影舞蹈，表现愤怒的各种物化状态。

**复旦学生**　愤怒是种力量。它让勇敢者无畏，让怯懦者豪迈，让卑鄙者高尚。愤怒是种罪恶。它杀死了耶稣，驱逐了孔子，毁掉了圆明园。愤怒是团结普罗大众的旗帜，愤怒是砸毁旧日秩序的铁锤，愤怒是挣脱命运枷锁的臂膀，愤怒是麻醉身心痛苦的酒精。愤怒无所不能，愤怒一无是处。以为愤怒可以改变世界？那好吧，你真是——太年轻——太单纯。

［暗转。

［马相伯办公室。马小才换了身教士服，但是还戴着一顶瓜皮帽，坐在办公桌前挥笔书写文件。

［曾志旻带着一叠新出的报纸上，看到了马小才。

**曾志旻**　（疑惑地）马兄？你怎么这身打扮？

**马小才**　（停笔）叫我小才，志旻，咱们上次不说好了吗？你看怎么样？这衣服合身吗？（站起来，转了几个圈）

**曾志旻**　还不错，怎么？你受洗了？

**马小才**　还没有，先搞一身穿着。波拿巴神父说我们丹徒马家信天主教两百年了，大家都是过命的交情。在上海办事儿，有这身皮比较方便，我就穿了。还真是，穿着这身衣服，巡捕见了我都点头哈腰的。

**曾志旻** 你觉得合适，那就先穿着吧。对了，你在写什么？

**马小才** 哦，准备点文件，过两天校会上公布，你就不用谢我了。

**曾志旻** 谢你什么？

**马小才** 那天你家不是被烧了吗？我们查了，震旦几个学生在附近出没过，而且他们在抵制洋货运动里面也是小头领，乱子都是他们搞出来的。其心可诛啊其心可诛。亏我当初还那么看重他们呢！这样的人不能留在震旦里面，否则会给学校招祸。所以呢，波拿巴神父和我商量，要把这一批学生开除，以儆效尤。对他们来说，吃个教训，以后的路子说不定走得稳当点。

**曾志旻** （大惊）这事儿相伯先生知道吗？

**马小才** （满不在乎）才多大点儿事，能让他老人家烦心吗？

**曾志旻** 他知不知道？！

**马小才** 我没说，不知道波拿巴说了没？

**曾志旻** 你！这事儿不能这么干！

**马小才** 怎么不能这么干？你说怎么干？他们上街去闹事，你当缩头乌龟；烧了你的家，你连个屁都不放。他们还真没冤枉你，你是不是个男人啊？！

**曾志旻** 他们不知道那是我家，我从来没和他们说过，他们也不知道我有个日本妻子。

**马小才** （自以为聪明）哦，怕被抓把柄。

**曾志旻** 好了，我不管你怎么想。反正这些文件你收回去，就当这事儿没发生过。

**马小才** 那不行，等我过继给十三叔以后，震旦就是我的了。我得看好家。有这些捣乱的学生，震旦没个好。

**曾志旻** 相伯先生不是说了，震旦是中国人的震旦，不是一家一姓的震旦？

**马小才** 但捐了家产，我也可以做下一任校长啊。

**曾志旻** 没法跟你讲道理。

**马小才** 我就是在跟你讲道理啊，马家捐了钱，还没权过问校务，这又是哪门子的道理？

**曾志旻** 马家，马家，你老说马家。你虽然姓马，可是和相伯先生已经隔出五服之外。而且，你在丹徒也没个好名声，好赌好色，游手好闲，把家里传下来的田地和祖宅都败光了。这次来上海，恐怕更多的是觊觎相伯先生的家产吧?!

**马小才** （噌地站起来，满面通红）你调查我！

**曾志旻** 我总要知道你的真实来意吧？

**马小才** （冷静下来）十三叔知道吗？

**曾志旻** 你说呢？

**马小才** 好好，你们这些人，表面上道貌岸然，实际上都一个样。十三叔就是被你们这些人骗了。那些学生一定要开除！一个个挂着爱国的招牌到处闹事，不分青红皂白，见了外国的东西就砸，见了洋人就打。以为打砸的时候喊几句爱国就成了正义的化身了？那爱国也太廉价了吧？

**曾志旻** 请你不要侮辱我的同学。

**马小才** 什么算侮辱，波拿巴告诉我，朝廷都要发公告说他们是乱民！朝廷的话，谁敢不信?！老佛爷金口玉言，说他们是贼，就是贼。

**曾志旻** 可他们爱国！

**马小才** 那就是爱国贼！

**曾志旻** (半晌)那你呢？为这个腐朽的朝廷张目？你还想再给他们做鹰犬？

**马小才** 你你你，你狂悖！

**曾志旻** 民主自由的思想是每一个震旦学生必备的素质，对上帝是这个态度，对朝廷也是这个态度。

**马小才** 那敢情是我错了？

**曾志旻** 你不仅是错了，你才是名为爱国，实为卖国的卖—国—贼。

**马小才** 好好好，你无情，莫怪我无义。这些学生，今天一定要开除！

**曾志旻** 你敢！

**马小才** 我凭什么不敢，今天要是不开了他们，你们就不知道马王爷三只眼！

[马小才开始继续奋笔书写。曾志旻上来抢夺，马小才不给，曾志旻给了马小才一拳，马小才转身就跑。

[雷祝三上场，拦住要追的曾志旻。

**雷祝三** 志旻，怎么了？干吗要打马小才？

**曾志旻** 他现在成了法国人的狗腿子，要把上街抗议的学生都开除了。

**雷祝三** 什么？谁给他的权力？

**曾志旻** 至少法国人支持他。

**雷祝三** 呸！外国人没个好东西。相伯先生怎么看？

**曾志旻** 相伯先生不太同意抗议的事情，也答应法国人劝我们回来上课。不过，我想他肯定不会赞同开除的事情。

**雷祝三** （幽幽地）马小才毕竟是相伯先生的侄子。而且相伯先生毕竟也是一个神父！

**曾志旻** （变色）你什么意思？

［急暗场。

［震旦课堂。挂着各种各样刚写好的标语，不是“还我东北”，就是“抵制洋货”，甚至有“滚出中国”，中间一张巨大方布，上书一个硕大的“冤”字。

［雷祝三、沈若秋、刘学裕面目整肃地坐在教室中，头上扎着白色的带子，如同戴孝一般。

［曾志旻走上舞台，一看这三位如此作态，不禁惴惴，坐在自己的位置上，想和其他几人交谈，但是看到他们一脸严肃的样子，也说不出话来。

［马相伯登场，看到这些标语，什么话也没有说，背着手看这些标语，特别在那个硕大的“冤”字前多停留了一会儿。

**马相伯** 这个“冤”字，草中带隶，还含着碑意。能写出这一笔字的，学裕，也就是你吧？

**刘学裕** 是学生写的。

**马相伯** 那好，你说说这“冤”字，冤在何处？

**刘学裕** 为在美国受迫害的华人劳工而喊冤。鸦片战后，美国大批招募华工。数十万中国百姓背井离乡，漂洋过海，为美国人修路种田开垦矿山，汗滴禾下土，却只挣一点儿卑微的辛苦钱。当美国遇上经济危机，政府却在转嫁矛盾，说是因为华工抢了美国人的饭碗所致。《排华法案》名为保护华工，实际上却是对华工最野蛮的迫害和歧视，而如今又拒绝修改此法案。美国东西大铁路铁轨下的华工之魂在喊冤，美国橡胶园中累死的华工在喊冤，现在美国艰难度日的华工后裔在喊冤，我们头上的白巾是为他们而戴。这冤怎么不大，又怎么不深？

**马相伯** 冤，的确很冤，但是我们该怎么办？

**刘学裕** 朝廷抗议没有用，外交斡旋没有用，我们的军舰大炮更是不堪一击，可中国是个大市场，我们所能做的是用这个巨大的市场来胁迫美国人。

**马相伯** 所以，你们就开始抵制洋货？

**雷祝三** 对，抵制洋货！

**马相伯** 洋货，不仅仅是美货？

**沈若秋** 当然，他们是一丘之貉。

**马相伯** 这和庚子年慈禧同时和十一国开战有什么不同？

**雷祝三** 当然不同，我们没有使用暴力。

**马相伯** 可你们已经开始放火了。

**刘学裕** 我们没有放火，我们只是……

**马相伯** 没有阻止别人放火，是吗？

**雷祝三** 我们和那些放火的人不一样！

**马相伯** 他们罢市，你们罢课？

**雷祝三** 相伯先生，那您认为我们该怎样向美国人表达我们的态度？

**马相伯** 好好读书。

**沈若秋** 然后师夷长技以制夷？

**马相伯** 难道我们就不能好好相处，非要制来制去吗？

**雷祝三** 可洋人们好好跟我们说话没有？先是用鸦片，后是用大炮！西洋人吸血，东洋人嗜杀。就因为我们中国人是一盘散沙，琦善降了，牛鉴跑了，六君子被杀了。就连我们的李中堂，先签中日《马关条约》，再签八国《辛丑条约》，割了澎湖割台湾，赔了两亿赔十亿。“宰相合肥天下瘦，司农常熟世间荒”，依靠朝堂的衮衮诸公，咱们这个国还有什么指望?!

**马相伯** 说得好！当朝诸公，三十年前我办洋务的时候，就已经不指望他们了。那你们觉得谁可以指望？

**雷祝三** 当然是我们自己！

**马相伯** 没错！可是当你们自己放弃了自己的职责，做工的罢工，行商的罢市，上学的罢课，你们觉得你们还是自己吗？

**沈若秋** 当初是波拿巴神父要我们去抗议的。

**马相伯** 然后你们就去了？就跟着做了？

**刘学裕** 爱国无罪！

**马相伯** 你们确定这是在爱国？

**刘学裕** 波拿巴神父这么说，商会少卿总理这么说，大家都这么说。

**马相伯** 都这么说你们就做？虽千万人吾往矣，但同样的，虽千万人往，你们要不要想想该不该往？

**刘学裕** 先生，您就直接说吧，您觉得我们做错了什么？

**马相伯** 抗议变成了罢课，甚至还要干涉校政，拒绝美国教师进入震旦。我不明白这是以外语翻译为特色的学校学生能干得出来的。

**刘学裕** 先生，震旦有校规，学生自主管理。上街游行，抵制洋货，拒绝美国教师，那是我们的权利。

**马相伯** 我希望你们退出抵制洋货运动。

**雷祝三** 这不可能。

**马相伯** 停止抵制美国教师。

**沈若秋** 还是不可能。

**马相伯**　回来好好读书。

**刘学裕**　我们……

**雷祝三**　我们想，但是我们需要表明我们的态度。

**马相伯**　这就是你们的态度？

**沈若秋**　这是我们对朝廷的态度，对洋人的态度。

**雷祝三**　先生，您的态度是？

**马相伯**　我反对。

**雷祝三**　为什么？

**马相伯**　因为你们做的我三十年前已经做过了，然而，我败了三十年，直到临了才发现，能够救中国的只有好好读书。为了这一点，虽千万人吾往矣！

**沈若秋**　那没什么好谈的了，您有您的操守，我们有我们的坚持。再见，相伯先生。（起身）

**雷祝三**　（起身）再见，相伯先生。

**刘学裕**　（艰难起身）再见……相伯先生。

［三人起身，缓慢而坚定地离开教室。马相伯目送着他们，忽然间老泪纵横。一直没有说话的曾志旻起身。

**曾志旻**　先生，我喊他们回来！（跑下）

［暗转。

［裹着大氅、拿着绣袍的理子登场，遇见了急匆匆奔走的曾志旻。理子对曾志旻比划了几下。

**曾志旻**　（急匆匆）理子，我知道了。你快把衣服拿过去给相伯先生试试，我还有急事，一会儿去找你呢。

［理子点头。曾志旻走了几步，忽然间停下，一回头，看见理子正在望着自己，哪里也没有去，他转身过来，把理子抱在自己的怀里，嗅着她头发的味道。

**曾志旻**　这两天局势不太平，你要小心。有你才有我。

［理子抬起头来，向他做了一个“我爱你，你也小心”的手势，曾志旻也回做了一个“我爱你”。曾志旻转身离开。理子痴痴地望着。

［暗转。

［曾志旻挡住急行而上的雷祝三、沈若秋、刘学裕。

**曾志旻**　你们回去！

**雷祝三**　为什么？

**曾志旻**　你们对得起相伯先生吗？

**沈若秋**　对不起，但是道不同，不相为谋。

**曾志旻**　道不同？那你们当年干吗来震旦？

**刘学裕**　我们是为了救国。

**曾志旻**　难道相伯先生不是为了救国？

**雷祝三**　可相伯先生已经老了，他胆子变小了。

**曾志旻**　你们知道相伯先生曾经做过什么，就说他胆子小了？

**沈若秋**　至少他不同意我们抗争。

**曾志旻**　你们那叫抗争？

**刘学裕**　那怎么办？像你那个样子，逆来顺受？

**曾志旻**　你们一棍子打死所有外国人，还好意思说自己是学外语的？

**雷祝三**　外国人有好东西？至少我没见过。

**曾志旻**　别忘了，是法国人先叫你们去抗议的。

**沈若秋**　法国人不过是想让我们当阻止美国教师进震旦的刀，这我们很清楚。

**曾志旻**　那你们甘心受驱使？

**刘学裕**　所以我们连他们一起反对。

**曾志旻**　反对到什么时候？

**雷祝三** 反对到所有的外国人一起向美国人施压，让他们修改禁约。

**曾志旻** 如果不成功呢？

**沈若秋** 那就成仁。

**曾志旻** 想没想过如果有无辜的外国人……

**雷祝三** 这又如何？

**沈若秋** 他们侵华的时候，无辜的中国百姓死的还少？

**刘学裕** 以身侍洋人者，罪加一等。

**雷祝三** 我们中国人，最恨的就是……

**雷、沈、刘** 汉奸！

**曾志旻** 你们疯了！

**沈若秋** 我们没疯。

**刘学裕** 我们很清醒。

**雷祝三** 成大事者当不拘小节。

**曾志旻** （拦在雷祝三、沈若秋、刘学裕的身前）你们先回去。

**雷祝三** 回哪儿？

**曾志旻** 给先生道个歉。

**沈若秋** 等未来我们成功了，给先生磕头都行。

**刘学裕** 但今天我们要表明自己的态度。你让开！

**曾志旻** 不让！

**刘学裕** 小心我打你。

**曾志旻** 打也不让！

**雷祝三** 别丢了同学的情分。

**曾志旻** 是你们先丢了师生的情分。

［马小才拖着手捧绣袍的理子上台。

**马小才** 大家都来看啊，这就是你们同学的老婆！

**沈若秋** （上前一把扯掉理子裹着的大氅，露出一身显眼的日本和服)她是个日本人!

**雷祝三** (对曾志旻)你个骗子!(一拳打了上去)

[震旦学生群殴曾志旻,曾志旻倒地。马小才没想到会出现这场面,不由得呆住了,理子趁机甩脱了他的手,冲过去,挡在了曾志旻的身前。因为是一个哑女,她不会说话,只能咿咿呀呀地无意义地吼着,别有一腔悲愤。而那一袭崭新的绣袍则掉落在地上,与泥零落。

**雷祝三** 闪开,我们不打女人!

[理子咿咿呀呀地挡在前面,死也不动。

**沈若秋** 连日本娘们儿一起打!

[众学生作势欲打,此时一声苍老而正气凛然的"住手"响起,拄着拐杖颤颤巍巍的马相伯前来。学生们没见过如此愤怒的马先生,不禁停手。马先生什么也没有说,捡起散落在地上、沾了污泥的衣袍大洋,让理子给他披上。

**马相伯** (对众学生)我披着日本人做的衣服,你们也来打我吧!

[学生们讪讪不敢言。

**马相伯** 你们究竟为什么这么愤怒?仅仅是因为我不让你们去抗议吗?你们就可以挥拳打向自己的同学?你们朝夕相处相扶相持的同学?今天你们可以丢掉友情,那明天你们的亲情、爱情是不是也可以丢掉?总有一天,在一个足够大义的名分下,你们是不是可以丢掉自己的国,丢掉自己的列祖列宗!

**雷祝三** 先生。我们这么愤怒,除了您不让我们罢课去抗议,还因为震旦不理解我们的爱国心,要开除我们。

**沈若秋** 先生，爱国有罪吗？

**刘学裕** 先生，我们不甘啊。

**马相伯** 谁说震旦要开除你们？

**雷、沈、刘** （一指马小才）他！

**马相伯** 小才，这是怎么一回事儿？

［在马相伯强大的气场下面，马小才喏喏不敢言。

［南从周登场。

**南从周** 相伯教友，这都是我的意思。而且我也带来了耶稣会教务委员会对震旦的最新教改方案。全校课程分为法语班和英语班。法语班，含拉丁语、希腊语、德语、意大利语、算学、伦理学等主课，副课亦有多种；英语班仅教授英语、法语和农圃学，除此不再另加副课。

**雷祝三** 这不是逼着我们不学英语学法语吗？！

**南从周** 凡是法语班，上课一律使用法语。我们耶稣会的人不懂英语，英语班的课程除法语外一概不教。此外，学生自治制度也要取消，由耶稣会传教士全权管理！

**曾志旻** 这不是把震旦变成耶稣会的私学吗？

**马相伯** （讥讽地）不懂英语？我们认识了几十年，才知道你不懂英语。

**南从周** 我毕竟是法国人。

**马相伯** 这就是你们的决定？

**南从周** 是的。

**马相伯** 我还是震旦的校长，你们征求过我的意见了吗？

**南从周** 鉴于相伯教友已经失去了对学生的控制，致使学生停课、罢课，参加危险运动，故耶稣会教务委员会决定，如果相伯教友不同意开除闹事学生的话，将停止相伯教友的校长职责。所以你的意见，教委会不予考虑。

**马相伯** 震旦不光是我的心血，也是你的理想。

**南从周** 正因为震旦也是我的理想，我需要看好它。

**马相伯** 你就是这么看好它的？

**南从周** 事急从权，你们中国古人早就说过了。

**马相伯** 有教无类，我们古人也早就说过了。

**南从周** （略顿，态度软了下来）好吧，你爱你的学生，我尊重你的选择。不过，我还是希望你能静下心来好好想想。这样吧，你年纪也大了，身体一直不好，就先去医院休养一阵子，等寿宴的时候再回学校来，我们好好给你操办。校务的事情，先让我们来负责。好了，相伯教友，我们先去医院吧。

［马相伯和南从周下。

［马相伯孤独而去。学生众皆凄然。

**曾志旻** （悲愤地）这下你们满意了？你们的目的达到了？没有了相伯先生的震旦，还叫做震旦中吗？

［暗场。

［灯光亮起。南从周提着一袋子东西进去。

**南从周** 排完啦！排完啦！大家吃点宵夜。北区后门肉夹馍，加辣加肉！

［马小才欢天喜地去拿肉夹馍，雷祝三、沈若秋、刘学裕也过去领，沈若秋多领了两份，走到还躺在地下的曾志旻身边。

**沈若秋** （递上肉夹馍）学长，不好意思，刚才手重了点。晚上黑料，我请客。

**曾志旻** （捂着脸，半起）得了，你们本科生没个补助，好歹我个老博士，每个月还能领一千块钱。到时候上台别忘词就行。

**沈若秋** 行，那你们聊。导演，我们先一边吃去啦。

［导演美美做了哑语手势。

**曾志旻** 出戏啦，你又不是真哑巴。

**导演美美** 行啦。那谁，你先走吧。

**沈若秋** 得，跑个龙套就是没人重视，连名字都记不住。早知道，刚才再闷两拳。

**曾志旻** （笑骂）好你个沈若秋！肉夹馍都堵不住嘴！快点儿滚。

［沈若秋下。

**导演美美** （扶着曾志旻）疼吗？

**曾志旻** 这几个小子真是校橄榄球队的。下拳头那是一个黑。

**导演美美** 进戏了就这样，也别埋怨他们。你多受累了。

**曾志旻** 不对啊。

**导演美美** 怎么了？

**曾志旻** 看不出来，你猛然间温柔了。

**导演美美** 讨厌！人家本来就很温柔。

**曾志旻** 谁说的，原来那是一个生猛，我还以为是东北大妞，动不动就削人耳刮子那种。

**导演美美** 不和你说了。

**曾志旻** 说正事儿。这顿打真不错，恍然间我能感受到当年曾志旻心中的痛楚。只是……

**导演美美** 只是什么？

**曾志旻** 辛苦你了，理子。（又入戏似的，向她伸出双手）

**导演美美** （暂停手势）哎，哎……打住！

[暗场。

## 第五场　马相伯寿宴大厅·晨

[复旦学子上，可尽量多安排几位演员。

**复旦学子**　彼黍离离，彼稷之苗。行迈靡靡，中心摇摇。知我者谓我心忧，不知我者，谓我何求。悠悠苍天，此何人哉。彼黍离离，彼稷之穗。行迈靡靡，中心如醉。知我者谓我心忧，不知我者，谓我何求。悠悠苍天，此何人哉。彼黍离离，彼稷之实。行迈靡靡，中心如噎。知我者谓我心忧，不知我者，谓我何求。悠悠苍天，此何人哉！

[复旦学子的朗诵声音渐轻，给下面马相伯的辩论做背景。

[舞台左侧的灯光亮起，一个身穿清朝官服的老臣腆肚而立；舞台右侧的灯光亮起，略微年轻时候的马相伯。

**马相伯**　世界为一圆球，有五大洲，百余国。其中以西洋诸国最为昌盛。

**老　臣**　所谓西洋各国，除意大利真有其国外，其余，嘿嘿，都是那汉奸捏造出来吓唬人的。

**马相伯**　今日为三千年未遇之变局，大清等须取彼之长，补我之短，实行洋务。

**老　臣**　实行洋务那是以夷变夏，向敌人讨教胜敌之策，千古未闻。

**马相伯**　洋人船坚炮利，大清必须学习制造之技艺。

**老　臣**　我华夏数千年来，未尝用轮船、机器，而一朝复一朝之土宇，一代拓一代之版章，不一样好好的？

**马相伯**　蒸汽机巧夺天工，一器可抵百夫之力。

**老　臣**　这蒸汽机啊，明里以一器代百人之工，暗里以一器夺数百人之业，那洋人人数少，所以才用机器，中国人多，当然不用机器帮忙。（剧烈咳嗽）

［马相伯长叹。

［暗转。

［约翰是一个大肚子的美国人，手中拿着一杯酒。响起酒会的音乐。

**约　翰**　（高举酒杯）Ladies and gentlemen. Welcome here.（笑）今天我们举办这场酒会，乃是欢迎我们 1885 年纽约最尊贵的客人，来自大清帝国的马相伯先生——Mr. Ma。OK，马先生是代表中国官方而来。十几年来，大清帝国在欧美各国的帮助下，建立起了世界第六大的海军舰队。而今天，马先生为这支舰队的更进一步的发展来到美国，借款建设海军。首先，我建议我们共同举杯，欢迎马先生的到来。Cheers！

［人们欢呼声的音效。

［暗场，舞台一侧是马相伯和他的助手。酒会的音乐持续。

**马相伯**　李中堂电报上怎么说？

**助　手**　中堂大人说，此次借款数额太大，条件太优惠，朝中众臣皆以为中堂大人在其中中饱私囊。中堂说，为免物议……

**马相伯**　（盯着他）为免物议，怎么了？

**助　手**　（艰难地）为免物议，此次借款作罢。

［马相伯一阵摇晃。

**助　手**　大人，您没事儿吧？

**马相伯**　为免物议，为免物议。一句轻轻巧巧的为免物议，我们得罪的是整个美国经济界的大佬啊！

**助　手**　朝中众位大人大多不通洋务，有此反应也不足为怪。

**马相伯**　是啊，如此掣肘，这洋务救国怕是没了希望，这国家根子上的毛病，还是在"教育"二字上啊。

［灯急暗。

［灯光亮起，震旦课堂已经装饰成寿宴的大厅。雷祝三、沈若秋、刘学裕忙着给寿堂挂红灯笼。

**雷祝三**　我说，咱们那天是不是太过分了。

**沈若秋**　一开始，我们怀疑相伯先生被法国人牵着鼻子走了，谁知根本就不是那么一回事。

**刘学裕**　照我说，我们就不该怀疑相伯先生，他的人品，天地可鉴。

**雷祝三**　而且，美国政府是美国政府，美国教师是美国教师，咱们这一股脑地抵制，是不是有些不通情理啊？

**沈若秋**　现在害得相伯先生住进了医院，连个生日也过不好。

**刘学裕**　谁说多难兴邦，要是我们还这么一股脑糊涂下去，多难毁邦也未可知！

［雷祝三、沈若秋长叹一声，三人下。

［马小才和曾志旻搬着一条梯子入场，竖起来，曾志旻爬上去，马小才递给他一幅"寿"字，让他挂上去。

**马小才**　哎。

［曾志旻没有搭理他。

**马小才** 我说……志旻？好……曾兄？上次的事儿我真对不住你，我没想到会变成那个样子。那几个学生就跟疯了似的。

**曾志旻** 那是我的同学，我不许你那样说他们。

**马小才** 好好好，不说不说，只要你肯跟我说话就好。我也是昏了头，男人之间有事说事儿，跟娘们儿置什么气呢。最后搞成那个样子，我，哎！要不，哪天我请嫂子吃个饭？就当赔个不是？

**曾志旻** 用法国人发的钱？

**马小才** 志旻，看你说的，钱又没错，都是我自己辛苦挣的。（向一边看去）呦！嫂子来了！

［理子捧着一卷衣服来到台上。

**曾志旻** （赶紧下了梯子，走到理子的身边）你来了。（理了理理子耳边的头发）路上安全吗？（理子很乖巧地点点头）

［马小才很长眼色地搬来一把椅子。

**马小才** （热情地打招呼）志旻，来来，快让嫂子坐坐，走了这么远的路，早该累了。（请理子坐下）嫂子，我知道你没法说话，可是心里敞亮。有什么话，我就直说了。我马小才，人虽然比较浑，但是也知道好歹。志旻是我在上海认识的第一个朋友，对我是没的说。虽然也打过架，可锅碗瓢盆放一起，总归有个磕磕碰碰，更不用说一家了。你说是不是？上次害得志旻被人打，是我不对，我浑球。嫂子你大人有大量，放过弟弟我好不好？要是你心里还有气，我任打任骂，实在不行学个王八满地爬也行。

［理子毕竟是女子，噗嗤一声笑了出来。

［马小才说完话，很郑重地向理子鞠了一个躬，慌得

理子也赶紧起身，要还礼，却被曾志旻压住了肩头，生生受了这一礼。

**曾志旻** 这一礼，你受得起。

**马小才** 还是志旻疼我，你不让我鞠下去，心里面老是一个疙瘩。

**曾志旻** （笑骂）谁疼你，我是疼自己老婆！

**马小才** 好好好，老婆最大！祝你们阖家幸福，高侯万代！

［理子脸上忽然现出一丝忧色。

**马小才** 我……又说错话了……

**曾志旻** 没事儿，我们自己家的家事儿。

**马小才** 是……老爷子？

［曾志旻点点头，没说什么，马小才拍了拍他的肩膀，长叹一声，虽然他不知道为什么叹气，可总觉得现在这个时候叹气是对的。

［曾铸上场，眼神中略有落寞。

［震旦学生们看到曾铸，赶紧打招呼问好。曾铸虽然也一一答礼，但总是心不在焉。

**马小才** （陪着小心）会长先生，您来了？

**曾　铸** 哦，是小才，相伯先生在吗？

**马小才** 十三叔在的，他在办公室里面，您找他？

**曾　铸** 哦，不，过一会儿再说，我先和志旻说说话。

［马小才欲言又止。

**曾　铸** 小才，怎么了？

**马小才** 会长先生，说句话您不要生气。十三叔年纪大了，身体不好，您那个万民榜……

**曾　铸** 这世上不会再有万民榜了。

［马小才和曾志旻吃惊。

**马小才**　（想说什么，可是觉得话已多，强抑好奇心）那我先去了。

［马小才下。

［曾铸、理子、曾志旻三人突然陷入了沉默。

**曾　铸**　（走到理子身边，从她手中拿起绣袍，展开）我们曾家早年以绣品业起家，天下四大名绣，苏绣、湘绣、粤绣、蜀绣，有六成是从我们曾家手中卖给西洋人的。正是靠着绣品，我们才成了上海首屈一指的大商家，所以曾家的媳妇，绣活儿一定要好。你的针法，带着日本浮世绘的风味，又有苏绣凤穿牡丹的意境，难得，难得！

**理　子**　（受宠若惊，赶紧对着他行礼表示谢谢）

**曾　铸**　（不知所措，尴尬地笑）哦，对了，（从袖子里面掏出一枚玉镯）这枚镯子是唐朝的古物，曾家的当家媳妇代代单传，他娘——不，你娘去了以后，就由我收着，等着传给她儿媳妇。这镯子早就该给你了，以前是爹不好，老拦着你们俩。现在爹年纪大了，就想一家人和和乐乐，就想你叫我一声爹。哦，看我这脑子，老糊涂了，忘了你不会说话，不要紧，有份心意就好了。

［理子咿咿呀呀地尽力摆出"爹"的口形，表达心意。

**曾　铸**　（老泪纵横）好好，乖，好孩子。

**曾志旻**　（上前一步）父亲，出什么事儿了。

**曾　铸**　（长叹一声）朝廷动手了。

**曾志旻**　上海道台不是很支持你们的行动吗？

**曾　铸**　可各国公使发话了，官司打到了老佛爷那边。

**曾志旻**　那怎么办？

**曾　铸**　还能怎么办？镇压。咱们的朝廷外战外行，内战内行，又不是第一天了。

**曾志旻** 总商会什么反应？

**曾　铸** 总商会里面本来就有不少人阳奉阴违，和洋人暗通款曲，这一下更跳到明面上来了。抵制洋货名存实亡，只有你们这些学生，还在一力坚持，都是些好孩子啊，性子纯真，不懂得皮里阳秋。

**曾志旻** 但最容易受伤的也是学生。

**曾　铸** 是的。我听说各国公使不但要求开除那些参加集会的学生，甚至可能会对他们有进一步的行动。悔不该啊，他们都是国家的希望。我当初却把他们拖进这潭浑水，哪怕伤着一个两个，损失的都是这个国家的元气。

**曾志旻** 可这把火点燃了就很难熄灭，哪怕是点火人。

**曾　铸** 我知道，毕竟这不是在解铃，所以我来求世叔。

**曾志旻** 相伯先生，他能做什么？

**曾　铸** 尽可能地帮帮学生，至少可以让他们留在震旦，有个学校可以栖身，总归能躲掉不少风雨。

**曾志旻** 相伯先生会尽力帮助同学们的，在他的心里，学生就是命根子。只是现在法国人对他的压力也很大，他一个老人家，实在是太苦了。

**曾　铸** 士不可以不弘毅，可士也是人，再弘毅，再自强不息，也有累的时候啊。

［暗转。

［舞台另一侧马相伯的办公室，南从周和马相伯相对而坐，面前摆着茶。

**南从周** 我一直不明白中国人为什么会喜欢喝茶，我们欧洲人喝茶是为了舒缓肠胃，助于消化。所谓的清甜回甘，恐怕只有你们中国人的舌头才能尝得出来吧。所以英式的下午茶，要加奶加糖，甜就是甜，苦就是苦，清清爽爽，明明白白表现出来就好，何必弄什么虚头巴脑的东西呢？

**马相伯** 南神父，别忘了你们欧洲人也喜欢喝咖啡，加奶加糖那是没有品位的表现，贵族们不是都喜欢喝清咖吗？怎么，到了中国茶这边就嫌味道不够重了？

**南从周** 相伯教友，你总是看得这么清楚。可你做起事来，又总是糊涂。还记得上帝葡萄园的故事吗？

**马相伯** 有一天早上，天刚亮。葡萄园的园主就站在门口雇佣来往的人进葡萄园工作，说好的价钱是一个银币。很多人觉得条件不错就进去了，给葡萄挑水施肥，拔除葡萄下的杂草。中午的时候园主仍站在门口雇佣行人，价钱仍然是一个银币，有人觉得条件合适也进去了。就这样直到下午园主还站在门口，不断有行人接受他的雇佣进葡萄园工作，价钱都是一个银币。到了太阳落山的时候，葡萄园中的人都陆续走了出来，园主站在门口给他们发工钱，一人一个银币。这时候从上午开始工作的人不服气了，纷纷对园主说："我们工作了一整天。可下午进园的人只工作了一会，为什么您给的报酬都是一样的？"

**南从周** 园主答道："你们觉得不公平吗？可是你们进园工作之前与我谈好的就是这个条件，付给你们一个银币是应该的，我既没有欺骗也没有失言，彼此都要遵守约定。你们对我的指责是毫无理由的。请问你们失去了什么？你们只是得到了该得的！"

**马相伯** （沉默）可我的学生们不是那些找工作的园丁。

**南从周**　可你已经做了该做的和能做的。有果必有因，有因必有果。他们既然做了事情，就需要承担后果。

**马相伯**　也许我的学生们有所偏颇之处，但是谁规定他们天然就是需要找工作的园丁，而你们天然就是有着雇佣大权的园主？

**南从周**　谁规定的？历史规定的。1840年那一战就决定了，大明朝将八股奉为科举题目就决定了。你们不是败在今天。

**马相伯**　你是在以一个胜利者的姿态向我夸耀吗？

**南从周**　不，恰恰相反。我是你的朋友，我们的友谊已经跨越了将近半个世纪。我不想让你受到伤害！要知道，这一仗，你们是赢不了的。别忘了，我们的背后是法国政府，是欧美日各强国的政府。这是又一场八国联军之战！

**马相伯**　我们不是慈禧！这里是震旦，是你的，我的，共同的梦想啊！

**南从周**　（想了想，无奈地）我知道。好吧，我答应你。在震旦可以引进美式教育课程，也可以聘请美国教师。耶稣会江南司教那边我去说，这就是我的底线。

**马相伯**　孩子们呢？

**南从周**　他们早上了各国公使的黑名单。

**马相伯**　可我只是想保护我的学生。

**南从周**　哪怕他们已经背叛了你？

**马相伯**　他们没有背叛我！

**南从周**　可他们冒犯了上帝！

**马相伯**　可你们不是上帝！

**南从周**　我们是上帝的代言人。

**马相伯** 上帝在每一个人的心中。

**南从周** 相伯教友，你说得很对，但是我们不是在探讨教义。宗教从来不能远离政治。也许你不在乎震旦校长的位置，可是别忘了，你是一个神父！

**马相伯** 我从来都没有忘记。

**南从周** 那你就应该维护教会的利益。在信仰和学生之间选择一个吧。也许，这就是上帝对你的考验。

［南从周起身，划了一个十字，下场。

［马相伯呆呆坐着，想喝茶，手却一直发抖，拿不起碗盖来。

［理子拿着绣袍，看着忧伤中的马相伯，不知道该如何是好。

**马相伯** 理子，你来了，快进来。

［理子走进，很真诚献上绣袍。

**马相伯** （诚挚地接了过来）谢谢你啊。外面这么乱，还想着给我这个老朽送衣服。老而不死是为贼，好东西用在我身上真是浪费了。

［理子一个劲儿地摇头。

［马小才在一边上来，看到马相伯在和理子说话，就静静站立，没有打扰。

**马相伯** 你是个好孩子。心思单纯，想得简单。古人说的赤子之心，也许说的就是你。我就是想得太多，难选啊。我这一辈子追求国富民强，到最后，国也没富，民也没强。碰壁碰得头角都峥嵘起来了。临了，最珍视的两样东西还得让我选一个扔一个，这不是要我的老命吗？一边是传了两百年的信仰，一边是承载自己希望的学生，哪个都是心头肉，哪个都剜不得啊。

［理子非常快地比划。

**马相伯** 你是说让我和他们好好谈谈？哪有那么简单，学生们有他们的坚持，而耶稣会也不是二百年前的耶稣会了。只有我，就是一只老狗，只会叫来叫去，叫得人生厌。可即使这样，也叫不醒中国啊。

［转身，留下一个萧瑟的背影。

［理子看到了马小才，马小才上前一步。

**马小才** 十三叔，曾铸会长找您来了。

［暗场。

［灯复亮。马相伯办公室，曾铸与马相伯分坐左右。

**曾　铸** 世叔，谢谢你给我讲的圣经故事。上帝能成为洋人的神，自有他的道理。可是，为什么我的心依然静不下来呢？

**马相伯** 少卿，你的心被世间事搞乱了，上帝也救不了你。

**曾　铸** 是啊。我本来就不该来这里。我领着大家抵制洋人的货，到头来还要到洋人的神这里去找平安，真是笑话呀。

**马相伯** 这也未必，上帝是以色列人的神，后来被西洋人请去拜了。为中国富强而奋斗的人，不管你信的是哪路神，只要有一颗中国心，就够了。

**曾　铸** 可是，世叔，（扯衣服）我也有我的一颗中国心啊。我也爱国呀，可我的国为什么就不爱我呢！

**马相伯** 你的心我们都知道。

**曾　铸** 可朝廷不知道，昨日宫里发了上谕，说抵制美货有碍邦交，命令各级地方官员严加追查，以弭隐患。并致电两江总督周馥从速缉拿首犯。首犯，我堂堂曾子卿竟然成了首犯！

**马相伯** 周大人是明白事理的人，他也知道众怒难犯，况且你在租界里面，他们也没胆子跑进租界里抓人。朝廷的事儿，我们管不了，管好自己身边的事就行了。

**曾　铸** 可我连自己身边的事情也管不了了。一些贩卖美国煤油的商人对于抵制本来就很勉强，签押之后，还偷偷订货。煤油业里的润昌号一下子订购美孚四十余万箱。有的商人偷卖美国面粉被同业查获，非但不肯认错，反而出言不逊。钱庄业本来答应不与偷进美货者来往，可也没有照办。最为可气的是汪康年的《中外日报》，对我骂几句也就罢了，我曾铸不是小肚鸡肠之人，可他说学界散发匿名揭帖是触犯大清律例，扰乱租界治安，这不是为洋人和官府干涉出谋划策吗?!

**马相伯** 形势险恶，少卿你也要注意下自己的安全。

**曾　铸** 覆巢之下，安有完卵？不过是早破灭与晚破灭罢了。早有奸商买通杀手，要我的项上人头。若我的人头可坚定他们的抵制之心的话，拿去又何妨？然而他们也不过是一群临阵脱逃的懦夫罢了。

**马相伯** 少卿又何必以身犯险呢？

**曾　铸** 倘若为了激起国民同仇敌忾之精神，这次抵制实际上已经办到了。其实，就我的本心来说，抵制并不是一个最好的办法。往昔国与国之间为力战，今日国与国之间为商战，商战自有商战之道。抵制，这种手法醒世足矣，却是两败俱伤之道。商战，当以我工商之智慧与政府海关之调控共同对敌，可惜的是，我们大清朝的海关却是掌握在洋人手里头。我所最不甘的，不是抵制被停掉了，而是我们朝廷的一纸上谕，就可以毁了你多少年的心血，不管你做的事情多对，对国家多有益，只要当权的人发话了，你就得老老实实地闭嘴。这普天的王土之上，可有我们庶民说话的自由？我不明白，一个人叛了国，那就是死罪，可一个国叛了他的民，那又算什么呢？

**马相伯** 窃钩者诛，窃国者诸侯。先贤们几千年前就讲过了。

**曾　铸** 可悲的是，几千年啊，我们中国一点儿都没变。不知道这传统还要传下去几千年？

**马相伯** 会改变的，只有无知之国民才会成为奴隶，只有愚昧之民众才会乐意当奴隶。教育，会改变这一切的。新的一代必然胜过老的一代，少卿，我在你家志旻身上就深深地看到了这一点。

**曾　铸** 我也把希望放在这些年轻人身上了，不过我想前面如果有刀山火海钉板床的话，还是由我们这些老头子先去滚一滚，年轻人，太宝贵了，我们中国付不起这样的代价。

**马相伯** （抱拳）如果有这样的钉板床的话，相伯与卿同路。

［暗场。

## 第六场　马相伯寿宴大厅·黄昏

［寿宴大厅，导演美美和编剧大叔在排练的间隙，随意地坐着。

**导演美美** （掏出一块东西）给你。

**编剧大叔** 什么？

**导演美美** 维格饼家的凤梨酥，台湾旅行最好的伴手礼。

**编剧大叔** 你呢？

**导演美美** 我减肥，不吃甜。

**编剧大叔** 就你还减肥，瘦得跟个猴似的。

**导演美美** 谁说的，都快成大象腿啦，脸比张饼都大。

**编剧大叔** 婴儿肥，肥肥更健康。

**导演美美** 切。（电话响起，用闽南语）妈妈，排戏呢！都敏俊来台北演出？你给我留了张票，你不早说啊！我那天演出。演《天地玄黄马相伯》啊。马相伯是谁？马相伯你不知道啊。他是……好好好，我不给你上课。你让我再想想，我想看都敏俊，我也想演马相伯啊，你让我考虑考虑，晚上再给你打电话吧！

**编剧大叔** 怎么？你不是喜欢长腿欧巴吗？怎么又喜欢都教授了？

**导演美美** 韩剧的世界是你们这种大叔，哦，不，师傅永远不懂的。

［略沉默。

**编剧大叔** （柔声）怎么，在想要不要回去？

**导演美美** 是啊。我真的很喜欢都教授，可我也心疼马爷爷，他那么好的一个人，却那么可怜。他最喜欢的学生，他最坚持的信仰，都在让他选择。可这种选择不是拥有，而是舍弃。舍弃最痛苦，就像让你们男人选择在水里面是救老婆还是救老妈一样。

**编剧大叔** 不管怎样，后世有我们这些学生想着他，念着他，就够了。相伯先生求的不是一块冷冰冰的雕像，而是发自心底的挂念。

**导演美美** 我懂了。

**编剧大叔** 懂什么？

**导演美美** 我不回家,没有了都教授,还有金教授,韩剧的世界永远不缺乏明星,可马相伯是唯一的。我也是复旦的学生,我也是相伯先生的继承者。

**编剧大叔** 对,这就是复旦的《继承者们》比韩国的《继承者们》好看的地方。

**导演美美** 那你说,咱最后一场怎么处理?我老觉得,你原来本子里面写得太平了,不好看。听说现在上海的话剧市场,被什么白领话剧闹得不狗血没人看。

**编剧大叔** 文似看山不喜平。可没有史料支撑的东西,咱们敢写吗?那你打算怎么编?

**导演美美** 混搭元素,把什么言情、枪战、背叛,反正神马流行,就加进去神马!

**编剧大叔** 那你掺着这么多东西的目的是什么?

**导演美美** 局势越复杂,矛盾越集中,情节越紧张,不就越显得相伯先生离开震旦,创建复旦的艰辛和伟大吗?

**编剧大叔** 那我试试?

**导演美美** 试试吧,大不了下次我请你吃台湾的娃娃煎呢!

[暗场。

[灯光亮起,波拿巴在校长办公室整理着一堆文件,马小才上台,神色忧伤。

**波拿巴** 小才。

**马小才** 波拿巴神父。

**波拿巴** 正好我要去找你,你来了。

**马小才** 波拿巴神父,有什么事儿吗?

**波拿巴** 你拿这些文件,让这张单子上的学生签个名。

**马小才** 哦。(接过文件)这不是开除通知书吗?

**波拿巴** 是啊,怎么了?(神色奇怪)有几张不是你写的吗?

**马小才** 波拿巴神父，是不是再考虑一下？

**波拿巴** 考虑什么？

**马小才** 学生们心是好心，而且也是初犯，能不能给他们一个改过自新的机会？再说，当初他们也是听了你的话，才上街抗议的。

**波拿巴** 小才。这话我可不爱听。我只要他们上街反对美国人拒绝修约，我可没让他们抵制洋货，更没让他们打砸抢西方人的店铺。

**马小才** 打砸抢的事情不是学生们干的！

**波拿巴** 我知道不是，可是这帮学生，平时一个个以天下为己任，说的跟中国未来领袖似的。可真到了要负责任的时候，怎么一个个都怂了？连几个暴民都管不住，还当什么领袖？听说你们中国有首诗，叫什么“平日空坐谈心性，临难一死报君王”，说的就是他们吧？

**马小才** 那能再通融通融吗？

**波拿巴** 没法再通融了。我这已经是通融之后的结果了，（看四周无人，耳语）你不知道，现在军警已经把震旦包围了！要是我们不处理学生，他们就动手封校，到时候不但震旦保不住，就是那些学生也可能抓进班房里面，不死也要脱层皮！

**马小才** （吃了一惊）真的？

**波拿巴** 我骗你干什么？上帝不许说谎言的。

**马小才** 那怎么办？

**波拿巴** 所以我们就要先做出一个姿态来啊，说已经惩罚学生了，让他们消消气，等过个一年半载的，再让他们回来读书，不是一样的吗？

**马小才** 十三叔这辈子最看重的就是这帮学生，这是他的心血，可不能给毁了。这样吧，我去劝学生签字，波拿巴神父你也帮忙再通融通融，只要不抓进班房，什么都好说呢。

**波拿巴** 行，交给我好了。那我先去了。

**马小才** 神父慢走。

［波拿巴下。

［雷祝三、沈若秋上。

**雷祝三** 小才，你在啊，正好！刚才我们去厨房看过，晚上寿宴的菜已经准备得差不多了。寿面请龙华寺的师傅过来做的，龙华的素斋在上海是一绝，你可得好好尝尝。

**沈若秋** 还有，我们二百多学生联句为相伯先生写了首贺寿诗，准备等寿宴上诵给先生听。都是穷学生，也没钱送贵重的贺礼了。

**马小才** （心不在焉）这已经很重了，秀才纸，千斤重，比什么贺礼都贵重。

**雷祝三** 其实这就是表达一下歉意。上次我们当众退出相伯先生的课，肯定很伤先生的心。其实我们原意也不是……唉，反正你懂的。（拍拍马小才的肩膀）

**马小才** 我知道，我知道。（抬起头）你们还去抵制吗？

**沈若秋** 去是要去的，不过要发挥别的作用。以前我们就是喊喊口号，查一下洋货。表面上很风光，可以一旦乱起，也不过是随波逐流。不瞒你说，上次我们见到有人砸洋货店，烧人家的宅子，当时就呆住了。这不是我们想要的抗议！可是看着他们愤怒的脸，我们竟然不敢去阻止，就那么放任过去了。

**雷祝三** 是啊，回来以后，我们几个都是羞愧不已。相伯先生说得对，单纯的抵制并不能救中国。所以，这次我们要复课，欢迎美国教师来震旦，同时也要在抵制运动中担起领导巡查的作用，我们不要暴力，我们只要合理合法地表达自己的诉求。

**马小才** 那会不会有危险？

**沈若秋** 放心，我们会好好保护自己的。我们知道震旦的分量，我们也相信自己就是中国的希望，不敢无意义地折损掉。

**马小才** 那我就放心了。

**雷祝三** 晚上在相伯先生的寿宴上好好喝一杯，君子要箪食瓢饮亦乐哉，可也要诗酒风流啊。

［刘学裕匆匆上场。

**雷祝三** 学裕，出什么事儿了？先过来喝杯茶吧。

**刘学裕** （拿起一杯茶，一饮而尽，抹了抹嘴）门口看到很多军警，不知道他们是干什么的，现在震旦已经是只许进不许出了。

［众人震惊。

**雷祝三** 什么情况?! 这帮狗腿子要关震旦？

**刘学裕** 我看不像。他们还算克制，似乎在等什么命令。

**沈若秋** 是来抓人的？

**刘学裕** 要抓人早就抓人了，应该是过来造势施压的。

**雷祝三** 给谁施压？

**刘学裕** 这就不知道了。

［沉默。

**马小才** （艰难地）也许我知道。

**雷祝三** 你知道是给谁？

**马小才** 给十三叔。

**沈若秋** 相伯先生?

**马小才** 对。震旦校规,如果要开除学生,或者校长签字,或者学生自己签字,才有效力。上次,法国人逼迫十三叔开除震旦参加抵制运动的学生,被十三叔硬顶下来了。这次他们要动真格的,如果不答应,就把震旦给封了。(弱弱地)这个是法国人开除你们的文件,你们要是能在这份文件上签字,他们答应不封震旦,不逼十三叔。

**雷祝三** 什么!法国人狗胆!

**沈若秋** 我去找南从周去!

**刘学裕** 对,还有波拿巴,当初说得好好的,不抵抗就不配做中国人,怎么一转眼,自己说过的话就进狗肚子里面去了。

**雷祝三** 你又不是不知道,他叫我们去抵制,实际上是为了不让美国人进震旦,谁想搬起石头砸了自己的脚。

**沈若秋** 好了好了,别啰嗦了,我们得商量一下眼前怎么办?

[沉默。

**刘学裕** 听我说,震旦是相伯先生一生的心血,他年纪大了,经受不住再一次的打击。我们还年轻,还有无限的可能。

**雷祝三** 你的意思是?

**刘学裕** 法国人不就是想把我们撵出震旦杀鸡给猴看吗?我们走!

**沈若秋** 那不是遂了法国人的愿?

**刘学裕** 没那么简单。法国人不是想开除我们吗?我们偏偏就自己主动退学!

**马小才** 法国人说了,你们出去躲躲风头,过两年还会让你们回来。

**雷祝三** （叹了口气）小才，你太天真了。只要法国人在震旦，他们是不会让我们回来的。

**沈若秋** 反正，我们是不会签这份文件的，我们也不会让相伯先生为难，主动离开应该是最好的选择。

**马小才** 可是，你们离开震旦能去哪儿呢？

**刘学裕** 天下之大，哪里不能去？再说，你知道震旦当初是为什么建立的吗？

**马小才** 不是十三叔一手建立的吗？

**雷祝三** 相伯先生当然是震旦公学的创建人，不过我们这些学生却是他从别的地方搬来的。光绪二十八年，我们还是南洋公学的学生，不过那时的南洋公学校风保守，钳制言论，文科教习郭镇瀛仅仅因为在座位上发现一只洗净的墨水瓶，就认定学生在捉弄他，于是强迫无辜学生退学。我们群体反抗，在蔡元培先生的支持下，离开南洋公学，成立爱国学社。可后来由于经费紧张，爱国学社无法支撑。幸好相伯先生出资请耶稣会创办震旦，接手了爱国学社，我们才有了读书的地方。

**沈若秋** 所以，你不用担心我们的去向，只要能给相伯先生保住震旦，我们就心满意足了。

**刘学裕** 对！我们走了，你要代替我们好好照顾相伯先生，他老人家为了国家真是操碎了心。

**马小才** 我……

**雷祝三** 怎么了？

**马小才** 我记得志旻说过一句话，没有了相伯先生的震旦，还叫震旦吗？可是没了你们的震旦，还是十三叔心爱的震旦吗?

[暗转。

[灯复亮。寿宴开始,整个大堂张灯结彩,学生们、南从周、波拿巴、曾志旻、理子都已经在厅堂上坐好,但是气氛却十分压抑凝重。人以群分,互不言语。

[只有马小才强打精神,走来走去,招呼众人。

[马相伯上场。

**学生们** (赶紧起身)相伯先生。

**马小才** 十三叔,会长先生。

**马相伯** 大家坐。小才,你这么能说,今天就给我们当个司仪吧。

**马小才** 我?好。诸位都是演说家,我什么都不会,就一张碎嘴子,给大家白话白话。今天是我十三叔六十五岁寿辰。我代丹徒老家的亲人祝十三叔福如东海长流水,寿比南山不老松。侄儿论个亲辈,先给您磕头啦。(跪下,磕头)咱这儿有来自五湖四海——其实还不止,这两天学了个新词儿,五大洲四大洋的朋友。不知道用得对不对,大家多担待。听说咱们理子嫂子给十三叔绣了一件特漂亮的绣袍,上面有一百零八个不重样的寿字,看看,人家一个外国人都认识这么多中国字,比我一个中国人认识得都多。(冲着理子)嫂子,快拿出来吧?我们都等得眼馋啦!

[理子连忙拿出绣袍。

**马小才** 志旻,你看着干吗?夫妻双双披绣袍啊。我十三叔可当得起你们服侍!

**曾志旻** 那是自然。(起身和理子一起给马相伯披绣袍)

**马小才** (喝了一声彩)好!(众人鼓掌)

［马相伯作揖表示向来宾表示感谢。

**马小才** 您老坐着。我早就听说了，能上震旦的学生那都是才子啊。这二百多位震旦的翰林们联句给十三叔写了一首贺寿诗，那叫一个神采飞扬。

**波拿巴** （忍不住插了一句）两百多个人，你要念到什么时候？

**马小才** 是联句，不是一人写一首，很快的。波拿巴神父你饿了？要不先垫点儿点心。

**波拿巴** 我不吃点心，我是想问，要你做的事情做了没有？

**马小才** 在这大喜的日子里……

**波拿巴** 除除晦气才有喜气嘛！南神父，我们是要在这里表明一下立场了！

**南从周** 能先把寿宴过完吗？

**波拿巴** 过生日不过是向着天堂或者地狱更迈进一步罢了。到底是升入天堂，还是落入地狱，要看你的选择。选择错了，再努力也不过是走向黑暗的深渊。

**马小才** 波拿巴，你说谁进地狱啊？

［刘学裕欲起身，被雷祝三压下，做了一个稍安勿躁、静观其变的手势。

**波拿巴** 那要看谁来选了。

**马相伯** （打圆场）波拿巴神父，我们认识也十几年了，可否卖老朽一个面子？

**波拿巴** 相伯教友，在上帝面前，面子何用？（向着马小才）马先生，你的文件带了吗？

**马小才** 什么文件？

**波拿巴** 那份开除通知书。

**马小才** 带了。（拿出了文件）

**波拿巴** 有签了字吗？

**马小才** 没有。

**波拿巴** 你还记你答应过我什么?

**马小才** 记得。

**波拿巴** "一诺千金"是你们中国人发明的谚语吧? 怎么,就像你们汉人的衣袍和发髻,扎了辫子之后都忘光了?

**马小才** 我……我办不到。

**波拿巴** 办不到就不要夸海口,听得我恶心!(抢文件过来)今天,这份文件,相伯教友,或者学生们,你们总要有一个人要在上面签名。否则,门外的军警就会封了震旦的门,不听从耶稣会命令的震旦,要来何用?

**雷祝三** 波拿巴,你似乎忽视了我们的存在。

**波拿巴** 哦,你们? 有什么话要说吗?(嘲讽地)中国的民意领袖们?

**雷祝三** 先敬一杯酒吧。当年我们从南洋公学出来组成爱国学社,居无定所,经济拮据,是相伯先生施以援手,才让我们继续学业。这份情,我们一直念在心里,片刻不敢忘。

**沈若秋** 本想与先生继续师生缘,却不料造化弄人,搞成如今这副景象。我们的意见是,坚决不同意耶稣会的开除决定,为了继续追求自由,实现救国理想,也免除耶稣会攻讦逼迫相伯先生的口实,我们决定,从震旦退学。

**刘学裕** 我们虽然离开震旦,但不管天涯海角,永远都是相伯先生的学生,同时希望震旦不仅继续保持法式教育的特色,也可以吸收美、日、英等国教育的精华。中国已经封闭了太久太久,不要再保守下去了。言尽于此,愿震旦永远辉煌。

**雷祝三** 这是我们的退学声明。雷祝三。

**沈若秋** 沈若秋。

**刘学裕** 刘学裕等一百二十九名学生联合签名。

**雷祝三** 在这里,我们还要向曾志旻道一声歉。我们是同学,我们应该是兄弟,那天却出手打了你。其实,你是我们之中看得最明白的。但是你一直犹豫不决,不敢相信自己的能力,不像我们能泼得出去。以后做一个优秀的学者吧,把你悲天悯人的情怀用在学术上。中国不能因为一两个紧迫的任务就搭上自己所有的精英。

**曾志旻** 可我们是兄弟。(拿过退学声明,没有笔墨,咬破自己的手指,在上面写下了自己的名字)我们当风雨同舟,不离不弃。落款的还有曾志旻,我们是一百三十名学生。

［理子走到曾志旻的身边,虽然不能言语,可是神态表达了对丈夫的支持。

**马小才** (哭丧着脸)我……

**曾志旻** 你不要随我们一起来。你不是震旦的学生,相伯先生也需要你照顾。只要有相伯先生在,震旦依然是震旦。

［马小才拿过退学声明,却被波拿巴一把抓过去。

**波拿巴** 太好了,不管是开除,还是退学,反正你们只要签署了文件,那就不是震旦的人了。你们再做些什么,那就和震旦无关,也不会损害震旦的名声。Policier(法语)!

［一名军警冲了进来。

**波拿巴** 把签了名的学生都抓起来。他们全是暴乱分子!

**马小才**　（怒）你不是说他们离开了震旦，就放过他们吗？

**波拿巴**　我当然说过，我也想放了他们，可是国法难容。

**马小才**　你利用我？！

**波拿巴**　利用你？你一个乡下纨绔还值得我利用？太高看你自己了吧。我们高贵的波拿巴家族可是出过欧洲皇帝拿破仑，让你效劳那已经是最大的奖赏。

**马小才**　我早说法国人靠不住，我和你拼了！

**波拿巴**　你敢！Policier！

**南从周**　波拿巴神父，不要搞得不可开交！

**波拿巴**　我有教会和法国公使馆的双重授权，要对闹事的学生小惩大诫！

**南从周**　你这是小惩吗？

**波拿巴**　南从周神父，我为你的软弱和无能感到羞愧！Policier，全部抓走，一个不留！

［场面乱糟糟，“谁敢！”一声苍老的声音镇住了全场，马相伯悠悠站起。

**马相伯**　（举起一杯酒）今天是我自己的寿宴，我总可以敬上三杯酒吧？第一杯，敬这六十年的西学救国之路，一个甲子风雨蹉跎，但总算当得起矢志不渝，敬自己一杯，诸君请同饮。（众人连忙饮酒，南从周也做了饮酒状）这第二杯嘛，敬耶稣会对我教育之梦的帮助，真正的大学，不在于高楼广厦，而在于尽职的师长和奋进的学生，没有耶稣会，就没有震旦，这句话，你们当得起。（就连波拿巴也不得不喝了一口）第三杯敬震旦，它虽然圆了我一生救国梦，可我还不得不将它舍弃。这一杯酒敬震旦，也是祭震旦。

**南从周**　（变色）相伯教友，你什么意思？

**曾志旻** （激动）相伯先生，您是说……

**马相伯** （摆摆手，阻止他们说下去）将近一个甲子之前，我还是一个十岁的孩童。那个时候大清朝和英吉利的第一场战争已经打完了八年，和法兰西的第一场战争还有六年才开始。当时朝野之间，虽然已有几个目光深远之辈认识到西学的重要，但大多数人还是把它当作奇技淫巧。我的父亲是很少的几个知道西学价值的人，因为我祖上在明末就受洗于耶稣会的利玛窦教士，西学和天主教信仰一代又一代传了下来，哪怕是康熙朝的时候禁教，我们也没改过。可你知道，当时我的祖先为什么信了洋和尚传来的教呢！的确，自鸣钟、三棱镜我们都没见过，但是真正打动我们的却是利玛窦教士那高尚的人格，他没有恃才傲物，而是和我们平等相处。我们感谢他这份情，就守了天主教二百年。二百年，没承想，我们没变，你们变了。贪婪是原罪啊！（对着波拿巴）我不知道伊甸园中的那条毒蛇是怎样吞噬了你的心！父亲那年给我取了一个表字，相伯，让我做给华夏相出千里马的伯乐。我虚度了一个甲子的光阴，临到了了好不容易能培养出几个才俊，我不能让你把他们给毁了，不能让你把他们给毁了。

［南从周羞愧地低下头。

**波拿巴** （依旧嚣张）不能？你还有什么路可选的吗？

**马相伯** （从波拿巴手中拿来马小才手中的退学声明）震旦可以没有马相伯，但不能没有学生。没有学生的震旦，还叫震旦吗？没有学生的教育，如何挽救中国？如有最后审判，愿请上帝将一切罪责归罪于我，我愿在地狱焚烧枯骨万万载。志旻，拿笔来。

**曾志旻** （哽咽）相伯先生。

**马相伯** （柔声）去吧。

［马相伯接过曾志旻送上的毛笔。

**南从周** 相伯教友，离开了震旦，你又能到哪里去？回来吧，你仍然是震旦的校长。

［沉默。

**马相伯** 志旻。你还怨恨你父亲吗？

**曾志旻** 不会，我知道他已经很难了。

**马相伯** 其实我很佩服你父亲的为人，当初开始抵制运动的时候，曾经有人威胁要暗杀他，他写出了一篇《留别天下同胞书》，说："死于美人，死于业美货者，皆仆正当死法，虽死犹生。愿曾少卿死后，千万曾少卿相继而起，挽回国势，争成人格，外人不敢轻视我、残贱我、奴隶我、牛马我，有与列强并峙大地之一日。"没有大牺牲、大智慧的人，是做不出这样的事。你终究小看了你父亲，以为他不过是为了多卖几件国货。

**曾志旻** 他和我说的时候，我总以为是……

**马相伯** 总以为是虚言大义？其实不要以为中年人就已经被生活磨平了棱角，大义在他们的心中，不曾有丝毫磨损。你知道你父亲去哪里了吗？

**曾志旻** 他上午不是来过？（看了看）现在似乎不在这里……

**马相伯** 他去筹备新校的事情了。我们刚才谈过，如今的中国不是仅凭一腔热血就可以拯救的。千里之行始于足下，既然震旦已经失去了意义，那我们就去创建一个新的学校，去复兴我们的震旦。《尚书大传》中有一首《卿云歌》，其词曰：“卿云烂兮，纠缦缦兮，日月光华，旦复旦兮。”不如就叫它“复旦”吧！我们的震旦时代虽然结束了，但是我们必将复兴，复兴的不仅仅是一个公学，而且是一个伟大的国家。如果这个国家终究会走上一条复兴之路，那么复旦必将是它的骄傲。（在退学声明上郑重地写下了自己的名字）岂曰无衣，与子同袍。就让老朽带你们再唱一曲《破阵子》！

**波拿巴** 你们，你们，不许走！Policier 拦住他们。

**马相伯** 怎么？又不让我们走了？刚才不是还想开除我们吗？难道真的要把我们全抓到监牢里面去？

**波拿巴** 背弃信仰，你要下地狱的！

**马相伯** 我不下地狱，谁下地狱？

**波拿巴** 拦住他们。

［军警欲动。

**马相伯** 没有梵蒂冈的敕令，我还是天主教的神父，谁敢拦我。

［马相伯带着学生往外走。一片混乱之中，波拿巴抢过一把枪想鸣枪示警，却被军警一挤，枪口放平，不觉扣动扳机，指向的竟然是马相伯的方向。站在相伯先生身边的理子身子一挡，替他中弹。

［场面静了下来。

**波拿巴** （兀自叫嚣，举着手枪）上啊，把他们都抓起来。

［南从周迈步上前，卸掉了波拿巴的枪。

**波拿巴** 你干什么！

**南从周** 上帝劝人行善，而不是作恶！

**波拿巴** 我有教会和法国公使的命令！

**南从周**　我会向教会说明此事，不过现在，我还是江南司教的大司铎，这里我说了算！让他们走。不许拦着！

**波拿巴**　你不要忘了，你是法国人！

**南从周**　我是法国人，但我首先是人！

**波拿巴**　我会控告你的。

**南从周**　上帝会惩罚你的。

［与此同时，曾志旻徒劳地在堵理子枪口的鲜血，学生们围在曾志旻的身边。

［理子不会说话，咿咿呀呀地想告诉曾志旻什么。

**曾志旻**　（语无伦次）理子，你没事儿，没事儿。庚子年，我们那么难都过来了。这次你一定会好。我还要和你去富士山看樱花呢，还有京都的老街，吃北海道的白乌鱼片。你答应我的，你一定要做到啊！

［理子似乎回光返照，指尖抚摸曾志旻的脸，努力地做出“あなたを爱している”的口形，然后撒手而去。

**曾志旻**　理子！（埋头痛哭）

**马相伯**　起来，带理子走。

**曾志旻**　（抬头）先生！

**马相伯**　别让悲伤蒙蔽你的双眼。来，先让理子安息吧。

［曾志旻呆呆地抱起理子，随着马相伯下场，同学们跟在后面。

［马小才扯下身上的教士服，狠狠看了一眼波拿巴，亦跟随下台。

［南从周向着老友离开的背影，深深鞠了一躬。

［暗场。

［除了马相伯、曾志旻、理子以外的演员排在舞台上，进行着朗诵。

**朗　诵**　（加入《复旦校歌》的音乐）震旦学院散学以后，不数日即由沪学会推举马相伯为会长，并召集离校学生，商议复校办法。学生们推定于右任、邵力子、沈步洲、叶景莱、王侃叔等七人为干事，协助马相伯共同办理复校事宜。在社会各界的支持下，1905 年 9 月 14 日（阴历八月十六日），复旦公学在马相伯、严复、熊季廉、袁观澜等先生和全体学生的努力下，终于在吴淞正式开学，从此开始了至今 109 年的光辉的教育事业。甚至当复旦成立以后，震旦再次遭遇到经济危机的时候，马相伯还不计前嫌，捐出现银 4 万元，公共租界和法租界地基 8 处，时值 10 万多元，以购置土地 100 亩，为震旦建造新校舍，彰显出一代教育家的伟大胸怀。

［伴随着朗诵的声音，曾志旻继续抱着理子登场。将她轻轻放在台阶上，用手理着她的秀发。

［暗场。

［灯光亮起，朗诵的学生已经退离舞台，《复旦校歌》的音乐低回，场上只余下曾志旻和理子，理子依然躺在地上。

**编剧大叔**　醒醒？（看导演美美不理他）再不起来，我就亲你一口了！

**导演美美**　（忽地起来）你敢！

**编剧大叔**　好啦，开玩笑啦，我又不是都敏俊。

**导演美美**　都敏俊不能亲地球人！

**编剧大叔**　（突然，伸出手）合作愉快！

**导演美美**　合作愉快。（竟然伸出双臂，环绕他的脖子，抱了抱）我们是朋友了。

**编剧大叔** 谢谢。晚上请你吃黑料，庆贺我们排了一出精彩的戏。

**导演美美** 我喜欢最后一场。

**编剧大叔** 我也是。

**导演美美** （看一遍）马小才！

［马小才阴着脸走上舞台。

**编剧大叔** 小才，你怎么了？

**马小才** 我不喜欢最后一场，你们整部戏的处理我都不喜欢。

**编剧大叔** 这个很正常，一千个观众就有一千个哈姆雷特。

**马小才** 我没有说你错，我只是不喜欢。

**编剧大叔** 这个，我们后面复排的时候可以酌情修改，你先出出戏，历史上没有马小才这个人物。

**马小才** 历史上没有马小才这个人物，但是作为复旦的后人，我心疼相伯先生。你看看那边！

［灯光亮起。

［《复旦校歌》的音乐声高起来，而在舞台的另一边，心力交瘁的马相伯正跪在祈祷台前，虔诚无言谢罪。正好与旁边的宏大叙事形成了鲜明的反差。

**马小才** 你们的戏演绎了一个传奇，故事曲折激荡，在宏大叙事上正确无比，也正义无比。观众会因你们所展现的警醒国人、追求独立的斗争精神而感动，鼓掌，欢呼！你们把相伯先生排成了一个英雄，但是你们考虑过相伯先生吗？这是他想要的吗？为了你们这些学生，他放弃了一生信仰的宗教，他会因此而幸福吗？

［曾志旻，也就是编剧大叔无言，向马相伯的背影深

深鞠躬。理子，也就是导演美美也在旁边默立，带领众人鞠躬行礼。《复旦校歌》停。

[马小才面露悲凉之色，转身下场。背景响起《挑滑车》里面那句："看前面——黑洞洞……"灯渐暗。

[幕下。

## 导师评语

丁罗男

这是表现上海百年历史文化名人马相伯的第一部戏剧作品。

马相伯(1840—1939),中国近现代著名的文化人和教育家,爱国的天主教神学博士。早年参加过洋务运动,晚年热心教育事业,曾于北京和上海创办、主持过多所大学。如何在其丰富、曲折的人生经历中选取适合于舞台呈现的素材,这是本剧创作首先面临的一个难题。作者截取了20世纪初,马相伯在上海倾其家产与天主教会组建震旦公学并任校长后,在动荡艰难的时局和学校内外的压力下,退出震旦、创办复旦大学的这段历史。笔墨集中、冲突激烈,对于成功塑造马相伯的爱国、爱校、爱学生的教育家形象奠定了基础。

作为一个取材于历史人物的剧本,初稿在风格基调的把握上还有些犹豫,既追求历史文献剧的壮阔多彩,尽量展现人物的真实史料,又想要组织充满冲突的戏剧故事,两种风格的相互掣肘使得剧本的结构过于松散和冗长,主题也不够鲜明。经过几番斟酌与修改,作者确定了以戏剧性更强的故事叙述为主线的基调,删去几个真实的历史人物,增加了曾志旻、马小才、理子等虚构的配角,在不违背历史真实的原则下,他们的“戏”对刻画马相伯的形象起到了更好的效果。同时,剧本采用了“戏中戏”的叙述体结构方法,以一群当代学生排戏的形式贯穿,场与场之间插入的排练场面和朗诵词,既对历史背景与马相伯的生平作了介绍，又引出了饶有趣味的现实与历史的“对话”。特别是剧作的结尾，作者拨开了纷繁的历史浮云，让群情激昂的场面戛然而止，将观众的目光聚焦在马相伯默默祈祷的孤独身影之上，充分体现了他作出艰难选择时的无奈与痛苦。这是切入人性深处的精彩一笔，使得整部作品超越了历史人物与事件的表面化陈述，从而在精神层面上产生一种对观众的触动和感召的力量。

话　剧

# 三个水枪手

张钰铖

## 张钰铖

男,1987 年生,2011 年硕士毕业于中国人民大学。现居上海,在一家国有企业供职。自幼喜爱读书,尤其爱读童话和小说,喜欢天马行空的想象和古灵精怪的幽默。以写作为第一爱好,读书期间开始从事剧本创作,相声、小品、短剧、话剧、微电影、电视剧等都有涉及。

时间：2013年，夏

地点：上海、西安

**人　物：**

**唐大川**　26岁，某小企业小员工。每天的工作就是算电费。拥有一堆梦想，基本上只在梦里想想。换句话说，极为屌丝。

**郭吹弟**　25岁，大学毕业后一直无业，四处考公务员。梦想做一名侦探。为人灵活，比较健谈，换句话说，喜欢瞎吹。

**老　孙**　26岁，在一家殡仪公司给死者写悼词。梦想当一名作家。除了QQ空间外，作品一直无处发表。为人老实憨厚，换句话说，比较闷骚。

**断　腿**　30岁，警察局通缉的要犯。钻石抢劫案的作案人。心狠手辣，为人谨慎。换句话说，只要他好好活着，你就别想好好活。

**智　灵**　40来岁，老雁塔寺庙方丈，兼沙弥、保安、财务、销售、自行车驾驶员，等等等等。换句话说，全寺上下就他一个人。

**胡警官**　30多岁，忠于职守。看外表像哈哈镜，其实心如明镜。换句话说，不管你放不放心，他都会让你放一百个心。

**女　神**　唐大川一直在寻找的人，具备女神的一切特质：神秘，话少，笑容好。换句话说，呵呵……

## 第一场

［街边大排档，某日，夜。

［背景是烧烤摊，一破旧桌子，唐大川正对观众，郭吹弟、老孙在两侧。三人表情很兴奋。

**郭吹弟** 采访一下，唐先生，成为百万富翁的感觉怎么样？

**唐大川** 爽！（将一杯啤酒一饮而尽）

**郭和孙** 爽！（碰杯）

**郭吹弟** 继续采访，唐先生，一百万打算怎么花？

**唐大川** 投资！我觉得，钱不能放在手上。

**郭吹弟** 对，今天一百万，睡一觉，明天就值九十八万了。

**唐大川** 我打算投资几只股票……

**郭吹弟** 那你连九十八万都保不住了！现在除了屁股，什么股都靠不住！

**老　孙** 其实有的屁股也靠不住。

**郭吹弟** 要投资就要投资硬通货，现在一百万可以买十平米北京的学区房，或者十块上海车牌。

**老　孙** 买房靠谱吗？专家不是说房子要大跌吗，国家在调控呢。

**郭吹弟** 那能叫调控吗，调戏还差不多。专家十年前就说房子要大跌，结果呢，在哪跌倒，就在哪飞起来。

唐大川　那我还是不买了，万一崩盘呢。

郭吹弟　那你还是别活了，万一死了呢。

唐大川　买车牌靠谱吗？

郭吹弟　靠谱！绝对靠谱！你想想看，按照面积算，车牌的单价比陆家嘴的房子都贵。我敢打赌，过不了多久，就会有买车牌送跑车活动。

唐大川　以后丈母娘们的标准要改了。

老　孙　我也采访一下，唐先生，你幸福吗？

郭吹弟　老孙，吃饭的时候不要说这么恶心的话题！

老　孙　大川，给你商量个事。少买一块车牌，帮我出本书吧。

唐大川　怎么你写的书，还要你自己花钱出啊？

老　孙　不仅要我花钱出，还要我花钱买呢。现在的出版行情就这样。

唐大川　行行行，回头咱们找一个北大清华的教授给你写个序，搞个推荐，就说这本书在国际上发行量仅次于圣经。再给你弄个认证，就说是中国航天员指定阅读书籍，或者是人民大会堂国宴专用阅读品，后面再附张光盘弄点彩页啥的。回头再找几个博士联名骂你，马上就能成畅销书！

老　孙　好，好，来来来，我先干了，你们随意。往死里喝！

唐大川　老板，再加十串羊肉串。能送一串吗？我们都吃那么多了。

［烧烤店老板上。

老　板　对不起先生，我们这是小本生意，吃再多都不送。再说你们吆喝了半天，也就吃了我们十个串。啤酒倒是喝了一箱，还是你们自己从家里带的。

唐大川　我们这不是在谈事情嘛，没顾上吃一串。

**老　板**　你们能不能先把彩票刮了，再讨论一百万怎么花好吗？我他妈在旁边都听不下去了。

## 第二场

［街边大排档，第二天，夜。

［灯光暗，再亮起，三人坐姿和位置不变，表情沮丧。

**老　孙**　你这等于耍流氓，懂吗？

**唐大川**　兄弟们，昨天的事情让你们失望了，今天叫你们过来真的是有正事。

**郭吹弟**　还他妈一百万呢，还他妈买车牌呢，你怎么不刮完彩票再说啊。

**唐大川**　我昨天是一时激动，对不住对不住，浪费你们感情了。

**老　孙**　还帮我出书呢，直接出遗书得了。

**唐大川**　好歹还中了五块钱。

**郭吹弟**　你咋不说你花十块钱买的！

**唐大川**　兄弟们兄弟们，听我说，过去的事咱们就翻过去好吧。我今天叫你们来，是为了一件非常重要的事。兄弟我最近很烦恼。

**老　孙**　你又中了一百万？

**唐大川**　不是，我爱上了一个女孩。

**郭吹弟**　然后呢？

**唐大川**　你们不感觉很神奇吗？

**老　孙**　哪神奇了？

**郭吹弟**　除非你爱上的不是女孩，我们才觉得神奇。你又不是没爱过，毕业的时候，你不是连续给班里六个女生表白吗？那才叫神奇。

**老　孙**　而且一个都没成功，更神奇。

**唐大川**　那都是过去的事情了。这次是一见钟情，让我相信了缘分真是妙不可言。

**老　孙**　那你烦恼什么？怕表白被拒绝？

**唐大川**　不知道她的联系方式。

**郭吹弟**　我帮你去打听，她住哪？

**唐大川**　不知道。

**郭吹弟**　她是上学还是工作？

**唐大川**　不知道。

**郭吹弟**　叫什么名字？

**唐大川**　不清楚。

**郭吹弟**　你该不会爱上了一个卡通人物吧。

**唐大川**　差不多。（拿出一张照片）还记得这张照片吗？

［大屏幕显示照片。

［照片是唐大川在湖边的照片，风景秀美。后面人群拥挤，比较显眼的是一女孩和一男子。

**老　孙**　这不是我在南湖给你拍的吗？

**唐大川**　对。老孙我要谢谢你，你让我找到了真爱。我的意中人就在照片里。

**老　孙**　等会儿，你爱上了后面一群人里的某一个？

**唐大川**　就是这个女孩，她的长相和气质，完全符合我对女神的定义。

**郭吹弟**　估计以你的长相和气质，也完全符合她对屌丝的定义。

**唐大川**　难道这不是缘分吗？

**郭吹弟**　是，我相信有缘分这东西，但总得靠点谱吧。你还不如爱上一个卡通人物，好歹知道是在哪部动画片里的。

**老　孙**　你当时为啥不问她要联系方式？

**唐大川**　我当时没留意，回来看照片才发现她。太迷人了……我一定要找到她！

**郭吹弟**　啥都不知道，你去哪找啊。

**唐大川**　我不管，找到了我就去追她，向她表白，永远跟她在一起。

**老　孙**　万一她结婚了，或者有男朋友了，你还不是白忙一场。

**唐大川**　求求你别说了。我这几天翻来覆去睡不着，脑子里都是她的样子。

**郭吹弟**　行行行，大川，你先别着急。咱们好好想一想怎么找她。

**唐大川**　老天啊，赶快响一声雷，把她劈下来吧！

［音效响一声雷，三人都吓一跳。

**郭吹弟**　别乱许愿，人家一好好的姑娘，万一被劈死在你面前，你更睡不着了。

**老　孙**　要不等我的书出好了，在里面附上一则寻人启事？

**郭吹弟**　第一，你的书不知道什么时候能出。第二，不是我打击你，能跟你的书附在一起的，最多是个通缉令，寻人启事就别想了。

**老　孙**　那能怎么办？

**郭吹弟**　要不咱们去警察局问问看吧。他们见的人多，而且又管户籍，说不定就能帮你找到了。有困难，找警察嘛。

**唐大川**　关键时刻，还是兄弟们给力！老板，烤五十串羊肉串，老板你也一起过来吃吧，我请客！

## 第三场

［警察局，第三天，昼。

［胡警官拿着照片端详，唐大川三人在旁边毕恭毕敬地站着。

**胡警官** 这个人，面熟，好像在哪见过。

**唐大川** 是吗？（凑上去，很失望）警官你别盯着我看，我让你看的是后面的这女孩。

**胡警官** 哦哦，不好意思，这个女孩……没见过。

**郭吹弟** 警官，你再仔细想想。

**胡警官** 真的没见过。我胡一凡办事，你们放一百个心。

**唐大川** 放心放心，警官，那我们先回去了。

**胡警官** 行，你们先回吧……等会儿！

**唐大川** 怎么了？

**胡警官** 哈哈哈哈……

**唐大川** 警官，我就长这么可笑吗？

**胡警官** 真是踏破铁鞋无觅处，得来全不费功夫啊！

［唐大川三人面面相觑，胡警官拿起电话。

**胡警官** 报告警长，我是胡一凡。大好消息，发现劫匪断腿的行踪了！

**唐郭孙** 劫匪！

**胡警官** 上周，在南湖公园，有个游客拍照把他拍进去了。嗯，好的，好的，我胡一凡办事，请警长放一百个心。

**胡警官** （指着照片）你们要找的这个女孩旁边，戴帽子的这个男的。看到没有？他叫断腿，是我们要抓捕的重大通缉犯，我们找了他整整三年了！

**郭吹弟** 腿断了你们还抓不到他？

**胡警官** 他姓断，单名一个腿字。四肢健全。我们都以为他逃到了国外，没想到他上周还在这里晃悠。上周那起钻石抢劫案，肯定是他干的。

**唐大川** 那这个女孩会是他的同伙吗？

**胡警官** 说不好，看他俩离这么近，不好判断关系。如果是人质就危险了，断腿这人什么坏事都做得出。

**唐大川** 怎么办？怎么办？她要是人质就糟了。

**郭吹弟** 别瞎想，说不定她是劫匪老婆呢。

**胡警官** 你们为警察局提供了非常重要的线索，我们要重重表彰你们。

［灯光暗，画外音：唐大川、郭吹弟、孙平安三位公民，为警局提供劫匪断腿的重大线索。警局特此奖励三人，奖金为人民币一万元。鼓掌！

## 第四场

［大排档，唐大川三人从警察局回来当晚，夜。

［三人喝酒。刚开始很兴奋，逐渐变得伤感。

**三　人** （兴奋地）干杯！

**郭吹弟** 原来一万块钱是给咱们三个人的，不是每人一万。

**唐大川** 有钱拿就不错了。我们又不是故意立功的。

**郭吹弟** 还得感谢你的那个女神才行，不是为了找她，我们一分钱也拿不到。

**唐大川** 唉……女神啊。她这会儿说不定在劫匪的怀里，帮他数钱呢。

**郭吹弟** 也可能正在跟劫匪制定下一步抢劫计划。

**老　孙** 那个劫匪叫啥来着？

**郭吹弟** 断腿。

**老　孙** 哎，年纪轻轻的干嘛不好，非要跟断腿有一腿？

［舒缓音乐渐响。

**唐大川** 老孙，你的书写得怎么样了？

**老　孙** 交给出版社一个月了还没回信，估计还是跟往常一样，被毙了吧。

**唐大川** （喝一口酒）老孙，其实我特别佩服你，你一直坚持做自己喜欢的事情。

**老　孙** （也喝一口酒）什么叫喜欢，什么叫不喜欢。我学了四年中文专业，结果毕业后去哪哪不要，好不容易找了这家殡仪馆，每天给死人写传记，写墓碑。搞得现在作自我介绍的时候，老想加上生卒年月。

**郭吹弟** 殡仪馆不错啦，好歹是事业单位。像我这样，多希望有个殡仪馆收容我啊。

**老　孙** 早晚会有殡仪馆收容你的。

**唐大川** 老孙，我觉得不管你写死人传记，还是写书，都是在写东西，没有离开你的老本行。不像我，每天算电费，算电费，一一得一，一二得二。算你妹啊，你说我要是生活在古代，没有电，我还能干什么呢？

**郭吹弟** 要真生活在古代，我倒也省事了。不像现在，到处考公务员。上个月去安徽考，下个月去新疆，去年跑了十六个省。要是公务员考地理的话，我早考上了。

**老　孙**　生活在古代，我估计就是那种屡考不中的落魄秀才。就像现在这样，整天被各种各样的出版社以各种各样的理由拒绝。

**郭吹弟**　不会，你肯定去县衙做师爷了，最差也得是个状师。

**老　孙**　状师？一头撞死还差不多。我写的东西，除了 Q 空间，哪都发表不了。

**郭吹弟**　老孙，这也不能怪你，现在大家谁也不喜欢老老实实看书，更不喜欢看老老实实的书，你得在书里面加点料才行。

**唐大川**　是啊。你想想，这么多年了，写书后出名的没几个，出名后写书的到处都是。

**老　孙**　上个月那个出版社，非说我是抄袭，我把手稿都拿出来了，他们还说我是抄袭。你说我儿子长得丑，我也就认了，你说我儿子不是我亲生的……谁愿意"喜当爹"啊！

**唐大川**　对那样的人，你拿手稿没用，非拿手枪才行。

**老　孙**　有时候我想，算了吧，你不是写书的料，放弃吧，但想想我要是就这么放弃了，以后等我死后，我的同事给我写悼词会怎么写？上联，以前还算活过；下联，现在终于死了。横批，有意思吗。

**唐大川**　其实说以前活过不太恰当。我们这种，只能算以前没死过。

**郭吹弟**　你说咱们年轻的时候要是不干点什么，以后老了都不知道怎么给孙子吹牛逼。

**唐大川**　没事，孙子嘛，你怎么给他吹都行，反正他没见过。对吧，老孙。

**老　孙**　我是老孙，不是老孙子。

**郭吹弟**　我就说我年轻的时候是十大杰出青年，世界足球先生，

“中国好声音”最佳学员，和福尔摩斯、名侦探柯南、神探狄仁杰并称为全球四大名捕。

**唐大川** 你就不怕你孙子吓死吗？

**老　孙** 你就不怕你儿子笑死吗？

**唐大川** 我就这样吹，孙子，你爷爷当年我爱的姑娘在照片儿里，不像你，爱的姑娘都在片儿里。

［三人大笑，干杯，喝酒。

**郭吹弟** （突然说）大川，我们去找你那个女神吧。

**唐大川** 你说真的？

**郭吹弟** 对，我们拿着我们的奖金去找她，这笔钱本来就是她送给我们的。

**唐大川** 老孙你同意吗？

**老　孙** 就算她在给劫匪数钱，我也认了。

**郭吹弟** 就算她就是个劫匪，被她洗劫一空我也认了。

**唐大川** 就算跟着她做劫匪，我也认了！

**郭吹弟** 干了这杯！

## 第五场

［两天后，一片空地，昼。

［大屏幕上显示唐大川那张照片和一张世界地图。

**老　孙** 换成中国地图吧，世界地图太宏伟了。

**唐大川** 你咋不挂个银河系地图呢，说不定我的女神来自海王星。

**郭吹弟** Sorry，sorry。

[世界地图下，中国地图上。

**郭吹弟** （拿着指挥棒指着照片和地图）她手里拎着行李箱，可以推断她来自外地，本地人谁也不会拎着这么大一箱子散步，而且是在南湖这么烂的景点。南湖靠近火车站，按照一般习惯，她很可能是在等火车的时候顺便来玩玩。我查了一下火车时刻表，在这幅照片时间附近的几趟火车分别是到西安、沈阳和厦门。这个女孩穿着风衣，风衣看起来有点旧，穿过不少次，以厦门的天气，不太可能。东北口音比较容易辨认，我打听了南湖附近的宾馆，这几天都没有东北口音的女孩入住。所以，她最有可能来自西安。还有一个最有力的证据，她的这件绿色风衣比较特别，我查了一下衣服款式，这个牌子总部在西安，主要在华北地区卖，在厦门和东北很少有专卖店。所以，基本可以断定，她来自西安。

**唐大川** 郭吹弟，你不当侦探真是太可惜了。

**老　孙** 以后我要和你联手，写侦探小说。

**郭吹弟** 西安，去不去？

**唐大川** 去！

**老　孙** 去！

**郭吹弟** 好。我来负责买火车票。你们回去向老板请假，咱们明天就出发。

## 第六场

[第二天，开往西安的火车上。

［只有一个座位，老孙坐着，郭吹弟和唐大川站在旁边，唐大川不停看手表。

**唐大川** 好了，好了，时间到了。快起来。

**老　孙** 还有一分钟呢，你的表快了！

**唐大川** 你怎么不说你的表慢了，说好的，每人二十分钟。该我坐了！快起来。

［老孙不情愿地起来，唐大川坐下。

**郭吹弟** 兄弟们，出门在外以和为贵。古往今来，我们中华民族都是一个团结友爱的民族……

**唐大川** 友爱个屁！你多买两张硬座会死吗？害得我们还得轮流坐。

**郭吹弟** 在黄牛手上买的，站票比硬座能便宜五十块钱。现在铁道部没了，黄牛也开始浮动票价了。

**老　孙** 你跟着浮动啥呀，为了省五十块钱，我们要站二十个小时。

**郭吹弟** 现在中央都在提倡节俭。我是管账的，要对我们的钱全面规划，能省一点是一点啊。

**唐大川** 账不该让你管，我好歹还是算电费的，算账是我的老本行。

**郭吹弟** 就是因为你连电费都算不好，才不能让你管账。

**唐大川** 我就搞不懂了，为啥你要把我们几个的钱都集中在一块。

**郭吹弟** 这叫集中力量办大事，由我来统一调配资源。

**老　孙** 钱你可得放好了，否则我们连回家的钱都没有。

**郭吹弟** 我办事你还不放心吗？我把钱都存在一张卡里了，随时用随时取。

**唐大川** 什么银行的卡啊？西安能用吗？

**郭吹弟** （掏出卡）当然能了，你看卡上面写着呢，交通……

**唐大川** 交通银行？

**郭吹弟** 交通……卡，我充错了。

［灯灭，灯再亮。

［三人垂头丧气，郭吹弟呆坐，唐和孙恶狠狠盯着他。

**唐大川** 你怎么不去死？

**老　孙** 我们现在跳窗户下去吧，这样回去能少走点路。

**郭吹弟** 怪不得充钱的时候，那姑娘一直问我，确定要充这么多吗？

**唐大川** 你一下充了一万块，够你坐一辈子公交的了。别人泡妞，拿着银行卡，我们泡妞，拿的是他妈的公交卡。

**老　孙** 现在怎么办？我们真的要走回去了。还是赶紧跳车吧！

［老孙欲跳，郭和唐忙上去拉住他。

**郭吹弟** 别别别，老孙。咱们想想办法。

**老　孙** 有什么办法？咱们还找什么女神啊，找女神要饭吗？

**郭吹弟** 我有办法了！

［郭吹弟往前一步站直，大声叫卖。

**郭吹弟** 各位旅客朋友请注意，请注意，公交卡挥泪大甩卖了！挥泪大甩卖了！原价一万，现价，三张返程火车票钱。你买不到吃亏，你买不到上当。

**唐大川** 瞧一瞧看一看了，走过路过不要错过了，对不起我们来晚了。

**老　孙** 拥有公交卡，你的人生最潇洒！没有公交卡，纯种屌丝不掺假。

［女乘警上场。

**女乘警** 同志，火车上不能随便卖东西。这样会扰乱市场秩序，妨碍社会主义现代化建设的。

**郭吹弟** 火车上不是经常有卖袜子的吗?

**女乘警** 是,是有许多卖袜子的。但那些袜子都是经过国家权威部门认证过的,质量过关做工可靠,(掏出一双袜子)你们可以买几双试试看。

**唐大川** 不买不买。

**老　孙** 要不咱们买几双吧,我看咱们这样,抢银行是必须的。

**女乘警** 怎么撕都撕不烂,不信你们看。(嗤啦一声,袜子烂了)。好了,你们继续卖吧。妈的,穿帮了。

## 第七场

[西安老雁塔门口,昼。

[断腿上,戴着墨镜,东张西望等人,掏出手机压低声音打电话。

**断　腿** 我已经到了,老雁塔门口。你堵车跟我没关系,我只给你十分钟时间。不来我就卖给别家了。行了,你别再跟我提堵车了,我可是从上海来的!(重重挂掉电话)

[智灵大师远远过来,行礼。

**智　灵** 阿弥陀佛。

**断　腿** 呵呵。(皮笑肉不笑还礼)

**智　灵** 天气不错。

**断　腿** 嗯。

**智　灵** 在干吗呢?

**断　腿** 没干嘛。

智　灵　施主，你说话怎么像聊 QQ？

断　腿　你要化缘的话走远点，我这有事呢！

智　灵　施主，你误会了，贫僧是一位有职业操守的佛门弟子，这是我的名片。

［和尚递上名片，断腿粗略扫一下。

断　腿　老雁塔资深方丈，智灵大师。智灵……法号取得挺性感的。

智　灵　唉……没办法，摇号摇的，本来可以叫智颖的。

断　腿　我管你叫什么呢！

智　灵　施主听说过大雁塔、小雁塔吗？

断　腿　听说过。

智　灵　我们是老雁塔，比它们都老。

断　腿　哦。

智　灵　你猜有多老？

断　腿　行行行，我没工夫跟你废话，我就在这十分钟，不会影响你们做生意的。

智　灵　施主你误会了，我看你颇有慧根，不如来我们寺里许个愿吧。

断　腿　许愿？我早就不玩这种无聊的游戏了。

智　灵　我看施主满腹心事的样子，大胆推测一下，你的生活一定充满苦闷，虽然偶尔会快乐，但快乐过后是无尽的空虚。虽然有时在人前很洒脱，但夜深人静的时候，撕下伪装，内心总有些难以名状的彷徨，总结起来一句话：青春是道明媚的忧伤。

断　腿　（扑通跪下）生我者父母，知我者大师啊。智灵大师！

智　灵　施主如果信得过我，就来寒寺许个愿吧，把心里话说给佛祖听。

**断　腿**　好，好，我这就去许愿。

［断腿随和尚进到寺内，寺内正中央有一“功德箱”，在和尚引导下，断腿跪在功德箱前。

**断　腿**　佛祖在上……

［断腿欲跪，被和尚拦住。

**智　灵**　施主，有得必有失，功德箱还是要捐点东西的。

**断　腿**　哦哦，大师我忘了，我这就捐。

**智　灵**　港币，欧元，英镑都可以，还可以刷卡。

**断　腿**　我这有钱，有钱。

［断腿翻左兜右兜，把零钱都拿出来。

**断　腿**　佛祖，都给你，希望你保佑我顺利把钻石卖掉，然后就金盆洗手，出国再不回来了。

## 第八场

［西安大街上，上一幕同一天下午。

［画外音：旅客朋友们，西安站到了，请下车。旅客朋友们，西安站到了，请下车。旅客朋友们，西安站到了，请下车。那三位睡着的旅客，该他妈的下车了！

［灯亮，三人走在西安大街上，老孙有些兴奋，唐大川和郭吹弟垂头丧气。唐大川手里一直拿着照片。

**老　孙**　我说，西安可真漂亮啊！

**唐大川**　别说话了，省点力气吧，要不然该饿了。

**老　孙**　咱们快去吃羊肉泡馍吧。

**郭吹弟**　羊肉泡馍店可以刷公交卡吗？

**老　孙**　那我们去看兵马俑吧。

**郭吹弟**　兵马俑可以刷公交卡吗?

**唐大川**　肯定不能,兵马俑坐的是马车。

**老　孙**　那我们怎么办?公交卡再退也不能退。

**唐大川**　关键是,公交卡在这连公交都坐不了。咱们都走了一个小时了。

**郭吹弟**　大川,老孙,我对不住你们。咱们把身上还剩的钱都拿出来吧,看能不能凑够一顿饭钱。我先来。

［郭吹弟全身上下摸了半天。

**郭吹弟**　我一分钱没有。该你们了。

**唐大川**　我的钱全给你了。

**郭吹弟**　我们真是穷到家了。

**唐大川**　不是,我们是穷得到不了家了。

**老　孙**　(小心翼翼地拿出钱)我这有一百,刚才在火车上帮人写了个悼词……

**唐和郭**　(欣喜若狂地)我现在终于知道,什么叫知识就是力量!

**老　孙**　我警告你们,这是最后的一百块钱!

**郭吹弟**　知道啦,知道啦。大川,咱们赶快去吃饭吧,你就别拿着照片一直问了,从一下火车你就见个人就问。

**老　孙**　对,吃饭去吧。先饱暖,再思淫欲。

**唐大川**　我再问最后一个人,问完咱们就去吃饭。

［唐郭孙三人来到老雁塔前,智灵大师正翘首等待。见三人靠近,主动迎上来。

**唐大川**　大师——

**智　灵**　阿弥陀佛。三位施主好。

**唐大川**　能向你打听个人吗?(递上照片)

**智　灵**　哦?

**唐大川** 这个女孩你见到过吗？

**智　灵** 这位女施主，手如柔荑，肤如凝脂，领如蝤蛴，齿如瓠犀，螓首蛾眉，巧笑倩兮，美目盼兮。正可谓：楼主好人，一生平安。

**唐大川** 大师，请你说重点。

**智　灵** 没见过。

**唐大川** （欲抢照片）那我们告辞了，谢谢大师。

**智　灵** （着急）哎……别急别急，旁边这个男的我见过，上午还来我们寺许过愿。

**唐大川** （吃惊）断腿？

**智　灵** 什么腿？

**郭吹弟** 大师，你确定，你今天上午刚见过这男的？

**智　灵** 出家人不打诳语，他还把全部家当都捐了香火钱。

**唐大川** 大师大师，你能不能回忆一下当时见他的细节，越详细越好。他旁边还有没有跟着其他人？

**智　灵** 施主别着急。要不咱们去寒寺小坐一会儿，坐下来慢慢聊。

**唐大川** 大师，我们要先去吃饭……

**智　灵** 我们寺里有斋饭，有 ABC 三种套餐可以选，健康卫生，营养均衡，不含食品添加剂。

**郭吹弟** 贵不贵，我们现金不多。

**智　灵** 可以刷卡。（掏出 pose 机）

**唐大川** 公交卡也能刷吗？

**智　灵** 是卡就能刷。

**老　孙** 那还不赶紧走！

［三人跑进老雁塔。

［灯光暗。

## 第九场

［老雁塔门口，第八场后一小时。

［唐郭孙三人追着智灵大师，快步走出老雁塔门口，神色着急。

**老　孙**　大师大师，刚才我手抖了。我再重新投一次好不好。

**智　灵**　阿弥陀佛。

**唐大川**　大师，那是我们最后的一百块钱，救命钱啊，你总不能见死不救吧。

**郭吹弟**　就是，大师，我们重新捐行不行，我们刷卡，刷公交卡。

**智　灵**　阿弥陀佛。

**唐大川**　阿弥什么陀佛啊，你倒是说句话啊！

**智　灵**　施主，捐款有诈捐的，也有少捐的，你们见过有拿出来重捐的吗？而且还是香火钱。

**老　孙**　大师，主要是你那一段说得太煽情了，我一时冲动就都捐了。早知道我们肯定吃完斋饭就走，一分钟都不留。

**郭吹弟**　是啊，大师，你还整得那么楚楚动人，什么青春是道明媚的忧伤。小时代是你写的吧？

**智　灵**　施主，进来是你们自愿的，捐款也是你们自愿的。都是你情我愿的事情，又何必怪我呢。

**老　孙**　大师主要是我们真没钱了。你就当我诈捐行不行，把钱退我。

**智　灵**　阿弥……

**郭吹弟** 再"阿"我揍你！

**智　灵** 威胁我？

**老　孙** 大师你一定得帮帮我们。你们这需要悼词吗？我可以帮你们写。

**智　灵** 我们寺我年龄最大。你写给谁？

**郭吹弟** 要不这样，大师你退我们五十块钱吧，就当我们捐了五十块钱香火钱。

**智　灵** 香火钱还带找零的吗？

**老　孙** 大师，你要不找零，我们今天连住宿的钱都没有。你这能刷公交卡住宿吗？

**智　灵** 本寺没这项业务。（思索一阵子）你们公交卡里有钱是吧？

**郭吹弟** 有有有，将近一万呢。

**智　灵** 要不你们把公交卡押我这，我先预支点钱给你们。等你们有钱了再赎回去。

**老　孙** 大师你真是好心人啊。

**唐大川** 大师你赶紧把卡拿去。

**智　灵** （接过公交卡）我佛以慈悲为怀。你们等着，我去功德箱里给你们取钱去。

## 第十场

［路边，上一场后两小时。天色已黑。

［唐郭孙三人在翻来覆去数钱，全是一角钱硬币和纸币。

**郭吹弟** 全他妈是一毛的！

**唐大川** 还有人把酒店的早餐券投进了功德箱。

**郭吹弟** 还有捐鞋垫的，把佛祖当儿子耍。

**老　孙** 那个和尚真缺德，给咱们的都是些什么玩意儿。

**唐大川** 这个一毛钱够个性！还包成三角形，手工费都不止一毛钱了。

**郭吹弟** 别管包成什么形，都是一毛钱，变不成一百块。

**老　孙** 就不应该把公交卡押给他，肯定要不回来了。

**唐大川** 兄弟们，现在咱们有钱了，先住一晚上吧，其他的事明天再说。

## 第十一场

［三人来到“秦始皇大酒店”前，霓虹灯招牌上的几个字都缺几笔，“秦”字完全不亮。土黄色装修风格。

**郭吹弟** 老孙，这就是你找的最便宜的旅馆吗？

**老　孙** 是啊，说方圆几十里，没有比这更便宜的店了。

**唐大川** 看起来档次不低啊，始皇大酒店。

**老　孙** 是秦始皇大酒店，前面有个秦字，没亮。

**郭吹弟** 这颜色确实挺屎黄的。

［三人来到前台。

**郭吹弟** 开房！

**服务生** 想住什么样的？

**唐大川** 价钱最便宜的。

**服务生** 那就总统套房吧。

**唐大川**　太豪华了吧，多少钱？

**服务生**　一晚上四十九。

**老　孙**　这是总统套房吗？

**服务生**　是啊。

**郭吹弟**　那标间多少钱？

**服务生**　没有标间，只有总统套房，总统豪华套房，总统超级豪华套房三个档次。

**唐大川**　开吧，开吧。咱们把钱数一数，一共多少。

［三人零钱全倒在桌上，开始数。

**老　孙**　四十八块九。

**唐大川**　优惠一毛钱，行吗？

**服务生**　不行，我们是小本生意，不能优惠了。

**郭吹弟**　我们这还有三只鞋垫，两张早餐券，你看能不能折个现？

**服务生**　我们不收这些。

**郭吹弟**　我们可以后半夜再去睡。

**服务生**　你们睡一分钟也是这么多钱。

**唐大川**　再数一遍！

［三人又数。

**老　孙**　都数三遍了，就是四十八块九。

**郭吹弟**　你就给我们优惠一毛钱吧。要不，我让你蹂躏蹂躏……

**服务生**　你再这样恶心我，我就要报警了。算了你们去住吧，这是我们店有史以来第一次搞特价。

**唐大川**　谢谢，谢谢！

**服务生**　8214 房间，这边！

## 第十二场

［唐大川三人房间。

［三人和服务员来到房间。服务员手捧着蜡烛。三人手里各拿着脸盆、毛巾、拖鞋。

**唐大川**　这就是你们的总统套房？

**服务生**　是啊。

**郭吹弟**　这是总统套房还是马桶套房啊，怎么这么大一股马桶味？

**服务生**　马桶坏了，有点漏水，你们用的时候小心点。

**老　孙**　不错了，至少有马桶。

**服务生**　毛巾和拖鞋爱惜点，弄坏了要赔的。

**老　孙**　还有脸盆。屋里连个水龙头都没有吗？

**服务生**　不是，脸盆不是让你们洗脸用的，是万一下雨了接雨用的。

**唐大川**　你们能把房间的电灯修好吗？我们总不能点着蜡烛看电视吧。

**服务生**　对不起，修电灯需要加钱。

**唐大川**　那我们还是点蜡烛吧。

［服务员把蜡烛放桌上。

**服务生**　好，那我就不打扰你们休息了，有事了你们打总机电话。拜拜。

［服务生下。

**唐大川**　洗洗睡吧。

**郭吹弟** 睡个屁啊，我刚发现，只有一张床。

**唐大川** 还是个总统大床房。

**老　孙** 一张床怎么睡啊？

**郭吹弟** 要不，一人二十分钟……

**唐和孙** 闭嘴！

**唐大川** 兄弟们，你们知道吗，其实刚才我们省了一毛钱。

**郭吹弟** 怎么省了？

［唐大川掏出那个折成三角形的一毛钱纸币。

**唐大川** 这一毛钱我藏在身上忘拿出来了，叠得挺好看的。

**郭吹弟** 刚才我都要卖身了，你都不拿出来！

**老　孙** 没事，至少我们还留了一毛钱，不是身无分文。

［电话铃声响了，老孙接。

**老　孙** 需要需要。嗯，好的，谢谢你啊，快点过来。（挂电话）

**唐大川** 谁打的？

**老　孙** 一个女的，声音挺甜的，问需要洗头吗。你别说，这旅店服务挺周到啊，知道我们坐火车辛苦了，专门安排有人洗头。我这头正好几天没洗了……

**郭吹弟** 快打电话让她回去。

**唐大川** 就一毛钱你还想叫服务呢。

**老　孙** 洗个头怎么了……

［敲门声。

［唐大川和郭吹弟忙上去堵上门。

**洗头女** 洗头的。

**唐大川** 回去回去，我们不要洗头。

**洗头女** 不是你们让我过来的吗？

**老　孙** 是我让你过来的，能光洗头吗？用洗头膏的那种。

**洗头女** 傻逼啊！

［洗头女下。

**老　孙**　那我自己去洗个头。

［老孙进卫生间。

［服务生上，敲门声再次响起。

**唐大川**　不是说不要了吗？没完没了了啊。

**郭吹弟**　这小姐也太敬业了吧。

**服务生**　先生，楼下投诉，说你们漏水渗到楼下了。你们尽量别用水。

**唐大川**　好的，知道了。你们这防水做得也太差了。

**服务生**　嗯，那就不打扰了，早点洗洗睡吧。哦，别洗了，直接睡吧。

［服务生下。

**唐大川**　老孙，你头洗完了没？快一点，我还要洗澡呢。

## 第十三场

［断腿房间。与上一场同时。

［智灵大师被五花大绑，房间一侧是倒地的功德箱。智灵大师的嘴巴被塞住，呜呜乱叫。

［断腿一拿开智灵大师嘴上的布塞，智灵大师立即由狂躁变得彬彬有礼。

**智　灵**　施主，晚饭吃了吗？

**断　腿**　大师，委屈你了，大酒店不敢去，只能来小旅馆。

**智　灵**　没事，出家人四大皆空，四海为家。没什么事，我先回去了。

断　腿　回去个屁。

智　灵　快放了我，你这个强盗。

［断腿拿出枪，智灵大师惊恐不已。

智　灵　小伙子，别冲动！

断　腿　大师，白天被你忽悠得好惨。你说什么青春是道明媚的忧伤，今天你要不说实话，我让你身上多一道明媚的枪伤。

智　灵　我说过多少遍了。真的没见你的钻石！

断　腿　你说你把我那一毛钱给三个人了？

智　灵　对，对，三个外地游客。

断　腿　你给我说仔细，什么样的三个人？

智　灵　有一个看起来挺傻的。

断　腿　那另外两个呢？

智　灵　另外两个，看起来，也挺傻的。

断　腿　大师，你好像等于没说啊。你怎么就把我的钻石给这三个二逼了呢？

智　灵　我借了他们一堆零钱，全是一毛的，谁知道把你那个一毛钱也给他们了。

断　腿　一毛钱，我那个一毛钱至少值五百万！

智　灵　我哪知道啊！我哪知道你会不小心把你那一毛钱扔到功德箱里啊。我又哪知道你会用一毛钱包着钻石啊。

断　腿　你要是骗我，我就让你从大师变成大尸体。

智　灵　大侠，我哪里敢骗你啊。你想想看，如果钻石是我拿的，我怎么可能还待在老雁塔里面等着你去抓我啊。你就把我放回去吧，我保证以后多积德行善，再也不骗人烧香捐钱了，再也不对女香客耍流氓了，再也不向游客兜售保健用品了，再也……

断　腿　不行，从现在开始，你必须跟我形影不离，直到找到那三个人。

智　灵　啊施主，不必了吧，请你放心我。我发誓，我今天晚上的事情我什么都不记得了。哦不对，今天晚上什么事都没发生，我在卧室里，看完新闻联播就睡觉了。

断　腿　不行，那三个人不知道什么来头，我不能贸然行动。只有你认识他们三个，所以必须有你。

智　灵　你把我捆在这里，我认识他们有什么用啊。你先把我绳子松开，咱们有话好好说。

断　腿　他们还有没有留下什么线索？说出来，我就松开你。

智　灵　我想想。对了，他们三个还打听你了。

断　腿　什么？

智　灵　他们拿一张照片，向我打听你。

断　腿　他们有我的照片？

智　灵　是啊。

断　腿　果然，这三个人来头不小。还好我没有冒冒失失去找他们，差点自投罗网啊！

智　灵　那三个人看起来不像有来头的样子。

断　腿　大师，不是每个人都像我这么实诚的，有的人特别善于伪装。他们向你打听我，可能是在探你的口风。他们去你寺庙里烧香，可能是为了去你那踩点。我怀疑他们拿走我那一毛钱，就是事先策划好的。咱们的对手非常可怕。

智　灵　太可怕了。

［水从天花板上滴下来。

断　腿　这服务生怎么回事啊，楼上怎么还漏水。妈的。大师你在这等着，我自己上去找他们去！

［断腿不顾智灵大师挣扎，把他嘴又堵上。

## 第十四场

［唐大川三人房间。时间紧接上一幕。

［三人在玩斗地主，输了的人往脸上贴纸条，三人都被贴得满脸都是。

**郭吹弟** 哈哈，我又赢了！

**老　孙** 脸上都贴不下了。

［郭吹弟正往唐和孙脸上贴纸条，断腿敲门。

**郭吹弟** 怎么敲门的这么多。

［郭吹弟不耐烦去开门，断腿被满脸纸条的郭吹弟吓了一跳。

**郭吹弟** 别紧张，我们这斗地主呢。你俩等着我啊，不许偷看我的牌！

**断　腿** 你们是三个人？

**郭吹弟** 是啊，三个。

**断　腿** （变得彬彬有礼）哦，哦，打扰了。我是你们楼下的客人。这里漏水挺严重的，你们能不能别在房间里用水了，我有强迫症，听见漏水声会睡不着觉。

**老　孙** 不怪我们，这马桶有问题，老往下渗水。

**断　腿** 这样啊，那我一会儿上来帮你们修一下。

**唐大川** 那多麻烦你啊。

**老　孙** 是啊。要不咱们换一下房间，我们睡楼下也行的。你们屋有电吗？

**断　腿**　这个倒不用了。我尽量克服一下。打扰你们了。

**郭吹弟**　客气什么。要不你跟我们一起玩会儿，咱们四个人斗地主。

**断　腿**　不用了，呵呵，我不大会玩牌。

**郭吹弟**　别客气嘛，玩一会儿就会了。

**唐大川**　是啊，还有朋友一起吗？叫上来一块玩啊。

**老　孙**　对，人多了咱们玩干瞪眼。

**断　腿**　不了不了。哦，对了，你们打牌怎么不玩钱，贴纸条多没劲。

**唐大川**　我们要有钱，也不用点个蜡烛在这打牌了。

**老　孙**　要不把我们那一毛钱撕成小纸条，贴脸上。也算是我们玩钱了。

**郭吹弟**　那不行，一毛钱我们还要留着应急呢。

**断　腿**　一毛钱？

［郭吹弟多摸了一张牌，唐大川制止。

**唐大川**　该我摸牌，郭吹弟你少耍赖。

**郭吹弟**　我摸错了。

**断　腿**　那你们好好玩，我先告辞了。

**三　人**　哦哦，慢走慢走，没事上来一起玩啊。

## 第十五场

［断腿房间，时间紧接上一幕。

［断腿神色严肃，眉头紧皱。智灵大师神色木然。

**断　腿**　大师，他们三个人，是不是一个高高瘦瘦，一个戴着眼镜，一个有点胖？

智　灵　对。你去报警了？哦，你报警不合适。

断　腿　真的好险，我刚跟他们见过面，他们已经认出我了，但是没有撕破脸。我不知道他们究竟想干什么。太可怕了。

智　灵　啊，他们在哪？

断　腿　他们就在我们楼上房间。肯定是故意住我们楼上的，知道我对漏水声敏感，故意引我上楼。

智　灵　那他们在房间里干什么？

断　腿　看起来像是在斗地主。但他们的脸，故意用纸条贴得严严实实的，不敢让我看到真面目。我让他们拿掉纸条，用钱来玩，他们不肯。最关键的是，还告诉我他们只有一毛钱。你想想看，只要是个人，怎么可能出门只带一毛钱，更何况是三个人。这分明是在暗示我，我的一毛钱在他们手上。而且我正想往下继续问的时候，他们赶紧把话题转移到打牌上了。太狡猾了。

智　灵　有道理。

断　腿　他们还问我是不是就一个人，这说明，他们连我绑架你的事都知道。

智　灵　那他们还不来救我，（连忙改口）我的意思是说，那你还不赶紧把钻石抢过来。

断　腿　不行，现在情况不明，时机未到。我们的敌人深不可测。我怀疑他们不止想要钻石。

智　灵　那怎么办？

断　腿　我想了想，只能智取，不能强攻。刚才他们还假惺惺地留我跟他们一块斗地主，还说让我多叫上几个人，说明他们有备无患，一点都不怕我们。我干脆就将计就计，跟他们玩斗地主，把他们那一毛钱赢过来。

**智　灵**　那我呢？明天一早我还要辅导邻居家小朋友做功课。

**断　腿**　你等我回来。（又把智灵大师嘴巴堵上）

## 第十六场

［唐大川三人房间。十分钟后。

［断腿手里提一只皮箱，与唐郭孙三人呈谈判状。

**唐大川**　我们赢了，你给我们一人一百，我们输了，只需要付你一毛钱？

**断　腿**　对。

**郭吹弟**　兄弟你别这样，我们把马桶堵上好不好，我知道你有意见。

**断　腿**　我是认真的。

**老　孙**　这个，不太好吧，我觉得我们太欺负你了。

**断　腿**　是吗？

［断腿打开皮箱，全是百元大钞。老孙立即改口。

**老　孙**　赶紧开始吧。

**断　腿**　慢，我们把赌注都摆在台子上，这样公平。

［唐大川拿出包成三角形的一毛钱，拍在桌子上。

**唐大川**　一毛钱还怕我们赖账啊。

**断　腿**　果然是你们。

**唐大川**　什么？

**断　腿**　哦，我说，果然是有钱人。咱们可说好了，无论你们赢多赢少，输了我都要这一毛钱，别的不要。

**老　孙**　好了好了，知道了，快开始吧。

**郭吹弟**　兄弟们，加油啊，第一把输了的话我们就真的一分钱都没有了。

［灯光暗。

［灯光亮，一小时后。

［断腿只剩一条短裤，脸色铁青，装钱的箱子和断腿衣服裤子都在唐大川三人那边。

**郭吹弟**　哥们儿，这局你再赢不了，你的内裤都是我们的了，还来不来？

**老　孙**　兄弟，要不你回去吧，咱们别玩了。

**唐大川**　是啊，要不你再去取点钱？

**断　腿**　少废话，接着来！

［四人继续玩，断腿突然眼睛发亮。

**断　腿**　炸弹！赢了！哈哈哈哈哈哈！

［断腿抓起一毛钱就跑，欣喜若狂，夺门而出。

［断腿下，唐郭孙三人面面相觑。

**老　孙**　赢了一毛钱，至于吗？

**唐大川**　他是不是知道咱们没钱，故意来给咱们送钱的。

**郭吹弟**　别管怎么样，赢的这些钱全归我们了！

**三　人**　哈哈哈哈哈哈！

［三人开怀大笑，几秒后笑声戛然而止。

**郭吹弟**　你们怎么不笑了？

**老　孙**　你不是也不笑了吗？

**郭吹弟**　总感觉哪里怪怪的。

**老　孙**　刚才那家伙，我怎么好像在哪见过。

**唐大川**　我也觉得在哪见过这张脸。不是电影里吧？

**老　孙**　反正不是电影就是在杂志上，这脸特熟悉。

**唐大川** 好像在一张照片里见过。

［三人又沉默几秒钟。

**三　人** （齐声惊叫）断腿！

［三人惊恐万分，在房间里乱跑。

**老　孙** 快逃吧。

**郭吹弟** 逃哪去啊，外面说不定有他同伙。

**唐大川** 快报警！

**郭吹弟** 好好好。（拿起手机，手一直抖）

**老　孙** 你手别这么抖行吗？你不是还号称专业侦探吗？

**郭吹弟** 110电话是多少？

［老孙拿起宾馆电话。

**老　孙** 喂，前台吗，快来几个保安。什么，没有保安？那有洗头的吗？对对，有多少要多少，多来点人。

**郭吹弟** 喂，110吗，哦，是10086啊，你们能帮我转接一下110吗，喂，喂……

**唐大川** 喂，胡警官吗？我是大川。喂喂，你说话啊……

［门砰一下被踢开了，断腿穿着短裤，手里拿着枪。

**断　腿** 我不管你们到底是哪条道上的，敢这样耍我，老子给你们拼了！

**唐大川** 断腿，一人做事一人当，有什么事冲我来，他们是跟着我来西安的，不关他们的事。

**断　腿** 这么说是你干的？

**郭吹弟** 断腿，我们无冤无仇，大不了把赢你的东西全还你，我们不要了。

**老　孙** 把一毛钱还我们……

**断　腿** 你还敢提一毛钱！我让你们给我一毛钱，你们还真他妈给我一毛钱啊。

**郭吹弟** 那我们该给你多少？一毛钱是你自己要的。

**老　孙** 你要多了我们也没有啊。

**断　腿** 里面的钻石呢？

**唐大川** 钻石？

**断　腿** 少装蒜，一毛钱里面包的钻石呢，我的钻石呢，被你们藏哪去了？

**唐大川** 原来你是因为这个才找我们的。

**郭吹弟** 我们真没见你的钻石，你再换别的人问问。

**老　孙** 我们要有钻石，还至于住这种地方吗？

**断　腿** 错不了，肯定是你们干的，你们是哪条道上的？不带这样玩的。

**唐大川** 你想要钻石是吧，好，你要先回答我一个问题。

**郭吹弟** 大川你疯了，你去哪弄钻石？

**唐大川** 你别打岔。

**断　腿** 果然你们的目的不是钻石，说吧，你们要什么？

**唐大川** 跟你一块的，是不是还有一个人？

**断　腿** 你连这个都知道，看来果然是有备而来。

**唐大川** 我要见到她，否则你什么也别想要。

**断　腿** 好，你们别想要什么花招。我现在就带你们去见他。

## 第十七场

［断腿房间，时间紧接上一幕。

［三人木然看着被捆着的智灵大师，断腿在墙角，作防守状，用枪指着他们四人。

**唐大川** 这就是跟你一块的人?

**智　灵** 施主,你们捐那一百块钱我退给你们行不行,不要缠着我了。

**断　腿** 人你见到了,这下该死心了吧。钻石呢?

**唐大川** 钻石不在我们这。我付房钱的时候,已经把你那一毛钱给前台服务员了。

**断　腿** 你敢耍我?

**唐大川** 是真的,你不信算了。刚才那一毛钱是我自己捏成三角形的,我觉得那样比较好看。

**断　腿** 好看个屁!我现在就让你好看。

[断腿举起枪,郭孙二人大喊“别开枪”,智灵大师念叨“阿弥陀佛”。

[洗头女敲门。

**洗头女** 打扰了。

**断　腿** 谁?

**洗头女** 有人要洗头吗?

**断　腿** 滚,没看到这边气氛多紧张吗?哪有空洗头。

**洗头女** (上下打量了一下赤身裸体的断腿)哦,你刚洗过。

**断　腿** 进来,一块蹲着。

[洗头女战战兢兢进来,与唐大川、郭吹弟、老孙蹲一起,断腿重新用枪指着唐大川。

**断　腿** 咱们继续刚才的紧张话题。

[啪,滴水声。

**断　腿** (摸头,看天花板)这他妈怎么还漏水!

[砰一声枪响,断腿惨叫一声,枪落地,捂着右手手腕痛苦蹲下了。

**洗头女** (手拿枪)不许动!警察!

［胡警官走进来。

**胡警官**　断腿，你被捕了。

**断　腿**　（盯着唐大川）你们……果然……是有来头的……

## 第十八场

［西安警察局。第二天。

［唐大川、郭吹弟、老孙、智灵大师在胡警官的陪同下刚录完询问笔录。

**智　灵**　两个黄鹂鸣翠柳，一行白鹭上青天。胡警官你出警的速度真好比迅雷 VIP 用户，优酷去广告客户端，PPS 高级会员。

**胡警官**　呵呵……

**智　灵**　胡警官我下次再也不敢了，能不能别查封我们老雁塔？我们比大雁塔小雁塔都老，你猜有多老，不不，不要你猜了，我告诉你……

**胡警官**　你别告诉我了，该知道的我都知道了。

**智　灵**　（一边走下一边说）阿弥陀佛。楼主好人，一生平安……

［智灵大师下。

**胡警官**　好了，询问笔录录完了，你们可以回去了。你们为警局立了大功，这次可不止奖励一万块钱了。

**唐大川**　胡警官，钱是小事，幸好你及时赶到，要不然我就……

**胡警官**　别客气，我胡一凡办事，你放一百个心。

**郭吹弟**　还要感谢那个卧底警察，我刚开始真把她当洗头的了。

**胡警官** 她可是西安的一级警察。

**老　孙** 长得挺好看的,我本来还想让她帮我洗洗的……

**胡警官** 你们最要感谢的是那个服务员,没有他发现钻石后报警,我们还没法准确定位呢。

**郭吹弟** 感谢感谢,回头我们每次来西安都要请他喝酒。

**老　孙** 胡警官,你不是在家吗?怎么来这么快啊。

**胡警官** 谁说我在家了?我们早就得到情报,说断腿有可能来西安了,我三天前就在这等着。接到旅馆的报警电话,我就马上赶到现场。我胡一凡办事,你就放心好了!

**郭吹弟** 鼓掌!

[唐大川、郭吹弟、老孙三人鼓掌。

**唐大川** 胡警官,我托你问的那个事……

**胡警官** 哦,问过了。断腿说不认识女孩。我们也调查过了,断腿在国内没有同伙了,钻石的买家也被我们抓获了。

**唐大川** 那她会在哪里呢?

## 第十九场

[唐大川办公室。一年后。

[舒缓的音乐。唐大川在静静地忙碌。

[一会儿,大川站起来独白。

**唐大川** 从西安回来以后,警察局又奖励了我们一笔钱。不过这次我和郭吹弟一分也没要,全部给了老孙,帮他自费出了一本书。书名叫《三个水枪手》。为什么叫这么个名字呢,因为书里的三个主人公都很水。

［大川接电话。

**唐大川** 喂，老孙啊，在西安签售呢，故地重游啊，这次你可要好好吃羊肉泡馍。没想到你这本自费出版的书卖这么火！

［老孙上场，后面跟着一摄像记者和采访记者。

**记　者** 孙先生，《三个水枪手》大受欢迎，半年之内加印了十次。读者们都很好奇，请问这本书是根据你的真实经历改编的吗？

**老　孙** 对，都是真实故事。

**记　者** 我印象最深刻的部分，就是那位爱好文学的年轻人平时深藏不露，却在最后时刻使出了降龙十八掌，制服了劫匪，救了他的小伙伴。这一段描写得非常精彩。

**老　孙** 这段播的时候掐了吧。

［老孙等人下，大川继续独白。

**唐大川** 郭吹弟如愿以偿，考上了公务员，虽然只是一个县的妇联办公室，好歹也圆了他爸妈的梦。他现在再也不敢说当侦探的事了，提起侦探就说，侦探真他妈不是好当的。

［郭吹弟上，一边走一边打手机，一边记笔记。

**郭吹弟** 嗯，好好好，刘主任，下午我代您去召开妇女代表大会。诶！不行啊，我下午已经答应王主任去妇科体检了，我尽量快点好吧，反正我也没啥体检项目。哎哎哎，你等一下，侯主任打电话进来了。喂，侯主任……

［郭吹弟下，大川继续独白。

**唐大川** 至于我，还是一如既往地算电费，算电费，不过算得比以前准确多了。没想到还得到了提拔。现在我有手下了，上面给我配了一名副手，我不再算电费了，升级为算水费的了。有时候我常会想，我的女神现在在干吗呢？反正我是不知道，也不想知道。女神就是女神吧，知道她在干什么就不是女神了。说不定她这会儿正带着儿子在逛公园呢，也说不定她正在挨客户或老板的骂。当然，也说不定今天给我配的副手就是她。

［女神上，穿着职业装。

**女　神**　请问是唐大川先生吗？

**唐大川**　（回过头）女神……

## 导师评语

李伯男

你会笑吗?

也许看到我这个问题,你就已经笑了。

笑谁不会啊,一个简单的面部表情:咧嘴、弯目、展眉,轻轻松松就完成了。

你别说,笑还真没这么简单。至少我这样认为。

作为一名舞台剧导演,我最享受的时刻就是:大幕拉开,观众在台下看着台上,我在台后看着观众。观众的表情随着舞台不断变换,喜怒哀乐都没有任何掩饰。其中不乏笑容,或爆笑,或微笑,或莞尔一笑,或掩嘴葫芦而笑。

但是,怎样让观众长时间地笑,有回味地笑,不由自主地笑,是我一直在思考的。因为笑的种类实在太多了,有的是"恶心自己,成全别人",有的是"恶心别人,成全自己"。一不小心,我们就会误把嘲笑当欢笑,把无奈当无害。网络发达的今天,靠搔痒已逗不笑观众了,因为他们的胳肢窝早已被挠得结茧麻木,偶尔咧一下嘴,也是因为被挠得难受。

让观众笑得有尊严,就是从情商和智商上都尊重观众,不把观众当傻子,也不把自己当傻子。我认为对喜剧编剧来讲,这既是必修技能,也是职业操守。

青年编剧张钰铖的话剧作品《三个水枪手》,全剧主要有两条线,一是唐大川三人寻找照片里的"女神",二是劫匪"偷钻石—藏钻石—丢钻石—找钻石"。还有一条暗线,即警察追捕劫匪。两条明线和一条暗线很巧妙地交织在了一起。通过几个关键连接点，如照片、公交卡、一角钱等，最终扭成了一根线。全剧对白流畅诙谐，处处闪现机智光芒，即使最剑拔弩张的对决时刻也不例外。三位主人公在大排档的争辩，“老雁塔”假和尚忽悠香客的说辞，劫匪在旅馆里对三位对手的猜忌分析，都让笑多了很多“技术含量”。

看完《三个水枪手》，印象最深刻的是小细节。火车上刚刚还义正词严的女乘警，马上开始推销袜子；唐大川三人住小旅馆钱不够，还价未遂，第一反应是把钱再数一遍；郭吹弟做推理，面前声势浩大地摆了张世界地图；老孙误捐了香火钱，追着寺院方丈要找零；老孙遇到了洗头女，问的第一句话是“能洗头吗，用洗头膏那种”……

这样的小细节，在《三个水枪手》俯拾皆是。这让我想起了美国喜剧电影《阿呆与阿瓜》里的一个情节，男二号泡妞，很潇洒地为女孩点烟，又很潇洒地把火柴扔在了地上，却点燃了脚下的汽油，被烧得抱头鼠窜。周星驰电影《情圣》中，有一个这样的细节：一个反派人物威风凛凛地驱车杀来，停车之后，却因为车门离墙太近，钻了半天也钻不进来。在许多话剧里，有时一个表情，一个语气词，或一个动作，都能引爆全场。这种幽默像一本好书，读的时候叹为观止，掩卷之后还回味无穷。

当然，不足的地方也很多。无论是戏剧结构搭建，关键线索设置，还是戏剧语言把握上，作者都尚显稚嫩。但从作者身上，我们能看到年轻一代剧作者的天分和潜力，衷心希望作者在以后的创作中百尺竿头，再接再厉！

上海文化发展基金会青年编剧扶持项目

# 青年编剧作品选
# 2013年度

（下）

上海文化发展基金会　编

中国出版集团
東方出版中心

# 目　录

影视类剧本

【影视类剧本】

电　影

# 桃花盗

夏　草

## 夏　草

男,1979年7月生于上海。2007年毕业于上海大学电影学专业,创作过点击量过130万的网络小说《第三盆茉莉》、动画电影剧本《十二生肖总动员》。电影剧本《桃花盗》曾获得2013常州微电影剧本大赛优秀剧本奖、冯小刚导演第十届上海国际电影节反盗版宣传短片剧本征集十佳剧本奖、第十六届时报金犊奖TVC单元入围;动画剧本《中国,站立成树》(谢晋导演遗作)获SMG2008分之一公益短片剧本大赛金奖。2009年度曾获恒源祥十二生肖动画剧本大赛10万元金奖。

**故事梗概**

这是一个发生在夏天的故事。

阿昌陶瓷学院毕业，一心想做原创青花瓷，迫于生存压力，只得进了广告公司工作，可他实在不喜欢做白领，一段时间后辞职开了家假古董小店，寻找着创业的资金和机会。一个偶然的机会，一位姓朱的老板答应投资他去做原创青花瓷，但一直未兑现。此时，女友要他买房，阿昌买不起，女友开始背着他在外面相亲，阿昌知道后，两人的关系出现了裂缝，阿昌产生了想要离开的念头。

阿南是阿昌的好朋友，办公室白领，性格温和。阿南的妈妈和女友在家里都非常强势，处处管着他，阿南的老板对他特别不好，处处刁难他，阿南的职业病愈发严重起来了，这一切让他觉得都市的生活了无趣味，想到了逃避，逃到山里做个山民。

两个盗墓贼虎嫂和小猴原本是小偷，一直在平民区混，收入很少，再加上物价上涨，日子也很不好过，虎嫂很是郁闷，她决定转型，去富人区偷窃。于是带着小猴偷了朱老板的家，偷到了两件青花瓷。二人大喜，可是经过专家鉴定，他们偷到的都是些不值钱的假货。虎嫂很气愤，再加上富人区的安保实在太严，她决定再度转型，加入盗墓行列，挖一点真的东西，大发一笔。

此时，阿昌的老家桃源县为了推广桃花源风景区的旅游资源，在报纸上刊登了招聘广告，高薪聘请专业旅游策划推广人员。和丝丝关系接近破裂的阿昌得知了这个消息后，去找阿南商量，二人一拍即合，阿昌摔碎了自己的获奖青花瓷，告别了城市和理想，决定回老家踏踏实实过日子，他们出发上路了。

两个贼虽然想去盗墓，可是根本不知道该如何下手。在这之前，他们和阿昌有过几次交集，误以为阿昌也是盗墓贼，尤其是发现了阿昌老家的那张招聘报纸，上面重点介绍了景区的乔将军墓和墓中的绝世青花瓷，这让他们更坚信了这一点，于是决定暗中跟着他，阿昌一上路，他们跟着就出发了。

阿昌到了桃源县之后，顺利应聘上岗，可是他发现这里的工作方式与大城市大相径庭，人际关系复杂，办事效率低，而且思想保守陈旧，吕局长更是极其固执，根本不把他当回事。他和吕局长的女儿绿茶倒是很投缘，尤其是在对桃花源景区的开发理念上，二人相当一致。随着交往的深入，阿昌渐渐对绿茶有了感觉，于是决定带她去一个只有他自己一个人知道的山洞，那里是真正的世外桃源。阿昌答应绿茶，这里只属于她，他不会再告诉任何人，二人在这里定情了。

绿茶带他回家见妈妈，碰到了和丝丝妈见面时一样的情景，吕局长在工作上又对他很不满。这让他知道，无论在哪里，其实都是一样的，爱情根本敌不过现实，他有些灰心丧气，违心地做了一些投吕局长所好的事情。吕局长很喜欢，但是绿茶却无法接受他的这些行为，并且对此很生气，一怒之下，她离开了他。

阿南在当地租了一间农舍，学着种起了地，并且喜欢上了看墓人的女儿小麦——一个清纯无邪的小学教师。阿南以为自己过上了梦想中的生活，可是随着交往的深入，小麦开始不同意他当农民，要么一起回大城市，要么在当地找工作上班，这让他万分纠结。

两个贼一再碰壁，后来发现阿昌和阿南每天半夜都在挖地道（这个地道其实是阿昌旅游策划案的一部分），以为他们要盗墓，于是也挖起了地道，很快就接近了古墓。关键时刻，阿昌和阿南制止了他们。

阿南还在纠结着要不要离开时，他妈妈出现了，强行带走了他。绿茶离开后，阿昌非常后悔，也离开了这里，他决定去实现自己的青花瓷理想。阿昌重新上路了，此时绿茶出现了……

1. 高架上　夜　外

阿南开车载着阿昌回家。

阿昌漠然看着窗外："你有没有想过离开这？"

阿南："想过，每天上班像上坟一样，无聊死了，可去哪呢！"

阿昌："我想回老家了，要不要和我一起？"

阿南："嗯……可以考虑考虑……（突然大叫）完了，车没油了！"（油表红灯特写）

阿昌："赶紧开下去！"

阿南："来不及了！"（车子慢慢停下，阿南不停地拧车钥匙，发动机毫无反应）

阿昌："怎么搞的！"

阿南："妈的，最近一团糟！油都忘加了！打紧急救援电话！"（他报了个号码给阿昌，自己还在试图发动汽车）

阿昌拨号："操，占线！"（他不停地拨）

电话进来了，阿南接手机："丽莎，车子没油了，在高架上动不了，要晚点到家。"

丽莎（OS）："你有没有脑子？我快饿死了！赶紧给我滚回来！"

阿南："知道了，知道了。"

阿昌摇摇头："太衰了！"

两人都不说话，旁边车来车往，镜头拉开，人和车孤零零地被困在高架上。

**出片名：桃花盗和字幕。**

2. 某公寓房　夜　内

虎嫂和小猴从窗户爬了进来。（二人的面包车停在楼下）

虎嫂不小心踢翻了凳子，把小猴吓得不敢动。

虎嫂照头一巴掌："瞅你这点出息，一宿灯都没亮，指定没人在家，怕啥呀！"

二人用小手电四处搜索一番，果然没人，但也没有发现什么值钱的东西。

小猴愤怒地写了一张字条贴在镜子上："你家真穷！要赶紧得了啊！"

虎嫂一屁股坐到沙发上："还说别人儿哪！咱自个儿也得抓紧了，照这么干，啥也干不成！"

小猴："要我说咱还是回家得了，城里有啥好的……"

虎嫂："回家，就知道回家，是爷们不？有点出息行不？就真回去了，也得赚了大钱再回去！"

小猴："怎么赚啊，东西贼贵，收入贼少，还没以前在工地上赚得多呢！"

虎嫂站起来："那你咋不回工地去啊？（小猴下意识地看了看自己干净的衣服，又理了理自己的非主流发型）这么干指定不行，没发展前途，我们得考虑转转型了，回去好好想想，接下来该咋整！"

3. 饭店里　夜　内

阿昌、丝丝及丝丝闺蜜李婷婷围坐在饭桌前。

李婷婷："你那个什么原创青花瓷项目，依我看，根本不靠谱，别浪费时间了！我觉得你要向我老公好好学学，你们以前不都差不多，文艺青年，（对着丝丝）你看我，以前没钱，衣服只买地摊货，现在，（指指自己的行头）最便宜的都要四位数，刷他的卡，一点不心疼，最近车也买了，这才叫生活！"

阿昌脸色尴尬地看了丝丝一眼。

丝丝："真的，别再做了，好好回去上班吧！"

阿昌愈发尴尬:“再给我一年时间,就一年,我想最后试一次,都熬这么久了……”

李婷婷:“一年？一年会发生多少事!”(对着丝丝)“你要想清楚了。”

丝丝、李婷婷开始喋喋不休,阿昌脑子一片空白,呆呆出了神,什么都听不清看不见,一片模糊。

4. 阿南单位办公室　日　内

白领们一片忙碌。

阿南在电脑前噼里啪啦地打着字。

张经理(OS):“阿南,过来一下!”

阿南手忙脚乱地跑了过去。

张经理递给他一份文件:“把这份资料传给客户,别漏了,知道不?”

阿南跑到传真机前开始传真。

张经理(OS):“阿南,把昨天的会议记录拿给我,知道不?”

阿南:“知道了,等一下,我还没传真完。”

张经理大叫(OS):“怎么那么慢,三分钟就搞定的事,动作快一点,知道不?”

阿南手忙脚乱地去找会议记录。

阿南把会议记录给张经理。

张经理拿过会议记录,随手丢在一边:“昨天布置的任务,完成了没?”

阿南惊讶地:“什么任务？我不知道啊?”

张经理严厉地:“怎么会不知道！每个人都发了邮件,你是不是忘记收了?”

阿南委屈地:“我真的没收到啊!”

张经理："不管收到没收到，马上再发给你，晚上加班，明天上班前一定要完成，知道不？"

阿南："知道了。"

阿南落寞地回到座位上，神情恍惚，周围的同事窃窃私语。

5. 朱老板家别墅区　日　外

虎嫂和小猴在附近游荡。（两人的面包车停在附近）

小猴："媳妇，咱到底咋转型啊？"

虎嫂："咋转型，现在不就是转了嘛！以前咱只挑容易下手的居民楼，但容易下手的都没钱。你瞅瞅这里，保安、围墙还有监控，一看就是有钱人家，我想好了，要想有高回报，必须得承担高风险。钱财不易得，富贵险中求，我们就得这么转！"

小猴摩拳擦掌："哦了！"

虎嫂照头一巴掌："哦你个头，瞧见那棵树没，晚上咱们先爬上树，再跳下去，就进去了！"

6. 丝丝卧室　夜　内

电话铃响，丝丝跑去接。

丝丝："妈！"（话筒质量很差，两人的交谈阿昌听得一清二楚）

丝丝妈（OS）："我让婷婷给你介绍的那个男的，见了没有？"

丝丝尴尬地看了一眼阿昌，做了个遮盖话筒的动作："还没……"

丝丝妈（OS）："你个死丫头，还和那个穷小子在一起？想气死妈是不？他哪点好，班不上，公务员不考，房子也不买，一点不像个正经人！"

阿昌一脸阴沉地走到阳台，愣愣地站在那抽烟，丝丝挂掉电话，走了过来。

阿昌有点嘲讽地：“难怪最近一直要见李婷婷，鬼鬼祟祟的，原来是要给你介绍对象啊！”

丝丝生气：“你怎么不替我多考虑考虑，(丝丝走到柜子前拿起一件青花瓷瓶和奖杯)真想把这个东西给摔了，都是它害的！”

阿昌大惊，上去将青花瓷瓶和奖杯夺回，小心翼翼地拿在手里：“你干吗啊？！小心弄坏了！”

丝丝：“你看看李婷婷老公，你要向人家好好学学！”

阿昌：“他那种人，谁不知道他的钱是怎么来的，盗墓这种事情，一旦暴露，有他好受的！”

丝丝：“有钱就行……”

阿昌：“你什么意思？(他有点发怒)那好，明天我也盗墓去！”

丝丝不说话，阿昌摔门而去。

7. 朱老板家　夜　内

虎嫂和小猴进入了朱老板的别墅。

小猴：“咋不晚一点再进来呢？”

虎嫂：“有钱人和穷人的生活规律不一样，以前那套肯定行不通，能快就快，搞定了就走人……”

突然外面传来开门声。

虎嫂：“哎呀，失算了，快躲起来，赶紧的！”

两人躲进了柜子。

8. 朱老板家　夜　内

朱老板带着四个丰满的女保镖走了进来。

朱老板躺在椅子上看电视鉴宝节目，四个丰满的女保镖站立在左右。

两个贼在柜子里窥视着外面，大气不敢出一声。

门铃突然响了，保镖去开门，阿昌走了进来。

朱老板："哎呀，稀客，稀客，最近怎么样？有没有什么好东西？"

阿昌："哪有什么好东西，还不都那样！"

朱老板："听说有人从盗墓的手里买到了好东西，什么时候你也去挖一个，我高价收！"

阿昌笑着摇头："朱老板，说点正事，我想问一下，你那……那100万的事？"

朱老板："放心好了，不就100万嘛，小意思，答应你的事黄不了！当初那两件青花瓷，要不是你帮我鉴定，我就损失大了，怎么会不报答你呢，真的，君子一言，驷马难追！再等等。"

阿昌欲言又止，想了想，告辞离开。

9. 酒吧　夜　内

阿南走过来，一屁股坐下，整个人瘫在那里："日子没法过了！"

阿昌："不想干就辞呗！"

阿南："那个傻逼每天叫我做这做那，训我像训孙子似的，真想一脚踹死他……"

阿昌突然地："你真要和丽莎结婚？"

阿南叹口气："婚纱照都拍了……能怎么样？我妈挑的！不说我了，朱老板有消息吗？"

阿昌："这个傻逼根本不会投我的，骗了我一年多，每次借口都一样，算了……我和丝丝，估计也长不了。"

阿南的手机响了，他接电话，谄媚地："丽莎啊，我刚结束，正准备回来呢……刚碰到阿昌，马上就来了……真的是他，你要不跟他说话？”

阿昌接电话，话筒里传出一个尖刻的女声（OS）：“我不要跟他说话！和你说了多少次了，少跟那些乌七八糟的人来往，赶紧滚回来！”（啪的一声挂了电话）

阿南非常尴尬：“她脾气不大好，你别介意！”

阿昌怒骂：“你他妈的就不像个男人！”

阿南默默地拿起包：“是，是，我不像男人……不说了……我先走啦……”（有人发出讥笑声）

10. 朱老板家　夜　内

朱老板的手机响了，他接起电话说了两句，带着四个女保镖出去了。

听到汽车马达声越来越小，虎嫂和小猴才小心翼翼地出来。

小猴：“这个点出去，有钱人和咱们倒是挺像的。”

虎嫂照头一巴掌：“像！（指指屋里的摆设）你瞅瞅人家过的日子！没用的东西！”

两人开始干活，可是也没有找到什么值钱的东西。

虎嫂哀号：“这都是咋了？有钱人家怎么也啥都没有啊！老天是要绝咱们啊……”

小猴突然叫道：“媳妇，快瞅那！”

虎嫂抬头看，发现两个别致的青花瓷瓶陈列在柜子里。

虎嫂：“哎呀妈呀，听说有钱人都爱收藏古董啥的，这下咱要发了！”

两人去拿青花瓷瓶，突然警铃声大作，两人大惊。

远处传来保安的呼喊声，两人一人拿起一只青花瓷瓶慌忙逃走。

11. 马路上　夜　外

阿南满脸悲愤地开着车，突然像下了很大的决心似的，一打方向盘，朝相反方向开去。

12. 朱老板家　夜　内

朱老板大哭："我的青花瓷啊，我的命根子啊……"

四个女保镖也假装在一旁抹泪。

13. 阿南妈家　夜　内

阿南吞吞吐吐："妈……我……不想结婚，我想……出去走走……"

阿南妈猛地停下手头的事："你说什么？"

阿南："我想……辞职出去走走……"

阿南妈："你多大了？你看看你身边，还有几个人没结婚？你是不是还在想着小莉那个贱丫头？她有什么好的，哪点比得上丽莎，要相貌没相貌，要家世没家世，当初要不是妈拦着，你一辈子还不就被她毁了……"

阿南嘟囔了一句："哪有，人家都结婚了！"

阿南妈："你看看，连那个贱丫头都结婚了！从小到大，妈为你花了多少钱，费了多少心思，让你学钢琴，供你上大学，帮你找工作，给你买房买车，妈为了什么，还不是希望你好好的！出去走走？一天到晚，不知道你在想些什么东西！"

阿南被批得一言不发。

阿南妈："你敢辞职试试看！昏了头！"

14. 丝丝卧室　夜　内

阿昌不停地呕吐，丝丝给他倒茶、捶背，帮他收拾干净，扶到床上。

这期间丝丝的手机一直在震动，她每次都直接挂机，后来手机终于安静了。

丝丝轻轻地给他按摩，直到他睡着。

丝丝到阳台上打起了电话，声音非常轻。

阿昌突然坐起来，直愣愣地盯着阳台，两眼空洞无神。

15. 阿南单位办公室　日　内

张经理(OS)："阿南，你过来！"

阿南条件反射似的从座位上弹了起来，手上的包子掉落在地上。

张经理："就你一个人堵车？别人咋都不堵？"

阿南低头不说话。

张经理递给他一张机票行程单："你上次出差的机票，我不能给你签字报销，早上事情就办完了，你不订中午的航班，偏偏订晚上的，那一下午，是不是都在玩？"

阿南："中午的航班，票都卖光了。"

张经理："我每次都订中午的，这次不给你报销，让你长个记性，知道不！"

阿南在位子上发起呆来。

16. 假古董小店　日　内

阿昌心事重重地在一件白色的瓷胎上绘着画，画上有村庄、山水和桃花，画了几笔之后，停了下来，拿起桌子上一份打印稿，打印稿特写：《原创青花瓷项目融资计划书》。

小猴走了进来，一看到阿昌，像见鬼般赶紧离去。

17. 另一家古董小店　日　内

小猴进去和老板说着什么。

古董店老板跟着小猴匆匆出门而去。

18. 两个贼的出租屋　日　内

古董店老板拿着放大镜对着那两件青花瓷看了半天，虎嫂和小猴在一边紧张地看着他。

古董店老板："这要是真的，你们可就发了！一件就够你们俩吃一辈子了！"

虎嫂："不能吧！"

古董店老板："不信找别人看吧！假的！都是赝品！"

虎嫂失落地："是吗？那哪里才有真的啊？"

古董店老板："真的都在墓里呢！"

虎嫂："哪里的墓啊？"

古董店老板："我要是知道，我还不自己去挖了？不好意思，告辞了！"(出门而去)

虎嫂骂道："大爷的！真衰！这次转型失败……咱还得转型！"

小猴："啊？还转啊！"

虎嫂："刚才这个人不都说了嘛，要是真的，一件就够咱吃一辈子的了！做人得有野心，眼光要放长一些，以前咱都是小打小闹，所以成不了气候，这次要搞大点，整件真的去！"

小猴："好倒是好，可上哪嘎达整去啊！"

虎嫂："人家不是都说了吗！墓里有！"

小猴："可没人告诉咱哪里有墓啊？噢，媳妇，我想起来了，我今天见到了上次那个小子，就是咱躲在柜子里的时候，进来和那个老板说话的人，他也在古玩市场开店，你想想他们那天晚上说的话，再想想他干的活，他指定是个盗墓的！”

画面闪回至他们躲在柜子里的那一刻（偷窥视角），朱老板和阿昌的对话断断续续传来。

朱老板：“……盗墓的手里……你也去挖一个，我高价收……”

阿昌：“……那 100 万……”

朱老板：“……不就 100 万嘛，小意思……”

画面切回，虎嫂一拍脑袋：“有道理！从明天开始，你花点时间盯紧那小子！到时候跟着他就行了！”

小猴：“那你呢？”

虎嫂：“我得花时间把盗墓手艺整明白咯，有空一起学！”

19. 假古董小店　日　内／外

阿昌继续在那件白色的瓷胎上绘着画，画上村庄、山水和桃花渐渐有了雏形，他画得很不专心，叹口气放下画笔，拿起一份报纸发呆，特写标题：桃源县重金招聘旅游策划推广人员。阿昌边看边用笔在上面画着圈。

小店斜对面，小猴盯着阿昌这边，他手里还拿着一本小说，书名特写：《鬼点灯》。

每进店一个人，小猴都要观察半天。

20. 阿南单位办公室　日　内

阿南给丽莎打电话：“我晚上要加班，晚点回来。”

丽莎（OS）：“天天加班！敢骗我你就死定了！早点回来！”

阿南给阿昌发短信：“晚上 7 点，老地方见。”

21. 酒吧　夜　内

阿南和阿昌。

阿南："最近记性越来越差，晚上老失眠，有气无力的，还有丽莎，真不敢想，结婚后会怎么样，我想走了，真的要离开这里……"

阿昌："你确定？"

阿南："活得这么窝囊，是时候给自己做回主了……一起走吧，去哪都行！"

阿昌举起酒杯："实话和你说吧，我已经往老家投了简历了……"

阿南："听说丝丝好像在相亲……"

阿昌："呵呵，你们都知道了……"

22. 两个贼的出租屋　夜　内

小猴走了进来。

虎嫂："这两天那小子有啥动静没有？"

小猴："好像见了不少人……"

虎嫂："盯紧点，一有行动，就跟着他出发！"

小猴拿出一份报纸给虎嫂："我昨晚摸进他店里，找着了这个，你瞅瞅。"

报纸标题特写：桃源县重金招聘旅游策划推广人员。

虎嫂："这是干啥的？"

小猴："你看看画圈的地方！"

画圈的地方特写：桃源县、桃花源风景区、乔将军墓、明代、绝世青花瓷……

虎嫂："哎呀妈呀，这小子已经有目标了啊！"

小猴："要不咱先动手？"

虎嫂："不，咱第一次干，没啥经验，还是跟着他吧，到时候他螳螂捕蝉，咱黄雀在后！"

小猴："媳妇忒厉害了！"

虎嫂："抓紧学习！明天继续盯着，一有动静，赶紧告诉我！"

23. 一组镜头

（表现两个贼学习盗墓知识的一系列行为）

小猴一边看盗墓小说，一边监视着阿昌，这次他看的是《盗墓日记》（书名特写）。

虎嫂在网吧看盗墓电影。

小猴："媳妇，我发现那小子经常和一个男的喝酒。"

虎嫂："肯定是他同伙！怕啥，咱不也是两人吗？！"

小猴拿出山寨手机玩盗墓游戏。

虎嫂浏览盗墓方面的知识和图片，并用笔做着笔记。

小猴："媳妇，工具咋整？还有，墓里会不会真有僵尸啊！"

虎嫂："工具我都从网上买了，辟邪用品也买了，黑牛蹄，你就放心吧！"

24. 丝丝卧室　日　内

阿昌在厨房做饭。

丝丝的手机突然响了，她看了一眼来电显示，拿起手机去了阳台。

丝丝在那边窃窃私语。

过了一会，丝丝过来："我一会要出去陪婷婷办事……晚饭你自己吃吧……"

阿昌失望地："哦……"

丝丝："真是李婷婷，她有急事，你别多心啊。（边穿外套边说）我尽量早点回来……"

阿昌："你干吗和我解释？我不说了嘛，你做任何事，我都支持你。”

丝丝出门。

阿昌拿起个帽子戴上,悄悄跟了出去。

25. 大街上　夜　外

阿昌一路跟着丝丝,天慢慢黑了。

丝丝虽然一直回头看,但是并没有发现他。

丝丝进了一家酒店。

阿昌犹豫了一下,也走了进去。

26. 咖啡厅内　夜　内

丝丝和李婷婷在聊天。

阿昌悄悄找了个拐角的位子坐下,可以听见她们的谈话,而她们却看不见他。

李婷婷:“你好和阿昌说啦,当断不断,必受其乱。”

丝丝:“我还是有点舍不得。”

李婷婷:“切,有什么舍不得的,就他那样,也就骗骗那些刚毕业的小女生,一点不靠谱。做什么原创青花瓷,尽吹牛逼!”

阿昌的脸上白一阵红一阵的。

李婷婷:“该做个了结了,总不能脚踏两只船。”

丝丝不说话。

这时一个男人(宝马男)匆匆忙忙地走了进来,三人寒暄了几句,一起出门。

27. 咖啡厅外　夜　外

李婷婷向丝丝和宝马男挥手告别。

丝丝和宝马男朝停车场走去。

宝马男伸手挽住丝丝的腰，丝丝没有拒绝。

阿昌呆在了那里。

28. 草地上　夜　外

阿昌不停地喝酒。

阿昌给阿南发了条短信：“明天上午出发！”

阿南回信：“就等你呢！”

阿昌躺在草地上。

阿昌的手机响个不停，阿昌丝毫不理会。

闪回到阿昌和丝丝从相识到相知、相爱的一些画面片段。

29. 丝丝卧室　日　内／外

阿昌推门进来，丝丝已经上班去了。

阿昌将自己的东西打包。

阿昌下楼把自己的东西一股脑地全扔进了垃圾箱，小猴目瞪口呆。

小猴立刻给虎嫂打电话：“媳妇，那小子要行动了！”

阿昌找来纸和笔，想写点东西，想了半天，也没写，叹口气，将纸揉成一团，丢到地上。

阿昌盯着相框里两人骑车的合影，闪回到当时的场景，他取出相片，慢慢地撕成碎片。

阿昌拿起那件获奖青花瓷瓶和奖杯，闪回到当年获奖时的场景，他轻轻一扔，将它们都摔碎了。

30. 丝丝家楼下　日　内

阿昌上了阿南的车，两人扬长而去，两个贼开着小面包紧紧跟在了后面。

31. 阿南车里　日　外

阿南的手机一直响，他不接，经过一座桥的时候，他停下车，取出了手机卡，将卡扔进了河里。

阿昌的手机也响了起来，阿南一把夺过来，取出了卡，也将卡扔进了河里。

两人大笑起来，继续前行，渐渐将城市远远地甩在了后面。

32. 公路上　日　外

上了高速，虎嫂的小面包便被甩在了后面，他们跟丢了。

虎嫂："大爷的，跟不上了，这破车！"

小猴拿出报纸："没事，有地址，到了再找。"

各种路拍镜头，慢慢进入了山区，风景越来越秀丽了。

阿南在车上开心大叫，小猴也开心大叫，虎嫂严肃紧张，阿昌愁眉不展。

33. 桃花镇　日　外

车子开下了高速，朝桃花镇开去。

阿南："该怎么和你妈说呢？她不会担心吧？"

阿昌："没关系，老太太一直希望我回来，正好满足了她的心愿，她什么都听我的。"

阿南："你妈真好。"

车子停在了一处民宅前，两人下车走了过去。

天渐渐黑了。

34. 阿昌家　夜　内

阿昌妈还在忙碌。

阿昌推门进来，叫了一声："妈，我回来了……我辞职了……”

阿昌妈扭头看，一脸惊喜：“啊……辞职好，辞职好，回来找份工作吧，离妈也近。”

阿昌：“我朋友阿南。”

阿南向阿昌妈问好：“阿姨好。”

阿昌妈招呼阿南坐下：“丝丝呢？是不是闹矛盾了？她刚才打了好几个电话过来。”

阿昌不说话。

阿昌妈：“还没吃吧，给你们做饭去。”

一会阿昌妈把饭做好了，三人一起吃饭。

阿南：“阿姨，这边房子好租吗？”

阿昌和妈妈同时：“租什么租，住这好了！”

阿南：“我是要长期抗战的，一定得有个自己的窝。”

阿昌妈：“那住他大伯家好了，他们一家人都在城里打工，房子一直空着。”

阿南：“他们家有地吗？”

阿昌妈：“你要地干吗？”

阿南：“我想种块地玩玩，长这么大还没种过呢。”

阿昌妈摇摇头：“这年头还有人想种地……他们家的地都空着呢，想种什么种什么。”

35. 阿昌家门外　夜　外

两个贼也到了，边啃着干粮边躲在车里监视着阿昌他们，渐渐地两个人都睡着了。

36. 阿昌家　日　内／外

天亮了，外面阳光明媚，鸟语花香。

阿昌先醒了,阿南还在呼呼大睡,阿昌叫他,他半天才醒过来。

阿昌:“你不是失眠吗?谁信啊,一倒头就睡,还打呼,我倒被你搞失眠了!”

阿南摸摸脑袋傻笑:“奇怪了,我居然没失眠?(深呼吸一口空气)这里空气太好了,又安静,好久没睡这么香了!”(使劲伸了个懒腰)

阿昌:“我看你就真留在这吧,再找个小媳妇,生一堆小崽子,多好。”

门外面包车上的两个贼也醒了。

37. 阿昌家外面 日 外

阿昌和阿南拎着行李走了出来。

阿昌在门外买了两张电话卡,递给阿南:“来,一人一张。”

虎嫂和小猴偷偷跟在了后面。

38. 阿南的农家小院 日 内

一处农家小院,院子里有井,有树,还有一个凉棚、桌子和一张躺椅。

阿昌和阿南拎着行李走了进来。

阿昌:“怎么样,不错吧?可惜现在桃花都谢了,不然就太完美了!”

阿南:“桃花还不每年都有,噢,一会去地里看看,我准备种点东西。”

阿昌:“行,不过你得先陪我去一趟乔大爷家。”

39. 乔大爷家 日 内

阿昌和阿南还没进门,一只大狗冲出来呜呜地叫了起来,两人吓得一动不动。

乔大爷呵斥道:“小虎,住嘴!”

小虎不满地在后面呜呜着。

阿昌和阿南战战兢兢地走了进来。

阿昌将带的礼品放在桌子上:“乔大爷,我来看看你,谢谢你帮了我家那么多的忙。”

乔大爷:“谢什么谢,都是邻居,你这次回来准备待多久啊?”

阿昌:“不走了,准备在县里找份工作。”

乔大爷:“这样好!这样好!”

40. 乔大爷家外面　日　内

小猴兴奋地说:“媳妇,快看!”田地里赫然有一座古墓。

虎嫂仔细辨识了一番:“找到了,就是它,他们终于要动手了,再盯紧点!”

41. 乔大爷家　日　内

阿昌三人还在寒暄,突然一个年轻姑娘风风火火地闯了进来。

阿南的眼睛亮了起来。

阿昌:“小麦!”

小麦:“阿昌哥,你回来啦……你们先聊啊,急死了!爷爷,这附近还有谁会弹钢琴啊?”

乔大爷:“我怎么知道,什么事急成这样?”

小麦:“下午我们有一场彩排,钢琴老师突然生病了,要找人救场……”

阿南突然插嘴:“我会……”

小麦一脸惊喜:“是吗?你真会啊?哎呀,怎么不早说?快跟我走!”拉着阿南的手就走。

阿南被弄得脸通红:“去哪?”

小麦:“跟我走啊,到了你就知道了。”

阿南只得跟着她朝外走去。阿昌笑而不语,也告辞出门。

42. 学校大礼堂　日　内

小麦带着阿南走了进来。台上正在进行其他节目的彩排。

小麦对一群叽叽喳喳的学生叫道:“同学们,钢琴老师来了,彩排照常!”

小麦招呼同学们上台,阿南也坐到了钢琴前。

阿南用心弹奏起《乡间的小路》,孩子们也认真地演唱了起来。

彩排很顺利,完了小麦问阿南:“你叫什么名字?”

阿南笑着伸出手:“你叫我阿南好了!”

小麦也伸手:“谢谢你了,阿南,我叫小麦,这里的老师!”

43. 网吧　日　内

阿昌在街边闲逛,然后进了一家网吧,网吧招牌特写:天上人间网吧。

阿昌走了进去,一群非主流小孩在热火朝天地打游戏,一起吼来吼去的。

阿昌登陆 QQ,丝丝的一堆留言蹦了出来。

阿昌一条条阅读,画面叠化为丝丝的独白:“我想你都知道了……真的对不起……不知道你去了哪里……希望你能联系我……希望能做个朋友……希望你一切都好!”

阿昌发起呆来,和丝丝在一起时的一些场景浮现了出来,叠化成二人骑车的画面。这时 QQ 提示阿昌有新邮件。

阿昌打开邮件(特写):“……请速与我局联系,确定具体面试时间……桃源县旅游局。”

44. 面包车上　夜　外

虎嫂:“看那两小子的样子,该不会要长住吧?”

小猴:“那咋办? 要不咱也去租间房子?”

虎嫂:“租啥租,就盗个墓,有那么复杂吗? 晚上咱先试试再说!”

小猴:“好啊,好啊,早死早超生!”

虎嫂照头一巴掌:“要死你死!”

45. 古墓附近　夜　外

虎嫂和小猴拿着工具,小心翼翼地往古墓靠近,一点光线都没有。

小猴拿出手电筒照了一下,小声说:“媳妇,快到了!”

虎嫂急了:“消停点,赶紧把手电关了!”

话音刚落,一阵凶猛的狗叫声传了过来。

两人赶紧就地卧倒,狗叫声越来越近,两人吓得一动也不动。

院子里传来乔大爷呵斥小虎的声音,小虎呜呜地跑回去了。

等到声音慢慢平息下来,两人开始匍匐前进。

虎嫂:“小心,别用手电,别出声!”

话音刚落,小虎又冲这边叫了起来。

两人重新卧倒,乔大爷用手电筒朝这边照了照,再次呵斥了小虎。

两人一动不动,慢慢又安静了下来。

虎嫂："今晚看来是不行了，这么着，肯定暴露，撤！"

两人悄悄地离开了古墓。

虎嫂："我知道这两小子为啥不急着动手了，这狗太凶，没法弄啊！"

小猴："干脆把它毒死得了！"

虎嫂照头一巴掌："狗死了人不起疑？这种大墓，没个三五天，哪进得去，估计那两小子也是这么寻思的，他们家在这，还去租房子，而且租的房子离墓那么近，又去老头家串门，说不定就想先搞定那条狗。"

小猴："那我们也去租间房子，我可不想睡车上了！"

虎嫂："行，先稳住，静观其变！"

46. 阿南的农家小院　日　内

天亮了，阿南还在睡。

小麦推门进来："还睡呐，给你送早饭来了。"

阿南屁颠屁颠地洗脸刷牙去了。

小麦叫他："快点，校长早上给我打电话了，让我请你去帮忙上几天音乐课，你一定要答应我哦。"

阿南爽快地回答："没问题，吃完饭就去，我最喜欢学校了！"

47. 县旅游局会议室　日　内

阿昌一个人面对五个面试官。

地上乱七八糟地摆了厚厚一摞简历。

吕局长："下面我简单地问你几个问题，第一，你为什么要离开大城市？第二，你又为什么要选择回老家来发展？"

丝丝的影子一晃而过，阿昌眼睛动了动："选择回来，主要是想为家乡的建设出点力，还能照顾我妈……"

吕局长点点头:“你以前做过广告策划,还得过奖,我们这次是要把桃花源风景区推向全国,所以很需要你这样既有本地生活经验,又有国际大公司背景的专业人才加入。这样吧,你明天来报到,(对着旁边的一个女孩说)绿茶,明天阿昌来了后,你陪他去景区做调研。”

绿茶微笑着点头。

阿昌:“谢谢。”

大家一起鼓掌。

48. 二贼的房间　日　内

虎嫂和小猴搬了进去。

小猴:“咱住的离墓这么近,能行吗?”

虎嫂:“你傻啊,最危险的地方才是最安全的! 到时候拍拍屁股走人,谁能找到咱! 再说了,以后就不用费时间跟着他们了,直接盯着墓就成了!”

49. 学校教室　日　内

阿南在给同学们上课。

下课铃响起,小麦已经在门外等他了,阿南满脸幸福。

两人边走边聊。

50. 酒店　夜　内

吕局长打开两瓶白酒:“今天专门给你接个风,好好干,接下来就看你的了!”

绿茶挨个给大家斟酒。

阿昌:“能不能喝啤酒,我从来不喝白酒,一喝头就疼!”

大家都笑了。

吕局长："在我们这工作，哪有不喝白酒的，不会喝白酒，就是不会工作！满上！满上！"

阿昌无奈和大家互敬白酒，头疼欲裂。

酒过三巡，吕局长起身去卫生间，经过阿昌身边，示意他一起去。

51. 酒店卫生间　夜　内

吕局长："看你的简历，还弄古玩，很喜欢青花瓷是吧？"

阿昌点点头。

吕局长："很好，你看看能不能把这些和景区的推广放到一起？"

阿昌又点点头。

吕局长："景区的包装，我主推复古路线，还有那座古墓，你看看怎么整合进去，有什么好的想法和建议，只管提！"

阿昌再点头。

吕局长叹口气："还有，绿茶其实是我女儿，家里就这么一个孩子，总想把她留在身边，可她一天到晚嚷嚷着要去大城市，烦哪！你以后多和她说说，大城市不是想象的那么好，让她死了这条心！"

阿昌点头："没问题，交给我好了！"

吕局长拍拍他的肩："年轻人，好好干！走，接着喝去！"

52. 乔大爷家　夜　内

饭桌上摆满了一桌子菜。

小麦不停地给阿南夹菜。

乔大爷："听说你想到这当农民，你家里人同意啊？"

阿南："同意的，同意的，（夹起一块咸鸭蛋转移话题）这鸭蛋真好吃！"

小麦："我爷爷养了几只鸭子，散养的，下的蛋当然好吃了，和买的肯定不一样啦！"

乔大爷："一会装一些给他带回去。"

阿南赶紧推辞，小麦笑了："我们家多得是，吃不完，都送人了，这样好了，你不是要长住的吗？我让爷爷送一只鸭子给你，也让你体验一下养鸭的乐趣。"

阿南开心地答应，不停地向乔大爷敬酒。

53. 酒店外　车里　夜　外

绿茶将喝醉后的阿昌扶到了车上，阿昌渐渐睡着了。

车子朝桃花源风景区开去。

阿昌在梦里迷迷糊糊地叫道："丝丝……丝丝……别离开我……"紧紧拉着绿茶的手。

绿茶叹口气，怜爱地看着他，任他拉着自己的手。

54. 阿南的农家小院　日　内

阿南还在睡。

小麦推门进来："猪头，快起来吃饭！这只鸭子给你，平时随便喂喂，就有鸭蛋吃了。喏，这是鸭粮。还有，你不是要种地吗？这些菜籽，爷爷给你的。"

阿南兴奋地接过菜籽抱住鸭子，嚷嚷着："太好了，太好了，咱也有鸭子喂了，我得给它起个名字，叫起来方便，是不是，叫啥呢？"

小麦："它下蛋可厉害了，就叫她小鸭王吧。"

阿南摇头："这名字太霸气了吧，她可是个母的，换一个！"

小麦："那就叫阿鸭好了，阿南阿鸭是一家嘛！"

阿南："去，我想了一个，把小鸭王颠倒一下，叫它王小鸭，你看怎么样?”

小麦叫好。

阿南屁颠屁颠地去给王小鸭找窝去了。

小麦催他:“快点,我朋友在等了!”

55. 阿昌家　日　外

阿昌骑车带着绿茶:“你说还有谁和我们一起去?”

绿茶:“丝丝!”

阿昌差点没跌倒:“晕,你怎么知道的!”

绿茶哈哈大笑:“昨晚你自己说的!”

阿昌:“都说了我不能喝白酒的,到底是谁啊?”

绿茶:“一会你就知道了!”

56. 校门口　日　外

阿昌和绿茶四处张望,一会阿南和小麦到了,大家先是吃惊,然后相视大笑,一起骑车进山。

57. 一组镜头

四人玩漂流。

四人喝山泉水。

四人到庙里烧香。

四人边走边聊。

四人避开大路,从小路偷山民的西瓜和黄瓜。

四人在溪水里捉鱼。

58. 小溪边　日　外

四人找了块平地,阿昌杀鱼,再用柳条把鱼穿起来,阿南找树枝生火，绿茶负责烤，小麦则去把黄瓜等战利品洗得干干净净的。不一会鱼烤好了，阿昌拿来啤酒，大家开吃。

小麦坐在阿南身边，含情脉脉地看着他，阿南不停地帮她弄鱼刺什么的。

阿南："忘记带调料了，要不更好吃。"

阿昌："很好啊，原汁原味，好久没这么开心了，像回到了小时候。"

绿茶问阿南："哎，对了，你为什么不愿意待在大城市啊？"

阿南："大城市压力太大，一点不好，还是这里好，自由自在的！"

绿茶："有那么恐怖吗？我还想去呢。"

小麦转过头来："我也想去。"

阿昌斩钉截铁地："千万别，谁去谁后悔！"

大家哈哈大笑起来。

绿茶对阿昌说："其实我觉得吧，我们今天玩的，完全可以写到你的策划案里，喝泉水，偷黄瓜西瓜，捉鱼烤鱼，多有意思！"

阿昌："我也是这么觉得的，原汁原味原生态，这才是桃花源的精髓！"

绿茶："可局里想搞复古旅游，你没发现下午去的庙是新修的？还打算建什么明清一条街！"

阿昌："真想不通，干吗要复古？一点灵魂都没有！"

阿南插话："都喜欢搞这套，没新意……"

绿茶："我反对过，可没用！"

小麦冲着绿茶："都是你爸的馊主意，搞什么旅游节，还搞什么开幕式，害得我们天天排练！"

绿茶："他们还要打乔将军墓的主意……"

阿昌大惊："什么？乔将军墓？"

小麦也大惊："我怎么不知道这件事？"

绿茶："这是内部消息，市里暂时没批，有人支持，有人反对。"

小麦："我回去得和爷爷说，这可是我家祖坟。"

阿昌一个劲地摇头。

四人继续交谈，画面不断叠化。

天渐渐黑了。

小麦："时间不早了，我们该回去了！"

绿茶："急什么，我听老人说，北山山顶那，晚上会有很多萤火虫，干脆看了再回家，怎么样？"

大家均表示赞同，于是一起顺着溪水朝北山出发，走了一会，出现岔路，阿南说："我们分开走，在山顶会合，怎么样？"

绿茶："切，你们不就是想二人世界呗。（看着阿昌）那咱俩就走这条道好了。"

阿南和小麦朝左边的路走去，阿昌和绿茶朝右边的路走去。

59. 山路上　夜　外

阿昌和绿茶并肩往上走。

路边出现一棵巨大的榕树，挂满了红丝带，上面写满了"百年好合"之类的祝福语。

阿昌虔诚许愿，过往画面一闪而过，许完愿，又认真地拜了几拜。

绿茶也很虔诚地许愿。

绿茶："你许的什么愿？"

阿昌笑着摇头："说了就不灵了。"

绿茶："和丝丝有关吧？"

阿昌摇头，故意转移话题："哎，你知道吗，乔将军墓有一个传说，说墓里藏有一个绝世的青花瓷瓶，价值连城，而且，这个瓷瓶已经得道成仙了，会在月圆之夜变成美女出来寻意中人。”

绿茶：“我听过，不过那个青花瓷瓶还有另外一个传说，它的主人为了烧制它，费了老大的劲，最后付出了生命的代价……”

阿昌沉默。

绿茶：“我很佩服那些坚持理想的人。我呢，其实也有个小小的愿望，就是能骑车去长途旅行一次。可我爸根本不同意，不过我一定会实现的！”

阿昌：“我也喜欢骑车旅行，有机会我们一起去！”

绿茶：“好啊，不管怎么说，只要是自己的理想，就一定要想办法去实现它，对不对？”

阿昌不说话。

绿茶突然大叫：“糟了，我们怎么又走回来了？（指着那棵大树）这不是刚才那棵树吗？”

阿昌：“哎呀，一直说话，忘了看路了，我们迷路了，我问问阿南他们，（掏出手机打电话）晕，没信号，再找找吧！”

两人又走了几遍，结果还是都走回来了。

60. 大榕树下　夜　外

阿昌：“算了，要不今晚我们就在这过夜吧，明天再下山。”

绿茶：“只有这样了，好累啊，我都走不动了。”

两人背靠大榕树半躺下。

绿茶：“和我说说丝丝吧，我对她很好奇呢。”

阿昌：“没什么好说的，都成历史了。”

绿茶：“你骗人。”

阿昌：“真不骗你。”

两人小声地聊着天，渐渐地聊天的声音越来越小，两人都睡着了。

半夜里阿昌醒来，迷乱中错认为绿茶是丝丝，忍不住抱住她，轻轻吻了起来。绿茶也不由自主地回吻他，他一边叫着丝丝的名字，一边慢慢将她上衣的扣子解开。绿茶惊醒，使劲推他，阿昌猛然醒悟，连连说“对不起”，赶紧离开她。绿茶慌乱地扣好扣子，挪到了树的另一边。阿昌一脸羞愧和自责，一动也不敢动，两人都不再说话，天渐渐亮了。

阿昌醒来，去叫绿茶，才发现绿茶已经走了，阿昌失魂落魄地朝山下走去。

61. 山下　日　外

阿昌发现了阿南的自行车，便在那边等。

过了一会，阿南和小麦也下来了。

阿南向阿昌使眼色，做鬼脸。

小麦叫道：“阿昌哥，我们昨晚迷路了，还以为你们早走了呢。哎，绿茶呢？”

阿昌：“我们也迷路了，她有事，先走了！”

阿南和小麦有说有笑。

阿昌心事重重。

阿昌给绿茶发了一条短信：“对不起，我不是故意的，别生气好吗？”

62. 乔大爷家外　日　外

阿南和小麦朝这边走来，经过虎嫂他们这里。

虎嫂：“这小子，够毒，人财全收啊！”

小猴满脸艳羡，虎嫂照头就是一巴掌。

63. 阿南的农家小院　日　内

阿南正在逗王小鸭玩，他在王小鸭的脖子上系了一个粉色的蝴蝶结，阿昌走了进来。

阿南：“只有开始一段新感情，才能彻底忘掉过去。要我说，咱们干脆把她俩都娶了，多好！”

阿昌苦笑。

64. 阿昌家　日　内

阿昌打开电脑开始做方案。

天渐渐黑了。

妈妈让他吃饭，他不吃，妈妈只好将饭放在他旁边。

妈妈上床睡了，阿昌还在轻轻打字。

公鸡开始打鸣了，阿昌终于写完了，累得趴在桌子上睡着了。

天亮了，阿昌被闹钟吵醒，匆匆洗漱后出门。

（一镜之内，由白天到黑夜再到天亮）

65. 阿南的农家小院　日　内

阿南还在睡，小麦来了。

阿南：“今天不是没我的课吗？”

小麦：“讨厌，人家来看看你不行啊，你今天准备干吗？”

阿南一屁股坐起来：“今天正好有时间，我去种地！”

66. 二贼的房间　日　内

虎嫂：“那两个小子迟迟不动手，再这样下去，别人要怀疑咱们了！”

小猴：“就是，今天还有邻居问咱是干啥的呢！”

虎嫂："这样不行，咱得找点事儿干，做个掩护。"

小猴："干啥呢？"

虎嫂看着门外零零星星的游客："有了，卖旅游纪念品，名正言顺。"

67. 农田里　日　外

阿南拿着锄头翻地，姿势全然不对。小麦笑弯了腰。王小鸭在旁边跑来跑去。

周围的农夫有人开始嘲笑他和系着蝴蝶结的王小鸭。

乔大爷恰好经过："你这是干什么？"

阿南扬一扬手里的菜籽："翻地，种菜！"

乔大爷："来，来，来，我来教你。"

阿南认真地跟着乔大爷学种菜。

68. 旅游局办公室　日　内

阿昌来到吕局长办公室，将打印稿交给他："局长，这是我做的策划案，您先看看吧。"

吕局长大喜："不错！不错！年轻人效率就是高！辛苦了！辛苦了！"

阿昌傻笑："应该的，哎，这两天怎么没有看见绿茶？"

吕局长："这几天她去市里了，有个培训。"

阿昌失落地走开。

69. 小河里　日　内

满身汗水和泥土的阿南下到河里，快乐地游着泳。

阿南仰面朝天浮在水面上，闭上双眼，往事一一浮现。他睁开眼，蓝天白云，阳光明媚。

阿南露出满足的笑容。

小麦躺在河边的草地上读着书。

王小鸭在不远处快乐地在水中游着。

70. 旅游局办公室　日　内

阿昌站在愤怒的吕局长面前。

阿昌着急地解释："我和绿茶都认为，与其弄那些假古董，还不如踏踏实实地在真自然上下功夫……"

吕局长敲敲桌："不是说了吗？大方向已经定了，不可能变！这样吧，你也别老坐在办公室了，出去走走，找找灵感，尽快在旅游节前再弄一个新方案出来！"

71. 二贼的房间　日　内

虎嫂和小猴从车上将进来的货摆在外面。

小猴开始吆喝。

有游客上来咨询了。

72. 一组镜头

阿南快乐地在菜地巡视，看到有种子发芽了，他兴奋地大叫，不停地拍着照片。

小猴："媳妇，我觉得这样挺好，要我说，咱别盗墓了，就这么干下去得了。"

虎嫂迎着一耳光："瞅你这点出息！"

吕局长在会议室慷慨陈词："……要充分展示我县深厚的历史底蕴……"

阿昌在位子上发呆。

阿南和小麦一起放学，边走边聊。

阿昌一个人落寞地走在路上。

王小鸭下蛋了，乐坏了阿南。

阿昌在家里找到一个巨大的蝙蝠标本，他出神地看着大蝙蝠。

73. 县城街道　日　外

阿昌漫无目的地走着，电话响了。

小麦（OS）：“阿昌哥，我们今晚有一场彩排，你来看吧，绿茶也来哦。”

阿昌立刻来了精神，拦了辆出租车，上车而去。

74. 二贼门外　夜　外

二贼在收拾东西。

乔大爷从门外经过，小虎跟在他后面。

小猴：“媳妇，老家伙出门了！”

虎嫂盯着乔大爷的背影看了一会：“天助我也，动手！”

75. 学校大礼堂　夜　内

阿南和同学们上台，阿南卖力地弹奏，同学们卖力地演唱。

演出结束，爆发出热烈的掌声。

阿南走到舞台中央，深深鞠了一躬：“我想借这个机会，为我喜欢的女孩弹奏一曲……”

台下一片叫好声。

阿南：“谢谢大家，（冲着小麦）《爱的旋律》，送给你！”

台下又一片叫好声。

小麦不好意思。阿南轻轻地弹起了《爱的旋律》。一曲终了，台下爆发出热烈的掌声。

小麦幸福地笑。

乔大爷傻笑。

阿昌转头看绿茶,绿茶也正看着他。

绿茶示意他出去说话,两人悄悄地溜走了。

镜头越过窗户,小虎被拴在外面的树上,不满地呜呜着。

76. 乔将军墓前　夜　外

虎嫂和小猴悄悄地朝乔将军墓走去。

两人来到了墓前,举起铁铲挖了起来。

虎嫂一铲子下去,像挖到石头一样,坚硬无比,她换了个地方挖,也是这样。

小猴也挖不动。

他俩顺着墓挖了一圈,都是如此。

两人坐到地上,垂头丧气。

虎嫂:“邪门了,用石头砌的? 不对啊,我之前来看过,咋回事啊?”

77. 街道上　夜　外

阿昌:“还生我气吗? 对不起……”

绿茶:“哈哈,傻子,早不生气了。你的方案我看过了,非常好,我很喜欢。”

阿昌:“可你爸不喜欢啊,还把我痛批了一顿!”

绿茶:“唉……他就是太固执了,那你准备怎么办?”

阿昌:“重新想新的方案呗……对了,明天我带你去山上,去我的秘密基地,你绝对喜欢!”

绿茶:“好啊,我给小麦打个电话,大家一起去!”

阿昌:“别,就我们两个!”

绿茶想了想:“那行,我告诉她一声,要是我妈来问,就说今晚我住在她家。”

78. 马路上　夜　外

乔大爷牵着小虎走在前面。

阿南和小麦走在后面,两人的手偷偷拉在一起,都是一脸甜蜜。

不时有学生从他们旁边经过做鬼脸。

79. 阿昌家　夜　内

阿昌带绿茶进来,阿昌妈开心地招呼她。

阿昌拿出那个巨大的蝙蝠标本给绿茶看:“这是我小时候从一个山洞里捉的,那个山洞只有我一个人知道,非常好玩,明天带你去!”

绿茶:“可是我有点怕蝙蝠!”

阿昌:“怕什么,有我呢!”

阿昌妈给绿茶倒水,拿水果,三人开心地聊天。

阿昌:“早点睡吧,明天还要钻山洞呢,晚上你和我妈睡,行不?”绿茶点头。

阿昌去睡了,躺在床上,脑子里一会是丝丝的影子,一会是绿茶的影子,他辗转反侧。

绿茶和阿昌妈一起睡。

阿昌妈:“我家阿昌不错呢,能干,人也好。”

绿茶红着脸:“嗯,我知道的……”

80. 网吧　夜　内

虎嫂在搜索资料,小猴在一边盯着看。

虎嫂突然叫道:“你看,这墓原来是用糯米稀灌注的,难怪挖不动!”

小猴:“糯米稀是啥玩意啊?”(凑上来看,边看边读,网页特写:糯米稀是用糯米粥、桐油、石灰和小石粒合成的,比石头还硬,除非用炸药,否则根本打不开……)

虎嫂喃喃自语:“怪不得这两小子迟迟不动手……”

小猴:“那咱们去哪弄炸药啊?”

虎嫂照头一巴掌:“炸你个头,盯着他们,看他们咋办!”

81. 半山腰　日　外

阿昌带绿茶上山。

阿昌在一块岩石旁找来找去。

阿昌拉扯开一堆藤条,一个洞口露了出来,他兴奋地大叫:“找到了,在这里!”

绿茶跑过来探头朝里看:“好黑啊!”

82. 桃花洞　日　外

洞口很小,阿昌费力地钻了进去,绿茶紧跟着也进去了。

里面很宽畅,但却是一片漆黑,什么也看不见,只听见滴滴答答的水滴声。

绿茶不由得拉紧了阿昌的手,阿昌脱了上衣给她披上,拿出手机照明。

阿昌:“这个山洞是我小时候发现的,冬暖夏凉,一直往前走,等出了洞口,就是一个没有任何人去过的山谷,那里风景超赞……因为这座山叫桃花山,我把这个洞叫桃花洞,前面那个山谷,我叫它桃花谷,遍地都是桃树……”

两人边说边往前走,绿茶脚底一滑,差点摔倒,阿昌赶紧扶她，两人的手拉得更紧了。

绿茶："你上次干吗不带着大家一起来啊？"

阿昌："因为我许过愿，只带自己喜欢的女孩来……"

绿茶满脸通红："丝丝没来过？"

阿昌："来过一次，可她嫌脏嫌累，死活不肯进来……"

突然一个黑影从身边飞过，绿茶惊叫一声扑到了阿昌的怀里。

阿昌紧紧搂着她："哇，太好了，蝙蝠……"

绿茶："快走，我怕！"

阿昌哈哈大笑："别怕，别怕，有我呢。"

阿昌搂着她快步往前走，两人走出了山洞，外面豁然开朗，满山的桃花，还有一处小小的瀑布。

绿茶大叫："哇……这个季节还有桃花……太美了！"在桃花林里飞奔起来，不时对着山谷大叫，余音袅袅。

阿昌采集桃花和藤条编成花环，轻轻给绿茶戴上，顺势吻她，绿茶回吻，两人缠绵在了一起。

83. 阿南的农家小院　日　内

阿南和小麦在做饭。

阿昌拉着绿茶的手走了进来。

四人相视而笑。

84. 阿南的农家小院外　日　外

虎嫂："为个女的就这样，不做正事，没出息！"

小猴满脸艳羡地摇头。

85. 县旅游局　日　内

吕局长走到阿昌身边提醒地："抓紧点啊，这次我回来要看到新方案!”

阿昌尴尬地点头。

那头绿茶在QQ上问他:“晚上去我家吧,我妈想见见你。”

阿昌还没回答,突然QQ上有人和他说话,原来是丝丝。

丝丝:“终于看到你在线了,你还好吗?”

丝丝:“我结婚了……”

阿昌没回答。

丝丝:“没别的意思,就是想告诉你一声,希望你都好起来……”

绿茶突然走过来:“干吗呢?!”

阿昌赶紧将QQ关了。

86. 绿茶家 夜 内

阿昌跟着绿茶进门。

绿茶妈对阿昌很热情,给他倒茶,招呼他坐下,又忙着去做饭。

绿茶:“我妈不错吧。”

阿昌微笑:“挺好的!”

绿茶:“别愣着了,快去帮她做饭啊!”

阿昌赶紧过去。

绿茶妈一边做饭一边很随意地问他:“你父母是做什么呢?”

阿昌:“我爸爸不在了,我妈妈在镇上开了间小卖店。”

绿茶妈:“那挺不容易的。噢,对了,你为什么要回来发展啊?”

阿昌:“大城市压力大,回家也好照顾照顾我妈……”

绿茶妈:“大城市工资高,应该存了不少钱了吧,准备在市里买房子了吗?”

阿昌："一直瞎折腾，没什么钱，暂时还没考虑过。"

绿茶妈："噢，是吧，那要加油喽。你不知道，我们家绿茶从小就没有吃过苦，不知道天高地厚，所以我和她爸一直想帮她找个门当户对的，你有什么条件不错的朋友，也可以给她介绍介绍嘛！"

阿昌一下子愣住了，半天才"噢"了一声。

绿茶妈继续叨咕着，阿昌脸色苍白，满脑子都是丝丝妈的画面。

87. 阿南的农家小院　夜　内

小麦收拾桌子，阿南从厨房将菜端上来，两人边吃边聊。

小麦突然停下筷子："亲爱的，和你商量个事……"

阿南亲了她一口："老婆，啥事啊，说呗。"

小麦："你真准备在这当一辈子农民啊？"

阿南："是啊，挺好的，这些天可开心了。"

小麦放下筷子："那我们以后怎么办？"

阿南："结婚啊，你不愿意吗？"

小麦："你这样，我们怎么结婚啊？"

阿南："为啥不能结婚啊？"

小麦："你以为当农民很赚钱吗？没钱怎么结婚！"

阿南愣了一下："你以前不是支持的吗？"

小麦："以前我们只是朋友，你想干啥，我管不了你，可现在我们在一起了，你要替我想想……"

阿南："可是我真觉得当个农民挺好啊，干吗要那么多钱？"

小麦："你要当农民，肯定过不了我爸妈这关，他们一大把年纪还在外面打工，吃了很多苦，对女婿是有要求的……"

阿南傻了，像不认识一样地看着小麦："那……那该怎么办?”

小麦:“我想好了,你带我回家吧。”

阿南:“啊? 我好不容易出来的……现在还不想回去……”

小麦:“要不这样,你先去县里找份正经工作,其他的事以后再说,反正不能当农民。(站起来)我先回家了,你好好想想,明天给我答复。”

阿南彻底傻了。

88. 绿茶家楼下　夜　外

阿昌和绿茶从楼道里走了出来。阿昌闷闷不乐,绿茶也闷闷不乐。

绿茶:“你别管他们,我的事我自己做主!”

阿昌笑笑:“知道了,我先回去了……”

阿昌拦了一辆出租车,绿茶一直看着他远去。

89. 阿南的农家小院　夜　内

阿南在喝闷酒,阿昌推门进来,坐在他对面,两个人都不说话,各喝各的。

过了一会,两人几乎同时问对方:“你咋啦?”

阿南:“你先说!”

阿昌:“你先说!”

阿南叹了口气:“小麦要我带她回家……她说我要么带她回家,要么去县里找份工作……”

阿昌:“你怎么想?”

阿南:“可我真觉得这样挺好的!”

阿昌:“去找找工作看吧。”

少顷,阿南叹口气:“好吧……你咋啦?”

阿昌："今天去她家了，她妈对我不满意，让我给她介绍大城市男朋友。噢，对了，有件事情你得帮我！"

阿南："什么事？"

阿昌看了看四周，悄悄地和阿南说了起来。

90. 县旅游局　日　内

阿昌在电脑上写策划案。

绿茶过来要看，阿昌阻止她："先别看，到时候你就知道了。"

绿茶生气离开。

91. 阿南的农家小院　夜　内

阿昌匆匆走了进来，手里拿着一把铁铲，他顺手将门反锁好。

阿南也拿出一把铁铲，在墙角一块空地上画了个圈，又对着乔将军墓和桃花山的方向比划了一番："我想好了，就从这里下手！"

阿昌："好！开工！"

两人使劲挖了起来。

一直在监视的小猴悄悄从围墙上跳了下去，拼命往回跑去。

92. 二贼的房间　夜　内

虎嫂一拍脑袋："哎呀妈呀，他们这是要挖地道进去啊！聪明！聪明！我之前怎么就没想到！"

小猴："那咱也动手吧，反正咱比他俩近，肯定是咱先到！"

虎嫂激动地站起来："好！动手！"

虎嫂和小猴找来铁锹，也开始挖起了地道。

93. 一组镜头

阿昌和阿南在挖地道(深夜)。

虎嫂和小猴在挖地道(深夜)。

阿昌和阿南轮流着将挖出来的泥土送到外面倒掉(深夜)。

虎嫂和小猴轮流着将挖出来的泥土送到外面倒掉(深夜)。

四人在外面倒泥土的时候还碰过面,都心怀鬼胎地赶紧走开(深夜)。

阿昌出门前告诉他妈:“妈,最近我有事,晚上都在阿南那睡了,不用给我留门了。”

阿昌一副很累的样子,在办公桌前坐着坐着就睡着了。绿茶气呼呼地过来给他披上了件衣服。

阿南在接电话:“什么?我不符合你们的要求?”(失望地挂了电话)

(以下对话均发生在深夜地道内)

阿昌边挖边问阿南:“文化局要你啦?”

阿南叹口气:“没有,其实我非常符合他们的要求啊,面试也挺好的,不知道为什么没被录取……但凡好一点的工作,都没戏……”

阿昌:“他们的眼睛都瞎了吧!你可是名牌大学生啊!”

两组人的地道都越挖越长了(深夜)。

94. 一组镜头

旅游局办公室内,绿茶远远地看着疲惫不堪的阿昌,也很郁闷。

绿茶给小麦打电话:“晚上咱们见一面,有事情要和你说!”

小麦给阿南电话:“今天晚上我有事不过来了,你自己吃吧。”

阿南给阿昌打电话:“今天晚上小麦不来,我们早点开工。”

阿昌给吕局长打电话:“方案已发到您邮箱了……”

95. 地道内　夜　内

小猴一屁股坐在地上:“媳妇,好累啊,实在挖不动了!”

虎嫂照头一巴掌:“起来,杀楞的,最后加把劲,看样子今晚咱就能进去!”

96. 小饭店　夜　内

绿茶和小麦都没有心思吃饭。

绿茶:“我妈就那么说了一下,他就那样对我,每天都刻意躲我!”

小麦:“他怎么能这样?你又没错,回去我要好好说说他。”

绿茶:“最近也不知道他在做什么,一天到晚都很累的样子,一到办公室就睡觉,怪怪的。”

小麦:“哎呀,阿南最近好像也是这样唉,每天都累得要命!(小声)好久都不肯跟我那个了!”

绿茶:“是吗?肯定有问题!不知道他们两个在搞什么鬼!”

小麦:“而且我发现他们两个现在住到一块去了,我早上去找阿南,阿昌就在他床上。”

绿茶捂嘴:“天哪,他们该不会是?”

小麦也瞪大了眼睛:“不能吧!一直和我说是真爱,原来是真 gay 啊!”

绿茶站起来:“走,找他们去!”

97. 地道内　夜　内

阿南和阿昌在地道里卖力地挖着,阿昌突然停下来。

阿昌："靠，手痛死了，没干过粗活就是不行啊！"

阿南："我也是。"

阿昌把铲子一丢："算了！不挖了，喝酒去！"

阿南："好！"两人爬出了地道，出门。地道口的灯还亮着。

98. 阿南的农家小院　夜　外

绿茶和小麦走了过来。

小麦推门，发现门是锁着的。

小麦从包里掏出钥匙："我有钥匙！"

小麦开门，两人走了进去。

地道口的灯吸引了她俩，小麦伸头朝里看："哇，他们什么时候挖了这么大一个洞啊，还带台阶的，好奇怪啊。"

两人顺着阶梯下去了，越走越远，到了地道尽头，两人面面相觑。

小麦："他们这是想干吗啊？"

突然地底下发出一阵兴奋的喊叫声，两人大惊失色。

（镜头切换至虎嫂和小猴这边，随着虎嫂最后一铲子下去，一个墓室出现在他们眼前，他俩忘乎所以地喊叫了起来）

小麦："地下有人！"

绿茶："我听到了，是不是他们？"

小麦环顾四周："在哪儿呢？"

绿茶将耳朵贴在地道尽头的墙壁上听："快来听！在这！"小麦也过来听。

绿茶拿起地上的铁铲对准地道尽头的墙壁捅了捅，一个大洞出现了。小麦也过来帮她捅，洞越来越大，已经够一个人钻过去了。绿茶和小麦钻了过去。另外一条和这条垂直交叉的地道出现在了眼前，两人互相看了看，顺着新出现的地道继续往前走。

99. 地道内　夜　内

虎嫂和小猴小心翼翼地在墓室内搜寻着。

突然小猴停了下来，惊恐地看着墙壁。

虎嫂照头一巴掌："快干活！"一抬头，虎嫂也惊恐地看着墙壁。

墙壁上多了两个人影，而且是长头发的女人。

虎嫂和小猴慢慢回头，昏暗的灯光下，绿茶和小麦好像两个女鬼一样看着他们！

虎嫂和小猴同时尖叫起来："有鬼啊！快拿黑牛蹄！"两人手忙脚乱地找黑牛蹄。

绿茶和小麦也尖叫了起来。

虎嫂突然醒悟："不是鬼！是那两小子的对象！快抓住她们！"向她们冲了过来。

绿茶和小麦转身就逃，但慢了一点，被他们捉住了。

虎嫂对小猴喊道："拿绳子，赶紧的！"

100. 阿南的农家小院　夜　内

阿南和阿昌喝酒回来，发现门是开着的，两人大惊，赶紧进入地道。

101. 地道内　夜　内

阿昌和阿南走到地道尽头，发现有一个大洞，洞外也有光，两人诧异地看看彼此，阿昌示意阿南拿上铁铲，两人顺着新的地道小心翼翼地往前走着。

虎嫂和小猴已经开始撬墓室里的棺材了，突然被绑住的小麦和绿茶含糊不清地叫起来(她俩的嘴都被两贼用毛巾堵住了)。虎嫂和小猴赶紧回头,发现阿昌和阿南拿着铁铲出现在身后。

小猴紧张地拉着虎嫂的衣角:“媳妇? 咋整,咋整啊?”

虎嫂照头一巴掌:“淡定! 淡定! (用匕首抵住二女)二位,幸会! 幸会! 有话好说,有话好说! 这样好了,既然大家有缘,那就见者有份,咋样?”

阿昌和阿南互相看了看,阿昌坚定地点头:“这样最好,不伤和气,但人要放了!”

虎嫂:“好说! 好说! 不过现在不行,等事情办完,就放她们走,我们要的是财,不要人。”

阿昌:“有道理! 那就一起干吧!”转头轻声对阿南说了两句,阿南掉头就走。

虎嫂:“站住,现在谁都不能上去!”

阿昌:“大姐,我让他上去帮我拿手套,棺材里全是尸毒,沾上一点会死人的!”

虎嫂迟疑了一下,阿昌继续说服他:“你放心,大家都是求财的,而且我们的人又在你手里,怕什么,安全第一嘛。”

虎嫂点了点头,阿南掉头就走。

阿昌:“大家都先等一下,等手套来了再干活,直接用手,要出人命的!”

虎嫂和小猴都被他唬住了。

绿茶和小麦用无限鄙视的眼光看着阿昌和阿南。

102. 阿南的农家小院　夜　内

阿南一出地道,立刻打电话报了警。

103. 地道内　夜　内

阿南拿着几副皮手套回来了。看到阿南回来，虎嫂松了一口气。阿南冲着阿昌点了点头。

阿昌招呼大家戴上手套，虎嫂让小猴用匕首抵着二女，自己和阿昌、阿南走向棺材。

阿昌一个劲地拖延时间，一会说要先磕头祷告，一会又要点上蜡烛，一会又说棺材里会有机关暗器，虎嫂有点不耐烦，但又很害怕，只有听他的。

突然传来强烈的脚步声，警察甲和警察乙冲了下来："警察，不许动，都举起手来！"

小猴一下子就晕了过去，虎嫂、阿昌和阿南都乖乖地举起了手。

104. 阿南的农家小院　夜　内

警察甲和警察乙将大家都铐了起来。

绿茶和小麦恨恨地看着阿昌和阿南，小麦冲上来骂他们："活该！你们两个盗墓贼！"

警车呼啸而去。

105. 警察局　日　内

绿茶和小麦已经出来了。

阿昌和阿南在审讯室里向警察解释。

警察在审问虎嫂和小猴，两人低头招供。

吕局长拿着一份策划案冲了进来："他们是无辜的！我可以证明！"

画面闪回到阿昌给吕局长打电话的时候。

阿昌纠结地："吕局长，我有个非常好的想法，想说给你听听……”

绿茶妈的画面一闪而过，阿昌狠狠心：“桃花山上有一个很隐秘的桃花洞，桃花洞外的风景非常美，我想从乔将军墓附近挖一条隧道直接通向桃花洞洞口，再给这条隧道起个名字，叫‘穿越寻宝时光隧道’……”

吕局长接电话：“嗯，嗯，这个不错！”

画面再切回到警察局。

吕局长对警察说：“情况就是这样的！”

警察甲低头看阿昌做的策划案，警察乙：“我看了，他们挖的隧道是通向桃花山，不是通向古墓的，所以才正好和盗墓贼挖的隧道垂直交叉在了一起！报警人也确实是他！”

有记者对着他们拍起了照。

吕局长带着他俩又去向绿茶和小麦解释。

绿茶看着阿昌的策划案，突然眼泪流了下来：“你这个骗子，你为什么不告诉我啊……”

绿茶哭着跑开了，阿昌欲追，吕局长拉住他：“别管她，正事要紧，赶紧和我回局里，我要趁热打铁，还要给你升职！”

看着绿茶远去的背影，阿昌脸色苍白。

106. 古墓前　日　外

一群考古人员正在发掘乔将军墓。

一名记者在做现场直播：“对于要不要发掘乔将军墓，市里一直存在争议，可是这次盗墓贼的出现，让市里作出决定，发掘就是最好的保护，乔将军墓的发掘有哪些重要意义呢？下面我们采访县旅游局的吕局长！”

吕局长：“乔将军墓的发掘，对提高我县旅游地位，对促进我县 GDP 的提升，无疑具有重要的意义……”

另一边，有媒体记者冲着阿昌和阿南："请问二位是如何与盗墓贼斗智斗勇的？给我们讲讲好吗？"

突然人群里发出巨大的欢呼声，阿昌回头看，一件精美的青花瓷瓶出土了。

阿昌跑过去，死死地盯着那件青花瓷，怅然若失。

107. 阿南的农家小院　夜　内

院子里有一队工人在地道里施工。

阿南和小麦在屋里看电视。

阿昌走了进来，坐在椅子上一声不发。

小麦："绿茶有消息了，她去了市里，在她同学那，你要去找她吗？"

阿昌："噢……我没脸见她了……我要走了……"

阿南："你真要回去啊？"

阿昌使劲点点头。

小麦："阿昌哥，我们的晚会很快就要开始了，看完再走吧！"

阿昌想了想，点了点头。

108. 电脑城　日　内

阿南在卖电脑。

突然阿南妈和丽莎出现在他的面前。

阿南妈愤怒地看着他，丽莎哀怨地看着他。

阿南讪讪地叫了一声："妈……你怎么来了……"（看也没看丽莎一眼）

阿南妈冲到阿南面前，抬手就是两耳光："我怎么来了！你就这么一声不响地走了，翅膀硬了，胆子大了是吧！这种鬼地方，还卖什么破电脑，丢不丢人？"

阿南一动不动，阿南同事和丽莎上去劝阿南妈。

阿南妈："跟我回去！现在就走！"

阿南还是一言不发。

阿南妈："好！你有出息了！不要你这个妈了是吧？你要是不跟我回去，我现在就死给你看！"

众人还没看清楚，阿南妈的手里就多了一把小刀，她冲着自己的手腕猛地割了下去，众人一阵惊呼，赶紧去夺刀，可是已经晚了，鲜血喷涌而出，丽莎大叫着哭了起来。阿南一把将刀夺了下来，阿南同事找来布头，大家七手八脚将阿南妈的伤口扎好，把她抬到车上，朝医院赶去。

阿南妈不停地在叫："我不活了……我不活了……你这个不孝子……"

109. 县旅游局　日　内

吕局长诧异地："干得好好的，干吗不做啦？唉……这些年轻人，真弄不懂！"

阿昌鞠了一躬，说了一声"对不起"，退出了吕局长的办公室。

吕局长愤怒地将手里的报纸摔到了地上，报纸全部展开了，首页大标题特写："通天大盗全落网，百年青花露真颜"，还配了一张阿昌傻笑的照片。

110. 县医院　日　内

病床上，阿南妈挣扎着要起身，医生赶紧叫她："你现在不能动，还要住两天！"

阿南妈不管，径自下床，拉着阿南就要走。

阿南妈："走！我们现在就走！"

阿南："妈，再给我两天时间，有些事情我要处理一下……再说你现在也不能出院啊……"

阿南妈："不行！现在就走！"

阿南："妈！你别逼我！"

丽莎小声地劝慰着阿南妈。

阿南妈："好，就两天，我们在医院等你，明天晚上你要是不来，就等着给你妈收尸吧！"

111. 一组镜头

阿南开车将小麦送到学校大礼堂，小麦下车，阿南突然叫住她。

阿南下车一把将小麦搂在怀里，忘情地吻她："小麦，我永远爱你……"

小麦推开他："别发疯了，学生要过来了，你快去换衣服。"

阿南在发呆，阿昌走了过来，两人相顾无语。

阿南叹口气："也许这样对大家都好……"

阿昌："你去吧，这里交给我了……"

阿南推门进去，收拾起自己的东西来。

王小鸭呱呱地叫了起来。

阿南拿鸭粮喂它。

阿南将王小鸭搂在怀里，轻轻地和它说："王小鸭……我要走啦……你要好好的……"

阿南无限留恋地看着屋里的一切。

阿南拎起包，出门离去。

112. 学校大礼堂　夜　内

大条幅特写：热烈庆祝桃花源风景区第一届穿越寻宝旅游

节胜利召开！

吕局长正在慷慨激昂地发言。

阿南走了进来，冲小麦和同学们微笑。

113. 县医院门口　夜　外

阿南妈和丽莎已经收拾好东西，坐在大门口等着。

114. 学校大礼堂　夜　内

主持人报幕，阿南带领学生们上台，他们的演出很成功，掌声很热烈。

演出结束，阿南没有退场，不顾主持人的提醒，自顾自地弹起了肖邦的《离别》，他一边弹，一边看着小麦，和小麦在一起的画面不断浮现，他的眼泪哗哗地流了下来。

小麦诧异地看着他，不知道发生了什么事。

主持人不断地提醒他，台下却很安静。

一曲终了，阿南鞠躬下台，从侧门匆匆走了。

小麦过去找他，阿南已经不见了。

小麦焦急地四处寻找着。

阿昌走了过来。

115. 县医院门口　夜　外

阿南开车赶到了，阿南妈和丽莎上车。

阿南面无人色地开着车，阿南妈和丽莎在后面也一言不发。

阿南泪流满面。

116. 学校大礼堂　夜　外

小麦哭成了个泪人，阿昌在一边无力地安慰着。

117. 桃花源景区附近　日　外

阿昌背着包经过，看见“热烈庆祝桃花源景区穿越寻宝时光隧道正式迎客”的大红条幅，发了会呆。游客多了起来。

虎嫂和小猴的那家店被别人接手了，改卖各种假瓷器了。

阿昌发现有一件瓷器和乔将军墓出土的青花瓷很像，想了想，将它买下了。

阿昌和妈妈朝汽车站走去。

118. 汽车上　日　外

阿昌不住地回头张望，小镇越来越远了，妈妈的身影也越来越小了，她还在不停地向阿昌招着手。

119. 丝丝家楼下　夜　外

楼上的房间内灯火通明。

阿昌抬头看去，丝丝正在厨房做饭。

阿昌微笑着上楼。

阿昌站在门口往里望去，一切都没有变。

他伸手敲门，开门的却是另外一个女孩子，只是长得有点像丝丝而已。

一切景象瞬间全变了，阿昌猛然惊醒，他悄悄地退了出来。

120. 假古董小店　日　内

阿昌找出那件白色瓷胎，拿出画笔和颜料，画上村庄、山水和桃花，最后还画了一个低头沉思的姑娘。似乎像丝丝，又有点像绿茶。

朱老板拿着一张报纸走了进来，四个女保镖紧随其后。

朱老板：“哎呀，你可回来了，我还以为你回不来了呢，你这是要干吗？畏罪潜逃？开玩笑，开玩笑。你挺有本事的啊，都上新闻了，带回来的东西呢，让我看看，让我看看！”

阿昌茫然地一指带回来的假青花瓷：“喏，假的！”

朱老板拿起瓷瓶：“哎呀呀，别骗人了，和报纸上的一模一样，无价之宝啊，你开个价吧！”

阿昌：“真是假的！”

朱老板：“生我气了是吧，之前是我不对。别说了，100 万，我买下了，假的我也买下了，就当我赎罪，君子一言，驷马难追嘛。（拿出支票夹，开始开支票）来，这是支票，拿好了！”

朱老板抱着瓶子夺路而走，阿昌傻在了那里。阿昌拿起支票，轻轻撕碎，随手撒落一地。

阿昌拿出手机，找到绿茶的号码，犹豫了半天，拨了出去。

121. 宝马男的别墅区　夜　外

阿昌远远地看着院子里的丝丝。

她在给花草浇水，偶尔也停一下，出神地看着西天的晚霞，似乎满腹心事。

阿昌坐在椅子上，傻傻地看着。

宝马男走了进来，丝丝和宝马男拥吻，阿昌悄悄地退走了。

122. 假古董小店　日　外

阿昌将店里的东西全部收拾好，连卖带送，全处理了。

阿昌推出一辆自行车，洗擦干净，打满了气，背上旅行包，骑上自行车，出门而去。

123. 街道边　日　外

阿昌骑车上路，碰见朱老板在路边搞一个楼盘开盘活动。

展台的一边是楼盘模型，另一边放着一些瓷器，阿昌带回来的那个假瓷瓶赫然在列。

一群漂亮的模特将朱老板围在中间。阿昌笑了笑，继续前进。

124. 岔路口　日　外

阿昌在一个岔路口停了下来，他四处张望，不停地看表，又四处张望。他失望地上车，正欲离去。

突然身后传来清脆的铃声，他一回头，绿茶骑着车，出现在眼前，王小鸭在她的车篮里。

两人相视大笑。

风和日丽，蓝天白云，两人并肩向前骑去。

**黑屏，出字幕。**

**（剧　终）**

## 导师评语

贾鸿源

在所有司空见惯的当代城市题材和白领生活的题材中，打拼和坚守往往是它们的主题。而正面直书“逃离北上广”的电影剧本《桃花盗》却以“逃离”为主题，这在当下的城市白领题材中的确少有鲜见。

正是这种独特、鲜有的角度与大都市和山镇乡下两厢对照的生存状态，以及不可调和的价值冲突构成了本剧特有的戏剧冲突与人文情怀。这是这个剧本之所以能入选和之后修改突出的重点所在。

在阅读该剧本并数次与剧本作者夏草相约商讨修改时，他总是告诉我，白天不行能否晚上，或者放到春节放假行不行？

这使我相信夏草的真实生活与剧本中逃离城市的白领心态一定有某种关联和相似，他强烈的倾诉欲望与作品结尾中主人公无可奈何踏上归程却不知“魂”归何处的“无解”结尾，告诉我们“逃离”不是对现实生活的放弃和缴械，而恰巧是新生代对庸俗生活现状和世俗偏见的价值观决不妥协的一次叛逃和博弈。

有多少城市年轻白领纠结于这样的博弈而在寻找一个突围的方向，从而构成了影视作品中一道不可或缺的风景线。

《桃花盗》的结局耐人寻味、发人深省。

这一点，在修改中强化了——逃离大都市的两名年轻白领在乡村中各自找到了令自己心仪的质朴女孩，但她们的人生目标却是“进城去”。于是城里人想突围、城外人想进城的“围城”

悖论再次宿命般地隔代轮回与世代上演。

它暗示主题意义上的“逃离”不再是地域概念上的一次突围而应该成为一种精神世界的厮杀，哪怕这种“突围”以全军覆没的悲剧收场。

在剧本中，男主角阿昌与绿茶之间的情感纠葛与抉择困惑正是这种悖论的真实再现，也是最有价值的一笔，遗憾的是，剧本修改中放大的还远远不够。所以，艺术的感染力也大大削弱了。

这是修改中未能达标的一点遗憾。

为了强化戏剧性和好看效果，编剧还有意识地增加了一条盗墓贼虎嫂和小猴（一对夫妻）误偷误盗、误打误撞的“盗墓”副线，走的是“笨贼”搞笑路线，自始至终与主线和主角人物纠缠不清从而带出一系列笑点，丰富了主线情节的单一，应该说为剧本增色不少。编剧夏草在写这两口子的台词和刻画草根人物行径、细节所表现出的得心应手和生动性，甚至超过了一些主线片段。这使我产生了一种臆想：如果他下一部以这两个人物为主角做一部喜剧，（在海外以盗墓贼为主角的影视作品正日渐蹿红）会带给我们一种怎样的惊喜？

最后不得不提的是：在最终的修改稿中，除了新写、新改、新增加部分，跟最初申报青年编剧扶持项目的原稿相比，夏草前后删掉了八千多字。这跟很多年轻编剧自恋自爱、不忍割舍的创作态度相比，充满了勇气和诚意。不破不立，这也是一次创作篱墙的“突围”，因为“写作的艺术就是删减的艺术”。

2014年2月18日

电　影

# 我们是战士

陈　吉

## 陈 吉

女，上海作家协会会员，上海电影评论学会会员。任职于上海师范大学，从事编剧工作。近几年担任编剧的作品有：电影《玫瑰剩女》、《再见明天》、《劫数》、《上海日记》；电视剧《爱情梦工厂》、《生活甜蜜蜜》、《中国文豪》（合作），微电影《深蓝》、《黎明前的较量》等。

电视剧剧本《中国文豪》（合作）获2006年上海市重大文艺创作、上海文广集团精品剧本奖；数字电影剧本《再见，明天！》获上海文化基金会2008年第二期资助项目；电影剧本《上海日记》获上海文化发展基金会2009年第一期资助项目，2010年拍摄成数字电影，入选第14届上海国际电影节“中国新片展映”单元，成为第20届上海影评人奖参展作品。

**主要人物：**

**许一江** 男，生于 1982 年，上海机场消防队新兵班班长。

**马先富** 男，生于 1991 年，上海机场消防队新兵。

**钱　帅** 男，生于 1990 年，上海机场消防队新兵。

**严拉锁** 男，生于 1992 年，上海机场消防队新兵。

**赵大队** 男，生于 1974 年，上海机场消防队副大队长。

**张婷婷** 女，生于 1990 年，上海机场医疗救援队护士。

**孙文艳** 女，生于 1984 年，许一江的女友。

## 故事源起及梗概

该剧本的创作缘起于一件真实事件。

2009 年 11 月 28 日，上海浦东机场有一架津巴布韦货机失事，机场消防队在一分钟内便抵达事发现场，成功地展开了应急救援。该事件在当年得到过广泛报道，在国内航空救援史上被传为一段佳话。

创作者 2012 年有幸接触到了这支消防队，发现在这群年轻的消防队员的身上，有着许多不为人知却十分动人的故事。他们默默无闻，但正是他们的付出，保证了上海空港的安全。他们是企业人，属于机场集团的"临时工"，却要履行一个消防战士的所有职责。他们大多来自山东沂蒙山区，初中毕业就到上海了，90 后居多，80 后已经算老人了。在灯红酒绿的快节奏现代都市生活中，他们守着机坪过着训练再训练的单调而枯燥的生活，难免感到迷茫，在融入上海这座大都市的过程中，难免会有挫折。

本片便把目光对准了这样一群特殊的人，即以山东籍 80、90 后为主体的机场消防兵，表现他们对机场工作的热爱，对"新上海人"生活的憧憬，对未来的迷茫，写出当代农村青年的新特征，写出他们的成长过程，从他们身上折射出当下社会无比真实的青年"农民工"的思想和生活现状，以及成为消防兵对他们人生的重要意义。

故事从新兵班班长许一江（80 后）五年前救援时的一次失误开始，当时作为新兵的他，由于经验不足，致使赵大队（70 后）受了重伤。在这五年中，他时时刻刻自责懊恼着，于是变身为"魔鬼教练"，严格地训练新兵，为的是不让他们重蹈覆辙。五年后，就在未婚妻催他回老家结婚创业的时候，他迎来了一批从山东沂蒙山区招来的新面孔。和这些新兵们一接触，许一江就感觉到这批90后新人和往年新兵的不同：

马先富一身良好的身体素质，是新来队员中的佼佼者，不过他似乎心不在焉。原来，他另有志向，来上海一心在找发财的机会。

钱帅精通电脑，总是抱着个手机，又过于爱惜自己的脸蛋，不愿意在训练中拼命。后来，他喜欢上了机场医疗救援队护士张婷婷，更没了训练的心思。

严拉锁倒是很乖，让干啥就干啥，没啥主见，他来上海，是因为父母想让他见识见识大城市的样子，但他的反应有点慢、鲁莽、协调性差，经常把自己弄伤。

这三个新兵一到消防队便被泼了冷水。机场远在郊区，四周荒芜一片，还不如他们家乡的镇上热闹。消防队是企业的用工性质，却完全是军事化的管理，很封闭，天不亮就要出操，一直到晚上，科目被排得满满当当，一天训练下来，人累得东倒西歪。而且，许一江的魔鬼训练更是让他们极不适应，不能理解。他们的心理落差和沮丧感，在训练中表露了出来。许一江恨铁不成钢，尤其对马先富更加严厉，希望能重点培养他，没想到他不领情，反而以为许一江处处与他过不去。

终于，马先富要走了。原来，他得知叔叔在上海开了一家烧烤店，生意红火。马先富决定辞去消防队的工作，去叔叔的店里帮忙。作为退伍军人的叔叔认为马先富这是当逃兵，很反感。马先富说他并不是士兵，现在还在试用期。马先富去意已决，令许一江心疼不已。

马先富的离队影响了其他队友。严拉锁在训练时糟糕的表现让他灰心丧气。而钱帅和张婷婷产生了误会，在沮丧中也萌生去意。就在此时，一场解救自杀者的救援行动，让新兵们对自己所从事的职业以及对许一江的用心有了更为深刻的认识。自豪感让钱帅找到了留下的理由，同时，他在救人时的表现也打动了张婷婷。

马先富在看到电视里播出消防队救人的报道时，感到失落。烧烤店的一场火灾，更让他知道消防兵的重要。叔叔告诉他，自己的烧烤店为什么能开得那么好，因为他曾经是个战士，不怕苦不怕累；还有，就算现在烧烤店烧掉了，他也不怕，说他刚退伍那会儿什么也没有，当兵这么多年，他学会了从来不放弃。

马先富深受感动，有了回归当好一名消防战士的念头。好在许一江早有准备，为马先富争取到了回队的机会，同时，许一江也告诉赵大队，他要走了。

归队的马先富果然脱胎换骨，也懂得了珍惜，但他误以为许一江的走是因为要换他回来，于是急得四处想办法。钱帅出了个主意，在新兵考核中获得佳绩，也许可以换取让班长留下来的机会。但，严拉锁总是拖后腿。于是他们几个起早贪黑地训练，负责提高严拉锁的水平。严拉锁终于有了质的飞跃。他们的行为让许一江既高兴又失落，他欣喜地看见了新兵们的成长，但同时，他也意识到，能做的都做完了，他可以马上走了。

机场再次出现险情，这一次是大事故——一架飞机着陆时烧了起来。这回，由年轻的队员们挑起了大梁，他们表现出了专业的能力，大无畏的精神，而且互帮互助，永不放弃。在庆功会上，全体新兵得到了考核为"优"的表彰，新兵们提出希望许一江留下。许一江和赵大队这时才明白了年轻人的心意。许一江对他们说出了真相，告诉他们他要和未婚妻一起好好生活了，还说，在消防队的近六年时间里，他已经完成了转变，成为一名合格的战士。在庆功会上，许一江完成了自己的退伍仪式……

1. 机场候机楼　机坪　货运区的一组镜头　内/外　日

拖着行李的旅客们行色匆匆;登机信息栏不断地更新着;机坪上停着待飞的客机;摆渡车穿行;货运机着陆;有卡车在货运区的仓库前装货……一切忙碌而有序。

毫无征兆的,二号货运仓库蹿出火焰,随着一声巨响,一股浓烟冲向天空。

警报声骤响。

2. 机场消防大楼　车库　内　日

在警报声中,滑竿上滑下一个个矫健的身影。摆放在地上的衣帽被拿起穿戴着,能看见帽徽和肩章上消防队的标志。

同时,消防大楼红色的卷帘门升起。

车顶上的警示灯一一闪烁起来,消防车一下子飞驰出大楼。

3. 消防车里　外　日

戴好防毒面罩、全副武装的消防员们严阵以待。

4. 机场货运区事故仓库　外　日

消防车刹停。

消防员们拿着电锯等切割工具,冲下消防车,朝已经浓烟翻滚的仓库冲了过去。

另有消防员们接上水带、水枪。

四道水柱朝着着火的库房喷射。

5. 事故仓库现场　内　日

一阵刺耳的声音,是电锯,切开了被货物封死的大门,消防员们涌入,疏散、抢救被困在库里的受伤人员。

有一个消防员往更深处摸索了过去。

那里，没有明火，但浓烟滚滚，什么也看不清楚，只能看见他头盔上的灯忽明忽暗地在晃动。

他仔细地搜索着。

头盔上的灯照到了趴在地上的一个伤者，他连忙搀扶起伤者，又往四周看了看，没看到什么，便扶着伤者往仓库外撤去。

他没有发现，在浓烟里还有一位，被倒下的箱子压住了大半个身体……

6. 机场货运区事故仓库　外　日

“全检查过了？”指挥员问搀扶着伤者走出滚滚浓烟的消防员。

他点头，做了一个表示安全的手势。

“里面，”伤者用很虚弱的声音告诉他，“还有一个……”

吃了一惊，等他回身看时，更浓的烟雾已经将仓库的大门遮得严严实实。

他正要松开伤者返回，一只大手一把抓住了他的胳膊。只见抓住他的那位高大的消防员冲他摇了摇头，示意他先带伤员离开，自己却毫不犹豫地冲进浓浓的烟雾中。

他只得服从命令，但，没走出几步，身后传来一阵剧烈的爆炸声。他回过头，看着重现火光的仓库，一把拉下面罩，露出许一江那张年轻且轮廓分明的脸庞，错愕、震惊、慌张。

“班长……”许一江声嘶力竭地大叫了一声。

7. 上海火车站　外　日

[字幕：五年后

写有“机场消防”的牌子，被许一江举着。

站在许一江身旁、同样穿着消防队制服的那位，忽对远处招呼了起来："这儿呢，这儿呢……"

远处，走过来了一群穿得五颜六色、提行李拎包袱背双肩包的年轻小伙子。

8. 路上　车内　外　日

中巴行驶在路上，穿出纵横在头顶的高架，露出了湛蓝的天空和两边林立的高楼。

那群年轻人一个比一个兴奋，纷纷拿手机和照相机对窗外拍着照片。

坐在最后一排的许一江一言不发地打量着他们。

"都说上海遍地都是高楼大厦，还真不是吹的！"又矮又壮的严拉锁，极其兴奋，又惊呼道，"那个大家伙是啥？"

正低头看着手机的钱帅答："虹口足球场。"

"你不看窗外面，低着头，怎么知道那个是啥？"严拉锁睁大了眼睛问钱帅。

钱帅抬头，是一张白净、帅气的脸。摆了摆手里的 iPhone，他说："手机地图上看到的。"

"海宁路离开这里远不远？"坐在钱帅身边个子高高的马先富开了口。

钱帅按了按手机屏幕，说："不近，4.5 公里，开车要走 15 分钟。"问："打听海宁路干吗？"

"我有个亲戚住在那附近，"马先富淡淡地说着，又问，"这里离开机场还有多少路？"

"还有，"查了手机的钱帅宣布："47 公里……"

9. 路上　车内　外　黄昏

窗外的景色变了，道路变得很宽，磁悬浮列车从他们身边掠过，高楼大厦看不到了，只见一排排高压电线、一片片农田，还有起落的飞机……

中巴开进了一道铁门。

10. 机场　操场　外　黄昏

中巴停了。

那群年轻人从车上下来。

在他们的面前，是空旷的机坪。身后，是一幢两层楼高的消防大楼。不远处，一排消防员的队列，正迎着夕阳跑步前进，整齐的口号声响彻天际："1、2、3、4！"

严拉锁的目光跟着远去的消防员，又是羡慕又是敬畏。在他身后的钱帅，不住地四下张望。马先富注视着周围的一切，若有所思。

"从低到高，排成一排。"许一江精神抖擞地命令道。

大家松松垮垮地排着队。

许一江看得非常不满意，忽问："都没上过学吗？"

有人笑了，"怎么没上过？"

"上过初中。"严拉锁认真地回答。

"学校没有体育课了现在？"许一江又问。

"有的。"有人说。

"那怎么连队列都不会？"许一江叱道，"都给我利索点，听明白了吗？"

大家显然还没有适应这个新的环境，只三三两两地回答着。

"刚才一路那么兴奋，怎么现在一个个都像瘟鸡？"许一江火了。

"路上时间太长啦，大家累了。"钱帅笑着回答。

“那好，给你们提提神，放下东西。”等了一会儿，许一江又下令，“绕消防大楼跑十五圈。”

小伙子们全都愣了。

许一江继续说，且说得毋庸置疑：“跑得最慢的三个，罚做五十个俯卧撑，做不完，直接走人。”

11. 机场消防大楼　会议室　内　黄昏

“欢迎加入机场消防队，我们从整个临沂报名的几百个人里面，只挑出你们十个。”说话的赵大队，人高马大，脸上有一道明显的伤痕，从眉梢划到脸颊，让钱帅看得有些害怕。

钱帅的手上拿着一份文件，他穿着消防队的制服，当然，所有的年轻人都已经换过了衣服，个个手里拿着一份文件。文件的封面上赫然写着四个大字：“聘用合同。”

“合同上面写了，”赵大队用沙哑沉稳的声音继续说明着情况，“试用期三个月，三个月后通过考核的，正式录用，以后每三年续约一次。工资待遇，上面都写清楚了。”

马先富一条一条仔细地阅读着合同。

严拉锁看也没看，就在合同上签了名字。

“这是你们新兵班班长许一江，”赵大队介绍坐在他身旁的许一江，“和你们是老乡，以后由他来带你们。”

许一江一脸严肃地扫视着这群新兵。

“我还要提醒大家，”赵大队又说，“不管你们以前做的是什么，到了这里，就好比到了战场，你们要像军人一样服从命令，牢记自己是一名消防战士！”

12. 机场消防大楼　寝室　内　夜

“战士？你们见过战士还要签合同的？”马先富靠在床上不

屑道，“咱们就是一群合同制的农民工。”

大家哄笑，你一言我一语地议论着：“我觉得待遇还行。”“可惜就签三年。”

钱帅一个人蹲在角落里，正捣鼓着一台笔记本电脑和一堆线。

“原来上海机场就这样啊，”严拉锁探头望着窗外感叹，“我还以为旁边全是高楼大厦呢！”

马先富冷笑道：“高楼大厦，那飞机还能飞？知道这里是哪儿吗？这里就是上海的农村！”

严拉锁：“农村？”

“哎，能无线上网了，”钱帅站起来，拍了拍身上的灰，一指角落里的一堆线和路由器，说，“我刚把 Wifi 接上，往后大家都可以用。”

马先富打量着钱帅，“看你进进出出不是抱手机就是抱电脑，倒有点像城市里的小白领，”他问，“干吗来做消防员？”

钱帅苦笑，“学历不行，城里的小白领做不成，在老家就是帮人装电脑、修电脑，每天做那点事，没意思，能有个机会来上海，就来碰碰运气呗。”又问马先富：“你呢？为啥来？”

“我想来上海看看。”马先富回答得简单。

“拉锁，你为啥来这儿？”有队友在问严拉锁。

严拉锁乐呵呵地笑了：“俺妈让俺来上海做几年挣点钱，回家好盖房子娶媳妇儿。”

马先富：“人家问你想来干什么，又不是问你妈！”

严拉锁：“我，我妈说，出来锻炼锻炼，比在老家窝着有出息！”

大家又一阵哄笑。

房门被推开了，走进来的许一江，往自己的那张床上一坐。

欢声笑语戛然而止，宿舍里的气氛一下降到了冰点。

许一江："聊啊，怎么不聊了？"

没人敢说话。

许一江："没话说，都睡觉。明天起床号一响，必须马上起床。六点钟楼下集合，不准迟到。"

整个楼面熄灯。

13. 机场消防大楼　寝室　内　晨

天还没有亮，消防大楼内响起了起床号。

许一江一下子坐起身子，干净利落地穿上衣服，再一看，寝室里的那几个，除了马先富正在穿衣服，其他人都在呼呼大睡，没有一个有起床的迹象。

许一江火了："起床号听不见吗？都聋啦！"

有一两个人陆陆续续睡眼惺忪地支起身子。

许一江不耐烦地挨个掀开被子，大喝一声："三分钟内楼下集合！"

14. 机场　操场　外　晨

严拉锁和钱帅最后赶到，插到了队伍中间。

队员们报数。

排在队伍最末一个的马先富大声地报："10！"

许一江铁青着脸。他低头看表，六点超过五分钟。

许一江："新兵班的规矩，有人迟到一分钟，全班绕大楼跑三圈，今天迟到五分钟，跑十五圈。"

"什么！"马先富不服，"我第一个到的，还早到了一分钟。凭什么我也要跑？"

许一江没有跟他废话，直接下命令："向右——转！跑步——走！”

虽然有些不服气，马先富还是跟着大部队跑了起来。

15. 机场消防大楼　寝室　内　日

几个干净利落的动作，被子被叠得像豆腐干一样四四方方。

洗漱用品、衣服鞋袜也整整齐齐放在一起。

老队员演示完毕，许一江问：“看清楚了吗？”

“看清楚了！”新兵们答。

“现在大家完成所有动作。”许一江吩咐道。

新兵们站到自己的铺位前。

许一江一声“开始”，新兵们七手八脚地叠起了被子。

“报告！”马先富笔挺地站直身子，第一个完成。

许一江走上前看，马先富的被子叠得方方正正，很像个样子。

许一江看了一眼马先富，没说什么。

随后，钱帅和其他新兵陆陆续续报告完成。

许一江上前一个个纠正着问题。

走到严拉锁跟前，见他还在满头大汗地叠着被子，面前的被子仍是一团糟。

严拉锁尴尬地笑，“报，报告……”

许一江：“有什么问题？”

严拉锁手上演示着：“这被子这样……这样、这样……”

许一江：“然后呢？”

严拉锁：“忘……忘了……”

看着严拉锁的窘相，有人忍不住捂着嘴笑。

许一江面无表情，厉声道：“再来一遍！”

16. 机场消防大楼　走廊　内　日

两个老队员动作熟练地从滑竿上滑下，稳稳落地。

严拉锁探头看了一眼，不自觉地往后倒退了两步。

许一江讲解动作要领，“双手抓住滑竿，先伸一只脚，然后……”

钱帅和严拉锁躲在最后，脸色紧张。

许一江讲解完问：“谁先来？”

他扫视了一下众人：“马先富！出列！”

马先富瞥了他一眼，也不搭话，也不等许一江命令，双手抓住滑竿，“哧溜”一下，动作潇洒地稳稳落地。

马先富得意地抬起头看着许一江。

许一江装作没看见，“下一个！”

严拉锁不知被谁推了一把，站到了最前面。

严拉锁委屈道：“班长，我恐高……”

许一江：“恐高更要锻炼，这是消防兵的基本功，赶快！”

无奈，严拉锁颤颤巍巍地抓住滑竿，两只脚紧紧夹住滑竿，闭着眼睛一点一点地挪下去，安全着地了，他还抱着滑竿。

马先富上前把他的手从滑竿上掰下来，“没事儿，着地了！”

许一江骂着：“这种速度比走楼梯还慢，还要滑竿做什么！”

轮到钱帅了，他把袖子卷起来，不想弄脏。

许一江：“放下袖子，不然会弄伤手臂。”

钱帅只好把袖子放下，他拉住滑竿，又怕弄脏裤腿，脚没有攀住。

许一江：“脚攀住！”

钱帅不知所措，手一松，从滑竿上摔了下去。

“躬身抱头。”许一江忙关照。

钱帅没有听，落地的时候，用胳膊一撑地，疼得大叫。

17. 机场医务室　内　日

“还好，骨头没有什么问题。”医生给钱帅的胳膊绕绷带。

钱帅赤裸着上身，“哎哟哎哟”地叫着。

“别叫了，”医生绑紧绷带，“一点肌肉拉伤不算什么。”

钱帅：“肌肉拉伤还不算什么？”

医生：“你们是消防兵，知道我们管消防兵叫什么？”

钱帅：“什么？”

“火豹子，”医生一笑，“豹子胆大不大？你们连火也不怕，还怕什么？”

钱帅琢磨着。

“有旅客晕倒在42登机口，速来。”无线电里传来了呼叫声。

医生立即拿起药箱，起身对旁边操作台前的护士用上海话说：“婷婷，帮我收收尾。”

说完，医生匆匆地走出了医务室。

护士张婷婷转过身。

一看到漂亮的姑娘，钱帅的脸一红。

看见帅哥，张婷婷也马上低下了头，包扎好了绷带，又转回身在电脑里核对着信息，问：“你叫钱帅，新兵班的？”

钱帅边穿上衣服，边热情地回答：“对，钱帅，新兵班的，才来没几天。”

“我也才来没几天，护校刚毕业。”张婷婷接过了嘴。

“那么巧啊……”钱帅还要攀谈，见张婷婷皱起眉连连敲击着鼠标，便改口问，“怎么了？”

张婷婷：“这电脑怎么搞的？”

钱帅起身站到她身旁，“我看看。”

电脑像是死机了，钱帅按了几下键盘，选了几个菜单，又点了几下鼠标。

张婷婷抬头，钱帅一脸认真的样她看在了眼里。

钱帅往后一退，说："好了。"

张婷婷用了用电脑，果然正常了，很意外："你那么懂电脑？"

钱帅又热情地说了起来："从小就喜欢这些，一有空就到镇上的网吧，人家打游戏，我跟着老板学……"

"好了没？"出现在门口的许一江打断了钱帅的话。

"好了。"张婷婷告诉。

许一江吩咐钱帅："继续训练去。"

18. 机场消防大楼　办公室　内　黄昏

窗下面，结束了训练的新兵们一个个东倒西歪的，就只有马先富还站着。

许一江靠在窗前看着，赵大队走到了他的身后。

赵大队："怎么样？"

许一江："都是歪瓜劣枣，没个像样的！"

"我看他们都挺好，"赵大队笑了，"再说，一上来个个都好，要你干吗？"

许一江："我知道。"

赵大队也望着楼下操场上的新兵们，感慨了起来："新人总是会成长的，有一天他们也会扛起重担，就像你一样。"

许一江不认同："我和他们不一样……"

手机铃声突然响了，许一江掏出手机看了眼号码，说："我接个电话。"

19. 机场消防大楼　走廊　内　黄昏

许一江一声不响地走出办公室，拿起电话，问："怎么了？"

电话里传来一个女人的声音。

孙文艳:“上次给你寄的衣服收到了吗?”

许一江:“收到了,已经穿过了,很合身。”

孙文艳:“昨天我舅又来找我了,说他的服装厂要开分厂了,问你啥时候能过去帮忙? 还问我们的事什么时候办……”

许一江:“呃,我是想早点回来的,但,现在队里刚招了新人,我得带,等我忙完这阵子吧,等新人稍微像点样,我就回来……”

孙文艳:“我已经跟家里说好了,过两天来上海。”

一听,许一江吃了一惊:“你来上海? 你来干什么? 我不是跟你说了……”

许一江一边压低着声音说,一边朝走廊远端走去。

走出办公室的赵大队,看着许一江渐渐远去的背影。

20. 机场　操场　外　晨

天色微明,东方既白,飞机静静地停在机坪上。

新兵们迎着朝阳晨跑。马先富呼吸均匀,跑在最前列。钱帅绑着绷带,跑在队伍的最后。严拉锁埋着头铆着劲地跑,耐力很好,渐渐后来居上。

马先富第一个跑过终点停了下来。严拉锁从马先富的身边超过,继续跑着。其他人陆陆续续停下。钱帅也到达了终点。

“哎,拉锁! 你跑过头了!”钱帅大叫一声。

还在跑着的严拉锁听到叫声,才停下脚步,没头没脑地看着周围,发现他已经多跑出去了大半圈。

21. 机场　操场　外　日

新兵们三人一组。站在起跑线上的马先富看了看在他身边受伤的钱帅和傻愣愣的严拉锁。

“开始!”

随着许一江的一声喊，每组的三人一起拿着干线水带向前跑去，可没过一会儿，严拉锁的水带就落在地上。

许一江看着他们三人，摇摇头只说了两个字："重来！"

严拉锁慌忙卷起水带，和马先富、钱帅一起回到了起跑线。

许一江又一声"开始"，马先富、钱帅、严拉锁三个人拿着干线水带向前跑去，没两步，严拉锁的水带又落在地上。

许一江："重来！"

严拉锁又跑的时候，圈着的水带头掉了出来。

许一江："重来！"

马先富、钱帅和严拉锁只得再来一遍。这回，钱帅受伤的那条胳膊似乎让他感到了疼痛，手一松，水带掉到地上。

许一江又叫："重来！"

这次，严拉锁在接头的时候，水带两边的头没有接上。

22. 机场　操场　外　日

已经完成训练的新兵们，三三两两地坐在阴凉地里休息，只有马先富一组三个人，还在烈日下重复着动作。

许一江也站在太阳下，监督着他们的训练。

钱帅抱着水带，一屁股坐到了地上，"我胳膊疼。"

许一江好像根本无动于衷："起来，继续！"

马先富忍无可忍地把水带往地上重重一撂。

许一江大怒，"你什么意思！"

马先富忍着气，说："班长，我申请换搭档，你看看他们，一个伤兵，一个脑残，怎么配合？"

许一江把脸一沉："这是你评论队友的话吗？"

马先富不认为自己有错，"我说的是事实……"

许一江叱道："上了火场，身边的人就是你的战友，由不得你选择，受伤也好，脑残也好，哪怕昏死过去，难道你就能抛下不管吗？难道你就能把他们留在火场等死吗！抛弃战友，就是抛弃你做人的尊严！”

马先富还想争辩，钱帅一下站了起来：“我继续练。”

低着头的严拉锁忽然大叫道：“是我不对，该罚我一个人。”

喊着，严拉锁跑了出去，把地上的水带捡回来，再跑出去，捡起马先富的水带，再去捡钱帅的水带……

愣着的马先富和钱帅忙跑上去帮严拉锁一起捡。

许一江面无表情地看着他们三个人在一起忙活的身影。

23. 机场消防大楼　寝室　内　夜

“不好意思，说你脑残。”马先富真心实意地向严拉锁道歉。

严拉锁也真心实意地承认道：“我是笨。”

“不，”马先富摇头，“你就是反应和协调不够好，多练练会好。”又解释道，“我是在怄老许的气。”

有队友应和了起来，“你说班长是不是受过什么刺激？这么对我们……”

另有队友说：“依我看，也是当新兵的时候被折磨惨了，现在打击报复。”

钱帅正盯着自己的笔记本电脑出神。

马先富：“帅哥，你怎么不说说？”

钱帅：“说什么？”

马先富：“带着伤他还让你训练，你怎么想？”

钱帅摇摇头：“我只是觉得，他这么做一定有什么原因。”

电脑屏幕上，跳出来了一则新闻报道，报道的是机场五年前的一次事故救援，新闻照片中，后景模模糊糊的人影好像就是许一江。

24. 机场货运区事故仓库(闪回五年前)　外　日

照片活动了起来，镜前的新闻记者报道着事故的情况，背景里的许一江焦急地穿过来来往往的救援人群，往烧得焦黑的仓库那里去。

两个医疗人员抬着担架从仓库里走出来。

许一江连忙扑到担架边上，颤抖着揭开蒙着的白布——是一张陌生人的脸。

又一副担架被抬出仓库。

许一江一瞥，只见躺在担架上的，正是当年还是班长的赵大队，头盔和面罩被揭开，一脸的血，一条胳膊被烧得发黑。

许一江惊呆了，浑身发抖，眼泪簌簌流下。

25. 机场消防大楼　办公室　内　夜

一只大手拍在了许一江的肩膀上——手上还留着当年烧伤愈合的伤疤，坐在椅中的许一江猛然回过了神，回头一看，赵大队不知什么时候站在了自己身后。

赵大队："又一个人在这儿。"

许一江忙站起身："大队。"

赵大队："在想什么呢？"

许一江低下头。

赵大队："你女朋友催你回家？"

许一江："嗯。但是，我跟她说了，新兵不带出来，我是不会走的。"

赵大队："我记得去年你也是这么跟她说的，这样一年年下去，她会没意见？"

许一江："去年不一样，你看看他们的考核成绩，有谁能够独当一面的？今年这批更是……"

赵大队："要是没有你中意的，你怎么打算？"

许一江："我是放心不下。"

赵大队："放心不下也得放，老许，你又不是不知道我们这儿的情况，我们毕竟不是部队，就算是部队，也有退伍复员的，更别说我们这儿还是合同制，如果有好的出路，你就别犹豫。"

许一江："大队，我知道。我不走，就是不想让五年前的事情再发生，要不是我搜检得不够仔细，你就不用返回，仓库里的伤员也不会……"

赵大队打断了他的话，"别说了！跟你说过多少遍了，这不是你的责任，那种现场条件换了谁都会犯错误，你不要觉得是亏欠了谁，你不亏欠任何人。"

许一江的眼中含着泪水，说："我就是不能原谅我自己。"

赵大队："不要活得那么沉重，也不要给你和你的那些兵那么大的压力。明天给新兵们放一天假，让他们到市中心去走走，来上海这些天了。只知道要保卫上海的空港，连上海最热闹的地方都没见过。"

26. 机场大巴候车站　外　日

机场巴士停在出发站上。

换回了五颜六色便服的马先富、钱帅、严拉锁等新兵们有说有笑地上车。

27. 大巴车上　内　日

大巴上已经坐了好些人，马先富、钱帅、严拉锁等上得晚，只得坐到后排的座位上。

在后排的人中间，钱帅一眼看见了张婷婷，她也正好看到了他。

“那么巧啊……”张婷婷和钱帅几乎同时道。

“谁啊?”“真有你的。”队友们一道起着哄,把钱帅按到了张婷婷身边空着的座椅上。

钱帅的脸红了。

张婷婷反倒大大方方地问他:“伤好了没有?”

钱帅:“差不多了。”

张婷婷:“今天放假?”

钱帅点头:“嗯。”

张婷婷:“打算去哪里玩?”

钱帅:“他们要去外滩,我打算去百脑汇。”

张婷婷觉得奇怪:“去百脑汇干什么?”

钱帅:“那里是上海最大的电脑城,我……我想去看看到底有多大。”

张婷婷笑着“哦”了声,听见手机有消息提醒声,拿出iPhone,上QQ看消息。

钱帅瞥了一眼她的手机,也掏出自己的iPhone。

张婷婷回完消息,见QQ上跳出来一个新增加的好友申请,点开一看,头像是钱帅。

“这是你的号?”张婷婷有些惊讶,问,“你怎么知道我的……”

“加我吧,”钱帅鼓着勇气说,又忙找借口掩饰,“加了,就可以互相看微博了。”

“你还写微博?”张婷婷更加惊讶,通过了好友申请,好奇地点开了钱帅的微博。

微博的条数还不少,还放着一些风景照。

张婷婷看着照片问:“这是哪里?”

钱帅:“我老家,沂蒙山,是个革命老区。”

“革命老区?”张婷婷很感兴趣地问,“那,你家里有没有人是红军战士?”

钱帅骄傲地说:“我大爷爷是八路军。我爷爷、奶奶、外公、外婆都打过日本鬼子。”

“厉害!”张婷婷一下变得很崇拜,恍然道:“怪不得,消防队爱到你们那里招人。”又告诉钱帅:“我外公参加过抗日。听我妈说,他还在上海搞过地下斗争。”

“地下斗争?”钱帅也很佩服,“就跟《潜伏》里面的余则成一样的?”

“不,那是卧底,他不是。”张婷婷打开了话匣子,“其实,我也不知道他具体做过什么,我外公去世得很早,但是,家里人现在说到他,还都恭恭敬敬的,都说他是个英雄。”

正说着,大巴启动了。

28. 路上　大巴车上　外　日

机场大巴行驶在高架上,两边是上海美丽的风光。

新兵们看着风景。钱帅忙着和张婷婷聊天。张婷婷被钱帅逗得不停地笑。

29. 某站　大巴车上　外　日

机场巴士在站台前停下。

马先富突然起身往车门口去。

严拉锁:“马哥,你去哪儿? 外滩还没到呢。”

马先富:“走个亲戚,就不跟你们一块儿了。”

说着,马先富径自下车。

严拉锁没叫住他,急了:“那咋办,我们不认识路啊!”

张婷婷回头问后排的严拉锁:“你们是头一次出来玩儿?”

严拉锁等人点头。

张婷婷想了想，说：“这样，你们想去哪些地方，我做你们的导游。”

“真的？”严拉锁惊喜道，“那太谢谢了，我们要去东方明珠！”

张婷婷：“行，我带路。”

钱帅：“能行吗，不耽误你的事儿？”

张婷婷：“没事，今天我休息，我也好久没出去玩了。”

30. 某站　大巴车上　外　日

机场巴士又停靠到了一个站点。

“你不是要去百脑汇吗？这站下，换1号线。”张婷婷告诉钱帅。

“噢。”钱帅答应了一声，很勉强地起了身。

后车门处，钱帅回头向张婷婷挥手告别。

张婷婷也向他挥了挥手。

下车的钱帅往车头方向走去，就在前车门要关上的一刹那，他身手敏捷地一个箭步跳回上了巴士。

巴士里的人都惊讶地看着他。

钱帅又坐到张婷婷旁边。

张婷婷：“你这是……”

“百脑汇再大，也就是卖电脑、装电脑、修电脑的，没意思。”钱帅说，“我想了想，还是跟大伙一块儿逛外滩吧。”

严拉锁欢呼，队友们起哄，张婷婷也笑了。

31. 马氏烧烤店　外　日

挂有“马氏烧烤店”招牌的两开间店面，一派烟熏火燎。店里店外都坐得满满当当，人声鼎沸。

马先富走来，远远就看到在店门口的炭火前忙得不可开交的马叔。他不停地烤着各种肉串、海鲜，边嚷着："内 5 桌的好了……"

从店里出来了马婶，端了菜又进了店。

"叔！"马先富喊着马叔，小跑着到了门口。

马叔抬眼看见马先富，眼睛一亮："马儿，你是马儿！"

马先富笑道："怎么，认不出啦！"

马叔用拳头捶了捶马先富的胸口，"八年不见，我和你婶一直想回去看看你和你妈，但是有了这家店，实在跑不开，你比小时候结实多了！"

送完菜的马婶闻声跑了过来："马儿，你来上海啦！"

有人叫买单，马婶又只得跑开了。

马叔问："你还没告诉叔，到上海落脚在哪儿？"

马先富："在机场消防队。"

马叔一下兴奋了："呵！也当兵了！"

马先富："不是……"

马叔："立正！"

马先富一个立正的姿势。

马叔用军人的口吻道："向右看——齐，向前——看！"

马先富配合着马叔的口令。

马叔爽朗地大笑了起来："好啊，接叔的班了，像个战士了现在！"

马婶过来问："你妈现在还好吗？"

马先富："都好！就是留她一个人在村里，还是有些放心不下。"

"哎，怪我哥，走得太早。"马叔一边说着，手里面的活也没停下，"内 3 桌的好了。"

"好好干，争取留在上海，把你妈也接过来！"说着，马婶端着菜又走了。

马叔："上海的机会还是很多的，你看叔，刚退伍的时候不知道做什么，现在这份买卖，干得越来越有起色了！"

马先富四下张望，店里店外十几张桌子，每张桌前都坐着客人。马叔在炭火前一刻不停，马婶也是忙得团团转。

马叔被炭火熏得眼睛眯成一条缝，对身边的马先富说："马儿，往后过来前先跟叔打个招呼，这会儿正是最忙的时候，你先自个儿找个地方坐坐。"

马先富："叔，你这样忙得过来吗？"

马叔："你叔我当兵这么多年，别的没学会，就学会一样，能吃苦，这点忙算什么！"

马先富："多个人手会好些。"

马叔："哪来的人手？本地人不肯做，外地人招不到，连我亲儿子都不愿意做，嫌这活太累，没档次。要我说，档次算个啥，你自己算算，我这铺面，每天来来往往，少说也有个一百五六十桌，每桌消费个 30 块，一天下来 5 000 块，"马叔压低了声音继续说，"刨去成本，一个月下来小 10 万，比谁少了？"

马先富听得一愣一愣的。

"不过就是起早贪黑一点。别看那些小白领整天人模狗样，进进出出高楼大厦，一年还没这点钱。那个臭小子就是不听，没办法，也就只好我们两口子凑合了。"说着，马叔又烤好了一盘烧烤，对马婶嚷道，"外 8 桌的好了！"

马婶正在一桌前帮客人买单，忙不过来。

"我来！"马先富端起盘子，往外 8 桌送去。

32. 外滩　外　日

张婷婷带着钱帅、严拉锁和几个新兵走上防汛堤。

乍一眼看到浦江两岸的美景，大家都兴奋地叫了起来。

“这才是上海！”喜不自禁的严拉锁拉着同伴帮他拍照。

钱帅在一旁，偷偷帮张婷婷按下了几张照片。

“你怎么偷拍我？”张婷婷发现了，生气地走来抢过了钱帅的手机。

没想到，拍她的那几张照片出乎意料的好，张婷婷看得没了脾气，把手机还给钱帅，说：“待会儿发给我。”

严拉锁被两个队友拉着，朝防汛堤远处走去。

张婷婷对他们叫：“哎，你们别走太远啊！”

“你累不累？”钱帅问。

张婷婷：“怎么了？”

钱帅鼓起了勇气，“我们找个地方坐坐？”

33. 咖啡店　内　日

看着点单上列着一排排的咖啡名，张婷婷有些茫然。

放下手机的钱帅问：“想喝点什么？”又不等张婷婷回答，懂行地推荐了起来：“我建议你喝卡布奇诺或者抹茶拿铁。卡布奇诺三分之一咖啡，三分之一奶泡，三分之一牛奶，不至于太苦。抹茶拿铁，说是拿铁，其实不含咖啡因，是用抹茶粉和牛奶混合而成，有丰富的营养成分。这两种都比较适合女孩子。”

张婷婷听他说得头头是道，忙告诉服务生：“一杯抹茶拿铁。”

“意式特浓，不加糖，谢谢。”钱帅对服务生说。

（叠化）两杯咖啡放在了他们面前。

钱帅拿起自己的意式特浓闻了闻，又说了起来，“咖啡的气味一共有十几种，意式特浓有一定程度的苦味，喝的时候，整个口腔都有充实感，而且长时间不会消失，这是上乘的咖啡，也比较适合男性。”

说着，他喝了一口，憋了一秒钟，好不容易才咽下去。

“怎么了你？”张婷婷问一脸苦相的钱帅。

钱帅：“真苦。没想到这么苦！”

张婷婷：“你以前没喝过？”

钱帅摇了摇头。

34. 咖啡店外　路上　外　日

两人走出咖啡店，张婷婷突然捂着嘴笑了起来。

钱帅：“你笑什么？”

张婷婷：“我觉得……你好可爱！”

钱帅：“可爱？什么意思？”

张婷婷：“你觉得呢？”

钱帅认真地说：“说男人可爱，第一种，是嘲笑，看你的样子，不像。第二种，是真觉得我可爱，但，夸男人可爱那是骂人呢。第三种，就是觉得我这人比较随和，可以交个朋友。我觉得应该是第三种，是不是？”

“好吧，算是吧。”张婷婷只得这样回答。

钱帅笑了，又说起来：“还有一件事，我真没搞明白。”

张婷婷：“你说。”

钱帅：“咖啡那么难喝，为什么你们上海小姑娘还喜欢坐咖啡馆喝咖啡？”

张婷婷：“你听谁说的？”

钱帅：“反正电影、小说里面都这么说。”

张婷婷摇了摇头。

35. 北外滩沿江空地　外　日

一艘艘轮船从他们身边的江面上驶过，钱帅和张婷婷漫无目的地走着。对面是陆家嘴。

“原来，那片什么高楼都没有，”张婷婷有感而发，“也没有人愿意去浦东，说什么‘宁要浦西一张床，不要浦东一套房’。现在可好，一眨眼工夫成金融中心了，想要到浦东来上班你没点本事还不行。”

钱帅：“你家在浦东？”

张婷婷：“我老家就在机场那里，造机场的时候拆了，现在家在奉贤。”

钱帅：“奉贤？那离市区也挺远的。”

张婷婷：“可不是，现在交通还算方便了，换作以前，来一趟市区，坐车起码得一天。”

钱帅：“现在花一天时间，都可以从临沂到上海了。”

张婷婷打量着钱帅：“我觉得你好像比其他消防兵更能适应环境。”

钱帅苦笑：“来上海之前我也觉得，可现在又不这么想了。”

张婷婷：“为什么？”

钱帅：“在老家的时候，总是很好奇，想知道外面的世界是啥样，所以拼命学电脑，学上网，看城里有什么新鲜的东西。这次来到消防兵里面，我学历最高，高考就差几分没考上。我挺自信的，想着，反正把城里人知道的全都学会了，一样可以在大城市生活。可真到了上海，才发现跟原来想的完全不一样，就好像喝咖啡，知道它是苦的，等真的喝了又是另外一回事。”

张婷婷：“我们机场是太偏僻了。”

钱帅：“我说的不是地方，你就是把我丢在市中心，我还是一无所知。在大城市生活，不是知道路怎么走、哪幢楼叫啥名字就可以的。我在想，那些高楼大厦看看近在眼前，但，可能我一辈子也不会走进去一次，就算走进去了，也就是看看风景。我不属于那儿。”

张婷婷默默地点了点头:“不要说是你,我也一直有这样的困惑。我爷爷奶奶是浦东本地人,就和庄稼地打交道。我外公外婆不是上海人。我爸妈生在上海,后来去了安徽农场。我妈到 38 岁才有的我,好不容易回上海了,先住在浦东,后来搬到奉贤。就是现在,我爸妈来趟市区,还要说‘去上海’。我的籍贯虽然写着上海人,但,我不算上海城里人,也就像你这样的外来人,才会把我当做上海小姑娘……”

两人默默地站着,指尖几乎要碰到了一块儿。

36. 机场消防大楼　寝室　内　夜

“很好吃的,人家说,没吃过五香豆,就没来过上海。”严拉锁给大家发着五香豆。

有队友在试穿新买的衣服。有队友在整理给老家亲人带的东西。

钱帅靠在床上,一门心思地在和张婷婷 QQ 聊天,把她的照片在线发给她。

许一江躺着,手机响了,他拿起来一看,是孙文艳发来的消息:“我下周二的火车到上海。”

许一江收起手机,不免有些心烦意乱。

还有一个心烦意乱的人是马先富,他睡在床上辗转反侧。

37. 机场　操场　外　日

警报声忽然响起。

在操场训练的新兵班的队员们都愣住了,没有人动。

“愣着干吗?! 出事故了!”许一江说着,带头朝车库飞奔而去。

38. 机舱内　内　日

戴着面罩、全副武装的钱帅、马先富和严拉锁们，在烟雾蒙蒙、什么也看不清的机舱里不断地摸索着前行。

严拉锁的呼吸越来越急促，在他的脑海中，开始不断产生幻觉，耳朵听觉也越来越模糊。

烟雾更大了，严拉锁转头看看身边的同伴——一个也找不到，大家都消失在了浓雾中。

严拉锁急得满头大汗，呼吸更加急促。他索性拉下氧气面罩，想喊一声的，但被烟呛到。他被烟熏得流出眼泪，下意识地用双手捂脸。氧气面罩掉在地上。

严拉锁的耳边隐隐响起孩子的哭叫和妇女的呼救声，他脸色铁青，感到眩晕。

混乱中，他似乎听到马先富的呼喊声好像从遥远的地方传来，穿透浓雾。

“喂……”马先富在叫他。

严拉锁又似乎看到了马先富的身影蹲了下来……

马先富正在帮严拉锁捡氧气面罩。但是氧气面罩卡在了座位的下面。马先富只得趴下身去钩面罩。

这时，严拉锁失去了平衡，昏厥过去，倒在了马先富的身上。严拉锁身上的氧气瓶重重摔下，砸到了马先富的脚。

马先富和严拉锁一起横在地上。

不知什么时候，钱帅冲了过来，在慌乱中打开了生命呼救器。

许一江等人冲进了机舱，几个人七手八脚地抬着严拉锁、扶着马先富朝门口走去。

留在机舱地上的，是几个假人的模型。

39. 机场医疗室　内　黄昏

严拉锁深深地吸着新鲜空气，才算是缓过劲来，看着对床的马先富，内疚道："都怪我。"

"算了。"马先富的脚肿了一大块，敷着药。

"你们没事就好。"钱帅坐在一边，仍惊魂未定。

这时，门开了，许一江进来，看见严拉锁神志清醒了，走到他跟前，严厉地斥责道："是谁让你摘掉防护装备的？"

严拉锁："班长，里面闷得实在受不了……"

"这次如果不是演习训练，你连小命都没了！操！"许一江骂道。

严拉锁低头不语。

马先富嘀咕："不就是一次训练嘛，搞得像真的一样。"

许一江瞪了马先富一眼，吩咐钱帅："扶严拉锁回宿舍去休息。"

（叠化）房里只剩下了许一江和马先富。

"你今天在演习中表现很好。"许一江破天荒地夸了一句。

马先富意外。

不过，许一江马上恢复了本色，一脸严肃地说："但是，有几个地方你需要改进……"

"不用改进了，"马先富打断了许一江，说，"我要走了。"

许一江没听懂："你说什么？"

马先富："我已经决定了，我要走，离开消防队。"

许一江愣了，"你是害怕了还是被烟熏昏了头？"

马先富："别扯别的。"

许一江的神色变得凝重，仔细打量着马先富，问："你想清楚了？"

马先富态度坚决地点了点头，"想清楚了。"

许一江一下子火了："就这么打退堂鼓，你是不是男人！"

马先富："你说什么？"

许一江像没听见，继续骂道："想来就来，想走就走，到底能不能担责任？像你这样的人，根本就不配做消防兵！"

马先富嘟囔："还好意思说这个……"

许一江愤怒："你在说什么？跟个娘们似的嘟嘟囔囔。"

"你说我们是兵吗！？"马先富质问许一江，"一口一个消防兵，我们不就是一群合同工吗？等合同一到期，我们不是照样走人？我现在有更好的选择，干吗不让我走？"

许一江无言以对。

马先富崴着腿故意用身体撞了一下许一江，推门走出医疗室。

40. 机场消防大楼　车库　外　黄昏

写着"辞职信"的报告，拿到许一江的手里。许一江气得把它揉成一团扔向远处。

（叠化）远处的纸团那里，走过来了一排消防员队列。许一江忙过去，把纸团捡起，独自离去，伤感而忧虑。

41. 机场消防大楼　办公室　内　夜

许一江把辞职报告看了一遍又一遍，把它一叠二再叠四，把叠起的纸放进了裤兜。

拉开抽屉，许一江拿出一张休假单，在上面写了起来："马先富因脚伤休假一个月……"

写完之后的许一江起身，把休假单放在了赵大队的桌上。深深地看着桌上自己和赵大队的合影，许一江把合影压在了休假单上。

42. 机场消防大楼　寝室　内　夜

整幢大楼黑着。

新兵班的房间内，消防员们此起彼伏的鼾声。

马先富悄悄起身，换上一身便装，从橱柜里拿出早已打包好的衣物，一瘸一拐地推门出去。

43. 机场消防大楼　楼道　内　夜

马先富脚有伤，走得不快。

还没走到大楼出口，身后传来了严拉锁的声音。

严拉锁："马哥，你这是去哪儿？"

马先富回头，一看是他，说："你还没睡啊？"

严拉锁："马哥，你不能走，这要被发现了，是要受罚的！"

马先富笑道："我都离开了，还有谁能罚我？"

严拉锁："这……我……总之，你不能离开！"

说着，严拉锁上前一步，死死地拉住马先富。

马先富："放开我。"

严拉锁："我不！你再走，我就叫人了！"

马先富无奈，放下包，掰开严拉锁的手，说："我离开是跟领导汇报过，征得他们同意的。"

严拉锁："真的？"

马先富点点头。

严拉锁："为什么呀？"

马先富："走是早晚的事，我不过比你们先走。"

严拉锁快要哭出来了，"是不是因为我，你才走的？"

马先富："跟你有什么关系？"

严拉锁："我对不起你，是我让你受伤了，以后我一定好好练！"

马先富:“都说了跟你没关系。”

严拉锁:“你走了,我们咋办?”

马先富:“我半夜三更走,就是怕看见你这样,等我赚了钱,你和钱帅一起过来,哥几个还能在一块儿!”

严拉锁还是哭了出来。

“拉锁,”马先富鼓励他,“你记住,你不差,你行的。”

说着,马先富拎起自己的行李包,最后看了一眼严拉锁,转身径直往前走,消失在黑夜里。

44. 路上　大巴车上　外　夜

黑夜的路上,一辆机场大巴车驶过。

马先富孤独地坐在大巴里。

大巴驶进市区的高架。两旁的高楼大厦仍灯火璀璨。光影映射在大巴的车窗玻璃上,流光溢彩。

45. 机场　操场　外　晨

晨练的队伍集合,新兵班报数,这次,报的数从 1 到 9,少掉了最后马先富的“10”。

钱帅见严拉锁一言不发,低头问:“马哥的事,你知道了吗?”

没等严拉锁回答,就传来了“立正”的口令。

口令是许一江发出的,还和往常一样,干净利落。

许一江:“再过一段时间就要新兵考核了,那是决定你们去留的大事,通过考核,才能正式录用,你们必须不受任何外来因素影响,拿出最好的状态,听清楚了吗?”

“听清楚了!”新兵们的回答已经比以前整齐和响亮了许多。

许一江:“向右——转,跑步——走!”

新兵们跑起步,开始了晨练。

46. 马氏烧烤店门前　外　晨

马叔和马婶拉开店门，惊讶地发现门外坐着马先富。

马先富提着行李站了起来。

47. 马氏烧烤店店面　内　晨

“我不接受，”显然已经听了来龙去脉的马叔火了，“当一个士兵，你怎么能随随便便做逃兵呢？”

马先富辩解道：“我都说了，我们不是部队，我不是兵。我还在试用期里，可以不做。”

“你叔当兵这么多年，别的没学会，就学会一样，做事情坚持到底、有始有终！什么不是兵，当过一天兵，就是兵。民兵都是兵，别说消防兵了。”马叔振振有词地说。

马婶两边劝：“好了好了，我们真的缺人手，马儿能来帮我们，多好。你叔就是这脾气，还以为自己是兵哪，别和他计较，快进来快进来。”

说着，马婶推开了挡在过道上的马叔，提着马先富的行李，把他往楼上带。

48. 轻轨站　外　日

孙文艳拿着大包小包，出现在人群中。

站在站台上的许一江向她招了招手。

49. 轻轨站外的快餐店　内　日

许一江把一份全家桶放到桌上。

孙文艳：“这么多，咋吃得下？”

“没关系，吃不完打包。”说着，许一江递给孙文艳一块原味鸡，又有些埋怨地说，“叫你不要来，还是来了。”

孙文艳:“我来,就是要问你一句话,到底啥时候回去?”

许一江低头不语。

孙文艳:“我舅说了,要是你回去,马上就把新厂交给你来管。他正愁没个可靠的合伙人,就信任你。”

许一江:“我是想早点回去的,就是,合同还差好几个月才到期,现在又带着帮新兵蛋子……”

孙文艳:“我知道你在这儿待的时间长,有感情,可你也是时候为我们打算打算了,我都快要三十了。”

许一江:“我心里有数。”

孙文艳:“反正我想好了,你一天不走,我就在上海待一天。”

许一江:“你不走,住哪?”

孙文艳:“你忘了,我二嫂在上海有家包子铺,我帮忙去!什么时候你真打算走了,我们一块儿走。”

许一江愈加烦躁了起来。

50. 机场　操场一角　外　日

手机 QQ 上,没有任何消息,张婷婷的头像也是暗着的,钱帅有些失望。

51. 机场　操场　外　日

新兵们在进行攀登 6 米拉梯的训练,许一江挨个纠正着大家的动作。

心不在焉的钱帅,刚爬上梯子,不小心手一松,从梯子上跌了下来。

钱帅捂着手臂站起身,对许一江说:“报告,手受伤了。我去趟医务室!”

看着钱帅往医务室去,新兵们悄悄议论:“最近帅哥怎么老受伤?”

“那还用说……”大家心照不宣地讪笑。

许一江全都看在眼里。

52. 机场医务室　内　日

“别看了你,婷婷今天不在。”中年护士边说,边给钱帅胳膊擦破的一小块皮上涂红药水。

钱帅脸一红,问:“她,去哪了?”

中年护士:“人家约会还会跟我汇报?”

钱帅一愣:“约会?”

中年护士看也不看钱帅,继续涂药水:“姑娘家有约会不是很正常? 大惊小怪。人家的男朋友又高又帅又厉害……”

53. 机场消防大楼门口　外　日

钱帅垂头丧气地走进消防大楼,被许一江堵住了。

“胳膊伸出来。”许一江命令。

钱帅犹豫着。

许一江重申道:“胳膊伸出来!”

钱帅只好伸出胳膊。

许一江捋起袖子一看,顿时火了,“这算什么? 这点伤也跑医务室?”

钱帅情绪低落,埋着头一言不发。

许一江叱道:“脑子里除了姑娘,还有什么? 给我外面跑十五圈,好好清醒清醒!”

54. 机场　操场　外　黄昏

钱帅一圈一圈地跑着。

累了，在墙角蹲下，他拿出手机。

手机QQ上，张婷婷的头像忽然亮了。

犹豫了一会儿，正等他要写些什么的时候，张婷婷却下线了。

55. 机场　篮球场　外　夜

严拉锁一个人在练习三步上篮。

钱帅走过来，拿了瓶可乐递给严拉锁。

严拉锁："帅哥，你怎么了？"

钱帅："请你喝个饮料怎么了，拿着！"

严拉锁乐呵呵地接过可乐。

钱帅："一个人打什么篮球？"

严拉锁："我在练协调和反应。"

钱帅奇怪："干吗用？"

"我答应过马哥，要好好练，再说，不是马上要考核了吗？"严拉锁放下篮球，沮丧地坐在球上，"我很担心这个考核，那个接水带，我总是搞不好，知道别人怎么说我吗？不叫'严拉锁'，叫'严拉倒'算了。"

钱帅："人家能考第一的都走了，你考不出来的还瞎折腾什么？"

严拉锁求助地问："你说我咋办？"

钱帅："说实话，这两天我左思右想，觉得马哥是对的，当初我来上海，就是觉得在老家帮人装电脑，太枯燥，没前途，没想到到了这儿，每天就是训练训练训练，比装电脑更枯燥，别看现在说这个训练重要，那个考核重要，到你走的那天，还有什么跟你有关系？我觉得真没意思，还不如去做点别的。"

严拉锁："你的意思是……你也想走！？"

"轻点!"钱帅压低声音说,"我现在只跟你一个人说,怎么样,要不一块儿走,外面找活也好有个照应?"

严拉锁:"那,出去我们干啥?"

钱帅一愣,想了想:"实在不行我再去装装电脑,看机会呗,总比耗在这儿强。"

严拉锁摸着脑袋犹豫了,没有回答。

钱帅:"你再好好想想。"

56. 机场消防大楼　活动室　内　夜

钱帅在纸上写下了"辞职信"三个字。

严拉锁过来。

"怎么样,想好了?"钱帅问。

严拉锁面有难色,说:"想过了,我可以一块儿走,但是……能不能下下个礼拜再决定?"

钱帅:"下下个礼拜? 下下个礼拜不就考核了吗?"

严拉锁:"是没错,我就想考核以后,万一考不好,咱就一起走,万一能留下,我还是……我还是……"

钱帅:"呸,真没出息,考不好就不是你要走了,那是被人家赶走好不好!"

严拉锁不知道该说什么。

"走,走!"钱帅气呼呼地赶走严拉锁,又自顾自地写了起来。

57. 机场候机厅　内　日

繁忙的候机厅,乘客和工作人员来来往往。

突然,一个女乘客惊叫一声,瞪大眼睛看着天花板。

周围的旅客也纷纷抬起了头。

58. 机场总控室　内　日

总控室值班人员接起一个电话，脸色一变，立刻拿起另一路电话。

59. 机场消防大楼　办公室　内　日

赵大队一接到电话，忙拉响警报。

60. 机场　操场　外　日

警报声响起。

在训练的新兵们这回没经许一江提醒，纷纷往车库飞奔而去，穿衣、出车，一切都在短时间内完成。

61. 机场候机楼　内　日

刚刚为一位旅客听诊好了的张婷婷，身后传来同事的叫声："婷婷，快来，出事了！"

张婷婷来不及询问，放好听诊器，立刻背上医药箱匆匆跟了过去。

62. 机场候机厅　内　日

候机厅天花板的金属支架上，居然坐着一个人！

现场已经有地勤和安保人员在拿着喇叭劝导他下来。警察也出动了，但束手无策。

坐在金属支架上的"眼镜男"茫然地俯视着众人。

看到这样的情形，新兵们傻眼了，一个个面面相觑，有人嘀咕："这也归我们……"

"一队，你带几个人拉开气垫，防止他掉下来。"赵大队的声音还像平时那样沙哑沉稳，"许一江，你带人……"最后几句话，他是贴着许一江的耳朵说的。

许一江连连点头，回头看了一眼，命令道：“钱帅，你跟我来。”

钱帅跟着许一江朝候机厅一头跑去。

严拉锁和其他队员，则动作麻利地准备着气垫，从这头跑到那头。

63. 机场候机厅　内　日

边跑边思索着的钱帅忽然对许一江说：“班长，我有个主意。”

许一江探头去听，点头，然后和钱帅兵分两路。

钱帅跑到了一处可以向上攀爬的地方，检查了一下自己身上的安全带，深深地吸了一口气，抓住钢结构，就像攀登拉梯那样，稳稳地一步一步地向上攀爬。

另一边，许一江也独自爬上了钢结构。

64. 机场候机厅　内　日

赶到现场的张婷婷一看见这种情形，吃了一惊，又陡然注意到，一个身影正在向“眼镜男”慢慢靠近。当她看清这个身影是钱帅时，不由得瞪大了眼睛。

钱帅已经爬得很高了，他低头看了看身下，忽一阵眩晕。

（闪回）自己从滑竿和拉梯摔下的情景。

钱帅身子一晃，吓出了一身冷汗，连忙抬头专注地往上看，更紧地抓住了钢结构。

张婷婷看得大气也不敢出。

钱帅又继续往上爬了起来，一点点艰难地靠近“眼镜男”。

等爬到了天花板的金属支架上，钱帅招呼起“眼镜男”：“哎，哎，同志，先生……”

“眼镜男”转头，看见了靠过来的钱帅，突然站起，挥舞着双手，阻止他前进：“你不要过来，不准过来！”

钱帅：“哥们，冷静，冷静，要不要来支烟？”

“眼镜男”：“滚，滚！”

“我是来帮你的，有啥想不开的，跟我说，我看你年纪不大，跟我差不多，同龄人，没代沟，我们有啥说啥……”钱帅有一句没一句地说着。

在“眼镜男”的背后，许一江已经悄悄地爬了过来，正在慢慢靠近。

“我知道，生活不容易，大家其实都一样，要么没钱，要么失恋。”钱帅说着，想到了自己的心酸事，也一并倒出了，“比如我吧，喜欢个姑娘，但人家有男朋友了。工作也不顺，以后想干啥，能干啥，我都不知道。什么都没有，什么都不顺……”

“不顺个屁。老子卖房炒股，500 万全亏了！”“眼镜男”情绪激动了起来。

“钱没了能挣，人死了就啥也没了。”钱帅振振有词地说。

“少废话，”“眼镜男”更加暴躁了，动作幅度越来越大，“你快点滚！老子不想活了。”

他挥手的动作太大，一不小心没有掌握平衡，就要从上面坠落。

钱帅鞭长莫及。

张婷婷惊得捂住了嘴。

千钧一发之际，许一江一个箭步扑上去，粗壮的胳膊一把抓住了“眼镜男”。

眼看着两人要一起失去平衡，钱帅马上上前，一手拉住钢梁，一手抓住许一江，帮着许一江慢慢把人拉了上来。

候机大厅先是一阵惊叫，继而响起一片叫好声和雷鸣般的掌声。

65. 机场候机厅　内　日

“眼镜男”暴躁地要从医护人员身边挣脱。张婷婷按住“眼镜男”的胳膊打了一针。“眼镜男”随即被放上担架。

解开了安全带的钱帅一眼看到了忙碌中的张婷婷。

忙乱中，两人只对视了一眼，张婷婷对钱帅一笑，跟着担架走了。

钱帅和许一江被大家团团围住。

电视媒体也来了记者在现场作报道。

66. 马氏烧烤店　内/外　日

烧烤店里的电视机上，播放着机场消防救人的场面。

“担负这次救援任务的，是机场所属消防队的官兵……”

在炭火前满头大汗烧烤羊肉串、扇贝的马先富听见了，回头去看电视——屏幕上，钱帅、许一江、严拉锁一张张熟悉的面孔，媒体对他们英雄般的对待。

马先富看着电视出了神。

马婶在店外的桌前喊：“马儿，还愣着干吗？外 5 桌的烧烤好了没有！”

马先富这才低下头，继续翻动手中的烤串。

67. 机场消防大楼　寝室　内　夜

“帅哥，你今天可给新兵班长脸了！”新兵们仍沉浸在喜悦中，相互聊着。

“还好，还好。”钱帅谦虚地说，但其实很得意，“就用了一个声东击西、攻其不备的办法而已啦。”

许一江平静地靠在床上。

“你说那个人是不是神经病，没事自杀干吗？”一个队友感慨。

“就是，”钱帅认同道，“太脆弱了，真该让他到我们队里来训练训练。”

严拉锁羡慕地说：“我要像你和班长那样，救人！那多帅！”又认真地告诉钱帅，“帅哥，我想好了，我不会离开消防队的！”

一听到这话，大家都困惑地看着钱帅。

“胡说什么呢，什么离开消防队……”连忙遮掩的钱帅偷看了一眼许一江。

许一江也正在看着他，但一如既往地没有任何反应。

正这时，许一江的手机响了，他拿起手机看了一眼，走出寝室。

68. 机场消防大楼　走廊　内　夜

许一江：“没事儿，瞎操心。”

孙文艳（电话里）：“电视里看很危险嘛，爬到那么高的地方，吓死人了。”

许一江：“攀爬登高经常练，没什么特别的。”

孙文艳：“别再做这么危险的事了，万一有个三长两短，你让我怎么办？”

许一江：“不会的……”

孙文艳：“我住在上海，都见不着你，这样的日子真的不适合我。我也搞不明白了，回去有什么不好？你打算在消防队待多久？”

许一江：“呃……差不多了，等这些新兵考核完分了班吧……”

许一江挂了电话，长长长长地叹了口气。

69. 机场大巴候车站　外　日

钱帅、严拉锁和几个新兵们有说有笑地走到车站。

钱帅看见张婷婷一个人站在站台上。

大家起哄，把钱帅和张婷婷推到一处。

钱帅尴尬地站在张婷婷身边，一时不知道说什么。

张婷婷主动向钱帅招呼："你好……"

70. 某公园　外　日

路上梧桐掩映，钱帅和张婷婷一路走来。

"今天我在车站是特意为了等你。"张婷婷低头轻声说。

钱帅有点奇怪："找我有事？"

张婷婷："我一直想告诉你，那次楼顶救人，你酷毙了。"

钱帅"哦"了一声，有些无精打采。

张婷婷："你情绪不好？"

钱帅："没有。"

张婷婷走到钱帅身前，拦住他的去路。

张婷婷："怎么回事？"

钱帅扭捏了半天，这才终于说："我……知道你有男朋友了！"

张婷婷先是一愣，紧接着笑起来了。

钱帅不解："你笑什么？"

张婷婷问："你听谁说的？"

钱帅："你们医务室的护士大姐，她亲口跟我说的。"

张婷婷："你上她当了！"

钱帅摸不着头脑，问："什么意思？"

张婷婷："我是整个医务室最年轻的一个，所有阿姐都很照顾我。我们医务室经常会接触到形形色色的乘客，什么样的都有，有的和我搭讪，说些不着边际的。时间一长，阿姐们就想出这个办法，说我有男朋友，而且又高又帅什么的。这么一来，大多数人就不会再骚扰我了。"

钱帅听着，神色渐渐松弛下来："真的？"

张婷婷："骗你干什么？"

钱帅顿时来了精神，脸上的阴霾一扫而空："你前面说，你是特意在车站等我的……"

两人说着话，往远处走去。

71. 马氏烧烤店 内 日

马先富端着一大盘烧烤，放在昔日的队友们面前，自己也坐了下来："来来，别客气，今天我马哥请客，放开肚子吃！"

大家一阵欢笑，纷纷吃了起来。

严拉锁还兴奋地说着上次候机大厅救人的事情："别看帅哥长得一副书生样，那天可厉害了，那动作叫干净利落，蹭蹭几下，就靠近那人了。"

"比班长还是差点儿，最后出手的还不是老许！"有队友说。

"话不能这么说，"又有队友说，"才训练了这点时间，帅哥能做到那种程度，已经是好样的了！"

马先富在一旁听着，却接不上话头。

严拉锁感慨："要是马哥那天在的话，救人的一定是他！"

大家听了，纷纷表示赞同。

马先富装作不以为然地摆摆手，心里不是滋味。

72. 某公园　外　日

钱帅和张婷婷并肩坐着。

钱帅:“前一阵你为什么老躲着我?”

张婷婷噘了噘嘴,道:“我生你气。”

钱帅:“为什么?”

张婷婷:“你老是装病来医务室找我,都被阿姐们笑话了。而且,你一直在训练的时候找我聊天,我觉得那样不对。”

钱帅:“这样啊……是我错了。”

张婷婷:“你得保证,再也不这么做了,不然一样不理你!”

“我保证。”说着,钱帅从口袋里掏出一张叠得整整齐齐的纸。

张婷婷问:“这是什么?”

钱帅:“我的辞职信。”

张婷婷吃惊,“你要走?”

“不,你别误会,”钱帅坦诚地告诉张婷婷说,“本来,是想走的,但是,我现在找到留下的理由了!”

张婷婷看着钱帅灼灼的目光,有些不好意思。

钱帅又细细地说了起来:“别看平时训练那么枯燥,可是,到了关键时候,还真顶用。那天救人,好多人都觉得我们怎么怎么厉害,其实自己细想想,也就是平时训练的动作,关键时候用上了,就被人当成英雄……”

“你就因为这个留下了?”张婷婷打断问。

钱帅:“怎么了?”

“就没有别的原因了?”张婷婷有些失望,嘟囔着嘴,起身径自走开。

钱帅连忙追了上去,对张婷婷耳语了几句。

张婷婷“扑哧”一笑,捶了钱帅一拳:“讨厌!”

73. 马氏烧烤店　外　日

新兵们和马先富告别。

马先富目送着他们离开，依依不舍。

过了一会儿，马先富看到一群身着制服的卫生检疫人员，从远处走来。

马先富并没有意识到什么，身后的马叔急了："马儿，还愣着干吗？快把里里外外收拾收拾！"

说着，马叔抓起扫帚就开始扫地。

马婶满脸堆笑地把检查人员让进店里。

马先富也拿起扫帚清扫起一地的食物、竹棍、餐巾纸、烟头，把一大袋垃圾扔进了挨着店的垃圾桶里……

74. 机场消防大楼　寝室　操场　车库/路上　马氏烧烤店　内/外　日/夜

起床号响起。

新兵们熟练地穿衣，下楼，集合，和老兵一般无二。

（同步）起床后的马先富去进货（海鲜、肉类）、洗白菜、切萝卜片、串烤串。

在许一江的监督下，新兵们开始了新的一天的训练。

（同步）马先富在烤串、端盘子。

钱帅和严拉锁坐进消防车，出车去执行任务。

（同步）面对一桌子残羹冷炙，马先富一个人在收拾。

钱帅陪着严拉锁打篮球。

（同步）马先富扫地，倒垃圾。

晚上，钱帅和张婷婷 QQ 聊天，把训练的照片发给她看；严拉锁睡得很香。

（同步）躺在床上的马先富辗转反侧。

75. 垃圾桶　马氏烧烤店　外　夜

一个没有掐灭的烟头隐隐地闪着火星，点燃了一旁的餐巾纸。餐巾纸旁紧挨着一个被丢弃的打火机，烧着了，一下蹿出了火苗。

垃圾桶着火了。火烧到了一块木板，木板连着烧烤店的窗框，窗框也着火了。

76. 马氏烧烤店　内　夜

醒着的马先富似乎闻到了什么味道，消防员的警觉让他猛然从床上蹦起，推开房门，急忙往楼下跑去。

店堂里，火已经烧着了整个窗框。

马先富忙拿起一旁的工作服就向火扑去，无奈火势太大，扑了两下并没有将火势压住。

马先富急忙去打开店门，然后扭头朝楼上冲回去，一边着急地大喊："叔，婶……"

"……着火了，快出来！"冲上二楼的马先富拼命地敲打马叔马婶的房门，又冲回自己屋里，抱了床被子到厕所开水笼头打湿，再回到马叔马婶的房门外。

马叔马婶开门出来，睡眼惺忪的二人还没弄清楚出了什么事。

还没等他们开口，马先富便把被子披到马叔和马婶身上，扶他们快步下楼，边说："跟我来！"

大火已经烧着了大门，并蔓延到了店里。

马婶看到眼前的情形，被吓呆了。

火焰在他们身边飞舞，火舌把出去的路死死地封住。

马先富吩咐马叔："叔，你护着婶，听我口令，一起冲过去！一、二、三！"

马叔听令，和马先富护着马婶，一起埋头朝火海里冲了进去……

77. 马氏烧烤店　外　夜

冲出火海的马叔马婶惊魂未定地站起身，回头看着熊熊燃烧的店铺。

他们的身后传来了警笛声，闪着警示灯的消防车已经赶到了现场。

马先富本能地上前去帮忙，却被下车的消防员拦住了："请后退，不要干扰我们工作！"

一股水柱喷涌而出。

店里的火势渐渐得到了控制。消防员们专业而投入。马叔马婶和围观的邻居们对消防队员们感激而信任。看着这一切的马先富，一屁股坐到了地上。

泪水不知什么时候涌上马先富的眼眶，他捂住脸，忍不住抽泣着……

78. 马氏烧烤店　外　晨

"马儿，擦把脸。"马婶给坐在地上的马先富递上了一条毛巾，是消防队留下的毛巾。

抬头接过毛巾，马先富愣愣地看着火已完全灭了、被烧得焦黑的烧烤店。

马叔直愣愣地站在不远处。

"这次多亏你，不然我和你叔两条老命都没了，"马婶抹着眼泪喃喃自语道，"就是可惜了这些家当，八年来省吃俭用、起早贪黑，才有了这点东西……"

"哭什么！该挣的都挣到了，积蓄还有。"马叔走上前，"店没了，可以再来嘛，我刚退伍那会儿咱们有什么了？还不是白手起家！我当兵这么多年，别的没学会，就学会一样，从来不放弃！”

马婶还是忍不住地抽泣。

马叔只好安慰道：“好啦，你不是一直说想回老家看看吗？原来有店跑不开，现在好了，店没了，我们可以回去了。”

马先富问：“你们要回去？”

“外面钱不好挣，钱也是挣不够的，”马叔叹了口气，语重心长地对马先富说，“现在回想起来，我这一辈子，最怀念的八年，不是开店的这八年，是在部队当兵的八年。如果我是你，马儿，我决不会离开消防队，更不可能说走就走。”

79. 机场停机坪大门外　外　日

走来的马先富站在铁门外面。透过铁门，可以远远地看见停机坪里训练的消防员们。

保安走上前，没等问话，马先富扭头便走。

“哎，你干什么的？”保安叫住了他。

“没什么，随便看看。”马先富边走，边故作随意地说。

铁门开了，一辆消防队的吉普车开了出来，坐在副驾驶座的许一江看见了马先富。

“马先富！”

听到有人叫自己的名字，马先富回头，看见了从车里探出头的许一江。

“你怎么在这儿？”许一江指了指后座道，“上车。”

80. 机场边的便利店　外　日

许一江和马先富一人一罐地喝着啤酒。

“最近怎么样？”许一江问。

马先富："一般。"

许一江没说话，自顾自地喝着酒。

沉默了半晌，马先富咬咬牙，开了口："班长，队里还需要人吗？"

许一江面无表情，"什么意思？"

马先富："我的意思是，要是……要是我回来，队里还会要我吗？"

许一江："回来？出什么事了？"

马先富："也没什么，就是……到外面打工才知道，挣点钱真不容易……"

"所以你想回消防队？"许一江不动声色地仰脖喝了一口啤酒，"你要知道回来没那么容易的。"

马先富："真的这么难？"

许一江摇了摇头："怎么能说来就来，说走就走？"

"要是为难，那就算了。"马先富说着，把喝光的啤酒罐往边上一扔，径自走了。

许一江还要说什么的，马先富已经走远。

81. 马氏烧烤店　外　日

"马儿，你打算去哪儿？"马叔问拎着行李要走的马先富。

马先富故作自信地说："我有去处，你们放心吧，到了老家给我个电话。"又想到什么，叮嘱道："叔，托您给我妈捎的东西别忘了，也别告诉她我离开消防队的事，就说我在上海过得好好的，过两年就接她来住！"

"好。"马叔嘴上答应，脸色却显得十分担忧。

突然传来汽车喇叭声，马先富回头一看，发现是机场消防队的吉普车。

“马先富，你腿伤好了是吗？”司机探头问。

马先富没弄明白状况：“哎？”

司机：“赵大队让我来接你归队！上车吧！”

马先富愣了一愣，又看了看马叔、马婶，告辞着说：“那……那我先走了。”

马先富懵里懵懂地上了车。

车子开走。

马叔看着远去的车子，高兴极了：“原来是回队里啊，不早说，害得我担心半天。”

马婶也笑了：“好马不吃回头草，我们马儿是什么个性，这种吃回头草的事，会跟你说？”

82. 机场　操场　外　晨

起床号响起。

新兵们快速地下楼，在操场集合，没有人迟到，队伍整整齐齐，开始报数。

报数报到“9”后，听到了一个久违的声音，洪亮而坚定。

“10！”

是马先富。他排在了队伍里，就像从来没有离开过一样，精神抖擞。

严拉锁和钱帅的脸上，都抑制不住兴奋的神色。

许一江却像平时一样严肃，对马先富的回归没有任何表示，大声叫着口令，“向右——转！跑步——走！”

83. 机场消防大楼　办公室　内　日

“报告！”许一江站在门口。

赵大队示意他进来坐下，从抽屉里拿出那张“休假单”放在许一江面前。

赵大队:“这个是你写的吧?”

许一江意外,“你怎么……”

赵大队:“一起这么多年,你的字我还认不出啊,幼稚!”

许一江:“这么说,你早就知道小马不是请假?”

赵大队:“废话。”

许一江:“我觉得他是个当消防兵的料,觉得走了可惜,才……不过,我倒没想到他真的能回来。”

赵大队:“我知道你的心思,才没说破。既然回来了,就要确保他安安心心工作。”

许一江:“放心,这小子是聪明人,不会不懂得珍惜机会。所以……队长,我要走了。”

84. 机场消防大楼　寝室　内　日

大家兴奋地围着马先富说话。

“马哥,你能回来真好。”严拉锁由衷地说。

“正好赶上考核,”钱帅笑着问,“没问题吧你?”

“你说呢?”马先富自信满满,“别以为比我多练了一个月就能跟我叫板!”

钱帅见严拉锁扭头往走廊去,奇怪:“你去哪儿?”

严拉锁更奇怪了:“撒泡尿不行?”

85. 机场消防大楼　走廊　内　日

严拉锁往厕所方向走去,经过办公室,听到了里面的对话声。

赵大队:“这么说你是决定了?”

许一江似乎在解释,但听不清楚在说什么。

严拉锁好奇地贴着门板去仔细听。

赵大队："马先富一回来，你就要走，你就这么信得过他？"

严拉锁听到这儿，不由得一愣，又听到推椅子起身的声音，一惊吓，连忙开溜。

86. 机场消防大楼　寝室　内　日

"老许要走？"马先富第一个急了。

严拉锁："我没听清楚。"

马先富更着急了："他走是不是和我回来有关？"

"反正赵队长说了一句'马先富一回来，你就要走'。"严拉锁如实道。

"按道理，你走了是回不来的，我估计班长提出自己走，把你换回来。"钱帅猜测道。

马先富猛地站起身："不行，我去找赵队长，跟他说清楚……"

钱帅和严拉锁一左一右把马先富拽住。

马先富："拉我干吗？"

严拉锁不知道该怎么回答，看钱帅。

钱帅："你这一去，班长做的不都白费了。"

"对，没错！"严拉锁附和道。

马先富："那也不能因为他想了办法让我回来就得换他走！"

钱帅："别冲动，大伙再合计合计！"

马先富："那还能怎么办？"

钱帅想了想："事到如今，我看只有一个办法。"

马先富和严拉锁："什么？"

钱帅："考核啊。"

大家没有听明白。

钱帅："你想想，咱们这个新兵班，是老许一手带出来的没错吧。”

大家点头。

钱帅：“要是在考核当中，我们都通过了，而且成绩都优秀，那是不是说明老许教导有方，会带新兵，是不是他应该留下？”

马先富：“没错。”

钱帅：“我刚才想了一下，全员通过可能没什么大问题，但要成绩都优秀，我们还是有软肋的。”

大家都朝严拉锁打量。

严拉锁没有觉察：“什么是软肋，帅哥你直接说怎么办吧！”

钱帅：“总之，老许能不能留下，主动权在我们手上。”

马先富动员起大家，“这段时间要加大训练力度！”

严拉锁第一个应和：“好！我一直都在练，接下去还要怎么练？”

大家又都看着严拉锁。

87. 机场　操场　外　日

严拉锁一声大吼，朝训练塔飞奔过去。

“回来！”马先富叫住他，“呼吸器没带！”

严拉锁返回，拿起呼吸器，又大吼着朝训练塔冲去。

到塔基处，拿起水枪连接，他发现连接头弄错了。

“回来！再来！”马先富喊道。

严拉锁回过头，又从头再来。

“回来！呼吸器！”

严拉锁一次一次地重复着佩戴呼吸器二带一枪的动作顺序。

许一江远远地看着。

88. 机场消防大楼　活动室　内　夜

走过活动室，许一江往里张望，只见空荡荡的活动室，严拉锁和钱帅还在背诵消防理论知识。

严拉锁："一具照明灯，一支水枪、两根干线水带，跑至 20 米处放下一根干线水带，铺设第二根连接第三根，取第四名放下的水带，铺设第五和第七根……"

钱帅："错，是第六和第七根。"

严拉锁："取第三根水带，铺设第六第七根……"

钱帅："错，取第四名放下的水带。"

严拉锁："取第四名放下的水带，铺设第二第三……哎呀，乱了，全乱了！"

钱帅："你别死记硬背，想想平时的训练，是什么顺序，把顺序描述出来就对了！"

89. 机场　篮球场　外　日

运球、过人、上篮，马先富轻松地把球送进篮筐。

马先富拾起篮球，丢给严拉锁，说："来，一模一样做一遍。"

严拉锁笨拙地运球，在钱帅面前做假动作，人不停晃动，球却拿着不动，被钱帅一巴掌把球拍落。

严拉锁气馁。

"协调性已经比以前好多了，"马先富鼓励着严拉锁，"再来！"

在二楼办公室的窗前，许一江正看着他们，他的脸上第一次露出了笑容，但同时也带有一丝失落。

90. 机场消防大楼　考核室　内　日

黑板上写着"新兵考核"的字样。

监考官将一张张考卷发到新兵手里。

铃声一响，大家开始埋头书写，个个奋笔疾书。

91. 机场　操场　外　日

攀登拉梯、翻越障碍、铺设水带、接水枪……新兵们个个完成得很好。

尤其马先富几个干净利落的动作，引来旁边观看的老兵们一阵掌声，考官们连连点头。

“8 号。”随着监考官的一声叫，严拉锁出列。

大家顿时都紧张了起来。

马先富对钱帅小声嘀咕：“我们训练他那么多遍，不会有问题吧。”

钱帅忐忑不安：“期待奇迹吧……”

一声哨响，严拉锁跑了出去，成功地翻越了障碍板，在器材线处拿了一支水枪，两根干线水带，跑向独木桥。

钱帅等人一阵欢呼。

马先富：“别高兴得太早，还要出枪！”

大家注意着严拉锁的一举一动。

严拉锁跑到四分水器处，把水带放在地面上，佩戴起空气呼吸器，他拿起水带连接水枪，动作顺序准确无误。

严拉锁接好水枪，大喊一声：“开水！”

在一旁围观的新兵们发出一阵欢呼，纷纷冲上去和严拉锁拥抱在了一块儿。

许一江也暗自松了口气。

92. 机场　操场　外　黄昏

“新兵考核的最后一项，是一次实战演习。”许一江还是一如既往的严肃、果断，不带任何感情色彩，“今天，你们每个人的表现都很出色，但是，消防工作还需要有很强的应变能力和团队协作能力。最后一个考核项目，大家好好干。”

“是！”新兵们异口同声，声音嘹亮，他们排着整齐的队列，个个精神抖擞地站在许一江的面前。

93. 机场消防大楼　寝室　内　夜

许一江把自己的衣服、鞋帽一一放进箱子，打包。

新兵们默默看着，谁也没说什么。

严拉锁凑到钱帅跟前，压低声音问：“演习到底什么时候啊？别等班长走了才演习，那怎么办？”

“你问我，我问谁去？”钱帅也心烦着，“要是告诉你什么时候演习，那还能叫演习？”

严拉锁一脸无奈，看看周围没人说话，一头捂进了被子里。

94. 某航班　内　夜

飞机从云层下降，已经可以清晰地看到地面星星点点的光亮。

驾驶室里，机长和副手向机场汇报着飞机飞行的情况。

机舱里的乘务员检查着乘客们的安全带，广播用英语播报着将要降落到浦东机场的时间。

95. 机场风向标　外　夜

一直低垂着的红白相间的风向标，突然被风吹得鼓了起来，在空中舞动。

96. 机场候机楼　内　夜

张婷婷为一个地勤人员测量着血压。

“没事的，估计是累的，休息下就好。”她笑着告诉对方。

97. 飞机驾驶室　内　夜

驾驶室里已经可以清晰地看到机场的跑道，机长有条不紊地控制着仪器设备。飞机向跑道靠近。

突然有只什么东西撞上飞机的玻璃窗，发出重重的“咚”声。

很快，接二连三的撞击声传来，驾驶室的飞行员们顿时紧张起来。

98. 机身外　外　夜

一群飞鸟与飞机迎面相遇，其中有几只被吸入了飞机的引擎，引擎顿时发出一阵剧烈的爆炸声，燃烧起来。

99. 机舱内　内　夜

有靠窗的乘客看见了着火的引擎，吓得大声尖叫。

100. 驾驶室　内　夜

机长：“关闭引擎！”

窗外着火的引擎停止转动。

机长：“通知机场，要他们做好救援准备！”

101. 机场消防大楼　外 夜

消防大楼响起警报声。

102. 机场消防大楼　寝室　内　夜

许一江和新兵们迅速从床上跳起。

严拉锁异常兴奋：“演习，演习了！”

103. 机场消防大楼　消防车里　　外　夜

在警报声中,矫健的身影一个个顺滑竿滑下,穿衣,戴帽,上车……

消防大楼红色的卷帘门升起。新兵班的消防车第一个开出车库。紧接着,其他消防车一辆接一辆驶出车库。

看到其他班的消防车也开出了车库,钱帅纳闷了,凑到马先富耳边:“马哥,我们演习怎么其他班也跟出来?”

马先富:“不跟出来能像真的吗!”

这时候,车里的对讲机里传来赵大队的声音,“这不是演习,这不是演习。”

钱帅:“听到没,赵大队都在说不是演习。”

马先富:“要是他说是演习那还能像真的吗?”

钱帅依旧疑惑。

104. 机场跑道　消防车里　　外　夜

消防车停在跑道边上待命。

只见空中一点火光,越来越近,能看清楚是一架一边机翼在燃烧的飞机倾斜着从低空呼啸而过。

新兵们全都看傻眼了。

严拉锁:“这飞机弄得跟真的似的……”

钱帅:“那就是真的,真出事了!”

马先富:“管他真的假的,该做的一样要做!”

许一江大吼一声:“愣着干吗? 出发!”

消防车尾随着飞机一路追去。

105. 事故现场　消防车里　　外　夜

飞机紧急迫降,先是一侧机身后是机尾擦到地面,又起火燃烧，冲出跑道，滑到一片洼地里。一时间爆炸声响起，起火点更多，滚滚的浓烟直冲天空。

追来的消防车里，新兵们看得不禁有些胆怯。

“戴上呼吸器，”许一江命令道，又补了一句，“记住平时的训练。”

106. 事故现场　外　夜

消防车一停下来，严拉锁第一个跳下车，跟队友配合着铺设水带、接好水枪，动作准确无误，大叫一声：“开水！”

负责开水的队员立刻打开水闸。

水柱朝着飞机的起火点喷射。

与此同时，主力曲臂消防车升起了救援臂，对准主要的起火点开启泡沫枪，喷射出的泡沫覆盖了大半个火场。

赵大队也正带领着几组消防队员伸长水带，在上风方向设立水枪阵地，扑灭多处火点。

许一江则挥手示意钱帅、马先富等几个新兵跟他朝客机断裂处和几个敞开的紧急出口冲过去。

地上很泥泞，有队员险些滑倒。

一进机舱，消防队员们和乘务员一起指挥、组织乘客们朝安全的地方疏散。

107. 机场候机楼　内　夜

候机的旅客看见远处冒起了浓烟，纷纷不安地站到窗边，关注着事情的进展。

张婷婷和几个医务人员快跑着经过。

108. 机舱内　内　夜

机舱内弥漫着浓浓的烟雾，乘客大多撤离了，留下的消防员们仔细地搜寻着遗留下来的乘客。

靠着头盔上的灯，马先富看到有人伸出手臂求救。

是个老人，躺在地上，额头磕破，满脸鲜血。老人的脚被卡在变形的座椅下，动弹不得。

马先富试着搬动卡住老人的座椅，却丝毫移动不了。

钱帅看见了，忙过来摆了摆手，示意马先富不要硬拉。他跑开了，没过一会儿，拿来两个液压扩张器，在卡住的脚的两边，熟练地放置好位置，大叫一声："加压！"

马先富按动按钮。液压扩张器渐渐撑开了一些空隙。钱帅小心翼翼地将老人的腿从夹缝中挪了出来。

走来的许一江示意他俩把伤者送出去，自己边仔细地搜索着，边往后舱去。

马先富要跟，被许一江阻拦了。

马先富只得和钱帅一起扛着老人往舱外撤离。

109. 事故现场　外　夜

整个事故现场的明火已经得到了控制，但浓烟滚滚，救援和消防工作还在持续进行，消防员和医务人员互相协作着，严拉锁和老兵们一样，操作着水枪坚持战斗。

钱帅和马先富扛着老人从浓烟中出来，踩着又滑又脏的泥地，一鼓作气地跑到了安全区域。

已经来到现场的张婷婷连忙上去，从他们手里接过伤员，帮老人做初步的检查。

钱帅和马先富拉下呼吸器，大口大口地喘着粗气，张婷婷给他们递上两瓶矿泉水。

钱帅一口气喝了半瓶，转身又要进入火场。

张婷婷忙道："你先别回去，赵大队说可能会二次爆炸。"

钱帅急了，"班长还在里面，我得回去。"

张婷婷阻拦："你不能去。"

马先富立即用肩上的对讲机跟班长联系，但对讲机里全是杂音，根本听不清，他一扔对讲机，便朝机舱那里跑了过去，一头扎进了浓烟里。

钱帅连忙追上去，但晚了一步，马先富冲进机舱，钱帅被几个队员拦住。

"危险！要爆炸了！"

钱帅大吼道："班长，班长还在里面！"

正说话间，一声巨响，飞机靠近油箱的地方发生爆炸，整个飞机的遗骸又出现了明火。

一旁的严拉锁也惊呆了，大叫了一声："马哥……"

110. 事故现场　外　夜

进入后舱的路被巨大的金属板材以及很多的碎块堵住了。严拉锁和钱帅用手一块一块地搬动着，手指已经受伤流血。

有消防员拿着生命探测仪探测废墟，突然指着一处大叫："这儿！这下面有人！"

听到喊声的钱帅不顾一切扑过去，搬开障碍物。有块金属板大得一个人搬不动，严拉锁来帮忙，还是搬不动，更多的消防员冲上来帮忙。巨大的金属板被大家齐心协力掀起，一名被压在金属板下的伤员被发现。大家七手八脚把他抬了出去。张婷婷连忙上前检查伤员。

钱帅抢过了一个生命探测仪，在飞机残骸上一寸一寸地寻找着生命迹象。严拉锁仍用手一块一块地搬动和挖着碎块，执着地想打开一条进入后舱的路。

111. 机舱内　内　夜

睁开了眼睛,马先富什么也没看见,等想了想,才意识到自己是在已变形的后舱内,烟雾太大了,以至于什么也看不见。

他扶着座位,努力地站了起来,发现自己的腿受伤了。马先富拖着腿,扶着两边的椅背,他边往前走,边四下检视着。

吸入的烟气让他呕吐眩晕,神智开始恍惚。

在恍惚中,他似乎看见两个座位中间有个人被卡着。他走了过去,一摸索,发现自己没有搞错,再仔细一看,发现那人是许一江。

马先富使出全力,拉出了许一江,又看见在许一江的身下,有一个女人和一个孩子。

马先富抱起孩子,背着女人,扶着许一江,往前走去。但,找不到出口的他,越来越迷糊,体力也越来越不支……

许一江渐渐苏醒了过来,一看见马先富,顿时清醒了很多,也忙搀扶住了他。

两人就这样相互扶持着……

112. 事故现场　外　夜

严拉锁搬开一块又一块碎块,忽然发现了一个小洞口,他更起劲地挖了起来。不一会儿,一个进口被他挖了出来。他钻了进去。钱帅看见了,也忙紧随其后。

113. 事故现场　外　晨

东方渐渐泛出了鱼肚白。

事故现场,明火已经扑灭,但依然升腾着浓烟。

电视台的新闻记者在外围报道着事故现场的情况。

消防员和机场人员还在废墟中搜救着幸存者。

“看见许一江和他的兵了吗?”赵大队在人群里找着什么。

被问的都摇头。

赵大队又在废墟中寻找了起来……

就在快要绝望的时候,他看见滚滚的浓烟中出现了四个人影,越来越近,走出了浓烟。

正是他们四个,不,是六个:钱帅抱着一个小孩,严拉锁背着一个女人,许一江和马先富两个人相互搀扶着蹒跚地走来。

满身污渍、筋疲力尽的马先富和许一江,虚弱不堪。赵大队忙过去将两人扶住。

看到赵大队,许一江的嘴角露出一丝微笑,马先富报告:“后舱里面没有人了……”

赵大队忍不住一把抱住马先富和许一江。

整个事故现场的救援依然在紧张进行着,消防车、救护车闪烁着警灯,来来往往。

114. 机场消防大楼　车库　内　日

“庆功会”的横幅下,所有消防员们聚集一堂,还坐着不少领导。

“这次救援,我们的消防兵表现出色。”赵大队站在落地话筒前宣布,“那么重大的事故,救援的结果是,没有一人死亡,没有一人失踪。”

大家都很吃惊,随即响起了欢呼声和掌声。

赵大队看了许一江一眼,“这次尤其要表扬新兵班。新兵们第一次面对那么大的事故,表现出了专业的能力,大无畏的精神,而且互帮互助,永不放弃,值得我们学习。我和几个指挥官商量过了，这次新兵考核，每个人都是优秀。”

又是热烈的欢呼声和掌声。

严拉锁突然站了起来，“报告!”

赵大队一愣：“说!”

“班长，”严拉锁动情地说，“我们不想让你走!”

大家的目光都聚焦到许一江身上。

“连话也不会说，”钱帅低声埋怨着，忙站起身，补充道，“赵大队，严拉锁的意思是，新兵班能有今天的表现，全是班长的功劳，我们不希望班长离开!”

马先富也一下站起了身，对许一江说：“班长，我知道你是为了我才要走的，我宁愿不回来，也要你留下!”又转向赵大队说：“队长，错在我，让班长留下吧!”

“是啊，让班长留下吧!”其他队友们也纷纷起立说。

许一江环顾四周，发现所有的目光都集中在自己身上，这才不得不慢慢地站了起来。“你们的心意我领了，”他说，“走，是我自己的选择，和你们没有任何关系。”

严拉锁不能理解，“班长，好好的，干吗要走?”

许一江看看赵大队，看看大家：“我在这里待了快六年了，有大哥，有兄弟，能救火，能救人。说没有牵挂，是假的。但是，我也有自己的生活，我想好了，必须这么做，”他不禁流下了眼泪。“这是我人生中最重要的六年，教会了我最重要的一课，就是怎么成为一名合格的战士，”他努力地对新兵们挤出了一个笑容，“我只要你们记住一句话——在这里，你们不单单是企业的员工，你们都是货真价实的消防战士!”

说完，许一江又转向赵大队郑重地敬了一个军礼：“赵大队，请准许一个老兵退伍!”

赵大队点点头，也郑重地敬了一个军礼。

马先富、钱帅和严拉锁都止不住泪流满面。在场的所有的人，都默默起立，哽咽着敬起了军礼……

115. 机场停机坪大门外　外　日

艳阳高照，蓝天白云，这是一个少有的好天气。

孙文艳拿着行李，在铁门外等待。

张婷婷走了出来："文艳姐！许班长让我来接你。"

116. 机场消防大楼　寝室　内　日

许一江正在收拾着自己的行李，看着空无一人的寝室，十分感慨。

新兵们突然涌了进来。

钱帅："班长！走之前，我们有个礼物要给你。"

许一江："什么礼物？"

严拉锁："你跟我们来就知道了！"

大家不由分说地拖着许一江就走。

117. 机场　操场　外　日

许一江还是平常的一身训练服，被消防员们强行拖到操场上。

许一江："你们想干什么？我还要整理行李！"

钱帅："班长，少安毋躁，惊喜马上就到！"

马先富带头，哼起了《婚礼进行曲》，所有的新兵们也随之一起哼唱起来。

不明就里的许一江一回头，看见远处张婷婷和孙文艳并肩而来。让他惊讶的是，孙文艳穿了一身洁白的婚纱，她身边的张婷婷则穿着伴娘的短裙。

孙文艳被张婷婷领到许一江身边。

许一江看着自己美丽的未婚妻，竟说不出话来。

孙文艳红着脸说："他们说，这都是你的主意？"

许一江："我……"

马先富抢先说："就要走了，班长说，要跟大家留个纪念，大家说是不是？"

"是！"

大家起着哄，把两个人推向了消防大楼前。

以消防大楼背景，钱帅给许一江和孙文艳拍了一组婚纱照片。

平时严肃的许一江，也不禁流露出了欣喜和感动。

马先富忽然提议："哎！今天机会不错，让帅哥和婷婷也拍几张，好不好？"

大家一阵欢呼，又把钱帅和张婷婷也推在了一块儿。

两人害羞，但在队友的鼓动下，拍了一张又一张。

天色渐暗，大家打开了消防车的车灯，车灯前，年轻人快乐地嚷着、笑着、欢呼着……

118. 机场　操场　远景　外　黄昏

警报声忽然响了。

正在操场上快乐地拍照片的队员们一听到警报声，立刻进入工作状态。

所有的消防员冲进车库，换好衣服，上车。

"出发！"许一江一声令下。

消防车一辆辆从消防大楼前开走。

张婷婷和孙文艳两个女人，看着消防员们远去的身影。

"妹子，你怎么会找一个消防员？"孙文艳突然问。

张婷婷脸一红，低头想了想，对孙文艳微笑着回答：“因为在我眼里，他是个英雄！”

张婷婷看见医疗队的救护车也远远地来了，忙向那里跑去。去时，她回眸一笑，脸上满是自豪。

在金色的余晖中，机坪分外美丽，远处的航站楼矗立，航班起起落落忙碌而井然有序。

（剧　终）

## 导师评语

许朋乐

一连看了数十部出自青年编剧之手的电影剧本，五味杂陈，感慨颇多。一方面为上海涌现这么多有职业理想追求和基本写作技能的年轻编剧而兴奋，为过去那种见林不见鸟的狭隘汗颜；一方面又为一些年轻人呈现的创作题材局限单一、故事人物苍白单薄而感到遗憾，尤其是一些依样画葫芦、模仿沿袭那些票房成功之作生搬硬套的剧本，更显示出那种“装在篮里就是菜”的急躁和浮夸。正是缘于这样的心境，我特别推崇《我们是战士》（原名《机翼下的消防兵》），尽管它还有点稚嫩，也不乏瑕疵。

这部作品给我的第一感觉是编剧的创作态度是认真的。作为80后的她，视觉并未游离于生活而一味地为了某种功利去猎奇、去拼凑、去硬搬、去堆砌、去编造。她捕捉了生活中很不显眼的一群人，并深入其中与他们零距离接触，熟悉他们，理解他们。在她的笔下，他们很普通，他们是千千万万进城谋生的农民工的一分子，身上带着乡村的质朴和农民的淳厚，他们又不寻常，因为他们是80后的新人，文化和见识使他们有别于自己的父辈兄长，作为维系机场和乘客安危的不穿军装的消防兵，他们更显得与众不同。时代的印记、环境的变异、身份的转换、角色的反差，营造了他们生活特有的色彩，构建了剧本应有的骨架，也彰显了题材的新意。

让我心动的除了题材之外，还有作者平实的笔触。她没有奢侈地运用笔墨去渲染这群人物的奇特，也没有肆意放大他们的情感世界，去描摹社会的繁芜、生活的时尚、爱情的变奏和精神的彷徨，而是把握健康向上的基调，认真细致地描写他们各自的梦想以及寻梦的经历、逐梦的勇气，真实地记录他们的喜怒哀乐、酸甜苦辣，以及自身缺陷和与城市生活的隔阂、冲突，开掘了生活，触及了心灵，塑造了人物，揭示了社会的变革对生活的冲撞。

作者在人物的设计上能注意个性差异，讲究演绎层次，很少人为的粉饰和雕琢。马先富、钱帅、严拉锁几个新兵蛋子以及他们的班长许一江，虽然都是来自山东临沂，在性格上有许多共性，但由于家庭文化背景和年龄的不同，又各自有着鲜明的个性色彩，并折射出时代的特征。这些在性格、品行上有着强者、智者、弱者标记的年轻人，虽然待人处事的风格和方式截然不同，但他们对未来的规划、对理想的追求是认真的执着的，他们不屈服于命运的安排、敢于自我挑战的勇气和胆识是相同的。而这些正是我们这个时代所呼唤和需求的。

当然，作为年轻人的习作，存在着这样那样的缺点和瑕疵在所难免。譬如，结构上如何更完整，做到前后呼应有板有眼；情节的磨砺、故事的推进如何更精致更细腻、更有趣味、更有节奏；人物的个性化设计能否寻找更多的细节和爆发的节点；语言的色彩如何体现既有生活的气息而又更有个性的张扬，等等。但我相信，瑕不掩瑜，开局对了就会争取到好的结局，只要作者能坚持自己的艺术追求和创作风格，采撷生活的精髓，这些体现功力和能力的技艺，必然会在不断的实践中得到提高。

电　影

# 幸福梦

马心羽

**马心羽**

女，1984年出生，上海戏剧学院戏剧影视文学系本科毕业，在法国ESEC电影高等研究学院学习了电影导演后，回国继续从事影视剧和舞台剧的创作，现在深圳广播电影电视集团旗下的公共频道《彩虹心愿》栏目组担任总编导，同时兼任上海电影艺术学院编导系讲师。主要创作作品有：电影《爱在心角落》，话剧《维罗妮卡的房间》、《画皮》、《雪地杀机》、《圣诞夜惊魂》、《记忆底牌》，儿童剧《小鱼姐姐讲故事》、《灰姑娘》等。

1. 夜　外　街上

［一部救护车在夜幕中行驶着。

［救护车开进医院。

2. 夜　内　医院手术室门口

［郭伟口戴氧气罩被推过走廊，进入手术室。

［郭伟的母亲——郭阿姨疯狂地跟在郭伟后面，随后哭喊着倒在地上。

［豆豆搀扶起郭阿姨，镜头转向 Vivian，她露出不解的表情，郭阿姨拉着 Vivian，使劲询问她。Vivian 摇头，郭阿姨又倒地。Vivian 离开。

3. 夜　内　手术室

［手术室中的郭伟脑海中，回到事发时的状态。

4. 夜　外　露台上

［郭伟掉下露台。

［郭伟看着 Vivian 在露台上，低头冲他看着的惊讶的脸。

［Vivian 表情定格。

5. 夜　外　黑洞

［主人公郭伟(32 岁左右)感觉自己仿佛掉落在了花团锦簇的花海(伟哥作用)，或者深不见底的海底(特效)。

［郭伟自叙(画外音)："2012 年 10 月 5 日凌晨 2 点 08 分 57 秒，我人生第一次服用伟哥，却从巅峰掉到了谷底。在那一瞬间，眼前出现了几张奇怪的脸，那是许多

女人的脸，熟悉的、陌生的，美的、丑的，爱我的、恨我的，或者，对我又爱又恨的。”

6. 夜　内

［镜头倒退表示记忆闪回，郭伟从楼下倒回露台。

［Vivian 举着酒杯，妩媚的神色。

7. 日　外　路边

［镜头倒退，豆豆被丢在路边，风尘仆仆的脸上，迷茫的眼神。

8. 日　外　摄影棚外

［镜头倒退，女模特 Selina 挑逗的笑。

9. 日　内　后台模特化妆间

［总设计师司徒妖精高傲的男人婆的表情，她看着女模特时专注的痴迷的目光和看着郭伟时鄙夷的目光。

10. 日　内　摄影棚

［镜头倒退到摄影棚，开始正叙，摄影棚中，大家忙忙碌碌，给模特上妆、换衣服、拍照。

**郭　伟**　我的名字叫郭伟，郭沫若的郭，伟大的伟。我进这个英国人开的服装设计公司已经四年，今年 2 月，我终于爬上了梦寐以求的总设计师助理的位置——我敢说，那个男人婆的每一件设计图纸上都涂满了我郭伟的灵感和心血，没有我，她也许连一件内衣都画不出来。

［司徒妖精正在给模特 Selina 调整衣服搭扣。

司　徒　草绿色的帽子——David!

［郭伟急忙从人堆里飞奔出去，从身上披挂着的无数围巾、帽子、蝴蝶结中抽出草绿色的帽子。

司　徒　不是这顶，我要的是那顶——那顶草绿色的。

郭　伟　这就是草绿色的。

［司徒皱眉。突然不知道从哪里冲过来一个别的设计助理人妖，头上顶着七八顶红橙黄绿各色的帽子。

人　妖　司徒姐姐，您要的是这顶吗？（递上一顶蓝帽子）。

司　徒　没错，就是它。

［人妖暗自向郭伟投出胜利的一瞥，郭伟转头，发现大家都有点嘲笑他的意思。

郭　伟　对不起，我以为你要的是绿色的帽子。

司　徒　（不耐烦）没错啊？

郭　伟　可这是蓝色的。

司　徒　我们的灯是黄暖色的！难道你不需要考虑灯光的色调吗？为什么你跟了我那么多年还是一副从巴黎回来时候的蠢样子？

人　妖　没办法，谁叫他随身只戴了那顶绿帽子。

［全体笑。

司　徒　我看你真应该叫你的新女朋友带你去看一下色盲症，或许她做董事长的Uncle可以叫公司把你的医药费报销。

［全体笑得更厉害。

11. 日　外　摄影棚外

［郭伟叼着香烟，一脚把垃圾桶踢翻。

［他正在发泄，骂娘，一回头，却看到Selina站在她

身后。

［郭伟立刻装成绅士风度。

**Selina** 你就是这个公司内定的未来总设计师？David郭？

**郭　伟** 那只是他们开我的玩笑，事实上我离这一步还早着呢。

**Selina** 别难过，她那是赤裸裸的妒忌。对了，听说你是因为得了巴黎时装新秀奖才被挖过来的，你在法国学的时装设计？

**郭　伟** 是的，我……

［郭伟电话铃响，他接起电话。

**郭　伟** Vivian？

**Vivian** David，你那该死的拍摄什么时候结束？我和Angela正在逛商场，她想见一见我那才华横溢的男朋友——对了，Prada新出了一款限量版的包包，好漂亮！

**郭　伟** 买呗，信用卡不是在你这里吗？

**Vivian** 哇，你真好！

**郭　伟** 这是应该的。

**Vivian** 那我们在卢丽斯酒吧等你，你结束了就来。

**郭　伟** 好。

［郭伟挂上电话，发现Selina就站在他身边非常近的距离，一副要撩拨他的样子。郭伟吓了一大跳。

**Selina** 那就是林董事长的侄女Vivian林吗？

**郭　伟** 是她。

**Selina** 你到底用了什么方式追上的她？可以给我展示一下吗？

**郭　伟** 我没追她，是她倒贴过来的。

**Selina** Don't waste my time，David郭。

［Selina把郭伟拉到身边，两人暧昧，接吻，突然，郭伟

看到一只手的影子在把摄影棚的门往外推。

[郭伟急忙推开 Selina。

**Vivian** 怎么了?

[Vivian 走到门口。

**Selina** 您是?

**郭阿姨** 请问,这门上的外文我看不懂,写得是不是……

**Selina** 厕所在那一头。

**郭阿姨** 啊?我不是……

[郭伟听到这声音,吓了一跳,赶紧回头,背对着郭阿姨。

**秘　书** 走廊到底,右拐——哎哎!你干什么?

[郭阿姨自说自话推门出来,看到郭伟背影。

**郭阿姨** 大伟!

[郭伟回头,看着母亲,尴尬地笑笑。

**郭　伟** 妈……

[郭阿姨迎上去。

**郭阿姨** 大伟!你可把我找死了,你这小子为什么不接电话?是不是嫌弃我手机太旧了,信号不好,你懒得跟我讲话?

**郭　伟** (打断她)Selina,我跟您介绍,这是我的……妈妈。

**秘　书** 嗯?

**郭　伟** (凑在她耳边说)Nani——奶妈。

**秘　书** (微笑)哦……Nani!你好!

**郭阿姨** 洋文?哈哈,你是?

**郭　伟** 她是……

**郭阿姨** 我知道了!你一定就是薇薇吧!我们家大伟老把你挂在嘴边,他夸你长得漂亮,心地也好……

**郭　伟**　不，她不是 Vivian，是我们的模特——Selina。

**郭阿姨**　模特？难怪这么漂亮……那薇薇呢，薇薇在哪儿？

［郭伟拉住郭阿姨往里走。

12. 日　内　摄影棚后面走廊

**郭　伟**　妈，你怎么找到这里的？

**郭阿姨**　我检查了你口袋里的违章停车罚款单呗！就许我儿子什么都保密，不许老妈我当特工？你是我的娃，无论你走到哪里，妈妈我都会找到你的！

**郭　伟**　嘘！妈，拜托你不要在大庭广众下一口一个你是我的娃，注意一下你儿子的公众形象——我可是被董事长看中的下一任时装设计师。

**郭阿姨**　啥？

**郭　伟**　不说了，您来有事儿吗？没事儿我让司机送您回去。

**郭阿姨**　谁说没事儿！当然有事儿，是急事！

**郭　伟**　啥急事？

**郭阿姨**　你还记得那个小时候很喜欢抱着你的王大妈吗？就是那个胖胖的，嘴角有一颗痣，在这儿……

**郭　伟**　记得……不记得……

**郭阿姨**　到底记得不记得？

**郭　伟**　怎么啦？

**郭阿姨**　她女儿来啦！

**郭　伟**　哪里？这儿？

**郭阿姨**　6 点的火车，还有（看表）——啊呀，半小时不到了。你赶紧去接！

**郭　伟**　我去接？（看郭阿姨脸色不对）……好吧好吧，我派我的司机去接。

**郭阿姨**　不行！必须是你亲自去！我答应王大妈的！

**郭　伟**　妈！你这面子有什么好争的！

**郭阿姨**　什么叫争面子？她是你的干妹妹，你是她的干哥哥，你不亲自接说得过去吗？

**郭　伟**　可是我压根儿不认识她！她……她不会又是咱们村儿哪个傻妞，看了我的新闻报道后一心跑来投奔我，求我让她做模特做明星吧？

**郭阿姨**　不是！（怒）你把俺们家豆豆看成啥了！人家的志愿是做旅店老板娘！

**郭　伟**　哦。

**郭阿姨**　人家才不稀罕整天跟她们这帮化妆化得跟猴屁股一样的长脚蜘蛛精混在一块呢。

［模特从郭阿姨身边走过，以惊讶的目光看着她。郭伟无地自容，拉郭阿姨走到门外。

13. 日　外　摄影棚门外

**郭　伟**　妈，妈……您别说了行吗？

**郭阿姨**　那你到底接不接？

**郭　伟**　接，我接。

**郭阿姨**　亲自去？

**郭　伟**　亲自去。

14. 日　外　火车站

［郭伟坐在豪车中，焦虑等待，看着表。

［郭伟手机响了，接电话。

**司　机**　哥们儿，你怎么又把我车开走啦？

**郭　伟**　别吵了阿牛，算我欠你一个人情行了吧——我今天要去和 Vivian 约会，没办法，难道骑自行车去吗？

**司　机**　好吧，别弄脏了，千万别再让他们在我车子里呕吐。

**郭　伟**　行啦，放心吧。

［郭伟挂上电话，电话又响了。

**郭阿姨**　接上了吗？

**郭　伟**　没有啊，她说的是南门吗？我都等了一刻钟了。

**郭阿姨**　是啊！她个傻丫头！以前就一直迷路，现在还迷！

**郭　伟**　行了，我等她电话，您别占线了。

**郭阿姨**　好好！

［郭伟挂断电话，松了口气。

［郭伟看郭阿姨留下的纸条，写着：豆豆　电话号码＊＊＊＊＊＊。

［郭伟拨打电话，显示，您拨打的用户正在通话中。

［一个时髦的女人从火车站走出来，直奔他走来。

［郭伟看着那女人。

**郭　伟**　豆豆？

**女　人**　这车真漂亮，能载我一程吗？

**郭　伟**　不行。

**女　人**　不要这么冷酷嘛，帅哥，留个电话吗？

**郭　伟**　呃……（上下打量她）让我考虑一下。

［郭伟赶紧开车离开。

15. 日　外　火车站另一边

［郭伟路过警岗，看到一个拎着大包小包的乡下女人扯着一个乡下男人的衣服在和他对骂。

**乡下女人**　就他就他！

［看上去像一对吵架的小夫妻，郭伟开过去。

［等到开远了，郭伟脑海中突然闪现，这女人放在地上的包上系着一条手帕，上面有一只大大的云宝宝的图案。

16. 日　外　故乡后山

［他回忆闪现：小时候，学校后山，他把云宝宝的手帕系在一个女孩的膝盖上。

［女孩在哭。

17. 日　外　镜头闪回

［闪现刚才路过的乡下女人的脸。

18. 日　外　火车站另一边

［郭伟开回警岗。

［只见乡下女人（豆豆）还在叫。

**男　人**　不是我，真不是我——不信你搜啊。

**乡下女人**　警察叔叔！真的就是他！就是他！

［郭伟走出车门，看着她。

**郭　伟**　你是……

［乡下女人看着郭伟，愣了片刻，突然叫起来。

**乡下女人**　伟哥！

［警察和那个被她死死抓着的男人都回过头，用诡异的眼神看着他。

**郭　伟**　……

**乡下女人**　伟哥！我想死你了！

［乡下女人拥抱郭伟，那男人被松开手，立马逃走。

**乡下女人**　喂！你站住！滚你丫的！给我站住！

［乡下女人追，很快没影了。

［警察木木地看着郭伟。

**警　察**　你是她……什么人？

**郭　伟**　（尴尬）我……我也不知道。

19. 日　内　捷豹车里

［郭伟开着车，用高级手帕擦被豆豆蹭在领子上的灰。

［豆豆在打电话，声音巨大。

**豆　豆**　喂！干娘！接上了！伟哥亲自来的！开着一部特高级的宝马！

**郭　伟**　（自言自语）是捷豹……

**豆　豆**　是！我一下火车手机就给人家抢啦！什么？报警了！当然报警了！

［郭伟揉揉耳朵。

**豆　豆**　伟哥，俺干娘叫你听电话。

［郭伟接过电话。

**郭　伟**　喂……报警了，妈，没用，那男的浑身上下没搜出任何东西。

**豆　豆**　他一定是悄悄转移了！

**郭　伟**　我怀疑豆豆是不是看错了。

**豆　豆**　不可能！他问我借手机来着！我怎么能看错？就是他！

**郭　伟**　借？

**豆　豆**　对啊！是我先把手机借给他使的。

**郭　伟**　你怎么能？你……妈我不跟你说了，前面有警察，我挂了，再见。

［郭伟挂上电话。

[豆豆还在自言自语。

豆　豆　没想到他一拿过去就跑啦。

郭　伟　那你也太缺心眼了。

豆　豆　我妈说，出门在外要互相帮助。

郭　伟　可是你手机没了，怪谁呢？

豆　豆　万一那个人真的是急需要用手机呢？没准是他家里煤气泄漏或者着火了呢？

郭　伟　行行。

[两人沉默。

[堵车。

[郭伟看表，焦虑。

郭　伟　豆豆，等警察来前，你把安全带系上。

豆　豆　啥？

郭　伟　安全带，你左手边的带子。

豆　豆　咋拿出来？

[郭伟无奈，上去帮豆豆系安全带。

豆　豆　你干吗?!

[豆豆一拳。

20. 日　外　路上

[汽车迅速打了一个弯，停下。

21. 日　内　捷豹车

[警察走过来，敲玻璃。

[郭伟开窗，用手帕捂着脸。

警　察　怎么了？（看郭伟眼睛）边开车边干坏事了？

郭　伟　……

［豆豆脸红，尴尬。

**警　察**　行驶证驾驶证。

［郭伟出示。

**警　察**　你的驾车记录够糟糕的，已经 24 张罚单，被记 11 分了。

**郭　伟**　是的，我明天就去交。

**警　察**　这车里怎么一股味儿？

**郭　伟**　哪有？（闻）好像真的有一股味儿。

**豆　豆**　哦，那是俺老家带来的土特产，菜卤豆腐，把黄豆腐放在冷水锅里用旺火煮到豆腐出现许多小孔时取出，再将猪排用开水焯一下，上面加清汤、酱油、糖，用小温火烧……

**郭　伟**　你这一路上都闷坏了吧。

**豆　豆**　没有啊。

［豆豆把包里的塑料袋打开，凑近去闻。

［郭伟和警察都被熏翻。

**豆　豆**　就是这个味儿，没坏——您要尝尝吗？

**警　察**　不用了，谢谢！（对郭）以后开车小心点，别跟自己过不去，不然吃亏的还是你。

**郭　伟**　是，是，您走好！

22. 日　外　路上

［警察开摩托车离开。

23. 日　内　捷豹车

［郭伟用手帕包着眼睛，用餐巾纸堵着鼻子，继续开车，豆豆坐在一边手足无措。

［电话铃响，郭伟摁断。

[豆豆偷瞄郭伟手机，屏幕上是一个美女。

[手机又响。

**豆　豆**　你为什么不接？

**郭　伟**　懒得接。

**豆　豆**　万一她需要你帮助呢？万一她家煤气泄漏或者着火了呢？

**郭　伟**　行了行了，我接，但是你别说话行吗？

[豆豆拼命点头。

[郭伟接电话，自动转成汽车免提电话模式。

**Vivian**　Honey，Where are you?

**豆　豆**　是洋妞！

[郭伟瞪了她一眼。

**Vivian**　谁在那儿？

**郭　伟**　……没人。

**Vivian**　你撒谎，我明明听到一个女人的声音！是不是Katherine？还是Ivy？

[豆豆又要说话，郭伟赶紧捂住她嘴。

**郭　伟**　我说了，根本没人。

**Vivian**　Fine，6点半你必须到，别迟到。另外，我用你卡刷了两瓶红酒，不贵，就6 000。

**豆　豆**　（被捂着嘴叫）6 000！

**郭　伟**　放心吧，绝对不会迟到的。

[Vivian挂完电话，许久。

**豆　豆**　6 000还不算贵？

24. 日　外　公交车站旁

[郭伟一个急刹车，停在路边。

25. 日　内　捷豹车

**郭　伟**　我不能送你了，我赶着要去开会。这个站头上有125路车，直接开到我家门口，你自己去吧。

**豆　豆**　啊？我一个人？

**郭　伟**　你刚没听见人家在催我吗？6点半，你看现在都几点了？

**豆　豆**　……好吧。

［豆豆磨磨蹭蹭走出车子。

［郭伟准备启动，被豆豆拦住。

**豆　豆**　哎哎，伟哥……

**郭　伟**　怎么了？

**豆　豆**　你要不要带点儿家乡的土特产给你的朋友们？

**郭　伟**　（哭笑不得）不用了。

［郭伟丢下豆豆，用飞一样的速度离开了。

［反光镜里，豆豆的眼神十分迷茫。

郭伟自叙："我开了十分钟后想起来，我忘记把她下车的站名儿告诉她了——不过没关系，她可以打电话给我妈——不过她好像手机被偷了——算了，管她的。"

26. 夜　外　大街上

［豆豆下车，茫然地看着一张地址，东张西望。

27. 夜　外　露天酒吧

［郭伟走进酒吧，被一堆人妖朋友左拥右抱。

［郭伟搜索着Vivian的身影。

［Vivian在人群中怨恨地看了他一眼。

28. 夜　外　大街上

［豆豆在街上走着，拿着地址问路人，很多人懒得搭理她。

29. 夜　外　露天酒吧

［Vivian 假装要走，郭伟拉住她。

**郭　伟**　Vivian!

**Vivian**　(冷冷地)What's up? 你看看现在几点了？说好不迟到的。你是不是和那几个新来的模特打得火热，乐不思蜀了？

**郭　伟**　就算那样，司徒那家伙肯定抢在我前面，根本也轮不上我呀。

**某　男**　唉……David，你这叫妄自菲薄，你忘记我们 Vivian 的 Uncle 是你们公司亚太部 CEO 吗？他叫谁上位谁就可以上位，要谁下来谁就必须下来！现在你是他准侄女婿，他不扶你，难道还真的扶持那个男人婆吗？

**某　女**　对啊，以后女模特啊，女摄影师这些都不在话下，就是你真看上哪个男模……

［某男咳嗽，看 Vivian 脸色，某女闭嘴。

**某　女**　(轻声)如果看上哪个男模，别忘了给姐姐我留着。

**郭　伟**　是的，是的，还请多多指教。

**Vivian**　指教什么呀，一群拿着老爹的卡乱刷的寄生虫。哪像我们 David，什么都靠自己。知道吗？他老爸老妈终年环游欧洲，从来不管他。他家就一个老保姆照顾他，基本上什么都靠他自己。

**某　女**　哟，看 Vivian 姐多疼你，处处向着你说话，看得我都快吃醋了。

[服务生端来气泡酒。

**服务生** 先生您看一下 82 年的马提尼……

**某　男** 别问我，金主在这里——（指着郭伟）一会儿他买单，不是我。

**郭　伟** 嗯。

**服务生** 先生您要先尝一口吗？

**Vivian** 让他尝一下，他祖父是波尔多的酿酒师。

[郭伟假装喝了一口。

**郭　伟** 不错。

**Vivian** 那给我们来两瓶。

[服务生点头离去。

**某　女** 敬我们未来的大设计师——David 郭。

**某　男** 敬 David 郭！

[众人干杯。

[Vivian 的舅舅林总带着司徒妖精和另一个宾客出现。

**林　总** 瞧瞧，瞧瞧，现在的小年轻，一副外国派头。

**Vivian** Uncle！你怎么来了？

**郭　伟** （慌忙站起来）林总，司徒姐。

**司　徒** （皮笑肉不笑）David，今天整个公司都在加班打样板，你倒是挺优哉的嘛。

**郭　伟** 您要的三套中西合璧风格的设计图我已经画好发到您邮箱里了。

**林　总** 不错！你叫 David 是吧！常听 Vivian 提到你，说上次你在米兰时装周遇到她，对她很是照顾。

**Vivian** David 是我们公司设计部特地从巴黎时装学院挖过来的高才生。

**林　总** 是吗？Bonsoir。

郭　伟　Bonsoir，Monsieur。

Vivian　David的父母都是法籍华裔，他从小在塞纳河边的香槟别墅长大。

［郭伟有点尴尬地点点头。

林　总　难怪郭先生长得一副欧洲人的轮廓。

司　徒　就是巴黎的水有点儿硬，容易掉头发！哈哈哈哈！

［大家都干笑。

Vivian　听说司徒小姐的设计灵感，很多都是David提供的呢。

司　徒　听谁说的？

郭　伟　我们是一个团队！

林　总　团队！说得好！年轻人前途无量啊！哈哈哈哈！

［林总朝郭伟眨眨眼，带着司徒离去。

Vivian　这男人婆骨子里都透着讨厌。

某　女　据说她以前是个很了不起的设计师，不过现在越来越不堪了。

某　男　我真烦这些从乡下什么犄角旮旯爬出来的穷鬼，一旦翻身成了点儿气候，就跟吸血鬼一样，冷酷、自私、不近人情。

Vivian　我也鄙视这些人。

［郭伟电话响了，是郭阿姨，郭伟赶紧摁掉。

［Vivian怨恨地看了他一眼。

Vivian　你不用在我面前太刻意，我知道你和"她们"谈的都是工作的话题。

郭　伟　怎么会呢？这是我的保姆——今天她……她女儿从乡下——越南乡下出来找她，下午我去接了一下——你电话里听到的"女人声"就是她。

［郭伟说"女人"的时候特地用手比划了一下引号，表示

他打心眼里不觉得豆豆是真正的女人。

**Vivian** 她女儿?

**郭 伟** 是的……这女人绝对是极品。

**Vivian** 我不相信。

**郭 伟** 不相信的话你可以去我车上闻闻,她带过来的家乡特产,那味儿起码得洗三次车才洗掉。

**Vivian** 那是什么特产? 好吃吗?

**郭 伟** 黄豆……卤菜?

**Vivian** 听名字就好恶心!

30. 夜 外 大街上

[豆豆路过烤鸭店,豆豆的肚子咕咕叫。

[豆豆在街边坐下,把卤菜豆腐打开,用手指头捞了吃。

[路过的行人都纷纷避行。

[豆豆突然站起来,高挥手臂。

[郭阿姨匆匆从街的另一头跑过来,风尘仆仆的样子。

[两人拥抱。

31. 夜 内 五星级宾馆

[郭伟把 Vivian 抱进五星级宾馆总统套房。

**Vivian** David,今天又预备了什么惊喜?

**郭 伟** 你等着瞧吧。

[灯灭,大提琴的音乐响起。

**Vivian** 巴赫? 太俗气了点吧?

[郭伟拉开窗帘,三个穿着高级燕尾服的人在阳台上演奏。

[郭伟把 Vivian 抱上床,亲热。

**Vivian**　什么东西！硌到我了。

［Vivian 掀开床单，只见一个项链盒。

［她打开盒子，一条亮闪闪的项链。

**Vivian**　David，你？你……

**郭　伟**　喜欢吗？

**Vivian**　这就是露西摩尔在环球杂志上戴的那条限量版项链吗？

**郭　伟**　是的。

**Vivian**　David！我爱死你了！这一次春季服装展销会，我一定会说服 Uncle 让你代替那个男人婆成为主角的！

**郭　伟**　不不，我追你的目的可不是因为这个。

**Vivian**　我知道，可是（抓起他的手），我真的想为你做些什么。

**郭　伟**　你真的想为我做些什么？

［Vivian 狂点头。

**郭　伟**　那就去把项链戴上给我看看吧。

**Vivian**　好的。

［Vivian 凑到他耳边。

**Vivian**　我先去洗一个澡，然后再戴。

［Vivian 进厕所，郭伟兴奋地做了一个胜利者的手势，随后看了看身边正木讷看着他的乐队成员。

［郭伟揉了揉耳朵，表示对这个音乐完全不感兴趣。随后打发乐队成员离开。

**郭　伟**　跟你们经纪人说，下次派年轻点的乐手过来，最好是女的。

［乐队离开。

［郭伟赶紧从小盒子里拿出三粒伟哥吞下，随后趴在床上做俯卧撑，脱衣服，喷香水。

［电话铃响起。

［郭伟接电话。

32. 夜　外　大街

［豆豆和郭阿姨一边走，郭阿姨一边打电话。

**郭阿姨**　大伟，你车没事吧。豆豆说你车抛锚了，所以把她放在了公交车站。她迷路了，我找了她三个小时才找到她，这孩子真是个路痴，你现在还好吧，车子修过了吗？

33. 夜　内　五星级酒店

［郭伟打了一个哈欠。

**郭　伟**　嗯？抛锚？哦——嗯。

［Vivian从厕所里款款走出，身上披着浴袍，脖子上戴着项链。

［郭伟看得馋涎欲滴，赶紧挂了电话。

**郭阿姨**　喂，喂？

［Vivian走到郭伟身边，做撩人动作。

**Vivian**　我的红酒呢？

［郭伟扫了一眼室内酒吧台，没有，再一看，在露台上。

［Vivian拉着郭伟去露台。

［两人来到露台，Vivian一屁股坐到栏杆上。

［郭伟看着下面，有点胆战心惊。

**Vivian**　你怎么了？

［Vivian露出一点点大腿，郭伟听到自己吃完伟哥后的心跳声。

［眼前的Vivian变得模模糊糊，有种幻觉加仙境的

感觉。

**郭　伟**　Vivian，你真是太迷人了。

**Vivian**　说你爱我。

**郭　伟**　我爱你。

**Vivian**　站在这里说。（拍拍围栏）

［郭伟跳上栏杆。

**郭　伟**　Vivian，我爱你！

［郭伟看着下面，脚一抖，掉了下去。

**Vivian**　啊！David？

［郭伟掉到撑开的遮阳伞上，缓冲后落到地上。

［郭伟躺在地上，眼神中露出笑意。

**Vivian**　David！！！

34. 夜　外　大街

［郭阿姨帮豆豆拎的包掉在地上。

［郭阿姨僵住。

［镜头从郭阿姨面前放大，像倒带一样再次全部闪现。

35. 夜　内　急诊室

［镜头落回到郭伟半开半闭的眼睛里，瞳孔放大，眼前医生正在极力抢救他。

［背景是嘟嘟的心跳和沉重的一呼一吸的氧气罩的声音。

36. 日　内　海中

［郭伟掉到海里。

［郭伟浑身被海水包裹。

［郭伟看到海水外透着的阳光。

［郭伟听到模模糊糊母亲的叫声：大伟——大伟——

37. 日　内　海中

郭伟自叙："说起来真的很恶心，真正把我唤醒的不是母亲的呼喊，而是豆豆带过来的家乡特产卤菜豆腐的臭味。"

38. 日　内　病房

［郭伟轻颤了一下，他的感觉苏醒了，但是眼睛没有睁开。

［耳边传来母亲由轻变响的声音。

**护　士**　这位家属，能不能把你吃的东西用什么盖起来，很多病人都投诉了。

**豆　豆**　哎，好……对不起啊。主要是因为我干娘几天木吃东西了，我带过来让她开开胃，请诸位大哥大姐见谅，见谅啊。

**郭阿姨**　（虚弱）豆豆，别管我了，照料一下你自己吧。

**豆　豆**　不用。阿姨，你吃菜粥。

**郭阿姨**　我不吃。大伟不醒过来，我就永远不吃了。

**护　士**　大妈，您看您这又是何必呢！

**病人家属**　就是啊，我们深有体会，您首先得自己照顾好自个儿，接着再照顾你儿子。不能啥事儿都丢给你女儿——她一个人忙不过来。

**郭阿姨**　豆豆，你来了五六天，天天陪我在医院耗着。你自己多喝两口粥。别管我。

**豆　豆**　这啥话！你不喝，我也不喝了！

**郭阿姨**　你不喝，我也不喝！

**护　士**　瞧这娘俩脾气！

［护士离去。

［豆豆气呼呼地坐着，抬眼瞟了郭伟一眼，只见他半睁着眼睛，茫然地看着她。

**豆　豆**　看我也木用，我就是不喝！

［豆豆别过脸去，过了两秒钟，突然转过头，椅子也掀翻了。

**豆　豆**　伟……伟哥醒了！干娘！

**郭阿姨**　啥？

［郭阿姨赶紧摸郭伟的脸、手。

**郭阿姨**　儿子？娃？大伟？

**郭　伟**　……妈。

**郭阿姨**　娃！

**豆　豆**　伟哥！

［两人上前搂住郭伟。

**郭阿姨**　快……快按护士铃……铃呢？响了没有？响了没有？

**豆　豆**　护士！护士！

［豆豆像报丧一样尖叫着飞奔出去。

［郭伟看着豆豆远去的背景，再回头看母亲饱含热泪的眼神。再低头，看着自己的脚。

［郭伟自叙："这一刻，我发现我真正的噩梦才刚刚开始。"

［音乐，流畅剪辑。

39. 日　内　病房

［豆豆和郭阿姨轮流倒水，把水倒凉给郭伟喝。

40. 日　内　病房

［医生给郭伟测试脚，郭伟摇头。

［郭阿姨在一边十分忧伤。

41. 日　内　病房

［郭阿姨和豆豆在窗户上贴剪纸，郭伟无动于衷。

42. 日　内　病房

［郭阿姨给郭伟喂粥，豆豆给郭伟喂卤菜豆腐，郭伟恶心地转向一边。

**病　人**　怎么那么臭啊？

**郭　伟**　烦死了，妈，我们换单人病房。

**郭阿姨**　好，好。

43. 日　内　病房

［医院技师教授豆豆如何给郭伟按摩，豆豆在记笔记，纸上一个很恐怖的木乃伊的各种穴位。

44. 日　外　郭伟家停车空地

［郭伟的人妖同事把郭伟的捷豹开走。

**人　妖**　不好意思，代我向 David 问好。

［郭阿姨点点头。

45. 日　内　病房

［豆豆把水放在椅子上，郭阿姨给郭伟脱下衣服，给郭伟擦身，豆豆吓得赶紧回避，把水都打翻了。

46. 夜　内　病房

［郭伟睁眼在床上发呆，动他的手和脚，没有反应。

［郭阿姨趴在郭伟脚边睡觉。

［音乐停止。

47. 日　内　医院门口

［一部豪华车停在医院门口。

［Vivian 穿着粉色紧身衣，高跟鞋，下车，摘下墨镜，藐视又鄙夷地环顾了医院一圈，随后对身后的司机说。

**Vivian**　在这儿等一下。

［某女、某男下车，跟着她走进医院。

48. 日　内　医院走廊

［Vivian，某女、某男踩着高跟鞋或尖头皮鞋噔噔噔在走廊里走过。

［所有走廊里睡着的病人，走过的家属、病人都纷纷看着这个趾高气扬的女人。

49. 日　内　医院病房

［郭阿姨在给郭伟做腿部按摩，Vivian 等人走进来。

**郭　伟**　Vivian?

**Vivian**　David……Divid!

［Vivian 扑倒在郭伟床边，抬起头，梨花带雨。

［郭阿姨茫然地退到一边。

**某　男**　Vivian，别那么哭，不知道的人还以为你奔丧呢。

**Vivian**　对不起，对不起我来晚了，自从那件事以后，我简直羞愧难当。Uncle说医院太脏，不让我来，可是我还是瞒着他来了。David，我最近老是做噩梦，梦到好像是我把你推下去的！

**郭　伟**　怎么可能！你没有做错任何事，全怪我自己不小心。

**Vivian**　David，你真好，你是世界上最最好的男人。

**郭　伟**　林总不知道这件事吧？

**某　女**　现在全公司，连英国总部都知道你因为服用伟哥从楼上掉下去。

**某　男**　他们都谣传你脊椎受损，会终身瘫痪。

**Vivian**　David，是这样吗？你真的会瘫痪吗？

［郭伟脸色发白。

**郭阿姨**　不会的！别胡说，我家大伟不会瘫痪的！嘘！

**Vivian**　她……她就是那天晚上，抓着我的手不停询问我的女人！

**某　男**　你把Vivian吓坏了。

**郭阿姨**　对……对不起。

**某　女**　你是David的什么人？

**郭阿姨**　我是……

**郭　伟**　她就是我的Nani。

**某　男**　（怀疑地看着郭阿姨）保姆怎么那么紧张你？

**某　女**　我知道，她就是从小把David带大的那个越南保姆。

**Vivian**　David，出了那么大的事情，你的父母还是不回来看你吗？

［郭阿姨似懂非懂地看着郭伟，郭伟躲避她的目光。

**郭　伟**　他……他们还在环球旅行。

**某　女**　他们可真狠心。

**郭　伟**　没办法……这是，这是他们的工作。

**某　男**　为环球旅游日报编写专栏——这叫什么破工作——他们太自私了，selfish parents。

[Vivian 拉住郭阿姨的手。

**Vivian**　David，还是你的 Nani 好，Nani，你听得懂中文吗？听得懂吗？

[郭阿姨很茫然地点头。

**Vivian**　我知道你从小把 David 养大，对他就像亲生父母一样好，Divid 以后交给你照顾了，有事可以跟我打电话，这是我的名片，你拿着。

[郭阿姨接过 Vivian 名片，全洋文。

**郭阿姨**　全……全洋文？

**Vivian**　Sorry，我知道你看不懂，你来自越南哪里——

**David**　Vivian，你快回去吧，别在医院里待着，别让你的 Uncle 担心。

**Vivian**　可是 David，我刚才看了一下，这家医院的环境太差了，他们怎么能连单人病房都不给你安排？不行，我要叫 Uncle 给你转一家私人医院好不好？

**某　男**　（酸溜溜地）你看，Vivian 对你多好。

**David**　不不！千万不要！我现在正在很关键的康复期，不宜挪动。

**Vivian**　那你答应我三个星期内好起来，答应我吗？

**David**　好的……我答应你。

**Vivian**　David，你真好。

**某　男**　我们快走吧，这里有一股令人呕吐的味道，快把我呛死了。

**某　女**　（指着豆豆的卤菜豆腐）好像是这东西发出来的。

**Vivian**　我一定会再来看你的，走了 David，走了，Nani。

[Vivian 等人轮流和郭阿姨贴面礼，郭阿姨慌张，Vivian 含泪离开。

[Vivian 等人走后，郭伟无地自容地低垂着眼睛。

[郭伟突然感觉有人站在门口看着他，他一转头，看见豆豆拎着保暖壶，怔怔地看着他。

[豆豆的眼神中充满着惊讶和困惑。

**郭阿姨** 哟，豆豆来啦。

**豆　豆** ……

**郭阿姨** 没水了，我……我刚才居然忘记给薇薇小姐倒水……我去打点水去。

[郭阿姨赶紧离开。

[豆豆走到郭伟床边，重重地把暖壶放在桌上。

[郭伟吓了一跳，抬头看着豆豆。

[豆豆转身离开。

50. 日　内　茶水间

[郭阿姨走到茶水间，一边倒水，突然眼泪掉了下来。

[豆豆进茶水间，看到郭阿姨，默默上前抱住她。

**豆　豆** 干娘……别难过，不要难过……

**郭阿姨** 大伟他……他知道自己可能要终身瘫痪了，薇薇小姐告诉他了……这下他会怎么想？他会不会很难过呀……

**豆　豆** ……

[豆豆掉下一颗眼泪，从心底里叹了口气。

51. 日　内　医院结账处

[郭阿姨刷卡，发现卡爆了。

[卡面：余额不足。

52. 日　外　银行门口

［郭阿姨从 ATM 取款机看，发现余额为 430 元。

［郭阿姨焦虑。豆豆走过来，安慰她。

53. 日　内　救护车

［郭伟坐在救护车里，茫然看着车外一家家的服装店和灯红酒绿的世界。

［看到街头走过的时髦女郎。

［看到那些豪车里的成功人士们。

［豆豆和郭阿姨依偎在一起，豆豆拉着郭阿姨的手，郭阿姨忧心地看着郭伟。

54. 日　内　郭伟家

［豆豆和郭阿姨齐力把郭伟扶到床上。

55. 日　外　公园门口

［郭阿姨和豆豆来到公园，摆摊。

**郭阿姨**　你叫吧，我……我说不出口。

**豆　豆**　剪纸啦！瞧一瞧，看一看啊！

56. 日　内　郭伟家

［司徒妖精和一群服装界的朋友们按门铃。

［郭阿姨开门，他们像过圣诞节一样涌进房间。

**奇装异服者们**　Surprise！

**奇装异服者们**　David！

［豆豆看着其中一个人妖一样的男人和郭伟行贴面礼，很恶心。

**David** 你们怎么来了?

**司徒妖精** 没办法,林老板叫我必须来看望一下你,所以我就来了。

[郭阿姨端水进来,放在桌上。

[司徒妖精顺手把一件衣服递给郭阿姨。

**司徒妖精** (冷漠地)帮我把外套挂一下。

[郭阿姨点头,小心翼翼地拿起衣服,离去。

[豆豆愤怒地走进厨房,打开冰箱。

[豆豆拿着卤菜豆腐把每一件衣服都熏了一遍。

[郭伟房间传出他们放肆的笑声。

[豆豆打开门走进去。

**奇装异服者** 这什么味道!

[豆豆把卤菜豆腐端到屋里,放在桌上。

**豆　豆** 大家——要不要尝一尝我们家乡的土特产?越南产的,名字叫"古达摩卡"。

**人　妖** "古达摩卡"?名字倒是不错,可是味道……

[人妖用手遮住鼻子。

[奇装异服者们纷纷变脸,摇头。

[郭伟暗自愤怒地看着豆豆,豆豆扭头离去。

57. 日　内　郭伟家

[豆豆帮郭伟按摩腿,郭伟叫。

**郭　伟** 啊哟!轻点儿!

**豆　豆** 不是没感觉了吗?

**郭　伟** 你压到我那里了!

[豆豆赶紧抽手,离去。

58. 日　外　公园门口

［下大雨，郭阿姨的摊位被风吹得七倒八歪。

［豆豆跑过来和郭阿姨一起收拾。

［两人合力把东西拿到屋檐下。

59. 日　内　郭伟厕所

［郭伟上完厕所。

**郭　伟**　妈……

［豆豆走进来，两鼻子各塞一个餐巾纸球。

**郭　伟**　我妈呢？

**豆　豆**　感冒了，正躺着呢。你屁股撅一下，我擦不到。

**郭　伟**　给我！我自己来！

60. 日　内　郭阿姨房间门口

［郭伟把轮椅推到郭阿姨门口。

**郭　伟**　你没事吧？

**郭阿姨**　没事没事，你千万别进来，当心传染。

［郭伟无奈离开。

61. 日　外　公园

［郭阿姨和豆豆继续公园摆摊。

62. 日　内　客厅

［郭伟在客厅沙发上看电视，做上臂锻炼。

［电视中放着服装秀的走台。

**记　者**　万众瞩目的 JOICY 春季时装秀即将开幕，这一次，总设计师司徒青青提出了一套中西合璧的设计方案。

[司徒妖精接受采访。

司徒妖精　这套方案的创意来自我的一次意大利暴走的旅行，当时……

[电视突然被豆豆关了，郭伟惊讶，略微愤怒地看着她。

豆　豆　看太多电视对眼睛不好。

郭　伟　你想太多了，现在花 1 万就能去做激光手术把度数清零。

豆　豆　怎么清零法？

郭　伟　把视网膜削薄一层。

豆　豆　视网膜是什么？

郭　伟　就是你的眼睛。

豆　豆　那以后再近视怎么办？像削马铃薯皮一样越削越薄？

[郭伟翻了一个白眼。

[郭阿姨端着晚饭过来。

郭阿姨　晚饭好啦！

63. 夜　内　餐厅

[郭阿姨和豆豆伺候郭伟坐到餐桌边。

郭阿姨　吃吧！

郭阿姨　今天我做了大伟最喜欢的鱼头粉丝汤，这个鱼头我特地去菜场买的——

[郭伟手机响了，他接起电话。

郭　伟　喂？Selina……想你啊，当然想你。什么？他们居然没有让你出席秀场？不可能吧，我问一下林总，没事，他对我就像亲儿子一样，不会有任何问题的，不如我现在给他打电话？

[郭伟说话的时候，郭阿姨悄悄对豆豆说。

郭阿姨　鲤鱼头3块9一斤，比一个月前涨了六毛，鲫鱼头8块5一斤，黄鱼虽然好吃，但是……

[豆豆边听，边点头，眼神却看着郭伟。

[郭伟挂上电话。

郭阿姨　打完了？快吃吧，菜都要凉了！

郭　伟　等一下。

[郭伟又打电话。

郭　伟　林总……打扰打扰……对，正在休养，恢复得很好啊，叫Vivian不必担心……对了，我刚才看了发布秀的新闻，感觉一个字——棒。

郭阿姨　啊呀，汤已经有点冷了，咋办？微波炉去热一热吧？

郭　伟　哪里哪里？全是司徒大姐的功劳，不过那个模特Catherine好像又胖了，哪里！我眼睛当然没有你毒啦！

[豆豆一把夺过手机，关机。

郭阿姨　豆豆……

郭　伟　你干什么！还给我！

豆　豆　不还。

郭　伟　你有病啊！有完没完！我办正事儿呢！

豆　豆　我觉得你在闲扯淡。

郭　伟　你懂个屁啊！你除了知道什么季节给番茄萝卜浇什么肥料外，你还知道什么！

郭阿姨　大伟！

豆　豆　我是什么都不懂，但我起码知道怎么才算尊重别人！

郭　伟　……

郭阿姨　啊呀，扯啥尊重不尊重的，不就是热一个汤吗？很快的。

**豆　豆**　放着，我去热。

**郭阿姨**　我来……

**豆　豆**　我去！

［郭阿姨被镇住，豆豆端起汤盆，进厨房。

**郭　伟**　妈，把手机给我。

［郭阿姨为难，但还是给了郭伟。

［郭伟欲开机，因为气愤，又把手机丢在桌上。

**郭　伟**　妈的！

**郭阿姨**　怎么了？又心情不好？

**郭　伟**　能好得起来吗！她什么时候走？

**郭阿姨**　谁？

**郭　伟**　还谁？！那个母夜叉！包租婆！

**郭阿姨**　嘘！

［微波炉叮的一声，豆豆端着汤出来。

［豆豆把汤放在桌上。

［郭伟拿起勺子就喝，被烫到。

**豆　豆**　先别喝……

［同时，郭伟叫。

**郭　伟**　啊！

**豆　豆**　……小心烫。

［郭阿姨给郭伟擦嘴。

**郭阿姨**　儿子！要紧吗？

**郭　伟**　（怒视豆豆）你怎么不早说？

**豆　豆**　我怎么知道你动作那么快？

**郭　伟**　你就不能搁小火，少转半分钟吗？

**豆　豆**　不会！我除了给番茄萝卜施肥之外，啥也不懂。

**郭　伟**　那你干吗留在这儿？死皮赖脸的，你家没法待了是不是？难不成你是逃婚出来的？

**郭阿姨** 郭伟！

［郭阿姨打了郭伟一记耳光，郭伟一下子被打闷了。

［豆豆也很惊讶。

**郭阿姨** 你以后再敢这么说豆豆，我……我就……我再也不管你了！

［郭阿姨回屋，啪地摔上门。

64. 夜 内 郭阿姨房间

［郭阿姨在房间里，看着安眠药，凝视。

65. 夜 内 餐厅

［郭伟和豆豆都呆住了，互相不看对方。

66. 夜 内 郭阿姨房间

［郭阿姨倒出很多药，马上又留下两粒，把其余的又倒了回去，吃下。

67. 夜 内 郭伟房间

［郭伟做梦。

［车祸，水。

**郭伟自叙** 那天晚上，痛包裹住了我。从来没有那么痛过，仿佛一个匣子一直在收集我的感觉，终于装不下了，一泄而出，瞬间像要把我撕裂。

［郭伟在床上抽搐，豆豆在黑夜中进来。

**豆 豆** 伟哥，伟哥……

［郭伟模模糊糊听到豆豆的呼唤：伟哥，伟哥……

68. 夜　内　郭阿姨房间

［豆豆开门，听到郭阿姨呼呼打着呼噜，豆豆犹豫，又关门。

69. 夜　内　郭伟房间

［豆豆到郭伟床边，给他倒水，水被吐出来。

70. 夜　内　客厅

［豆豆打电话。

**豆　豆**　喂喂，接医院急诊处——要多久？喂？

［豆豆拿着电话转来转去。

［豆豆翻出自己的医院笔记，迅速研究。

71. 夜　内　郭伟房间

［豆豆到郭伟房间，帮郭伟全身按摩。

［豆豆脱下郭伟的衣服，帮郭伟擦身。

**郭　伟**　冷……

［豆豆用几条被子盖住郭伟。

［豆豆抱着郭伟。

72. 夜　外　海中

［郭伟回到了海中，慢慢平静下来。

［水象征母亲的子宫。

73. 日出　内

［太阳从窗口升起。

74. 清晨　内　郭伟房间

［郭伟缓缓睁开眼睛，看到豆豆抱着他睡着了。

［郭伟动了一动，豆豆立刻睁开眼睛，瞬间跳开。

**郭　伟**　我还没死？

**豆　豆**　呃……昨晚上你得的叫肢体幻觉疼痛，算一种药物副作用，没事的。多按摩按摩就好了。

**郭　伟**　陪我出去走走，好吗？

［豆豆犹豫了一下，点点头。

75. 清晨　外　海边

［郭伟坐在轮椅上，豆豆推着郭伟在海边散步。

［看着海水起起伏伏。

76. 清晨　外　沙滩

［豆豆和郭伟坐在沙滩上，豆豆给郭伟裹上毛毯。

**郭　伟**　七年前我来到这个城市，一无所有，赤手空拳，堂堂巴黎时装设计学院毕业，却沦落到在批发市场给人家量旗袍的尺寸，甚至还倒卖过假名牌，兜售过假皮草。无数次我想过放弃，可是我都忍下来了。因为我始终记得那一幕。母亲为了供我读书，供我画画，跪在地上给别人擦皮鞋的那一幕。我发誓要让她过上好日子，人上人的好日子。可是当我历经千辛万苦有了地位和金钱，总算把她接进城以后，我却和这座冰冷的城市一起无情地抛弃了她，我抛弃了我的身份，我抛弃了我的母亲……

**豆　豆**　……

**郭　伟**　我知道你是因为听到了那天我和 Vivian 的对话才开

始存心气我的。豆豆，对不起。你有理由鄙视我，因为我也鄙视我自己……

**豆　豆**　我没有鄙视你。

**郭　伟**　……

**豆　豆**　那天干娘在饮水间里哭了，我以为那是因为你当着你女朋友面不愿意承认她是你的母亲，可是其实不是，她哭是因为她担心你知道自己病情的实况后会伤心——只是为了你……

**郭　伟**　……

**豆　豆**　喝点热豆浆吧。

［豆豆把保暖壶递给郭伟，郭伟一边喝，一边眼泪滴落到保暖壶中。

77. 日　内　郭伟家电梯间

［豆豆推着郭伟走出电梯间，郭阿姨正在拎包出门。

**郭阿姨**　哟！你们回来啦！我正要去找你们呢！

**豆　豆**　没事，我推伟哥出去走走。

**郭　伟**　别再叫我伟哥了行不？你知不知道伟哥在我们这儿是一个专有名词！

**豆　豆**　啥意思？

**郭　伟**　意思就是……总之就是别叫了。

［郭阿姨看着他们的对话，脸上浮出笑容。

**豆　豆**　你不说清楚凭啥不让我叫你伟哥，我都叫了那么多年了，突然改口多别扭啊。

**郭阿姨**　就是，伟哥就伟哥吧。

**郭　伟**　妈！

**郭阿姨**　嘘！（住嘴的动作）

［郭伟愣住。

［郭阿姨指指里面，小声说。

**郭阿姨** 薇薇小姐来啦。

［豆豆抿住嘴。

78. 日　内　郭伟家

［豆豆推郭伟进门，Vivian 从沙发上站起来。

**郭　伟** Vivian？你来了……

**Vivian** David，你骗我！

**郭　伟** ……怎么了？

**Vivian** 你说好三星期肯定好的！可是现在已经过去一个半月了，你还是这副样子……你到底有没有努力啊？

**郭　伟** 这事情……不是我努力就能……

**Vivian** 我不管！你必须为了我创造奇迹——明白吗？不然我Uncle 就要把我介绍给那个讨厌的阿拉伯裁缝了。

**郭　伟** ……好。

**郭阿姨** 其实吧，大伟已经很努力了，每天康复锻炼，医生说做两小时，他都做四小时，再加上豆豆每天都帮他专业按摩，你对他有点信心，他一定会康复的。

**Vivian** 豆豆是谁？

**豆　豆** 是我。

［Vivian 看着豆豆。

**Vivian** 哦！我想起来了！你就是那个土特产的“女生”，对吗？

［Vivian 对郭伟眨眨眼，郭伟冷着脸。

**Vivian** 怎么了？我记错了吗？Nani 是你的母亲？

**郭　伟** Nani 不是豆豆的母亲。

**Vivian** 嗯？

郭　伟　Nani 是我的母亲——她是我的亲生母亲。

79. 日　内　郭阿姨房间

[豆豆陪着郭阿姨坐在房间里，郭阿姨焦虑，想要阻止，被豆豆按住，豆豆示意她不要说话。

80. 日　内　客厅

郭　伟　这就是我的身世，这一次，我发誓我说的是真的。

Vivian　我没有想到你会骗我……你是不是觉得我很好骗？

郭　伟　对不起，我只是……一直以来我都很自卑。

Vivian　现在呢？

郭　伟　嗯？

Vivian　现在就不自卑了吗？还是觉得时机到了，就算告诉我实话我也会张开怀抱热烈拥抱你。

郭　伟　以我对你的了解，这是不可能的。在你知道真相的那一瞬间，我们应该就算完了。

[Vivian 倒吸一口气，泪水掉下来。

Vivian　你是看中我的钱吗？还是因为我有一个做 CEO 的舅舅？

郭　伟　都不是，你是我……你是我憧憬的完美世界中的妻子，就像真空里的水仙花，可是我并不是你的真空世界，从来也不是……以后更不是。

Vivian　郭伟，你知道吗，You are an asshole!

[Vivian 摔门离去。

[郭伟叹了一口气，郭阿姨和豆豆走出来。

郭阿姨　最后那句洋文是啥意思？

郭　伟　你问豆豆。

**豆　豆**　我听不太懂，是不是说你生儿子没屁眼？

**郭　伟**　不，她说我就是个屁眼。

[音乐起，流畅剪辑。

81. 日　外　海滩

[三个人一起在海滩上散步。

[郭伟失落。豆豆看人家在玩狗转盘。

[镜头切断。

[郭阿姨拍郭伟，郭伟看见豆豆模仿狗的动作，在和它抢转盘。

[郭伟忍不住笑了。

82. 日　内　郭伟厕所门口

[豆豆在门口。

**豆　豆**　好了没有？好了没有？

**郭　伟**　别催行吗？越催越不行。

[镜头切断。

[豆豆靠在门上打瞌睡，郭伟叫。

**郭　伟**　好了！

[豆豆进去。豆豆叫：好臭啊！

83. 日　外　大街

[豆豆推郭伟在大街上溜达。

[豆豆看到棉花糖机器，很兴奋。

[豆豆把棉花糖粘在郭伟的嘴巴上，把他打扮成圣诞老人，郭伟假装愤怒。

[有人问豆豆借手机，豆豆刚要借，听到郭伟咳嗽，郭伟

默默摇头。

[豆豆犹豫。

[镜头切断。

[豆豆抓着那人的领带，那人在打电话。

**那　人**　喂，女儿没事吧？外婆接她出幼儿园了吗？

[豆豆朝郭伟微笑，郭伟感觉心中有一丝温暖。

84. 日　内　郭伟客厅

[郭伟边看电视边锻炼，豆豆帮他做下肢按摩。

[电视：为期两周的 JOICY 春装发布会终于圆满结束，司徒青青以及手下团队展现出了惊人的才华，尤其是年轻的服装设计师，岳世明先生……人妖：那全是司徒姐的功劳啦，如果不是她手把手地带领我们……

[电视突然被豆豆关闭了，郭伟看着豆豆。

**豆　豆**　多看电视伤视力，我们还是出去散散步吧。

85. 日　外　公园

[豆豆推着郭伟在公园里走着。

[郭伟见到了一些坐在地上写生的学生。

**豆　豆**　还记得你小时候老是躲在教室后面画画吗？

**郭　伟**　早就忘记了。

**豆　豆**　那时候画画是你的最爱。你曾经跟我说，就算地震或者火山爆发或者困在孤岛上，只要你手上有画笔，你就可以建造属于自己的世界。

**郭　伟**　我什么时候说过……

[郭伟电话响了，郭伟接起电话。

郭　伟　喂，王姐，不不，我不介意，你说吧——什么药？那是我每周必须注射的消除脊椎积液的药，我知道它是进口的……可是公司不是为每个员工都买了保险了吗？为什么？是这样……好吧，那我还有什么福利被取消了，是吗？很好。

［在郭伟打电话的时候，豆豆问某个学生。

豆　豆　请问你是美院的学生吗？

学　生　不，我只是业余喜欢画画。

豆　豆　那很好！能给我……不，给他，画张肖像画吗？

［郭伟挂上电话，示意豆豆离开。

豆　豆　不，不，我叫那孩子给你画肖像画呢。

郭　伟　画什么肖像画？我从小的自画像都能贴满整个长城。

豆　豆　这不一样。

郭　伟　我不想画，让他给我画还不如我来给他画。

豆　豆　好啊！孩子，你来，把画笔借一下……纸也借一下。

［镜头切，郭伟在给学生作画。

［郭伟把纸给撕了。

［地上已经好几个纸团。

郭　伟　不行！这笔芯太钝了，深浅也不对……你没有别的笔了吗？

［学生摇头。

豆　豆　你画得挺好的。

郭　伟　不好！简直像小学生在画鸡蛋，一点创意都没有。

豆　豆　你是画素描，要什么创意？

郭　伟　没创意就没有商业价值！

学　生　对不起，你是 David 郭？是巴黎时装学院唯一一名获优秀毕业生服装设计奖的中国学生？

**郭　伟**　不，你认错了。

**豆　豆**　你没搞错，就是他。

**学　生**　知道吗？你是我的偶像。

**郭　伟**　呕吐的呕吗？

**学　生**　……

**豆　豆**　伟哥！

**郭　伟**　我说了别叫我伟哥！

［郭伟把画板和画笔一扔，自己推轮椅离开。

［背景声中听到豆豆在远远的地方道歉。

**豆　豆**　对不起，对不起！

**学　生**　没关系，我读了他的新闻——我理解他的心情，换了我一定也糟透了。

**豆　豆**　对不起！

86. 日　外　公园外

［郭伟继续推着轮椅前行。

［突然，他看到前方有一个模糊的身影——母亲正坐在地上摆摊，给路过的人剪纸花。

**郭阿姨**　这是梅花鹿形的……这是小猫咪……

**孩　子**　我要大狗狗。

**家　长**　剪一个多少钱？

［郭伟呆住了。

［郭阿姨有所察觉，回过头。

［郭伟赶紧转过头，推着轮椅走。

［郭阿姨看着郭伟的背影，回过头。

**郭阿姨**　嗯……15 块。

［两个城管走过来。

**城　管**　干什么！我说了这里不能摆摊！你怎么又来了？

**郭阿姨**　行行好，我正在做生意呢。

**城　管**　这什么东西？我没收了。

**郭阿姨**　别……

［郭阿姨和城管争起来，郭阿姨被城管推了一下。

［郭伟看得惊呆了。

［突然，只见豆豆冲了上去。

**豆　豆**　你们干什么！打人是不是？

［豆豆和城管扭打起来，三个人打在一起。

［郭伟急急忙忙推着轮椅上前，加入混战，结果被推倒在地。

**郭阿姨**　我儿子被你们打伤啦！

**游　客**　欺负残疾人！什么东西！

［城管不得不罢手。

**城　管**　赶紧走，下次不客气了！

［城管把郭阿姨东西都丢在地上，剪纸被风吹走。

［郭阿姨和豆豆赶紧去捡。

［郭伟很郁闷。

87. 夜　内　郭伟家

［郭阿姨给豆豆擦她脸上被城管打的伤。

［郭伟在一边生闷气。

**豆　豆**　痛死了！

**郭　伟**　这红药水已经过期了。

**郭阿姨**　没事，才过期一个月。

**郭　伟**　那也不能用了。

**郭阿姨**　没事的。来，我帮你涂涂膝盖——

**郭　伟**　我说了过期了！

［郭伟把郭阿姨的手一把甩开。

**豆　豆**　你干什么！

**郭　伟**　你干什么?！你们能不能别再自作主张？一群乡下女人一点见识都没有。

**豆　豆**　……

［豆豆要说什么，被郭阿姨阻止。

［郭伟怒气冲冲回房间。

88. 夜　内　郭伟房间

［郭伟重重关上门。

［郭伟深吸一口气。

［郭伟打电话。

**郭　伟**　喂，Selina，拜托你一件事好吗？这件事只有拜托你，帮我买一份保险……

89. 日　外　海边

［豆豆带郭伟散步。

**郭　伟**　她一个月给你多少钱？

**豆　豆**　谁？

**郭　伟**　我妈，你不要告诉我你是在义务劳动。她一定悄悄塞给你钱，不然你没理由留在这里陪着我这个废人。

**豆　豆**　我……我喜欢留在你们身边。

**郭　伟**　你有什么理由喜欢？你讨厌我，我也讨厌你，我们就别互相隐瞒了。

**豆　豆**　……我要为干娘分担！这是我的责任。

**郭　伟**　你不是她女儿，更不是她儿媳妇！别一厢情愿了，我告诉你，我没剩多少钱了，我以前虽然赚得多，但是也花得多，我是一个空壳子。车是公司的，房子也是他们每月给我付的租金——可现在一切全没有了，如果我还是什么灵感也没有，他们很快就会不要我，并且解除一切合同。我们马上连那房子也住不起，要搬家了，到时候必须精打细算，也容不下你，你还是赶紧该干嘛干嘛去吧。

**豆　豆**　你怎么可能没有灵感？

**郭　伟**　我脑子摔坏了，废了。

**豆　豆**　就算这样也没关系，我和干娘可以赚钱。

**郭　伟**　你得了吧。

**豆　豆**　你什么意思？你觉得我是贪图你的钱吗？

**郭　伟**　你不是吗？

**豆　豆**　你……你怎么会这么想？

**郭　伟**　你从乡下来的第一天就是这么打算的，只是你觉得自己根本没这个机会。以前的确是，不过现在有了——你自以为有了。可是宝贝儿，你忘记我前女友是什么品质的女人了吗？就算我再不济，我也不会从她这个水平跌到你这个水平，我不会的。

［郭伟看着豆豆，豆豆脸涨成猪肝色。

**豆　豆**　我……

**郭　伟**　还有，忘记告诉你，你的穿衣品位真的很差，身为一个曾经的名设计师，我每天都在煎熬中度过。

**豆　豆**　好了！——屁，屁眼！

［豆豆哭着跑开。

［过一会儿，豆豆又回来，推郭伟回家。

90. 日　外　路上

［一路上两人无言。

91. 日　内　郭伟家

［到了郭伟家，豆豆把他推进门，进自己房间开始整理东西。

**郭　伟**　别忘记带上你的卤菜豆腐——不，是古达摩卡！

［豆豆拎着行李，走到郭伟面前。

［豆豆把包上绑着的云宝宝的手帕解下来，送给郭伟。

**豆　豆**　给你。

**郭　伟**　这什么？好土啊。

［豆豆转头，砰地关上门。

［郭伟的表情由傲慢转成无可奈何和失落。

92. 夜　内　郭伟家

［郭阿姨回到家中，郭伟在阳台上背朝着她。

**郭阿姨**　今天生意特别好，有一个外国华侨带着他的孙子来逛公园，还说要高薪聘请我做他孙子的剪纸老师。我说我手不灵了，很多都是豆豆剪的，我打算推荐豆豆去做。

**郭　伟**　豆豆走了。

**郭阿姨**　啊？

**郭　伟**　我把她赶走了。

**郭阿姨**　为什么……你怎么又……唉……

［郭阿姨掏出手机，郭伟大叫。

**郭　伟**　不要打电话！

［郭阿姨放下手机，坐在一边，两人背对着双方。

**郭阿姨** 你是怕拖累她，对吗？

**郭　伟** （被戳中，犹豫了一下，狠下心，说）不，纯经济考虑，你每个月给她工钱照顾我，自己又去摆摊挣钱，入不敷出，太不上算了。

**郭阿姨** 可是，我真的很喜欢她，想把她留在我身边，我知道对她不公平，可是有她在，我心里很踏实……

**郭　伟** 对不起……

**郭阿姨** 你……你是不是说了很多难听的话？

**郭　伟** 嗯。

**郭阿姨** 那豆豆一定会伤心的，她是个好孩子。

93. 夜　内　公交车上

［豆豆坐在公交车上，神情落寞。

94. 夜　内　郭伟房间

［郭伟躺在床上，看着手里的云宝宝手帕。

95. 日　外　野外山丘

［郭伟记忆闪回：郭伟和豆豆都还是小孩子的时候。

［郭伟帮豆豆把手帕系在她膝盖的伤口上。

［豆豆在哭。

**郭　伟** 云宝宝是有魔力的宝宝，能让伤口很快复原的。

［镜头定格在豆豆的脸上。

**郭　伟** 这一刻，我才真正想起来豆豆是谁。

96. 日　外　郭伟老家门口

［幼年郭伟坐在板凳上剥毛豆，剥完就往自己嘴里塞。

王大妈拉着豆豆的手出门。

**王大妈**　哟，大伟子真乖！帮妈妈剥毛豆呢——小孩子真懂事儿，豆豆以后学着点儿。

[郭伟满嘴毛豆，不敢说话。

[王大妈拉着豆豆离开，豆豆回过头继续看着郭伟的嘴巴。

97. 日　外　学校教室后面

[郭伟在专心致志画画，突然发现有人盯着他，抬头，只见豆豆趴在窗台上。

98. 日　内　郭伟老家

[郭伟在灯下做作业，听着背后郭阿姨和王大妈聊家常。

**郭阿姨**　我给咱家娃打了一件毛衣，没想到没等打完他个子又长了。你看看你们家豆豆能穿吗？能穿我再给加条花边？

99. 日　外　操场上

[郭伟被同学推倒在地，画板和笔散落一地。

[老师和同学家长都看着郭伟。

[郭阿姨冲过来，作势要揍人。

**郭阿姨**　干什么?！谁欺负我儿子！

**同　学**　他偷东西！

**郭　伟**　我没有！不是我偷的！

**郭阿姨**　我儿子不会撒谎的！

**同学家长**　不准走，把我儿子的游戏机赔给他。

[两人拉扯，王大妈拉着豆豆冲过来。

**王大妈**　谁敢欺负我干儿子！

［王大妈加入搏斗。

［郭伟含着眼泪转过头，看着豆豆。豆豆用惊讶的目光看着他。

100. 日　外　放学路上

**郭伟自叙**　自从我被打以后，我妈一度得了幻想症，总怕我会再被欺负。而豆豆作为我妈坚定的拥护者，义无反顾地严格执行跟踪保护我的任务。

［郭伟放学，豆豆跟在他后面。

**同学嘲笑**　哈哈！郭伟——你媳妇儿跟着你呢。

［郭伟怨恨地回头，看了豆豆一眼，跑开。

101. 日　外　后山

［郭伟主观镜头，在山上跑。

［郭伟回头，看到豆豆抱着布娃娃气喘吁吁跟着他。

**郭　伟**　不要跟着我！

［豆豆抬起头，很萌地微笑。

**豆　豆**　小伟哥哥。

**郭　伟**　讨厌！

102. 日　外　小溪边

［郭伟跑到小溪边。

［郭伟回头，发现豆豆不见了，很得意。

103. 日　内　郭伟家

［郭伟在写作业，王大妈问郭阿姨。

［王大妈：我家豆豆怎么还不回来？又不知道野哪儿玩去了。

［郭伟听到。

104. 日　外　教室外

［郭伟跑回教室。

105. 日　外　小溪边

［郭伟跑回小溪边。

106. 日　外　后山

［郭伟跑到后山，发现豆豆正坐在地上哭。

**郭　伟**　你在这儿干什么！

**豆　豆**　呜呜……

［郭伟一看，豆豆的膝盖摔伤了，裙子也破了。

**郭　伟**　摔啦？

［豆豆点点头。

［郭伟从包里抽出一条手帕，给豆豆包扎。

**豆　豆**　这是什么？

**郭　伟**　云宝宝是有魔力的宝宝，能让伤口很快复原的。

**豆　豆**　谁说的？

**郭　伟**　我。这是我自己发明的。

［豆豆挂满泪水的小脸满脸惊讶。

［郭伟把豆豆拉起来，豆豆不肯。

［郭伟无奈，把豆豆背起来。

［郭伟背着豆豆走下后山。

［音乐起。

107. 夜　外　路上

［郭伟背着豆豆走在路上，豆豆睡着了。

［膝盖上的云宝宝。

［背景传来遥远的郭阿姨和王大妈的叫喊声：他们在这儿呢！

108. 夜　内　郭伟房间

［郭伟捏着云宝宝的手帕。

109. 夜　内　郭阿姨房间

［郭阿姨瞪着眼睛也睡不着。

110. 日　内　郭伟家

［郭阿姨帮郭伟按摩，郭伟摁着电视遥控器。

**电　视**　大家好，今天我们要参观的是……

［郭伟关电视。

111. 日　内　郭伟家

［搬家公司在搬家，理箱子。

112. 日　内　豆豆房间

［郭阿姨到豆豆房间检查，在枕头下面翻出一个信封，里面有三个月的工资。

**豆　豆**　给伟哥买点好吃的。

［郭阿姨眼眶发红。

113. 日　外　搬家车

［郭伟被搬家公司一起搬到卡车上，和各种家具一起运走。

114. 日　内　郭伟新家

［郭伟在新家阳台上作画。背景中郭阿姨在整理东西。

［郭伟画着一套新的设计图，很不满意，撕纸。

115. 日　外　海滩

［郭阿姨带郭伟散步。郭伟闷闷不乐。

［郭伟见到一只狗在玩狗飞盘，想起豆豆。

**郭　伟**　我渴了。

**郭阿姨**　啊呀！我又忘记带水！你等着，我去买一瓶。

**郭　伟**　顺便再帮我带一根棉花糖。

**郭阿姨**　棉花糖？

**郭　伟**　刚才过来的路上，第二个街角就有卖。

**郭阿姨**　好。

［郭伟目送郭阿姨离开，环顾四周，人们几乎都走了。

［郭伟把轮椅推向海边，轮椅浸泡在水里。

［郭伟把轮椅一点一点往海中推。

［海水渐渐淹没到他的膝盖。

［郭阿姨一手拿着棉花糖，一手拿着水回来，远远看到郭伟大半截浸泡在水里。

［郭阿姨东西一扔，就往海里跑。

**郭阿姨**　儿子！大伟！别这样！

［郭阿姨抓住轮椅往岸边拖，郭伟挣扎，一头扎进水里。

**郭阿姨** 大伟！

［郭阿姨把郭伟拖上岸。

［郭阿姨看着郭伟满脸海水。

［郭阿姨把毛毯拿来给郭伟披，被郭伟一把推开。

**郭　伟** 走开！

［郭阿姨跌倒在地，蹭到石子，受伤。

**郭　伟** 妈！

［郭伟很心痛，想要爬起来扶她，脚却不能动。

［郭伟往前爬了两步。

**郭　伟** 妈！

**郭阿姨** 妈没事。你是不是早就想好了，所以才把豆豆赶走的？

**郭　伟** 妈，你让我去吧。我托 Selina 给我买了一份保险，如果我死了，你就可以拿到那笔钱了；如果我不死，你会继续受苦的，我会拖累你一辈子的。

**郭阿姨** 妈不怕拖累，妈又不是没苦过。

**郭　伟** 可是我怕！

**郭阿姨** 大伟！你咋那么笨呢！你怎么那么自私，看不出妈到底要什么呢！妈就希望你活着，就这点希望还不能满足吗?！你就是个笨娃！

［郭阿姨嚎啕大哭，郭伟看着她。

**郭　伟** 妈？妈别哭了……妈……

［夕阳下，母子俩默默依偎在一起。

［郭阿姨的哭声依旧一阵高过一阵。

116. 日　外　路上的树影

［阳光下，树影婆娑。

［郭阿姨推着郭伟在路上走。

117. 日　外　疗养院门口

［两人来到疗养院门口。

**郭　伟**　你带我来这儿干吗？

**郭阿姨**　你不是不想成为彻底的废人拖累我吗？我给你找了挣外快的工作。

118. 日　外　疗养院花园

［郭阿姨推着郭伟来到花园里，看到一些老头老太在舞扇子。

［聋哑人在跳舞。

［平台上晾着很多白色的床单。

［一个身着护士服的女孩从台阶走下来，抬起头，惊呆了——她就是豆豆。

［郭伟也惊讶地看着豆豆。

119. 日　外　疗养院走廊

［郭阿姨推着郭伟穿过走廊，豆豆陪在他们身边。

**郭阿姨**　豆豆，在这儿干得习惯吗？

**豆　豆**　好得很。院长她人很好，病人们也很友善。

［一个孩子跑过来，郭伟发现他头发全部剃光。

［孩子路过豆豆身边。

**豆　豆**　小毛——别乱跑。来，吃糖。

**小　毛**　谢谢豆豆！

［小毛跑开。

120. 日　外　顶楼天台

［豆豆打开天台的门，郭阿姨推着郭伟进去，只见天台

上是一个T台，很多奇形怪状的病人在舞台上五花八门地走来走去。

［院长是一个50岁左右的老头，在台下喋喋不休地指导他们。

**院　长**　张姐，露出点笑容好不好？微笑……

**张　姐**　我以为我的形象适合扮酷。

**院　长**　话是没错，但你笑起来真的好看。王阿姨，你走路别老低着头，是不是在找皮夹子？

**豆　豆**　院长！

［豆豆挥手，院长走近。

**院　长**　啊呀，这位就是鼎鼎大名的郭大伟先生吗？久仰久仰！

**郭　伟**　我叫郭伟。

**院　长**　对对！郭伟。

**豆　豆**　郭伟，这是我们的院长，你看他是不是很像山德士上校？

**院　长**　豆豆！你又嘲笑我！讨厌！

［镜头切。

**郭　伟**　服装秀？请问模特呢？

**院　长**　这些就是啊！

［郭伟放眼望去，高矮胖瘦各种极品男女。

**院　长**　他们都是一些需要临终关怀的病人，不过放得可开了，不是专业胜似专业。来来，凤姐，你走一个。

［音乐响起，各种模特走步，堪称雷人经典。

［郭伟看得哭笑不得。郭阿姨凑到他耳边低语。

**郭阿姨**　他们只要求为他们设计一些服装，运动的或者休闲的——不用很复杂，甚至统一的一模一样都行。

**郭　伟**　妈，我设计的是时装，不是老年运动会开幕式的入场制服。

**郭阿姨** 说什么呢！人家也是正正经经的模特走秀！

**郭　伟** 这看上去更像一场示威游行。

［郭阿姨打了一下郭伟的头。

121. 日　外　天台

［“模特”们站成一排，豆豆给他们一个一个量尺寸。

**豆　豆** 100，102，115。

［郭伟郁闷。

**院　长** 哎……不用那么复杂，不用那么复杂，就分大号、中号、小号、特大号就可以了，重在参与嘛。

**凤　姐** 院长，我想穿比基尼。

［模特们一片笑声，东倒西歪。

［郭伟再次郁闷。

122. 日　外　花园

［郭阿姨带着郭伟在花园里散步。

**郭　伟** 妈，这个单子不能做，太不专业了。

**郭阿姨** 儿子……

**郭　伟** 不要劝我，我现在真的什么也想不起来。

［东东从他们面前跑过，突然摔倒了。

［郭阿姨赶紧把东东扶起来。

**东　东** 谢谢阿婆。不要告诉院长我摔跤咯。

**郭阿姨** 为什么？

**东　东** 院长说，我一摔跤就会死掉的。他说我不能流血，一流血就停不住，血就流光了。

［东东笑容满面，露出一口雪白的牙齿。

**郭阿姨** 那你为什么还要跑呢？

**东　东** 因为我想给咪咪买棉花糖，棉花糖的车一个星期才过来一次。

［门外响起叮叮咚咚的铃声和叫卖声。“卖棉花糖啦！”

**东　东** 哈哈，车来啦！

［东东跑出去。

［郭伟看到门开了，东东跑向棉花糖车。

［他回忆起小时候，自己和豆豆坐在棉花糖车边吃棉花糖的场景。

123. 日　内　疗养院某病区

［东东拉着郭阿姨和郭伟的手，把他们带到某儿童病区。

［一个脸上有一条长疤的盲眼小女孩（咪咪）正在角落里静静坐着发呆。

［东东走过去，把棉花糖递给咪咪。

［豆豆带着棉花糖走进来。

**豆　豆** 啊呀！东东，你又比我早一步买到棉花糖！你这个机灵鬼！

**东　东** 嘿嘿，豆豆姐姐，你是个慢吞吞。

**豆　豆** 那这根多出来，给你吧。

**东　东** 给那个大哥哥吧，他好像很喜欢吃棉花糖呢。

［郭伟脸一红，豆豆把棉花糖顺手递给他。

**东　东** 大哥哥，你吃了棉花糖以后，就一定要帮咪咪好好设计一套漂亮的衣服哦。

**郭　伟** 咪咪也参加服装秀？

**东　东**　咪咪可喜欢照镜子、学模特走路了。咪咪，你最喜欢哪个模特？

**咪　咪**　芭比娃娃！

［东东和咪咪笑，东东拥抱咪咪。

［郭伟看了很难过。

124. 日　外　花园

［郭伟在疗养院花园长椅上画设计图，豆豆在一边晾衣服。

［郭伟努力画着女孩的衣服。

［郭伟画得聚精会神，一抬头，却见豆豆就站在他面前，试图看他的画。

**豆　豆**　你在画什么？

**郭　伟**　我在想，什么样的裙子才能配上咪咪这样的女孩。我以前为许多人设计过衣服，可是没有哪一次比这次更让我头疼。

**豆　豆**　我希望咪咪能够穿得漂亮一点。院长说，咪咪的母亲在很早以前交了一笔疗养院的费用，后来就再也没有出现过。

**郭　伟**　那东东呢？他怎么也好像没有亲人。

**豆　豆**　我不知道，这些孩子在名义上都不算是孤儿，但是他们的父母都悄悄抛弃了他们。并不是每一个家长都能面对这样的孩子的，不过，这些孩子真的很乐观也很可爱，我好希望他们能幸福地活下去。

**郭　伟**　……

**豆　豆**　对了，要不要在裙子上画一个云宝宝？

**郭　伟**　云宝宝？

**豆　豆**　你不记得云宝宝了？

**郭　伟**　当然记得，我小时候自己画的吉祥物。

**豆　豆**　有魔法的孩子，会让伤口恢复得更快。

［郭伟眼睛一闪，点头。

**郭　伟**　你是天才！

［豆豆感到一丝温暖。

**豆　豆**　我的手帕呢？没被你丢了吧！

**郭　伟**　搬家的时候留在老家了。

**豆　豆**　不会吧！

**郭　伟**　骗你的。在这儿呢。

［郭伟从口袋里抽出手帕。

**豆　豆**　还给我！这是我的！

［豆豆抢过手帕，顿时两人都有点尴尬。

［豆豆与郭伟坐在同一张长椅上。

**郭　伟**　豆豆，我想告诉你，那天我说的话都不是真的，你别往心里去。

**豆　豆**　我知道，郭阿姨跟我说了。

**郭　伟**　我妈说什么？

**豆　豆**　她说你后来哭得泪人似的。

**郭　伟**　胡说八道。

**豆　豆**　……

**郭　伟**　对不起，不管怎么样，我内疚极了。

**豆　豆**　我……我真的很想知道一件事。

**郭　伟**　……什么？

**豆　豆**　屁眼的英文到底怎么说？

**郭　伟**　Asshole.

**豆　豆**　什么？

**郭　伟**　Asshole.

**豆　豆**　爱死和？

**郭　伟**　hole.

**豆　豆**　霍？

**郭　伟**　差不多了。“哦”这个音。

**豆　豆**　Asshole.

**郭　伟**　完全正确！奖你一朵大红花！

［郭伟假装把一朵大红花别在豆豆胸口。

**豆　豆**　嘻嘻。

［东东突然冒出来。

**东　东**　豆豆姐姐，小伟哥哥，你们在说英语吗？我也要学！

**豆　豆**　不行不行，小孩子学什么英语，先把中文说利索了再说。

**东　东**　不嘛不嘛，我要学。

**豆　豆**　再吵我挠你痒痒咯。

**东　东**　不嘛……

［豆豆和东东闹在一起。郭伟笑。

125. 日　外　天台

［郭伟认真观看模特走秀。

［郭伟指导模特们。

126. 日　内　郭伟家中

［郭伟在家中画设计图。

127. 日　外　天台

**院长指导他们**　乐乐姐，你怎么走路一肩高，一肩低？

**乐　乐**　因为俺少了一个乳房，所以不平衡！

[众人再次笑倒。

[郭伟跟着一起笑，为他们的乐观所感染。

[郭伟看到东东拉着盲女咪咪的手在走台，两人手牵手走在台上，非常温暖。

128. 日　外　花园

[背景处郭阿姨正在学习如何舞扇子。

[豆豆和郭伟坐在花园里。

**郭　伟**　设计稿差不多完成了。

**豆　豆**　真的？这么快？

**郭　伟**　嗯，我会拜托我制作服装的朋友尽快赶制出来，不过首先你们得按照我单子上标注的面料来采购，都不是昂贵的，但每一种都要小心谨慎不能疏漏。

**豆　豆**　这么多！我的天！那要忙到什么时候？

**郭　伟**　绝大多数的材料在面料批发市场有，没有的你还可以网购。我也会问朋友借。

**豆　豆**　面料不一样会有区别吗？

**郭　伟**　区别很大。

**豆　豆**　不如就……将就着用吧。

**郭　伟**　不行，院长说那些是临终关怀的病人，这次登台可能成为他们永恒的一次，我不希望对他们马虎，也不想对自己马虎。

**豆　豆**　嗯，好的，我会拜托院长，然后努力采购。

[豆豆看单子。

**豆　豆**　为什么还有两套衣服写着我和郭阿姨的名字？

**郭　伟**　这是我给你们特地设计的母女装——算走秀的彩蛋节目。

**豆　豆**　可是……你怎么会有我的三围尺寸?

**郭　伟**　专业的设计师自然能目测出模特的尺寸。

**豆　豆**　(遮胸)讨厌!

[豆豆跳开,郭伟笑。

[另一个护士突然跑过来。

**护　士**　豆豆,院长叫你赶紧去儿童病区。

**豆　豆**　怎么了?

**护　士**　那个叫东东的孩子突然大出血,要急送医院。

[豆豆赶忙跑走,郭伟惊呆。

129. 日　内　儿童病区

[咪咪坐在围栏里,半睁着眼睛,听着外面救护车的声音。

130. 黄昏　外　疗养院门口

[郭伟坐在花园里,看到咪咪颤巍巍走过来。

**咪　咪**　哥哥,哥哥……

**郭　伟**　咪咪? 怎么了?

**咪　咪**　东东还没回来吗?

**郭　伟**　……

**咪　咪**　如果东东回来,你一定不要忘记告诉他,我以后再也不吃棉花糖了,叫他千万不要跑步了,会摔跤的。

**郭　伟**　好,我会告诉他的。

**咪　咪**　还有,云宝宝的图案东东告诉了我,很好看,我在心里想了它的样子,我好喜欢。

**郭　伟**　谢谢……

**咪　咪**　东东回来了不要忘记告诉他哦。

**郭　伟**　嗯。

［咪咪心满意足离去。

［郭伟回头，看到豆豆和院长伤心地站在那里。

131. 夜　内　疗养院

［护士们一起剪缝服装秀的衣服。

［郭伟在指导她们。

［豆豆在咪咪的裙子上贴云宝宝的图案。

132. 日　外　天台

［在全部病人和医务人员拍手鼓励下，老太们一个个都笑容满面，衣着靓丽地走出来。

［老头儿们也打扮得很俏皮，还与老太们一起合影。

［大家都乐翻了。

**护　士**　凤姐你太帅了！

**医　生**　张伯伯你简直像老明星！

**凤　姐**　露肩装万岁！

［全场又笑。

［角落里的郭伟也跟着笑。

**院　长**　最后出场也是本场演出的压轴模特——咪咪小姐！

［灯光打到幕中，只见郭阿姨穿着晚礼服裙款款走出。

［豆豆穿着晚礼服裙陪伴在她身边。

［只见豆豆和郭阿姨各自拉着咪咪的一只手，走出来。

［大家鼓掌。

**台　下**　太可爱了！咪咪你就像芭比娃娃一样！

**院　长**　最后，有请我们伟大的服装设计师——郭伟先生！

［大家一拥而上把郭伟的轮椅抬起来，送上台。

［郭伟和母亲和豆豆抱着咪咪拍照。

［照片定格。

133. 日　内　郭伟家中

［照片定格，放在家里客厅。

［郭阿姨在厨房里忙进忙出。

［“啪啪啪——”有人敲门。

**郭阿姨**　回来啦。

［郭阿姨兴高采烈地去开门，只见门外站着一个气喘吁吁的邻居。

**邻　居**　你是郭阿姨吗？

**郭阿姨**　（脸色大变）怎么了？

**郭伟自叙**　那天，为了庆祝豆豆顺利通过在疗养院新工作的三个月试用期，母亲决定好好招待她在家里吃顿饭，于是我和豆豆就自告奋勇跑去超市买菜。

134. 日　内　超市

［豆豆推着郭伟的轮椅在超市里横冲直撞。

**豆　豆**　对不起，让一让——不好意思。

［郭伟笑。

［豆豆把平底锅塞进轮椅的随身袋中。

**郭　伟**　你买锅子干吗？揍人用？

**豆　豆**　我打算给你和郭阿姨摊鸡蛋饼吃。

［豆豆精心挑选着鸡蛋。

**郭　伟**　别挑了，再挑也挑不出一枚恐龙蛋来。

**豆　豆**　同样是蛋，怎么价格差那么多？

**郭　伟**　差一点的是美国鸡，高级一点的中国鸡呗。

豆　豆　那这个为什么那么贵？

郭　伟　这是泰国鸡。

[郭伟自己推着轮椅，看到卖巧克力的专柜。

[郭伟看了看远处的豆豆，抽出一盒巧克力。

[豆豆看到远处，一个男人正在悄悄偷一个买东西的女人篮子里的皮夹。

[男人刚要把皮夹拿出来，豆豆的手一把抓住他。

豆　豆　你想干什么？

[男人尴尬——豆豆发现这个男人就是火车站偷她手机的男人。

[女人回头，惊讶地看着男人。

豆　豆　是你！

[男人突然甩开豆豆的手就逃出超市。

豆　豆　等等！

[豆豆冲到门口，超市警铃响了。

保　安　小姐，您没付款。

豆　豆　小偷！有小偷！

保　安　小姐，请跟我去保安室一趟。

郭　伟　她不是小偷，刚才那个跑掉的才是小偷。

[豆豆把篮子往货柜上一放，冲出去。

保　安　小姐！先生！

[郭伟也手摇着轮椅，飞一样冲出去。

135. 日　外　大街

[豆豆冲上大街，左顾右盼，十分茫然，突然看到远处一个人影。

[豆豆赶紧追上去。

[郭伟也摇着轮椅赶过去。

136. 日　外　大街

[男人撞翻了几个水果摊。

[豆豆跟上。

[郭伟跟上。

137. 日　外　小巷

[男人冲进小巷，被三轮车绊了一跤。

[豆豆赶上前，试图抓住他，但是他回身就给了豆豆一刀。

**豆　豆**　啊！

[镜头切

[郭伟气喘吁吁地推着轮椅左顾右盼，总算在小巷口找到了豆豆。

[他倒吸一口气。

[只见豆豆坐在地上，用手捂住另一个手臂，手臂上血流如注。

**男　人**　死女人，叫你跟着我！

[男人要上前砍豆豆，郭伟大叫。

**郭　伟**　豆豆！

[郭伟掏出手机拨打110，男人冲向郭伟。

**豆　豆**　别过去！

[豆豆抱住男人的脚，男人猛踢豆豆。豆豆死命不放手。

**豆　豆**　快走！

[郭伟看着这一幕，怒火中烧。

[就在男人拔刀打算再刺豆豆时,郭伟猛地站起来,扑向男人。

[郭伟和男人扭打在一起,两人争夺刀子。

[豆豆看呆了。

[两人扭打着,就在郭伟要被刺中的一瞬间,豆豆用平底锅狠狠地敲了男人的头。

**豆　豆**　Asshole.

[男人昏倒在路上。

[郭伟跌跌撞撞地爬起来,豆豆和郭伟对视。

[豆豆看着郭伟的脚,郭伟看着豆豆的平底锅。

**豆　豆**　我说——这锅子你付钱了吗?

[郭伟激动地一把抱住豆豆。

[音乐起。

138. 日　内　警局

[郭阿姨冲进警局。

[豆豆拉住郭阿姨。郭阿姨抱住豆豆。

**郭阿姨**　大伟呢?

[郭伟坐在大厅里,看到她,站了起来。

[郭阿姨傻眼了。

[郭伟笑。

[郭伟自叙　****年*月*日*点*分,我自意外坠楼被医生诊断下肢瘫痪后终于又站了起来,这一天,距发生意外一年零九个月。

139. 日　内　医院

[医生给郭伟检查,随后高兴的神情。

［郭伟站起来拥抱母亲和豆豆。

140. 日　内　郭伟家中

［三人举杯庆贺。

141. 日　内　摄影棚

［司徒妖精正在大骂人妖男，突然门开了。

［大家惊讶地看着郭伟走了进来。

142. 日　内　董事会议

［林总正在给大家开会。

**林　总**　这次童装部的创意会议，设计部没有任何成效。

［设计师们都低垂着眼帘。

**林　总**　除了 David 郭送上的设计图，我看还有点看头。

［司徒妖精惊讶抬头。

**林　总**　下面请 David 郭上台给大家介绍一下他设计这份设计图的初衷。

［郭伟打开 PPT，设计图案是一幅幅自然系的造型。

［字幕：ORIGINAL。

［台下的英国人点头、微笑。

［司徒妖精十分郁闷地坐在一边。

143. 日　内　郭伟办公室

［司徒妖精冲进郭伟办公室，郭伟正在和英国人谈事。

［英国人和郭伟亲切握手，离开。

［司徒妖精坐在打印机边上，冷笑着看着郭伟。

**司　徒**　姓郭的，不要以为你跳过我直接把图纸给林总这一步棋走得很聪明，我告诉你，你还嫩得很。

**郭　伟**　嗯……司徒姐。

**司　徒**　干什么？

**郭　伟**　你坐在墨盒上了。

［司徒妖精尖叫着跳起来，离开。

［Vivian 突然推门进来，看到这一切，笑。

**Vivian**　司徒姐姐，你的屁股可真性感！哈哈哈！

**郭　伟**　Vivian，好久不见。

［Vivian 冲到郭伟面前，不由分说要和他接吻。

［郭伟巧妙地躲开了她。

**Vivian**　你真的回来了！而且和原来一模一样，虽然比我预想的周期长了一点——晚上我们为你举行了一个小聚会，你可一定要赏光啊。

**郭　伟**　好吧。

**Vivian**　晚上我再跟你好好说，Asshole。

［Vivian 调皮地眨眼，打算离开。

**郭　伟**　Vivian。

**Vivian**　怎么了？

**郭　伟**　我能带个人一起去吗？

**Vivian**　（眯眼）你想带谁？

**郭　伟**　是一个对我很重要的人……非常非常重要。

**Vivian**　（若有所思）好吧，随你便。那就……晚上见。

［Vivian 离开，郭伟有点紧张地舒了口气。

144. 日　外　疗养院

［豆豆在花园里晾床单。

［郭伟抱着一个礼品盒，走过来。

［豆豆回过头，差点撞到郭伟，吓了一跳。

豆　豆　哇！你干吗?!

郭　伟　Sorry.

［两人都有些不好意思。

豆　豆　我现在真不习惯看你。

郭　伟　为什么？

豆　豆　看你现在还得仰着脖子——以前都只要低着头。

［豆豆笑，郭伟也笑。

豆　豆　有什么事吗？

郭　伟　没，对了，你晚上有空吗？

豆　豆　怎，怎么了？

郭　伟　我想请你……去参加一个派对。

豆　豆　派对？

郭　伟　公司派对，所有人都会参加……我希望你也能来。

豆　豆　可我不是你们公司的。

郭　伟　没关系。

［豆豆犹豫。

郭　伟　拜托！这对我很重要。

［豆豆看着郭伟，豆豆的理解：公司派对对我很重要。郭伟的意思，你对我很重要。

豆　豆　可是我不知道穿什么。

［郭伟递上礼包。

郭　伟　我已经准备好了。

145. 夜　外　派对

［公司员工又在林总的游泳池别墅召开派对。

146. 夜　内　别墅

［Vivian 和林总站在别墅楼上，Vivian 不停往窗下看。

**林　总**　要培养他，我没有意见，不过听说他是草根出生，会不会配不上你的身价？

**Vivian**　Uncle，你这就不懂了。草根出生的人才懂得感恩，我们给他一分，他就涌泉相报。到时候我们怎么摆布他都没问题。这不比那个背着您想要跳槽的司徒青青好得多？

**林　总**　你说的也对。

**Vivian**　他来了。

147. 夜　外　停车场

［郭伟的捷豹开进停车场。

［郭伟和豆豆从车上下来。

148. 夜　内　别墅

**Vivian**　他说那人对他很重要，我以为他要带他乡下老妈来……这人是谁？

**林　总**　可能又是某个嫩模，走吧。

149. 夜　外　停车场到派对路上

［豆豆的脸部妆容浓而厚重。

**郭　伟**　谁给你化的妆？

**豆　豆**　花花啊——上次服装秀也是她帮我化的妆，你不是夸她化得很好吗？

**郭　伟**　可上次是舞台妆，今天是私人晚宴。

**豆　豆**　有区别吗？

**郭　伟**　没有，这样吧，我等会儿介绍说你是一个演日本能剧的小明星，怎么样？

**豆　豆**　能剧是什么？

**郭　伟**　是……一种戏剧形式。

**豆　豆**　是不是和京剧一样？

**郭　伟**　差不多吧。

**某　人**　嗨！David来了！

［众人都回过头看着郭伟。

**众　人**　David！Divid！欢迎康复，我们想死你了！

**郭　伟**　谢谢，谢谢你Tracy，谢谢你Peter。

［豆豆被人挤来挤去，渐渐离开郭伟身边。

［郭伟一回头，看不见豆豆，赶紧去找。

［郭伟在人群中寻找豆豆，看到一个背影很像的赶紧拉过来。

**郭　伟**　你跑哪儿……

［那人回过头，不是豆豆。

**某　女**　嗨！David！

［郭伟点点头，又去另一边找寻。

**Vivian**　David！

［Vivian拦住郭伟去路。

**郭　伟**　Vivian。

**Vivian**　David，你怎么了？进来了也不来找我——你那个重要的伙伴呢？

**郭　伟**　她……

**豆　豆**　伟哥！

［豆豆从远处跑来。

［郭伟脸上三条黑线。众人都抿嘴：伟哥。

**豆　豆**　伟哥，对不起，我迷路了——

**郭　伟**　（低声）说了不要叫伟哥！

**豆　豆**　哦，那就……小伟哥？

**郭　伟**　……

［Vivian 扑哧笑出来。

［豆豆和 Vivian 对视。

**Vivian**　你好眼熟啊。

**豆　豆**　我是豆豆。

**Vivian**　嗯？哦……哦！是你啊——Hey! You look changed!

**豆　豆**　啥？

**郭　伟**　她说你变化大。

**豆　豆**　Not... Not changed.

**Vivian**　哈哈哈！David，过来，我 Uncle 有话跟你说，豆豆，不好意思，失陪了。

［Vivian 挽起郭伟的手，丢下豆豆，离开。

**Vivian**　她真可爱，有点儿像那个女版的 Mr. Bean，憨豆先生，你觉得吗？

**郭　伟**　……

150. 夜　外　派对

［豆豆无趣地晃来晃去。

［服务生走过来。

**服务生**　小姐，请问您是要香槟还是红酒？

**豆　豆**　拿黄的吧。

**服务生**　好的。

［服务生把香槟递给豆豆，豆豆喝了一大口，瞬间吐回杯子里。

[周围人都看着她。

[豆豆一脸尴尬，赶紧端着酒离开。

151. 夜　外　泳池边

[Vivian 把郭伟带到泳池边。

**Vivian**　David，还记得我们第一次见面就是在米兰婚纱展的庆功宴上，你在游泳池边深情地吻了我一下吗？

**郭　伟**　Vivian，你说带我来见你舅舅……他人呢？

**Vivian**　他正在陪一个重要的销售商。

[郭伟欲走，Vivian 拉住他。

**Vivian**　你怎么了？好像要去赶场子似的。难道分开了这么久你都没有想我吗？

**郭　伟**　Vivian，不要……

152. 夜　外　派对

[豆豆悄悄把香槟倒在了一棵盆栽里。

153. 夜　外　泳池边

**郭　伟**　Vivian……

[Vivian 亲吻郭伟。

[郭伟扭头，紧张地搜寻会不会被豆豆看到。

[郭伟推开 Vivian，Vivian 重心不稳，掉进游泳池里。

[Vivian 一把将郭伟也拉进游泳池里。

[大家都开心地叫起来。

[豆豆听到水声，赶紧走过去。

[只见郭伟从泳池里露出头，Vivian 也露出头。

[Vivian 搂住郭伟，大家笑。

[豆豆呆呆看着这一切。

**林　总**　瞧瞧现在的年轻人，这叫什么话——大病初愈就开始玩浪漫，玩激情。

[林总去拉起郭伟。

**林　总**　来，David，我扶你——（拉起来）腿没事儿吧？

**郭　伟**　没事，谢谢林总。

**林　总**　别跟着 Vivian 疯，她是一个小疯子——你玩不过她。哈哈哈哈哈！

[郭伟苦笑，转过头，看到豆豆的表情。

[郭伟的笑容僵住。

**Vivian**　你们不来拉我一把吗？

**林　总**　得了吧。

**Vivian**　David！

[郭伟无奈，只好去拉 Vivian。

[Vivian 趁势和他接吻。

**众　人**　哦，天哪！

[豆豆转身离开。

[郭伟把 Vivian 拉起来。

**郭　伟**　你没事吧。

**Vivian**　没事。刚才好玩儿吗？

**郭　伟**　对不起，我要失陪了。

[郭伟转身离开。

**Vivian**　喂！

154. 夜　外　停车场

[豆豆走出停车场，被高跟鞋绊了一下。豆豆踢掉高跟鞋，赤脚离开。

［郭伟追到停车场。

**郭　伟**　豆豆！豆豆！

［郭伟看到地上的鞋，走过去，拾起它，懊恼。

［Vivian 湿漉漉地站在他身后。

**Vivian**　David。

［郭伟站起来，转身看着她，眼神是拒绝的神情。

**Vivian**　你是不是恨我曾经丢下你？

［郭伟摇头。

**Vivian**　不要告诉我你看上她了。

［郭伟默认。

［Vivian 讽刺地笑。

**Vivian**　没想到你腿好了，脑子还是坏的。

**郭　伟**　Vivian，对不起。我也曾犹豫过，我骨子里是一个利欲熏心的人，并不配拥有那样纯洁的豆豆。即便到现在为止，我依旧迷恋着我过去的生活，也迷恋着拥有你的日子。可是，我不能，对不起，我已经不是原来的我了，让你失望了。

［郭伟回过头，往前走。

**Vivian**　你疯了！只有我才配和你在一起，只有我这样的女人才理解你，我们可以在一起讨论毕加索，可以讨论柴可夫斯基，可是她呢？她什么都不知道——你和她不会幸福的，早晚你会像厌烦你的母亲，厌烦你的故乡一样厌烦她，抛弃她的。

**郭　伟**　Vivian，我和你还是不同的，我心中对她的牵挂——重如高山。

**Vivian**　……别以为你凭几张破设计稿就真的能在 JOICY 立足了，我 Uncle 才是你老板，他想推荐谁就推荐谁——他可以把你瞬间捧起来，也可以让你立刻死无葬身之地。

**郭 伟** ……我已经死过了，不怕了。

**Vivian** David！你之所以有现在的一切全是因为我——如果你离开我，你就什么都不是。

**郭 伟** 我本来就什么都不是。

［郭伟转头走，Vivian 气得要命。

**郭 伟** Vivian。

［Vivian 抬头，郭伟把捷豹的汽车钥匙丢给她。

**郭 伟** 多保重，Vivian。

［郭伟离开。

［Vivian 垂下头。

155. 夜 外 出租车

［郭伟坐着出租车在大街上寻找豆豆的身影。

156. 夜 外 疗养院门口

［郭伟坐着出租车来到疗养院门口。

［疗养院大门紧闭。

［郭伟想敲门，但是又怕影响病人。

［郭伟坐在门口。

157. 清晨 外 疗养院门口

［太阳升起来。

［大门打开，守门大妈惊讶地看着郭伟。

［郭伟二话不说，冲进疗养院。

158. 清晨 内 疗养院

［郭伟冲进疗养院，找不到豆豆。

159. 清晨　外　天台

［郭伟冲上天台。对着天台发呆，想到过去的场景。

［郭伟迅速回身，又离开。

160. 清晨　外　花园

［郭伟回到花园，在随风飘荡的被单中穿梭。

［郭伟看到一个身影，赶紧扑上去。

［一看，是凤姐。

**凤　姐**　David！你怎么来了？

**郭　伟**　凤姐，你见到豆豆吗？

**凤　姐**　没有。

［护士带着脸盆走过。

**护　士**　她昨天晚上回来了一次，不过整理了包马上就走了。

**郭　伟**　不可能，我一直等在门口

**护　士**　前门还是后门？

**郭　伟**　还有后门?!

161. 日　外　疗养院后门

［郭伟看到打开的后门，沮丧地蹲在地上。

［此时，郭伟手机响了，他接起电话。

**郭阿姨**　大伟，怎么回事？你和豆豆吵架了？

**郭　伟**　豆豆在你这儿？

**郭阿姨**　是啊……

**郭　伟**　别放她走！我马上来。

［郭伟转头离开。

［音乐起。

162. 日　外　大街上

[郭伟坐在出租车里。

163. 日　内　郭伟家

[郭伟回家，发现郭阿姨呆呆地坐在沙发上，手里捏着云宝宝的手帕。

164. 日　外　火车

[火车开过。

165. 日　外　火车站

[郭伟走出火车站，箱子上系着云宝宝的手帕。

**郭伟自叙**　*年*月*日*分*秒，我回到了这个我阔别12年的故乡小镇。

166. 日　外　路上

[郭伟坐着牛车在村里走过。

[郭伟看着乡下人穿着朴素的衣服在乡间割草。

[孩子们在嬉戏。

167. 日　外　郭伟老家

[郭伟来到自己老家门口。

[郭伟开门进屋，望着自己的屋子。

[郭伟看到幼小的自己趴在灯下做功课。

[郭伟听到厨房里乒乒乓乓的声音，是母亲炒菜的声音。

168. 日　外　豆豆家门口

[郭伟来到老家隔壁——豆豆家门口。

[郭伟敲门，无人应答。

[郭伟发现门虚掩着，推门，进屋。

[郭伟看见客厅桌上摆着王大妈的遗像，烧着香。

[郭伟走进豆豆的房间。

[豆豆房间里都是箱子，上放着一封信。

[豆豆画外音：亲爱的小伟哥哥，请原谅我不告而别。我并非责怪你，也不是赌气——我知道你对我很好，我也知道自己喜欢你——是的，我喜欢你，从我六岁那年趴在教室后窗台上偷看你画画的那一瞬间，我就喜欢上了你，之后都没有变过。小时候我常常为了吸引你注意而故意做一些愚蠢的事情，现在想想还是觉得脸红。我娘去世后，干娘叫我去城里投奔你们，我别提多高兴了。可是和你相处了那么久，我深深地知道，我们是生活在两个世界的人，你的世界不属于我，就算你因为昔日我对你的深情而和我在一起，总有一天也会因为这个那个问题而厌烦我的。而我，我早就不是那个跟在你屁股后面，使劲追赶你脚步的小妹妹了，我也已经长大了。我不希望两个人的感情是因为谁欠了谁的情而在一起，也不应该是某一方踮起脚来配合另一方，我希望和我的爱人是发自内心地互相吸引、互相依靠，我们能在夜空中数星星，也能一起经营一家小小的旅店。所以，原谅我不会回到你身边，你已经站起来了，你还可以追求你想要的生活，走最适合你走的路。无论你在哪里，我都会像小时候看着你画画那样在远处默默关注你的。放心吧哥哥，请大胆地飞翔。

［音乐。

［豆豆说这段话的时候，郭伟完成以下动作。

169. 日　外　小学教室

［郭伟记忆闪回：小学时候豆豆趴在窗外看着郭伟画画。

170. 日　外　小学操场

［闪回：郭伟坐在秋千上，豆豆陪在他身边，折了一只纸鹤放在他手上。

171. 日　外　放学路上

［闪回：豆豆跟着郭伟放学。

［闪回：郭伟背着膝盖受伤的豆豆回家。

172. 日　外　后山

［郭伟爬上后山，看日落。

173. 日　外　小溪边

［郭伟来到小溪边，看着豆豆和几个小姐妹在开心地抓鱼。

［郭伟看着豆豆的身影，看着她的笑容。

［郭伟犹豫了一下，终于离开。

**郭　伟**　你错了，豆豆，是我配不上纯洁得如泉水般的你，我是一个多么懦弱和世故的男人，我甚至不能对自己保证，如果哪天真的娶了你，我不会因为本性暴露而做出让你伤心的事情，如果你会难过，如果你会对我失望——

那对我是一种多大的折磨，我简直想都不敢去想。豆豆，对不起，对不起……

174. 日　内　豆豆家中

［郭伟从豆豆家中离开，临走时回望了一眼。

［只见窗口上放着一只千纸鹤，一张照片，上面是豆豆、郭伟和郭阿姨三个人在天台拍的照片。郭伟的眼泪哗哗流下来。

175. 日　外　火车站

［郭伟走出火车站，发现妈妈等在车站外。

［郭伟走过去，和妈妈拥抱。

176. 日　外　镜头剪切　音乐

［豆豆的小旅馆、草莓地……

［郭伟的设计所。

［郭阿姨和郭伟一起做菜。

［郭伟坐在疗养院陪咪咪下跳棋。

［郭伟在疗养院帮病人们画肖像画。

豆　豆　（OS）亲爱的小伟哥哥，谢谢你给我的第一笔投资基金，能让我实现自己的梦想，在故乡开一家小旅店。可惜来我们家乡旅游的人实在太少了，旅店大部分时间都冷冷清清的，不过我还是很喜欢我的工作，我在后院种了很多花花草草，还开垦了一片草莓地。草莓成熟的时候，会发出一股浓浓的香味——太迷人了！

豆　豆　（OS）亲爱的小伟哥哥，感谢你寄来的云宝宝一代吉祥物，得知你申请你自己的服装品牌，我真的太自豪了！

加油！

豆　豆　（OS）小伟哥，不知道为什么，最近来我们小镇旅游的人渐渐多了起来。我昨天接待了三组从你们那儿来的游客，他们说有一个著名的摄影师来我们故乡拍了一组特别美的照片，引起了大家的兴趣——这真是太好了！

豆　豆　（OS）小伟哥，你寄过来的那件衣服的腰围尺寸和我现在的身材分毫不差——不会吧，我有点伤心了，难道你从照片上就看出我胖成那德性了吗？果然嫁人不能嫁厨子啊，我后悔死啦！呵呵呵……

豆　豆　（OS）小伟哥哥，今天遇到了大事！那个著名的摄影师Josi金到我的旅馆来啦！他为我拍了很多照片，还说是你推荐他到我们这儿来的！事实上，他说是你推荐他给我们故乡拍照片的——这是真的吗？那你岂不是我们的大英雄？

豆　豆　（OS）小伟哥，郭阿姨的身体真的已经这么不好了吗？……

177. 日　外　火车

［火车轰隆隆开过。

178. 日　内　郭伟家

［郭阿姨的遗像放在桌上。

［郭伟答谢各位友人。

［郭伟抬头，只见豆豆牵着一个女孩儿的手走了进来，一个憨厚的男人（豆豆老公）拎着包跟在她后面。

［郭伟朝豆豆点头。

[豆豆站在郭阿姨遗像前烧香，鞠躬。

[豆豆的女儿懂事地站在一边。

[豆豆拥抱郭伟，郭伟哭泣。

[豆豆的女儿给郭伟递上一块云宝宝的手帕。

179. 日　外　沙滩上

[豆豆、豆豆老公牵着女儿，陪着郭伟在沙滩上散步。

**女　儿**　爸爸我想吃棉花糖。

**豆豆老公**　好，爸爸给你去买。来，骑爸爸脖子上——来咯。

[女儿骑在父亲脖子上，豆豆老公欲走，豆豆叫住他。

**豆　豆**　阿德。

[豆豆帮她老公把围巾围好，她老公憨厚且满怀爱意地拉拉她的手，离开。

[郭伟看着他们。

180. 日　外　海边

**豆　豆**　小伟哥哥，你后来就没有再结婚吗？

**郭　伟**　没有。我妈一直很气我这点。她说我不适合婚姻，我觉得是她不满意我的婚姻。自从她认定你是她心目中完美的儿媳妇以后，她好像没有办法再接受任何人了。

**豆　豆**　……

**郭　伟**　哈哈……

**豆　豆**　知道吗？其实你不是干娘的亲儿子。你是在我们火车通车的那天，干娘在火车站捡到的。

**郭　伟**　哈哈……这个故事我也听说过。

**豆　豆**　我以前不相信，可是那时候，你出事住院那天，医院缺少血，然后干娘很紧张地请求医生赶紧从血库调血来，这个时候我才知道原来你们血型不一样，她没法输血给你。

**郭　伟**　……

**豆　豆**　只听到她反反复复说，要是我是 O 型血就好了，要是我是 O 型血就好了。

**郭　伟**　后来是你把血输给我的，我后来听我妈说了。

**豆　豆**　因为我是 O 型血啊。

**郭　伟**　原来从那个时候起，我们就是一家人啦。

［两人相视而笑。

**豆　豆**　你看，那颗星星好亮。

［郭伟看着那颗星星，没有说话。

［背景是郭阿姨的话："儿啊，去吧——无论你走到哪里，妈妈我都会看着你，守护你的……"

**郭　伟**　豆豆，和你在一起的时间虽然短，却是一个幸福的梦。

**豆　豆**　（笑）我也是啊。

［剧终字幕时，豆豆老公和女儿回来。

［女孩儿把棉花糖递给郭伟。

［四个人在沙滩上嬉笑的剪影。

**（剧　终）**

## 导师评语

傅　星

时装设计师郭伟有点滥情，既有公开的女友，还有暗中情人。当然这在时尚潮流界也算不了什么，遗憾的是这并没有刺激出设计师的创造力，反倒是令其事业陷入了瓶颈。他的设计遭人轻视，在公司的地位也大有被后来者取代之势。郭伟原本来自农村，是个不折不扣的“凤凰男”。某天，一个叫豆豆的女孩从老家来，乡妞豆豆是郭伟的儿时玩伴，青梅竹马。随后一系列的事件就此铺陈开去，坠楼、瘫痪、背叛、绝望、自杀未遂、康复、三角关系、东山再起、情感升华……通篇读下来，故事很完整，也比较丰富。

人物是属于那种所谓扁平式的，符号性强，指代明确。好和坏一目了然，人物间的冲突性质也是显而易见。剧情一波三折，富有张力，是大众风格，流畅、易懂、好看。故事又是在都市和乡村两个迥然不同的层面展开，有较强的反差，有对比性，色彩感强。无论从哪个角度，在文本的解读上没有任何的障碍。感觉上，这应该是一部商业剧，它具备了商业剧的那些基本元素。

另外，值得一提的是，剧作在情节推进的节奏上把握得很好。有突变，有反转，有跳跃。譬如开篇部分，郭伟去接豆豆，好不容易接上了，却出人意料地把她扔下了车；又去参加派对，玩乐过后，竟突然遭遇意外坠楼。再譬如，瘫痪的郭伟万念俱灰已经坐上了轮椅，甚至想死，可是因为抓小偷这个突发事件瞬间站了起来，居然康复了（可以理解为心因性障碍的突然消除）。还有豆豆的出场和离去,走了,又来了,以为不会再走了,居然又消失了。这的确是一种很电影的叙事方式,会不断地给人以惊奇,给人以某种料想不到观赏效果。如此节奏,会在很大程度上提升人们对剧情走向的关注度和兴趣。

豆豆自然是非常理想化的人物,因为豆豆的存在,以及郭伟对她的情感发展,造成了这部剧作的相当理想化的主题基调。原来以为作者仅仅就痴迷于这个都市童话的构造,但不曾想在戏的结尾却有了变化。豆豆离开了都市和郭伟,回到了乡下,还以其乡妞的原生态。随后为妻为母,幸福生活。而郭伟也承认,如果和豆豆一直好下去,未必就能抵御得了欢场的诱惑而对其从一而终。这个结尾使得剧作的思想内蕴多少丰富了些,可以看出作者并不满足于好莱坞式的皆大欢喜的大俗套。一路写来,无论剧情的演绎是多么的虚构想象和乌托邦,但思想还是不能放弃的。不管你是否喜欢这个结尾,你还是可以感受到这里有作者对真实人生和现实社会的思考与理解,并且在艺术创作中有顽强的表达。

挺喜欢这个剧作的风格调调,迷离魔都、青春气息、浪漫情怀,还有与之对应的乡情、乡恋、乡愁等。相比而言,都市时尚领域这个层面似乎表现得更好,环境、氛围、场面、对话、细节、过场人物(比如模特和老板)等,信手拈来,就很到位,比较出彩。这些容易写得空泛和虚假的内容,在这里倒是显得很真实也很接"地气",这应该是和作者的生活经验有关。

当然也有缺点。个人的看法是,在整体构思上创意还是不够,人物还是有点概念化。

电视连续剧

# 爱情定制局

（第 6 集）

陶　磊

## 陶　磊

男，上海市作家协会会员。1999年起从事小说创作，2001年起接触电视剧创作，2012年起以编剧为职业，并参与成立上海新撰文化传播有限公司，组建以35岁以下青年编剧为骨干的“新撰编剧工作室”，创作电视剧、电影与动画片等题材的作品。主要成果有：2002年，电视连续剧《生死呼唤》（未署名编剧）；2012年，动画电影《孙悟空2》（上海美术电影制片厂）；2012年，电视连续剧《明星时代》（上海电影制片集团）。

## 故事梗概

独自离家在电影院校上戏文系的女生伊婕，面临着毕业即失业的困境。四年来她倾尽心力写成了一部小成本电影《浮云城》的剧本，却在寻找投拍机会时四处碰壁。不甘放弃的伊婕过着靠打几份工养活梦想的日子。

天佑集团总裁公子Gary（葛家理）虽非专业院校毕业，却自幼酷爱表演，有人将他作为潜在投资人介绍给了伊婕。Gary亲自上阵试排了一下剧本，挑了伊婕很多毛病，伊婕则反唇相讥是Gary演技太烂，两人不欢而散。

葛家突遭变故，一直与Gary关系不睦的父亲突然身亡，且遗留下挪用公司财产的罪名，葛家包括住宅在内的大部分资产因而被法院查封，而继母姜燕飞置身事外。Gary心知父亲之死有疑点，而大宅中有父亲习惯秘藏文件的暗室，但大宅已被法院查封，几个月后结案时将要拍卖。Gary急需一大笔钱拍回大宅，四处求告父亲老友帮忙，却吃了闭门羹，而自己日常的一班富贵朋友此时也袖手旁观，Gary不但无从挣大钱，自己还须在酒吧打工维持生计。

某日Gary在酒吧偶见伊婕巧妙设计帮助朋友挽回女友芳心，却因为配合者演技太差功亏一篑，遂心生与伊婕合作专门为他人设局“定制爱情”牟取暴利的念头，这样自己可以拍回老宅，而伊婕也可以有钱拍电影。但此提议却被伊婕一口回绝。

此后伊婕与Gary频频相遇，伊婕发现两人有很多共同点，并逐渐对Gary产生了好感。某日Gary终于向伊婕表白感情，伊婕委婉接受，Gary却突然说：“你看，这是可以做到的。”

原来Gary做的一切都出于对伊婕的充分调查和精心设计，为了证明他提出的定制局生意确实可行。气愤的伊婕不甘心承认自己投入真情，故作镇静地接受了共同创业的提议，爱情定制局的班底就此诞生。

两人借下了相识的广告公司摄影棚为基地，为“爱情定制局”订下了1调查、2培训、3设计的服务流程，并打出广告招兵买马。但最初的生意做得磕磕绊绊：客户来源不靠谱，相信精诚所至的伊婕和信奉花招至上的Gary在工作方法上常有冲突，而且都有经济压力的两人在功劳分配时也每每针锋相对。直至一名爱上偶像歌手的歌友会主席前来委托，Gary和伊婕成功地帮助她告白成功，这个“化不可能为可能”的案例成就了爱情定制局最初的口碑。过程中Gary的“老大哥”，万年龙套演员杨宇波也加入了进来。从此以后，不同的委托接连不断。

暗恋青梅竹马但过于熟悉难以开口，却眼睁睁看着对方要被花心男俘虏而干着急的宅男求助于定制局。而在事件的解决过程中伊婕的闺蜜Samantha（苏慕姗）以造型设计师的身份帮上了大忙，从此加入了爱情定制局的工作。

为了增加对委托人和委托对象的了解，Gary看中了伊婕的青梅竹马、黑客唐一平的技术。唐一平早已爱慕伊婕，却不被伊婕当真。唐一平为人有典型技术宅男的木讷，对风流倜傥颇懂女人心的Gary十分佩服，Gary也乐得充当老师时不时地点拨他。

伊婕兼职的书店女老板李曼舞一改凶悍常态向她求助，原来李爱上了一位心理医生汪希廉，并不惜为此长期装病。接下李曼舞委托的定制局众人让她尽快脱离病人身份，以朋友身份开展恋爱作战。在工作过程中伊婕发现汪大夫早已知道李曼舞是装病，而他似乎专门接待这类其实没病的“女病人”，认为他借此敛财不堪信任，反对Gary继续执行计划。Gary却坚持执行计划，并发现了汪大夫的心理弱点，也证实了其并非为了敛财而不揭穿女病人，使他和李曼舞走到了一起。汪大夫从此也成为定制局的一个外在助力。

Gary和伊婕偶遇之前与Gary一起玩的老朋友中公主型美女Julia与Gary的亲密让伊婕稍有醋意，感到自己与Gary不是一个世界的人。然而Julia却有自己的麻烦，原来她一贯仗着有钱，在情场上无往不利，此时爱上了富家子的萧思觉，然而却屡受挫折，有无从下手之感。Gary自告奋勇由爱情定制局为她提供服务，Julia勉强接受，却对定制局众人毫无信任感。

伊婕忍气为Julia设计，Julia却很不配合，还时常嘲笑伊婕土气。然而经过Gary的打扮，伊婕以靓丽的造型走向前台时，包括Julia在内的众人都受到了震撼。谁知计划出错，萧思觉反爱上了伊婕。伊婕为自己搞砸了生意自责，Gary在为其善后的过程中试探地建议伊婕如果为了有钱拍电影，要不干脆嫁给富家公子萧思觉算了，伊婕大为气愤，声称绝不会出卖自己。而她的这种坚持原则、毫不圆滑的个性，也着实让Gary心动，但碍于大事当前，Gary掩藏流露这份好感。

倜傥男小白前来委托，想将某女财团继承人追到手。伊婕认为这人是情感骗子，主张不予理睬，而Gary则认为不该把主观判断牵涉到工作中来。伊婕面子上只能妥协，却认为Gary实乃此类人的一丘之貉。最终小白果然露出了狐狸尾巴，在自以为成功的关头，却被Gary摆了一道，鸡飞蛋打。原来Gary虽然嘴上说着生意就是生意，但也看不得情感骗子得逞。伊婕也由此体会到Gary与一般纨绔子弟的截然不同，交心之下对他重生好感。然而两人都顾忌搭档的身份和之前“测试版恋爱”的不良影响，只把好感搁在心里。

Samantha 的表妹从小母亲亡故，新近结了婚，而其丈夫也是从小跟随离异的母亲生活。两位互为亲家的单身家长，一来二去擦出了爱的火花，却怕非议不敢越雷池一步，反而让子女因此而操上了心。从表妹处听说此事的 Samantha 自作主张地为定制局拉来了这个“当事人不是委托人”的生意。在杨宇波的斡旋下，此事最终圆满解决，但 Samantha 却遭遇了父母的剩女警报，压力下的 Samantha 开始对杨宇波产生好感，而杨宇波自己正苦于应付女友的物质要求而疲于奔命。

农村出身的大学保安自学成才，爱上了学校里的挪威女留学生。伊婕第一次接到了涉外的案例非常兴奋，把一堆外国文艺作品中的桥段拿出来大做实验，让委托人苦不堪言。Gary 却简单地以“男人自信最重要”解决了问题。

在此过程中，了解 Samantha 心事的伊婕试图让杨宇波明白物质并不重要，杨宇波却错误总结出了“不管底子多差只要努力总能争上游”的结论，而完全没注意到 Samantha 是一个更好的选择。眼看着被恶劣女友耍得团团转的杨宇波和拉不下脸来倒追杨的 Samantha，伊婕想请 Gary 一起帮忙撮合两人，Gary 起初提出要钱，伊婕决定自己摸钱出来。而后在发现杨宇波的女友不但把他当傻瓜还有不忠行为时，Gary 拒绝收钱，声称不能坐视有人耍自己兄弟。于是两人在当事人不知情的情况下开始了设局，几经周折终于成功，杨宇波和 Samantha 真的成了一对情侣，而 Gary 和伊婕经过这番合作也默契大涨，渐渐心灵相通。

保安追到女大学生的案例让定制局名声大震，Gary 发现在网络上出现了同业竞争，为了了解对方的实力，Gary 与伊婕扮成客户去试探，却被轻易地戳穿身份，并被对方下了挑战书。“正版”与“山寨”定制局很快在同一个案子上针锋相对，同时为两名男子追求同一名女子。定制局费尽力气，眼看就要使自己的委托人取胜，而此时伊婕发现其实对象心底更爱的是对方的委托人，在最后关头主动放弃了胜利。本来一向会指责伊婕感情用事的Gary，难得地在这件事上什么也没有说，伊婕对此非常感激。而定制局受此落败打击，声誉大损。

此时，定制局所在的摄影棚老板沈彼得提出了要追求某嫩模温雅的委托请求。伊婕对历来花心、劣迹斑斑的沈彼得心存疑惑，但沈彼得称自己这次是真心的。为了公私两便，定制局决定接下这个委托。然而沈彼得果然只是因为温雅桀骜难驯的"难度"而试图征服之，完全谈不上认真。在即将成功的关头，伊婕和Gary发现了这一点，最终忍痛而取消了计划。两人因为得罪了沈彼得，因此不再能使用其摄影棚。失去基地的定制局陷入了低谷。

连续两次因为"道义原因"给生意造成损失，伊婕对此颇感内疚，并保证不会再因自己的精神洁癖破坏生意。此时一名白领男因为爱上女上司而来请求委托，而且敏锐地点出了Gary也与自己一样"同病"——对女同事伊婕有爱意。Gary对此嗤之以鼻，却也被触动。最后定制局帮助委托人取得成功，却同时发现白领男只是为了升职。伊婕忍不住试图揭露委托人，却被Gary阻止，伊婕因为有言在先，不得不遵从Gary的意见，却也对他不无失望。殊不知Gary其实是对委托人心有戚戚，理解他对女上司其实不乏真情；而不经意间发现了Gary与白领男一番交谈的伊婕，既感愧疚，也隐隐明白了Gary对自己的真实心意。然而即使理解他的顾虑所在，她也不敢把这份感情挑明。

Gary几经周折为定制局找了一个新基地。一番改装之后，老旧的工厂厂房变得像模像样，也像摄影棚一样能为委托人提供排演的场所。此时看守工厂的老物管前来作梗，而在了解到这几个年轻人的动机后，他也提出了自己的委托。

之后同时来了两件委托，一是爱上老板遗孀的私家司机陈家炫，二是喜欢上网友的夜总会陪酒女邵莫晗。定制局成功帮他们达成心愿，居功至伟的是Gary，他告诫两人不要被身份差异所束缚，要勇敢打破藩篱。而这进一步加强了伊婕对Gary的好感。

此时，之前曾试图利用定制局傍富婆的小白再次来到这里，提出委托，而对象竟然是有夫之妇。小白为这位富婆女儿小雨的钢琴教师，爱上了孩子的母亲！对小白本无好感的伊婕当然一口拒绝，小白却告之定制局，小雨爸早已有外遇，小雨妈不过是为了孩子加以隐忍。定制局调查之后发现果然如此，小白的真诚和重金许诺打动了Gary，定制局接下了这份委托。行将成功之时，小白却被发现与小雨爸存在幕后交易——原来小雨爸是为了离婚又不想损失财产，特地找来小白充当小白脸勾引妻子，好陷害对方为过错方。谁知小白动了真情，最终终止了委托。但这一幕被小雨妈看到，无法接受被欺骗的事实。Gary和伊婕因为目睹了小白对小雨的爱，原谅了他“善意的隐瞒”，并帮助他重新获得小雨母女的信任。

年轻男生自称大学生委托爱情定制局追求同龄女生，却被发现他只是高中生。Gary认为这无所谓，而伊婕则认为他破坏了只许说实话的规矩，且认为不能以未成年人为客户。Gary拗不过伊婕只好拒绝这桩生意，男孩却吐露自己得了绝症已等不到成年了。受到震动的伊婕仍然拒绝了他的商业委托，却义务帮他成功告白。这也让伊婕和Gary陷入了到底爱情应不应该受到限制的反思，两人开始觉得自己对对方的刻意回避是否必要。

此时又出现了一个纠结的四连环委托：某服装设计公司的

女老板爱上了摄影师,摄影师则爱上了女模特,模特则爱上了设计师,而设计师的目标却是女老板。四个人先后都来找"爱情定制局"请求委托,伊、葛两人为了遵循"来者不拒"的原则勉强接下生意,却发现陷入了死循环。

在此案执行过程中伊、葛两人从意见分歧,发展到互相拆台,最终两人被各自委托人的坚持所打动,决定宁愿放弃生意,也要提醒既是委托人又是目标的四个人多注意对自己用心良苦的人。这一番周折之后,Gary 与伊婕都发现对方甚为可爱可贵。然而这对扭转定制局的经济状况并无好处。

此时距离葛家老宅的拍卖的时间已经不到一个月了,Gary 所筹集的钱还不到一半。而与此同时,伊婕发现自己的剧本已遭到了一家拒绝过她的影视公司剽窃,其电影已在筹拍之中,为了阻止只有尽快启动自己的电影才行,而这也需要大笔资金。在两人各自遭遇压力的情况下,定制局更迫切地需要生意。

此时 Gary 的继母姜燕飞竟然前来委托。原来 Gary 之父葛盛杰的天佑集团自从葛盛杰"畏罪自杀"之后,就由原本他父亲的下属唐礼德担任新总裁。而姜燕飞想再嫁的竟然是鳏夫身份的唐礼德。原来她过惯了奢侈生活,对目前紧巴巴的日子颇不习惯。Gary 顺水推舟地折价接下这笔"生意",其实是为了借机调查父亲之死的真相。

在唐礼德的某次生日宴会上,Gary 惊讶地发现原来自己定制局里的 IT 高手唐一平就是唐礼德的儿子,只不过唐一平因为坚持自己所选的技术道路,很少与父亲来往。唐礼德见到 Gary 与自己的儿子混在一起大为紧张,而他的这种反应让 Gary 更加怀疑他与父亲之死有关系,但在表面上,Gary 完全不动声色。

而此时此刻,经过众多案例的历练,和 Gary 日常的指导,唐一平已经脱胎换骨,不再是木讷的技术宅男形象,而成了颇具魅力的高智英杰，但他对伊婕的爱慕也依然未变，还勇敢地向伊婕表白。伊婕仍然拒绝了他，却发现拒绝得很困难。Gary把这一切看在眼里，却表现得毫不在意，只一门心思扑在帮“前继母”姜燕飞缔结良缘上。而发现他已经知道这一切的伊婕见他这种态度，内心颇为难受。

以调查对象为名，Gary让唐一平调查唐礼德，唐一平颇为配合。但在调查过程中，唐一平发现父亲似乎从事了一些不法勾当，但他隐瞒了下来。

姜燕飞终于如愿与唐礼德订婚，Gary也拿到了承诺的酬劳，但这笔新来的钱加上原有的积累，只够买下葛家老宅，或者让伊婕拍片，两者不能兼顾。伊婕主动作出牺牲，以“反正现在拍也可能来不及了”为由，让Gary先拿钱去拍回老宅。Gary虽过意不去，但面对也许能解开父亲身亡之谜的老宅，也没有推脱。

谁知拍卖会当天，唐礼德突然出现，以比Gary高出一倍的价格拍下了葛家老宅，作为送给姜燕飞的结婚礼物，两人立刻就搬了进去把葛宅变成了唐宅。竹篮打水一场空的Gary束手无策，心灰意冷的他把钱还给了伊婕，并觉得定制局的存在对他已经没有意义了。但伊婕对定制局一路走来的历程和两人的合作难以割舍，想挽留Gary，说服他继续下去，可Gary拒绝了，并说出了其实他从来不相信爱情，只不过觉得这是个游戏，现在玩腻了的话。大失所望的伊婕大骂Gary，离开后开始拍自己的电影。

与此同时，唐一平向Gary提出了私人委托，而内容正是“帮我追求伊婕”。Gary为了利用唐一平帮他找到线索，接受了委托。唐一平在他的帮助下开始向伊婕发起了爱情攻势，而伊婕在其中处处都看到了幕后有Gary的影子。证实了这一点的伊婕在痛心失望之下，接受了唐一平的求婚。

在伊婕收下订婚戒指的当天，Gary找到了她，请求伊婕帮助自己：在第二天去拜见唐礼德时，在大宅里的某个暗格帮自己找寻父亲的日记。伊婕不禁问他，是否因为这个目的，才把自己推到唐一平怀里。Gary回答是。心如死灰的伊婕答应了她会帮忙。

第二天，在大宅里，麻木状态的伊婕遵循Gary的指示找到了暗格，却发现日记早已不见，唐礼德现身，说自己早就怀疑伊婕是间谍，将她赶了出去。

从唐家出来的伊婕反而感到一种轻松，她劝说Gary放弃寻找“莫须有”的真相。而情绪激动的Gary这次才爆发出真实情感：原来他与父亲关系看似冷淡，但其心底却十分敬爱父亲，绝不相信父亲会做出辜负人信任的经济犯罪的事。

此时唐一平现身，拿出了Gary所寻找的日记和其他资料，上面证实了盗用公款乃唐礼德所犯，葛盛杰打算给他机会自首，没想到反遭唐礼德先下手灭口。原来唐一平偷听到了前一天晚上伊婕和Gary的谈话，意识到愿做这一切的伊婕爱着Gary；而父亲一直以来的所作所为也让正义感颇强的他不能接受，为此他提前拿到了日记复制了一份，还从唐礼德的计算机里找到了证据。

唐礼德终被逮捕，葛盛杰的冤案得以昭雪。Gary过往的富贵朋友们又开始找上门来，纷纷愿意投资他的定制局生意。而伊婕正拍摄着她的新故事，男主角是一个突然变得一贫如洗的少爷。

## 爱情定制局　第6集

**故事梗概**

某日,伊婕兼职的书店女老板李曼舞一改往日凶悍的模样向伊婕求助,原来李爱上了一位心理医生汪希廉,并不惜为此长期装病。接下她委托的定制局众人建议她尽快脱离病人身份,以朋友身份开展恋爱作战。然而,此后大家发现这位汪医生从不谈恋爱,且精通各种心理小把戏。Gary试图啃下这块难啃的骨头,伊婕则发现汪大夫早已知道李曼舞是装病,而他似乎专门接待这类其实没病的"女病人",认为他借此敛财不堪信任,反对Gary继续执行计划。在委托人的坚持下,Gary想出出奇制胜的一招,却发现仍然是落入了汪大夫的算计。在定制局准备放弃的关头,Gary发现其实他们并非没有打动汪希廉,而医生自己的心理弱点比他的任何一个病人都大。

**单集人物:**

**李曼舞**　33岁,书店女老板。

**汪希廉**　34岁,心理医生。

1. 日　外　大街　伊婕

[伊婕边打手机边走在去兼职书店的路上。

**伊　婕**　我真的不需要……我上班要迟到了。你们要是有炒鱿鱼的险，我就买！（挂上电话叹口气）

[伊婕走到了书店门口，推开门进入。

2. 日　内　书店　伊婕　李曼舞　顾客若干

[走进门的伊婕发现李曼舞正在给顾客结账，抱着一丝没被看到的侥幸，伊婕想利用顾客遮挡，从书架后溜进去，却还是被李曼舞看到。

**李曼舞**　伊婕。

**伊　婕**　（懊恼，转身）店长！我本来提前了半小时出门的，可四号线有个胖子卧轨，用了起重机才把他拉起来……

**李曼舞**　（递过一袋泡芙）隔壁新开的泡芙店，尝尝。

[伊婕对李曼舞表现出的亲切感到意外，呆呆地接过。

[切至

[伊婕踩在小木梯上，把书放到书架顶层，下来时，低层书架上的一个装饰壶因为她的动作摇摇欲坠，李曼舞看到了出声提醒。

**李曼舞**　小心！

[伊婕及时扶住了壶。她转身表功地朝李曼舞一笑。从木梯上下来，也没看就伸手想当然地想把壶放回书架，却没意识到因为她下了梯子，距离已经改变，手一松，壶掉在地上摔碎了。

[伊婕尴尬地望向李曼舞。李曼舞朝她走过来。伊婕抱住头防止被打。

**李曼舞** 没事吧？碎片扎到没？

［伊婕大感意外。

3. 日　内　Samantha 公司／书店　Samantha　伊婕　李曼舞

［Samantha 在自己办公桌前与伊婕通电话。

**Samantha** 别胡思乱想啦！外星人要假扮地球人，为什么不扮美国总统，要扮个书店老板？

［切至书店

［伊婕躲着李曼舞偷偷打电话。

**伊　婕** 可她真的很不正常。

［切至 Samantha 办公室

**Samantha** 不正常的是你，当牛当马当惯了，老板拿你当人你反而不习惯了。

**老板(OS)** Samantha！叫你复印的东西呢?!

**Samantha** 来啦！（对电话）好了，我不跟你多说了，安心享福吧你。（挂上电话）

**老板(OS)** 你投胎去啦?！客户赶着要看啊！

**Samantha** 对不起，老板，马上好啊！你别生气嘛。

［切至书店

［一杯星巴克咖啡突然被放到伊婕面前，伊婕被吓了一跳，抬头看到的是和颜悦色的李曼舞。

**李曼舞** 我记得你喜欢不加糖加双份奶的。

**伊　婕** 突然对我那么好，是不是要炒我鱿鱼啊？

**李曼舞** 其实，我是有事想请你帮忙。

4. 夜　内　摄影棚　Gary　唐一平　伊婕

［唐一平躺在沙发上看科幻小说《人性分解》，Gary

在一旁玩 PSP。

**唐一平** （看着书念）“你怎么分辨你爱上的是人，还是爱情本身？”

**Gary** 等他毁容了，就知道答案了。

［伊婕走进来，李曼舞跟在她身后。

**Gary** （看了眼手表）迟到二十分十八秒，有进步。

［伊婕刚想说话，被 Gary 打断。

**Gary** 哎不用说了，我知道，肯定又怪那个数学是美术老师教的剩女店长，盘点盘不清楚。

**唐一平** 是体育老师教的。

［伊婕使颜色示意他们住嘴，两人浑然不觉，伊婕尴尬地偷瞄李曼舞，发现她并无怒容。

**Gary** （注意到李曼舞）你朋友啊？

**伊　婕** 我给你们介绍一下，这是我们店长。

［唐一平和 Gary 互望一眼，为自己刚才说的话感到尴尬。

**Gary** 哦，店长小姐啊！我一直听伊婕说起你，她一直说你有知识、气质好，真是不知所谓……

［伊婕害怕地看着 Gary，不知道他卖的什么药。

**Gary** 最关键的重点她居然没说，是这样一位美女，还这么年轻。（微笑着与李曼舞握手。）

［李曼舞不好意思地微笑。

［伊婕看向唐一平，翻了翻白眼，一副服了 Gary 的表情。唐一平耸耸肩。

**Gary** （仍握着李曼舞的手）你好，我叫葛家理，叫我 Gary 好了。

**李曼舞** 李曼舞。其实我今天是来找你们帮忙的。

**Gary** 哦？（看向伊婕）

［伊婕对 Gary 做出“生意啊”的口形。

**Gary** 请坐。

［切至

［Gary 在看李曼舞递过的一张名片。

**Gary** （接过）汪希廉，心理诊疗师。你看上的是个心理医生？

［李曼舞点点头。

**伊　婕** 店长，你怎么认识他的？

**唐一平** 废话，当然是看病的时候认识他的！

**伊　婕** 店长又没病！

**唐一平** 你不是说她早该去看看了吗？

［伊婕瞪视唐一平。

［李曼舞不以为意，看了看众人，准备开始讲述。

［切至

5. 日　内　心理诊所候诊室（李曼舞回忆）　李曼舞　助理　病人甲、乙

［诊所内的候诊室，李曼舞站着面对接待台后站着的助理。

**李曼舞** 请问……

**助　理** （头也不抬）团购的是吗？（推给李曼舞一张纸）填张表，领个号。

**李曼舞** 哦，谢谢。

［李曼舞回头看到沙发上已经坐了两个候诊者，都是三十出头的女性，各自在玩手机。李曼舞吃不准这些人有什么毛病，有点怯生生地坐到了一旁。

**李曼舞**　你们也是在点评团上看到免费体验的?

**病人甲**　(抬头面无表情地看李曼舞)不是啊。

**李曼舞**　那是……什么不舒服啊。

[病人乙朝李曼舞摇了摇手机。

[李曼舞不明所以,模仿了一下她的动作。

**病人乙**　手机依赖症啊。

**李曼舞**　哦!(恍然大悟状)

[墙上挂钟走过半小时。

[病人甲不见了(进入了诊疗室),病人乙动作不变继续刷手机。李曼舞在看一本书。

[墙上挂钟走过半小时。

[病人乙也不见了(进入了诊疗室)李曼舞继续看书。空出来的沙发上多了新的两个病人,也在低头玩手机。

**助　理**　19号!

**李曼舞**　这里!

6. 日　内　心理咨询室(李曼舞回忆)　李曼舞　汪希廉

[汪希廉站在窗边遥望窗外,窗帘飘动,逆光。李曼舞走进房间,对此景心有所动。(音效)

[汪希廉过了一会才注意到有病人进来。

**汪希廉**　哦,不好意思,我在看风景。

**李曼舞**　没关系,我……也在看。

**汪希廉**　嗯?

**李曼舞**　没什么。

**汪希廉**　请坐。最近纸质书不好卖吧?

**李曼舞**　你怎么知道我是卖书的?!

**汪希廉** 你戴了丝巾和首饰(李曼舞特写),却穿了平跟鞋和长裤,膝盖那儿还有不少褶皱,说明你经常爬上爬下(闪回李曼舞平时在书店放书的镜头),看你的头发没有被安全帽压过,应该不是擦玻璃工人,爬的既然不是摩天大楼,那就是书架了。

**李曼舞** 太神了吧?

**汪希廉** (忍不住笑)其实是因为你刚才填的登记表。

[李曼舞释然一笑。

**汪希廉** 那么,李小姐,你有什么问题?

[李曼舞一时答不上来。

**汪希廉** 没关系,虽然说每个人或多或少都会有心理问题,但大部分不需要治疗。一般拿了体验券来这里的病人都是因为好奇。我们就聊聊天好了。

**李曼舞** 不不,我是真的有问题。

**汪希廉** 哦?

**李曼舞** 我有……贪食症!

7. 夜 内 摄影棚 李曼舞 伊婕 Gary 唐一平

**李曼舞** 所以,为了能再去找他,我假装自己得了贪食症。

**Gary** 他就没看出来你是装的?

[李曼舞边说话,边放下手里的薯片袋子。唐一平伸手拿起袋子,倒了倒发现是空的。李曼舞却又打开了一袋。她面前已经有一堆空包装袋。

**伊 婕** (目睹了李曼舞那么能吃,对 Gary)我觉得他看不出来。

[Gary 点点头。

**李曼舞** 医生跟我签了三个月的咨询疗程。不过还有十天就要结束了。听伊婕说你们专门帮有情人成眷属的……

**伊　婕**　(喃喃)是有情人不是有病人。

**Gary**　(瞪伊婕,对李曼舞)没问题! 我们是全国排名第二的专业机构。

**李曼舞**　那就好,刚听到伊婕说你们在做这个,我还不相信,现在看看(环视四周)还挺有模有样的。

**伊　婕**　(与唐一平耳语)第一是谁?

**唐一平**　(同样耳语回答伊婕)不知道。

**Gary**　因为专业,所以收费方面也不便宜,不过别担心,看你是伊婕的朋友,可以打个六五折。(掏出计算器摁了下)打完折是……给李曼舞看。

[李曼舞接过计算器看价格,伊婕也凑过去看,看完后给 Gary 竖了竖拇指,脸上是"你够狠"表情。

[李曼舞在犹豫。

**Gary**　怎么样?

**李曼舞**　能支付宝吗?

[Gary 对伊婕一笑,回过头来把李曼舞带向沙发准备跟她详谈。

**Gary**　当然可以,还可以财付通、OK 卡、微信红包……

8. 日　内　书店/书店门口　Gary　李曼舞　伊婕　唐一平　Samantha

[一组汪希廉在大街、咨询室、家门口、击剑馆、咖啡馆等不同场所被偷拍的照片定格蒙太奇,配合 Gary 所念的旁白。

**Gary**　(OS)汪希廉,34 岁,父母都是医生。汪京大学心理学系研究生，在校时成绩突出，还是学生会主席，毕业后开了自己的心理咨询室，独立运营至今。爱好是击剑和听古典乐，偶尔自己做饭。有驾照，但喜欢骑自行车上下班。感情史……空白。

［书店外，有个顾客想进门，看到门口挂了“暂停营业”的牌子，只好离开。

［书店内，一面挂满了汪希廉照片和各种资料的墙，Gary 一边喝咖啡一边拿着笔介绍。李曼舞聚精会神地边看边吃着 POCKY。唐一平在翻书架上的书。伊婕在低头看资料。Samantha 在一旁打磨指甲。

**伊　婕**　（惊讶）从没谈过恋爱?！不会吧，这么优秀的人怎么会没谈过恋爱?！

**唐一平**　没准是有什么难言之隐。

**Samantha**　哼，这种事业型的男人，总觉得谈恋爱太低效，浪费时间，恨不得发明个机器，要结婚投个币就有新娘蹦出来。

**Gary**　现在就下这个结论还太早。不管他守身如玉是什么原因，我都会让他 say yes。最关键的第一步，你必须……放下零食！

［李曼舞听话地放下了手里的 POCKY。

**Gary**　我是说，你必须摘掉病人的身份。因为一个心理医生，绝不会跨越职业道德，爱上他的病人。你要是只想跟他见见面，那可以继续装病，要想和他发展关系，你就必须不再是个病人。

**李曼舞**　那我怎么跟他接触呢?

**Gary**　放心，（看唐一平）我们的情报工作是一流的，（看伊婕）设局能力也是一流的。

［伊婕与唐一平都对 Gary 做了万事俱备的 OK 手势。

9. 夜　内　击剑馆　Gary　伊婕　李曼舞　汪希廉　击剑学员若干

［Gary 和唐一平一身击剑打扮，头戴头盔比试中，Gary 突然后退了几步，把握剑的右手和左手都藏到了身后。

**Gary**　左？右？

**唐一平**　左。

［Gary 伸出空着的左手给他看，然后又放回了背后。

**唐一平**　右！

［Gary 又伸出空着的右手给他看，然后又放回了背后。

**唐一平**　啧，你这是赖皮啊，两只手都拿出来！（不过地方已经靠近了）

**Gary**　好。（两手都拿出来，一剑轻松地点到唐一平）

［一旁的计分灯原本已经有两盏亮了，现在第三盏也亮起，唐一平输了。两人退下站到一旁，摘下头盔才露出面孔。

**唐一平**　你也太狡猾了，就不能让我赢一回吗？

［换了一对选手上场，其中一位是戴着头盔的李曼舞。而在另一边头盔下的是汪希廉。

［两人来来往往打得十分精彩。汪见对手是女子，开始有点轻敌，但几剑下来对方守得很稳。

［切至闪回：李曼舞与 Gary 在摄影棚内以短棒代剑

练习。

**Gary** 后退！跨步！侧身！手肘缩回腰！

[切至击剑馆。李曼舞勇猛向前还攻了几剑，汪希廉后撤抵挡。

**Gary** （观战、自语）对，再跨一步。

[李曼舞突然脚下一滑倒地。汪希廉扔下剑来查看。

**汪希廉** 你没事吧？

[李曼舞做痛苦状，扮作她同伴的 Gary 和唐一平也上前查看。

**Gary** 李姐，我就说你明天要去巴厘岛，还来击什么剑！现在好了吧？海龟看不了了。

**李曼舞** （摘下头盔）谁说我不能……哎呦。

[此时汪希廉也已经摘下了头盔，两人打了照面。

**汪希廉、李曼舞** 是你？

**汪希廉** 你怎么……

**李曼舞** 你叫我多运动嘛。

**Gary** 能走吗？

**李曼舞** 不能走我也能坐飞机！

**唐一平** 可你拖着条腿怎么游泳啊？

**汪希廉** 真不好意思，害你这样。

**李曼舞** 不要紧，是我自己不小心。（犹豫着对 Gary）机票能退吗？

**Gary** 我问问看，现在退还来得及。

**汪希廉** 我带你去看医生吧？

**Gary** 不用了……我们送她去吧。

**李曼舞** （微笑）你自己不就是医生吗？我已经看到了。

**汪希廉** 那我能为你做点什么？

［切至，闪回，书店，伊婕在对李曼舞讲解她的“作战计划”。

［伊婕：第一步，先让他产生负罪感。负罪感在导致爱情的罪魁祸首排行榜上排名第二。

**李曼舞**　那第一名呢？

［切至

10. 日　内　餐厅　伊婕　Gary　杨宇波　Samantha　李曼舞　汪希廉　唐一平

**伊　婕**　（OS）第一名，是酒精。

［一声开红酒塞子的声音。

［餐桌两旁，汪希廉穿着做工精致的西装。李曼舞穿着随意简单，与之前较为职业的形象不一样。两人杯子里都有红酒，碰杯。两人都喝了一口。

**汪希廉**　医生说你的脚伤能喝酒吗？

**李曼舞**　不记得了。我只记得有个医生说我脚受伤他有责任，随便我要他请客什么做补偿。

**汪希廉**　（笑）其实刚说我就后悔了。（看了看周围，这是一个有些嘈杂的中低档西餐厅，过时的装修和火车座，旧餐具和忙碌的服务员）还好你没趁机敲我竹杠。

**Gary**　（OS）今晚还没结束呢。

**李曼舞**　今晚还没结束呢。

［汪希廉微笑了一下。

［伊婕和 Gary 坐在远处另一张桌子旁，监视着李、汪。两人桌上只有两杯水，各自拿着菜单假装犹豫点菜。

**Gary**　我一直想知道……

**李曼舞** 我一直想知道,当心理医生需要点什么条件?

**汪希廉** 那可太多了。

**李曼舞** 比如观察力?

**汪希廉** 比如每个礼拜去击剑。

**李曼舞** 哦?

**汪希廉** 要不定时释放一下暴力冲动,早就不想干了。

**李曼舞** 看来我是死里逃生啊。

**汪希廉** 值得庆祝。(举杯,两人再次碰杯)

**李曼舞** 你觉得我当得了吗?

**汪希廉** 什么?

**李曼舞** 心理医生。

**汪希廉** (低头切牛排)你剑法不错,就是不知道观察力怎么样。

**Gary** (OS)A 计划。

**李曼舞** 你觉得那两个人是什么关系?

[李曼舞指了指隔壁桌的客人,原来那是杨宇波和 Samantha。杨宇波把自己的饮料推给了 Samantha,后者直接就着同一根吸管喝了。

**汪希廉** 情侣咯。

**李曼舞** 不,是闺蜜。

[杨宇波突然伸手女里女气地轻打了一下 Samantha 的肩膀。

**杨宇波** 讨厌啦……

**汪希廉** 你怎么知道?

**李曼舞** 沙发上那个摄影包很重,要是情侣的话,那男生会帮她背的。

**汪希廉** 你怎么知道他没有?

**李曼舞**　她右肩衣服都压皱了。（可看到 Samantha 肩膀衣服是有点皱）而且刚才点单的时候，男的花了很长时间。

**汪希廉**　观察力不错啊（左右看）再考考你，看到那一对了吗？

［李曼舞顺着汪希廉的指引看，原来他指的是伊婕和 Gary，李曼舞吓了一跳。

［Gary 和伊婕听到了汪希廉的话，也想顺着他的目光找，却发现原来是指向了自己，也感到了意外。

**汪希廉**　他们坐下来那么长时间，却没点东西。这两个也是闺蜜吗？

**伊　婕**　（轻声对对讲机）不是……

**李曼舞**　不是，他们应该是在等对方开口。

**汪希廉**　开口说什么呢？

**汪希廉**　看起来是摊牌。

**伊　婕**　（突然）你什么时候才肯离婚啊？

**Gary**　（愣一下，反应过来）我这不是没钱嘛。

**汪希廉**　（赞赏）猜得真准。

**李曼舞**　这不是猜，这是眼力。

［汪希廉笑了笑。

**李曼舞**　不信？我就来看看你。

**汪希廉**　不用了，我肯定一看就像是个心理医生。

**李曼舞**　（思考）你喜欢的颜色是……蓝色。

**汪希廉**　百分之六十二的男人喜欢蓝色。

**李曼舞**　你喜欢的音乐是……小提琴，帕格尼尼？

**汪希廉**　我办公室里放过，你听到了？

**李曼舞**　你谈过……五个以下女朋友。

［汪希廉微笑摇头。

**李曼舞** 嗯？别吹牛啦。

**汪希廉** （摇头）是没有谈过。

**李曼舞** 为什么？

［汪希廉笑容淡去了，有点尴尬。

**Gary** （OS）别擅自说话。

［回到伊婕和Gary的桌子，Gary对着另外一个小对讲机下命令。

**Gary** 执行C计划。

［这时，唐一平扮演的主持人出现在餐厅中间的小舞台上。

**唐一平** 各位，今天是我们餐厅创立五十周年的日子，接下来我们会做一个游戏，游戏的第一名会获得我们提供的巴厘岛梦幻三日游……

**李曼舞** （认真凝视）喂，要不要试试？

**汪希廉** （吓）嗯？恋爱？

**唐一平** 第二名会获得水族馆门票两张。

**李曼舞** （笑）那个啦。（示意台上正在举行的游戏节目，不等汪反应就举手）这里！

**汪希廉** 喂！（已被李曼舞拉上）

［李曼舞哈哈大笑，两人已走上台。

11. 日　内　餐厅　李曼舞　汪希廉　顾客　伊婕　Gary　唐一平　Samantha　杨宇波

［汪希廉、李曼舞和另外几对客人一起站在餐厅中间，准备进行“你演我猜”的游戏。伊婕和Gary、Samantha和杨宇波也混在其中。首先搭配的是汪希廉表演，李曼舞负责猜。

[汪希廉用右手摸了摸脖子，然后抬手往上尽量升高。

**李曼舞** 上吊？

**唐一平** 错！

**李曼舞** 长颈鹿！

**唐一平** 答对了。

[切至

[李曼舞用手在空中挥了半圈，然后重复滑动了几次，做了个“7”的手势。

**汪希廉** 彩虹！

[切至

[留下的人减少了。

[李曼舞做了个扇翅膀的动作，然后把餐桌上一个鸡蛋打碎了。

**汪希廉** 鸡飞蛋打！

[切至

**汪希廉** 狐假虎威！

[切至

**李曼舞** 阿瓦达索命！

**Gary** （小声）连这她都猜得出来？

**伊　婕** 当然是作弊的，不然怎么赢。

**Gary** 哦。不过这大夫光凭本事倒猜得挺准的。

**伊　婕** 准不准无所谓，就看最后一下了。

[切至

[参赛者除了李、汪一对，伊婕和 Gary 一对，只剩下了另外一对。

[轮到李、汪先猜。

[唐一平的牌子上写着：我爱你。

[李曼舞先做了个手语。又比了个爱心的手势。然后嘴唇下意识地微微读出了“我爱你”三个字。

[汪希廉捕捉到了这个唇语。原来他之前一直是通过李曼舞假装的不自觉的唇语读出的谜底。但这次他没有立刻说出这个答案。

**汪希廉** 红桃。

**唐一平** 错！

**汪希廉** 心脏病。

**唐一平** 错！

**汪希廉** Hello Kitty。

**唐一平** 错！

[汪希廉沉默不说话了，另外一对情侣叫着倒数伴随时间耗尽。

[李曼舞很失望，唐一平也很意外。

**唐一平** 两位被淘汰了，那么剩下的两位选手中谁能胜出呢？

[李曼舞对剩下的事已毫不介意，唐一平的声音成为背景音。

**李曼舞** 为什么？

**汪希廉** 什么？

**李曼舞** 你应该猜得出来啊。

[Gary 一边要继续参加比赛，一边对着耳麦阻止李曼舞乱说话。

**Gary** （对耳麦）别随便追问。

**伊　婕** 专心点！我们得把巴厘岛的钱赢回来！

**唐一平** （对 Gary、伊婕）请二位准备。

**汪希廉** 你说得对，我是猜出来了。

**李曼舞** 那为什么……

**汪希廉** 语言对人的心理有很强的暗示作用，你我是医患关系，我就更不能随便地对你说那三个字。不好意思，这是我的职业操守。

［汪希廉突然掏出手机，接电话。手机铃声没响，看似是调到了震动挡。

**汪希廉** （对电话）喂，小武，什么?！好，我马上来。（挂）不好意思，我有急事要处理一下。（对服务员）买单！

［李曼舞非常失落地看着他买单。

［另外一边，Gary 和伊婕仍在搭档参赛。Gary 做了个全身扭动的动作，再以双手捶胸。

**伊　婕** 大猩猩？母大猩猩？扭曲的大猩猩？

［另一对情侣有在倒计时。

**唐一平** 时间……到……

［另外一对情侣欢呼起来。

**Gary** （责怪地看着伊婕）变形金刚啦！这都猜不出！

**伊　婕** 你哪里是变形金刚了？

**Gary** 变形！（把动作分解成前后两部分）金刚！（大猩猩）

12. 日　内　摄影棚　Gary　李曼舞　伊婕　唐一平

［Gary 在打计算器，算账目给李曼舞听。

**Gary** 这次失败，主要是因为你在他面前又暴露了贪食症症状，提醒了她你是病人。巴厘岛最后不是你们去，但费用你还是要出的。不过我们总算把水族馆门票赢回来了，卖给黄牛大概还能回收一百。

［伊婕看到李曼舞的沮丧，觉得 Gary 此时说这个不合适，向他使眼色。Gary 却我行我素。李曼舞倒是

对费用问题完全没上心，还在想着汪希廉的反应。

**李曼舞** 他为什么不肯说?!

**伊　婕** （想打圆场）毕竟“我爱你”不能随便说嘛。

**李曼舞** 可这是做游戏，他都不肯说！还有什么指望？

**伊　婕** 我早告诉灯光师亮度不能太高，会让人心情紧张……哎，那家餐厅的装修也很有问题，座位离门口太近了……

**Gary** 错不在这里，错在我们低估他了，这不是个正常人。

**伊　婕** 你也觉得他是……那个……

**Gary** 这是个专治不正常人类的医生，自己怎么可能正常？

［唐一平拿着一叠打印资料从计算机旁走来。

**唐一平** 他果然有问题！（把资料递给 Gary）这是我刚刚收到的从他老家调查出来的结果。

［Gary 读了资料。

**Gary** 又一个弗洛伊德的悲剧啊……

**伊　婕** 什么意思？（拿过资料看）汪希廉，十二岁前由于父母常年出差，被寄养在亲戚家，十四岁来到上海，开始独立生活……好厉害，哪里有问题？

**Gary** 弗洛伊德认为，人格的发展主要基于他的童年经验。一般这种童年没有得到父母的爱的孩子，长大后人格都会受到影响，变得扭曲、变态、反社会……

**唐一平** 就是缺爱。

**李曼舞** 没想到他也有这么深的心灵创伤。

**伊　婕** 难道这就是传说中的“久病成良医”？（对 Gary）那现在怎么办？

**Gary** 分兵两路（对唐一平）首先，三天之内，你得帮她（指向李曼舞）彻底治好贪食症。

**唐一平**　我？那你们干吗？

［Gary 看着手里的资料坏笑了一下。

13. 日　内　心理诊所　Gary　汪希廉

**Gary**　(OS)每次走进电梯的时候，我都觉得胸口特别闷，喘不过气，心里特别难受，慌，想逃出去，总之就是怎么都不对劲……

［在汪希廉眼中，能看到 Gary 身上的各种细节：西装一丝不苟，领口的扣子牢牢地扣到最上面一颗，袖口不时露出里面的袖口，双手拿着钢笔。

**汪希廉**　幽闭恐惧症的典型症状。

**Gary**　对对对！我在网上查了，是叫这么个名字。

**汪希廉**　那么我们先来谈一下治疗目标……

**Gary**　治疗？我不用治疗。

**汪希廉**　那你为什么来？

**Gary**　(拿了一份文件给汪希廉看)您只要如实帮我写一张诊断书，证明我确实有这个问题。我拿去给法院，这场官司就好打了。

14. 日　内　摄影棚　李曼舞　唐一平

［李曼舞坐在一面全身镜前，唐一平面无表情地绕她走了一圈，一边拿着一本《变态心理学诊断手册》，不时打量着她。李曼舞感到恐惧。

**唐一平**　(看书念)贪食症……目前世界上最有效的是行为疗法。(问李曼舞)你最爱吃什么？

**李曼舞**　(兴致勃勃)意大利面、奶油蛋糕、蘑菇芝士汤……

**唐一平**　你上学时候哪门科目学得最差？

**李曼舞** ……地理。

15. 日 内 心理诊所 Gary 汪希廉

**汪希廉** 所以你的幽闭恐惧症是长期坐在理财室产生的，银行有义务赔偿你的劳动损害？

**Gary** 太对了，医生，你帮我大忙了！

**汪希廉** 不用，应该的。（见 Gary 转身要走）等一下！

**Gary** 嗯？

**汪希廉** 我想问一下，既然你现在幽闭恐惧症那么严重，那么平时上洗手间怎么办？

**Gary** （想了想）只要门开着就没事。

［汪希廉打开了通往洗手间的门。

**汪希廉** 您刚才喝了不少水，不想用一下吗？

**Gary** 呃，好。

［Gary 看出了汪希廉想试探他，不得不走进洗手间。

16. 日 内 摄影棚 李曼舞 唐一平 杨宇波

**唐一平** 治疗贪食症的第一步，戒断疗法。让患者只能看到食物，却无法接触。

［李曼舞坐在餐桌前，饿得受不了，十分焦躁的样子。

**唐一平** （拿出一叠试卷）答对一题，你才可以吃一口。洪都拉斯在哪个时区？

［李曼舞愣住。

［唐一平开始一边提问，一边吃桌上的东西。

［切至

**唐一平** 我国季风区与非季风区的地理界线是……

［李曼舞的面前依然空空如也，唐一平在吃一份豪华

的冰淇淋。

[切至

[李曼舞的面前还是空的，唐一平和杨宇波在慢慢吃火锅，菜品摆满桌子，热气腾腾，两人吃得津津有味。

**杨宇波** （瞟了一眼李曼舞）会不会太残忍了？

**唐一平** 唔，那出个简单的。美国的首都是哪儿？

**李曼舞** ……纽约？

17. 日 内 诊所洗手间 Gary

[洗手间里，Gary 在镜子前用水龙头洗了洗脸，然后用毛巾擦了擦，整理下仪容。看着镜子，研究了一下自己的长相，臭美一番，还凑近观察了一下脸上的一颗痘痘。

**伊 婕** （OS）怎么进去那么久？一定又在对着镜子臭美吧！

[原来 Gary 也戴着监听器和耳机，伊婕在外面一直听着里面的动静。Gary 被说中，但还是习惯性反驳。

[Gary 拿着手机对准马桶拍了一张，然后加上几行字“我拉肚子”，用微信发送了过去。

18. 日 内 心理诊所 Gary 汪希廉

[Gary 从洗手间出来，汪希廉正在接一个电话。Gary 低头看了看桌上汪希廉已经签过名的文件，拿了起来。

**汪希廉** 小武啊，好了，我知道了，嗯，拜拜。（挂）

**Gary** 谢谢您啊医生，那我就走啦！

**汪希廉** （OS）等一下！

［Gary 站定，回头。

**Gary** 嗯？

**汪希廉** 你在撒谎。你根本就没有幽闭恐惧症。

**Gary** （愣住，然后试图掩饰）啊哈哈哈，你说什么呢医生？

**汪希廉** 抱歉，为了便于治疗，其实洗手间里那面镜子是一面单向玻璃。刚刚我观察了你，一点没有表现出幽闭恐惧的样子。

**Gary** （痛哭流涕）我错了，医生，我不该假装精神有问题逃避法律的责任……

**Gary** 哎？不对啊，你这样不是偷窥狂吗？法律允许吗？

**汪希廉** 我骗你的，哪儿来什么单向玻璃？试一试你就穿帮了。

［汪希廉说着把那张签过名的文件拿回来，动手撕了。

19．日　内　监听车内　伊婕　Samantha

［车内，伊婕和 Samantha 听到了 Gary 穿帮的声音。

**伊　婕** 真没用！每次关键时刻都得看我的。（拉开车门要走）

**Samantha** 你要干吗？

**伊　婕** （看到 Samantha 想起来）帮忙化个妆。

20．日　内　心理诊所　Gary　汪希廉　伊婕

**Gary** 医生，不过就是写两行字嘛……

**汪希廉** 我还有病人，你别浪费时间了。

**Gary** 好！你狠！又不是只有你一个医生。

［Gary 演戏结束，准备出门，回头看，变装后的伊婕

出现在门口，无视他直接走进，和Gary擦肩而过。

**汪希廉**　小姐你好。

**伊　婕**　大夫，你好。

［趁医生不注意，伊婕向Gary抛去一个得意的眼神。

［伊婕走到椅子前，从包里拿出一张纸巾，反复擦了擦椅子，然后才坐下。

**汪希廉**　怎么了？跟我说说。（顺手倒了杯水给她）

**伊　婕**　（接过刚要喝，突然意识到自己的病，放回桌上）谢了，我不喝外面的水。

**汪希廉**　噢，没关系。

**伊　婕**　唉，其实不是我要来，是我老公非要让我来看，说我有问题。我知道其实他就是心疼那点洗手液。

**汪希廉**　洗手液？你每天要洗几次手呢？

**伊　婕**　一百多遍吧。

**汪希廉**　可是好像没什么皱纹啊。

**伊　婕**　额……保养得好……哎呦……医生，你真聪明，其实我老公是心疼护手霜。

［诊所门外，听到这一切的Gary摇头叹气离开了。

21. 日　内　监听车　Gary　Samantha

［Gary爬上监听车。

**Samantha**　回来啦？

［监听设备里能听到伊婕说话的声音。

［Gary给自己倒了杯咖啡，然后放了三块糖。

**伊　婕**　（OS）那我妈也有毛病啊？还有我老公每次喝咖啡放三块糖也算毛病咯？三块耶！

［听到伊婕把Gary的习惯按在了“我老公”的身上，

Samantha 似笑非笑看 Gary。Gary 装作没看见。

22. 日　内　心理诊所　Gary　汪希廉　伊婕

［伊婕用手帕擦着眼泪，一副哭过的样子。

**伊　婕**　我妈就让我洗那条裙子，一直洗、一直洗、一直洗……

**汪希廉**　你不要怪你妈，她也是为你好。其实你这种强迫症很常见的，一个疗程之后就没问题了。

**伊　婕**　谢谢你啊医生，跟你聊聊之后我感觉好多了。

［汪希廉站起，伸出右手，伊婕也站起，正准备握去，突然意识到自己的病，赶紧戴上手套，与他握手。

［汪希廉送伊婕走到门口，手握着门把准备为伊婕开门。突然从口袋掏电话。

**汪希廉**　咦，不好意思，我接个电话，就不送你了。

**伊　婕**　嗯，好，再见！（说完开门离开）

**汪希廉**　喂？小武啊……

［汪希廉一边接着电话，一边注视着伊婕的背影离开。

23. 日　内　监听车　Gary　Samantha　伊婕

［Gary 一边听着刚才的录音一边沉思。

**汪希廉**　（录音 OS）小武啊，好了，我知道了，嗯，拜拜。

［伊婕得意扬扬地上车。

**Samantha**　（鼓掌）Bravo，演得太棒了！

**伊　婕**　（得意地看 Gary 一眼）当然了，演技这种东西，是看悟性的。

**Gary**　（嗤之以鼻）演技？你以为人家没看穿你？

**伊　婕**　当然没有！要是看穿我了干吗还给我安排治疗项目？

**Gary**　因为你虽然小眼睛大鼻子没气质身材差，不过好歹年轻，皮肤也还马马虎虎……

**伊　婕**　滚！

［Gary 不理她，继续听录音。

**汪希廉**　（录音 OS）咦，不好意思，我接个电话，就不送你了。

**伊　婕**　（录音 OS）嗯，好，再见！

［伊婕听到这些，也皱着眉头，想到了什么。

24. 日　内　摄影棚　李曼舞　唐一平　杨宇波　Gary　Samantha

［Gary 回到摄影棚，唐一平正在为李曼舞进行最后的治疗。

**Gary**　情况怎么样？

［唐一平笑了笑，什么也没说，只是示意让他好好看着。杨宇波把一盘食物放在李曼舞面前。李曼舞一开始忍住了，但慢慢不受控制，拿起筷子就要夹。唐一平赶紧问。

**唐一平**　世界上人口最少的国家是？

［李曼舞的筷子停下了，唐一平得意地一笑。

**李曼舞**　米洛斯帝国！

［唐一平和杨宇波都一愣，李曼舞迅速夹起一块牛肉送入口中。

**唐一平**　里斯本、雅典两地的夏季温度差异是因为……

**李曼舞**　里斯本受沿岸寒流影响。

［唐一平又愣住了，李曼舞又夹起一块牛肉。

［快速蒙太奇，唐一平翻书，李曼舞对答如流。

**李曼舞** 纬度位置较低!

[然后咬一大口蛋糕。唐、杨相视一眼。

**李曼舞** 离海岸线越远,震源越深!

[端起碗把汤喝了底朝天。唐、杨又相视一眼。

[切至

[李曼舞面前已经是一堆空盘子。唐、杨完全看傻。

**杨宇波** 我的驾考有救了。(对李曼舞)你这病是怎么得上的?

**唐一平** (对李曼舞)你稍在这儿等一下,(离开到房间一角,翻书找别的方法)一定还有别的办法。

[Samantha、杨宇波也和唐一平聚在一起。

**Samantha** 我看过一本书,失恋的女人往往狂吃东西,因为进食会让大脑产生多巴胺。

**杨宇波** 什么安?

**Samantha** 总之,就是恋爱时会产生的化学物质。我们只要给她补充这种化学物质就行了。

**唐一平** 可用什么方法呢?

**杨宇波** 这什么安淘宝上有卖吗?

**Samantha** (一打响指)淘宝!好主意,就让她上淘宝。

[Samantha 在笔记本上输入网址。

**杨宇波** 韩流新品、反季促销……你这是要她买啥啊?

**Samantha** 爱啥买啥。购物也能产生同样的多巴胺,所以失恋的女人不是狂吃,就是狂买!(对李曼舞招呼)曼舞姐!你来看看这条裙子!还有这款面膜……

25. 日 内 书店 伊婕 李曼舞 Samantha

[伊婕正在低头翻阅杂志,抬头看到李曼舞从门外走

入，惊讶得没拿住杂志。

**伊　婕**　店、店长……

［李曼舞光鲜亮丽，只不过由于戴了太多首饰而显得十分累赘，整个就是过度打扮。

［这时，一个快递上门。

**快　递**　李曼舞？

**李曼舞**　在这！

［李曼舞签收包裹，打开，又是一件衣服，然后拿到伊婕面前比划了两下。

**李曼舞**　嗯，很合适嘛。

［切至

［伊婕在跟 Samantha 打电话。

**Samantha**　（OS）怎么样？效果如何？

**伊　婕**　从昨晚上到现在十八个小时没吃饭了。

**Samantha**　很好！

**伊　婕**　可从上午到现在四个小时，收了十二份快递。

［伊婕转过身来，她已经被李曼舞买来送给她的首饰裹满，从头到脚都换了一身。

**Samantha**　（OS）有什么问题？

**伊　婕**　她身上都已经穿不上，转移到我身上来了！

［一个快递又走进来。

**快　递**　李曼舞！

［李曼舞跑过去签收，然后拿着一对造型夸张的耳环走过来，伊婕看得头皮发麻，四下寻找东西反击，突然看到手边吃了一口的甜甜圈，赶紧拿起。

**伊　婕**　店长！你饿不饿？

［李曼舞看着甜甜圈发愣。

[切至

26. 日　内　摄影棚　Gary　李曼舞　唐一平　杨宇波　Samantha　伊婕

[李曼舞坐着一边看电视一边大吃大喝，Gary 在一旁摇头叹气。唐、杨、Samantha 各自锁眉。

**Gary**　什么方法都试过了？

**唐一平**　（拿出口香糖）还有代餐法没有试。

[Gary 扭头看了一眼李曼舞，见她正吐出一片没有味道的口香糖，又剥开一片新的口香糖嚼着。

**Gary**　（摇头）别试了，这也是她的正餐。

**杨宇波**　早告诉你们，对付这种病，只有来硬的！

[杨宇波走过去，一把抢下李曼舞手上的口香糖。李曼舞奇怪地看着他，然后从桌上拿起一包薯片，杨宇波又一把抢下。李曼舞又拿起一包 pocky，杨再次抢下。如此反复，不管李拿什么，杨都抢过去，两人越争越厉害。

[就在两人一同拽着一包话梅时，李曼舞电话响了，她并没有松开手，看都不看接了电话。

**李曼舞**　喂？（表情突然变了）汪医生？（松开手）什么？下礼拜？有空啊。好！再见。（挂）

[杨宇波注意到了李曼舞的变化，疑惑地从桌上拿起一包零食，李曼舞毫无反应。他又拿起一包，在李曼舞面前晃晃，她依然没有反应。

**李曼舞**　幼稚！

[Gary、Samantha 和唐一平都看愣了。

**唐一平**　（对 Samantha）谁说心理医生不管用了？你看她接

了个电话就变了个人似的。

**Gary** 管用的不是心理医生,是汪希廉。解铃还须系铃人,看来这病只有汪希廉才能治好。

**李曼舞** (激动走来)汪医生约我……

**Samantha** 吃饭?

**李曼舞** (摇头)下礼拜继续看病!现在是不是可以继续行动了?

[伊婕急急忙忙出现。

**伊　婕** 不可以!

[大家都愣住了。伊婕把几份材料扔在桌子上。然后拿起一份。

**伊　婕** 胡脐橙,女,神经性厌食症,今年 5 月开始接受汪希廉的治疗,至今未愈。(又拿起一份)韩晓旭,女,水果恐惧症,3 月开始接受汪希廉的治疗,至今未愈。(又拿起一份)徐思奇,女,睡觉必须面朝南边症,去年 10 月开始接受汪希廉的治疗,至今未愈……

**Gary** 等等等等,你到底想说什么?

**伊　婕** (指李曼舞)李曼舞,女,贪食症,三个月前开始接受治疗,至今未愈。

**Gary** 你的意思是……

**伊　婕** 第一个共同点,她们都是装的。第二个共同点……

**Gary** 她们都是女人。(摇头)原来他也是喜欢女人的嘛。(响指)这就好办了!

**伊　婕** 你说对了,他确实看穿我了。走的时候,我直接去拧了他握过的门把,他应该是故意试探我的。他没有揭穿我却揭穿你的唯一原因就是……

**Gary** 你是女人。

**李曼舞** 怎么会这样？你们的意思是，他一开始就知道我是装的，却一直假装不知道？

**伊　婕** 人渣、败类、禽兽！幸好我们发现了他的真面目，没有让你落入狼口！

**李曼舞** 那委托……

**伊　婕** 中止！

**李曼舞** 可定金我都付了啊。

**伊　婕** 这算我们的工作失误，定金我们会退给你……

**Gary** 哎，等等。我可没同意啊。

**伊　婕** 什么？这样的花花公子你还想继续？

**Gary** 你这只是一面之词（对李曼舞）再说浪子回头金不换嘛。

**伊　婕** 我绝不同意！（对李曼舞）店长，好男人有的是，我真心劝你放弃这个危险的家伙！

[李曼舞看看伊婕，看看 Gary，犹豫不决。

**李曼舞** 我考虑一下。

**伊　婕** 店长！

[李曼舞摇了摇手与她告别，站起身离开了。

[Gary 站到伊婕旁边，和她一起目送李曼舞离开。

**Gary** 你倒是比我还会推销啊。

**伊　婕** 你什么意思？

**Gary** 听了你的鼓励，其实她都考虑完了，一定不会放弃的。

**伊　婕** 我哪儿有鼓励她，我劝她放弃。

**Gary** 真不懂假不懂？男人身上的形容词，再也没有比“危险”更吸引女人的了。

27. 日　内　心理诊所/诊所外　Gary　李曼舞

［汪希廉坐在咨询室为一个病人(厌食症女病人)看病,李曼舞突然敲门进来。

［汪希廉看到她这个时间出现非常惊讶。

**汪希廉**　李小姐,你应该是明天……

**李曼舞**　哦,医生,我今天来不是咨询的。

**汪希廉**　那是?

**李曼舞**　我想告诉你一件事。(坐下)其实,我之前一直是在装病,我根本就没有贪食症,这么做只是为了接近你。

**汪希廉**　接近我?

［厌食症女病人见他们聊天,正偷偷拿起桌上的一块松饼准备吃,听李曼舞这么说,赶紧放下。

**李曼舞**　(点头)好傻是不是。对不起,我不会再来打扰你了。我决定放弃。谢谢你,再见。(转身欲走)

**汪希廉**　等一下!(李曼舞停住)你真的没有病?

［汪希廉把窗边的一盘松饼放在桌上,推到李曼舞眼前。李曼舞果然毫无反应。

**李曼舞**　以你的专业水平,我没病你应该早知道了。请不要再跟我开玩笑了。

［李曼舞转身离开,汪希廉呆呆地看着她离开。

［诊所外,李曼舞刚出去就从包内掏出一大块巧克力出来,猛啃了几口,然后才吐了一口气。

［汪希廉下班从房间内走出,发现门口垃圾桶里的巧克力包装纸。

28. 日　内　摄影棚/餐厅/书店　Gary　唐一平　Samantha
杨宇波　李曼舞　伊婕

[以下数场为无对白的蒙太奇，配以背景音乐。

[摄影棚，Gary 看着两张水族馆的票发愣。

[唐一平躺在沙发上看一本《牛津精神病学诊断手册》，一地散乱的心理学书籍。

[Samantha 和杨宇波在餐厅吃饭，杨宇波准备伸筷子，Samantha 挡住他，掏出驾考题目。

[书店，李曼舞站在一排心理学书架前出神。伊婕打扫卫生路过，看到了李曼舞的这副模样。

[音乐停。

[汪希廉出现在书店，买了一本书，走到收银台付钱，李曼舞低头默默收银。汪希廉想说点什么，但又没说出口。李曼舞也想说点什么，也没说出口。两人突然同时说话。

**汪希廉**　你最近怎么样？

**李曼舞**　要不要包一下？

**汪希廉**　哦……好。

[李曼舞默默拿出一张纸包书，汪希廉随手把准备当午餐的三明治放在桌上。李曼舞把包好的书递给汪希廉。汪希廉接过，走开。

[汪希廉走到门口，又想起忘了拿三明治，回到收银台。李曼舞已经不见了，换成伊婕在结账。

**汪希廉**　我刚放这的三明治哪儿去了？

**伊　婕**　三明治？没看到啊。

[汪希廉只好走出去。走过书店，突然透过玻璃看到李曼舞正在书架之间啃着那块三明治。

29. 日　内　超市　李曼舞　汪希廉

［李曼舞在收银台附近排队付款，汪希廉在她旁边的队伍，两人发现了对方，相互微笑点了点头。

［到李曼舞付款，挡在她前面的人走掉，汪希廉才发现她买了一大堆吃的，不禁惊讶地看着她。

**收银员**　哇，今天你家又来一堆小孩？

［李曼舞不好意思地跟收银员笑笑，拿起东西快速离开。

［汪希廉终于意识到不妙，放下东西，直接冲了出去。

**汪希廉**　不好意思，我不要了。

30. 日　外　超市外大街上　李曼舞　汪希廉

［汪希廉追上李曼舞。

**汪希廉**　你等一下！

**李曼舞**　怎么了？

**汪希廉**　你确实有问题。

**李曼舞**　嗯？哦，你误会了。我和你只是巧遇，我说了不会再纠缠你。

**汪希廉**　不，我说的是你的贪食症还没好，可能还更严重了！

**李曼舞**　那和你有什么关系？

**汪希廉**　我是你的医生，怎么和我没有关系？你现在情况很严重，跟我去诊所吧，我给你做进一步的检查。

**李曼舞**　谢谢，我不会再回诊所的。

**汪希廉**　可是你真的需要我的帮助。

**李曼舞**　（突然大叫）你知道再回那里会让我多难受吗？！

**汪希廉**　（被震住）那……如果不在诊所里，你觉得怎样？

31. 日　内　监听车　Gary　杨宇波　李曼舞

［Gary 戴着耳机正在指挥李曼舞。

**Gary**　慢一点，装作在思考，3、2、1，好，轻轻点头。

［戴着棒球帽的杨宇波回到车上，手中提着许多盒方糖。

**杨宇波**　你要的方糖。

**Gary**　（转身打开车里的柜子，里面都是同样的方糖）放这里就好。

［杨宇波已经塞不进去了，只好拿一盒旧的出来，填一盒新的进去。

［李曼舞出现在车门口，开心地和 Gary 击掌，完全是另一副样子。原来之前她的所有行动，都是设计的一部分。

**Gary**　果然只有这样他才会上当。

**李曼舞**　接下来呢？

**Gary**　等待收获。

32. 日　内　汪希廉家／果园／酒窖／大街

**汪希廉**　（OS）你的焦虑量表测试水平非常高，不正确的治疗方法导致你病情加重。我会采用认知疗法来治疗你，让你重新认识食物，也就是……

［汪希廉家的开放式厨房，敞亮，洁净，中间一个大料理台，上面摆了各种蔬菜肉类材料，以及厨房器具。汪希廉拿着一本食谱，站在料理台后面。李曼舞准备做菜。

**李曼舞**　你原来只会纸上谈兵啊？

**汪希廉**　谁说的？我会两个菜。

**李曼舞** 哪两个？

**汪希廉** 番茄炒蛋，蛋炒番茄。

**李曼舞** 那不还是一个吗？

**汪希廉** 已经比百分之九十八的男人多了。

［李曼舞一笑，开始动手做菜。

［以下是无对白的蒙太奇，配有背景音乐。

［两人忙碌地配合做菜，尝味道，渐渐打闹，动作亲昵。

［切至

［果园，两人在小心翼翼摘草莓，都灰头土脸，李将摘下的草莓喂给两手忙着摘草莓的汪，开心的样子。

［酒窖，两人在闻酒，闻后李曼舞并没有喝，而是将酒杯还给侍者。

［大街，汪、李两人捏糖人，李捏出一个糖人，并没有自己吃，而是送给了一旁的小孩。

33. 夜 外 汪希廉家阳台 李曼舞 汪希廉

［汪希廉在烧烤，李在一旁帮他。

**汪希廉** 孜然！辣椒！胡椒粉！哎，加油！加油！

［李曼舞听他吩咐手忙脚乱洒上，不慎把一杯水当油浇了上去，一阵烟噌地冒起，火灭了，架子上的东西都糊了。汪一脸黑灰。

**李曼舞** 哎呀！对不起，对不起。

**汪希廉** 这下没法吃了。

**李曼舞** 没关系，我不饿。

**汪希廉** 真的不饿？（李曼舞摇头）你看，你的病好啦！

**李曼舞** 哇，真的哎。

**汪希廉** 不对，都一天没吃了你不饿才是有病。（见李曼舞愣）跟你开玩笑呢！

［李曼舞舒了一口气，看到汪希廉的脸，扑哧一笑，拿出纸巾帮他擦脸，擦着擦着动作慢了下来，两人对上了眼。

34. 日 内 监听车 Gary 伊婕

**伊 婕** 好浪漫……（意识到不应该是这个反应）难怪祸害了那么多女病人！人渣！

［Gary、伊婕、唐一平都坐在车里听着录音。

**Gary** 爱情本来就是祸害来祸害去，可怕的不是被祸害，是想被祸害人家都跟你客气。

**汪希廉** （OS）治疗到这就结束了，你也痊愈得差不多了。那个，麻烦在这份账单上签个字。

［Gary与伊婕对视一眼。

［切至

35. 夜 外 汪希廉家阳台 李曼舞 汪希廉

［汪把李手里的纸巾拿过来自己随便擦了两下，然后掏出了账单。李曼舞突然听到汪希廉这样说，大为震惊。

**李曼舞** 你……（说不下去，直接跑掉）

**汪希廉** 哎！怎么了？

［汪希廉又从口袋里摸出手机接电话。

**汪希廉** 喂？小武？现在说这个不是时候啊……

36. 日 内 监听车 Gary 伊婕

**伊 婕** 我说什么来着？我说了他根本没心没肺，你倒好，利欲熏心……

**Gary** 别吵！

**伊　婕** 让我们店长往火坑里跳。

［Gary 为了听清录音，只好用手捂住伊婕的嘴，伊婕挣扎。Gary 听着录音陷入沉思。

**汪希廉** （OS）喂？小武？现在说这个不是时候啊……

**Gary** 小武？

［一串 Gary 脑海中的闪回，由每一个汪希廉接电话的瞬间组成。

［Gary 想着想着笑了起来，伊婕终于从他手中挣脱。

**伊　婕** 都什么时候了！你还笑?!

**Gary** 放心，我觉得会有个 happy ending 的。

37. 夜　外　心理诊所门口　汪希廉　Gary

［汪希廉正准备离开诊所，关门回家，Gary 突然出现叫住他。

**Gary** 医生。（汪希廉站定）我发现了一些奇怪的情况，想要跟你聊聊。

［Gary 展示出了之前那几位女病人的照片。汪希廉愣住了。

**Gary** 我们进去聊吧。

38. 夜　内　心理咨询室　汪希廉　Gary

［Gary 坐在咨询者坐的椅子上，汪希廉站在窗边看窗外。

**Gary** 你明知道她们的病是装的，还装模作样帮她们看，这好像不符合医生的职业道德吧？

**汪希廉** 你想干吗？

**Gary** 你放心，我不是要挟你，只想要一个解释。

**汪希廉** （笑）你认识她们吗？

**Gary** 不认识。

**汪希廉** 那我来告诉你。她们要么是丈夫常年不回家的中年弃妇，要么是离婚的女人，要么就是一直找不到男朋友，还有一个，是常年遭受男朋友的冷暴力。

**Gary** 所以呢？

**汪希廉** 你可以说她们没有那些装出来的病。可你能说她们健康吗？她们来这儿的目的，不过是想找一个可以倾诉的对象。如果去拆穿她们，不是太残忍了吗？

**Gary** 哦，你是可怜她们，真是个好借口。

**汪希廉** 她们其实都有病，孤独就是她们的病。

**Gary** 我到这儿来不是想听你给自己辩护。你能不能告诉我你为什么不谈恋爱？

**汪希廉** 爱情不过是一种在大脑中分泌多巴胺的过程，我听巴赫也可以，为什么还需要人？

**Gary** 你的意思小武不是人？

**汪希廉** （脸色大变）小武？我们只是普通朋友关系。

**Gary** 普通朋友？（胸有成竹，一副审问人的派头）她多高？

**汪希廉** （冷着脸）一米六十四。

**Gary** 用什么香水？

**汪希廉** 宝格丽。

**Gary** 用什么手机？

**汪希廉** iPhone5。

**Gary** 她走路先迈左脚还是右脚？

**汪希廉** 左（突然意识到自己知道得太多了）。

**Gary** 哈哈……小武，世界上真的有这么一个人吗？

［汪希廉脸色苍白，无法回答。

**Gary** 汪医生。小武只是你在脑海中创造出来的人物，每当你紧张，遇到事情难以抉择，需要一个同伴给你建议的时候，你就会打电话给小武。其实你的手机从没响过！

**汪希廉** 你这是一派胡言！

**Gary** （拿出自己身上监听用的耳机）我身上带的耳机，凡是附近有手机来电，都会被杂音干扰。但你打电话的时候，我根本没听到。

［Gary 拨打了一下自己的手机，耳机里确实发出了杂音。

**汪希廉** 你，你肯定是记错了。

**Gary** 由于从小独自成长，你患上了严重的回避型人格障碍。为了填补你强烈的孤独感，你才下意识创造了这么一个不存在的人物。他经常给你建议，让你远离任何所谓的危险，包括爱情。

**汪希廉** 你胡说什么……

**Gary** 靠着这个不存在的小武，你才能小小年纪就脱离父母的羽翼。可是，生活在她的羽翼下又有什么区别呢？

**汪希廉** 你的想象力真是太丰富了。

**Gary** 其实想象力丰富的是你，不是吗？

［抒情音乐起。

［汪希廉沉默了一会。两个男人突然像老友一样，开始坦诚对话。

**汪希廉** 你一直都是这样喜欢揭穿人吗？

**Gary** 是，不过揭穿人跟你不揭穿人一样，都是为了帮人。

**汪希廉** (笑)这样可不讨人喜欢啊。

**Gary** 我知道。所以你才比我讨人喜欢。你允许她们作假，所以她们才真的喜欢你。让人喜欢是很厉害的本事，别浪费了。

[Gary 说完转身走了，留下汪希廉一个人若有所思。

39. 夜　内　汪希廉家　汪希廉

[汪希廉孤零零地一个人做饭，材料、工具很多，以往他能一个人按部就班搞定，现在却有些走神地切菜。锅沸腾了，盖子不住地跳，他反应过来赶紧冲过去，掀开盖子，尝了一下。

**汪希廉** (下意识)盐！加盐！

[见没有人回答，才想起来只有自己一个人。

[切至闪回，与李曼舞一起做菜。

[切至

[菜摆满了大桌子。餐巾纸放在远处。汪希廉坐在长桌一端准备吃饭，想拿纸巾擦手，纸巾却在桌子另一端，只好起身去够。在作出这个动作的时候，他突然想到了什么而停顿了下来。

[切至闪回，李曼舞为其用纸巾擦脸。

[汪希廉犹豫了一会，掏出手机发消息。

[等待了半天，手机没有回音。

[汪希廉食不甘味，起身去洗盘子。

[手机提示音响起，汪希廉赶紧扔下在洗的盘子，手也来不及擦干，过来摁手机。手机播放微信语音，是李曼舞的声音。

**李曼舞**　(OS)好,吃什么?

40. 日　内　书店　伊婕　李曼舞

［李曼舞哼着歌整理书架,伊婕听着感到发毛。

**伊　婕**　店长,你别这样。

**李曼舞**　我怎样了?

**伊　婕**　谁年轻时没爱过几个人渣?我会让我搭档把钱退给你,你就当这件事没发生过吧。

**李曼舞**　退钱?(笑)不用啦。

**伊　婕**　要的!还有那什么巴厘岛,是我们自己不好输给了别人。

**李曼舞**　没事。你帮我看一下店。我走开一下。

［李曼舞出门。

**伊　婕**　哎!店长!(拿起手机拨打)喂,Samantha 啊!你确定外星人真的不会扮成书店老板吗?

41. 日　内　餐厅　汪希廉　李曼舞

［李曼舞独自坐在上次的餐厅里上次的餐桌旁,不时地看一下手表,可以看出等待了很长时间。

**侍　者**　小姐,您要点单吗?

**李曼舞**　(心不在焉,头也不抬)我要香葱柠檬扒春鸡。

**侍　者**　对不起,没有了。

**李曼舞**　那换成挪威鲑鱼双拼。

**侍　者**　也没有了。现在只有番茄炒蛋和蛋炒番茄两种。

［李曼舞惊喜抬头,才发现侍者其实是穿着围兜的汪希廉。

**汪希廉**　想清楚了再点,点好了可能要吃一辈子。

42. 日　内　心理诊所　汪希廉　李曼舞　助理　女病人若干

［几个女病人等在候诊区的沙发上。

［汪希廉从门外走进来。

**助　理**　汪大夫。

［几个女病人都迎了上去，尤其之前出现过的患有厌食症的女病人提着饼干兴冲冲站起，冲到门口。

**汪希廉**　不好意思，让你们久等了，接我女朋友，耽误了点时间。

［女病人们听到“女朋友”都感到意外。

［跟着汪希廉背后一起进来的是李曼舞。

43. 日　内　书店　伊婕　Gary

［一个人看店的伊婕手机响起。

**伊　婕**　店长你不回来了？好的，放心，我不出去。

［刚挂上电话，手机又响起，来电显示的是 Gary 的头像。

**伊　婕**　喂……不行啊，我今天要加班。嗯。

44. 日　外　水族馆门口　Gary

［Gary 站在水族馆门口，看看手里的两张门票，转头跟一个黄牛讲价钱去了。

**Gary**　票子收吗？……五十？你不如去抢！

（本集完）

## 导师评语

葛　颖

当代城市正在发生深刻的改变。这种变化不仅呈现于公共空间的建筑和媒体话语，同时也呈现于人与人的关系和每一个灵魂深处。如何观察这种变化，进而用社会学和美学的手段对之进行有效的记录，可能是这个时代的文艺工作者责无旁贷的使命。

《爱情定制局》采取了一个喜闹剧的样式来承载实则十分严肃的人际话题，它对城市现象的罗列显然是经过谨慎筛选的。每一集中出现的人物，无论就其性格还是职业，都激活了我们对城市生活万千个侧面的经验和想象。这说明此剧的创作者们从一开始便试图让观众去感知一个有实体感的城市，并用喜乐的气氛使我们愿意跟随他们的发现，去进一步感知城市生活表象下的细密的血管和神经元。

从目前已完成的分集大纲，尤其是已完稿的两集剧本来看，这种带领观众去发现并感知、进而触发对变化中的城市的思考的创作意图，已徐徐降落到了每一集的具体故事当中。而且，为了增强故事密度和可看性，在构造故事时被有意识地多次使用的突转和悬念的技巧也较为娴熟。这就有理由让我们对呼之欲出的全剧剧本充满了信心和期待。

青年创作的现实目标不在于追求精品，而在于让年轻艺术工作者通过项目学会调适与市场的关系。也就是说，将他们的作品推向市场，将裁判权交给收视率，在口碑和资本的双重教育下，他们将被激发出矫正自身创作观念和手法的内在驱动力。这种迅速的成长远非纸上谈兵的操练或几个专家的指点可以企及。在此意义上，我们或许应该呼唤更多像文化基金会这样的有眼光的机构能够善用资源，让更多具有潜质的年轻人玩一把真的。这种朝向明天的投资是永远不会打水漂的。

科普童话剧

# 笨笨博士与欢乐家庭

（第 3 集）

张钰铖

## 张钰铖

男，1987年出生于北方一个小县城，求学于北京，2011年硕士毕业于中国人民大学。现居上海，在一家国有企业供职。自幼喜爱读书，尤其爱读童话和小说，喜欢天马行空的想象和古灵精怪的幽默。以写作为第一爱好，读书期间开始从事剧本创作，相声、小品、短剧、话剧、微电影、电视剧等都有涉及。

## 故事梗概

壮壮是个小学五年级的小男孩，10 岁生日的时候，爸爸给他买了一台电脑，没想到这个电脑是全世界仅有的一个“未来实验室”的入口。实验室的主人是笨笨博士。虽然名字笨，但人一点都不笨。他是 25 世纪的科学天才，他的实验室里摆满了他的发明。壮壮和他的双胞胎姐姐雯雯可以免费使用它们。

壮壮的家庭是典型的中国式家庭，一对夫妇，两个孩子，一位老人。在这样的家庭里，有很多温馨的故事，但是也难免会有一些纠纷和摩擦。碰到自己无法解决的难题，壮壮就会打开电脑，钻进未来实验室找笨笨博士解决。笨笨博士虽然有时会犯糊涂，但比较热心肠。对于孩子的要求，基本上有求必应，拿出自己神奇的发明帮助孩子们解决难题。

整个故事一共 52 集，每一集都是一个独立故事，每一集几乎都有一项新发明亮相。这些发明很神奇，比如“会治病的留声机”，“会发电的天线”，“时光倒流闹钟”，“变身手枪”，“失忆橡皮擦”，等等，等等。

每一集中，都会出现不同的难题，这些难题有的来自生活中，有的来自学习上，比如帮妈妈戒掉打麻将，帮爷爷开演唱会，帮二叔写信，帮爸爸做家务，帮壮壮当一家之主，帮雯雯买新衣服，甚至帮邻居家的叔叔戒酒，帮小区里的其他老人治病，帮流浪猫流浪狗找主人……解决这些难题的过程中，发生了一系列好玩好笑的故事。

每一集的故事都不相同，但有一点是相同的，那就是在每一集中，主人公壮壮或其他主要角色都会得到一些跟传统家庭道德有关的启发和感悟，这正是本剧的主题所在。

## 会跳舞的大楼　第3集

1. 某天下午，操场上

［几个中学生学长正在打篮球，玩兴正酣。壮壮眼巴巴看着，很想加入，却遭拒绝。

**壮　壮**　带我玩一把吧。

**学　长**　等你长高点再说吧，小朋友。

**壮　壮**　有什么了不起，我马上就长高给你们看！你们等着！

2. 半小时后，笨笨博士实验室

［壮壮一脸讨好，笨笨博士使劲摇头。

**笨　笨**　长高?！不行。

**壮　壮**　笨笨博士，求你了。我现在1米4，我要立刻长到1米8，不，1米9！

**笨　笨**　等你长大了，自然就长高了呀。

**壮　壮**　我要去打篮球，看他们谁还敢嫌我个子矮。笨笨博士，我知道你肯定有办法。你这里有没有能一下子长高的药水，我就喝一小口。

**笨　笨**　没有！

**壮　壮**　博士……

**笨　笨**　真的没有，你这明显违背生长规律，我没有这样的发明。再说，你突然长高到1米8，你爸妈和雯雯不吓坏才怪。

**壮　壮**　你就让我长高一小时就行。

**笨　笨**　没有。

**壮　壮**　半小时。

**笨　笨**　说了没有。

**壮　壮**　15分钟。好吧，我走了。

［壮壮转身离开。笨笨博士在后面说：药效就5分钟，5分钟之后自动变回原样。这是25世纪为儿童过家家发明的玩具……

［笨笨博士没说完，壮壮立即扑上来。抢过笨笨博士手中的药水。

**壮　壮**　博士，你太伟大了！

3. 半小时后，操场上

［操场起了大风。

［角落里，壮壮刚喝完药水，长成了1米8的瘦高男生，他欣喜地打量自己的变化，正准备上场，却感到一阵头晕，上身一阵摇晃。

**壮　壮**　这么大的风！哎哟，怎么回事？

［壮壮坐下来休息一会儿，再次站起来，大喊一声：我来了！

**学　长**　小朋友，你怎么又来了？

［壮壮看到自己又变回了原样，在学长的哄笑声中，沮丧地回家了。

4. 稍后，笨笨博士实验室

**壮　壮**　还给你！

**笨　笨**　长高的感觉爽吧？

**壮　壮**　爽什么呀，你这劣质药水，我喝了以后就头晕。

**笨　笨**　头晕？哦，我知道了。外面是不是刮大风了？

**壮　壮**　是啊，你怎么知道？难道是因为风吹得我感冒了才头晕的？

**笨　笨**　当然不是了。简单地说，因为你一下子长高了，所以风一吹身体摇晃得比以前厉害，身体站不稳。

**壮　壮**　怎么可能呢？难道高个都要比矮个站得不稳吗？

**笨　笨**　从科学上讲，确实是这样的。以 10 级风为例，风的速度在每小时 88～102 千米，相当于每秒 24.5～28.4 米的速度，平均是 26 米。这种风速，每平方米会有 40 千克的压力，一个高个子的身体迎风面积接近于 1 平方米的话，等于有 40 千克的风力在推他。所以，在大风的情况下，高个子比矮个子所受的压力要大许多。

**壮　壮**　但是为啥我看到那些个子高高的男生，走路也挺稳的呀？

**笨　笨**　因为身体发育是一个循序渐进的过程，所以一般人，无论高矮，都没什么异样的感觉。除非像你那样，一下子从 1 米 4 长到 1 米 8。一刮风，当然会有摇晃的感觉。

**壮　壮**　早知道我就不要你的药水了。看来长个子还得慢慢来。

**笨　笨**　这个药水就是因为有这样的副作用，所以在 25 世纪，刚被发明出来不多久就停产了。我刚才没说完，你就抢走了。

**壮　壮**　（不好意思）嘿嘿……

笨　笨　这下明白了吧，成长是个逐渐发育的过程，不能操之过急。

壮　壮　嗯，嗯，明白了。我要多吃饭，多运动，那样才能长个子！（突然想到了什么）不对，笨笨博士，我又想到一个问题。我这才长高了 40 厘米，就已经多了这么大压力了。那，那些高楼大厦，一下子几百米，它们受的压力岂不大多了，能受得了吗？

笨　笨　这个问题问得好，也正是我要告诉你的，所有的大楼都会“跳舞”的。

壮　壮　大楼会跳舞?!

笨　笨　对。风一吹，都会跟着摇晃。

壮　壮　啊？怎么会呢？大楼不是砖头水泥砌成的吗？怎么可能会晃呢？

笨　笨　不信，你来看看。

［笨笨博士掏出一张上海市地图，摊在桌上。地图一展开，一栋栋高楼大厦都立起来了。

笨　笨　“高精度上海四维地图”！

壮　壮　四维地图？

笨　笨　嗯，25 世纪我们都用这样的地图。你们现在用的平面地图，只有长宽，称为二维地图。还有的电子地图有长宽高三个维度，称为三维地图。四维地图又多了一个维度，叫时间。也就是说，根据建筑物的即时情况同步更新。看，这栋楼正在建造，在地图上就显示成逐渐加高，这栋楼正在被拆除，就在地图上显示为慢慢减小。

壮　壮　好神奇啊！我家的小区在哪呢？

笨　笨　在这里。

壮　壮　找到了，这里是我家！

笨　笨　对，这就是我们住的楼。我们在 14 层，这栋楼总高 23 层，你仔细看着顶层，看看有没有什么变化。我给你放大。

［笨笨博士点击了一下该栋楼，楼在地图上慢慢放大。

［壮壮看到楼顶在轻微晃动。

壮　壮　动了，动了！我们住的这栋楼动了！笨笨博士，你说的是真的！

笨　笨　你再看看更高的，这里是东方明珠，这是金茂大厦。

壮　壮　都在晃动，都在晃动！原来大楼真的都是会“跳舞”的！

［笨笨博士收起地图。

笨　笨　怎么样？这下相信了吧。

壮　壮　信了，信了！它们为什么会晃呢？

笨　笨　我用原来的纽约世贸大厦给你做例子。这栋楼高 411 米，宽 63 米，墙面等于 25 900 平方米。在 10 级风力下，将有 1 000 多吨的力在推它。你说晃不晃？

壮　壮　1 000 多吨，天哪！这么大的力气！

笨　笨　当然，在风力不大的情况下，大楼受力没这么重，但多少还是会晃动的。

壮　壮　可是我去过金茂大厦楼顶，也去过东方明珠塔顶，怎么一点也感觉不到它们在晃动呢。

笨　笨　那是因为你人就在楼里面，而一般晃动的幅度，相对地面的参照物来说，其实是很微小的，所以你完全感觉不到。但是如果风特别大，晃动幅度较大的话，你就能感觉到了。这也是世界上很多摩天大楼，在大风天气里禁止游客上楼顶参观的原因。

壮　壮　怪不得呢。那我以后再也不敢去高楼上了，整天晃来晃去的，多危险。

笨　笨　不危险啊。所有大楼在设计时都是有晃动幅度区间的，一般最大值都是按 12 级大风设计的，也就是每小时 225 千米的风速。

壮　壮　十二级大风！也就是说，大楼在十二级大风的情况下，其摇摆幅度也能保证安全。

笨　笨　对！壮壮果然聪明。正常大楼的设计是能承受住 12 级大风的晃动。所以，一般小晃动，对于大楼来说，完全没问题。

壮　壮　那这样我就放心了，上海的大楼一定也是有很高的建筑水平。

笨　笨　肯定了，否则那么多住高楼的人，岂不整天担心死了。

壮　壮　真奇怪，建筑师们干吗不想个办法，让大楼不晃呢？

笨　笨　这你就不懂了。大楼之所以会晃，正是建筑师们故意设计的。

壮　壮　啊？干吗要搞得这么危险啊？

笨　笨　不但不危险，相反，正是为了保证安全。而且，如果一个大楼不会晃，那才是最危险的。

壮　壮　我又有点糊涂了。

笨　笨　我先问你一个问题。大楼最怕的是什么？

壮　壮　我想想，地震？

笨　笨　对，就是地震。大楼会摇晃，很大程度上是为了抗震。

壮　壮　怎么抗震？

笨　笨　抗震的本质，是要把地震带来的巨大能量消减掉。地震震中地层的断裂或者其他，释放出了巨大的能量，这些能量通过地震波传递到建筑物。如何安全可靠地消减掉这些能量，就是抗震的关键问题。

**壮　壮**　晃动就能减震？

**笨　笨**　对啊，你想想看，质量巨大的建筑物在整体晃动，这个巨大的动能消耗，本身就能有效地消散地震带来的能量。所以晃动的确是在保护建筑物。

**壮　壮**　如果不会晃呢？

**笨　笨**　如果能够持续晃动，那么说明建筑物的抗震性能较好；如果不能持续晃动，“啪”的一声就折断了，或者“哗啦”一声就坍塌了，那么就没有可靠的抗震性能。

**壮　壮**　我知道了，就像一棵大树一样，如果没有树叶随风摆动，树枝和树干很容易就被风吹折了。

**笨　笨**　对，就是这个道理。

**壮　壮**　原来大楼不仅会“跳舞”，还有这么多的门道！博士，谢谢你给我讲了这些，收获太大了！

**笨　笨**　哈哈……快回去吧，都快吃晚饭了。

5. 客厅，晚饭

［爷爷把好吃的都夹给壮壮。

**爷　爷**　壮壮多吃点，长个子。

**妈　妈**　对。还有，不能挑食，多吃点蔬菜。

**壮　壮**　哎呀，我知道啦，你们不用担心。我以后一定会长成一个高大魁梧的男子汉的，而且不头晕。

**妈　妈**　什么头晕？

**壮　壮**　没事，没事。

**雯　雯**　不害羞，我现在都比你高一点点了。

**爸　爸**　壮壮，等你再长高 5 厘米，我就带你去意大利玩。

**壮　壮**　好啊好啊……

[壮壮突然打个激灵，放下碗筷就往卧室冲。

[画外音：笨笨博士，我就喝一口，就一口……

（本集完）

## 导师评语

聂　伟

60后和70后的童年记忆，是泥巴、弹子和沙包；80后的童年，离不开游戏机和布娃娃；90后和00后的童年，各式各样的Pad是首选。

从亲近大自然的户外玩耍，到流连于指尖的网络终端，今日少年的艺术化游戏空间看似更丰富了，但也可能变得更狭隘了。当儿童观众将探询的目光投向电视屏幕的时候，我们该怎样带给他们有趣味有内涵的艺术作品？

1996年《海尔兄弟》热播时，儿童动画制作界就在反思，如果国内能多一些这样的动画片，通过讲故事将科学道理娓娓道来，那小朋友们就有福了。遗憾的是，国内的科普动画创作常常自觉或不自觉地端着架子讲概念、套公式，说教和灌输居多，故事性追求不足。

反观日本的少儿影视作品，拿风靡几代人的《哆啦A梦》来说，一个个让人叹为观止的科学发明，都巧妙地融入几个小男孩的日常故事，其想象力和创造力让我们汗颜。但《哆啦A梦》的模式我们不想照搬，那些奇思妙想是为故事情节服务的，神奇的发明过于超现实，看着好玩，却缺乏科普内涵。

我们想追求的，是这样一部作品：不仅具有《哆啦A梦》天马行空的想象力，而且能够融合国内科普动画的知识教育。两者兼具，也算是送给孩子们一份有意义的童年礼物。个人认为，《笨笨博士与欢乐家庭》得以成功入选上海文化发展基金会青年编剧项目扶持计划，正是基于这种期望。而年轻的剧作者正在努力让我们的期望一步步指向现实。

本剧最先吸引我的是情节设置，典型的“没头脑遇到不高兴”的模式。壮壮是个“没头脑”的小男孩，脑子一热就求助笨笨博士。很多集故事的起因都源自壮壮的懒惰与懈怠，也应了“懒惰是一切发明之源”这种说法。笨笨博士则是位“不高兴”的主，不愿意让壮壮坐享其成。两人碰撞的结果，每次都会因为一个简单的诉求而引发一连串的新问题。

在《黑洞的奥秘》中，壮壮的初衷是逃避劳动，不想自己收拾房间，典型的小邋遢形象。然后呢，笨笨博士经不住纠缠，为他找了一只“黑洞垃圾袋”，把东西都塞到宇宙黑洞里。小问题解决了，麻烦却更大了。壮壮的作业本也被吸到黑洞里去了，再也取不回来了。为什么一进黑洞就取不回来了？黑洞究竟是怎么回事？这个时候，科学道理就登场了。

这集剧本的构思挺巧妙，通过一个10岁调皮男孩和一个来自25世纪的刻板博士的互动，将故事分解成环环相套的独立段落。如此呈现出《笨笨博士与欢乐家庭》的典型叙事模式——“1个故事＋1个问题＋1个科学原理”。开篇一个故事做楔子，引出问题，然后探求问题背后的科学道理，可读性和逻辑性比较强。

选入本书的另一集剧本《会跳舞的大楼》，起头好像与故事主题关联度不高：壮壮想跟高年级的学生打篮球，哀求笨笨博士帮自己长高。但长高后问题就来了，壮壮开始头晕，原来是身体突然增高，重心不稳了。接下来一个类比就自然而然地出现：人突然拔高了会不适应，那摩天大楼那么高，会不会摇晃得更厉害呢？答案是肯定的。接下来，就是见证答案的时刻……

略显不足的是,本剧的语言还不够儿童化,主人公对话口吻可以更加活泼率真一些。希望作者再接再厉,写出更有趣的儿童动画剧本。

电视连续剧

# 天才家庭

（第 1 集）

李东霖　顾舒怡

## 李东霖

男,1979年出生,曾署笔名李东。2003年起先后在多家电视台担任编导。2008年任陕西卫视《见招拆招》主编,2009—2011年任浙江卫视(凤凰卫视、东方卫视)《壹周立波秀》导演,2012年任优酷出品的多部系列剧导演,2013年任电视剧《落跑女博士》编剧。

## 顾舒怡

女,1984年出生于上海。代表作品有:2005年,中日合作大型音乐剧《我们的旅程》,导演、编剧。2006年,台湾中视40集情景剧《天天笑翻天》,编剧、执行导演。2007年,中日合作大型音乐剧《彩虹》,导演、编剧、演员,公演于大阪大学小剧场。2007年,数字电影《快乐成长》,导演、编剧。2008年,情景剧《外来媳妇本地郎》,策划、编剧、导演。2008年,电影《回家》,编剧。2010年,大型电视连续剧《出轨》,联合编剧。

## 故事梗概

“培养皿日志：世界上最荒唐的事，第一名是荷兰的杰姆和英国的贝利爵士研发了磁悬浮青蛙，第二名是挪威的贝尔哈姆和桑德维克研究了啤酒、大蒜、酸奶油对水蛭胃口的影响，第三名是做了一辈子实验的生化学家自己反倒成了一只细胞培养皿。而我，就是那个生化学家。那个培养皿就是我的肚子，里面住着一颗足以改变我整个人生的受精卵……”

今天对于所有人来说，绝对是一个破天荒的大日子。

一直梦想着做推理小说家，不务正业的社区小片警雷刚终于成功解决了自己独立完成的第一个案子——解救邻居张大妈家的小狗咪咪。就在他好容易抱到小狗，自己却被恐高症吓得浑身颤抖之际，他的手机突然响起，来电的是他的妻子生物科学家苏仙露，苏仙露让他立刻回家，说是有紧急状况出现。

死里逃生的雷刚赶紧坐上死党城市小报记者切糕的车回家，家门打开，一股浓烟扑面而来，一个穿着全套生化防护服的“女鬼”缓缓从烟雾中飞出。两人被吓得惊声尖叫。可紧接着，“女鬼”揭开了面罩，是苏仙露，她激动地挥舞着锅铲告诉众人，自己有宝宝了！听到这里的雷刚激动得泪流满面，雷家三代单传今天总算有了交代。可下一秒，苏仙露却宣布，切糕刚刚偷吃一口的类似牛肉的东西，就是她的宝贝，是她千辛万苦培养出来的 J4578 号菌群。

虽然苏仙露唾沫横飞地讲解这个菌群对未来科学的重要性，但是雷刚却彻底崩溃了，原本为了科学，苏仙露提出结婚三年不要孩子的设想，三年里尽管雷刚的父母天天逼迫，可雷刚因为深爱自己的妻子，都以各种名目推脱，现在好不容易三年期满，他信誓旦旦地告诉父母，今年自己绝对会给他们抱上孙子，结果，又因为这个菌群，苏仙露又要将更多的精力投入到事业当中。大为不满的雷刚跟苏仙露发生了激烈的冲突，两人争论不休，最后只能以冷战结束。

然而，让人万万没想到的是，睡觉前，愤怒的苏仙露对自己的身体进行了每日例行检测，奇迹再次发生，检测结果表明，她真的怀孕了！

做了一辈子实验的生化学家自己倒成了一只受精卵培养皿，这绝对不能让人接受。次日清晨，苏仙露第一个冲入了实验室，开始对自己进行全面检测。检测结果当然是……没错，她确实怀孕了。苏仙露人生第一次开始恐慌，并且在恐慌了3分45秒后，冲入了闺蜜宣萱的咖啡馆，紧接着，伴随着长达60秒的尖叫声，宣萱开始坚决反对苏仙露打掉孩子的建议，双方辩论无果。无奈之下，宣萱只能以受精卵产权归属的问题，要求她征求孩子父亲的同意，只要有了雷刚的签名，自己就陪苏仙露去打胎。

回到派出所上班的雷刚情绪沮丧，可是片区的婆婆姥姥们又因为陈芝麻烂谷子的事儿围了上来。正在雷刚焦头烂额之际，苏仙露出现在雷刚的面前，本来就情绪不佳的雷刚完全没有听懂苏仙露用绝对“术语”——以培养皿和细胞打比方——解释自己怀孕的事情，他只以为苏仙露还在跟他探讨实验的话题，稀里糊涂之下，他看也没看直接在本子上签字，告诉苏仙露，她的事情让她自己做主。

一方面是拿着雷刚的同意书目瞪口呆的宣萱，一方面是好不容易搞定社区大妈喘了口气的雷刚。午饭之际，雷刚跟切糕说起早上苏仙露来找自己的事儿，切糕提醒雷刚，苏仙露从来没去派出所找过他，这个行为非常奇怪。在抽丝剥茧之后，蹩脚的推理小说家雷刚惊恐地得出结论，苏仙露很可能得了绝症。两人立刻冲往宣萱的咖啡馆求证，正巧，想尽办法拖延时间的宣萱正要和苏仙露出门。四人相遇，各怀心事，雷刚声泪俱下要求陪苏仙露去医院治疗，苏仙露不愿意雷刚陪自己打胎，切糕试图转换绝望的气氛，宣萱又被切糕迷得神魂颠倒，形势一团乱麻，误会越来越深。

似乎是还嫌不够乱，医学泰斗的苏父和心理学专家苏母打来电话，今天是例行的娘家上门聚餐日，两人都忘了要回家吃饭。雷刚和苏仙露只能暂时放弃，赶往岳父岳母家。面对神情诡异的夫妻俩，苏雄和何紫菁顿时疑窦丛生。最终，在何紫菁的心理辅导，苏雄的搞怪逼问和雷刚的声泪俱下之下，苏仙露只能坦白自己怀孕的事实。不到一秒钟，家中天气暴雨转晴，二老瞬间陷入当上姥姥姥爷的快感之中，什么培养计划、胎教计划、饮食计划、心理辅导计划一个接一个不停往外蹦。最夸张的还是雷刚，当苏仙露一觉醒来，连家都变了样，雷刚居然不眠不休地将所有冷色调的家装家具，统统换成了暖色调。面对着 24 小时报告行踪，不间断的保镖服务和无休止的营养品，苏仙露崩溃了。就在雷刚要打电话给老家的父母报喜时，苏仙露坚决地制止了他，她借口等下次过节的时候亲自给公婆一个惊喜，实际上她已然下定决心瞒着众人打掉这个麻烦。

为了找人在手术单上签字，她抓住宣萱喜欢切糕的弱点加以威逼利诱，又用预约产检不到为理由，跟雷刚拖延了 3 天时间。尽管宣萱想尽各种办法将信息透露给自诩为推理王的雷刚，推理能力一塌糊涂的雷刚还是被蒙在鼓里。一切进行得无比顺利，胜利就在苏仙露眼前。然而，一丝纰漏还是悄无声息地出现了。雷刚发现苏仙露没有带叶酸，打电话给实验室，实验室回复苏仙露没有上班。紧接着，切糕在宣萱的店里发现宣萱留下的重要线索，苏父苏母动用医院资源，查出苏仙露预订好了手术室，三分钟后准备堕胎。众人惊愕，只能狂奔追赶，然而时间已经来不及了，当众人赶到医院时，宣萱正坐在椅子上号啕大哭。

众人颓然崩溃。可谁料，苏仙露却精神抖擞地从一旁走了出来，并告诉众人，自己已经想通了，不仅决定留下孩子，还决定要实行一个天才培养计划，让孩子出生就是天才！原来，就在众人往此处赶来的同时，苏仙露遇到了自己在研究所的竞争对手，带着她三岁的儿子来医院探病。她在苏仙露面前得意地炫耀儿子诗词歌赋数理化外语体育样样精通，谦虚地说就是个神童。受到刺激的苏仙露当即决定不能让对手看扁，她能行自己要更行，所以在第一时间取消了手术。只是宣萱受不了刺激，激动地哭了……

"培养皿日志：受精卵成长第48天，腹围无明显变化，我的肚子里有一颗蓝莓。"

眼看着产检就要临近，准爸爸雷刚陷入了为自己孩子做第一件事儿的极度兴奋之中，他又是联系车，又是去医院踩点，忙得不亦乐乎，最终决定让苏父帮助他找一个医生建档。可没想到，却被从小生活在医生家庭，甚至有些厌烦医生的苏仙露一口回绝。她告诉众人，自己已经将怀孕到生产的全部过程研究透彻，她不需要别人的帮助，就能像个普通孕妇一样完成产检。

雷刚只能勉强同意，而到了产检当天，偏偏雷刚又遇到了一个不能不去的案子，苏仙露拒绝了推迟产检的建议，自己一人前往医院。谁料，刚去医院问题就来了。挂号、排队苏仙露完全不知道，好容易弄完，她又迷了路，当她好不容易找到了科室，又被密密麻麻看不到头的人群弄得焦虑症发作！苏仙露一气之下干脆自己当起了产科医生，不仅帮走廊里的人群看病抓药，而且还免费为患者排疑解惑。结果可想而知，雷刚在保安处领回了自己的妻子。

失败的第一次，更激发了苏仙露的斗志，第二天一大早说什么也不敢离开的雷刚跟着苏仙露来到了医院排队检查。这一次苏仙露倒是学乖了不充当医生，可是她又开始挑剔起就医流程的问题，并且追究到底地开始跟护士、值班员反映，整条走廊的医护人员都崩溃了，两人再次被逐，甚至上了医院的黑名单。执着的苏仙露怎么肯放弃，第三次两人在宣萱的乔装改扮之下，再次进了医院，这次医生是见到了，可是因为苏仙露和医生进行了长达一个半小时的专业性探讨，从医生到主任全部被逼疯。有了三次的惨败教训，雷刚几近崩溃，走投无路的他找到切糕，希望切糕能利用自己城市晚报记者的身份，找到一个不用孕妇亲自出面就能建档的方法。

从小就鬼主意极多，而且从不按常理出牌的切糕哪是省油的灯，为了不在自己的死党面前丢面子，他居然搞到了医院机房的钥匙，试图在深夜黑入医院系统，结果被警察抓了个正着！幸亏，雷刚当夜值班，这才让他免除了在派出所过夜的尴尬。就在苏父苏母动用武力逼迫苏仙露前去产检、苏仙露要死要活之际，雷刚正巧在医院碰到了自己曾经帮助过的社区大妈，而这位社区大妈还正巧是位绝对铁血的孕妇护理师，在她暴风骤雨式的专业批判之下，苏仙露终于建档。

“培养皿日志：受精卵成长第 57 天，腹围无明显变化，我的肚子里有一颗芸豆。”

阴霾的天气笼罩着城市，苏仙露为了给自己的实验培养皿也就是肚子提供最好的实验条件，根据自己每天的营养情况配置易吸收的各种维生素，就在她喝下药的瞬间，她突然感觉到了困意，睡倒在了地板上。起初她认为这是劳累所致，可接着她又再次出现同样情况，睡倒在了晚饭的餐桌前。这可把雷刚吓坏了，先是怀疑苏仙露的药有问题，后来又找来苏父苏母诊断，在心理治疗和身体各项指标绝对正常的情况下，宣萱提出了一个假设：也许是因为这阴霾空气的影响？

在看完所有的报道并且对生活环境彻底进行检测后，苏仙露崩溃了，从洗发露到吃的大米，从空气到电器辐射全部不达标。为了避免自己的受精卵受到污染的影响产生基因突变，苏仙露决定改变这一切，她先是让雷刚在阳台种有机蔬菜，后来又开始制造家庭无菌环境，最后连电灯都不开了，雷刚被弄得苦不堪言，可是苏仙露依然不分时间地点的随时睡倒。无奈的众人，决定让苏仙露去医院做进一步检查，可苏仙露却决定，要为自己以及在不良环境中挣扎的广大孕妇，设计一套孕妇全能防护服。

设计就设计吧，可苏仙露还得自己动手！这电钻、电机、螺丝钉，弄得雷刚人生第一次出警处理自己家邻居对自己老婆的投诉！雷刚告诉苏仙露，要是再这样下去，防护服做不成自己还得丢工作，要求苏仙露放弃。苏仙露一气之下，住到了宣萱家，并找来切糕帮忙，宣萱无比高兴，因为在跟切糕接触的过程中，她发现自己已经深深喜欢上了这个高富帅……

终于，防辐射防污染过滤排毒一体孕妇防护服成功组装。苏仙露得意扬扬地穿上这个重量和外形都跟太空人宇航服一般的防护服，决定出去跟雷刚显摆，可是才走到派出所门口，困意再次来袭，苏仙露半梦半醒间踩到塑料桶，飞出门去。雷刚惊恐万分地将苏仙露送到医院，还好防护服起到了减震作用，医生告诉众人，其实嗜睡跟一切都没有关系，就是怀孕初期的正常症状……

“培养皿日志：受精卵成长第70天，腹围无明显变化，我的肚子里有一颗李子。”

自从有了上次的老公不支持事件后，苏仙露的心情一直不好，虽然说不上来有什么事情不顺，雷刚也跪了方便面，但她就是觉得即将有什么恐怖的事情就要发生。果不其然，雷刚的爸妈突然不告而来……而更恐怖的是，老两口从进门起句句话就没有离开过怀孕。而当得知雷刚并没有告诉二老自己怀孕的消息后，苏仙露惊恐地意识到，如果让这对盼孙子已久的老人得知自己怀孕，后果将不堪设想。于是当雷刚和切糕抬着一张子宫床，要让苏仙露看看什么叫做丈夫和宝宝一起在子宫里成长时，苏仙露开始用尽各种方法阻止雷刚告知公婆自己怀孕的实情，并且软硬兼施、威逼利诱逼雷刚答应自己的要求……

原本以为可以瞒天过海，谁料老中医彭春花已经将儿子和儿媳的不正常看在了眼里，要是猜出苏仙露怀孕的真相也就罢了，婆婆却认定小夫妻感情出了问题要离婚，而罪魁祸首便是切糕！为了解决两人的感情问题，二老尤其是婆婆从宣萱入手，宣萱崩溃；然后二老又找到亲家，弄得鸡飞狗跳。在一场说不清理还乱的事故之后，苏仙露终于自己坦白。本以为二老会大发雷霆，谁料，彭春花却抱着苏仙露又亲又哄，并宣布从现在开始，自己和老伴就在这儿住下等着抱孙子了！

“培养皿日志：受精卵成长第 77 天，腹围增长 3 厘米。我的肚子里有个橘子。”

这绝对是地狱般的生活。自从二老来了之后，房子小了，屋子吵了，养胎餐是一顿也不能少了。先养胖媳妇再养肥儿子，最后还要将浓浓的安胎药送到实验室，让培养菌统统变成耐药菌，就连宣萱和切糕也被老太太的祛痘秘方和壮阳药，给弄得心花怒放坚决不站在苏仙露这一边了。眼看着“两岸平等对话”无果，苏仙露只能求助于自己的父母。果不其然，苏父苏母一出马，那效果绝对是立竿见影，家里的对话立刻从和平的养胎问题，变成了双方父母的医学论战，而且舌战还不管用，为了证明西医和中医哪个养胎更好，双方父母决定让苏仙露和雷刚，都按照自己的来。这下小两口算是彻底上天无门下地无路了。在忍受了48小时惨无人道的折磨后，苏仙露忍无可忍离家出走，并扬言要打掉孩子，还自己一个自由身！老雷头吓得心脏病顿时发作，众人开始认真反省自己的问题，最后经过长时间的寻找，终于在咖啡馆的角落里找到了号啕大哭的苏仙露，苏仙露说自己是想打胎来着，可是不成想冲到妇科，医生笑眯眯给她做了一个B超，看到自己肚子里蠕动着的小生命，突然荷尔蒙和肾上腺素综合作用，再加上%&*%……宣萱翻译，其实就是苏仙露的母性被唤醒了……

“培养皿日志：受精卵成长第91天，腹围增长7厘米，我的肚子里有一个梨子。”

经过之前的风波，双方的父母开始理性地面对有孙子的问题，彭春花、老雷头在与小两口达成好好培养自己孙子的协议下回家了。苏父苏母也恢复到了正常状态，只是苏仙露留下了后遗症——情绪敏感症，换言之不管是泪点笑点尿点，只要情绪一波动，必哭无疑，那林黛玉算什么，就连看惯了邻里之间纠纷的雷刚都目瞪口呆。眼看着天才没培养出来，天才妈妈却要哭瞎双眼了，没招的雷刚只能找切糕解决问题。而对于女人问题有深入研究的切糕在深思熟虑之后确定，这是因为他俩的爱情太不正常太不浪漫了，现在所有的哭泣，都是提醒雷刚，你应该给妻子更多的爱……

由于雷刚贫瘠的情商根本不足以支撑起浪漫这件事情，于是他决定集思广益找到给妻子最好的表达爱意的方法，谁知道，他身边不是老头就是老太，要不就是各种损友和变态，而偏偏他还都采纳了大家的意见。这下可好，家里又被弄得鸡飞狗跳，苏仙露直接精神崩溃。最后还是在切糕的帮助下，雷刚突发灵感，决定来一场大自然徒步秀，缓解一下苏仙露紧张的情绪。这一路风光秀丽，山水迷人，笑料百出，但就是因为伪徒步爱好者切糕自信满满的带路，众人最终在山中迷路，并陷入了求救无门的境地。绝望之下，真情流露，就在众人悲戚地准备写下遗书时，苏仙露发现自己身上带着一罐化学试剂，靠它成功引来救援，而当雷刚再次泪眼婆娑之际，苏仙露却扔给了他一个白眼，她的病居然好了！

"培养皿日志：受精卵成长第105天，腹围增加10厘米，我的肚子里有一个香瓜。"

自从山中迷路事件之后，切糕和宣萱的感情似乎开始渐入佳境，宣萱将自己跟切糕的各种幻想、猜忌，或者是疑惑，通通告诉了苏仙露。开始苏仙露还嗤之以鼻，可后来当她发现切糕和别人的暧昧行为后，她开始反思自己和雷刚的感情，并且决定把这件事情当做一个课题来研究。在经过了询问、质问，以及缜密的思考之后，她发现自己和雷刚之间好像没有真正的爱情，或者说因为怀孕，他们已经变成了同事的关系。这对于自己的生活，以及天才宝宝的成长来说都是莫大的问题。苏仙露立刻行动起来，宣萱还以为她要闹离婚，苏仙露却穿起防护服，做起了化学实验。宣萱以为她是拿工作来逃避，但事实比逃避可怕得多，苏仙露为了让雷刚重新爱上她，配制出一种爱的药水。切糕在不明就里的情况下，被宣萱指定为实验对象。虽然切糕的反应很不稳定，但似乎药是有效果的。继而苏仙露再接再厉，配制出讨好药水、自觉药水、依赖药水、勤快药水……按照宣萱的话说，再客观的科学家肚子大了都变魔鬼！不幸的是，药被雷刚发现了，他很气愤，找切糕评理，切糕得知自己成了小白鼠，更是不再理睬宣萱。宣萱把怨气都撒在雷刚身上，雷刚百口莫辩，正想找苏仙露一问究竟，却撞到苏仙露在咖啡厅和切糕“暧昧”不已。一片混乱的人际关系达到了顶峰，最终误会全部解开，雷刚喝下了完美老公的药水和苏仙露相拥而睡。但是切糕一往情深地来到咖啡馆找宣萱，却发现宣萱搂着另一个男人……

“培养皿日志：受精卵成长第120天，腹围增长13厘米，我的肚子里有一颗柚子。”

在情感的支配下，营养素的搭配下，在每天严格的检测下，医生告知两人，孩子现在超级正常，大脑发育得也特别好。根据科学的孕期时间表，现在是开始胎教的最佳时机。两人兴致勃勃地准备开始前期胎教，可紧接着，将孩子培养成什么样的天才就变成了莫大的难题，雷刚希望孩子变成懂音乐的诗人，可苏仙露却觉得，这个世界上只有科学能带给人进步。两人争论不休，谁也说服不了对方，只好找宣萱和切糕来仲裁。宣萱提出抓阄，苏仙露不服；切糕提出辩论大赛的方法，两人从白天辩论到黑夜，无果。最后一路人告知二人：争吵，腹中的孩子也会听见，这才让两人噤声。可是无声不代表没有硝烟。根据胎教原理，妈妈听到的和看到的都是胎教的一部分。雷刚将家里的所有能发声的东西，都变成了古典乐，书本也都换成了唐诗。苏仙露行动不便无法和雷刚抗争，就自己背元素周期表，写生物分子式，就连切糕和宣萱两人都被拉进了战争。眼看这日子没法过下去了，干脆，两人下了最后通牒，要是不按照自己的来，就分居。夜晚婚后第一次分居的两人，各自占据了沙发和床，谁也无法入睡，可是却又坚决不肯求饶。就在这难熬的持久战中，两人终于慢慢睡着了。紧接着，一个孩子出现在了雷刚和苏仙露的梦中，小孩先是开始作诗，雷刚高兴得不行，然后又开始背元素周期表，苏仙露露出胜利的微笑。紧接着，小孩开始渐渐地分裂成背唐诗和背元素周期表的两个人，然后两个人越说越快，越说越厉害，然后分裂成背唐诗的、背元素周期表的、背相对论的、唱歌的四个人，紧接着是八个人、十六个人，紧接着小小的子宫被挤满，越来越满，越来越满，最后……砰！尖叫声中，苏仙露和雷刚同时醒来。担心苏仙露的雷刚一下冲进了卧室，苏仙露抱住雷刚惊恐不已，在停顿了许久之后，雷刚向苏仙露道歉，而苏仙露也意识到了自己的问题。在两人紧紧的拥抱之中，苏仙露和雷刚第一次惊喜地迎接了自己孩子的第一个胎动……

“培养皿日志：受精卵成长第136天，腹围增长16厘米，我的肚子里有一颗会动的仙人掌。”

苏仙露和雷刚发现胎儿居然能听懂人说话，尤其是在听到摇滚乐的时候会特别兴奋，为了展现这一天才的奇迹，两人约自己的死党在咖啡厅见面，全然不顾切糕和宣萱之间有多么尴尬。谁料，就在表演进行到高潮部分时，咖啡厅突然一阵剧烈的震动。尖叫声、东西翻倒声……不绝于耳。所有的人都以为地震来临，自己死到临头，却发现原来不是地震，而是街对面的水管爆裂了。

虽然这次有惊无险，可苏仙露突然感觉到了莫名的恐惧，结合上次山林迷路的经验，再加上对灾难的大量研究，她得出了一个惊人的结论，原来让自己的天才培养计划夭折的最大可能因素竟然不是别的，而是灾害，从火灾水灾地震泥石流，到车祸谋杀生化武器高空砸物全部包括。最终苏仙露决定，要自己建立一套苏氏避难体系，防患于未然。在精准地计算过出去发生意外的概率之后，她向领导申请了在自己家做课题，从此再不出门。紧接着，她开始购买大量的逃生工具，从消防面罩到求救探照灯一应俱全。再接下来，她开始学习各种极品的逃生经验，从攀岩爬高，到洪水激流全部模拟实验，并且全部开发出孕妇模式。本来就对运动极度头疼的雷刚苦不堪言，而苏仙露也开始因为运动量大增，出现了一些胎气不适的症状，雷刚为了孩子的安全，决定制止她的胡闹，可没想到却被苏仙露用火灾预警狠狠地摆了一道。当苏仙露决定要卖掉房子，在郊区买一个地窖时，雷刚忍无可忍，联合切糕和宣萱开始商量一个秘密的绑架计划，彻底让她打消自己防患于未然的念头。没想到，当绑架开始实施，苏仙露的应对手段全部奏效，雷刚、切糕和宣萱被一个孕妇修理得惨绝人寰，就在三人准备求饶之际，苏仙露终于体力不支，昏倒……

"培养皿日志：受精卵成长第140天，腹围增长18厘米，我的肚子里有一颗菠萝。"

苏母突然来访，顺便还带来了一个资深的孕期培训专家。在上一次的胡闹逃生事件中，苏仙露吃了大亏，足足在医院休息了半个月，苏母在得知这个消息后，不愠不怒，只是非常淡定地告诉女儿，自己要开始干涉两人的不正常生活，并且必须执行。而必须执行的第一步，就是让这个孕期培训专家给苏仙露制订一张生产锻炼计划表。面对着要跟陌生人一起上课的压力，和被挤压得几乎所剩无几的科研时间，苏仙露苦不堪言，她决定摆脱妈妈的控制，按照自己的时间找一个锻炼老师，私家教授。为了对付母亲安排的怀孕分娩课程，她让宣萱和切糕代替自己和雷刚。经过好一阵的威逼利诱，宣萱和切糕最终答应了两人的请求。随即，好戏开锣，没有怀孕的两人在怀孕的课堂上笑料百出。另一边，苏仙露请来的老师，居然是曾经在医院狠狠教育过苏仙露的护工林某某。混乱……一场大戏精彩上演……

"培养皿日志：受精卵成长第153天，腹围增长19厘米，我的肚子里有一颗椰子。"

八月十五中秋节。团圆的日子最重要的当然是团聚。只是当两对老两口和小两口坐到一起之后，关键的问题就不是过节了，而是如何给天才宝宝起一个天才的名字。小两口率先上台开打，雷刚要起文采斐然的，苏仙露要起理性睿智的，虽然还不知道男女，于是男孩女孩都得考虑。然后是家族公审，由切糕和宣萱做公证人兼会议主持。在此之前的各家各户分组讨论中，已经产生了内部分歧，这下好了，爸爸妈妈爷爷奶奶外公外婆为了没有降生的(外)孙子(女)吵成了一锅粥，甚至连切糕和宣萱都加入了论战。这需求一多，孩子的名字就从两个字增加到三个字，而后暴涨为四个字、五个字，怎么都难以平衡各家的需求和每个人的意见，什么家族荣誉、理想寄托、国计民生、文化底蕴，甚至性格气质、心理暗示等全部都得照顾到。起名方恨字数少啊。在没有结果的会议之后，在连番的争吵之后，夫妻俩终于看明白不必把名字看得太重，等出生知道了男女再说吧。不过苏仙露还是暗自给孩子起了一个小名：J4579，算起来，肚子里的宝宝还排行老二呢……

“培养皿日志：受精卵成长第167天，腹围增长21厘米，我的肚子里有一颗南瓜。”

中秋过后就是国庆，由于火车票难买，来过节的彭春花和老雷头就留在了这里，弥补了以前没好好逛过大城市的遗憾，也顺带帮帮小两口料理一下混乱的生活。可是谁料，原本其乐融融的假期，被一股疯狂购物的狂潮给席卷了。先是宣萱逛商场逛着逛着开始给孩子买起了衣服，惹得苏仙露开始抓狂，启动了网上疯狂购物模式，什么奶瓶奶嘴，一样买一种不算，各种颜色还得不重样，采样不全怎么能科学。彭春花和老雷头开始还不觉得怎样，可是看见这快递流水似的往家里送，老两口就有点不乐意了，再一听那价，简直没要了老雷头的命。老雷头找苏仙露认真地谈了一次。可苏仙露嘴上说改，实际根本难以自拔。老雷头没办法，只能找儿子聊。雷刚找上媳妇，正要苦口婆心，却被网上的一款DIY婴儿床所吸引，对于做父亲有绝对成就感的他，等都等不及干脆去了商城，回来的时候，不仅多了婴儿床，就连学步车和自行车都买了。看着白花花的银子流水似的淌，老雷头血压又上升了5个点，无计可施的二老找到了苏父苏母。淡定的苏母开始给屋里疯狂的众人上心理辅导课，可是再好的心理辅导也抵不住买东西的诱惑，苏母接着沉沦，苏父呢，呵，劝都没劝，直接把玩具商城搬回了家。老雷头气得直接买张票回了家……

然而接下来的生活可就没那么好过了，成堆的东西堆在家里，险些造成了各种事故，新闻上又开始报道这个有毒，那个不能用，紧接着，假冒伪劣产品开始涌现，退货还成了大问题，再接下来，更严重的问题出现了，信用卡刷爆了，连买菜的钱都没有剩下。无奈之中的小两口想要举债过日，可是切糕和宣萱都是月光的主，父母那边更不好开口借钱。面对着一屋的东西，小两口欲哭无泪，最后只有彭春花拿出钱来救济大家，并声明这钱的利息是一个月5‰……

“培养皿日志：受精卵成长第181天，腹围增长23厘米，我的肚子里有一个排球。”

鉴于上周的经济之战，雷刚和苏仙露深刻地感觉到了，什么叫做经济拮据。而当雷刚在咖啡馆遇见自己曾经无比崇拜，现在却落魄到要开始应聘服务员地步的师哥的时候，更加让他感受到了生一个孩子，会让经济面临多大的困境。为了让天才更好地长大且绝对没有后顾之忧，不甘心当一个小片警的雷刚决定凭自己的能力，找一份兼职。可谁料，什么自理能力也没有还正义感极强的雷刚当警察没问题，干别的，简直就是一塌糊涂。送夜间快递，他能把送快递搞成家庭安全隐患调查，不仅批评主人没有防范意识给陌生人开门，还怀疑人家是不是外遇，有没有进行非法赌博。在小区收停车费，非要拍照存档，一看见别人靠近车子，就怀疑人家偷车或者别有企图，最后他跑到宣萱的咖啡馆充当起了服务生，可才干了一天，工资不够赔被他打碎的咖啡杯不说，居然还把客人当成了通缉犯。崩溃的宣萱找到苏仙露哭诉，苏仙露勒令雷刚消停，可没想到雷刚的一番话，把苏仙露洗脑洗得更加彻底，于是挺着大肚子的苏仙露和弱不禁风的雷刚开始了一场绝对搞笑的"吸金"游戏……

"培养皿日志：受精卵成长第200天，腹围增长25厘米，我的肚子里有一个足球。"

面对着苏仙露越来越大的肚子和几乎不能自理的雷刚，苏母和彭春花同时感觉到了一件事情的必要，那就是生产之前未雨绸缪，请一个月嫂。

几乎是前后脚的工夫，苏母约来全中国最牛的男月嫂王老师，彭春花带着三村八寨最有经验的张妈进了家门。这不进家门不要紧，一进家门矛盾立刻就来了，看对方什么都不顺眼，看自己什么都好，并且逼着小两口必须做一个选择。被逼无奈的两人只能开始一场面试月嫂的竞争，德智体美劳全面检测，脑筋急转弯，逻辑智力全面出击。为了赢得这场比赛，苏母和彭春花真是费尽心机，将自己的所有育儿才能倾囊相授，结果每次比赛两人都各自从传统和科学的角度平分秋色。小两口得知真相，可却又无能为力，最后雷刚决定来一次最残酷的即兴综合大考验。考验过程中，苏母和彭春花都败下阵来，最后，王老师以微弱的优势胜出。就在全家人为之欢呼雀跃之时，王老师却告诉大家，自己和张妈都不做了，通过众人的检测，他俩觉得他们俩可以成立一个月嫂培训机构，专门培训月嫂，让他们再找更好的去……众人目瞪口呆……

“培养皿日志：受精卵成长第212天，腹围增长27厘米，我的肚子里有一个篮球。”

宣萱兴高采烈地跑过来告诉苏仙露自己接了个大单，有人要在自己的咖啡馆办一个为期三天的“准妈妈狂欢夜”，挣钱之余，宣萱觉得既然苏仙露要培养一个天才，就应该连情感一起培养。为了证明自己的情商也非常之高，苏仙露答应宣萱参加Party。可没想到，狂欢夜出奇的好，在轻柔的音乐刺激下，苏仙露完成了她的许多个第一次：第一次唱卡拉OK，第一次和别人跳舞，第一次被一个陌生人吸引。一个叫倩倩的女人简直就是完美女神的代表，知书达理，温婉贤淑，而且有做妈妈的经验。苏仙露不知不觉被这个女人折服，开始频繁和她接触，甚至邀请她到家里来做客。被冷落的宣萱非常不快，觉得这个女人一定有问题，却又挑不出毛病来。一场女人之间的对决在宣萱和倩倩之间展开……

“培养皿日志：受精卵成长第223天，腹围增长29厘米，我的肚子里有一颗哈密瓜。”

家里开始为苏仙露准备待产，待产包什么的都已经准备就绪，可是关于采用什么方式分娩的问题，成了纠缠不清的中心。本着不实验不清楚的态度，苏仙露开始自己模拟各种分娩的方式，可是没有一个是她满意的。一气之下，她决定制造一台能将痛苦减少到零的机器。当公布的那天，所有人都被惊得目瞪口呆，苏仙露竟然做出了一台分娩机，她称为自动离心式无痛分娩机，人类历史上最安全最科学的自动分娩机。她挺着肚子为雷刚讲解人躺哪里，脚放哪里，怎么旋转，转速多快，达到几倍重力加速度才可以把婴儿自动甩出母体，听得雷刚差点没昏过去……

分娩机的事儿还没过去，雷刚接到了出差的任务。眼看着苏仙露的产前焦虑越来越严重，雷刚只能将照顾苏仙露的重任交给了宣萱，可没想到咖啡店还临时有事儿，切糕被抓来临时顶替。没想到切糕哄得苏仙露心花怒放，竟让宣萱吃起闺蜜的醋来。而雷刚更急了，兄弟之妻不可欺，怀孕临产的兄弟之妻你都敢下手!? 在一顿混乱之中，雷刚紧赶慢赶地回家。当得知自己被误认为出轨了之后，苏仙露愤怒不已，她对雷刚说，要么他自己滚出家门，要么他也体会一下分娩之苦。试问男人怎么体会，苏仙露解决了，电击！出于对老婆的理解和爱，雷刚大义凛然地躺在布满电线的分娩机上。在接通电源前，雷刚想起了一堆的“遗言”……

“培养皿日志：受精卵成长第235天，腹围增长30厘米，西瓜越来越重……”

再过几天就是苏仙露和雷刚的结婚纪念日了，也是苏雄和何紫菁的结婚纪念日，因为苏雄和妻子常年不合，苏仙露从小就很怕他们离婚，当年故意选同一天结婚也是为了唤醒父母之间的爱意。在宣萱的怂恿下，小两口决定在孩子出生前，给姥姥姥爷准备一场特殊的结婚纪念。他们先以自己的名义在咖啡厅弄了一桌浪漫的烛光晚宴，等着老两口出现。谁料，陪儿媳妇待产的彭春花和老雷头临时来了，代替苏雄、何紫菁来到了咖啡厅。一场混乱就此展开……

“培养皿日志：受精卵成长第250天，腹围增长32厘米，西瓜即将落地……”

孩子的出生已经到了最后倒计时的关键时刻，所有的一切都已经准备妥当，可是送给孩子的见面礼，雷刚却还没有想好。在切糕的启发下，他决定自己充当导演，拍一部属于这个家庭的电影。器材都到位了，演员也已经选好，可是片子的题材却迟迟不能决定。苏仙露想拍恐怖片，苏母想要悬疑片，苏父要儿童片，彭春花要拍成爱情片，就连老雷头都希望在电影里向党和国家致敬。雷刚在几方势力的争夺下，被弄得精神分裂，昏倒在电脑前。而就在此时，胎儿的视角开始出现，通过胎儿的眼睛看到了，妈妈爸爸爷爷奶奶姥姥姥爷，甚至还有干妈干爸，最后，胎儿舒展拳脚，字幕出现，其实片子的名字很简单就叫：我的天才家庭……

黑屏，尖叫声，混乱声，婴儿的啼哭声……

## 天才家庭　第1集

1. 咖啡馆　夜　内

[炫目的霓虹,舞动的人群。

[穿着华丽的宣萱抢过麦克风:"Ladies and Gentlemen,欢迎大家到来,苏仙露单身 Party 秀,我们的口号是……"

[众喊:"单身有罪,快乐万岁!"

[宣萱:"再来一遍,什么?"

[众喊:"单身有罪,快乐万岁!"

[宣萱:"苏仙露你听见了吗? 单身有罪,快乐万岁,让我们激情起来吧!"

[音浪点爆了全场,无数的手挥舞起来。

[小黑屋内,一个钢铁侠直直地坐在沙发上,苏仙露正趴在门边偷窥着外面。

**钢铁侠**　(忍无可忍地掀开面罩)"咳,苏小姐……"

**苏仙露**　我不叫小姐……

**钢铁侠**　苏女士……

**苏仙露**　我不叫女士……

**钢铁侠**　那我到底应该怎么称呼您呢!

**苏仙露**　如果你愿意,你可以叫我灵长类高智商雌性生物体;如果你不愿意，你可以叫我 T 型抗体免疫球蛋白研究项目负责人分子生物学博士苏仙露。

**钢铁侠** 抗……蛋白球……有没有更短一点的名字？

**苏仙露** 有了！（对着耳麦）行动！

**钢铁侠** 啊！

[钢铁侠瞪大眼睛，苏仙露突然一把撕开白大褂，里面是紧身的黑色皮衣。

**苏仙露** （发嗲）亲爱的钢铁侠先生，你愿意帮我倒杯酒吗？

[《碟中谍》的音乐响起，快节奏的剪辑。

2. 咖啡馆　夜　外

[一个全副武装的黑影滚入巷道的角落。

[苏仙露尾随钢铁侠，避开人群，穿梭在舞池旁边。

[黑影避开重重的人群，掏出装备，开始攀爬墙壁。

[苏仙露躲到桌下，不让宣萱发现。

[黑影气喘吁吁，冷汗滴落，其实离地才一米高。

[苏仙露冲往露台，却没有看见透明的落地门，撞得鼻青脸肿。

[苏仙露站在露台的角落，黑影气喘吁吁地往上爬。

**苏仙露** 你迟到了 3 分 39 秒！

**雷　刚** 碟……碟……碟中谍都是骗人的！

**钢铁侠** （端着酒杯，看见苏仙露）啊，女神！我终于找到你了！

[钢铁侠拿着酒杯绕过玻璃门冲出门外。苏仙露和雷刚不见了。

[钢铁侠头顶上，苏仙露和雷刚攀在墙头帅气地回头微笑。突然，“砰”直接摔下。

**钢铁侠** （转身看见）哎！我的女神，嗽！男神！

［“砰”，钢铁侠晕倒，雷刚站着手里拿着攀登爪。

［《碟中谍》音乐继续。

3. 咖啡馆　夜　内

［穿着钢铁侠衣服的雷刚拉着苏仙露在舞池中左躲右闪。

［钢铁侠穿着短裤，被攀岩绳捆得结结实实的还在流口水。

［人群避过。

［眼看门口就在眼前。

［突然，门大开，穿着兽皮装的切糕被拥进来：“Party之王驾到，少女们尖叫吧！

［四周尖叫声一片，雷刚愣了半秒转身就跑。

**苏仙露**　喂，你又干吗？

**雷　刚**　我不能让他看见，我跟他说我去天文馆了！

**苏仙露**　他没有透视功能！

**雷　刚**　哦！

［两人再次转身，突然宣萱一把拉住苏仙露。

**宣　萱**　哎。现在是热吻舞时间，谁也别想跑！

［音乐响起，宣萱不由分说一把将苏仙露推入舞池。

［舞池中人群拥挤，舞伴不停地变幻，人不停地撞来撞去。

**切　糕**　小姐，没见过你，你的气质真独特！能给我个电话号码吗？

**宣　萱**　喂，仙仙，你好像跟那个钢铁侠……

**雷　刚**　还有30分钟了，要来不及了，我们怎么办？

**切　糕**　小姐，你是在拒绝我吗？我可从来没被人拒绝过哦！

**苏仙露** 雷刚,我扛不住了,我们跑吧!

**宣 萱** 喂。你老戴个头套你不热吗?快,摘了它,让老娘好好看看是什么样的奇葩能迷住我们的仙仙!

**切 糕** 臭小子,这个女人是我的,有种的跟哥来抢啊!

[舞池里一片混战,切糕看上了苏仙露,苏仙露不鸟切糕,雷刚和苏仙露想要逃跑,可宣萱却想要看钢铁侠的真面目,眼看着一曲舞曲即将结束,宣萱伸手要揭开钢铁侠的面罩,切糕即将吻上苏仙露。突然,全场灯黑。

[DJ:"嘿,BOY,热吻的惊喜在哪里,你们找对了热吻的对象了吗?"

[全场灯亮,切糕和宣萱吻在了一起,苏仙露和雷刚不见了。

**切糕、宣萱** "怎么是你?!"

4. 苏仙露家 夜 内

[苏仙露和雷刚终于顺利冲入了家中,紧接着,他们开始熟练地忙活,从床底下拿出结婚照,放牙刷毛巾,弄睡衣,布置房间。

**雷 刚** 怎么样?还有多少分钟!

**苏仙露** 3分零49秒!

**雷 刚** 喂,你这里怎么又变化了,我不是说了,这屋里的东西不能再增加了,要不然很容易被人看出破绽的!

**苏仙露** 可这都是必需的啊,这是我自制的试验器皿型咖啡滴滤器,安全无菌,绝对温控!那是最新的Y型肿瘤细胞分裂电镜图。还有这个,这是……哦,宣萱的丁字裤!

["丁东……"门铃响。

［苏仙露和雷刚赶紧将所有的东西扔进房间，吸气挽手，挂着亲密的微笑，打开房门。

［门外站着两个严肃但极具知识分子气质的中年男女。

**苏仙露、雷刚** 嗨，爸妈，你们来了！

［画面定格。

［雷刚（OS）："停停停，你们还有完没完了，信息量这么大，观众能看得懂吗？对不起，基于一个极富浪漫主义精神的古文系侦探小说大师的基本职业道德，我觉得我有必要在下场戏前，交代一下这个故事的基本人物和故事脉络。首先，这位是我的老婆，NONONO，不是契约夫妻，不是隐婚对象，是真正的老婆，我们有结婚证，结婚照，结婚纪念日，对了还有结婚戒指。"

［镜头一一扫过，雷刚和苏仙露挂出来的照片墙。

［雷刚偷偷地将戒指递给苏仙露。

［雷刚（OS）："但是，也不知道是智商太高，还是家教过于森严，在我们秘密相恋了三年之后，她居然在结婚的前夜跟我提出了一个匪夷所思的要求……"

［闪回

5. 一年前，苏仙露卧室　夜　内

**苏仙露** 喂，你能不能不要再跳了？都三个小时了，还没庆祝完吗？

**雷　刚** （在床上不停地跳来跳去）我也想完啊，可是我停不下来。这是我从小到大的毛病，一兴奋就跳。考上大学的时候，我跳了一天，跳进了粪坑才停下来。第一篇侦探小说发表的时候，我跳了30个小时，跳进了水塘我才停下来。现在我停不下来。我也不知道怎么办!

**苏仙露** 哦,那你跳着吧,跟你说正事儿,我有个条件!

**雷　刚** 什么条件?

**苏仙露** 结婚条件啊,你答应就结,不答应就当这事儿没发生过!

**雷　刚** 你说!不就是一个条件吗?只要你答应和我结婚,别说一个条件了,就是千百个条件,赴汤蹈火,孟子也拦不住我!

**苏仙露** 这可是你说的!

**雷　刚** 如有一句假话,罚我一辈子看不懂中文字!

**苏仙露** 那好,我的条件就是,结婚可以,但我们必须隐婚!

**雷　刚** 隐婚?这是中文字吗?

**苏仙露** 当然!

**雷　刚** 然后呢?

**苏仙露** 然后就是除了双方父母没人知道我们结婚的事实啊。我们该怎么生活怎么生活,该怎么过怎么过,你的死党我的闺蜜统统保密,不过考虑到科学上男女的生理问题,我会适当地安排一些夫妻之夜,基本形式就是这样了!

**雷　刚** 你的意思是我们不住在一起?

**苏仙露** 当然!我和宣萱住得很好,你和切糕也住得很好,为什么不继续呢?

**雷　刚** 可是我们结婚了,还需要保密吗?

**苏仙露** 如果不保密,还叫隐婚吗?

**雷　刚** 那为什么要隐婚呢?

**苏仙露** 你到底答不答应?不答应就当没发生过!

**雷　刚** 别介,我,我,我……你真的会安排夫妻之夜吗?

**苏仙露**　嗯！

**雷　刚**　那我答应！

［雷刚(OS)："虽然答应只是上下嘴皮一碰的事情，但是随之而来的问题接踵而至，第一，我们根本找不到理由随便进行夫妻之夜。"

［闪回，切糕家，日历上写着2月14号，雷刚出门，被切糕抓住。

**切　糕**　喂，你去哪儿，今天不是说好了要在网上完爆TS战团的吗？快快快，赶紧开始！

［雷刚(OS)："第二，偷情的风险极大，重则伤筋动骨，轻则财产损失……"

［闪回，苏仙露家，雷刚和苏仙露在沙发上热吻，宣萱突然回来，雷刚躲避不及只能翻窗而出，外面是16层的高楼，雷刚用力抓着窗台，惊恐无比。

［闪回，切糕家，雷刚和苏仙露悄悄视频，切糕突然出现，雷刚下意识关闭屏幕，台式机的液晶显示器应声而碎。

［雷刚(OS)："第三，怎样才能在父母面前维持我们正常婚姻的完美形象……"

［闪回

［结婚纪念日，苏仙露家，家中苏父苏母一起前来吃饭，吃着吃着，苏父突然觉得不舒服，从屁股下抽出了一根小皮鞭。

［中秋节，苏仙露家，苏父苏母一起看电视，苏母从零食袋里发现了一盒避孕套。

［雷刚(OS)："然而，这个世界上最可怕的事情，不是隐瞒，不是欺骗，而是怎样应付完美的意外，比如说今天，

一年当中的第25次突然来访……”

6. 苏仙露家　夜　内

［苏仙露拿出她的试验器皿型咖啡滴滤器给众人做着咖啡，雷刚给苏仙露的父母削着水果，苏雄和何紫菁坐着脸色铁青一言不发。

**雷　刚**　（没话找话）妈，那个今天，怎么来的这么突然啊！

**苏　母**　突然吗？我不是提前了5个小时给你们打电话吗？

**苏仙露**　对，从打电话起到现在，确实精确到了分钟！

**雷　刚**　哦，是吗？我真没注意！哎，爸，你吃苹果！

［苏雄脸色铁青，突然站起来，激动地用手比划了一个方形，然后两只手一上一下朝相反方向一拧，最后把手一摊看着苏仙露。

**雷　刚**　（低声问苏仙露）咱爸这是怎么了？

**苏仙露**　哦，对不起，忘了告诉你了，这段时间我爸妈的战斗升级了，我爸发现这么多年他和我妈不和的根本问题是，他一说话，我妈就用心理学分析他，所以他终于想出了对策，干脆封口，手语交流，已经一个礼拜了！

**雷　刚**　（学苏雄比划）那他这样这样是什么意思？

**苏仙露**　我爸说家里要买一个冰箱，选什么款式两个人统一不了意见，但他又不跟我妈说话，所以叫我来帮他沟通。（转身对父母）你们都想买什么冰箱？

［苏雄比划，何紫菁回答，两人同时——

**何紫菁**　一个功能齐全的双开门家用冰箱。

**苏仙露**　我爸的意思是买一个实验室专用冰柜。

［苏雄再一通比划。苏仙露认真地看，还用手势和父亲

简单沟通了一下。

**苏仙露** 只有实验室专用冰柜才能达到满意的冷藏和冷冻效果，准确控温，防止细菌滋生。

［苏雄满意地点头。

**何紫菁** 这是典型的胡塞尔现象学，无论怎么理性，都是意识形态的权力话语和纯粹的话语推导，在现象的丛林里显得极其盲目和无知！冰箱是这样，拖鞋是这样，连你打呼噜都是这样！

**雷　刚** 这又是什么意思？

**苏仙露** 意思就是，我妈觉得我爸用买冰箱的事情展现他的话语权，完全不符合现实世界的规则！

［苏雄再次比划。

**苏仙露** 我爸说，像你这样每天不停地给人做心理分析，你就符合现实世界的规则？这根本就是强迫症！

**何紫菁** 强迫症？我要是有强迫症我会不知道吗？再说了，就算我是强迫症，那也比一个实验冰柜里面放着有各种心脏缺陷的大鼠小鼠尸体和实验试剂的心理变态要好！

**雷　刚** 哎，爸，妈，你们别吵了，要我说就两个都买，两个都买不就没事儿了吗？

**何紫菁** 嗯，有道理！可是放哪儿呢？

**苏雄、何紫菁** （同时）你房间！

**何紫菁** 你还说你不是典型的权力主义潜意识作祟□□□（此处省略3 000字）……

［雷刚（OS）："基本上这就是我的全部生活，说真的，我真的已经彻底、完全、没有余地地受够了隐婚。但是，仙仙，你到底什么时候才能明白……"

7. 苏仙露家电梯间　夜　内

［苏仙露、雷刚疲惫地将父母送到电梯前，父母离开，两人挥手。

**雷　刚**　爸妈再见，有空再来玩，路上小心！

**苏仙露**　路上小心这句话根本就不准确，路上怎么小心？路能小心吗？上能小心吗？只能人小心，可是人能做到小心的极致就是完全不出门，所以这句话根本就是悖论，完全没必要说它！

**雷　刚**　你刚才说话的样子真像你妈！

**苏仙露**　你骂我？

**雷　刚**　没有，你妈很好啊，儒雅，有趣，还是心理学博导，著作等身！很完美！

**苏仙露**　是你的评判标准有问题，还是我的耳朵听错了，她完美？她就是正常菌群里的基因突变，简称变态菌，行为不稳定还要感染整个菌群！要不是她，我爸这么多年也不会那么痛苦！

**雷　刚**　可是他们吵架的样子看上去还是很恩爱啊！

**苏仙露**　你到底要说什么？

**雷　刚**　没有，我其实没什么要说的，我的意思就是，（语速突然加快）仙仙你有没有考虑过我们现在的状况其实应该改变一下啊？

**苏仙露**　改变什么？现在不是挺好的吗？

**雷　刚**　是挺好的，但是孔子说过，君子坦荡荡，小人长戚戚，宣萱是你那么好的姐妹，切糕又是我的死党，今晚的事情还这么刺激，我觉得绝对不是长久之计，所以我觉得，我们还是做君子吧！

**苏仙露**　SO？

**雷　刚**　简单来说就是我们公开算了，我已经受够了隐婚的生活，我想和你住到一起，我想和你一起被大家祝福，说白了就是，我想要个和你吵架的机会！

**苏仙露**　（恍然大悟）哦！（突然，她掏出手机）喂，妈，你们到哪儿了，要不回来一趟吧，雷刚好像产生了前期精神分裂的症状！

8. 切糕家　晨　内

［门被打开，被折腾了一宿的雷刚太阳穴贴着白胶布，捧着一堆药进入。

［一个女郎从切糕的房里出来，出门。

**女郎A**　嗨！

**雷　刚**　嗨！

［紧接着另一个女郎又从切糕的房里出来，出门。

**女郎B**　嗨！

**雷　刚**　嗨！

［紧接着，3，4，5，6 个女孩同时从切糕屋内走出来，雷刚完全麻木，最后，赤裸着上身的切糕从屋内出来，伸着懒腰。

**切　糕**　哎呀，俗话说得好，一日之计在于晨！哎，你回来了，早啊！

**雷　刚**　嗯！

**切　糕**　星星看得怎么样？

**雷　刚**　惨不忍睹！哪像你春宵如梦，一夜风流！

**切　糕**　哎，哪里哪里，朋友捧场而已，不过，说真的，昨晚上我有个奇遇！

**雷　刚**　什么奇遇？

**切　糕**　你知道那个钢铁侠吧！

**雷　刚**　知道啊！

**切　糕**　昨晚我看见他了，而且我仔仔细细地看了一圈，然后我就觉得……

**雷　刚**　（紧张）你看错了，你一定是看错了，钢铁侠有面具你怎么可能看出来呢？再说了，昨晚我在天文馆，所以那个什么我……

**切　糕**　你怎么了？

**雷　刚**　没有，我就是发表一下意见！

**切　糕**　好吧，我承认我没听懂，不过我要说的是，我昨晚看上了钢铁侠身边的一个姑娘！

**雷　刚**　（舒气）哦，是姑娘啊，那里那么多姑娘看中就看中呗！

**切　糕**　哎，话不是这么说，关键是这个姑娘特别特别，第一，她很漂亮，就是那种端庄大方，绝对气质型的美女；第二，她身材性感，据我目测她的三围是 84 62 86，非常完美；第三，她看上去极其有内涵，我怎么挑逗她，她都不理我，还赤裸裸地拒绝了我！这简直是有辱我"情圣"的称号。所以经过一晚的思索，我已经决定了，我，要去追她！

**雷　刚**　什么？

9. 苏仙露家　客厅　晨　内

［苏仙露从卫生间出来，端着一个小纸杯。宣萱从卧室中出来看到这一幕。

**宣　萱**　哎，仙仙，怎么样？怎么样？

**苏仙露**　还没检验呢，应该不错！

**宣　萱**　我没说你的尿，我说的是男人！

**苏仙露**　什么男人?

**宣　萱**　就是那个钢铁侠啊,我可是亲眼看见你俩逃走的,怎么样,锄禾那个什么了吗?我给你的东西用上了吗?

**苏仙露**　哦,你说那个呀,我对他没兴趣!

**宣　萱**　什么叫没兴趣?我费了九牛二虎之力才帮你搞定了昨晚的一切,居然就换来了你一句没兴趣,没兴趣你跟他跑什么?玩我呢!

**苏仙露**　哎呀,就是感觉不对,你快让开,我还要进行一周一次每月四次的体检呢?

**宣　萱**　苏仙露同学,我再次郑重地跟你申明,像这种你老爸让你养成每周体检的好习惯,青春期之前玩玩还挺酷的,现在你必须得学会像一个成年人一样!

**苏仙露**　比如说?放弃尿检,引进核磁共振?

**宣　萱**　我说的是男人!有男人才算是健康正常的生活!行了,我跟你说这么多也没有用,你等着吧,作为你的好闺蜜,我会帮你搞定一切的!

**苏仙露**　你要干什么?

**宣　萱**　帮你给他打电话啊,还好昨晚上的男人都经过了我的精挑细选,要想再续前缘简直易如反掌。仙仙,你有没有觉得我瞬间有了一种神明附体的感觉?

**苏仙露**　什么神?

**宣　萱**　红娘啊,哇哈哈哈哈……

10. 苏仙露房间/雷刚房间

［苏仙露和雷刚同时焦急地打着电话。

**苏仙露、雷刚**　喂,仙仙(雷刚),不好了,出问题了!

**苏仙露**　你先说!

**雷　刚**　不，还是你先说吧！

**苏仙露**　宣萱给昨晚的钢铁侠打电话了，她非要再给我安排次相亲，那个人见过你，我怕事情败露！

**雷　刚**　你拒绝不就好了！

**苏仙露**　我拒绝不了，她的理由是阴阳调和……

**雷　刚**　适应天理嘛，我知道！可我这边的问题更大，切糕看上你了，他要追你！

**苏仙露**　什么？天哪！看来我导师说的没错，精神病很有可能通过共同的环境，导致基因突变并且蔓延。这是个好课题，我要赶紧记下来！

**雷　刚**　都什么时候了，你还只顾着课题！仙仙，福尔摩斯说过，犯罪的源头往往来自一件小事，这件小事很可能导致灾难性的后果，你听我说，我觉得要解决这件事情唯一的办法就是，我们坦白这一切！

**苏仙露**　不行！

**雷　刚**　为什么不行！

**苏仙露**　因为不行就是不行，我不管，反正不管你用什么办法，隐婚的事情绝对不能披露！其他的你自己看着办！

**雷　刚**　可是，仙仙，喂，仙……

［客厅里传来切糕的喊叫："麻雀，麻雀你好了没有！"

**雷　刚**　来了！

11．切糕家客厅　日　内

**雷　刚**　怎么了，又出什么事儿了！

**切　糕**　没事，我就想问你，你上次去电影博览会买的钢铁侠装备呢，借我一下！

**雷　刚**　你要它干吗？

**切　糕**　去咖啡馆啊！

**雷　刚**　去咖啡馆干吗？

**切　糕**　找那个姑娘啊！我想了一个上午，既然咖啡馆能办以这个姑娘为主题的Party，就一定会有这个姑娘的联系方式！而这个姑娘那么喜欢钢铁侠，那我就当然得给她留下一个完美的印象，哎呀，有时我自己都不得不爱上自己，像这么完美的泡妞手法，天底下能有姑娘抵挡得住吗？

**雷　刚**　不行！你不能去！

**切　糕**　为什么！

**雷　刚**　因为……因为咖啡馆今天不营业！

**切　糕**　开什么玩笑，你都不知道哪家咖啡馆，你就知道它不营业！

**雷　刚**　那个，不管哪家，反正今天全市咖啡馆都不营业！

**切　糕**　为什么？

**雷　刚**　因为，为了纪念地震中死去的亲人！

**切　糕**　地震？麻雀你不是看星星看穿越了吧，今天是6月1号，没什么大地震。速速把装备交出来，我赶时间！

**雷　刚**　那个……我的装备坏了，送去检修了！

**切　糕**　是吗？你确定？

［雷刚拼命点头，可是脸却迅速红得像猴子屁股一样。

［切糕笑了一笑，突然一下冲进了雷刚的房间，紧接着，钢铁侠的装备被拿了出来。

**雷　刚**　喂，切糕，你不能这样，喂……

**切　糕**　哎呀，放心啦，我不会弄坏你的宝贝的。哥们给你保证，东西怎么出去的怎么回来，妥妥的！

**雷　刚**　可是……

**切　糕**　等着我胜利的消息！乖！听话！

12. 你是极品咖啡馆　日　内

［宣萱和苏仙露面前摆着一碗沙冰，宣萱拿着勺大吃特吃，苏仙露完全没有胃口。

**苏仙露**　不行，实验室还有个项目，我要先走了！

**宣　萱**　哎，说好的，必须要等。仙仙，你可不能出尔反尔哦！

**苏仙露**　不是，我刚刚想起今天真的有实验，时间很宝贵！

**宣　萱**　再宝贵也没有人类的繁衍来的宝贵嘛！再说了，我都已经催过钢铁侠了，他要是敢放老娘的鸽子，我保证他三生三世永远告别男人这个词！乖，听话，再等等。来，吃口宣萱大老板特制极品巧克力冰沙！

**苏仙露**　应该称作五十分之一老板宣萱特制极品巧克力冰水奶及细菌混合物吧。

**宣　萱**　哎，你还别说，虽然这咖啡馆其他的49个合伙人的股份都比我多，可是谁也没有我对咖啡馆贡献大啊，为了这个店我是天天呕心沥血，鞠躬尽瘁，就连来“大姨妈”我都没有缺席过！你说我不是大老板，我是谁啊！

**顺　子**　债主？我们这没有债主，老板，有人找你，他说你欠她2 981块，我要说你在吗？

**宣　萱**　说我不在！

**顺　子**　哦，她说她不在，她的手机号是……

**宣　萱**　行了，你还有完没完！

［顺子挂断电话。

**宣　萱**　不好意思，新来的不懂规矩！

**苏仙露**　哈哈，我倒觉得她很有意思，她也是你们这儿的老板？

**宣　萱**　不是，是最大股东的一个什么远方表亲，你是不知道那个贱人有多矫情！

**苏仙露** 比如说？

**宣 萱** 比如说抢男人这种事，别人都是暗地里操作吧，她一个结了婚的女人，居然敢明目张胆地参加单身派对，还在Party上脱衣服，发嗲。对了，听说玩着玩着还玩了把捆绑，你说矫情不矫情！

［苏仙露一听，脸色唰的就变了。

**宣 萱** 还有啊，我们另外一个股东，口口声声宣扬独身主义，其实暗度陈仓，地下恋情红红火火！要我说，这种女人就是阴险的代表、毒辣的代名词，应该千刀万剐挂到贞节牌坊上示众！

［苏仙露手一抖，冰沙撒了一地。

**宣 萱** 更可恶的是，那个叫果果的股东，表面上跟你是知心好姐妹，其实专门背着你暗地里搞些鬼名堂，抢男友，装弱势。凡是闺蜜看上的，一律打包上床，还美其名曰弱肉强食，这种人叫她贱人算是对她的表扬，说她是绿茶婊简直侮辱了绿茶！

［苏仙露手一滑，摔破了杯子。

**宣 萱** 哎，是被我说的给吓坏了吧！哎呀，没事儿的没事儿，江湖险恶，但咱俩都不是这种人啊。再说了，只要我们扬起正义的大旗，向这些扰乱男女供求平衡的无良分子宣战，我们就一定能出淤泥而不染，出黄浦江而见大海，明天更美好！……喂，此处可以有掌声！

［苏仙露勉强地笑着鼓着掌。

13．你是极品咖啡馆卫生间 日 内

［一个钢铁侠冲进门来，他正要嘘嘘，却发现戴着面罩

看不见马桶，他掀开面罩，面罩下露出舞会上男子的脸。

［紧接着，又一个钢铁侠冲进门来，同样重复了一遍相同的动作，面罩下切糕的脸。

［两人面面相觑而笑。

**切　糕**　你的面罩不错！

**钢铁侠**　是吗？你的也还行！

［突然门再次被打开，雷刚猛地冲了进来。

**切糕/舞会男**　哎，怎么是你？

［雷刚二话没说抄起扫把对着舞会男又是一击，舞会男倒地。

**切　糕**　你干吗？

**雷　刚**　对不起，我下意识的！

**切　糕**　我不是问你这个，我是说你来干吗？

**雷　刚**　哦，我，我来陪你！

**切　糕**　陪我？

**雷　刚**　对，我……我怕你吃亏，所以特意来监督一下你！

**切　糕**　哎呀，这么多年朋友了，你见过我会吃亏吗？哦，我知道了，你是想来看看我非凡的泡妞手段是不是？行，哥们一场，我免费现场教学！不过姑娘貌似不喜欢围观，你最好……哎，有了！

［片刻，舞会男再次只剩下秋衣秋裤被绑了起来，被扔进了厕所的隔间。

14. 你是极品咖啡馆　日　内

［苏仙露焦急地等待，突然微信震动，屏幕上显示雷刚信息：“我来了，就在两人中间，看中我，选择我，

OVER!"

**宣　萱**　哎，来了来了！

［苏仙露扭头一看，两个钢铁侠威武地向宣萱和苏仙露走来。

**宣　萱**　不对啊，仙仙，用你分子生物学博士的专业知识告诉我，钢铁侠已经进化到可以自行繁殖了吗？

**苏仙露**　我用我的专业知识告诉你，网上钢铁侠盔甲打折甩卖了。

**宣　萱**　管它是甩卖还是抛售，反正我就爱这种买一赠一！嗨！

［"嗨！"切糕一边打着招呼一边想要摆出很帅的姿势，却发现钢铁侠的衣服根本就不行，反倒是雷刚随随便便，帅得很像样！

**宣　萱**　嗯，你们谁是舞会上的那个！

**切糕、雷刚**　（通过面罩的电子声线）我！

［切糕（OS）："小子，有样学样嘛！"

**宣　萱**　那你们到底谁要追仙仙呢？

**切糕/雷刚**　（通过面罩的电子声线）我！

［切糕（OS）："小子你要干吗？"

**宣　萱**　那你们追仙仙的目的是！

**切糕、雷刚**　爱情！

［切糕（OS）："靠，抢我台词！玩真的是吧！"

**宣　萱**　哇塞，哇塞！我就爱这种两男争一女的场面，你们等会，我去拿爆米花！

**苏仙露**　不用了，我很快就结束。喂，有种筛选试验不知道你们听说过没有？没有？那就更简单了，说白了我问三个问题，谁回答好了，我跟谁走，明白！

**切糕、雷刚**　明白得不能再明白了！

**苏仙露** 那好，第一个问题，如何定义科学？

**切　糕** 啊？

**苏仙露** 请回答！

**切　糕** 科学这个是……嗯……

**雷　刚** 根据《辞海》1999 年版定义，科学，就是运用范畴、定力、定律等思维形式反映现实世界各种现象的本质规律的知识体系。而根据法国《百科全书》解释，科学应该是通过揭示支配事务的规律，以求说明事物的方法。但是根据苏联《大百科全书》定义，科学是人类活动的一个范畴，它的职能是总结关于客观世界的知识，并使之系统化。也就是说"科学"这个概念本身不仅包括获得新知识的活动，而且还包括这个活动的结果。

**苏仙露** 很好，第二个问题，如何定义生物分子学。

**切　糕** 生物什么学？

**雷　刚** 生物分子学就是从分子水平上研究生命现象物质基础的学科。主要是研究细胞成分的物理、化学的性质和变化以及这些性质和变化与生命现象的关系，如遗传信息的传递，基因的结构、复制、转录、翻译、表达调控和表达产物的生理功能，以及细胞信号的转导等。

**切　糕** 我靠！你怎么知道！

**宣　萱** 太精彩了，太精彩了，仙仙这简直就是你的翻版！

**苏仙露** 那么最后一个问题！

**宣　萱** 我来问，我来问，你们谁愿意和仙仙共度春宵！

**切糕、雷刚** （一起举手）我！

**切　糕** （一把掀掉面罩）喂，麻雀你怎么回事儿，不是说好你衬托我的吗？你怎么处处挖我的墙角？

**雷　刚** 不是，我……

**宣　萱**　喂，你不是昨天的那个……

**切　糕**　对不起，我在跟我兄弟说话，跟你没关系！

**宣　萱**　什么叫跟我没关系，你必须先向我道歉！

**切　糕**　道歉，开什么玩笑，我切糕这辈子都没跟女人道过歉，再说了，昨天我不是已经跟你说得很清楚了吗？那只是一个误会，我本来的目的就是她！

**宣　萱**　那你还吻我！

**切　糕**　是你凑过来的，关我什么事儿！

**宣　萱**　谁凑到你的面前，你给老娘说清楚！

**苏仙露**　好了，你们还有完没完了！我已经想清楚了，我就选择你了！

［苏仙露一指切糕，众人惊愕。

**宣　萱**　谁？他？仙仙你是不是脑子坏掉了，这人就是个情圣畜生臭流氓，你居然选择他！

**雷　刚**　对啊，而且明明是我答题答对了，根据规则你不是应该选择我的吗？

**苏仙露**　对啊，但是我要高举正义的大旗，坚决地和那种背着好友搞地下情的人断绝关系。所以，具体的筛选过程我就不解释了。今晚 8 点，我在实验楼下等你，不见不散！

**雷　刚**　不是，仙仙你不能这样，仙仙，仙……

［苏仙露拎包离开。

**切　糕**　独特，太独特了，我就说嘛，这妞够劲。兄弟，你衬托得 very good。我先去订餐厅的位子了，晚上见！

15. 研究所实验室　夜　内

［夜幕降临，摆放着各种高级实验设备的实验室里依旧

灯火通明,苏仙露一人在实验室中忙忙碌碌,有些焦躁,她把一只培养皿举到眼前。

**苏仙露** (威胁口吻)我警告你们,我用了48个小时将你们养大,如果你们敢被感染或者变异,或者自己就玩死自己了,别怪老娘不客气!

[苏仙露小心翼翼地拿起移液器,在显微镜下操作。

[“砰!”雷刚猛地冲了进来。

**雷　刚** 苏仙露,你什么意思!

**苏仙露** 啊!(惨叫)你怎么进来的!

**雷　刚** 我,我趁门卫不注意偷偷溜进来的啊!!

**苏仙露** 我不是说这个,我是说,你怎么能穿成这样就进来了呢。快,在感染我的细菌之前,你立刻给我出去,立刻马上赶紧!

**雷　刚** 不行,我不能走,我还有话要跟你说!

**苏仙露** 什么话也不能说,唾液里的细菌含量是最容易感染的,一旦混合我的实验对象就都完蛋了,你快点给我走!

**雷　刚** 你就知道你的实验对象,那我呢?

**苏仙露** 你又怎么了?你也被感染了吗?

**雷　刚** 我忍无可忍了,仙仙!你知不知道这个隐婚我已经受够了,什么为了爸妈赶紧收拾房间,什么谎称自己在天文馆里,什么狗屁的单身生活,什么我的兄弟看上了我的老婆,而我的老婆居然还要跟他约会,你不觉得这太可笑了吗?

**苏仙露** 谁跟他约会了,我是同意跟他约会,但这个约会和那个约会这里面有本质区别,而且你不知道,在你来之前,宣萱跟我说……

**雷　刚** 阴阳调和,天人合一嘛,我懂得!可这更可笑不是吗?

我们是夫妻，就应该好好地过我们的夫妻生活，为什么一定要隐瞒呢？如果你爱自由，你不想改变，那就自由呗，为什么一定要欺骗呢！你不觉得现在这样的生活很累很没意思很无聊吗？

**苏仙露** 你能把手从我的模型上移开吗？那个清洁起来很复杂！我再说一遍，首先，隐婚是我们俩都同意的，我没有强迫你。其次，隐婚的原因确实是我不想改变我的生活，我讨厌舆论，讨厌祝福，讨厌被别人控制。“哎呀，你结婚了，赶紧回去吧，不要加班做实验了”、“哎呀，你老公呢，怎么没来接你下班”、“哎呀，仙仙你都结婚了，我该怎么办”……太可怕了，我要的是绝对的纯净和自由，不要有声音，不要有变化，就这样就行！

**雷　刚** 那至少我们的好友可以告诉吧，宣萱她会理解你的！

**苏仙露** 怎么理解？我对着宣萱说，对不起，我的闺蜜，我结婚一年了，还没有来得及告诉你这个将近二十年的好友；切糕对不起我不能跟你约会，因为你的死党是我的老公！你觉得这样合理吗？符合逻辑吗？可能吗？

**雷　刚** 那我们就这样一直下去，这简直是疯了！

**苏仙露** 疯了的人是你，只有疯了的人才想改变自己原本完美的生活！

**雷　刚** 够了，我懂了，其实不是隐婚应该消失，最应该消失的是我，我才是你整个人生中的变量，如果没有我，你就不会结婚，如果你不结婚你就连隐婚都没有必要，我的存在就跟这些细菌一样，我们变化，你就把我们赶走；我们一直保持，你就勉强地和我们在一起。可是仙仙，你忘了，我是人不是你的细菌，我有我的思想，我的自由，我不可能不改变，更何况不一定所有的改变都是错的，很可能改变也会有奇迹诞生！

**苏仙露** 奇迹发生的概率是亿万分之一！

**雷　刚** 正因为是那亿万分之一，所以才值得努力，就算它是不科学的！算了，我跟你说这些也没用，你不会明白的，你生活在你无菌的空间里吧，我走了！

**苏仙露** 你要去哪儿？

**雷　刚** 离开！

［雷刚头也不回地离开，苏仙露愣愣地站在原地，表情模糊不清。

16．切糕家客厅　夜　内

［夜色已深，切糕回到家中，发现客厅没有开灯，电视屏幕的光映衬着雷刚的身影，面颊上隐约有泪光。

**切　糕** 嗨，哥们，又看韩剧呢。别难过，他们就是泡菜吃多了所以绝症多。

［切糕打开灯，吓了一跳，雷刚面前摆满了啤酒罐，脸已经起了无数的疹子。

**切　糕** 喂，你是自杀还是吓人啊，明明酒精过敏，还喝这么多！快快快，快起来，我带你去医院！

**雷　刚** （大着舌头）医个什么院，我没事，我是高兴！怎么样，你约会约得快乐吧！

**切　糕** 约会？约……啊，你说那个苏博士啊，我等了 20 分钟，人家根本没来，倒是我在大楼外碰见的那个小护士不错，身正人美声音嗲，好是好得咪……

［“砰！”雷刚倒地。

**切　糕** 喂，喂，你怎么了？麻雀，麻雀你别吓我，喂……

［切糕赶紧背起雷刚往外走，突然，雷刚的口袋里掉下

一本东西，切糕顺手一捡，突然愣住。

17. 你是极品咖啡馆　夜　内

［咖啡馆已经打烊，只有宣萱和顺子还在盘点账目，切糕冲过来用力拍打玻璃。

**宣　萱**　对不起，本店已打烊，明天请早！

**切　糕**　我，是我！

**宣　萱**　哦，是你啊。顺子，挂牌！

［顺子将牌子挂到门上，上写一行大字"切糕与狗不得入内，谢谢合作！"切糕："你这个死女人，我……"

［切糕看了看旁边的窗户，一翻身直接进入。

**宣　萱**　喂，你敢私闯咖啡馆，小心我告……

［"砰"，切糕将一样东西往桌上一摆，拿起旁边一杯啤酒一饮而尽。

**宣　萱**　这，这是什么？

**切　糕**　你说呢？

［桌上的结婚证里苏仙露和雷刚笑得无比灿烂。

**宣　萱**　啊！（一边惨叫一边来回地转圈）天哪天哪怎么会这样，仙仙怎么会跟一个男人结婚了呢！怎么办怎么办？结婚的当天我要穿什么衣服呢？穿白色婚纱的话太抢眼了，穿粉色短裙又太娇羞了，还有高跟鞋，我只有红色的高跟鞋，太不搭配我傲人的大腿了！

**切　糕**　小姐现在不是考虑这个的时候吧！

**宣　萱**　对哦，哎呀，我还没钱随份子呢，100太少了，怎么的以我和仙仙的关系，我也得那个千儿八百的吧，可是我没有千儿八百的啊，要不我去抢劫银行吧！！

**切　糕**　停！够了！你看看结婚证上的日期，没觉得有什么问题吗？

宣　萱　哎，时间打错了?!

切　糕　是他们早在一年前就结婚了！

宣　萱　这，这怎么可能！

切　糕　必须可能！而且是苏仙露主动提出的，说什么为了自由要隐婚！除了父母，谁都不能告诉，我说雷刚怎么隔段时间就出去看星星一晚上不回来呢，敢情是去过什么夫妻之夜了！

宣　萱　我说家里怎么隔段时间就那么干净呢，还经常送我票让我出去看通宵电影？

切　糕　关键是我差点上了我好兄弟的老婆！

宣　萱　我还帮一个已婚的女人搞单身派对！

切糕、宣萱　简直是太卑鄙，太无耻，太灭绝人性了！

宣　萱　不过这些事儿你怎么知道的！

切　糕　这就是雷刚的好处啊，喝点酒，有问必答，而且必须都是真心话！不过他现在也受到惩罚了，医生说了，一瓶啤酒酒精过量，住院观察一个礼拜！

宣　萱　不行，我不能就这样放过仙仙，你帮我想想我今晚是用蜡烛呢，还是用红酒呢？最好是用我的必杀超级美女无敌小皮鞭！

切　糕　干吗？虐待啊！

宣　萱　逼供啊！她瞒了我这么久，难道不需要受到一点点惩罚？

切　糕　惩罚有用的话，她就不是苏仙露！

宣　萱　那你说怎么办！

切　糕　其实，我倒是真有一个主意！

18. 苏仙露家　夜　内

［苏仙露打开房门，却发现家里鲜花遍地，到处点着温馨的蜡烛，切糕一身帅气的西服，捧着玫瑰缓缓走来……

**苏仙露**　这，这是怎么回事儿？

**宣　萱**　表白啊，这都看不出来！

**切　糕**　苏仙露小姐，从我见到你的第一眼，我就知道你注定会是我梦中的女神，你的聪明、智慧、美貌、可爱，都牢牢地拴住了我的心，让我欲罢不能，虽然昨晚我苦等了你一夜，你没有来到我的身边，但这也丝毫改变不了我勇于追你的决心。请给我一个机会，也给你自己一个机会，让我们约会吧！好吗？

**苏仙露**　啊？这……这……

**宣　萱**　还愣着干吗，还不接受！

**苏仙露**　不是，那个我什么……

**宣　萱**　喂，你昨天都已经放人家鸽子了，今天再放就不合适了吧，放鸽子只能一次，多次那叫遛狗！再说了，看他的样子你就知道他是那种外表坚强，内心脆弱的人。这种人一旦被拒绝，你知道后果多严重吗？

**苏仙露**　多严重？

**宣　萱**　多则到你们实验室跳楼，少则当街上吊自杀！

**苏仙露**　什么？

［切糕突然就从旁边变出了一根绳索往门框上吊去。

**苏仙露**　喂，喂，你别这样，我答应，我答应还不行吗？

**切　糕**　那好，这周六晚上八点半，咖啡馆，让我们来场世上最浪漫的约会！不见不散！

［切糕出门顺便和宣萱悄悄地击掌，苏仙露傻傻地站着

完全不知所措。

19. 苏仙露卧室　深夜　内

[时钟已经指向了午夜12点,可苏仙露还在房间里焦躁地走来走去,她不停地拨打着雷刚的号码。

[手机一遍一遍提示:“对不起,您拨打的电话已关机。”

**苏仙露**　不是吧,都这个时候了居然关机,你到底想干什么?

[苏仙露顿了一顿,干脆穿上衣服夺门而走。

[一旁的屋内,宣萱偷偷给切糕电话:“喂,秃鹰吗秃鹰,我是飞鸟,目标往你方向移动,注意掩护。”

20. 切糕家　深夜　内

[门悄悄打开,苏仙露蹑手蹑脚地进来,正要往雷刚的房间走去。突然,灯光大亮,切糕一下从沙发上跃起。

**切　糕**　啊,我的女神,你居然来了!

**苏仙露**　你……你怎么在这儿?

**切　糕**　这是我家啊,我怎么可能不在!

**苏仙露**　不是,我的意思是……

**切　糕**　啊,我知道你很疑惑,是不是?是的,是梦中的你,告诉我你今夜会来,所以我苦苦地等在沙发上,原来梦不一定都是相反的,你在,这就是最好的证明!

**苏仙露**　可是我……

**切　糕**　你放心,我不会强迫你的,一切的一切我都会等到周六之后。对了,既然来了,你就不想参观一下吗?

**苏仙露**　啊?好啊!

[切糕若无其事地带着苏仙露兜兜转转,苏仙露不停地看着雷刚的房间。

**切　糕**　啊，对了，差点还忘了应该先看这间房间！

**苏仙露**　不，这个就不用了吧，你们合租……啊，里面的人呢？

**切　糕**　你怎么知道里面有人？

**苏仙露**　不是，我猜……猜的，可是里面的人呢？

**切　糕**　搬走了啊，就在昨天，他很沮丧地回来，然后就收拾东西搬走了，说什么要离开这座城市，离开伤心地，我也不知道怎么了？不过你放心，如果你高兴，以后这间房就是你的，你想来住多久就来住多久，想怎么住就怎么住！

［苏仙露完全愣住，旁边切糕的屋里，雷刚所有的东西堆得满满当当，有些还不断滑落下来。

21. 苏仙露家　夜　内

［是夜，苏仙露翻来覆去，一夜无眠，脑中闪回各种片段。

［闪回：雷刚站在法医学的教室外伸出手来："你好，我叫雷刚！"

［闪回：雷刚笑着在床上蹦来蹦去："我停不下来！"

［闪回：雷刚穿着笨拙的装备爬上咖啡馆的阳台："碟……碟……碟中谍都是骗人的！"

［"啊！雷刚！你就是个混蛋！"苏仙露干脆用被子蒙上脑袋。

22. 医院病房　日　内

**雷　刚**　（昏昏沉沉地醒过来）哎，我怎么好像听到有人叫我名字？哦，做梦！

［雷刚头一歪，继续昏睡。

23. 你是极品咖啡馆　日　内

［强劲的音乐，衣服，高跟鞋，发型，宣萱用了所有的方法给苏仙露可劲地打扮。

**宣　萱**　大功告成，怎么样？极品吧！

**苏仙露**　（心不在焉）嗯！

**宣　萱**　你看都没看！

**苏仙露**　嗯，挺像结婚装的！

**宣　萱**　这就对了，偷偷告诉你个秘密，今天切糕准备向你求婚！

**苏仙露**　什么？这怎么可能！

**宣　萱**　怎么不可能！天底下就有这种痴情的男人呗。哦，对了，为了观摩他的求婚，我把这咖啡馆的另外49个老板，加上左邻右舍都请过来了。你今天可好好表现哦，不要让我失望！

［苏仙露转身就跑，宣萱一把抓住。

**宣　萱**　哎，你还别想逃走，这里所有的地方都有我的人，我们全方位监控你的行踪，你是参加也得参加，不参加也得参加！还有，你要拒绝他的话，请给我们一个理由，没有理由，我可就要当你默认了哦！哇哈哈哈哈！

**苏仙露**　你……

［宣萱出门，一个试验员冲入："老板，老板！"

**苏仙露**　说了多少次我是导师，不是老板。对了，你怎么来了！

**试验员**　导师，你快看看这个T型培养皿。

**苏仙露**　不就是感染了吗？我早就知道了！

**试验员**　不是，你仔细看看！

**苏仙露**　这，这是……

［"唰"窗帘拉上，灯关上，一片黑暗之中，一个微小桃心

在培养皿里闪闪发光。

**苏仙露** 这不是用3%NaCl、1%甘油的普通肉汁蛋白胨培养基培养的发光菌吗?

**试验员** 没错,就是,而且它的图案,是自动生成的桃心形!!

[苏仙露愣住。

[闪回

[雷刚:"可是仙仙,你忘了我是人不是细菌,我有我的思想,我的自由,我不可能不改变,更何况不一定所有的改变都是错的,很可能改变也会有奇迹诞生!"

苏仙露:"奇迹发生的概率是亿万分之一!"

雷　刚:"正因为是那亿万分之一,所以才值得努力!"

苏仙露:"原来奇迹真的会发生!"

[说着,苏仙露拿着培养皿穿着婚纱就冲了出去。

24. 你是极品咖啡馆　日　内

[众人在咖啡馆内交头接耳,正中间一张桌子放在舞台上,四周摆满了鲜花,苏仙露一下冲到了台上。

**宣　萱** 哎,时间还没到,你怎么出来了!

**苏仙露** 我有话要说!

**宣　萱** 你现在不能说,人还没来呢!

**苏仙露** 人来了就晚了!话筒呢,话筒给我!

**宣　萱** 仙仙,仙仙,你冷静,相信我,迟一点说,你不会后悔!

**苏仙露** 迟一点说我更后悔!各位先生们女士们,感谢你们来参观我的约会,在约会开始之前,有一件事情,我必须向大家坦白,其实早在四年前,我还在读博士的时候,我就已经……

["你决不能答应切糕!""砰"大门打开,雷刚带着输液

瓶子罐子，穿着病号服一下就冲了进来。

**雷　刚**　仙仙，仙仙，对不起我错了，我不该跟你发脾气。但是，但是你不能答应切糕，那是犯法的！

**苏仙露**　你没走？

**雷　刚**　我走了？

**苏仙露**　（眼里泪光闪烁，突然语气变化）你这混蛋，你给我上来！

**雷　刚**　哦。（懵懂地走上台去）哎，但先说好，打人不能打脸！

**苏仙露**　哼哼，你猜呢！

［雷刚站在台上龇牙咧嘴地等待着重击，旁边所有的人茫然地看着这一切。

［苏仙露穿着婚纱，拿起桌上的鲜花。

**苏仙露**　亲爱的雷刚，虽然我知道你永远也分不清楚，敏感菌和耐药菌的区别，虽然我知道你永远也不知道 DNA 和 RNA 只差了一个字但完全不是一种东西，虽然我知道你的智商很低，理解能力也很差，但是，今天在我们结婚了整整 408 天后的今天，你还愿不愿意在大家的面前，再次当着所有的人向我求婚？

**雷　刚**　啊？

**宣　萱**　笨蛋，还不快说那句台词！

**雷　刚**　啊，那个，T 型抗体免疫球蛋白研究项目负责人分子生物学博士苏仙露，你愿意嫁给我这个极富浪漫主义精神的古文系侦探大师雷刚为妻吗？

**苏仙露**　我，愿意！

［“嘭！”四周礼花齐放，台下猛地爆发出一阵激烈的喊声。

［雷刚和苏仙露紧紧拥抱。

［突然，门被用力地打开，切糕气喘吁吁地跑进来。

**切　糕**　我靠，雷刚你个芭拉，你是属兔子的吧，跑得比猪还快！哎，我是不是错过了什么？

**宣　萱**　没有，以你的智商，错过了相当于赶上了！

**切　糕**　哎，这句话我听出来了，你是骂我吧，死女人你居然敢骂我，看我不……

［欢笑彩蛋。

［真正的婚礼，各种定格镜头。

［牧师宣读誓词，雷刚给苏仙露戒指，苏仙露给雷刚发光的培养皿。

［蛋糕车推上来，红布揭开，里面居然是模仿断头谷弄的血人头。雷刚晕倒，切糕和宣萱得意地击掌。

［咖啡馆的露台，顺子和实验员坐在露台上，看着远方。

**顺　子**　哎，你相信爱情吗？

**试验员**　你是硕士吗？

［强烈的音乐，切黑。

**（第一集完）**

注：本集中雷刚身份为侦探小说作者，与故事梗概中小警察身份有出入。

## 导师评语

贾鸿源

在影视作品《小爸爸》、《辣妈正传》以及大电影《爸爸去哪儿》等一系列亲子题材大火特火、持续走红后，以80后准爸爸、准妈妈为代表的新生代不仅在现实生活中正逐步取代上一代成为家庭中主导话语权的主角，亦逐步登上众多艺术领域舞台成为当仁不让的影视作品男女主角。

不管我们承认不承认、接受不接受，他(她)们来了——新的主角，新的人生。

由顾舒怡和李东霖编剧的《天才家庭》正是这一类影视题材的延伸作品，或者说开拓了亲子题材崭新的视野和范畴。他们之所以能有这样的视角和创意，得益于他们的气场和经历，因为从本质上这是他们——80后的主场。

《天才家庭》瞄准了80后新生代在即将成为准爸爸准妈妈之前的受孕和胎教阶段，另辟蹊径，以幽默、轻松的仿"纪实"笔触展开了男女双方背后两个家庭"大打出手"和爱侣之间"二人世界"天翻地覆的混战。

这个角度，不可谓不新。

从受精卵着床第一天起，"妈妈的肚子就是新细胞培养皿"。全剧从受孕一直写到剧终怀胎第250天后，某一天终于从"胎儿的视角开始，通过胎儿的眼睛看到了妈妈爸爸爷爷奶奶姥姥姥爷……"(尽管科学证明，胎儿的眼睛并不具备这种功能)但我们宁愿相信，通过胎儿的视角来观察这个多元芜杂、新旧交替，通过强烈“阵痛”而产生的崭新世界……

不得不承认，电视剧的大纲是写得完整和出彩的。

这样一种人物结构——两对互为闺蜜（含男闺蜜）的时尚青年男女（准妈、准爸与干妈、干爸）与两个处于“战争”状态的后援家庭（爷爷、奶奶和姥姥、姥爷）——这样两组人物关系任是放到哪部剧里都足以支撑一部长篇电视剧所需要的搞笑因素和剧情内容。毋庸赘言，是什么风格的编剧，又有什么样的经历和体验，就能写出完全不同于他人的剧本，最好的戏剧结构就应该是这样的，内容不重要（完全可以因人而异），结构完胜一切。

从这个意义上说，《天才家庭》独特和精巧的视角与创意，从根本上已经成就了这部作品！

代沟与人际交织，前卫时尚与老派传统冲撞，在这样的结构中，剧情有着无限丰富的想象空间和周旋余地，考验的实际是编剧写戏份的创作能力。

恰巧这一点，遗憾的是，作为最重的开篇之作第一集远没有达到我想象中的精彩。这固然是因为两位作者要从原本的情景剧模式转变为连续剧形式，一时难以脱窠；也因为 80 后编剧太偏重于个人感受和自我的表达方式，而忽略了在当下银屏上电视剧主要受众依然是比他们年长的一代——他们虽然逐渐淡出了人生舞台，却依然坚挺在电视机前，甚至依赖着电视机。

撇开网络，他们的欣赏模式依然主导着市场，尽管 80 后已登上了舞台。

这就带出了一个至关重要的命题，上述火爆的影视作品、亲子题材，究竟是靠题材取胜，还是靠讲故事的叙述方式取胜？

在我看来，这些成功的作品无一例外都有一个共同点（无论是故事内容还是故事叙述方式）：接地气。

这恰巧是《天才家庭》第一集中我看到的最弱暴的一点，过于小众和自我。

希望顾舒怡们 80 后警觉。但愿，只是我们老了。

电视连续剧

# 依水之恋

（第 1 集）

张　薇

## 张　薇

女，电影学硕士，编辑，上海电影评论协会会员。创作的10集情景喜剧《TV酒吧》，已在江苏电视台播出。曾获中国金鹰电视艺术节学术论文评选二等奖。

## 故事梗概

1920年,直皖战争一触即发,皖系军阀内讧。皖系吴副司令手下杨军长欲投靠直系,秘密枪杀吴并劫持一批军火,作为向直系投诚的砝码。

上海松江府,沈家祖辈三代经营水运生意。船队运送货资行进到镇江运河段,被不明身份的匪徒尽数劫走。

遭此大劫,沈家濒临倾家荡产。沈顺航命女儿沈依水连夜赶往南京,向在皖系军政府任职的世交之子孔德辕求助。沈顺航被债主所逼,当夜命丧。

在耶鲁大学学习土木工程的滕泰立志回国继承校友詹天佑的遗志,修建由中国人自行设计、自主经营的铁路。回沪后得知大学同窗沈运生已故,偶遇其妹沈依水,对之一见倾心。

由于海运业崛起,铁路运输日益发展,水运生意日渐式微。在孔德辕的帮助下,沈依水决定把沈家水运业转向海运业。没想到在购买英美"华安昌轮局"货轮时,由于资金严重匮乏,沈家百年老宅和孔府传家菜谱分别被英商米德和美商乔纳森所骗取。

在开创和坚守家业过程中,沈依水深深爱上孔德辕。但孔德辕一再躲闪回避,令她痛苦困惑。

历经重重波折,沈家"茂源海运行"终于在十六铺码头正式成立。"茂源号"货轮首航宁波。

直系上台。孔德辕任职南京督军府交通部,聘请滕泰为总工程师修建彭海铁路。由此,滕泰迈出了实业兴国的重要一步。

吴怀恩是沈依水嫂子之弟,因吸食鸦片败掉了祖辈在松江府的制船业，后加入上海滩“江龙会”。“江龙会”老大涂阿甘觊觎“茂源海运行”的生意，为彻底霸占运行，涂阿甘收买了巡捕房孙督察，设计以私运烟土罪把沈依水关进大牢。

沈依水用妙计使孙督察捣毁了整个江龙会，并保下吴怀恩一条小命，帮他戒除烟瘾，重新做人。

英商米德与秘书戴维以鸦片引诱吴怀恩，设计把“茂源号”货轮沉入江底，迫使沈依水再次买船。沈依水识破阴谋，决意建造船厂，制造中国人自己设计生产的货轮。

历尽艰辛，“沪江造船厂”建成，首艘自造货轮“茂源号”试航成功，自此结束了中国人购买外轮的历史。

时局混乱，政敌排挤，孔德辕退出政界，向沈依水求婚。此时一位千里迢迢至上海寻夫的女子孔圣鲁突然出现在二人面前。沈依水终于明白了孔德辕之前的苦衷，决定放弃与之成婚，希望以此成全苦等未婚夫十三年的孔圣鲁。

孔圣鲁无法接受沈依水成人之美的退让和孔德辕的左右为难，她当众撕毁了两人的婚约，把父母留下来的遗产一部分用来创办“孔子小学”，一部分投资给“沪江造船厂”，成为船厂的第二大股东。

彭海铁路修到运河岸边，却因直奉交战愈炽，南京政府无暇顾及铁路建设，中断了修路资金。滕泰万般无奈，急到上海融资，但接连碰壁。

1927 年 4 月，国民政府在南京宣布成立。内政部部长张同渊急召同乡孔德辕回宁任铁道部次长一职。孔德辕为解决滕泰的铁路资金，重投政界。告别之夜，沈依水献身孔德辕。

滕泰表妹方红颜为帮表哥得到所爱之人，设宴饯行之后，把不胜酒力的沈依水送入滕泰卧室。

沈依水未婚先孕，因身染两个男人感到痛苦万分和愧疚自责，即将临盆之际突然失踪。沈家总管萧韦在老宅找到她，紧急关头，为其接生，并当众宣布自己是孩子的父亲，众人震惊。

1937年8月，日军攻陷上海。杭州湾铁路竣工之际，滕泰接到孔德镶命令，为防日军继续南侵，即刻炸掉铁路。

日军大佐山本宫丸接受上级命令，在上海建立军舰维修基地。在汉奸杨永谦的唆使下，日军强占了“沪江造船厂”，并开枪打死了挺身保护沈依水的孔圣鲁。

无奈沈依水已为人母，孔德镶决定随南京政府西迁重庆。孔圣鲁死后，沈依水接过了孔子小学的慈善教育事业。杨永谦以绑架沈依水之子萧沈初来威逼萧韦，逼其运送货物到日军苏北作战区。萧韦驾驶“沪江号”把日军军资沉没于东海中。

张同渊意识到内战即将不可避免地爆发，为了拉拢住孔德镶和甘必雄做自己的得力手下，不惜用自己的女儿张静薇做诱饵，但张静薇一直暗恋着孔德镶。

国民政府还都南京。甘必雄调查到滕泰在炸毁钱塘江大桥后，秘密到达了延安。甘必雄以揭露孔德镶通共为要挟，威逼张静薇嫁给他。张静薇为保护孔德镶和滕泰，被迫答应。

萧韦死后，孔德镶下定决心与沈依水结婚，却因他是国民党高官遭到了追求进步的萧沈初的竭力反对。

内战愈演愈烈，滕泰被延安派到上海，组织铁路工人罢工并炸毁国民党北上主要铁路线。

在成功炸毁沪宁线后，滕泰身负重伤，危急之刻被萧沈初所救。萧沈初以离家出走相逼坚持认滕泰为父。沈依水敬佩滕泰，也为了不失去儿子，答应与其成婚。不承想，滕泰上级蔡加明为报答通信员翟翠莹当年救命之恩，安排翟与其暗恋已久的滕泰结婚。滕泰怀着深深的遗憾服从了组织的安排。

甘必雄威逼张静薇设计诱出翟翠莹和滕泰，翟翠莹为保护丈夫献出了自己的生命，滕泰被捕。

国民党即将溃逃台湾。张同渊以准许孔德辕留在大陆为由，要求孔德辕用“沪江造船厂”的货轮把他搜括的万贯家产秘密运往台湾。

张同渊欲押解滕泰飞往台湾，作为自己的政治资本。孔德辕以身涉险救出滕泰，自己却被张同渊押上飞往台湾的飞机。

1950年，台北，孔德辕写就《孔府传菜》，以此铭记他对沈依水刻骨铭心的深沉爱恋；上海，沈依水重建“沪江造船厂”；滕泰带领萧沈初开始了铁路重建工作。

## 依水之恋　第 1 集

**时间**：1920 年夏

**人物(按出场顺序)**：

**吴副司令**：(皖系)男，50 岁。

**杨军长**：(皖系)男，45 岁。

**孙副官**：(皖系)男，40 岁。

**萧　韦**：男，沈家总管，30 岁。

**沈顺航**：男，沈依水之父，60 岁。

**甄芑莲**：女，沈依水之母，55 岁。

**萧　妈**：女，萧韦之母，50 岁。

**沈运生**：男，沈家之子，25 岁，沈依水的哥哥。

**吴怀慈**：女，沈运生妻子，24 岁，吴怀恩的姐姐。

**马总长**：男，南京皖系军政府总长，50 岁。

**孔德辕**：男，孔令钦之子，28 岁，南京皖系军政府总长秘书。

**孔令钦**：男，孔德辕之父，65 岁。

**沈依水**：女，上海松江府沈家之女，19 岁，复旦大学中文系大一学生。

**滕　泰**：男，沈运生的大学同学，铁路工程师，26 岁(1916 年北京汇文大学毕业，1920 年美国耶鲁大学毕业)。

**蔺雯斐**：女，沈运生大学女友，22 岁。

**小　章**：男，孔德辕同事，25 岁。

**吴怀恩**：男，沈依水嫂嫂吴怀慈的弟弟，特瘦，外号“吴麻秆”，24 岁。

**林长义**：男，南京皖系军政府司法部部长，45 岁。

**龚作明**：男，南京皖系军政府财政部部长，48 岁。

1－1　北京　黄昏　外

（空镜）黄昏，夕照，肃穆、空旷的北京城。

胭脂巷胡同深处，矗立着一座霸气十足的三进四合院，青砖琉瓦，雕梁画栋，檐角飞兽伺立，虎视眈眈。

**叠加字幕：公元1920年夏，直皖两系军阀政权争夺之际。**

1－2　北京　吴公馆　黄昏　内

人物：吴副司令、杨军长、孙副官

偌大正堂内，吴副司令背对门口手拿话筒，毕恭毕敬地："是。是。总理，请放心，那批物资在上海装车，今晚走铁路来京。是。是。我已下令加强戒备、确保安全。请总理放心……"

杨军长和孙副官一身戎装，推门径直走入。

吴副司令放下电话，扭头看向二人，心下一惊。

杨、孙二人面向吴副司令站定，面色冰冷。

吴副司令怒目圆睁："此时你们怎么还在京？不是命令你们今天一早去上海吗？（一顿）这时候来我这里干吗？你们的任务就是盯紧那批日本援助我们皖系的军火！（略微平息一下情绪）货都上车了吗？"

孙副官表情异常严肃："放心，司令，货昨晚在沪卸船后，连夜装上了火车。"

吴副司令不耐烦地："那你们还在这儿等什么？马上下令发车！"

杨军长却微微一笑，语气不急不躁："吴副司令，还有一件事情我们必须要办，等办完了这件事，货马上就北上。"

吴副司令面色不悦："他娘的，都什么时候了，还拖拖拉拉的。杨军长，快说！还有什么十万火急的事要办？办完了，马上赶去上海押车。"

吴副司令话音还未落，杨军长拔枪朝他胸口射击："这件十万火急的事情，就是——送你回老家!"

说话间，无声手枪"噗"地一响，吴副司令来不及应对，子弹正中胸口，污血汩汩而出……他惊恐万分的表情凝固在脸上，嘴角丑陋地抽搐了几下，肥胖的身体便瘫软在座椅上。

杨军长转向孙副官："马上密电，按原定计划，走水路北上。"

1－3　郊外　山路　大雨　晨　外

人物：萧韦

郊外山路上，滂沱大雨中，一辆马车正快马加鞭急驰。

一杆旗幡被牢牢地绑在车厢头部，一道夹杂着刺耳雷鸣的闪电在头顶炸裂，白底旗幡上一个粗大的黑体"沈"字跃入眼帘。

马车上坐着一位健壮的中年男人，全身已经透湿，雨水顺着脸颊滑下，但他双手紧紧攥住缰绳，闪现着无比焦虑的目光，凝眉注视着前方道路。

随着男人手中扬起的长鞭"啪"的一声长响，马车继续朝前狂奔。

1－4　上海松江府　沈宅院外　大雨　晨　外

人物：萧韦

雨中，隐现一条弯弯曲曲的青石板路。

马车快速驶近，划破了松江城雨中清晨的宁静。

路的尽头，雨雾氤氲中，一处高墙大院突现。

沈家总管萧韦双手使力掣住马缰，几乎跑散了架的马车在大院外急停。

此时，又一道闪电和雷鸣在头顶滚过，青石门廊上方"沈宅"两个硕大的白底黑字分外醒目。

萧韦从还未停稳的马车上一跃而下，手脚麻利地把马拴在门檐下，马鼻孔喷着粗气，瘫软在门檐下。

萧韦一把扯下旗幡，敲开院门，迈开大步，急速走入院内，穿过曲曲折折的长廊，直奔客堂。

1-5　上海松江府　沈宅客堂　雨　晨　内

人物：萧韦、沈老爷、沈太太、萧妈

萧韦手举湿漉漉不断往下滴水的“沈”字旗幡，边奔走边急喊：“老爷！老爷！老爷……”

沈老爷沈顺航听到客堂外急迫的叫声，慌忙披衣从内屋走出来，后面紧跟着沈太太甄苣莲。

萧韦一脚跨进客堂，低头、悲痛地：“老爷！大事不好！”

沈老爷霎时双眉紧蹙，一种不祥的预感突袭心头，他的左手不由自主地捂住胸口：“你怎么回来啦？发生了什么事？”

萧韦浑身湿透，雨珠扑簌簌滴落：“老爷，近日因连降暴雨引发泥石流，我们的船队在镇江京口河段深陷淤泥之中，动弹不得……”

沈老爷双目大睁、焦急地追问：“那船上的货……货怎样了？”

萧韦声音颤抖：“老爷，货……货……”

沈老爷急问：“货，到底怎样了？”

萧韦：“船上所有的货物，全被一伙不明身份的匪徒……劫走了……”

沈老爷大惊失色：“啊……”

萧韦双手奉上旗幡，沉痛地：“老爷，我把我们的‘沈’字号……旗幡带回来了……”

沈老爷一阵晕眩，身子一趔趄，双手拼命抓住了桌沿。沈太太赶紧上前扶沈老爷坐入黄花梨圈椅中。

沈太太手足无措地："天哪！这可怎么办呢？老天爷不长眼啊！"

客堂外，滂沱大雨，一道裹挟着雷鸣的闪电划亮了沈家宅院。

沈老爷双手颤抖着痛苦地接过旗幡："完了！完了……祖宗两百多年的漕运就此败在我沈顺航手上了……"

沈太太无力地安慰："老爷，你不要太难过，当心身体……"

沈老爷捶打着胸口："虽然不知道这批货到底是什么，但雇主不但预付了高额佣金，并且还大有来头……想来，这批货非同小可，不能丢啊……为了这单大生意，我们可是签了生死契约的，一旦有任何闪失，沈家就是搭上祖宗留下的全部家产也赔不起啊……"

萧韦双膝落地，愧疚万分："老爷，您惩罚我吧，是我萧韦无能，没有保护好货物。"

沈老爷略一定神，强打精神："萧韦，你马上去城里，到复旦学堂……把小姐……接回来。"

沈太太有些不解："接小姐回来做啥？这么大的事情，一个正读书的女孩子家哪能办？"

沈老爷断声道："快去！"

萧韦连忙起身，跨出客堂。

沈太太在后面喊："阿韦啊，你先回房换件衣裳。见了小姐跟她慢慢讲，别吓着小姐了。"

萧韦答应着，消失在雨中。

沈老爷连连摇头，叹道："老天！沈家大难临头了……"

沈太太低头拭泪："老爷，要是我们家儿子运生还在，该有多好啊……"

沈老爷抚胸长叹不已："运生，当初爸爸不该逼你啊……"

沈太太泪眼看向门外的雨幕:“我可怜的女儿,家里出了这么大的事,还要你一个女孩子家站出来扛……”

萧韦之母萧妈从侧门急走进来。

萧妈小心翼翼地:“老爷,太太,门外有一年轻人求见。听口音像是从外地赶来的,他说是我们家少爷在京城大学学堂里的同学,来见少爷……”

沈太太一手扶着老爷,转身看向萧妈:“少爷的同学?(哽咽着)萧妈,告诉他,少爷一年前就没了,见不着了……老爷现在身体不适,不方便接待他……让他走吧。”

萧妈低头:“是。太太。”

1-6　上海松江府　沈宅院外　雨　晨　外

人物:滕泰、萧妈

晨雨婆娑。

身着西装长裤的滕泰提着行李箱、打着油纸伞静静地站在沈宅大院门口,他俊雅硬朗的面庞流露出一种急切期盼和喜悦的神情。

手执木柄伞的萧妈打开一扇黑漆大门,探出头来。

滕泰面露喜色,赶紧迎上去。

萧妈满面愁容地:“先生,请你回去吧。”

滕泰急切地:“运生呢?他人呢?我要见他!”

萧妈:“我们家少爷,因为生病,一年前就走了,你见不到他了……请回吧。”

滕泰顿时震惊:“什么?你刚才说什么?运生走了?一年前就已经走了?他因何故而亡?”

萧妈难过地点头,用袖口拭泪:“少爷因病不治而走的。”

滕泰急着追问:“告诉我,运生他生的是什么病?生龙活虎的一个人怎么会死呢？这不可能！（用手指着瘫软在门檐下歇息的马）我是他的大学同学，我知道，他的身体比这马还健壮！北京的冬天酷寒逼人，他敢光着上身在雪中打篮球。我们才短短四年未见，他怎么会生病而死呢？我不信！（滕泰放开嗓子，朝院内喊）运生，运生！”

萧妈抱歉地：“对不起，先生，请您回去吧。（说着欲关门）”

滕泰连忙用手撑着门：“我叫滕泰，不仅是运生的同学，更是他的好朋友，请让我进府拜访一下沈伯父、沈伯母。”

萧妈眼神有些躲闪：“对不起，滕先生，老爷今天身体不适，不能待客。您还是请回吧。”

说完，萧妈双手使力，紧闭了沈家大门。

滕泰右手从沉甸甸的黑漆大门上的黄铜把手上滑落，万分悲痛地伫立在潇潇细雨中，左手上的油纸伞不知不觉坠落在积水成溪的青石板路上……

1－7　南京皖系军政府　马总长办公室　雨　日　内

人物：马总长、孔德辕

马总长手执电话：“喂！喂！什么？日本国援助的那批军火在京口被劫了？怎么会这样！不是走的最隐蔽的水路吗？那还用说？一定是吴猪头的人干的，好大的胆子！敢在我的地盘上撒野！什么？已经送吴猪头回老家了！干得好！杨军长，请放心，我马上派人去查，一定把货原封不动地给你追回来。什么？您亲自来宁督办？好，好的，我全力配合。放心，我派我的秘书孔德辕去接站。晚上七点半，在鼓楼饭店，马某备下接风洗尘宴，恭候杨军长您大驾光临！好，好的。晚上见。”

孔德辕坐在侧屋桌旁，边整理文件边竖耳细听。

马总长放下电话，气急败坏地在办公室踱来踱去，自语：“亲自来督办，看来，杨老怪对我马某人不信任啊。”

孔德辕手拿一份文件走到马总长面前，马总长无心审阅，提笔划拉了两下。

孔德辕挺身站立一旁。

马总长倒背双手、运筹帷幄的神态：“现在时局如此之动荡，各方人心不稳。直、奉军队沆瀣一气、蠢蠢欲动，照目前局势分析，皖系江山悬于一线、岌岌可危……一切不可轻举妄动，静观为好，静观为好。（一转头）孔秘书，下午5点前，带人到浦口火车站，迎接京城来的杨军长和孙副官。”

孔德辕立马身子一挺，严肃地：“是！”

孔德辕转身欲走。

马总长喊住：“你一个人去，严格保密！另外，替我请林长义和龚作明二位，晚上在鼓楼饭店作陪。”

孔德辕不动声色：“是。”

1－8　上海松江府　沈宅门外　雨　日　外

人物：沈依水、萧韦

萧韦从黄包车里跳下，连忙撑起手中的雨伞，走向后面紧随的一辆黄包车。

沈依水从黄包车中探出身子，两条乌黑的麻花辫衬出无比清丽的面容，一双明眸掩饰不住焦急的神情。

沈依水跳下黄包车，萧韦撑起油纸伞早迎了上来。

1－9　上海松江府　沈老爷卧室　雨　日　内

人物：萧韦、沈依水、沈老爷、沈太太

萧韦收伞，放在客堂廊檐下。

沈依水急匆匆穿过客堂，走入沈老爷卧室。

沈太太扶起床榻上的沈老爷靠床头坐稳，然后拿起桌上的一碗草药汤送到沈老爷的嘴边。

沈依水跨进门槛，焦急地："爸爸！爸爸！姆妈，家里发生了什么事?"

沈老爷连忙推开了嘴边的汤药碗，心痛地、慈爱地看着跨进门的沈依水："水呀，你回来了……"

沈太太又惊又喜："水，你回来了，快坐下，慢慢说。"

沈依水急忙赶到床边，看着靠在卧榻上面色憔悴的父亲，一惊："爸爸，您怎么了?（握住老父的手，难过地）韦哥跟我讲，您身体不舒服，让我回来看看。"

沈老爷哀叹一声："水呀，我们沈家北上的船出事了……"

沈太太拿来一块毛巾为女儿仔细擦着额上、发上的雨珠。

沈依水急切地追问："爸！您快说呀！到底怎么回事?"

沈老爷无奈地叹道："昨晚，我们船行帮雇主运的一批货，在镇江京口被劫走了……"

沈依水大惊："是什么人劫走的?"

沈老爷："萧韦打听下来，猜测是一帮土匪兵干的。前几天，雇主来下单时，他们不仅对所运货物保密，而且还当场预付了高额佣金。爸当时虽然预感到这是桩地下生意，弄不好会给我们沈家惹麻烦。可是，水呀，你也知道，这些年来，洋人在我们中国的地盘上又造好了北上的铁路，咱们沈家的水运生意一年比一年难做了……爸应下这单生意是为沈家的祖业、沈家的生计考虑，实在是迫不得已啊。"

沈依水点头安慰："爸爸，我知道您的心意，您慢慢讲。"

沈老爷："雇主答应货到后付比平日多两倍的运费，条件只有一个，就是必须严格控制知道这批货物行踪的人手，保证将货秘密运达目的地。所以，我只让萧韦找了几个信得过的伙计随行押船。如果这批货真的不知踪迹的话，货主上门索赔，我们沈家就是倾家荡产也赔不起呀……”

说到伤心处，沈老爷不禁老泪纵横，沈太太忙替之擦拭。

沈依水不敢相信：“啊？姆妈，这是真的吗？”

沈太太含泪点头：“是萧韦冒着大雨连夜赶回来报的信。”

沈依水强自镇定：“爸，姆妈，女儿能做些什么，你们尽管说。”

沈太太叹气、欲言又止。

沈老爷略微喘息后：“水呀，因为你哥哥不在了，我和你姆妈也日渐衰老，我们沈家代代相传了两百多年的水运行，以后全靠你了。”

沈依水一边帮父亲抚摩胸口，一边默默点头。

沈老爷喘息一番，继续说下去：“虽然不知道这批货物到底是什么，也不知道雇主的真实身份，但依现在的世道分析，看来这件事情很可能跟两派军阀交火有关，我们小老百姓是搞不清楚的。我思来想去，现在，只有一个人或许能救我们沈家。”

沈依水眼睛一亮：“谁？”

沈老爷：“山东曲阜孔家之子——孔德辕。听说他现在在南京军政府做官，也许他能跟军阀说上话，能查到这批货的去处，帮我们把货追回来。”

沈依水：“孔德辕？爸，您说的孔德辕，就是我十岁那年邀我们一起爬过泰山的德辕哥吗？”

沈老爷闭目点头：“是他。”

沈依水：“这么大的事情，他能帮我们吗？”

沈太太有些担心地嘟囔：“我们两家有近十年没联系了……”

沈老爷靠在枕上闭眼歇息，十分坚信的口气：“我相信德辕会的，并且他会不遗余力帮我们沈家。孔府圣地自古以来便是礼仪之邦,孔家人最懂得知恩图报……”

沈依水:“知恩图报?”

沈老爷:“这些说来话长,水呀,等渡过这场劫难,爸会把孔沈两家的交情讲给你听。事不宜迟,你快去南京找德辕。”

1－10　南京皖系军政府　孔德辕办公室　雨　日　内

人物:孔德辕

孔德辕静静地坐在办公桌前,沉思了一会儿。然后,他拿起电话,摇动话柄。

孔德辕手执话筒,面色冷静、声音沉着:“小章,请备好车,我下午外出。”

孔德辕放下电话,略一考虑,又拿起电话,摇动话柄。

孔德辕手执话筒,换上一副谦逊的笑脸和声音:“林部长,您好。我是总长秘书处孔德辕。您好!您好!现有一事向您汇报,马总长今晚有重要客人从京城来宁,总长在鼓楼饭店设宴洗尘,请林部长务必百忙之中出席。(停顿,听完对方讲完后)是。是。林部长您过奖了,今后,有什么能为您效劳的,您尽管跟我讲。晚上见!”

孔德辕放下电话,嘴角浮起一丝冷嘲,然后,略作思考,又拿起电话,摇动话柄。

孔德辕手执话筒,同样一副谦逊的笑脸和声音:“龚部长,您好,打扰了。我是总长秘书处孔德辕。您好!您好!现有一事向您汇报,马总长今晚有重要客人从北京过来,总长在鼓楼饭店设宴洗尘,请龚部长务必百忙之中出席。(停顿,听完对方讲完后)是。是。马总长这边,请龚部长放心,有什么情况我们及时联络。是。是。现在时局多舛,马总长对我有知遇之恩,无论政局如何动荡,我孔德辕定会鞍前马后效劳于总长和龚部长身侧。

龚部长，您过奖了，今后，还请龚部长多多指点，多多栽培，多多提携。”

孔德辕放下电话，收起笑意，迅速起身走出办公室。

1－11　上海松江府　沈老爷卧室　雨　日　内

人物：沈依水、沈老爷、沈太太

沈依水站起身来：“爸，我现在就去南京。（略一迟疑）不知……德辕哥还认得我吗？”

沈老爷微睁双目：在你十岁那年，德辕的父亲孔令钦专程到过我们家，邀我们一起去登泰山。登罢泰山，我们又去了曲阜孔家，参观了衍圣公府。德辕比你大九岁，当年，他已经是个大小伙子了，他肯定会记得你。

沈依水下定决心：“爸爸，姆妈，我现在就去火车站。爸，您要保重身体，等我回来。”

沈老爷、沈太太心痛、无奈地点点头。

沈太太拉住沈依水的手：“水，你从小到大，从没一个人出过远门，路上小心哦，姆妈不放心你啊，让阿韦陪你去吧？”

沈依水安慰：“姆妈，你看，我都 19 岁了，已经是大人了，别再把我当小姑娘宠着了。现在家里出了事，作为家里唯一的孩子，我应该尽力帮你们二老分忧解难。爸现在身体急出了病，韦哥应该留在家里，帮您照顾他。姆妈，您放心吧，我一个人能行，见到德辕哥，把事情跟他讲清楚，请他帮帮沈家查找货物的去向，然后，我马上就赶回来。”

沈太太眼含泪光：“那让阿韦送你去火车站吧。”

沈依水点头，转身走出。

沈老爷目送女儿离去的背影，两眼噙泪，思绪翻滚……

1－12　上海火车站　雨　日　外

人物：萧韦、沈依水

站台上，人来人往。

沈依水一身素净利落的小洋装打扮，手拿一只皮包，另一只手撑着一把油纸花伞。

火车哧喷着白色雾气进站，沈依水与萧韦点头告别。

沈依水匆匆穿过拥挤的人流，跨上即将开往南京的沪宁线列车。

1－13　火车车厢内　雨　日　内

人物：沈依水、滕泰

车厢内，沈依水随着人流往前挪，手拿车票寻找自己的座位。在走到第四排的时候她停住了脚步，找到了自己的位子。

靠窗而坐的是一位年轻的先生（滕泰），一脸悲伤的神情，手里正拿着一张照片旁若无人地仔细端详着。

沈依水刚要在滕泰身边坐下时，被身后的一位乘客无意推了一把，不小心碰掉了滕泰手中的照片。她刚要开口道歉低头去捡时，又被身边的另一位手拿行李包的乘客重重推搡了一把，沈依水站立不稳，一只脚不由自主地踏在了掉在地上的照片上。

滕泰顿时冷冷地大声叫道："小姐，让开！你踩到了我的照片！"

沈依水连忙抬起脚，十分抱歉地："对不起，对不起，我不是故意的。"

滕泰和沈依水同时弯腰去捡照片，两人的头重重地碰在一起。

滕泰连忙躲闪，照片被沈依水捡起。她用袖口轻轻擦了擦照片，刚要还给滕泰时，不经意间瞄了一眼，脸上表情霎时凝住了。

滕泰伸出手想要把照片拿回来，沈依水却牢牢地握在手里。

滕泰吃惊地凝视沈依水，恰好看到沈依水眼睛里蓄满的泪水决堤而出，一串饱满晶莹的泪珠如散了线的珍珠一样连续不断地砸在他的手背上。

滕泰慌乱、不解："小姐，你……怎么了？有什么不舒服吗？头被撞疼了吧？刚才是我不好，不应该那么严厉地责怪你。"

沈依水无力地跌坐在滕泰身旁的座位上，紧抿双唇，默默地摇着头。

火车缓缓启动，驶出车站。

滕泰有些不知所措："小姐，不要哭，没关系，我不责怪你就是了，请把照片还给我吧。"

滕泰再次伸出手，欲拿回沈依水手中的照片。

照片上是两个朝气蓬勃的年轻人，其中一个手捧篮球、开怀大笑的人是滕泰，另外一个把一只手臂搭在滕泰肩膀上同样开怀大笑的是沈依水的哥哥沈运生，后面的背景显然是阳光灿烂下的学校篮球场。

沈依水眼含泪水，指着照片上略显瘦削的一个人："这个人是——我哥哥……你怎么会有这张照片？"

滕泰大感意外，凝视着沈依水："你？是沈运生的妹妹——沈依水？!"

沈依水含泪点头，手停在哥哥青春逼人、笑意盎然的脸上，泪水禁不住又簌簌而下。

滕泰默默地递上洁白的手帕。

沈依水接过手帕，擦干泪水，把目光送往窗外，被雨水打湿的窗外景物一片迷蒙，窗玻璃上反射出滕泰关切的眼神，映入沈依水的眼帘。

沈依水移回双目，仔细端详着滕泰："哥哥的书桌上也放着这张照片，他经常跟我提起，照片上这位手捧篮球的人是他的同班同学，也是他最好的朋友，他的名字叫滕泰，莫非就是你？"

滕泰点点头："是我，我就是你哥哥的同学滕泰。大学毕业后，我和你哥哥各自走向了不同的人生轨道。我遵从自己理想的召唤，去了美国耶鲁大学专攻土木工程专业。你哥哥为了继承家族水运生意，放弃了出国深造水利专业的理想。转眼已经四年了，自从毕业后我们再没见过面。我在国外这四年，心里总想着运生已经结婚了吧？做爸爸了吧？发福了吧？总之，守在父母身边，经营着一份家族事业，他生活得一定很安逸、很幸福……"

沈依水禁不住泪水盈眶，她用滕泰递给她的洁白的手帕拭泪。

滕泰悲痛地："今天早晨，我刚下回国的邮轮，第一件事就是去松江府跟老同学见见面、叙叙旧。我按运生毕业前留给我的地址，冒雨赶到你们家。可万万没想到……（有些哽咽语塞）没想到……从沈宅出来一位萧妈说，运生一年前已经生病去世了……我当时像被雷电击中一样呆住了，我失魂落魄地在雨中走着、走着，都不知道自己是怎样来到火车站的……"

沈依水泪水滑落脸颊："萧妈讲的是事实。"

滕泰不解地："对不起，依水，我想问一下，运生身体一向很棒，在学校时，篮球场上，我经常是他的手下败将，怎么毕业才仅仅四年，他就生病去世了呢？他生的是什么病？"

沈依水默默无语，以手帕拭泪。

窗外田野风景一掠而过。

沈依水："既然你是哥哥大学四年的室友和最好的朋友，我也就实不相瞒了。我哥哥是……吸鸦片过量，中毒而死的。"

滕泰大吃一惊:“什么?鸦片?运生怎么会吸鸦片呢?”

沈依水拭了一下眼角又涌出的泪水:“哥哥是沈家家族传到现在唯一的男孩,爸爸在哥哥身上寄予的厚望太多、太重,可以说,哥哥短短的一生都是为爸爸而活着,为沈家的家业而活着。为了家族的水运生意,小时候,爸爸常常带哥哥在运河上跑船,让他历经风浪,教他生意经;等长大了,考大学,爸爸又不顾他个人的兴趣,硬让他进京读水利工程专业。这几年,因为洋人在上海兴办海运和修建铁路,再加上运河通航河段的逐步萎缩,家里的水运生意日渐艰难,但爸爸仍然执意坚持把沈家传下来的漕运业做下去,并且他自感年事已高,待哥哥大学一毕业,便让哥哥把家业完全承担起来。”

滕泰:“在学校时,运生经常跟我谈起他的这个难以解决的苦恼。尤其是临近毕业那段时间,追求理想与承担家族责任的矛盾与冲突让他常感到痛苦不堪。”

沈依水:“哥哥留学不成,回到上海。自此,心情变得非常失落,整日沉默寡言,郁郁不欢。”

滕泰:“毕业前夕,我也感觉到他异常苦闷。”

沈依水抬头看着滕泰:“还有一件事情,给哥哥带来的精神打击最大。你大概也知道一些吧?”

滕泰:“你指的是蔺雯斐?”

沈依水点头:“她是哥哥在大学里一位十分要好的女同学,哥哥本打算毕业后娶她为妻。但爸爸觉得她是京城女孩,对家族事业无益。另外,他早早就已经给哥哥定下了同镇制船厂吴家的女儿吴怀慈。哥哥念及父亲为了养家、为了儿女的教育,大半辈子行走在运河航道上,且母亲年事已高,身体多病,还有,沈家几代以来,吴家造船厂都是生意上的合作伙伴,为沈家造船、修船。联姻之后,或许日渐衰落的生意会有所转机。更重要的是，爸爸态度坚决，哥哥知道单靠自己的争取已徒劳无益。所以，毕业前夕，哥哥狠心斩断了与蔺雯斐的情缘。所以……后来，他只有靠吸鸦片排解心中的苦闷……”

沈依水又泪盈满眶。

滕泰双眉紧蹙，眺望窗外：“运生，都怪我不好，因相隔遥远、时局混乱，我疏忽了跟你的联系，要不然，你不会活得如此痛苦难挨。”

沈依水长叹一声：“哥哥死后，爸、妈为此后悔不已，我只能尽力劝慰。这一年来，他们勉力支撑，但身体还是日渐衰弱。”

一声汽笛鸣响……

火车渐行渐慢……

报站声：“南京浦口火车站。”

1－14　南京　浦口火车站　微雨　日　外

人物：沈依水、滕泰

滕泰、沈依水手提行李，随人流走出车厢，来到站台。

沈依水：“今天真幸运，竟然在同一列车上，同一车厢内，并且还是在同一排座位上，碰到哥哥最好的朋友。”

滕泰笑道：“在学校时，运生经常跟我提起他聪明、可爱、漂亮的妹妹，虽然在这之前，我从未见过你，但沈依水这个名字、这个人早已印在我脑海里了。没想到，今天，我们竟然以这样的机缘相见。对了，你还没告诉我，你只身一人来南京做什么呢？”

沈依水顿时双目流露出伤感的神色：“对不起，滕先生，我有急事，必须马上去办。但愿以后我们还能相见。再见！”

滕泰急忙喊道：“依水，可以告诉我，你有什么急事吗？我能帮你吗？你到哪里去？我送你？”

沈依水纤美却柔韧的身影已匆匆消失在人流中。

滕泰久久凝视着……

1－15　南京　皖系军政府　孔德辕办公室　微雨　下午　内

人物：孔德辕、小章

小章神秘兮兮地走进来，来到孔德辕面前："孔秘书？"

孔德辕抬头瞥一眼，又低下头去继续写文稿："车备好了？"

小章笑嘻嘻地："放心吧，我不光加满了油，还擦得锃亮，随时都可以出发。"

孔德辕："那就好。谢谢你。"

小章凑上前来，有些调皮地报告："孔秘书，外面有人找。"

孔德辕仍低头忙于工作："请他进来。"

小章大惊小怪地："人，我已经带进来了，就在楼下大厅。"

孔德辕抬头："小章，你今天有点啰嗦。麻烦你带他上来。"

小章故意怪声怪气地："是位年轻漂亮的小姐，她说她是从上海来的。"

孔德辕一惊，思索："上海来的小姐？"

小章十分好奇地："上海小姐给人的感觉就是和南京的妞不一样，上海小姐更摩登、更耐看、更书香气……唉……反正那个味道，说不清楚……孔秘书，这位上海小姐，她……是谁啊？"

孔德辕已起身大步走出办公室。

小章一愣，连忙跟出。

1－16　南京　皖系军政府　大厅　微雨　下午　内

人物：孔德辕、沈依水

孔德辕从楼梯上快步走下来，走进一楼大厅。

孔德辕疾速行走的脚步渐渐地慢了下来，他看到了在大厅一角靠窗处，有一位身材颀长、素服淡雅的女子背对他站着。

孔德辕定定神，又加快脚步走过去。

沈依水听到了逐渐走近的脚步声，急忙转身回头。

映入孔德辕眼帘的是一张大家闺秀、端庄清丽的面容。这张脸上，既有因惊喜而带来的略微兴奋，也有因焦虑而掩饰不住的忧伤。

沈依水看到了正向她大步走来的身着一身军装、英姿高大的孔德辕。

孔德辕注视着沈依水……

沈依水凝视着孔德辕……

两人的距离越来越近……

1－17　车厢内　微雨　下午　内

人物：滕泰

滕泰坐在车厢座位上，双眼仍在注视着手中的照片。

滕泰把照片放入胸口处口袋里，抬头看向窗外，动情地："依水……"

1－18　南京　皖系军政府　大厅　微雨　下午　内

人物：孔德辕、沈依水

沈依水展颜一笑，双唇轻启："德辕哥？"

孔德辕站在沈依水的面前，有一丝恍惚，他仍然注视着沈依水，尽力在她脸上寻找着记忆。

沈依水："德辕哥，我是沈依水。你认不出我了？十年前，我们一起登过泰山，我的样子是不是变化很大？"

孔德辕顿时喜出望外："依水？是你？真的是你？"

沈依水看着孔德辕，微笑点头。

1-19　南京　皖系军政府　会客厅　微雨　下午　内

人物：孔德辕、沈依水

孔德辕伸手指向沙发："快坐！"

孔德辕接过沈依水手里的雨伞，递上茶水，沈依水落座。

孔德辕有些无法自控地激动："依水，我做梦都想不到你会来南京找我。沈伯父和伯母都好吧？我一直想抽时间去上海看望他们。"

沈依水收起脸上的笑容，难过地低下了头。

孔德辕急问："发生了什么事？"

沈依水抬头，两眼含泪："是爸爸让我来找你的。他说，现在只有你能帮我们沈家渡过这一劫。"

孔德辕惊问："发生了什么事？快告诉我！"

沈依水悲伤地："昨天晚上，我家的船队在镇江京口遭劫，货物被抢劫一空。父亲急火攻心，卧倒病榻，万般无奈之下，他让我来向德辕哥求助。"

孔德辕："滴水之恩当以涌泉相报。沈伯父是我家的恩人。当年，在运河边上，他不仅救了我跟我爹的命，还千里迢迢寻到曲阜，把我家的祖传菜谱送还给我爹。这样的大恩大德我孔德辕今生都无以回报。"

1-20　上海松江府　沈老爷卧室　阴雨绵绵　下午　内

人物：沈老爷、沈太太、萧韦、萧妈、吴怀恩

沈老爷双眼微闭、弥留之际不停喃喃呼唤："水儿……水儿……水儿……你快回来呀……爸爸有话跟你说……"

沈太太紧紧握住丈夫的手，不停拭泪："老爷，你不要太担心，女儿一定能见到德辕的。老爷，先把这碗药喝了吧。"

沈太太费力地扶起沈老爷靠床头坐着，然后，把药送到

嘴边。

从客堂传来一阵推搡声，吴怀恩不顾萧妈劝阻，大摇大摆走进来。

萧妈在吴怀恩身后追进来："吴少爷，老爷生病，你有啥事体改天再来吧。"

吴怀恩走近床榻，嘿嘿一笑："沈老爷，我是怀恩啊，这个时候来拜访，对不住了。今天我们就不打哈哈了，我直接挑明了说吧。前几日，我们江龙会受人之托，请沈家运行运送的一批重要物质，听说，昨晚，被劫了？"

沈老爷一惊，急忙推开嘴边的汤药："什么？这批货是你们江龙会的？早知道这样，给多少钱也不运。"

吴怀恩冷笑："沈老爷，你这话说得太伤交情了吧，谁让人都没有前后眼呢。现在货没了，我们老大派我来跟沈老爷讨个说法。"

沈老爷怒气攻心，一阵喘息："你……你！你凭什么说货是你们的？"

吴怀恩故意凑到沈老爷耳边："运货单在我们手上，你要不要看一看？按照合约，沈家要赔付货款的十倍。"

沈老爷大惊："十倍？就是把沈家运行全卖了，我们也赔不起啊……"

吴怀恩上下打量着房子，阴阳怪气地："我们涂老大说了，你这沈宅还值几个钱，实在不行的话，就用这所宅子顶债吧。"

萧韦怒气冲冲奔进来："不行！告诉你们涂老大，休想打沈宅的主意。吴怀恩，你也看到了，老爷病成这样，你还来逼债，你还是个人吗？你给我滚！滚！"

吴怀恩油嘴滑舌地："我是不是人，不由你说了算。"

萧韦怒目圆睁，向吴怀恩举起拳头，吴怀恩吓得赶紧逃出卧房。

吴怀恩边后退边愤愤地嚎叫："好……好！萧韦，有你的，咱们后会有期！"

说着，吴怀恩在萧韦的怒视下溜走了。

此时，沈老爷已眼神涣散，口中喃喃："水儿，你要记住爸的话，不管怎样，一定要把书读完，将来，做你自己喜欢做的事情……一生清清白白、平平安安的……"

沈太太不断劝慰："老爷，你放心，女儿很快就会回来了……你一定要等女儿回来呀……"

沈老爷用目光寻找着萧韦，萧韦连忙走上前，俯身在沈老爷床榻前。

沈老爷："萧韦啊，你在我们沈家已经三十年了，我待你像儿子一样，以后，你要帮小姐把沈家撑下去……"

萧韦含泪点头："老爷，您放心，我永远不离开沈家，不离开小姐。"

沈太太和萧妈都低头拭泪。

沈老爷一阵喘息后，突然大睁双眼，胳膊努力向前伸出："运生……运生……你不要怨恨爸……爸来陪你……儿啊，是爸太自私了，不该强迫你做那么多你不愿意做的事情……爸后悔呀……运生，让爸去陪你……"

突然，沈老爷的手无力地垂下，魂魄渐逝。

沈太太大放悲声："老爷！老爷……你不能走啊！女儿还没回来，你还没见到女儿……这个家不能没有你啊……老爷，你不要留下我一个人，我要随你一起去……"

沈老爷无法合拢的双目……

萧妈大放哭声："老爷……"

萧韦跪地，悲痛地："老爷……"

1－21　南京　皖系军政府　会客厅　下午　内

人物：孔德辕、沈依水、小章

孔德辕边思虑边推测："北京的杨军长在这个节骨眼上，突然来南京密会马总长，整个上午，我就一直在琢磨这事。现在，听你讲了你们家发生的变故，如果把这两件事情联系在一起，那么你们家货物被劫的前因后果、来龙去脉便有了线索。依水，据我分析，这件事情很复杂。如果我的推理没错的话，你们家很可能卷入了皖系军阀的内讧之中。"

沈依水吃惊、不解："什么？卷入皖系军阀的内讧？怎么会这样？我们家做的都是清清白白的正经生意，从未跟军阀有过任何瓜葛。"

孔德辕安慰："你先别急，听我继续分析。今天上午，我刚听说，皖系北京军政府走海路从日本私运来一批军火到上海，北京方面的吴副司令计划把货物从上海走铁路运到北京。因上半年以来，皖系跟直系摩擦不断，势必会有一战。据我推测，这批军火是日本政府支援皖系向直系开战的。就在昨晚，杨军长和其副官把吴副司令给秘密解决了，这说明杨军长想挟持这批军火图谋倒戈。为防中途再次生变，这批军火决不能再走官方通道，杨军长必定选择走私人水运。你们沈家祖辈四代人在运河上跑运输，是上海最大的水运行，拥有最多的船只，所以，以此推理的话，昨晚被劫走的那批货物很可能就是这批军火。"

沈依水不解："那这批军火是杨军长的人劫走的？"

孔德辕："如真是杨军长派人劫走的，那他没必要在这个敏感时期来南京假意追查此事。我想，知道这批军火的人很有限，杨军长跟南京军政府的马总长一向私交甚好，马总长肯定知道这批军火的来龙去脉，我对马总长的为人处世相当了解，说不定是他从中做了什么手脚。总之，现在时局混乱，派系纷争，这纯粹是狗咬狗的游戏，只是害你们沈家做牺牲品。”

沈依水不懂地：“可运河早几年便已南北断航，船队只能行驶到南京下关码头，无法继续北上啊？”

孔德辕点头：“是的，如果我没分析错的话，杨军长本来是决定把这批军火走水路至南京后，暂时交予他信得过的马总长，等此事风声渐渐平息，然后再伺机而动。没想到，军火中途不翼而飞，所以，他火速赶来南京查寻。”

小章敲门进来。

小章好奇地偷偷瞟了一眼沈依水：“孔秘书，您不是说五点半要外出吗？”

孔德辕抬手看了一下表：“好。小章，你来得正好，麻烦你现在把我表妹沈小姐送到我的住处。”

小章乐滋滋地点头：“是。沈小姐交给我，您放心。”

孔德辕看向沈依水：“依水，看你现在的样子，你最需要的是休息。我现在有公务，你在家等我回来。”

沈依水温顺地点点头，接过了孔德辕递过来的钥匙。

孔德辕目光坚定地：“记得，无论发生什么事，一定要等我回来。”

1－22　南京　皖系军政府　走廊　下午　内

人物：孔德辕、马总长

孔德辕急匆匆走到总长办公室，刚要敲门，听到里面传来马总长接电话的声音。

孔德辕警觉地停住脚步，透过虚掩的房门，看到马总长微驼的后背和秃顶的后脑勺。

马总长手握话筒：“什么？京津已经交火了！曹锟已经在天津誓师，宣布组成‘讨逆军’？好！不怕他明枪明火地干，就怕小毛贼暗地里冷枪冷火地搞内耗。老兄，不要心急，更不要在未辨明方向之前就出手，否则的话，会置自己于被动之地。此时最好的策略就是以不变应万变，静观时局变幻。反正，我们手里有绝对有诱惑力的砝码，看准大势所趋再抛出去。哈哈！自古以来，便是识时务者为俊杰嘛！哈哈哈！”

孔德辕慢慢地放下了准备敲门的手，若有所思地疾步走开了。

1－23　南京　皖系军政府　孔德辕办公室　下午　内

人物：孔德辕

孔德辕快步走向办公桌，用钥匙打开一扇抽屉。

孔德辕从抽屉里拿起两枚小巧玲珑、银光闪闪的飞镖，放入腰间。

1－24　南京　浦口火车站　站台　下午　外

人物：孔德辕、杨军长、孙副官

随着火车的一声长鸣，“浦口火车站”五个大字越来越大，映入眼帘。

火车在雾气蒸腾中缓缓靠站。

一身便装的杨军长和孙副官随着人流走下火车，在站台上东张西望寻找接站的人。

孔德辕特意站在稍远的位置冷静观察着杨、孙二人。尽管二人身着便衣，没有带任何随从，孔德辕凭职业的敏锐直觉一眼就认出了他们。孙副官手中紧紧攥着的密码箱尤其引起他的注意。

人流逐渐散去，孔德辕见时机已到，大踏步走上前去。

孔德辕伸出双手，热情地：“杨军长、孙副官，你们一路辛苦了。我是马总长秘书，孔德辕。马总长正在主持召开一个重要的会议，特派我来接你们。”

杨军长警觉地看了孔德辕一眼，然后，握住孔德辕的手：“幸会！幸会！早就听说过马总长身边的这位得力助手，今日一见，果然仪表堂堂，非同凡响。”

孔德辕谦逊地：“过奖！过奖！”

杨军长用手指向孙副官：“孔秘书，这位是孙副官。”

孔德辕握手寒暄：“孙副官，你好！欢迎来到南京。”

在孔德辕的引领下，杨军长、孙副官随其朝出站口走去。

孔德辕伸手欲帮孙副官拿他手中的密码箱，被孙副官巧妙地躲开。

三人急忙走出出站口，迅速钻入路旁一辆黑色轿车中。

1－25　车厢内　下午　内

人物：孔德辕、杨军长、孙副官

三人在车内坐定，孙副官紧紧握着密码箱。

孔德辕坐在驾驶座，抬手看了一下腕表：“现在这个时间，马总长已经在鼓楼饭店恭候大驾。”

黑色轿车“嗖”地驶出了车站外广场。

1－26　南京　鼓楼饭店大厅外　傍晚　外

人物：孔德辕、杨军长、孙副官

一辆黑色轿车“唰”的一声，划着优美的弧线，驶上了大堂门外的阔大平台上，稳稳地停了下来。

孔德辕跳下车来，为杨军长和孙副官开门。

杨军长和孙副官分别从车里走出来。

杨、孙二人警惕地朝四周看了看，然后在孔德辕的引领下准备步入大厅。

1－27　南京　鼓楼饭店玄武厅　傍晚　内

人物：马总长、林长义、龚作明

玄武厅的门被一位送菜的服务生推开。

马总长正跟亲信同僚林长义和龚作明围桌而坐，厅内烟雾缭绕，谈笑风生。

林长义试探地："马总长，听说，昨晚，吴副司令，在京城自家公馆里，暴毙了？"

马总长轻描淡写地："死了活该！活该！"

林长义与龚作明对视一眼，异口同声地："对、对，活该！活该！"

龚作明吞吞吐吐地："听说，是因为一批走私军火，北京方面起了内讧……"

马总长眼睛一瞪，打断："道听途说的事情，不可信，不可信！更不可传呀！"

龚作明慌忙点头："是、是！总长教训的是！"

林长义吐出一口烟圈："这次直奉联手出击，战火愈炽，加上英、美的幕后支持，看来皖系江山难保了。"

龚作明讨好地："一朝天子一朝臣，反正，我们跟定马总长就不怕没饭吃。"

林长义附和道："那是，那是！马总长乃料事如神、官运亨通之人啊！我等愚笨之人还要靠总长多多指点，多多提携！啊？哈哈！"

龚作明点头附和："今后请总长多多指点，多多提携！哈哈……"

马总长喷吐着手中的烟嘴，笑而不语，一副老谋深算的样子。

1－28　南京　鼓楼饭店　大堂　傍晚　内

人物：孔德辕、杨军长、孙副官

孔德辕前面带路，他双眉紧蹙，一副筹谋思虑的样子。

杨军长和紧握着密码箱的孙副官紧随其后，两人凝神观察着四周。

孔德辕表面沉着冷静，手伸向裤袋。

杨军长突然发话："孔秘书，请带我们去一下卫生间。"

孔德辕回身点头。

1－29　南京　鼓楼饭店　玄武厅　傍晚　内

人物：马总长、林长义、龚作明

马总长微微一笑："时逢乱世，世事难料，各位，以后马某人如有事相求，不要不认识我哦？"

林长义连忙表态："哪里，哪里，现在时局如此动荡，人心不稳，还请总长多多关怀我们下属呀！（朝龚作明使个眼色）小弟们跟定您了。"

龚作明随声附和，频频点头。

1－30　南京　鼓楼饭店　卫生间　傍晚　内

人物：孔德辕、杨军长、孙副官

三人进入卫生间，孙副官反手把门锁上。

杨军长用手枪指着孔德辕，面色冷峻："对不起啦，孔秘书，虽然你是马总长身边最信得过的人，但不好意思，我们……信不过你。凡是知道我们这次行踪的人，一定不会留下活口。"

孙副官举枪靠近孔德辕。

孔德辕在冷静地思考对策。

杨军长嘴角露出一丝嘲讽："你虽然看起来仪表堂堂、机警沉着，但事实证明，你还是不够聪明。你知道你错在哪里吗？你不该一直盯着孙副官手中的密码箱！"

孙副官用枪瞄准孔德辕："现在，该送你去西天了。"

孔德辕不动声色，突然发问："两位来宁，是为了昨日在镇江京口运河上失踪的那批军火吧？"

杨军长表情一怔："看来，你知道的还真不少。既然孔秘书关心这件事情，那就在你临死之前，索性让你知道得更多一些吧。马总长和我们素有交情，他安排上海法租界巡捕房的孙督察亲办此事，没想到货物却不翼而飞，而孙督察和上海江龙会一向勾结，我怀疑这里面有内鬼。我们来此，就是要追查这批货的下落……"

说话间，只见两道银光一闪，杨军长和孙副官脖子上汩汩冒血，两枚飞镖已深深插入了二人脖子的大动脉处。

杨军长和孙副官二人瞬间倒毙。

孔德辕蹲下身，迅速拔出二人脖子上的飞镖，装入一个黑色袋子中；然后，掰开孙副官手中牢牢攥住密码箱的手指，撬开密码箱，几十根金条赫然在目。

1－31　南京　鼓楼饭店　玄武厅　傍晚　内

人物：马总长、林长义、龚作明

林长义有些明知故问地："今晚，不知马总长宴请何方贵人呀？"

马总长神秘地："京城方面的老朋友……等一下他们来了，你们就知道了。今晚，我们在此共商一下大计，也请二位多出出主意。"

龚作明心领神会："我龚某能在南京府坐到财政部长的位子，还不是总长您的栽培和提携，今后，您指到哪儿，我们就打到哪儿。"

林长义赶紧表态："还有，我林某现在的一切，那也是拜总长所赐。总之，小弟绝不辜负总长的厚望。"

马总长禁不住一阵哈哈大笑。

笑声未落，孔德辕冲门而入，一副十分紧张、慌乱的神情。

三人都吃惊地把目光投射到门口，看向孔德辕。

孔德辕连忙俯身到马总长耳边，声音紧张急促："报告总长，我把杨军长和孙副官接到饭店后，他二人到大堂左侧洗手间小解，久候不出，结果我进去一看，二人已……倒地身亡。"

马总长跃身而起，极度震惊："你说什么？！"

## 导师评语

于本正

一个弱女子立志开创民族造船业、海运业的故事是够传奇的了，而围绕沈依水为核心，作者又塑造了众多的人物。他们人各有貌，在社会国家的巨大变革中，展现了人性的美与丑。统观33集《依水之恋》的剧本，可以强烈地感受到作者运用各种创作手法，力图使作品的戏剧张力达到最大化，用作者自己的表述，就是要与众不同。

就创作本身而言，令人信服的故事，符合生活逻辑的人物行为，合情合理的情节安排，均是构成电视剧最基本的要素。在这些方面，《依水之恋》的创作还有很大的努力空间。

数字电影

# 一浩的加速度

孙子昂　刘　东

## 孙子昂

上海大学影视艺术技术学院MFA艺术硕士。满堂影戏工作室发起人。现主要从事影视剧制片导演工作。上海演出经纪人协会会员。在《将爱情进行到底》电影版中任导演助理；电视连续剧《走出国门》(央视8套)任总制片人助理；电视连续剧《儿女情更长》(央视1套)任编剧助理；数字院线电影《吴哥的微笑》任执行制片；江西石城政府宣传片《石城·源》任制片主任；数字电影《青花迷情》中任编剧；电视连续剧《秘密航线》任执行制片。导演了微电影：《爱无需等到》、《气球》等多部作品。

## 刘　东

男，生于1987年，山西长治人。2013年毕业于上海大学影视学院电影学专业。曾在广告制作公司从事策划创意工作。现为自由职业。

**故事梗概**

这是一部用紧张刺激的赛车片作为包装，激励年轻人勇于追逐梦想的都市轻喜剧。刚满18岁的张一浩是一名骑着摩托车穿梭在都市大街小巷的快递员。他超过200斤、引人注目的肥胖体型，让他显得格外与众不同。但更加令人匪夷所思是，这个大胖子怀抱着一颗成为职业摩托车赛车手的雄心。他像阿甘一样，不顾来自四面八方、排山倒海的嘲笑和非议，一根筋走上追逐梦想的绝路。一浩幸运地遇到了一位传说中的高人，可以带他踏上赛道。然而，这位高人却是一位出没于菜市场，忙于收拾家务，热衷跳广场舞的大妈。她注定要被胖子的执着而揭开她的神秘身世。超重车手、中国大妈，两人因为共同理想逐步紧密联系起来，他们成了一对奇葩的师徒组合，目标就是问鼎天马山赛道……

摩托车发动机的声音，由远及近，画面上渐渐现出一浩眼睛的特写，他的眼睛里映出一条亮着路灯的路。摩托车声渐渐远去，一浩闭上眼睛，情绪激动喘着粗气，呼吸呼吸呼吸……他睁开眼睛。

外景　某城市快速路　夜晚

穿着快递制服的胖子一浩，骑着一辆宗申（大洋）踏板摩托奔驰在送快递的路上。路边的高楼大厦和路灯飞快地倒退到他的身后，跟这一切都非常不协调的是一浩的 ROOF 头盔和他的体积（体积跟车差不多）。

一浩骑着踏板摩托，耳边响起赛场上才有的欢呼声和发动机的轰鸣声。因为速度带起的风吹着他，一浩露出满足的表情。

外景　某高档小区门口　夜晚

一浩骑着踏板摩托入画，停在某栋楼的门口，从车后面的大包里拿出一件货，照着快递单上的电话号码拨电话。

一浩："喂，快递。我货太多，你下来拿一下吧。"

对方一通撒娇。

一浩："好吧，好吧。我给你拿上去吧。"

内景　小区楼道内　夜晚

一浩从电梯里出来，左转到 602，按门铃。

门里传来一个女孩子的声音："来啦……"

门开了一条缝，还挂着防盗链。门里面是一个留着短头发的年轻女孩 VIVI，穿着白色的 T 恤，看上去英姿飒爽。

一浩因为胖上气不接下气地喘，一边喘一边把货和笔递给里面的 VIVI，示意她签字。可是无奈门太小，货太大。怎么塞也塞不进去。VIVI笑着把门打开了,还不忘调侃胖子一浩。

VIVI:“哟,胖哥哥,这么晚还不下班,谢谢啊,代表网民向你致敬。”

一浩(喘着气):“还不是因为你们这些该断手的人,双十一的货还没送完,双十二的又来啦。”

VIVI签完字,把东西递给一浩。

“近日中国超级摩托车锦标赛即将开赛,三个组别的三十三位选手,今天在珠海赛道结束了官方测试……”

房间内的电视里传来了报道摩托车比赛的声音。

VIVI扭过头去仔细看着,一浩也在门外认真地看着,他们一起看完官方测试的成绩之后,VIVI转过身来,发现一浩还在认真地看着。

VIVI:“喜欢摩托车?”

一浩:“嗯,特别喜欢,我想当职业的赛车手。”

VIVI上下打量了一下胖子,差点没喷了。

VIVI忍住笑:“等我一下。”

VIVI回来递给一浩一张名片。

VIVI(就是那种很女汉子的,有事儿找姐的语气):“我叫VIVI,有什么需要帮忙的可以来找我。”

一浩:“我叫一浩,谢谢。”

他低头看名片,那是一家叫做“极速”的摩托车用品店。

VIVI在门那边做拜拜状。

外景　地铁站门口　夜景

地铁站出入口总是有很多很多跑黑车的摩托车聚集,也有很多小商贩,卖袜子、卖花、卖蚊香……吆喝声此起彼伏。摩托车司机基本上都在玩手机,偶尔有人走过来商量好价格,就带着离开。一个五十出头的老头穿着很花的T恤、休闲裤，抽着烟，似乎在等着谁。他靠着的摩托看似非常普通，但是实际上是一个非常小众专业的牌子，虽然是很早的型号，但保养得很好。一看就知道是主人的心头所爱。

一辆踏板摩托从道路上开了下来，甩了一下停在老头面前，骑在摩托车上的人从身材上一看就知道是一浩。一浩停下来很帅地把摩托头盔的减速镜一推，露出一双小眼睛，笑眯眯地看着老头。

老头的表情表达了他的不屑。

老头："小子，再说一遍，不许这样停车。"

一浩撇撇嘴，显然是每天都会被这样唠叨。

一浩："爸，谁输了谁洗碗！"

在喊出这句话的同时，一浩已经骑着踏板摩托飞了出去。

老头戴上头盔，极其专业地发动了摩托，离开了地铁站。

内景　一浩家中　夜晚

一浩穿着围裙在洗碗池边一个一个地刷着碗，老头在沙发上泡着功夫茶，跷着二郎腿，哼着歌。

一浩从厨房走到客厅，嬉皮笑脸，一看就要说事儿。

一浩："爸，嘿嘿……我洗完了。"

老头"嗯"了一声，没接他的茬。

一浩笑嘻嘻地给自己拉了个小板凳，这样让很胖的他看起来更滑稽了。

一浩（突然假装很认真地）："爸，我知道我为什么老是跑不过你。"

老头："说说，为什么啊？"

一浩看到亲爹终于进套了，很高兴："那是因为我的车没您的好啊！把您的车让我骑骑吧……”

老头："不行，别打我的摩托主意。"

老头起身去倒水。

一浩追在后面问："为什么啊？为什么啊？又不是什么好车。"

老头听到这句话一愣，情绪一百八十度大转弯。

老头（生气）："你每天就不能惦记点正经事儿吗？老大不小了，也没什么正经干的。我告诉你，这个快递工作你要是再干不好，这个踏板你也甭骑了。"

老头说着回到客厅，把茶壶放在桌子上。

一浩（焦躁地）："我不想干快递！"

老头："你想干什么啊？"

一浩："我就是喜欢骑摩托，我想去当职业赛车手。"

一浩前半句话说得声音很大，后半句就小得谁也听不到。他很沮丧地瘫坐在沙发上，似乎自己也不大相信。

老头冷笑："你真不是这块料。"

这句话似乎刺激了一浩，一浩从沙发上站起来。

一浩："行，我就让你看看，我就是要当职业车手，我会证明给你看的。破车，有什么了不起的……破车，就跟你的破车永远在地铁口当黑车吧。"

一浩叨叨着夺门而出。

老头："哎，你去哪啊，大晚上的……"

老头看着儿子出去，无可奈何地叹了口气。

外景　烧烤店　夜晚

夜深了，烧烤店灯火通明，但是客人已经走得差不多了，一浩一个人坐在桌前闷闷不乐地喝着啤酒。桌子上放着他的头盔。

围着围裙的瘦子走了过来。

猴子:“又来照顾我生意?”

猴子说着,一边把围裙摘了放在一边,一边坐下。他探过头去看低着头的一浩。

猴子:“丢钱了? 失恋了? 又被炒了? 哦……我知道了,又跟老爷子吵架了。我说你也是,老爷子容易吗? 又当爹又当妈,一把屎一把尿把你喂养大,人老了就是老小孩,你得让着他。要不我给他介绍一对象吧……”

猴子是个话痨,一通胡说,嘴不停。

一浩:“借我两万块钱。”

一浩突然抬头,表情严肃,目光坚定。

猴子认认真真地看着一浩,眨着眼睛,用手摸他的头。

猴子:“哥们儿,你是要报复社会还是要去干一票?”

一浩:“你觉得我能去参加比赛吗? 这个……”

一浩拿出手机给猴子看,手机屏幕上显示着“中国超级摩托车锦标赛”。

猴子结结巴巴:“也……也许减减肥也不是不行吧。哎,那你要那么多钱干吗啊?!”

一浩:“买车啊,你觉得就这个破踏板能参赛吗?”

猴子若有所思:“哦……也是……”

一浩站起来:“好兄弟,我就知道你会帮我。走,哥们送你回家。”

外景　烧烤店外街道　夜晚

一浩在发动车,但是怎么也打不着火,一浩懊恼得要命,开始踹那辆车,嘴里骂骂咧咧。

猴子："别别别，别真往坏里踹，哥们我还没那么多钱呢。明儿找个地儿修修吧。哎，你说这个车，它能改装吗？"

两个人仿佛点亮了灯泡一样互相看着，然后点了点头。

内景　摩托车用品店　白天

VIVI 在自己的摩托车用品店里，改装一辆摩托车。她穿着工装，男孩打扮，心情愉快地哼着歌，时不时地跟旁边的人说着话。

休息区的沙发上有几个机车党在聊天。基本上，这里是一个摩托车爱好者的俱乐部，因为有技术超好的美女老板，聚集了很多常客。

一浩和猴子两个人一胖一瘦走进来，大家都在看他俩，一看就不是这个圈子的人。他们两个也觉得浑身不自在。但是很快一浩就被店内的摩托头盔、零件吸引。

VIVI 这时走过来，很爷们地拍了一浩一下。

VIVI 故作娇声嗲气："胖哥哥，来改摩托去参赛啊？还是又有我快递？"

"我是来改装车的。"一浩很认真地回答她。这让店里的人更加注意这个体重超标的不速之客，大家都看着一浩。

VIVI 反而愣了一下。

VIVI："车在哪儿？"

猴子蹿到胖子一浩前面看着 VIVI，眼睛里闪着桃心。

猴子："在外面啊。"

这时候店里的人都看着门外那个破烂踏板。

VIVI："你说的不会就是你那送快递的踏板摩托吧。"

猴子指着门外的摩托："对啊，就是它。"

一浩："我想改装一下，先用它去参加官方测试，我想去参加超级赛。”

店里的机车党们开始对这个胖子好奇起来，大家开始调侃眼前这个不知天高地厚的胖子：

“你知道摩托车比赛不按体重分级别吧？”

“您这体重过弯的时候是不是有什么诀窍啊？”

……

VIVI 走过来，逼近一浩的脸：“你是认真的吗？是来拿老娘开涮的吗？”

一浩（很镇定）：“我是认真的，我暂时没钱换别的车。”

VIVI 脸对脸看着一浩的眼睛，一浩忍不住咽了一口口水。

VIVI：“今晚十一点半，××快速路口碰头，让我见识一下你的实力。”

外景　××路口　夜晚

城市的夜晚，一浩蹑手蹑脚地从自己家里溜出来。但是，其实老爷子已经发现了。一浩骑着自己的小踏板出发，来到约定的地点，他从来没想到，自己城市的夜晚还有这样的时候，好像闯进了另一个世界。

这里是机车党聚会的地点，各种改装过的摩托车都出现在这里，还有各种有型有款的车手。VIVI 穿着皮夹克，骑着自己鲜红色的摩托，极其扎眼。

开着小踏板的一浩，显得非常滑稽，又一次被大家行注目礼。

坐在大红摩托上的 VIVI 高傲得就像一个女王，一身黑色机车服，几乎闪瞎一浩的眼睛。他都看呆了，世界上不会再有美得这样让人汗毛倒立的女人了。

VIVI 见一浩骑了过来，自己先笑了起来：“没想到你还真会来。”

VIVI从车上下来，拍了拍自己的车，说：“既然你来了，用我的车跑一圈，让我看看，要是跑得比他快，（她用手指着左边那个穿皮衣的男人）如果你跑赢他，我就帮你改车。”

一浩毫不犹豫地跨上那辆红色的摩托，才意识到需要知道对手是谁。

一浩：“他是谁啊？”

VIVI（充满骄傲）：“他啊？他叫杨超，外号闪电，他保持了这里的纪录。今年，他也会去参加超级摩托大赛。你们从这里出发，绕过上面的立交，抵达S点折返，先回来的人算赢，这个池子里的钱，足够改车了，你的赌注我出了。”

车手们都准备好了，只等路边的人发信号出发。

路边的美女摇下令旗，大家纷纷出发。

杨超离开的时候，很暧昧地看了VIVI一眼，VIVI向他做了一个鬼脸。

外景　城市快速路　夜晚

摩托车手们展开较量，引擎声足够撕裂被高楼挤压而显得十分沉闷的夜色。这是大都市午夜里鲜为人知的疯狂。

外景　××路口　夜晚

VIVI站在路边抱着双臂看着，一个男声在身后响起。

德哥：“你们俩怎么样了？”

VIVI（惊讶）：“德哥……”

德哥：“你跟那小子怎么样了啊？”

VIVI：“还不是那样。”

德哥：“我就知道你们分不开。”

德哥的表情透露出他了解事情所有的来龙去脉。

VIVI:“你可别告诉我妈啊!”

VIVI 急了,拽着德哥的胳膊各种摇。

德哥(叫唤着):“哎哎哎,我的伤……”

VIVI:“你不是伤了腿吗?”

德哥:“懂什么,这叫牵一发而动全身。”

德哥把手从 VIVI 的手里抽回来。

德哥:“你跟女汉子一样,下手有没有轻重啊!你妈说得对,那臭小子不是什么好东西,能为了那么点钱,就欺师灭祖。”

VIVI 整理着刚才打闹弄乱的衣服:“没那么严重……”

德哥意味深长地看着 VIVI:“没那么严重?你都丧心病狂地去找了个体重超过 300 斤的胖子跟他比赛,是为了给他逗乐,还是为了让胖子乐?”

VIVI:“没,是胖子缠着我。哥,你看那人多逗啊,我就想带来看看。”

德哥:“胖子什么来历?”

VIVI:“神经病一个吧,推着这个车(她指着那个小踏板)让我给他改装,说要参加超级摩托大赛。我拉他过来遛遛,要不怎么知道是真有本事,还是扯淡。”

两人正说着,第一圈跑完了,胖子果然落在最后面。

VIVI:“看来是真扯淡。”

VIVI 顺便冲着第一的杨超一通飞吻。

德哥表现出来恶心得不行的表情。

德哥:“哎哎哎……没完了,你不觉得这个胖子有点怪吗?”

VIVI:“哪儿怪了?”

德哥:“虽然他没有那么快,那是技术问题。但是你没发现吗?他不会减速。正常人,在这个时候,是应该减速的。”

VIVI(好像也看出了门道)："不会减速？"

德哥："这说明，这胖子对速度并没有一般人应该有的恐惧。摩托车本来就是一项疯狂的运动。竞技摩托史上有一个同样热爱速度的人，他说他获胜的秘诀就是在比赛时，从来不使用除了油门以外的其他功能，因为任何减速都是对速度的恐惧。哎，他不是真精神病吧？"

不断插入，杨超和一浩激烈刺激的飙车。

VIVI若有所思："你看……像吗？"

德哥："我看就是胖点。"

VIVI："你的意思是……"

德哥："我觉得他值得一试，也许这是他的天赋也不一定啊！"

VIVI："推荐给老太太吗？"

德哥："老太太不是一直想要找那么一个人吗？"

其他车手都冲过了终点，一浩是意料之中的最后一个。

他沮丧地摘下头盔，在那边懊恼着。

VIVI高兴地跑过去找杨超，而德哥却出乎意料地来到了胖子的面前。

VIVI："杨超同志，你又一次保持了纪录，恭喜恭喜。"

杨超："你怎么把车借给一个胖子骑啊？什么来头，你远房表弟？"

VIVI："恶心我呢，我怎么会有那么一个表弟啊。"

杨超："别说，这胖子跟你一样愣头愣脑的，像亲弟。"

VIVI："你说谁呢？"VIVI跳起来掐杨超。

杨超："别闹了，别闹了，告诉你一个好消息，一个坏消息，先听哪个？"

VIVI："先说好的吧。"

杨超:“我已经加入添翼车队了,也找到了经纪人,今年的比赛我就会出现在赛场上了。”

VIVI:“那你必须是冠军啊。哥们! 只是我妈又要不爽了。”

杨超很冷静地看着 VIVI,好像一点也不高兴。

杨超:“我以后不会再来赛车了,你也不用再给我偷偷改装车了。”

VIVI 一边很纳闷地看着他,表情渐渐地冷了下来。

杨超:“谢谢你一直喜欢我,帮我,但是教练不是说了嘛,(抬起头,深呼吸,眼睛里隐隐有泪光,鼓起勇气)让我们不要在一起了。”

两个人呆呆地互相看着。

VIVI:“她管不着我,(声音却有点虚)我自己的事情我自己能做主。”

杨超:“算了。”说话间,杨超戴上头盔一骑绝尘而去,留下路旁呆站着的 VIVI。

一浩推着 VIVI 的车走过来,站在 VIVI 身后,和她一起望着杨超远去的背影。

一浩:“你的车,对不起,我没有跑赢。”

VIVI:“没什么对不起我的,对不起留着给自己说吧,你赢不了他。”

一浩:“你喜欢他?”

VIVI:“不关你事儿。”

VIVI 很利落地戴上头盔,明显是为了隐藏自己非常震惊和悲伤的感觉,迅速地跨上摩托,转头冷冷地看着一浩。

VIVI:“不是每个人都能当职业摩托车手的。”

VIVI 丢下这句话,然后绕圈跟德哥打完招呼就走了。

德哥示意 VIVI 快走，一边微笑。

德哥："嘿，胖子。"

一浩："你叫我？"

德哥："废话，有你在，还有第二个胖子吗？"

一浩："哦……"

德哥："用你的车送我一趟？"

一浩："去哪儿？"

德哥："带你去个好地方。"

胖子："油钱你出？"

德哥（哭笑不得）："你个胖子怎么这么抠门，我出，我出……"

外景　城市道路　夜晚

胖子带着德哥奔驰在城市的街道上。胖子越开越快，德哥有点担心他的车散架。

德哥："你这车，这样开没问题吗？"

胖子："没事儿。"

胖子在这里有显摆的成分，因为他看德哥受了伤，猜想德哥很可能是骨灰级的摩托车爱好者，却不知道德哥就是职业车手。

外景　天马山赛道　夜晚

赛道空无一人，夜空晴好，群星闪烁。

德哥："老张，老张，开门，开门。"

两人鬼鬼祟祟走进赛道。一浩扶德哥下车。

德哥："知道这儿吗？"

一浩（兴奋）："太知道啦。就是没进来过。"

德哥："跑两圈？"

一浩："真要跑？"

德哥："油钱，我出。磨叽什么！"

一浩飞快地跨上了自己的小踏板，在赛道上开了起来。

德哥微笑地看着，脸上的笑容越来越深。

一浩停在德哥面前，喘着气。

德哥："害怕吗？"

一浩："不害怕。"

德哥："为什么不减速？"

一浩："为什么要减速？"

德哥："我给你介绍一个人，你答应我你要按照她说的去做，她会带你进比赛。"

一浩："真的吗？真的吗？我……我……我……"

德哥："她不会让你瘦成一道闪电，但是会让你快成一道闪电"

一浩："可是车……"

德哥："别担心，VIVI 会帮你搞定。"

一浩："她肯吗？"

内景　VIVI 的摩托车用品店　白天

女汉子闷闷不乐地在干活儿，一浩的车已经基本脱胎换骨。

一浩进来，看到自己的车已经完全不同，激动得话都不会说了，围着车一点点地看。

VIVI（一甩手套）："也只能这样了，先骑着吧，过了我妈的法眼先。"

一浩（一头雾水）："你妈？"

VIVI："是啊，我妈，除了老佛爷谁能想出那么损的招儿。"

一浩："你会带我去见她吗？"

VIVI:“你自己去吧。对了，搭你的车回家，我的车借出去了。”

外景　城市道路　白天

摩托车沐浴在阳光中，VIVI 坐在一浩身后。

升格镜头，一浩看着后视镜里的女孩，觉得有点动心。他回忆起坐在摩托车后座的感觉，想起小时候，坐在爸爸摩托车后面时，那是他第一次跟摩托车接触，小一浩非常享受地闭上眼睛，感觉风从脸上吹过去。

一浩闭起眼睛，享受阳光以及风吹来的感觉。

外景　VIVI 家门口　傍晚

一浩抱着自己的头盔，站在门口。VIVI 骑在车上。

一浩看着 VIVI 欲言又止。

一浩：“谢谢你，我输了你还帮我改车。多少钱我会给你的。”

VIVI 跳下车，摘下头盔，靠在摩托上。

VIVI：“骑车害怕过吗？”

一浩：“我喜欢飞起来的感觉。”

VIVI：“飞起来？”

一浩：“嗯，每次骑车我都假装自己飞起来了，你觉得我很蠢吧？”

VIVI 笑了一下：“会飞翔的猪。”

一浩：“你有我的 QQ？”

VIVI：“你想飞得再快一点吗？”

一浩无奈地笑了笑。

一浩：“也许我一辈子都没办法当一个职业车手，但是我还是想试试。”

VIVI 若有所思:“回见。”

外景　弄堂里　白天

一浩、猴子在弄堂里穿行,市井生活气息扑面而来。

一浩:“VIVI 说,她是中国唯一一个打入世界超级摩托比赛的人的教练,自己也是竞技摩托赛车手,在这个圈子谁不知道。”

猴子充满好奇:“哎,VIVI 说的那个神人,到底是干吗的啊?”

一浩:“好像是街道办的。”

猴子:“街道办教摩托车的?”

一浩:“估计是一个遁世高人。”

一浩看着手机导航在前面领路,两个人转过几个弯,停在一个楼道前。

一浩:“就是这儿了,好紧张,呼呼呼……”

一浩(开始浑身找东西):“我的纸条呢,我的纸条呢?”

猴子:“这儿呢,这儿呢,慌什么慌,又不是见风清扬。”

“GO, GO, GO……”

两个人吆喝着,速速地上楼去了。

内景　大妈家里　白天

屋内的设施非常精致,各种生活用品摆放极为整齐,花盆里的花朵向着太阳灿烂绽放。

大妈头上顶着 DIY 卷发棒,穿着花睡衣,是个特别典型特别讲究的大妈,哼着“套马汉子”浇着花。这范儿就是如今流行语中的“中国大妈”。

突然,门铃响了。

大妈："谁呀？来了。"

大妈喊着冲到门口，打开门，看到门口站着两个气喘吁吁的人，一个太胖，一个太瘦。

大妈："不要净水器。"

大妈说着就准备关门，胖子一着急伸手推门，结果把手夹在门缝里了，疼得嗷嗷叫。

大妈于是又打开门。

一浩："等等，等等……"

一浩手忙脚乱地从兜里掏出一张皱皱巴巴的纸，大声朗读："我叫王一浩，特别热爱摩托车运动，我想拜您为师，求您教我骑摩托车，我想参加超级摩托大赛……"

读完后，两人非常期待地看着大妈，大妈也用奇怪的眼神看着他们："神经病！"

大妈重重地关上了门，但并没有就此罢休，而是从猫眼中看着他们的一举一动。

从猫眼里看出去，两个人嘀嘀咕咕。

猴子："弄错了吧。"

一浩：不会啊，就是这儿。

猴子："不该是个女的啊，还是大妈，咱们找的是风清扬呀，这明摆着就是灭绝师太。"

一浩："灭绝师太?！没错，就是她。"

两人继续按门铃。

"丁东、丁东……"

大妈整理了一下自己的衣服头发，清了清嗓子，再次开门，板着脸。

大妈："哎，你们烦不烦，再吵吵，我报警啦。你们这叫骚扰，骚扰！懂不懂?"

大妈发狂，猴子和一浩瞬间五雷轰顶，呆立在门口，电话铃声响起，大妈一边接听一边用防备的眼神看着他们两个。

说了几句之后，大妈上下打量着一浩。

大妈："德子跟你说的？"

一浩狠狠地点了点头。

大妈："你就是一浩？"

一浩赶紧往前凑了点，略显拘谨："对，我就是，我就是。"

大妈嫌弃地看了他一眼。

大妈："怎么长成这么胖？"

猴子偷笑。

大妈："那个太瘦，一个像是地主，一个像是难民。"

一浩："大妈……"

大妈瞪眼睛问："啊？"

猴子忙改口："大姐……"

大妈："呸！"

一浩："阿姨，我想要……学骑摩托车。"

大妈："阿德说你还行，不过我信不过他，他老是满嘴跑火车，净给我找些阿猫阿狗的过来骗我。这样吧，你明天给我去买个菜。"

猴子："行，买菜没问题。"

大妈："行不行不是你说了算，让他明天跟我买菜去。"

一浩纳闷："买菜？"

大妈："买菜怎么了？看不起买菜吗？买菜是技术活儿。"

外景　弄堂口　天蒙蒙亮

快速剪辑，大妈各种专业装备，从中国大妈摇身变为炫酷摩托车手，出现在一浩面前。

一浩傻乎乎地在弄堂口等着，大妈骑车出现，一浩几乎不敢相信自己的眼睛。大妈就这么不可思议地在他面前十分拉风地摘下头盔。

大妈："Follow me."

撂下这词，大妈就这般风驰电掣般地走了。

外景　通往菜市场的路上　天蒙蒙亮

通往菜市场的路况极为复杂，一浩跟在后面，傻巴巴地看着大妈轻松地向他秀自己行云流水般的车技。

大妈这提速，这压弯儿，这身段，这技术……

一浩惊呆了，大妈酷毙了。幸好是在天刚蒙蒙亮的清晨，出来遛弯的都是些视听全打折扣的老大爷、老太太。若是赶上八点上班的早高峰，毫无疑问，大妈一定是当天微博、微信圈的头条。

外景　菜市场　天蒙蒙亮

一浩开到菜市场，远远看到大妈在菜市场门口等着，默默地停好车，低着头不敢说话，气势完全被大妈压倒。

大妈："开得这么慢，阿德也敢推荐过来，差点耽误我买菜。"

一浩跟着大妈，大妈开始投入地买菜。她一边对萝卜白菜摸摸捏捏，一边得意地看着一浩。

大妈："骑摩托是个很严肃的事情。你当是撵兔子一路傻跑就行了？"

大妈："这萝卜多钱一斤？给我来两个。便宜点。比汽油还贵。"

菜贩一脸不懂。

大妈："看到菜市场那个弯了吗。你得学会切角度。拎着！"

大妈把一堆蔬菜扔给一浩，表情中显露出对这胖子的几分满意。

内景　大妈家中　白天

大妈很有气势地坐在客厅的洛可可式椅子上，两边分别站着德哥和 VIVI。

德哥表情凝重，VIVI 则略显不屑。

一浩俯身给大妈呈上一杯咖啡。

一浩："师傅在上，请受徒儿一拜。"

大妈顺手接过来，用勺子搅了一下，喝了一口："糖少了。"

一浩："下次多放！"

大妈气定神闲："既然你以后打算跟我学车，就要听我的话，照我说的去做。摩托车不比其他运动，很烧钱，但也总少不了那些个旁门左道的赚钱方法。"大妈说着狠狠地瞪了一眼 VIVI，接着说，"一浩，地下赛车我知道你去过，以后不许再去。我教你呢，也是为了我自己，我需要一个不一样的冠军。谁知道就撞到了你。那你签个字吧，这是合同。"

一浩："还要签合同？"

大妈："让你签你就签，我这是一朝被蛇咬十年怕井绳。"

VIVI："妈！"

VIVI 突然显得很激动："你还有完没完，那个破承诺一直这样守着有意义吗？对你不公平？你想过吗？对杨超就公平吗？既然有机会走得更高，你就不希望他做得更好吗？"

大妈抬起头冷冷地看着 VIVI："我说他是人渣，他就是人渣。"

VIVI："你宁愿收个废柴！"

VIVI 气愤地摔门而出。

内景　VIVI 的摩托车用品店　夜晚

VIVI 坐在零件堆里，喝酒，擦车，掉眼泪。

内景　大妈家　夜晚

大妈在厨房抽着烟，拿着一张照片看，照片上是个英俊的小伙子。

大妈："你跑得太快了，我都追不上你。"

内景　VIVI 的摩托车用品店　夜晚

一浩在门口出现，推开半掩的门。

一浩："能进来吗？"

VIVI："进来吧。"

一浩："我没打扰你吧？"

VIVI："没有。"

一浩："我正好路过。太晚了，我送你回去吧？"

VIVI："烦着呢，不想回去。"

VIVI 拨着杨超的手机号码，嘟嘟作响，一直没人应答。

一浩看着。

VIVI 自言自语："太他妈可疑了。"

一浩："或许在训练呢？"

VIVI（恍然大悟）："对啊，对啊，我去找他，一定在赛道呢。"

VIVI 急急忙忙地关了店门。

VIVI："不好意思啊，废柴不是说你啦。"

说着，VIVI 骑车去找杨超。

外景　训练场　夜晚

训练场空空荡荡没有人。

VIVI 待在那里。

不知道什么时候，一浩竟然跟来了，站在她身边。

VIVI："我觉得我他妈就是个傻×。"

一浩："觉得傻就还有救，我就是最近才觉得自己胖的。"

VIVI："我觉得这事儿，也他妈不怪我妈。"

一浩："杨超也跟阿姨学过车吗？"

VIVI："嗯，三年前吧，他跟我妈学车。"

一浩："也跟我似的，按手印了吗？"

VIVI："没有，就是发誓，也跟你一样，得一个冠军才能自由签约，此前只能跑个人选手。"

一浩："为什么，这也太奇怪了。"

VIVI(叹口气)："因为我爹，我爹也是摩托车手，但是那个年代还没有正规比赛，就跑地下的，结果摔了，一辈子没拿过冠军。我妈就发誓给他带出个冠军来。"

一浩："我要是得了冠军，这个冠军就给你爹。"

VIVI："他要是这么想就好了，可他现在这样也没什么错。"

一浩："我跟他不一样，他也许想要那个冠军，我只是想当职业车手，我没想过冠军。"

一浩或许是习惯了不敢向他们表示信心，语气中有几分迟疑。但内心中有另一个声音，赛道只铭记冠军。

VIVI 看着胖子的脸，若有所思地笑了。

内景　大妈家里　白天

厨房里，大妈在做训练计划的战略部署。

他们把厨房的瓷砖墙当做黑板，大妈还系着围裙。

大妈："你知道你最大的问题是什么吗？"

一浩摇摇头。

大妈:“胖啊!! 你目测有300斤吧?”

一浩:“你不是说,需要不一样的车手吗?”

大妈(语速快而坚决):“从现在开始减肥,否则你连赛车服都穿不上。首先你要获得摩托车协会的A级证书,VIVI会帮你把车改好。然后报名参加上海单场150CC比赛,那是专为业余选手设置的比赛,在季前官方测试中表现得好,就可以拉到赞助,换专业赛车,参加150CC比赛,如果名次好,第二年可以试一下GT125CC专业组的比赛……”

一组快速剪辑的镜头,展现一浩在努力地训练

模仿《洛奇》中的史泰龙,每天早晨闹钟一响,就吃五个生鸡蛋。但又承受减肥压力,神情犹豫不决;

跟大妈买菜,一次次过弯,终于有一次,抢在大妈之前买到了白菜;

在器械室吃力地进行各种消灭脂肪运动;

和一群大妈跳广场舞减肥;

去机车店跟VIVI学习摩托车知识;

……

内景　一浩家中　夜晚

老头(一浩爸)在家里坐着看电视打瞌睡。一浩从门外走进客厅,欲言又止,有点愧疚地看着老爸。

一浩:“爸,我考到执照了,明天要去珠海参加官方内测了。”

老头递给他一杯茶。一浩愣了一下,接了过来。

老头:“真的想当职业摩托车手?”

一浩:“嗯,想。”

老头:“为什么?”

一浩："小时候，你老是骑摩托带我，我喜欢快的感觉，我只想骑摩托。职业车手的生活只骑摩托车。"

老头："你知道这项运动很危险吧。那天晚上你去赌车，我知道。后来我又跟了你几次，看到你在学习怎么骑，我放心了。永远别拿命去赌。"

一浩："爸，你真的没有比过赛？"

老头："我就是爱好，自己玩玩，哪能参加比赛。你早点休息吧，明天好好跑，减肥。"

外景　珠海赛道外围　白天

官方内测即将开始。

赛道广播里重复着比赛规则。

VIVI 颇费口舌地向猴子一一介绍，一浩已经获得摩托车运动协会颁发的 A 类证书，这样他就有资格报名参加比赛，如此如此……

猴子还是一脸不可思议。他是不懂比赛规则，还是不懂一浩为什么能来，谁也不清楚。

这次官方测试，主要是测试参赛选手的个人技能和车，以及决定比赛时候的排位，所以对于一浩这种新车手来讲，是适应比赛的好机会。在这里，一浩的整个团队完整亮相。其中包括：女机师 VIVI，教练大妈，助理猴子。一浩和选手们准备进赛道之前，大妈走到一浩面前，跟他不断强调技术动作要领。

一浩跟其他选手一起进入赛道，他虽然已经减肥，但体型在赛车服的衬托之下，依然引人注目。他像一只可爱的大熊，开始比赛。

内景　一浩家　白天

一浩的爸爸拖来邻居的孙子，帮着他操作电脑。

网络实况转播。

解说员 A:“中国超级摩托车锦标赛 150CC 组别官方测试,今天在珠海赛道进行,我们今年也看到了非常多的新面孔,这与主办方推广摩托车运动的期望是一致的。这项运动需要更多不一样的运动员来参与。就像篮球需要姚明,摩托车也需要一位形象健康的明星来拯救这个阴影重重的运动。”

解说员 B:“那中国足球呢?需要谁?需要谁?”

解说员 A(厌恶地看着 B,一种哪壶不开提哪壶的表情):“观众朋友们,您正在通过××网收看的是,我们为你实况转播的中国足球超级联赛,(卡壳)对不起,中国摩托车超级锦标赛。我们也都非常关注今年的一位‘重量级’选手,他在报名的时候,体重在官方提供的数据中,达到了史无前例的 300 斤,那么这对他的参赛有什么影响呢,B 指导……”

解说员 B:“从他穿着的紧张度来看,目测,他已经减肥。但就是如此,他的体重……”

老头在电视机前笑了。

外景　珠海赛道　白天

赛道上,一浩跟其他选手在跑圈。官方内测,比赛激烈程度显然比较低,选手们都比较克制,但一浩在赛场上显得十分有冲劲。

外景　珠海赛道观众席　白天

看台上,大妈跟 VIVI、德哥关注着比赛的进程,大妈叹了一口气。

大妈:“说实话,我不知道该不该鼓励他参加比赛。”

德哥:“为什么呢?胖子有天分,他自己也很享受,让更多的人关注摩托车不好吗?”

大妈:“他这样跑,迟早会出事儿的。这孩子的优点也是他的缺陷,稍微不注意就会出事儿。”

VIVI:“切,你也能这样想还真不容易。”

德哥(充满激情):“摩托车是人类的极限,是对速度的信仰,所以我就不明白人为什么就不能有点勇气。最初的摩托车,从设计上来讲,就是为速度而生的……”

德哥追述摩托车历史的豪情,无情地被 VIVI 和大妈忽视了。她们母女俩在为另一件事情较着劲。

VIVI:“像胖子这样,什么也不图的,没命瞎跑的,就叫职业吗? 那杨超呢?”

大妈:“别跟我提他。”

VIVI:“我偏提,我偏提!(变本加厉地喊起来)杨超加油,杨超加油……”

大妈作势要打 VIVI,德哥拽着 VIVI,劝说。

德哥:“他跟你想象的不一样,我最了解他。”

外景　珠海赛场　白天

三个人正在说着,突然发生了一件出人意料的事儿。

最关键的一圈,一浩想赢的意识太强了,几乎都要跑在第一。过关键弯道的时候,大家都屏住呼吸看着一浩是否能够超越。一浩超越了杨超,跑到了第一的位置上。但杨超用充满蔑视的眼神,看着前面超车而过的一浩,同时他望了望看台上一浩的教练组,似乎在说:一个专业车手根本不屑在测试赛的时候狂踩油门。

内景　一浩家　白天

此时,一浩的爸爸显得很紧张,他的脑海里不断闪回年轻时那些摔车的同事，仿佛有一种直觉。

果然，电视里传来了解说员的声音，选手从赛道摔了出去。

老头骤然跌坐在沙发上。

外景　珠海赛场上　白天

一浩摔倒在地上。

紧跟他身后的杨超，做了一个非常危险且卑鄙的决定，他没有做任何规避就越过了摔在地上的一浩。这个动作被隐蔽得十分完好，似乎是后面的车手对前面的摔车完全猝不及防。

解说员也在议论着这个看似猝不及防的动作太过危险。

一浩倒在地上，看着在怒吼空转的摩托车，让人眩晕的阳光，手忙脚乱的工作人员……

他耳边又响起自己粗重的呼吸声，回忆起第一次从爸爸摩托车上摔下时的情景……

内景　医院病房　白天

一浩从床上费劲地往轮椅上挣扎，各种挣扎之后，终于把超重的身躯挪到了轮椅上，然后自己推着出去。

内景　医院走廊　白天

一浩在走廊里找到一个公用电扇，他把脸对着电风扇一通猛吹，脑海里满是骑摩托的感觉。

一浩爸爸闪身出现。

老头："小子，腿又痒了吧，看来是没把你摔残。"

一浩："我热。"

老头："你住的不是空调房吗，我看你是狗改不了吃屎。"

一浩沮丧地低下头。

老头:“车怎么样了?”

一浩:“摔成那样没法修。”

老头:“人没事儿就行了,留得青山在不愁没柴烧,谁骑车还不摔。”

一浩颓在那边,不说话。

老爷子把他向病房推去,边走边说:“摩托本来就是危险的运动,我当初不让你参加,不是害怕你摔车,是害怕你赌车。我知道你从小喜欢摩托,但是那个时候没有正规的比赛,十赛九赌。我不想让你往这条道上走。”

内景　医院病房　白天

老爷子把一浩扶到床上,充满慈爱地看着他。

老头:“你不怕快,我早就看出来了,但是不怕也要讲究战术和技术。否则就是对速度的麻木。你跟着训练的教练是个女的吧?”

一浩:“你怎么知道?”

老头:“我认识她。”

一浩:“你认识她?”

老头:“她可是我们那个时代,赛车最亮眼的领队。可惜她是个女的,否则一定会上场比赛。”

(闪回)

外景　摩托赛场　白天

年轻时代的大妈在赛道上叫喊着,一辆辆复古摩托车从她身前驶过,路过的车手像《阿郎的故事》中的周润发,带着 20 世纪 80 年代的浪漫不羁,向她飞吻示意。

内景　医院病房　白天

病房中，老头钩沉如烟往事，不胜欷歔。

一浩：“后来她为什么不带车手参赛了？”

老头：“这个我就不知道了？”

老头躲闪着一浩充满疑问的眼神。

一浩追着父亲的眼睛，凝视良久。

一浩：“我知道你以前是赛车手。”

老头（不置可否）：“比赛的事儿，就暂时别想了，我的车你可以骑了。我先回去了，你好好养着。”

老头说完正准备开门离开，谁知门外站着 VIVI 和大妈。

大妈进来看到老头非常吃惊，但是老头有意躲闪。

大妈仔细端详，看得老头都不大好意思了。

大妈：“三胖？你怎么瘦成这样了？”

老头（低着头）：“谁？”

大妈好像一个小姑娘一样，对老头拍拍打打、摸摸捏捏。

大妈：“你化成灰，我也认识你。我怎么没想到，除了你，谁还能生这么没溜、愣跑猛跑的儿子。瞅着眉眼身架，就像你。”

老头：“你认错人啦。”

大妈：“不会不会，让我看看你的痣，让我看看。”

说着，大妈就要冲到前面，去撩老头的衣服。

老头只是一味扭捏着。

VIVI：“妈这么多人，你怎么公然要流氓呢？”

大妈：“小屁孩，什么不懂，他不敢让我看，肯定是。”

老头：“我是，我是怎么着了。”

大妈：“你以为你躲得过？”

老头：“都这么多年了，能别提了吗。”

老头一边说着，一边朝大妈使眼色，示意不要告诉一浩。

一浩和 VIVI 都非常纳闷地看着这两个人，一对老顽童，颇为有趣。

大妈嘴里念念叨叨的，径直走到一浩面前质问：“听说你不想跑了？”

一浩：“我……我觉得……”

大妈：“你觉得个屁，我告诉你，你死也得跑。”

大妈开始随便找东西要打一浩。VIVI 和老头拦着，一浩拿手护着自己。

大妈把手里的东西一摔，指着一浩：“你当这是玩啊，你当这是玩啊？我们这么多人跑前跑后，忙前忙后，你说不跑就不跑，没门！你不跑我就办了你。”

VIVI：“妈，你这是要跟全世界为敌的节奏嘛！这货都摔成这样了，你还让他跑，这不是作死吗？”

老头急了，拽着大妈：“他跑得太猛，要再出事儿怎么办？”

大妈更急：“那也比一辈子当缩头乌龟好。”

现场瞬间安静了下来，一浩和 VIVI 奇怪地看着一浩爸爸。

大妈意识到自己说错了话，又下不来台。

大妈：“你给我记着，是个爷们儿你就给大家一个交代。”

说完，大妈掏出合同，撂给一浩，然后愤然离开。

VIVI 拍拍一浩，示意不要管她，也匆匆离开。

外景　城市街头　白天

大妈一边小跑，一边捂着嘴哭。

VIVI 跟在后面追。

外景　街心花园　白天

大妈在一个街心花园里停了下来。

VIVI有点害怕，因为此前从来没有见过大妈这样。

VIVI："妈，妈你怎么了？"

大妈（抹了一下眼睛）："没事，我看见他们爷俩，觉得委屈。"

VIVI："怎么了？"

大妈："我答应他了，不说。"

内景　医院病房　白天

老头跟一浩面对面坐着。

一浩："爸。"

老头："嗯。"

一浩："她说的是什么意思？"

老头："没什么意思！"

一浩："你就承认吧。"

老头："我参加过比赛，我是车手。"

一浩看着自己的父亲，两人沉默许久。一浩拍拍爸爸的肩膀，说："我会继续比赛的，你的车我能用吗？"

一浩见爸爸不置可否，摇着轮椅，出了病房。

内景　医院走廊　白天

一浩回到走廊的电风扇前，吹起了风。

老头站在病房内，出神地望着他。

一组快速剪辑镜头：康复训练，车辆改装

一浩开始了紧张艰苦的康复训练。

那一边VIVI和猴子也在对照图纸进行着车辆改装工程。

……

最后，一浩以完全康复的面貌出现在镜头里。他骑上车露出招牌笑容。这辆车正是父亲所赠。

内景　VIVI的摩托车店　白天

来看一浩的老头跟大妈尴尬相遇。

大妈很不好意思地闪躲。

老头："谢谢你。"

大妈（充满讽刺）："我该谢谢你才对，我这辈子都该谢谢你。"

老头："自己心知肚明就好，我也不是为了什么。"

大妈："可他不这么觉得。"

老头："魏大哥是怎么走的？"

大妈看了看远处，强忍泪水。

大妈："呃，跑得快呗！"

老头："什么时候我得去看看？"

大妈："别，他一辈子都觉得抢了你的冠军不光彩。当时你为什么不反驳呢？"

老头："嗨，有什么用呢？我只是喜欢骑车，能骑就好。"

大妈："人总要为自己争取些什么吧。"

老头："骑在车上来不及想这些。"

两人意味深长地对视。

（闪回）

外景　风景优美的公路　白天

年轻时代的一浩父亲、大妈、魏大哥，三人一起骑着摩托在公路上飞奔。他们时而双手丢开车把，开心极了，眼前的世界开始变得虚幻而不真实。

镜头一转，风景优美的公路变成紧张激烈的赛道。

外景　摩托赛场　白天

一浩父亲兴奋地冲过终点，站上领奖台。

被一个车手低级失误影响，意外跌落赛场外的魏大哥，看着领奖台上一浩父亲神采飞扬，一脸不服气。

内景　办公室　白天

魏大哥偷偷地将一封举报信塞进摩托车组委会的办公室。

内景　办公室　白天

一名官员在众多车手面前，宣布一浩父亲因为在前一天曾经服用违禁药品，终身禁赛。

一浩父亲落寞地走出办公室。

魏大哥则和车队签下另一份合同。

外景　天马山赛道　白天

赛场人头攒动，气氛热烈。

车手们都在紧张地准备着。

交叉剪辑，直播解说员广播声：

“您现在收看的是中国超级摩托车锦标赛150CC公开组的首战，我们在天马山赛道为您直播。今天上海天气晴好，湿度15，温度20，2到3级微风，对赛车没有影响。我们都知道150CC组，虽然整个锦标赛只是业余车手的比赛，但是也是公众关注度最高的比赛。今年的比赛除了几个巨无霸车队，还有几位个人选手尤其引起我们的关注。其中来自上海本土体重超过200斤的‘超重量级’选手一浩，在两个月前的珠海官方测试中曾上演了惊险的一幕。那么经过跟主办方的协商，他也是重新更换了比赛用摩托，我们可以期待他会以什么样的方式回到比赛，是否会成为一匹黑马呢？我们拭目以待。”

一浩笑着朝镜头挥手。

“那么，今年夺冠出线的大热门依然是在官方测试中保持第一的‘闪电’——杨超，对他来说，目标就是轻松通过本次150CC组的比赛，直接晋升到GT125CC的专业段比赛。”

杨超很酷地在跟美女合影。

排位赛快要开始了，一浩跨上赛车，深呼吸……

赛场上的所有情景都变得慢了下来，这是一浩的主观感受，耳边的摩托车发动机声音越来越响。

裁判员挥旗，哨响，大家箭一样冲出去……

“一浩保持在整车队的中间，现在大家还没有拉开距离，杨超保持着领先地位。”

“一浩开始加速了。”

一浩试了几次都没办法超越杨超，并且越拉越远。排位赛结束，他名列第二。这对他来说，是个不俗的成绩。

外景　赛车场　白天

马上要开始第一场回合赛，赛车手在自己的休息区休息，机师VIVI在紧张地检查着车辆。

这时候，杨超挑衅地走到一浩面前。

杨超：“胖子，没想到又见面了。”

一浩友善地笑了一下。

杨超（充满敌意）：“腿上的伤怎么样了？”

一浩：“已经好了，谢谢。”

杨超：“没想到你就是李叔的儿子。你爸没给你嗑药吧，嗑药可是违规的。”

一浩：“你说什么？”

一浩非常愤怒地推着杨超，眼看就要起冲突。VIVI也停下手边的活，猴子过来拦架。

一浩的情绪显然受到了很大的影响，父亲的事情本来让他百思不得其解。各种拼凑的细节似乎都指向一个真相，那是摩托车运动中黑暗的一角。父亲之前是个赛车手，因为自己一直没被允许进入这个圈内，所以不知道父亲当年的事情。父亲是因为吃违规药物而被终身禁赛的，这足够解释父亲所有的讳莫如深。

与此同时杨超所在车队为了确保杨超出线，在做战略部署，由另外一辆车，负责阻挡一浩。但是杨超提出，必须让他摔车才能确保出线，因为他已经有一个前三了，这次必须摔出前三才能确保自己晋级。

一浩越想越生气，丢下头盔要找老头问个清楚：口口声声教自己要诚实，一直拦着自己骑车的老头，躲起来的老头，就是害怕这件事情让自己知道吗？就是为了欺骗自己而保持光辉的形象吗？没走出车手的区域，一浩就跟老头面对面撞上了。

一浩将心中的疑问全都发泄出来了，他质问老爷子："难道你一直拦着我学车，拦着我去赛车，拦着我认识赛车界的朋友，就是害怕我发现这个事情吗？"

老头沉默着，无言以对。

一浩怒气冲冲地回到了比赛中，但是却始终无法进入前三，第一回合的比赛，在大家的失望目光中结束了。

大妈怒气冲冲地质问老头："你跟他说了什么啊，这么心不在焉，当是来游乐场啊。"

老头："他知道我当年嗑药的事儿了。"

大妈："谁没有年轻过。"

大妈急得不行，冲到一浩面前。

老头焦急地在远处看着他们争论着。

第二回合的比赛马上就要开始，车手已经重新进入赛道。

远处，大妈终于说服了一浩。一浩朝老头做了个很帅的“Sir，我要出发”的手势，这个手势是在他们父子之间比赛时候用的。

第二回合，是决定性的比赛。如果一浩能够拿到第一，就能够顺利晋级 GT125CC，这将是有史以来第一个第一次参赛就晋级的选手。

赛道上，比赛开始，大家都屏气凝神地看着最后决定谁出线的比赛。

直播解说员：“第二回合的比赛开始了，我们看，一浩果然是一匹黑马，他现在开始发力保持领先地位了，‘重量级选手’会不会逆袭呢？如果本轮他保持这个成绩，就无疑能够成为有史以来第一位首次参赛就晋级专业组的选手……不过这也不是没有可能，据说一浩的父亲就曾经是一位赛车手，而他的教练，更是离开赛车圈多年的传奇女教练，她带出过参加世界级比赛的第一个华裔。这背后的故事也让大家非常感兴趣……”

镜头切回赛道，一浩跟杨超间的较劲，紧张激烈……

协助杨超出线的队友突然很抢镜。

解说员解说：“这边车队的人可能要采用战术犯规，千钧一发。如果一浩减速呢，他就会摔倒，如果一直保持速度就是在玩命。”

狭路相逢勇者胜，一浩的眼神中毫无畏惧。速度的较量就在闪念间，一丝退缩的念头就是 2 秒的差距，而 2 秒的差距可能就是冠军和被淘汰者之间的距离。

杨超的队友被一浩的无畏精神吓退了，他先动了躲避的念头，一浩抓住了这闪念间的优势。

一浩幻想着自己幻想了千百遍的情景，毫不减速地冲过了终点。

全场都沸腾了，人群在欢呼。

外景　城市郊外公路　白天

大家相约骑车去外地，所有人都在摩托车上，VIVI 坐在一浩的后座上，一浩故意将车开得非常颠簸，他不怀好意地笑着。

VIVI 在一浩身后，神情紧张慌忙，无法保持平衡。她犹豫着要不要搂住一浩的腰。最后，她不得不搂住一浩。

一浩爸爸坐在大妈的摩托车上，慢慢地把头放在大妈背上，大妈斜了一下头，带着雷朋眼镜的脸，只是稍微露出一点幸福的笑容。

## 导师评语

聂　伟

最初看《一浩的加速度》申报资料，老实说，其实是被故事梗概中那个“轴”得不明就里的男主人公打动了。他叫一浩，编剧的潜台词也许是希望他成为真正的一号赛车手。

可是他先天地不具备赛车手的基本身体素质，基本上就是一位懵懵懂懂的、胖乎乎的未成年人，一门心思地摆弄一个他根本玩不转的大玩具，一不留神就会被那个高速运转的机械狠狠地甩出去。大约最初的剧本构思是从两位青年申报者孙子昂、刘东拍摄的纪录片中脱胎而来，所以我对主人公的视觉还原也几近写实，总想从记忆里筛选出某个自不量力的银幕莽汉形象套在一浩的身上。那个角色是阿甘，还是刘烨饰演的《硬汉》？从情节设置上，是不是和韩国的《马拉松小子》或者《曾是超人的男子》有点像？

那段时间，两位青年剧作者和我都处在轻微的焦虑中。我们很清楚这部剧作是冲着小成本励志片的路子走，但一时间又似乎找不到合适的参照系。有一天我和他们讨论电影故事版，刘东讲述了主人公原型的一些生活细节。他说，现实生活中的一浩不但“轴”，还天生有些宠辱不惊的定力。他身材太胖，穿着与其他赛车手毫不搭调的运动服，天天去蹭场子溜边练车；没有合适的鞋子，每次训练前就用胶带纸将自己的脚与摩托车蹬紧紧地捆扎起来，发令枪一响，他和那辆车子就像倒“品”字形直接冲将出去。

诸如此类的细节，大家越聊越多，越聊越兴奋，突然意识到，为什么一开始就非要将这部剧作限定为假设的类型呢？让它的美学气质在构思与写作中自然呈现，不也很好吗？

于是，就有了今天放在读者面前的《一浩的加速度》，一个几乎全面翻新的一浩形象。他与高富帅彻底无缘，但穷不自弃，不以卖丑露怯讨取观众廉价的笑声，这就让剧本跳脱出通俗喜剧或者嬉闹剧的样式。剧本希望通过一个怪咖不切实际的赛车梦，给许多缺觉缺梦或者缺乏做梦勇气的年轻人一点信心，一点正能量。对于这个具有成长性的写作项目，我觉得剧本的结局应当是开放性的，不要匆忙下结论。一浩在赛车场能否取得最终的胜利，真的有那么重要吗？

从目前修改的剧本看，《一浩的加速度》逐渐具备了小成本商业片的市场潜力。人物形象塑造方面，除了那位一根筋的男主角外，一浩的师傅被设定为类似于包租婆的中年妇女，这是修改稿带给我们的新惊喜。这位隐于市井的赛车女高手似乎验证了近年来备受瞩目的"中国大妈"现象：原来隐匿在家庭生活默默无闻的传统主妇，总会在关键时刻上演令人刮目相看的奇迹。当然，为了在标准时间长度内搭建起轻喜剧的结构，编剧斟酌之后选择用两个赛车手家庭的新爱旧怨来串联故事情节，读起来似乎更紧凑，但太多的巧合也让故事的偶然性色彩被放大了。

一浩的梦想其实仍旧是一个普通人的梦想。当然，比日常居家的梦想多了一点点超越，而这个超越又非他本人踮踮脚就能够达到，因此有了知其不可为而为之的"轴"气与不着边际的傻气。但这种"轴"与"傻"最终获得的不是同情，而是尊重。但凡能够集聚情感正能量的作品，一定得益于下生活，得益于日常情感的挖掘。正能量从哪里来？它不是风雨雾霁，而是从氤氲地气中来。《一浩的加速度》拥有纪录片的前期剧本基础，搜集了大量动人的生活细节。这是剧本的优势,接下来如何做好主题的提炼,梳理好人物关系,做好剧情结构的商业化设置,对两位青年剧作者提出了更高的要求,这也是进一步提升自身艺术创作能力的好机会。

附

## 2013年度上海文化发展基金会青年编剧扶持项目资助名单

| | |
|---|---|
| *《七人众》(话剧) | 朱　梦　王非一 |
| 《三个水枪手》(话剧) | 张钰铖 |
| 《天地玄黄马相伯》(话剧) | 许静波 |
| 《天堂KTV》(话剧) | 高文婷 |
| 《尘光》(话剧) | 朝　熹 |
| *《苏州河》(话剧) | 赵　炼 |
| *《伴奏》(话剧) | 文　雅 |
| 《幸运日》(话剧) | 夏天珩 |
| 《触底反弹》(话剧) | 夏天珩 |
| 《美女与野兽》(京剧) | 王晓鑫 |
| *《曹操家事》(京剧) | 张　泓 |
| *《莲花结》(昆剧) | 罗　倩 |
| 《浦东人家》(沪剧) | 龚孝雄 |
| 《超市总动员》(儿童剧) | 马心羽 |
| 《水果家族》(儿童剧) | 汪　菲 |
| 《一浩的加速度》(电影) | 孙子昂　刘　东 |
| *《失衡的舞台》(电影) | 朱　梦 |
| 《我们是战士》(原名《机翼下的消防兵》)(电影) | 陈　吉 |
| 《幸福梦》(电影) | 马心羽 |

《桃花盗》(电影)　　夏　草

《天才家庭》(电视连续剧)　　李东霖　顾舒怡

*《苍山如海》(电视连续剧)　　陈菡蓉

《依水之恋》(电视连续剧)　　张　薇

《爱情定制局》(电视连续剧)　　陶　磊

《笨笨博士与快乐家庭》(电视连续剧)　　张钰铖

**注：带“*”者系未能辑录本书的篇目，其中因延误截稿时间的剧本，将在《2014 年度青年编剧作品选》中补入。**